Einleitung

in das

System des Preußischen Civilrechts

von

Dr. Ludwig Eduard Heydemann,

Königl. Preuß. Geheimen Justizrath und Professor der Rechte in Berlin.

Zweite, völlig umgearbeitete Auflage des Grundrisses.

Erster Band.

Allgemeiner Theil.

Leipzig,

Verlag von Veit und Comp.

1861.

Druck von B. G. Teubner in Leipzig

Vorrede.

Zur Entwerfung des im Jahre 1851 von mir herausgegebenen Systems des Preußischen Civilrechts im Grundrisse hatte mich zunächst das Bedürfniß meiner Vorlesungen veranlaßt. Es war jedoch zugleich meine Absicht gewesen, den jüngeren Praktikern ein Hülfsmittel zur freien wissenschaftlichen Behandlung unseres Gesetzbuches und einen Leitfaden für die eigene Thätigkeit, besonders bei Repetitorien, an die Hand zu geben.

Als es sich nun vor einigen Jahren darum handelte, eine neue Auflage meines Grundrisses zu veranstalten, fand ich mich fast unwillkürlich zu der Unternehmung eines größeren Werkes gedrängt, welches zwar genau an den Gang des ersten Grundrisses angeschlossen ist, aber einen weiteren Umfang und Charakter angenommen hat und sich als Einleitung in das System des Preußischen Civilrechts darstellt.

Die Vorlesungen über unser vaterländisches Civilrecht bilden nach der akademischen Tradition ein so genanntes einfaches Collegium. Sie stehen sonach in ihrem Umfange nothwendig zurück gegen die Vorlesungen über Pandekten und über Deutsches Privatrecht. Es würde auch für jetzt gewiß nicht rathsam sein, jene Tradition durchbrechen zu wollen. Aeußere und innere Gründe würden sich dem Versuche widersetzen, dem „Landrecht" einen breiteren Platz unter den akademischen Disciplinen einzuräumen. Das eigentliche akademische Studium muß, nach den gegenwärtig gegebenen Verhältnissen und Voraussetzungen, vorzugsweise auf Römisches und Deutsches Recht beschränkt bleiben, um eben darauf wahrhaft begründet werden zu können. Das „Landrecht" darf nur den Rang einer solchen Disciplin einnehmen, welche den Uebergang zur Praxis bahnt. Auf der Grundlage einer ächt theoretischen Vorbildung sind die Jünger der Praxis um so besser im Stande, die ihnen gebotene Zeit und Gelegenheit zur Durchdringung und Förderung des vaterländischen Rechts zu ergreifen und zu benutzen.

Seit dem Sommer-Semester des Jahres 1840 — und zwar seit dem Ende des Jahres 1845 als ordentlicher Professor „für das Preußische Landrecht" — habe ich nunmehr dreiundvierzigmal Privatvorlesungen über „Landrecht" in vier bis sechs Stunden wöchentlich gehalten. Ueberdies habe ich in jedem Semester eine bis zwei Stunden wöchentlich der Behandlung verschiedener auserlesener Materien des vaterländischen Rechts in öffentlichen Vorlesungen gewidmet: bald in gedrängten Uebersichten, bald in eingehender Dogmatik und Controverse, bald in besonders durchgeführter Methode der Vergleichung mit anderen Rechten. So konnte ich mich in meinen Vorlesungen nach und nach über die einzelnen Gebiete des Preußischen Civilrechts weiter erstrecken, als es mir in dem vorgezeichneten einfachen Cursus möglich gewesen sein würde.

Aus diesen meinen Vorlesungen und aus dem lebendigen

Verkehr mit der lernenden Jugend ist, wie aus einer innerlich treibenden Nothwendigkeit, das gegenwärtig von mir begonnene Werk hervorgegangen. Es wird keinen Anspruch darauf machen, mit den großen Lehrbüchern, welche wir besitzen, in die Schranken zu treten. Aber es beruhet auf der befruchtenden Wechselwirkung des akademischen Lehrens und Lernens, und mag, so zu sagen, ein Lernbuch werden für die jüngere — zu einem nicht geringen Theile mir persönlich vertraut gewordene — Generation unserer Praktiker.

Der allgemeine Theil, dessen erste Lieferung bereits vor zwei Jahren im Druck erschienen war und den ich jetzt als ersten Band des ganzen Werkes in sich abgeschlossen vorlege, ist zu meinem Bedauern langsamer ans Licht getreten, als es für den äußeren Erfolg solcher Arbeiten wünschenswerth sein mag. Allein ich glaube wohl zu meiner Entschuldigung den mildernden Umstand anführen zu dürfen, daß die Concentration und Vertiefung eines in langjähriger Vorarbeit nur allzu reichlich angesammelten Stoffes eine andere Zeit und Mühe in Anspruch nimmt, als die Ausweitung und Verflachung eines erst in der Stunde der Bearbeitung dürftig zusammengesuchten Materials.

Die ziemlich ausführliche Haltung des allgemeinen Theiles rechtfertigt sich mit der überaus abstracten und mageren Beschaffenheit der allgemeinen Lehren unseres Gesetzbuches, welche concreter gestaltet und gleichsam mit Fleisch und Blut versehen werden mußten. Dagegen beabsichtige ich den besonderen Theil mit zwei Hauptabschnitten (Vermögensrecht — Familien- und Erbrecht) in einen verhältnißmäßig engeren Umfang zusammenzudrängen, weil in den besonderen Lehren das Gesetzbuch selbst von großer concreter Ausführlichkeit ist und mehr körperliche Masse darbietet.

Zur Vertheidigung der von mir befolgten Methode erlaube ich mir auf Seite 3. 4. 63—67 dieses Bandes zu verweisen. Der enge Anschluß an das Landrechtliche System soll nicht zu bloßen Rubriken des Inhalts oder zu einem dürren Schema für den Schulgebrauch führen, sondern zur Reconstruction des Gesetzbuches von Innen heraus und dadurch ganz besonders zur Lösung der dogmatischen Schwierigkeiten behülflich sein. Nicht selten habe ich den Versuch gewagt, schon durch die von mir gewählten Haupt- und Unter-Abtheilungen den Nerv der systematischen Behandlung bloß zu legen und den versteckten Principien einen schweigsamen Ausdruck zu geben.

Nur folgende einzelne Momente, welche sich gleichfalls auf die Methode meiner Arbeit beziehen, möchte ich hier noch näher bezeichnen.

Einen besonderen Werth lege ich auf die unser ganzes Gesetzbuch durchziehenden sogenannten Selbstallegate. Zumal die in den späteren Titeln des Gesetzbuches vorkommenden Anführungen einzelner Paragraphen aus dem allgemeinen Theile vermag ich nicht für gewöhnliche Citate anzusehen. Vielmehr scheinen mir in denselben die Fäden für das Gewebe des ganzen Systems dargeboten zu werden. Ich habe mich deshalb bemüht, dieselben an der geeigneten Stelle des allgemeinen Theiles vollständig und nach der Reihenfolge der Titel beizubringen.

Ferner lege ich einen großen Werth darauf, nicht leicht Widersprüche in unseren Gesetzen zu finden, sondern, wo es irgend angeht, die innere Vereinigung des scheinbar Widerstrebenden zu suchen und nöthigenfalls selbstständig aus dem Texte und aus dem Systeme herzustellen.

Mein Hauptzweck der Einführung in das wirklich geltende Recht veranlaßt mich zu einer äußerst vorsichtigen und sparsamen Uebung der Kritik gegen einzelne Bestimmungen oder gegen ganze Lehren unseres Gesetzbuches. Jede subjective Kritik von rein doctrinellem Standpunkte habe ich vermieden Dagegen halte ich nirgends zurück mit der objectiven, aus der praktischen Anwendung selbst sich ergebenden Kritik.

In ähnlicher Weise verhalte ich mich mehr constructiv als kritisch zu den, besonders in den drei letzten Jahrzehnten überaus fruchtbaren Ergebnissen unserer Praxis. Um die positive Substanz derselben nach festen Gesichtspunkten zu gewinnen, habe ich mich vor Allem von jener bequemen Kritik fern gehalten, welche, zumal bei Plenar-Beschlüssen, die Gründe der Minorität in den Vordergrund stellt oder die rationes dubitandi über die rationes decidendi erhebt. Die meistens chronologische Reihenfolge der von mir angeführten Präjudizien und Entscheidungen huldigt wieder vorzugsweise dem Lernzweck. Dem Anfänger soll dadurch der Weg gebahnt werden, in die Einzelheiten der allmählichen Rechtsbildung mit eigener Forschung selbstständig einzudringen.

Wenn ich endlich in den Anmerkungen ab und zu sprachliche Bemerkungen über die Ausdrucksweise unseres Gesetzbuches eingestreut habe, so bitte ich auch diese als aus der lebendigen Lehrmethode hervorgegangen anzusehen. Ich habe bei meinen Vorlesungen stets den Text des Landrechts zur Hand, welchen ich bei passender Gelegenheit meinen Zuhörern frei auslege und mitunter zu strenger Interpretation nach Art Römischer Textstellen benutze.

Zur Vermeidung von Zersplitterungen gedenke ich erst am Ende des ganzen Werkes in einem besonderen Nachtrage die neueren gesetzlichen Bestimmungen, richterlichen Entscheidungen und literarischen Erscheinungen zusammenzustellen, welche ich bei dem allmählichen Fortschreiten meiner Arbeit noch nicht an der geeigneteu Stelle zu benutzen vermochte.

Berlin, im September 1861.

L. E. Heydemann.

Uebersicht des Inhalts.

Einleitung.

Publications-Patent und Einleitung des A. L. R.

A. L. R.

Berichtigungen.

S. 25 Anm. 51 in der letzten Zeile ist statt III zu lesen: „IV. (S. 67.)"
S. 48 Z. 6. Statt „idealen" lies: „ideellen."
S. 122 Z. 3. Statt „ob" lies: „ob."
S. 148. In der vorletzten Zeile des Textes soll die Parenthese beginnen vor: „Auch pleonastisch ꝛc."
S. 154 Z. 10—12 (zu I. 17. §. 214) bedarf die Fassung folgender Verbesserung: „wonach strenge Rechenschaft von dem socius gefordert wird, der etwa" u. s. w.
S. 155 ist in der Ueberschrift statt „Tit. 1." zu lesen: „Tit. 3."
S. 162 Z. 5 ist das Komma zu streichen.
S. 173 Z. 2 gehört der Schluß der Parenthese vor das Wort: „Zeichen."
S. 182 ad b g. E. (Text Z. 7 v. u.) Statt „aufschiebenden" lies: „auflösenden."
S. 196 (Text) Z. 7 v. u. Statt „ingleichen" lies: „imgleichen."
S. 207. Die Numer der zweiten Anm. soll sein: 339 (nicht 39).
S. 212 Anm. 350 Z. 3 ist zu lesen: 50, und Z. 11: 1853.
S. 214 Anm. 353. Am Ende der ersten Zeile fehlt das Semikolon.
S: 241 ad D. (Z. 5) lies: Exec. Ordnung v. 4. März 1834. Ebendaselbst (Z. 10) lies „noch" statt „nach."
S. 254 ist in der letzten Zeile ad C. statt des α zu setzen: „a."
S. 264 Anm. 460. Statt „Entkräftigungs-" lies: „Entkräftungs-."
S. 292 Anm. 519. Am Ende der ersten Zeile fehlt das Kolon.
S. 299 Anm. 538. In der vorletzten Zeile ist ein Kolon an die Stelle des Semikolon zu setzen.
S. 315 Z. 1. Statt „§. 75" lies: §. 74.
S. 317. Nach 2. A. soll folgen: a (nicht: a).
S. 319 Anm. 590. In der letzten Zeile ist zu lesen: 1847.
S. 403 Anm. 847 Z. 5. Statt „Nachdruck" lies: „Nachdruck."

Einleitung.

§. I. Inhalt, Tendenz und Plan der Vorlesungen über Preußisches Landrecht.

Die Gegensätze in der modernen Behandlung der Disciplinen des Privatrechts, welche sich in den Kämpfen des Romanismus und Germanismus, so wie in dem an die Formel: „Volksrecht, Juristenrecht, Gesetzgebung" geknüpften Streite offenbaren, gewinnen eine eigenthümliche Bedeutung für das in Preußen geltende Landrecht, welches aus einer systematischen Verschmelzung von Römischem und Germanischem Rechtsstoffe und aus dem Glauben an die Alleinherrschaft des geschriebenen Gesetzes hervorgegangen ist.

Die Thätigkeit der Gesetzgebung ist in verschiedenen Zeiten eine sehr verschiedenartige gewesen. Wie groß ist der Unterschied zwischen den bloßen Aufzeichnungen der bereits mit dem Volke erwachsenen und in Gewohnheiten ausgeprägten Rechtsbildungen auf der einen und den neu und schöpferisch auftretenden Gesetzgebungen auf der anderen Seite! Und wie mannigfach sind innerhalb dieser Extreme die Uebergänge, in denen die gesetzgeberische Thätigkeit eine gewisse Mitte hält zwischen bloßem Anerkennen des Bestehenden und neuem Schaffen des Zukünftigen!

Im vorigen Jahrhunderte hatte man verlernt, daß das Recht nicht erst durch das Gesetz geschaffen wird, und daß das Gesetz nur eine der Formen, und zwar immerhin eine vergängliche Form ist, in welcher dem, was Recht ist, Gestalt und Ausdruck gegeben wird. Es herrschte vielmehr eine ziemlich prosaische Vorstellung von der Allmacht des Gesetzes, neben welcher die übrigen Formen der Rechtsbildung ohnmächtig sein sollten; während die antike Auffassung von der Erhabenheit des Gesetzes — der recta ratio Summi Jovis — den übrigen Rechts-Gestaltungen keinen Eintrag gethan hatte.

Das Erwachen eines lebhafteren gesetzgeberischen Triebes bezeichnet die Zeit des Ueberganges aus einem mehr particulären und zuständlichen

Rechtsleben in eine allmählich anwachsende, mehr allgemeine und selbstbewußte Rechtsentwickelung. Gegen die Mitte des vorigen Jahrhunderts nahm jener Trieb zumal in Deutschland eine ganz eigenthümliche Richtung, welche durch die formale Verstandesbildung der Zeit überhaupt und durch die herrschende Verstandesphilosophie insbesondere begünstigt wurde, ja zum Theil aus derselben hervorging. Antihistorisch ist der Charakter dieser Richtung insofern, als danach das bestehende Recht nicht, weil und wie es sich historisch gestaltet hatte, Geltung behaupten, sondern zur Erlangung des Anspruches auf Achtung und Beibehaltung sich erst vor dem sogenannten gesunden Menschenverstande rechtfertigen sollte, welcher dem bestehenden Rechte die eigene Berechtigung und die Bedingungen der Existenz nach ganz formalen und abstracten Kategorien abzufragen suchte. Codificatorisch aber ist der Charakter dieser Richtung insofern, als sie ganz von selbst dahin drängte, nicht blos Gesetze zu geben und den ganzen Rechsstoff, so weit derselbe Anerkennung finden und Geltung behaupten sollte, in Gesetze zu verwandeln, sondern auch die Gesammtmasse der so gefundenen „Gesetze" in geschlossene Gesetzbücher zu bannen.

Codification ist also keineswegs identisch mit gesetzgeberischer Thätigkeit überhaupt, sondern gerade die besondere Art derselben, welche auf dem Gedanken der Einheit, aber auch der Ausschließlichkeit des positiven Gesetzes beruhet. Alles Recht soll positives Gesetz werden. Was nicht zum positiven Gesetz erhoben ist, soll nicht als Recht gelten. Außer und neben dem geschriebenen Buchstaben des Gesetzes soll es kein Recht geben.

Auf eigenthümliche Weise war der Weg zur Codification gebahnt für den Preußischen Staat, der sich weniger naturwüchsig als gedankenmäßig zu einem einheitlichen Ganzen entwickelte, — und zwar ebensowohl in dem Zusammenhange mit dem Deutschen Reiche, als in dem Aufstreben aus dem zu eng werdenden Bande. Mit einer ausschließlich auf das einmal gesteckte Ziel gerichteten Energie wurde fast gleichzeitig auf allen Gebieten des Rechtes die Preußische Codification zu Stande gebracht.

Hier handelt es sich um dasjenige Resultat derselben, welches unter dem Namen des Allgemeinen Landrechts das materielle Recht, insbesondere die gesammten Gebiete des Privatrechts, umfaßt.

Das jetzige gemeine Preußische Privatrecht, wie es sich auf der Grundlage dieses Landrechts entwickelt hat, ist verhältnißmäßig noch jung. Doch haben Theorie und Praxis, Anfangs von der Basis des gemeinen Deutschen Rechts fast gewaltsam abgelöst, schon eine selbständige Substanz gewonnen. Die richterliche Thätigkeit insbesondere, deren Ergebnisse mehr und mehr an das Licht der Oeffentlichkeit getreten sind, hat in den neuesten Jahrzehnten zugleich wieder die Würde eines rechtsbildenden Organes erlangt, welche ihr ursprünglich versagt bleiben sollte. In naturgemäßer Wechselberührung und Wechselwirkung mit der Praxis haben Wissenschaft und Literatur angefangen sich zu heben. Auch auf den Universitäten ist das „Landrecht" in die Reihe der ebenbürtigen Disciplinen getreten, wenngleich noch ohne feste Traditionen der Behandlung.

Nur Wissenschaft und Handwerk, nicht Theorie und Praxis stehen gegenwärtig auch auf dem Gebiete des Preußischen Rechtes einander feindlich gegenüber. Die erste Beschäftigung mit dem Preußischen Rechte fällt bei uns in das Ende der akademischen und den Anfang der praktischen Laufbahn. Den Praktiker erdrückt die Masse des seit Emanation des A. L. R. angehäuften Stoffes, zumal da die nachlandrechtliche Gesetzgebung so viele Lücken in das Gesetzbuch gerissen hat. Er findet sich in einem Labyrinthe, aus welchem er sich durch die Wissenschaft geleiten lassen muß, wenn er nicht in den öden und unfruchtbaren Wunsch verfallen soll, eine endliche Hülfe von neuen und immer neuen Codificationen zu erlangen. Der Jünger der Wissenschaft dagegen sucht am Ende seiner akademischen Laufbahn einen sicheren Pfad des Ueberganges, auf welchem er aus dem wissenschaftlichen Studienkreise, mit dem er sich befreundet hatte, in das Gebiet der ausübenden Thätigkeit, welches vor ihm liegt und ihm noch fremd ist, einzutreten vermöge. Gelingt es ihm nicht, einen solchen sicheren Pfad zu finden, so wird er leicht in den einen oder den anderen von zwei einander entgegengesetzten, aber gleich gefährlichen Irrthümern verfallen, entweder die akademischen Studien für abgethan und entbehrlich, oder das praktische Treiben für nüchtern und handwerksmäßig zu halten.

Hiernach ergiebt sich für die akademischen Vorlesungen über das Preußische Landrecht fast von selbst der Standpunkt der Vermittelung zwischen Theorie und Praxis, welche einander gegenseitig befruchten und ernähren müssen.

Von diesem Standpunkte aus — ohne zu verkennen, daß man auf verschiedenen Wegen das rechte Ziel zu erreichen vermag — hat der Verfasser dieses Handbuches in seinen auf der Berliner Hochschule seit nunmehr beinahe zwanzig Jahren Semester für Semester gehaltenen Vorlesungen im Wesentlichen an dem Gange des Landrechtlichen Systems festhalten zu müssen geglaubt. Eben danach ist auch dieses Handbuch geordnet. Schon die Rücksicht auf die praktische Zweckmäßigkeit einer gleichsam localen, in die Oertlichkeit und den Bau des Ganzen leicht einführenden Methode scheint für diese Anordnung zu sprechen. Mehr noch die Erwägung der inneren Wichtigkeit des systematischen Elementes in unserem Gesetzbuche. (Unten §. IV.)

Der bei diesem Handbuche für den Zweck der Vorlesungen befolgte Plan geht sonach dahin: an und aus dem Systeme des Gesetzbuches selbst das Gebäude des jetzt geltenden Preußischen Privatrechts aufzurichten. Diesem Systeme uns anschließend lernen wir am Sichersten und Leichtesten, was durch Gesetzgebung, Wissenschaft und Praxis dem Gesetzbuche selbst hinzugefügt, was davon abgebrochen und neu gestaltet worden ist. Darin liegt zugleich eine Controle für die Anschauungen und Einsichten, welche wir so gewonnen haben oder gewinnen können.

Zwar knüpft sich in der gemeinrechtlichen Doctrin ein wesentlicher Fortschritt gerade daran, daß man die sogenannte Legalordnung der Pandekten verlassen und sich einer selbständigen systematischen Behandlung des Stoffes zugewendet hat. Allein in Beziehung auf das Preußische Recht waltet das umgekehrte Verhältniß ob. Hier läßt sich wohl ohne Anmaßung ein Fortschritt in der wissenschaftlichen Behandlung und in dem praktischen Gebrauche des von Hause aus durch und durch systematisch gestalteten Gesetzbuches vorzugsweise von dem gründlichen Erfassen und Ausbeuten der eigenen Legalordnung erwarten. Nur muß dabei das Streben nicht auf eine blos äußerliche Fertigkeit und Geschicklichkeit im Gebrauche und in der Handhabung des Gesetzbuches, sondern vielmehr darauf gerichtet sein, den Buchstaben der Gesetze aufzusaugen und den Geist des Rechtes selbst neu erstehen zu lassen.

Was endlich den materiellen Umfang des aus unserem Gesetzbuche herauszuhebenden privatrechtlichen Stoffes betrifft, so wird bei der hier zumal für akademische Vorlesungen erforderlichen Auswahl der leitende Gesichtspunkt festgehalten werden müssen, welcher für die sog. Pandekten-Vorlesungen als maßgebend gilt; dergestalt, daß hier kein wesentliches Element des Vermögensrechts, des Familienrechts und des Erbrechts fehlen darf. Ueberdies werden die aus dem Deutschen Privatrechte in das A. L. R. übergegangenen specifisch Deutschen Rechtselemente nothwendig mit in den Umfang unserer Disciplin aufzunehmen sein. Dagegen mag für die in unserem Gesetzbuche enthaltenen Elemente des öffentlichen Rechtes genügen, was sich aus der (in dem §. IV. dieser Einleitung gegebenen) allgemeinen Uebersicht über das ganze System von selbst ergiebt.

Will man nun auch diese Römischen und Deutschen Elemente des Rechtsstoffes dem philosophischen oder doch immer systematischen Elemente unseres Gesetzbuches nicht geradezu unterordnen, so erscheint doch die Verarbeitung derselben mit dem systematischen Elemente um so mehr unerläßlich, als ja eben unser Gesetzbuch in mehr als Einer Beziehung zugleich mit dem eigenthümlichen Charakter eines literarischen Erzeugnisses seiner Zeit — eines Lehrbuches — ausgestattet ist.

---

§. II. Geschichte der Preußischen Codification.

Nomen et omen! Schon in das sechzehnte Jahrhundert, nach vorgängiger förmlicher Anerkennung des längst recipirten Römischen Rechts, fallen die Versuche, für die Mark Brandenburg ein eigenes Landrecht abzufassen, um Gewißheit und Gleichheit des Rechts (ein sog. ius certum et scriptum) durch Verschmelzung der einheimischen Gewohnheiten und Verordnungen mit dem Römischen Rechte zu erreichen. Doch sind die Entwürfe des Kurfürsten Johann Georg (Kammergerichtsordnung und Landesordnung um 1573 [1574] und Landesordnung von 1594) nicht zu eigentlicher Gesetzeskraft gelangt [1]).

Das Landrecht des Herzogthums Preußen wurde zuerst im Jahre 1620 codificirt. Im Jahre 1685 erschien dasselbe als „Churfürstlich Brandenburgisches revidirtes Landrecht des Herzogthums Preußen." Endlich im Jahre 1721, nach der Umarbeitung durch Samuel v. Cocceji, als: Friedrich Wilhelm König's in Preußen verbessertes Landrecht des Königreichs Preußen; an dessen Stelle gegenwärtig die für Ostpreußen (1801) und Westpreußen (1844) codificirten Provinzialrechte getreten sind, so weit nicht schon früher einzelne Theile (Prozeß und Strafrecht) antiquirt waren [2]).

Erst im achtzehnten Jahrhunderte erhob sich das über solche provinzielle Landrechte hinausgehende Streben nach allgemeiner Codification. Eine anfängliche Regung desselben fiel schon in die Zeit um das Jahr 1700 [3]). Unter König Friedrich Wilhelm I. erwuchs es zu voller Kraft, und zwar keineswegs blos in Beziehung auf die zu

---

1) Heydemann, Elemente der Joachimischen Constitution, Berlin 1841, S. 10 ff., 27—35. Laspeyres: Die Reception des Römischen Rechts in der Mark Brandenburg und die Preußische Gesetzgebung vor König Friedrich II. (in Reyscher u. Wilda's Zeitschrift für Deutsches Recht, Bd. 6.) S. 59 ff.

2) v. Kamptz, Jahrb. Bd. 26. S. 292—299.

3) (v. Hymmen), Beiträge zu der juristischen Literatur in den Preußischen Staaten, Samml. 2. S. 263—271.

verbessernde Form des Verfahrens[4]), sondern bereits in entschiedener Richtung auf die Codification des materiellen Rechts. Ursprünglich wurde dabei nur eine provinzielle Codification (besonders für die Mark Brandenburg) beabsichtigt.[5]) Schließlich aber trat der Gedanke einer allgemeinen Codification klar und deutlich hervor. Denn in dem §. XI des Rescripts vom 26. Februar 1738 („wie es in verschiedenen Puncten zur Verbesserung der Justiz zu halten" u. s. w) erklärte der König wörtlich: „Sind Wir auch entschlossen, ein besonderes Land-Recht in Unseren Landen einzuführen, und das Jus Romanum, in so weit es applicabel, zum Fundament nehmen zu lassen. Gleichwie aber sich nicht füglich thun lassen will, die besondere Statuta und Jura jeder Provintz mit einfließen zu lassen; Also habt ihr diejenige, so bey euch eingeführet und (in) Observantia sind, besonders zu colligiren, und in eine Constitution unter gewissen Rubriquen: Zum Exempel: Von Communionen der Güther, von dem Eigenthums-Recht u. s. w. zu bringen; Welchemnächst, wann solche insgesamt eingesandt, und mit denen Ständen und Magistraten jeder Provintz und Stadt darüber communiciret worden, dieselbe besonders publiciret werden sollen, damit solchergestalt einmahl überall ein gewisses Recht etabliret werde."[6]) Unmittelbar daran schloß sich der in der Notification vom

4) Darauf geht besonders die „Allgemeine Ordnung, die Verbesserung des Justitz-Wesens betreffend", vom 21. Juni 1713 (C. C. M. Th. II. Abth. I. No. CXXXI.), mit den in den folgenden Jahren dazu ergangenen Declarationen und Zusätzen, und das „Allgemeine Edict, wegen Abkürtzung und Beschleunigung der Processe", vom 2. Mai 1736 (a. a. O. No. CCLXXIV.). Auf eine erst noch zu entwerfende „vollständige und generale Process-Ordnung" deutet die das Neumärkische Justizwesen betreffende Ordnung vom 10. August 1738 im §. 1. (C. C. M. Cont. I. No. XXXVI.)

5) In dem in der vorigen Anm. angeführten Edicte vom 21. Juni 1713 bezieht sich der §. LVI. (a. a. O. Sp. 546) ganz auf das materielle Recht: „In denen Provintzien, wo mehr als einerley Recht und theils das Römische, theils das Sächsische, theils ein Jus consuetudinarium gilt, wollen Wir an richtige Verfassungen arbeiten lassen, damit alle aus einem ungewissen Recht entspringende Fehler und Gebrechen abgeschaffet werden." Zu diesem Behufe sollten dann die zweifelhaften Fälle gesammelt und nebst den Gründen zur Entscheidung eingesandt werden, um dem „abusus praejudiciorum" zu steuern und das „arbitrium Judicis" in die gehörigen Schranken bannen zu können. Die Decisiv-Rescripte und die Edicte sollten fleißig zusammengesucht und daraus „Constitutiones" verfaßt und im Lande publicirt werden. — Sehr merkwürdig ist die durch Laspeyres (a. a. O. S. 88—96) veröffentlichte, der Juristen-Facultät zu Halle „wegen Abfassung einiger Constitutionen zum Land-Recht" unterm 18. Juni 1714 ertheilte Instruction, bei welcher es freilich zunächst nur auf die Mark abgesehen war.

1. März 1738 „wegen der Function, so Se. Königl. Majest. Dero Etats-Ministre v. Cocceji zur Verbesserung des Justitz-Wesens allergnädigst aufgetragen" ad 9 ausgesprochene Königliche Befehl: daß derselbe „davor sorgen solle, daß ein beständiges und ewiges Land-Recht verfertiget, das confuse, und theils auf Unsere Lande nicht quadrirende Jus Romanum abgeschaffet, und die unzehlige Menge von Edicten gedachtem Land-Recht einverleibet werde."[7])

Einen äußeren Erfolg hatten diese Bestrebungen noch nicht. Doch gaben sie dem Gedanken der Zeit einen allgemein verständlichen Ausdruck und bahnten den Weg, auf welchem Friedrich der Große, dem die Ausführung jenes Gedankens vorbehalten war, zum Ziele schreiten konnte.[8])

Mit gleicher Energie unternahm der große König auf allen Rechtsgebieten die Reform der Gesetzgebung, welche als eine Aufgabe des Zeitalters galt.

Einige Erfolge wurden sofort auf dem Gebiete der Rechtspflege errungen. Das im Jahre 1746 ergangene Verbot der Actenversendung (zuerst an ausländische, dann auch an inländische Facultäten und Schöppenstühle)[9]) legte den Gerichten die Pflicht auf, überall selbst Recht zu sprechen, förderte also die Selbständigkeit und Unabhängigkeit der Rechtspflege im Lande. Und von Samuel v. Cocceji, der schon seit dem Jahre 1738 an der Spitze des Justizwesens gestanden hatte, aber erst durch Cab. Ordre vom 8. März 1747[10]) zum Großkanzler erhoben wurde, ging das Project des Codicis Fridericiani Pomeranici vom 6. Juli 1747 aus, welches in Pommern zur

6) C. C. M. Cont. I. Sp. 134.

7) C. C. M. Cont. I. Sp. 138.

8) Laspeyres a. a. O. S. 1. 2. 74—87.

9) C. C. M. Cont. III. No. X. und XIII. (Cab. Ordres vom 2. April und 20. Juni 1746.)

10) Diese Cab. Ordre, abgedruckt in v. Kamptz Jahrb. Bd. 59. S. 139 fg. (im C. C. M. Cont. III. No. X. befindet sich nur das an das Staats-Ministerium desfalls ergangene Rescript vom 28. März ej. a.), äußert zugleich die besondere Zufriedenheit des Königs über Cocceji's „besondern Fleiß und höchstrühmlichen Eiffer in Verbeßerung des Justitz-Wesens," unter Anerkennung des „gewünschten" Erfolges „in Abkürtzung der so verderblichen langwierigen Processe" (in Pommern) „und in Einführung einer rechtschaffenen Justitz". Als das Jahr der Ernennung Cocceji's zum Großkanzler wird meistens 1748 angegeben; — wie es scheint in Verpflanzung eines Druckfehlers, der sich bei v. Hymmen Bd. 3. S. 228 findet.

Verminderung der großen Anzahl schwebender Prozesse in erwünschter Weise führte und demnächst, in revidirter Gestalt, als Project des Codicis Fridericiani Marchici vom 3. April 1748 „oder eine, nach Sr. Königl. Majestät von Preussen Selbst vorgeschriebenem Plan entworffene Cammer-Gerichts-Ordnung, nach welcher alle Processe in einem Jahr durch drey Instantzen zum Ende gebracht werden sollen und müssen", allen Provinzen der Monarchie „zum Modell dienen" und eine „General-Process-Ordnung", mit überall gleichförmigem Verfahren, werden sollte.[11])

Geringeren Erfolg hatte Cocceji auf dem Gebiete des materiellen Rechtes, obgleich er sich gerade in dieser Beziehung die Sache ziemlich leicht vorstellte.

Schon in dem „unvorgreiflichen" Plane wegen Verbesserung der Justiz, welchen er seinem Berichte vom 9. Mai 1746 beifügte, sprach er sich dahin aus: „(13.) Hauptsächlich muß das Römische Lateinische Recht abgeschafft, und auf den Preußischen Fuß ein Teutsches Landrecht verfertiget werden, welches sich blos auf die natürliche Vernunft und die Landes-Verfassungen gründen muß, und welches ich in einem Jahre liefern will."[12]) Und in der zu diesem Plane gegebenen Erläuterung: „(ad 13.) Die vornehmste Ursach der vielen und langwürigen Prozesse ist diese, daß kein gewisses Recht in Ew. Königl. Majestät Landen eingeführt ist. Die Justiz-Collegia müssen sich nach dem alten Römischen Lateinischen Recht richten, welches in lauter ohne Ordnung zusammengeflickten Stücken bestehet, und wovon die Hälffte auf diese Lande nicht applicable ist, ja worin kein Gesetze ist, welches nicht pour et contre ausgelegt werden kann. — Dieses confuse Recht wird durch das Sachsen- und kanonische Recht, und durch die unzehlige Edicta noch in größere Confusion gesetzt. — Dahero vor allen Dingen nöthig ist, ein allgemeines Landrecht in teutscher Sprache zu entwerffen, solches blos nach der Vernunfft und hiesiger Landes-Verfassung einzurichten, alle andere Gesetze und Edicta aufzuheben: Hiernechst die Collegia und Stände einer jeden Provintz mit ihren Monitis darüber zu hören und solchergestalt ein gewisses und beständiges Recht zu verfertigen und darüber stricte zu halten. — Diejenige Jura, welche eine jede Provintz durch besondere Sta-

---

11) Vgl. die Vorrede zum Cod. Frid. March. und „die Justiz-Reform in den Königlich Preußischen Staaten in den Jahren 1746—1748": in v. Kamptz Jahrb. Bd. 59. S. 67—158.

12) v. Kamptz a. a. O. S. 77.

tuta erworben hat und von dem allgemeinen Recht abgehen, müssen in eine besonders beygedruckt werden.“ [13])

Hierauf erging gleich in der Instruction, welche Cocceji, Behufs Einrichtung der Justiz in Pommern, neben der Cab. Ordre vom 2. October 1746 erhielt, der gewissermaßen vorläufige Königliche Befehl (ad 31) [14]), welcher demnächst in der Constitution vom 31. December 1746 („wie die Prozesse in Pommern, nach Sr. Königl. Majestät in Preußen vorgeschriebenem Plan, in einem Jahr in allen Instanzien zum Ende gebracht werden sollen“) folgenden, dem Coccejischen Plane vollständig entsprechenden Ausdruck gewann: „(§. 24.) Und weil die gröste Verzögerung der Justitz aus dem ungewissen Lateinischen Römischen Recht herrühret, welches nicht allein ohne Ordnung compiliret worden, sondern worinn singulae leges pro et contra disputiret, oder nach eines jeden Caprice limitiret, oder extendiret werden; so befehlen wir gedachtem Unserm Etats-Ministre v. Cocceji, ein Teutsches Allgemeines Landrecht, welches sich blos auf die Vernunft und Landesverfassungen gründet, zu verfertigen, und zu Unserer Approbation vorzulegen, worüber Wir hiernechst aller Unserer Stände und Collegiorum, auch Universitäten monita einhohlen, und die besondern Statuta einer jeden Provintz besonders beydrucken lassen wollen, damit einmahl ein gewisses Recht im Lande etabliret, und die unzählige Edicte aufgehoben werden mögen.“ [15]) Und noch in der Cab. Ordre vom 18. August 1747 spricht der König, besonders in Beziehung auf das am 16. desselben Monates erneuerte Versprechen Cocceji's: „ein in Vernunfft und Landes-Verfassungen gegründetes Landrecht“ binnen Jahres-Frist verfertigen zu wollen, seinen Dank dafür aus, daß Cocceji „in alle solche Sachen entriret“, die des Königs „idees und sentiments gantz völlig conform seyn.“ [16])

Bald trat Cocceji's Arbeit an das Licht, unter dem breiten, aber inhaltschweren Titel: „Project des Corporis Juris Fridericiani, das ist, Sr. Königl. Majestät in Preussen in der Vernunft und Landes-Verfassungen gegründetes Land-Recht, worinn das Römische Recht in eine natürliche Ordnung, und richtiges Systema, nach den dreyen Objectis Juris gebracht: Die General-Principia, welche in der Vernunft gegründet sind, bey einem ieden Objecto festgesetzet, und die nöthigen

---

13) Ebendaselbst S. 83.
14) Ebendaselbst S. 98.
15) Ebend. S. 133.
16) Ebend. S. 145 ff.

Conclusiones, als so viel Gesetze, daraus deduciret: Alle Subtilitäten und Fictiones, nicht weniger was auf den Teutschen Statum nicht applicable ist, ausgelassen: Alle zweifelhafte Jura, welche in den Römischen Gesetzen vorkommen, oder von den Doctoribus gemacht worden, decidiret, und solchergestalt Ein Jus certum und universale in allen Dero Provintzen statuiret wird."

Der erste Theil dieses Projectes, welcher im Jahre 1749 (zweite Auflage 1750) im Druck erschienen ist, behandelt das Personenrecht in 3 Büchern. Der zweite Theil, im Jahre 1751 herausgekommen, die dinglichen Rechte in 8 Büchern. Der dritte Theil, vom Obligationen- und Criminal-Recht, ist nicht gedruckt worden, und es ist sogar das Manuscript desselben fast ganz verloren gegangen. Auch von den herausgegebenen zwei Theilen haben nur zwei einzelne Bücher (von Ehe- und Vormundschaften), und auch diese nur in einigen Provinzen, Gesetzeskraft erlangt.[17])

Eine merkwürdige Urkunde für die Ansichten jener Zeit ist die „Vorrede an den Leser" in 34 Paragraphen. Zunächst gilt darin als „die Source, woraus die vielen Prozesse entstehen", hauptsächlich der Mangel eines gewissen Rechtes. Dann wird die Geschichte des Römischen Rechtes zergliedert und am Schlusse einer jeden Epoche, insbesondere auch nach der Justinianischen Compilation, die Klage über nie beseitigte Ungewißheit des Rechtes immer von Neuem erhoben. Dieselbe Klage wird in Beziehung auf das Deutsche Reich, und daß auch in diesem „niemalen ein Jus certum bis auf den heutigen Tag gewesen sei", angestimmt und zumal auf die vielen gelehrten Commentarien von der Glosse an und auf die Responsa u. s. w. ausgedehnt. Allem Uebel soll nun das neue Landrecht abhelfen, durch welches das Römische Recht nicht sowohl aufgehoben als vielmehr in eine vernünftige Ordnung gebracht (ad artem redigirt) sei. Es wird anerkannt, daß die Principia generalia aus dem s. g. Corpore Juris Romani genommen sind, „weil nicht geläugnet werden kann, daß diese Gesetze mehrentheils in denen natürlichen Rechten ihren Grund haben." Aber es wird zugleich gerühmt, daß ebensowohl die blos auf den Statum von Italien und Griechenland gerichteten Bestimmungen als die in diesem C. J. R. so häufig vorkommenden Subtilitäten und Fictionen ausgeschieden seien, und daß man die Unordnung, welche die Compilatores des Römischen Rechts durch ihre „confuse Extracte" veranlasset,

17) Vollständig verzeichnet bei v. Kamptz a. a. O. S. 146—148 in der Anmerkung.

corrigirt, die darin versteckten Principia Juris naturalis hervorgesucht, bei einer jeden Materie vorangeschickt und vernünftige Conclusiones daraus deducirt habe. Der Hauptvorzug des neuen Landrechts wird aber gerade in das philosophische Element der Behandlung gesetzt. Die Prämittirung der General-Principia und die Deduction der daraus fließenden nothwendigen Conclusiones bezweckt nichts Geringeres als die Herstellung eines solchen „Universal-Systema, welches auf alle Staaten, die die natürliche Vernunft zur Regul ihrer Gesetze nehmen, applicirt werden kann.“ Bei einem jeden Obiecto Juris seien deshalb gewisse aus der Vernunft hergeleitete Principia festgesetzt, alle Materien in einer natürlichen Ordnung unter gehörige Rubriken gebracht und die dahin einschlagenden Materien gehörigen Orts inserirt worden, so daß das ganze Systema „wie eine Kette“ an einander hänge, und „dieses Landrecht mit Grund ein Jus naturae privatum genannt werden“ könne.

Diese Auffassung ist besonders charakteristisch für eine Zeit, in welcher die demonstrative Methode der Wolf'schen Philosophie herrschte, wonach auch alle positiven Rechtssätze aus wirklichen oder vermeintlichen Naturrechts-Begriffen in einer selbst dem Laien verständlichen Weise hergeleitet werden sollten. Daher auch auf dem Titel des Cocceji'schen Landrechts die Angabe, daß aus den allgemeinen Vernunftprincipien „die nöthigen Conclusiones, als so viel Gesetze,“ deducirt seien. Es war gewiß kein Spiel des Zufalles, daß gerade Cocceji, der persönlich aus der Schule des damaligen Deutschen Naturrechts hervorgegangen war[18]), dieses Naturrecht von dem Katheder auf den Thron der Gesetzgebung erhob.

Zugleich hatte die Abfassung des Cocceji'schen Landrechts in Deutscher Sprache den ausgesprochenen Zweck: „damit ein ieder, der einen Proceß hat, solches selber nachsehen, und ob er Recht oder Unrecht habe, daraus erlernen könne.“ Die dennoch beibehaltenen Römischen Kunstausdrücke werden theils mit der längst erfolgten Einbürgerung derselben, theils damit entschuldigt, daß es „sehr schwer fallen dürfte, dieselbe in das Teutsche zu versetzen: weil diese Sprache nicht

18) Samuel Cocceji wurde 1679 zu Heidelberg geboren, woselbst sein Vater Heinrich Cocceji seit 1672, nach Pufendorf's Abgang, Professor der Rechte war. Seit 1690 war Heinrich C. und seit 1701 Samuel C. Professor der Rechte in Frankfurt a. d. Oder, Einer nach dem Anderen nicht blos der praktischen, sondern auch der naturrechtlichen Behandlung der Wissenschaft zugewendet. Seit 1702 wurde Heinrich C. in Staatsangelegenheiten gebraucht. (Gestorben 1719). Im Jahre 1704 verließ Samuel C. das Katheder und widmete sich ganz dem praktischen Staatsdienste, in welchem er rasch emporstieg. (Gest. 1755).

dazu gemacht ist, eine Sache auf eine kurtze Art zu exprimiren." Um aber nicht wieder an die Vergangenheit anknüpfen und das Verderbniß der eigenmächtigen Interpretation erneuern zu lassen, sollten von Hause aus alle Commentarien, Ampliationen u. s. w. bei schwerer Strafe verboten sein[19]). „Daher die Professores bloß der Jugend das Systema bekannt machen, und derselben die Principia generalia deutlich vortragen ꝛc. sollen und müssen."

Die in der „Vorrede" ausgesprochenen Ansichten machen sich auch in dem Texte des Cocceji'schen Werkes selbst geltend. So besonders in dem s. g. „Eingang zum Land-Recht" (11 §§en) und in Part. I. Libr. I. Tit. II.: „Von der Rechtsgelahrtheit, von der Gerechtigkeit und von den Gesetzen." Auch in der Vorrede zum zweiten Theile (von den dinglichen Rechten). Der genannte „Eingang" schildert mit lebhaften Farben die Confusion, welche daraus hervorgegangen, daß den schon an sich ungewissen und unter einander nicht immer in Einklang stehenden Römischen und Canonischen Rechten durch die weit gehende „Freiheit einiger Privat-Doctorum" noch „ein imaginaires Teutsches Recht" (!) beigefügt sei, „von dessen Ursprung nichts gewisses bekannt, und dessen Gesetze längst aus der Observantz gekommen, auch die wenigste auf den heutigen Statum applicable sind", und daß zu diesem Allen noch das in einigen Preußischen Landen geltende, von dem Jure communi in vielen Fällen differirende Jus Saxonicum, ferner die Fülle der mehrentheils nicht allgemein bekannten und oft in ihrer Geltung selbst bestrittenen particularrechtlichen Normen (Willküren und Statuten der Provinzen und Städte) und endlich die unzählige Menge der Edicte komme.

Waren nun aber auch die Versuche Cocceji's auf dem Gebiete des formellen Rechts nicht geradezu — wie auf dem Gebiete des materiellen Rechts — gescheitert, so vermochte doch das nach der Gerichtsordnung von 1748 geübte Verfahren — welches im Wesentlichen auf der gemeinrechtlichen Verhandlungsmaxime beruhen blieb — auf die Dauer den Wünschen des Königs nicht zu genügen. Das durch die G. O. v. 1748 zwar nicht erst neu eingeführte, aber doch wesentlich begünstigte mündliche Verfahren vor dem erkennenden Richter wurde durch die Bequemlichkeit der Praxis mehr und mehr wieder in den Hintergrund gedrängt[20]). Auch paßt schon auf diese Zeit, was für eine spätere Zeit

19) Vgl. v. Savigny System des heut. Röm. Rechts Bd. I. S. 159 fg. 201 fg.

20) Sethe in Simon und v. Strampff's Zeitschrift Bd. I. S. 41—45.

treffend bemerkt worden ist: daß nämlich der verwickelte Zustand des materiellen Rechtes der Anwendung der Mündlichkeit widerstrebte und den Schriftwechsel zum vorherrschenden Bedürfniß machte[21]). Der beabsichtigte Codex revisus trat nicht ans Licht, und die G. O. von 1748, mit einem Anhange von 1761, blieb noch Jahrzehnte in praktischer Geltung[22]).

Erst gegen das Ende seiner Regierung gelangte der König dahin, das nie aufgegebene Werk der Gesetzgebung mit frischen Kräften von Neuem anzugreifen. Seit dem Jahre 1774 war es insbesondre der damalige Schlesische Justizminister v. Carmer, welcher den Plan zur Justizverbesserung auf Grundlage eines neuen inquisitorischen Verfahrens im Civilprozesse verfolgte. Ein ausführliches Project des revidirten Codicis Fridericiani gab schon im Jahre 1775 dem neuen Plane den vollständigen Ausdruck. Die — durch die Erfahrungen der Folgezeit nur zu sehr bestätigten — Bedenken und Einwürfe des damaligen Großkanzlers v. Fürst traten der sofortigen Ausführung der vorgeschlagenen Neuerungen entgegen. Es kam einstweilen nur zur Abfassung der wenig umfang- und einflußreichen „neuen Verordnung, um die Prozesse zu verkürzen“ vom 15. Januar 1776[23]). Der von dem Großkanzler v. Fürst selbst ausgegangene Vorschlag zur baldigen Anfertigung eines allgemeinen vollständigen Deutschen Gesetzbuches (für sämmtliche Provinzen)[24]) blieb auf sich beruhen. Erst die in Folge des Müller Arnold'schen Rechtsfalles dem Großkanzler v. Fürst am 11. December 1779 ertheilte Entlassung[25]) brachte den zum Nachfolger desselben ernannten Minister v. Carmer[26]) an das Steuer der Gesetzgebung.

---

21) v. Daniels Lehrbuch des gemeinen Preußischen Privatrechts Bd. I. S. 18.

22) Simon in Mathis Jurist. Monatsschrift Bd. XI. (Heft 3. Septbr. 1811: „Bericht über die scientivische Redaktion der Materialien der Preußischen Gesetzgebung) S. 203—265.

23) Vgl. Simon a. a. O. S. 266—270 und die „Verhandlungen über die Justiz-Reform in den Preußischen Staaten in den Jahren 1774 bis 1776“: in v. Kamptz Jahrb. Bd. 58. S. 3—60.

24) Vom 3. Januar 1776: v. Kamptz a. a. O. S. 17.

25) Vgl. das an diesem Tage von dem Könige selbst abgehaltene und Tages darauf dem Tribunale und Kammergericht zugefertigte Protokoll: N. C. C. Bd. 6 Sp. 1629—1632.

26) Der Tag der Ernennung v. Carmer's wird allgemein als der 25. Dec. angegeben. Doch sagt der König schon in dem Protokolle vom 11. ej. m.: Er „habe einen neuen Groß-Canzler ernannt“.

Nach einer vorläufigen Instruction über das prozessualische Verfahren vom 28. December 1779 [27]), einem Reglement über das Verfahren in Prozessen zwischen Grundherrschaften und Unterthanen vom 17. Januar 1780 [28]) und einem Berichte des Großkanzlers v. Carmer über den „Zustand unserer Gesetze" vom 4. April 1780 ergingen die für die nunmehr unternommene und durchgeführte Reform der Gesetzgebung maßgebend gewordenen Cab. Ordres vom 6. und 14. April 1780 [29]).

Drei Hauptziele treten in diesen beiden Königlichen Instructionen hervor:

I. **Tüchtige Ordnung in den Justizkollegien,** — eine an sich mehr administrative, dem Großkanzler persönlich anheim gegebene Angelegenheit, in Verbindung mit wahrhaft Königlichen Aussprüchen über die Würde und die Pflichten des Richteramtes.

II. **Untersuchungs-Prinzip im Civil-Prozesse.** Der Richter soll die Wahrheit und den eigentlichen Zusammenhang der Sache selbst untersuchen und sich „nicht an die Advocaten kehren, denn die haben ihr Interesse dabei, die Prozesse zu verlängern und zu verdunkeln." (C. O. 6. April.) Die Prozeßordnung, welche im Grunde noch eben „das unschickliche Gewebe des geistlichen Rechts" sei, „über welches ganz Deutschland schon seit verschiedenen Jahrhunderten geklagt hat", soll von unnützen Formalitäten gereinigt und es soll möglich gemacht werden, die Prozesse in Einem Jahre zu Ende zu bringen. Zu diesem Behufe soll der Richter 1) die Parteien selbst hören und 2) die Wahrheit der Sache von Amts wegen eruiren und danach den Rechtsstreit entweder durch Vergleich heben oder (ohne Beweiserkenntniß) zum Spruch instruiren. Die Parteien aber sollen 3) nicht mehr in der Person von gedungenen Advocaten, sondern in der Person von Assistenzräthen, welche der Staat besolde, Rechtsbeistände haben. (C. O. 14. April.)

---

27) N. C. C. a. a. O. Sp. 1793—1804.

28) Ebendas. Sp. 1823—1852.

29) Die C. O. v. 6. April ist erst in v. Kamptz Jahrb. Bd. 46. S. 225—227 abgedruckt. Die vom 14. April befindet sich schon im N. C. C. a. a. O. Sp. 1935—1944. Daran schließt sich das Rescript vom folgenden Tage (15. April), welches, unter Mittheilung dieser Cab. Ordre, den Obergerichten die Sammlung und Einsendung der Provinzialrechte, Statuten, Willküren und Gewohnheitsrechte befiehlt: Sp. 1943, 1944. Auch dem Corpus Juris Fridericianum von 1781 ist die Cab. Ordre vom 14. April vorgedruckt.

III. Codification der Provinzialrechte und des Gemeinen Rechts.

Gleich in der C. O. vom 6. April ertheilt der König dem Großkanzler die durchgreifende Weisung, daß vor Allem die uralten Gebräuche in den Provinzen geschont werden müssen. Beispielsweise wird auf die provinziellen Verschiedenheiten im Erbrecht, im Bauernrecht und in der Leibeigenschaft verwiesen, mit der Schlußfolgerung: „Also ist nicht möglich, daß ein Gesetz general sein kann, sondern bei allen Provintzien, wo differente Gebräuche sind, muß ein Unterschied gemacht werden." Sonach wird für jede Provinz „ein besonders Gesetz" in Aussicht gestellt, und zwar: 1) für Schlesien, 2) für Preußen, 3) für Pommern und die Neumark, 4) für die Churmark, 5) für das Magdeburgische und Halberstädtische, 6) für Minden und Ravensberg, 7) für Cleve und die Grafschaft Mark, 8) für Ostfriesland. Im Uebrigen billigt, ja bewundert der König den Hauptplan des Großkanzlers „wegen Verbesserung der Gesetze"[30]). Darunter wird im Wesentlichen die Verbesserung der „bei Weitem nicht vollkommenen Sammlung vom Kaiser Justinian und seinem Canzler" in dem Sinne verstanden, daß dabei das Recht der Natur den Römischen Rechten vorgezogen und das Hauptaugenmerk auf Coupirung der Prozesse gerichtet werde. Je weniger Prozesse, in desto besseren Umständen seien die Leute. Die Advocaten wären gern zu entbehren, da sie doch blos an der Verwirrung der Sachen Schuld seien und vom Unglück anderer Menschen lebten. Als Kaufleute oder Manufacturier's würden sie dem Lande mehr Nutzen schaffen. Für die Ausführung des ganzen Unternehmens wird zwar dem Großkanzler freie Hand gelassen, doch giebt der König zu verstehen, daß dabei „habile, ehrliche und recht zuverlässige Leute aus den Collegiis" besser würden zu gebrauchen sein, als „Professores", welche doch „immer zu weitläuftig" wären.

Weiter und tiefer geht die C. O. vom 14. April darauf ein, wie „die bisher noch zu sehr zerstreute unbestimmte und zweydeutige Gesetze mit möglichster Präcision und Deutlichkeit bestimmt und gesammlet werden sollen". Hier concentrirt sich gewissermaßen die ganze, längst vorbereitete Ansicht der Zeit von dem Wesen der Gesetzgebung und von den durch die Allmacht derselben zu lösenden Problemen. Und deshalb möge hier auch eine Analyse dieser Bestimmungen ihren Platz finden.

---

30) Der König sagt zweimal in der C. O. v. 6. April: „Eure Idee hierunter ist admirable".

1.

„Was endlich die Gesetze selbst betrifft, so finde Ich es sehr unschicklich, daß solche größtentheils in einer Sprache geschrieben sind, welche diejenigen nicht verstehen, denen sie doch zu ihrer Richtschnur dienen sollen. Eben so ungereimt ist es, wenn man in einem Staat, der doch seinen unstreitigen Gesetzgeber hat, Gesetze duldet, die durch ihre Dunkelheit und Zweydeutigkeit zu weitläuftigen Disputen der Rechts-Gelehrten Anlaß geben, oder wohl gar darüber: ob dergleichen Gesetz oder Gewohnheit jemals existirt oder eine Rechts-Kraft erlangt habe? weitläuftige Prozesse veranlaßt werden müssen. Ihr müßt also vorzüglich dahin sehen, daß alle Gesetze für Unsere Staaten und Unterthanen in ihrer eignen Sprache abgefaßt, genau bestimmt, und vollständig gesammlet werden."

An der Spitze steht also die Ansicht oder das Vorurtheil von der Unschicklichkeit und Unverständlichkeit der in fremder Sprache geschriebenen Gesetze, von der daraus herfließenden Rechtsunsicherheit, insbesondere von der Ungereimtheit der Existenz von Controversen neben einem unstreitigen Gesetzgeber, und endlich von der Abhülfe durch ein in der Muttersprache abzufassendes Gesetzbuch.

Der Unwille gegen die „fremde Sprache" hatte sich schon an den oben aus dem Jahre 1746 beigebrachten Stellen in dem scheinbaren Pleonasmus des (alten, ungewissen) „Römischen Lateinischen" (oder „Lateinischen Römischen") Rechtes, d. h. des in Lateinischer Sprache geschriebenen Römischen Rechtes, Luft gemacht. Sonst möchte man nicht gerade fehl gehen, wenn man für die damalige Zeit noch die Sprache der älteren Deutschen Rechtsquellen zu den fremden Sprachen zählen wollte. Stellt doch auch das Publicationspatent zum Allg. Landrecht von vorn herein die gemeinen Sachsenrechte mit den anderen fremden subsidiarischen Rechten auf gleiche Stufe!

Ueber die in Folge der Geltung des Römischen Rechts eingerissene Rechtsunsicherheit aber hatte sich noch Cocceji in den §§. 20. 21. der Vorrede zum C. J. Frid. verbreitet, mit besonderer Rückbeziehung auf die vermeintlich bereits früher einmal — wenn auch nur auf gewisse Art und vorübergehend — gelungene Abschaffung des Römischen Rechts durch die s. g. Reformation Kaiser Friedrich des Dritten vom Jahre 1441.[31])

---

31) Das große und althergebrachte Mißverständniß in Ansehung dieser sog. Reformation ist vollständig aufgeklärt in Eichhorn's Deutscher Staats- und Rechts-Geschichte §. 408.

2.

„Da nun aber fast jede Meiner Provinzen ihre besondere Verfassung, Statuten und Gewohnheiten hat, welche sehr von einander unterschieden sind, so muß für jede derselben ein eigenes Gesetzbuch gesammlet und darinn alles eingetragen werden, wodurch sich die Rechte der einen Provinz von den andern unterscheiden."

Also die Provinzialrechte sollten nunmehr den ersten Rang in der ganzen Codification einnehmen. Die Provinzialgesetzbücher sollten gleichsam das Hauptrecht werden; während man Anfangs nur darauf ausgegangen war, die besonderen Statuten einer jeden Provinz neben dem Hauptcodex in einzelnen Constitutionen unter gewissen Rubriken besonders zu publiziren (1738) oder dem Hauptcodex besonders beidrucken zu lassen (1748). An eine völlige Beseitigung, an eine Aufhebung der Localrechte neben dem zu schaffenden Allgemeinen Gesetzbuche hatte man nie gedacht.

3.

„Weilen aber dennoch dergleichen Provinzial-Statuta und Gewohnheiten sich nur auf gewisse Gegenstände einschränken, und keine allgemeine noch weniger aber vollständige Rechts-Regeln enthalten, das Corpus juris vom Kayser Justinian aber als das subsidiarische Gesetz-Buch fast aller europäischen Staaten von vielen Jahrhunderten her auch bey uns angenommen worden ist, so kann dieses auch künftig nicht ganz ausser Acht gelassen werden. Inzwischen ist bekannt, daß dieses Römische Gesetz-Buch größtentheils nur eine Sammlung der Meinungen und Entscheidungen der Rechts-Gelehrten in einzelnen Fällen enthält; sich vielfältig auf die alten und jetzt gar nicht mehr passenden Römischen Verfassungen und Formalitäten bezieht; auch mit vielen Widersprüchen angefüllt ist. Es muß also nur das Wesentliche mit dem Natur-Gesetz und der heutigen Verfassung übereinstimmende aus demselben abstrahirt; das Unnütze weggelassen; Meine eigene Landes-Gesetze am gehörigen Orte eingeschaltet, und solchergestalt ein subsidiarisches Gesetz-Buch, zu welchem der Richter beym Mangel der Provinzial-Gesetze recurriren kann, angefertigt werden."

Also nur in subsidium, so weit die Provinzialcodificationen nicht ausreichen würden, sollte ein allgemeines Gesetzbuch hergestellt werden, mit Benutzung der Justinianischen Sammlung, aber auch mit vollständiger Verbesserung und Ausmerzung aller wirklichen oder vermeintlichen Mängel derselben. Als solche Mängel galten ja damals schon seit Jahrzehnten die Controversen, die Antinomien, und die mit dem abstracten Naturrecht oder mit der concreten Landesverfassung nicht harmonirenden Bestimmungen des Römischen Rechts.

4.

„Ueberhaupt aber muß Ich hiebey bemerken, daß, wie es Mir scheint, die römischen Gesetz-Geber, welche eben nicht sparsam in den Bestimmungen streitiger Rechts-Fragen gewesen, gleichwohl ihr Augenmerk nicht allemal genau genung darauf gerichtet haben, was den Zweifeln in Rechts-Fällen vorzubeugen und Prozesse zu verhüten dienlich seyn könnte."

„So ist es z. E. bekannt, wie unendlich viele Prozesse aus den Handlungen und Contracten über unbewegliche Güter entstehen, weil die Leute dabey sich übereilen, und nicht deutlich und bestimmt genung ausdrücken. Alle dergleichen Prozesse aber würden vermieden werden, wenn alle Contracte über unbewegliche Güter in Gegenwart der Gerichte geschlossen, und von diesen darauf gesehen würde, daß keiner den andern überliste und unbillig vervortheile; der Contract selber aber zu mehrerer Bestättigung desselben Inhalts von dem Richter mit unterschrieben würde."

„Denn da die Prozesse allemal zu den Uebeln in der Societät gerechnet werden müssen, welche das Wohl der Bürger vermindern, so ist dasjenige ohnstreitig das beste Gesetz, welches den Prozessen selber vorbeugt."

Also die Prozesse als solche sind vom Uebel, und eine — dem Römischen Rechte angeblich fehlende — Haupttendenz des Gesetzbuches soll in der Verhütung von Prozessen bestehen. Die Exemplification, welche von dem Verkehr mit Immobilien hergenommen ist, beruhet wohl kaum, wie man anzunehmen geneigt sein möchte, auf der Deutschen Rechtssitte bei Veräußerung und Uebertragung von Grundeigenthum. Vielmehr scheint dieselbe ihren Ursprung lediglich einem Vorschlage zu verdanken, welchen der Großkanzler v. Fürst im Jahre 1776 zur Verringerung der Prozesse gemacht[32]) und welchen der König bereits in der C. O. vom 6. April (1780) adoptirt und zur Berücksichtigung bei der neuen Gesetzgebung empfohlen hatte, ohne besonders auf den Urheber desselben zurückzuverweisen.

---

32) v. Kamptz Jahrb. Bd. 58. S. 18. ad 3): „daß das Edikt vom 8. Februarii 1770 wegen der schriftlichen Kontrakte in Ansehung der Immobilien dahin extendiret werde, daß solche gerichtlich geschehen müssen."

5.

„Wenn Ich, wie nicht zu zweifeln ist, Meinen Endzweck in Verbesserung der Gesetze und der Prozeß-Ordnung erlange, so werden freylich viele Rechtsgelehrten bey der Simplifikation dieser Sache ihr Geheimnißvolles Ansehen verliehren, um ihren ganzen Subtilitäten-Kram gebracht, und das ganze Corps der bisherigen Advokaten unnütze werden. Allein Ich werde dagegen Meine getreue Unterthanen von einer nicht geringen Last befreyen, und desto mehr geschickte Kaufleute, Fabrikanten und Künstler gewärtigen können, von welchen sich der Staat mehr Nutzen zu versprechen hat."

Hier steht das ganze Vorurtheil der Zeit gegen das vermeintliche Kastenthum der Juristen, zumal der Advocaten, und die ganze damals herrschende Nützlichkeitstheorie in voller Blüthe!

6.

„Wie nun die Ausführung einer so wichtigen Sache nicht das Werk eines einzelnen Mannes ist, so müßt Ihr die geschicktesten und redlichsten Leute, welche Ihr ausforschen könnt, aufsuchen; die verschiedene Arten der Ausarbeitungen unter sie vertheilen; sie sodann in ein Collegium zusammen ziehen; und alles mit gemeinschaftlichem Rath reguliren."

„Dergleichen Gesetz-Commißion muß auch künftig beybehalten werden, damit bey etwa sich ereignenden Mängeln, Undeutlichkeit, oder Fehlern der Gesetze, solche auf eine gründliche Art verbessert, supplirt oder interpretirt [33]) werden können."

„Dagegen aber werde Ich nicht gestatten, daß irgend ein Richter, Collegium oder Etats-Ministre die Gesetze zu interpretiren, auszudehnen oder einzuschränken, vielweniger neue Gesetze zu geben, sich einfallen lasse; sondern es muß, wenn sich in der Folge Zweifel oder Mängel an den Gesetzen oder in der Prozeß-Ordnung finden, der Gesetz-Commißion davon Nachricht gegeben; von dieser die Sache, mit Rücksicht auf den Sinn und Absicht der übrigen Gesetze, unter Eurem Vorsitz, genau in Erwegung gezogen, und wenn eine würkliche Veränderung oder Zusatz nöthig wäre, Mir gutachtlicher Bericht darüber erstattet werden."

Also der Gesetzgeber der alleinige Quell, aus dem alles Recht entspringt, der alles Recht ernährt, zu dem alles Recht zurück fließt!

---

33) Erinnert an das prätorische adiuvandi vel supplendi vel corrigendi iuris civilis gratia (7. §. 1. de iust. et iure).

Selbst die Auslegung der Gesetze eine Prärogative des Gesetzgebers! Jede, von einem nicht besonders dazu delegirten Organe ausgehende Interpretation ein anmaßlicher Eingriff in die Gesetzgebung selbst!

Um nun, nach Aufstellung dieser Hauptgesichtspunkte, sofort zur „Sammlung und Verbesserung der Gesetze" schreiten und die „Arbeit an dem neuen Gesetzbuche" in Angriff nehmen zu können, wurden noch gewisse „allgemeine Grundsätze des Verfahrens bei diesem wichtigen Geschäfte" in 27 §§en festgesetzt und vom Könige unterm 27. Juli 1780 vollzogen[34]. An der Spitze steht hier der leitende Grundsatz: daß nicht sowohl neue Gesetze gemacht, als vielmehr nur die bereits vorhandenen gesammelt, in Ordnung gebracht, deutlich und allgemein verständlich vorgetragen, dabei aber auch revidirt „und wo es nöthig den gegenwärtigen Zeiten, Sitten, Gebräuchen, Religions- und Landes-Verfassungen, so wie dem Recht der Natur und der Billigkeit gemäßer eingerichtet" werden sollen. (§. 1.) Dann folgt eine Bestimmung über das Verhältniß der zu sammelnden speciellen Provinzialrechte zu dem allgemeinen subsidiarischen Gesetzbuche, welches in allen durch die Provinzialrechte nicht entschiedenen Fällen zur Richtschnur dienen soll. (§. 2.) Daran schließen sich die Grundsätze über die Benutzung des bei Abfassung des allgemeinen Gesetzbuches zum Grunde zu legenden Justinianischen Corpus Juris, was daraus wegzulassen, wie die Gesetze des C. J. zu rangiren, in was für Stücken solche zu suppliren, woher die Zusätze zu nehmen, wie der Vortrag abzufassen, wie auf Mittel die Prozesse zu coupiren gedacht, auch das gemeine (Longobardische) Lehnrecht revidirt werden soll. (§. 3—10.) Demnächst wird das Verfahren bei der Sammlung der Provinzial-Gesetze vorgeschrieben. Diese sollen „nach eben der Ordnung und Reihe der Materien und Titel wie das allgemeine Gesetzbuch" abgefaßt werden, jedoch unter Uebergehung aller solcher Materien, über welche in den speciellen Provinzialrechten nichts Besonderes festgesetzt ist, so wie unter Weglassung oder Abänderung der nicht mehr zeitgemäßen, imgleichen der aus allgemeinen Rechts-, Vernunft- oder Billigkeits-Gründen verwerflichen Satzungen der Provinzialrechte. (§. 11—15.)[35] Endlich fol-

34) Einzelne Paragraphen dieses „Planes" sind schon allegirt bei Simon a. a. O. S. 199 ff. Vollständig abgedruckt sind die 27 Paragraphen bei v. Daniels a. a. O. Bd. 1. Anlage I. (S. 3—9.)

35) Schon durch die Befolgung dieser Grundsätze mußte die den Provinzialgesetzbüchern (noch in der Cab.-Ordre vom 14. April 1780) zugedachte Spitze wieder abgebrochen werden. Wurde das Allgemeine Gesetzbuch zuerst abgefaßt

gen die Vorschriften, wie die ganze Arbeit zu betreiben, wie namentlich mit einem „ordentlichen, getreuen und vollständigen Auszuge aus dem Corpus Juris,“ in Gemäßheit einer besonderen, bereits unterm 19. Juli (1780) vollzogenen Instruction[36]), der Anfang zu machen, sodann jede Materie speciell durchzuarbeiten, auf gleiche Art auch die neuen Landes-Gesetze zu revidiren, geeigneten Falles das Gutachten sachverständiger Leute zu Hülfe zu nehmen u. s. w., insbesondere noch wie die Wirksamkeit der „förmlich zu etablirenden“ Gesetz-Commission[37]) ins Leben zu rufen und abzugränzen. (§. 16—27.)

In verhältnißmäßig kurzer Zeit kam hierauf die neue Prozeß-Ordnung zu Stande, welche durch das Königliche Patent vom 26. April 1781 als das „Erste Buch Unsers Corporis Juris Fridericiani“ (die materielle Gesetzgebung sollte als das zweite Buch deßelben folgen) „vorgeschrieben und bestätigt“ wurde. Diese Prozeß-Ordnung ruhet im Wesentlichen auf den Grundlagen des früheren Carmer'schen Entwurfes. Später ist dieselbe, revidirt und umgewandelt, in die noch jetzt geltende, freilich in Betreff des eigentlichen Verfahrens vollständig und auch in Betreff des s. g. materiellen Prozeßrechts theilweise durchlöcherte „Allgemeine Gerichtsordnung für die Preußischen Staaten“ übergegangen, deren Publication zwar schon durch das Patent vom 6. Juli 1793 verfügt wurde, thatsächlich aber (bei noch nicht begonnenem Druck) bis zum Ende des Jahres 1794 (Theil I.) und bis zur Mitte des Jahres 1795 (Th. II. III.) sich hinzögerte.[38])

---

und mußten sich die Provinzialgesetzbücher formell und materiell lediglich an das Allg. Gesetzbuch anschmiegen, beziehungsweise mit bloßen Hinweisungen auf dasselbe oder mit grundsätzlichen Abänderungen der hergebrachten particularrechtlichen Normen, — so konnte es nicht ausbleiben, daß die Provinzialcodificationen (selbst abgesehen von der späteren Einwirkung der thatsächlichen Macht der Umstände) von Hause aus in die zweite Reihe traten.

36) Auch diese im §. 17. der Grundsätze ausdrücklich in Bezug genommene Instruction ist abgedruckt bei v. Daniels a. a. O. Anl. II. (S. 9—11.) Eben so der im §. 3. dieser Instruction ad a) als beigefügt erwähnte Plan, welcher „in Ansehung des Arrangements der Materien hintereinander“ zu Grunde gelegt werden sollte: Anl. III. (S. 11—13.)

37) Thatsächlich trat die erst durch Patent vom 29. Mai 1781 (N. C. C. Bd. 7. Sp. 337—350) errichtete und in ihren „Geschäften und Verrichtungen“ ziemlich eng begränzte Gesetz-Commission bei dem Werke der neuen Gesetzgebung selbst keineswegs so in den Vordergrund, wie ursprünglich beabsichtigt war.

38) Simon a. a. O. S. 271—286c. Heffter Civil-Proceß oder das gerichtliche Verfahren bei bürgerlichen Rechtsstreitigkeiten im Gebiete des Allgem. Landrechts für die Preußischen Staaten. Berlin 1856.

Die Redaction der materiellen Gesetzgebung nahm folgenden Fortgang.[39])

Mit Königlicher Genehmigung wählte der Großkanzler zunächst vier Mitarbeiter: Baumgarten, Svarez, Pachaly und Volkmar, denen er dann noch drei: Kircheisen, Klein und Goßler, beigesellte. Svarez wurde bald die Seele der ganzen Thätigkeit. Volkmar schied schon im Jahre 1782 aus.[40])

Der Anfang der Arbeit wurde gemacht mit planmäßigen Auszügen aus dem Römischen Rechte, aus den Landesgesetzen und aus den Entscheidungen streitiger Rechtsfälle. Die an diese Masse geknüpften ersten Fassungsvorschläge wurden revidirt und in den Conferenzen berathen und geändert. Aus solchen Materialien erwuchs der erste (s. g. ungedruckte) Entwurf. Die gegen diesen Entwurf von der Gesetz-Commission gezogenen Monita beurtheilte Svarez in schriftlichen Vorträgen an den Großkanzler. Nach den darauf erfolgten Conclusis arbeitete Svarez den Entwurf um, und so wurde

der Entwurf eines allgemeinen Gesetzbuchs für die Preußischen Staaten

im Laufe der Jahre 1784 bis 1788 in sechs Abtheilungen nach und nach durch den Druck veröffentlicht, um — wie der Großkanzler in der Vorerinnerung vom 24. März 1784 sich ausdrückt — über eine der wichtigsten Angelegenheiten des ganzen Publicums auch die Stimme desselben zu vernehmen und dessen Meinungen und Erinnerungen einzusammeln. Der Großkanzler nimmt dabei den Standpunkt eines redlichen Autors ein, dem es um die Wahrheit zu thun ist: „Leere Lobpreisungen und feile Schmeicheleyen werden eben so wenig Achtung finden, als ein allgemeiner, unbestimmter und mit keinen Gründen unterstützter Tadel." Die Cab. Ordre vom 14. April 1780 nennt er die Basis des ganzen Werks. Er setzt voraus, daß Niemand die Beurtheilung des Entwurfs unternehmen werde, „der nicht zuvor jene Königliche Instruction aufmerksam gelesen und reiflich erwogen hat."

---

39) Simon a. a. O. S. 198—262. Simon und v. Strampff Zeitschrift Bd. 3. Vorwort.

40) Bei v. Daniels a. a. O. Bd. I. S. 29—35 finden sich actenmäßige Details über die Wirksamkeit von Volkmar und Pachaly. Dazu sind einzelne Stücke aus den Arbeiten von Volkmar (Anl. IV. S. 14—30 und Anl. V. S. 30—37), von Klein (Anl. VII. S. 40. 41) und von Pachaly (Anl. VIII. S. 41—54) abgedruckt.

Vier Hauptpunkte werden hervorgehoben, auf welche das sachverständige Publicum sein Augenmerk richten möge:

I. **Abweichungen vom Römischen Recht.** Durch den ganzen gedruckten Entwurf ziehen sich Noten unter dem Texte, welche die wichtigsten Abweichungen dieser Art zu motiviren suchen.[41])

II. **Ergänzungen des Römischen Rechts.** Dabei handelt es sich theils um Hebung sogenannter Antinomien im Römischen Rechte, theils um Ausfüllung von Lücken im Systeme desselben, theils um gewisse moderne, dem Römischen Rechte noch unbekannte Arten der Geschäfte.

III. **Vollständigkeit des Inhalts.** Und zwar in einem doppelten Sinne: einmal in Ansehung aller in ein allgemeines Gesetzbuch gehörender Materien als solcher, und zweitens in Ansehung erschöpfender Behandlung der einzelnen Materien zum Gebrauche für den Laien wie für den Richter.[42])

IV. **Fassung der Gesetze.** Zu prüfen: ob und wo es dem Vortrage an den Eigenschaften der Deutlichkeit und Bestimmtheit ermangele.

Erließ nun der Großkanzler noch in dieser seiner Vorerinnerung (vom 24. März 1784), unter Aussetzung von goldenen Preis-Medaillen für die besten kritischen Arbeiten, seinen Aufruf im Allgemeinen an philosophische Rechtsgelehrte, praktische Juristen und selbst an gebildete Laien, so wurden außerdem auch einzelne Gelehrte und Sachverständige mit besonderen Aufforderungen betraut und die Obergerichte (damals s. g. Regierungen), die Stände (Anfangs nur in Betreff der Provinzialrechte, seit dem Regierungsantritte König Friedrich Wilhelm des Zweiten aber auch in Betreff des allgemeinen Gesetzbuches)[43]) und einzelne Verwaltungsbehörden (über gewisse in ihr Ressort einschlagende Materien) zur Prüfung des Entwurfes und zur Aeußerung alles desjenigen, was sie dagegen zu erinnern hatten, veranlaßt.

Von allen Seiten strömten die Monita herbei. Sie füllen

---

41) Diese Noten zum Entw. sind in fortlaufender Reihe abgedruckt in den (Siewertschen) Materialien zur wissenschaftlichen Erklärung der neuesten allg. Preuß. Landesgesetze Heft I. S. 32—140.

42) Aehnlich der oben angeführten Tendenz des Cocceji'schen Landrechts von 1749 ff.

43) Die Cab. Ordre vom 27. August 1786 ist abgedruckt in Klein's Annalen Bd. I. S. XLIX—LI. Uebrigens vergl. wegen des bei der allg. Gesetzgebung zwar pflichtmäßig (Simon a. a. O. S. 228. 229.), aber nicht ohne Widerstreben benutzten Ständischen Elementes: v. Daniels a. a. O. Bd. I. S. 45—48, 53, 55.

39 Bände der Materialien.[44]) Die gründliche und scharfsinnige Erörterung derselben durch Svarez ist in dem 80. Bande der Materialien des A. L. R. in der s. g. Revisio Monitorum, niedergelegt[45]). Auch die darauf erfolgte Umarbeitung des Entwurfes, das eigentliche Concept des Gesetzbuches, ist zum größesten Theile Svarez's Werk. Nach erfolgter Prüfung durch die Gesetz-Commission und nach vorgängiger Entscheidung mehrerer Punkte durch besondere Cab. Ordres[46]) wurde mittelst Königlichen Patents vom 20. März 1791 das (erst im Juni vollständig gedruckte)

Allgemeine Gesetzbuch für die Preußischen Staaten

publizirt, welches vom 1. Juni 1792 an gesetzliche Kraft erhalten sollte.

Allein aus verschiedenen Gründen, insbesondere auf die Vorstellung des Schlesischen Justizministers Freiherrn v. Danckelmann, wegen gewisser aus einer „übereilten" Einführung des neuen Gesetzbuches zu besorgenden nachtheiligen Folgen[47]), wurde durch Cab. Ordre vom 18. April 1792 die verbindende Kraft desselben „vor der Hand noch" suspendirt[48]). Erst die Cab. Ordre vom 17. November 1793 übertrug dem Großkanzler die Umarbeitung des Gesetzbuches, unter Ausscheidung aller das Staatsrecht und die Regierungsform betreffenden Sätze, imgleichen aller neuen, aus den bis dahin bestandenen Gesetzen nicht fließenden und zu deren Bestimmung und Ergänzung nicht dienenden Vorschriften und Verordnungen, so wie unter Veränderung des Titels in: „Allgemeines Landrecht für die Königlich Preußischen Staaten"[49]). Außer einzelnen bereits in dieser Ordre besonders verworfenen Neuerungen wurden noch bestimmte, das Staatsrecht und die Regierungsform betreffende Paragraphen des A. G. B. durch eine Cab. Ordre vom 18. Decbr. 1793 zur Ausscheidung designirt[50]).

---

44) Simon a. a. O. S. 244—249 und Anh. (Conspectus der Materialien 2c.) S. VI—VIII. (Mat. des Allg. Landr. Bd. XXXIII—LXXI.)

45) Simon a. a. O. S. 228. 251 und Anh. S. VIII.

46) Cab. Ordre v. 5. Novbr. 1790 über den Volljährigkeits-Termin, vom 21. März 1791 über die Duelle, vom 21. Decbr. 1790 über acht der wichtigsten Abweichungen des projectirten A. G. B. vom bestehenden Rechte. (Simon a. a. O. S. 233. 234. v. Kamptz Jahrb. Bd. 52. S. 116—118, 118—126, 126—132.)

47) Der Immediatbericht des Frh. v. Danckelmann, d. d. Breslau den 9. April 1792, ist abgedruckt in v. Kamptz Jahrb. Bd. 52 S. 138—140.

48) Ebendas. S. 140. 141.

49) Ebendas. S. 141—144. (Bei Simon a. a. O. S. 235 ist diese Cab. Ordre nicht vom 17., sondern vom 12. Novbr. datirt.)

50) Simon a. a. O. S. 236.

Die Umarbeitung des Gesetzbuches erfolgte unter Zuziehung des Justizministers v. Goldbeck. Svarez erörterte in ausführlichen schriftlichen Vorträgen sämmtliche Bestimmungen des A. G. B., welche entweder wirklich von dem bis dahin in Geltung gewesenen gemeinen Rechte abwichen oder doch abzuweichen schienen, so wie diejenigen Stellen, welche das Staatsrecht und die Regierungsform betrafen. Die Aufsätze von Svarez, mit den vom Minister v. Goldbeck dazu gemachten Anmerkungen, wurden größtentheils im versammelten Staatsrathe vorgetragen und berathen, und die darauf gefaßten Beschlüsse ebenfalls von Svarez niedergeschrieben[51]).

Zu Anfang des Jahres 1794 überreichte der Großkanzler rasch nach einander die vier Bände des revidirten Gesetzbuches, und mittelst Königl. Patents vom 5. Februar 1794 wurde das

Allgemeine Landrecht für die Preußischen Staaten

publizirt, welches mit dem 1. Juni 1794 in volle Gesetzeskraft trat.

Carmer und Svarez überlebten die Vollendung ihres Werkes nicht lange. Carmer trat im Jahre 1798 aus dem Staatsdienste und starb hochbetagt im Jahre 1801. Svarez starb 1798, erst 52 Jahr alt[52]).

Inzwischen machte man eine alte Erfahrung von Neuem. Man glaubte mit der Codification zu einem abgeschlossenen Ganzen gekommen zu sein, fand sich aber bald auf die Novellenbahn gedrängt. Nachträge, Declarationen, Neuerungen folgten einander nicht ohne Eile. Schon nach einigen Jahren fühlte man das Bedürfniß, die neuen ergänzenden und abändernden Verordnungen gleichfalls zu codificiren, d. h. dem Gesetzbuche in angemessener Anreihung an bestimmte Paragraphen einzuverleiben. So entstand der (s. g. erste) Anhang zum Allg. Landrecht, welcher mittelst Patents vom 11. April[53])

51) Das Ganze ist im ersten Abschnitte des 81. Heftes (Band 41) der v. Kamptz'schen Jahrbücher unter dem Titel: „Svarez amtliche Vorträge bei der Schluß-Revision des Allg. Landrechts" abgedruckt und bildet eine der wichtigsten Quellen für die Erkenntniß des legislativen Elementes im Preußischen Rechte. (Unten §. IV. ad III. g. E.)

52) Vgl. „Svarez. Ein biographisches Fragment." (Jahrb. Bd. 41. S. 1ᵃ — 76ᵃ.)

53) Nicht vom 1. April, wie es in dem Abdrucke dieses Patents vor den Ausgaben des A. L. R. heißt. Das richtige Datum findet sich schon im N. C. C. Bd. XI. Sp. 1801. 1802 und in Klein's Annalen Bd. 22. S. 268. (Vergl. Simon und v. Strampff Zeitschrift Bd. I. S. 223. Löwenberg Beiträge Bd. II. S. 104—107.)

1803 publizirt wurde und sich in allen Ausgaben des A. L. R. seit dem Jahre 1804 befindet [54]).

Die reformirende Gesetzgebung der Epoche seit dem Jahre 1806 hat freilich mehr in das Gebiet des öffentlichen Rechts eingegriffen. (Aufhebung der Gutsunterthänigkeit, Befreiung des Grundbesitzes, Städteordnung, Ertheilung der Gewerbefreiheit u. s. w.) Allein einerseits hat sich ihr Einfluß auch tief in das Privatrecht hinein erstreckt. Andrerseits ist der Schauplatz und die Art der Geltung des Allg. Landrechts — in Folge des Krieges und Friedens (1807, 1814) — wesentlich umgewandelt worden. Einzelne Landestheile fielen nach mehrjähriger Fremdherrschaft an die Krone zurück. Andere traten durch neue Erwerbung hinzu. Daher mannigfache Modificationen in der Anwendbarkeit der provinziellen und der subsidiarischen Rechte.

In neuerer Zeit ist die s. g. Gesetzesrevision auf dem ganzen Gebiete des formellen und des materiellen Rechts, und zwar in letzterer Beziehung sowohl des Allg. Landrechts als der Provinzialrechte, mit großer Lebhaftigkeit und Thätigkeit unternommen worden. Man ist jedoch nicht wieder zu einer Gesammt-Codification des ganzen Rechts gelangt, sondern im Wesentlichen nur zur Abfassung von Einzelgesetzen nach dem praktischen Bedürfnisse und zur Codification gewisser abgeschlossener Theile des Rechts (wie Wechselordnung, Strafgesetzbuch, Concursordnung) [55]).

---

§. III. Quellen und Literatur. [56])

I. Rechtsquellen.

1. **Allgem. Landrecht.** Ausgaben (S. S. Zeitschr. I. 214—232; Koch Lehrb. §. 8. Nro. VI.): [1791] 1794, 1804, 1806, 1817, 1821, 1835 (gr. 12 mit Franz. Kleinschrift), 1855 (wieder gr. 8). Uebersetzungen: ins Lateinische 1800, ins Französische 1803, ins Polnische 1833.

---

54) Der sog. zweite Anhang (v. J. 1816) ist eine Privatarbeit.

55) Vgl. v. Kamptz „Aktenmäßige Darstellung der Preußischen Gesetz-Revision“ (bis zum Jahre 1842), im ersten Abschnitte des 119. Hefts (Bd. 60) der Jahrbücher; v. Daniels a. a. O. Bd. I. S. 72—79, 71—113 und Anl. IX. (S. 54—68); Koch Lehrbuch §. 12—14.

56) Nach dem Zwecke dieses Handbuchs hier nur eine gedrängte Uebersicht des Wichtigsten und Nothwendigsten.

2. **Gesetze außerhalb des Landrechts.**

a) C. C. M. (Corpus Constitutionum Marchicarum) — der s. g. Mylius — von Zeiten Friedrichs (des Ersten Hohenzollern) Churfürsten zu Brandenburg (XV. Jahrh.) bis zum Jahre 1736: Sechs Theile. Dazu für die Jahre 1737—1750: Vier Continuationes. (Das s. g. Supplement geht blos auf Cont. I—III, d. i. bis z. J. 1747.)

b) N. C. C. (Novum Corpus Constitutionum Prussico-Brandenburgensium praecipue Marchicarum) — die s. g. Akademische Edictensammlung — von 1751 bis 1806: Dreizehn Theile (mit zwei Registerbänden).

c) Gesetz-Sammlung für die Königlichen Preußischen Staaten: von 1810 bis jetzt. — Die Gesetze aus den Jahren 1806 bis 1810 sind im Jahre 1822 als Anhang in einem besonderen Bande herausgegeben. (Ein Hauptregister, welches die Jahre 1806 bis 1853 umfaßt, ist 1854 in Einem Bande erschienen.)

3. **Rescripte** (ohne eigentliche Gesetzeskraft): anfangs gelegentlich veröffentlicht in Amelang's neuem Archiv der Preuß. Gesetzgebung und Rechtsgelehrsamkeit (1800—1806 in 4 Bdn.) und in Mathis' Allg. Juristischer Monatsschrift für die Preuß. Staaten (1805—1811, in eilf Bdn. u. Einem Registerband); von 1813 bis 1845 in den Vierteljahrs-Heften der v. Kamptz'schen Jahrbücher für die Preuß. Gesetzgebung, Rechtswissenschaft und Rechtsverwaltung (Bd. 1—66);[57]) seit 1839 offiziell und in laufenden Wochen-Nummern in dem Justiz-Ministerial-Blatt für die Preuß. Gesetzgebung und Rechtspflege.[58])

II. **Literatur.** (Koch Lehrb. §. 17.)

1. **Commentare:** Merkel (Zwei Theile 1812 — zweite Ausgabe). Bielitz (Acht Bände 1823 ff. und zwei Hefte Nachträge 1831 ff.). Koch: Allgemeines Landrecht mit Commentar in Anmerkungen, in Vier Bänden mit Register, 1852—1854; zweite (zum Theil schon dritte) Auflage 1856. 57.

2. **Systeme und Lehrbücher.**

a) Nach der Ordnung des Landrechts: Klein, System des Preuß. Civilrechts (1801), in der neuesten Bearbeitung von v.

---

57) In diesem Handbuche citirt: „Jahrb.", nach Band- und Seitenzahlen.

58) Citirt: „J. M. Bl.", nach Jahrgang und Seitenzahl.

Rönne 1835 fg. (2 Bände). Fürstenthal, Preuß. Civilrecht 1842 (Ein starker Band). v. Goßler, Handbuch gemeinnütziger Rechtswahrheiten, in der neuesten Bearbeitung von v. Strampff 1842 (Ein Band). Löher, System des Preuß. Civilrechts in deutschrechtlicher und philosophischer Begründung 1852 (Ein Band). Dulheuer, kurze Darstellung des Preuß. Rechts der Gegenwart 1856 (Ein Band).

b) Nach eigener Ordnung: Temme, Handbuch des Preuß. Civilrechts 1832 und des Preuß. Privatrechts 1835 (neue Ausgabe 1846). Thöne, ausführl. systematisches Handbuch des Preuß. Privatrechts, Band I (Fundamentallehren, mit Einschluß der Abfassungsgeschichte und der Lehre von Besitz und Verjährung), in zwei Abtheilungen 1833, 1835 (nicht fortgesetzt). Bornemann, systematische Darstellung des Preuß. Civilrechts, in Sechs Bänden 1834—1839, mit Register 1840; zweite Ausgabe 1842—1845.[59]) Schroeter, Lehrbuch des A. L. R. 1840—1843 (3 Bände). Laspeyres, System des Preuß. Privatrechts, im Grundriß, 1843. Koch, Lehrbuch des Preuß. gemeinen Privatrechts, in zwei Bänden 1845 fg.; zweite Ausg. 1851 fg.; dritte Ausg. 1857. 58.[60]). v. Daniels, Lehrbuch des gemeinen Preuß. Privatrechts 1851 fg. (4 Bände). Evelt, Preuß. Civilrecht, für das Studium und die Praxis systematisch dargestellt, 1854 (Ein Band). Plathner, Geist des Preuß. Privatrechts, in Vergleichung mit dem Römischen, Oesterreichischen und Französischen Rechte, 1854 (zwei Bände, das Vermögensrecht umfassend).

3. Neuere Hülfsmittel für Wissenschaft und Praxis.

Simon und v. Strampff, Zeitschrift für wissenschaftliche Bearbeitung des preußischen Rechts 1828—1836 (in drei Bänden, deren dritter die vollständigen Materialien des A. L. R. zu den Lehren von Besitz und Verjährung enthält).[61]) — (Ulrich, Sommer, Boele) Neues Archiv für Preuß. Recht und Verfahren, so wie für Deutsches Privatrecht, in Arnsberg seit 1834 herausgegeben, im Jahre 1854 (mit dem s. g. 16. Jahrgange) abgeschlossen.[62]) Dazu gewissermaßen als Nachtrag: „Juristische Monatsschrift für Preuß. Recht und dessen

59) Citirt: „Born.“, nach der durch das ganze Werk laufenden Zahl der Paragraphen 1—440. (Die Einleitung hat 7 Paragraphen für sich.)

60) Citirt: „Koch“, nach der durch das ganze Werk laufenden Zahl der Paragraphen 1—885.

61) Citirt: „S. S. Zeitschr.“, nach Band- und Seitenzahlen.

62) Citirt: „Arnsb. Archiv“, nach Band- und Seitenzahlen.

Praxis" u. s. w., Arnsberg 1855 (Ein Jahrgang). — Juristische Wochenschrift für die Preuß. Staaten (Hinschius, später Temme u. A. m.), 1835—1848 (mit dem 14. Jahrgange geschlossen). — Löwenberg, Beiträge zur Kenntniß der Motive der Preuß. Gesetzgebung, aus amtlichen Quellen bearbeitet, 1843 (in zwei Bänden, von denen der zweite die vollst. Materialien des Anhanges zum A. L. R. und zur A. G. O. enthält). — Gruchot, Beiträge zur Erläuterung des Preuß. Rechts durch Theorie und Praxis, bis jetzt 3 Jahrgänge 1857—59.

Rechtssprüche der Preuß. Gerichtshöfe (Simon und von Strampff) in vier Bänden, 1828—1836.[63]) Entscheidungen des (Geh.) Ober-Tribunals, seit 1837 bis 1859 im Ganzen Vierzig Bände (je von Bd. 11, 21, 31 an noch besonders gezählt: neue, zweite, dritte Folge u. s. w.).[64]) Rechtsfälle des Geh. Ob.-Trib. als Beilage zur Jurist. Wochenschrift 1847. 48 in 4 Bänden.[65]) Archiv für Rechtsfälle (aus der Praxis des Ob.-Trib.), seit 1851 redigirt resp. herausgegeben von Striethorst, bis jetzt 32 Bände.[66]) Die Präjudizien des G. Ob.-Trib. seit ihrer Einführung im Jahre 1832 bis zum Schlusse des Jahres 1848 2c., herausgegeben von Dr. Seligo 2c., Berlin 1849; seit dem Jahre 1849 bis zum Schlusse des Jahres 1855 2c. herausgegeben von den Redactoren der „Entscheidungen" 1856.[67])

Ergänzungen und Erläuterungen der Preuß. Rechtsbücher durch Gesetzgebung und Wissenschaft 2c. (das s. g. Fünfmännerbuch), Breslau: Ausg. I. 1837 ff., Ausg. II. 1842 ff., Ausg. III. 1848 ff. Die vierte Ausgabe erscheint gegenwärtig (seit 1858) zu Berlin, in der Bearbeitung von v. Rönne.

Zur Abkürzung sind für die fortlaufenden Hinweisungen in diesem Handbuche noch folgende Bezeichnungen gewählt:

„Entw.": Entwurf eines allgemeinen Gesetzbuchs für die Preußischen Staaten, gedruckt in den Jahren 1784—1788.

---

63) Citirt: „Rechtsspr.", nach Band- und Seitenzahlen.

64) Citirt: „Entsch.", nach Band- und Seitenzahlen.

65) Citirt: „Rechtsf.", nach Band- und Seitenzahlen.

66) Citirt: „Strieth.", nach Band- und Seitenzahlen.

67) Die Präjudizien werden in diesem Handbuche nach ihrer Nummer (mit Beifügung der Jahreszahl in Parenthese), und die Plenarbeschlüsse nach ihrem Datum citirt, ohne daß immer die (leicht aufzufindende) Stelle der „Entscheidungen" noch daneben angegeben wird.

„A. G. B.": Allg. Gesetzbuch v. J. 1791.

„Sz.": Svarez amtliche Vorträge bei der Schluß-Revision des A. L. R., im 41. Bande der v. Kamptz'schen Jahrbücher (oben Anmerkung 51).

„Oestr.": Allgemeines bürgerliches Gesetzbuch für die gesammten Deutschen Erbländer der Oesterreichischen Monarchie v. J. 1811; nach den Paragraphen citirt.

„Code Nap.": Code Napoléon; nach den Artikeln.

„Puchta.": Pandekten von Puchta; nach der Paragraphenzahl.

„Eichh.": Einleitung in das deutsche Privatrecht von Eichhorn; nach der Paragraphenzahl. „Gerber": System des Deutschen Privatrechts von Gerber; nach der Paragraphenzahl. „Beseler": System des gemeinen deutschen Privatrechts von Beseler; gleichfalls nach der (durch alle 3 Bände fortlaufenden) Paragraphenzahl.

„Sav.": System des heutigen Römischen Rechts, von v. Savigny, Allgemeiner Theil in acht Bänden; nach Band- und Seitenzahlen.

„Sav. Obl.": Das Obligationenrecht als Theil des heutigen Römischen Rechts, von v. Savigny; Bd. I v. 1851, Bd. II v. 1853.

---

§. IV. Construction des Systems des A. L. R. und in Verbindung damit Methode des Studiums.

Göschel, zerstreute Blätter aus den Hand- und Hülfsacten eines Juristen, Bd. I. S. 525 ff. (Das System des Preuß. Landrechts.)

Heydemann, de systemate iuris Borussici communis, commentatio pro loco in fac. iurid. rite obtinendo a. MDCCCLI scripta.

I. Besondere Bedeutung des systematischen Elements im A. L. R.

In dem künstlich angelegten und bis ins Einzelnste ausgeführten Systeme des Allg. Landrechts tritt die eigenthümliche Auffassung, Verschmelzung und Gestaltung des Römischen und Deutschen Rechtsstoffes am Klarsten und Bedeutsamsten hervor. Der vorgefundene Rechtsstoff erscheint mehr systematisch umgebildet als materiell verändert. Die eigentlich legislativen Neuerungen ergeben sich nicht als das überwiegende Moment. Das Landrecht, in manchen Beziehungen mehr Lehrbuch als Gesetzbuch, ist wesentlich das zu einer bestimmten Zeit in diese systematische Form gegossene gemeine Deutsche Recht.

II. Entstehung des Systems des A. L. R.

Cocceji's Project v. J. 1749 ff. (oben §. II.) hatte noch die Ordnung der s. g. tria obiecta iuris (in Gemäßheit der damals geläufigen Auffassung des: omne ius quo utimur, vel ad personas pertinet vel ad res vel ad actiones) beibehalten. Daher die drei Theile desselben: Personen-, Sachen- und Obligationen-Recht.

Der Entwurf von 1784 schloß sich schon nicht mehr an jene tria obiecta iuris an. Zwar hatte sich Svarez noch unterm 19. Juli 1780 dahin ausgesprochen: „Ein bürgerliches Gesetzbuch soll die den Unterthanen des Staats zukommenden Rechte und darauf sich beziehende Verbindlichkeiten festsetzen. Diese Rechte haben entweder Personen oder Sachen oder Handlungen zum Gegenstande; die natürlichste Ordnung also, in welcher die Gesetze vorzutragen, wird sein, wenn man sie nach ihren verschiedenen Objecten eintheilt, und bei einem jeden zugleich auf die Quellen, woraus die diesfälligen Rechte fließen, ihre innere Beschaffenheit und Umfang, die Art ihrer Erwerbung und die Art wie sie aufhören und verloren werden können, Rücksicht nimmt." Und dem gemäß war auch (durch Volkmar) ein Grundriß[68]) ausgearbeitet worden, welcher — nach zwei einleitenden Capiteln von Gesetzen überhaupt und von den Gegenständen der Gesetze — in drei Bücher zerfiel: I) von den Rechten und Verbindlichkeiten der Personen; II) von den Rechten und Verbindlichkeiten in Rücksicht der Sachen; III) von den Rechten und Verbindlichkeiten, welche aus Handlungen der Menschen entstehen. Das erste Buch war ziemlich ausführlich in 15 Capitel zerlegt, welche von den Personen überhaupt auf die Familie insbesondere nach allen Seiten näher eingingen, daran das Gesinderecht knüpften und schließlich die verschiedenen (weltlichen und geistlichen) Stände, die „moralischen" Personen und den Fiscus berührten. Für das zweite Buch waren als Gegenstände summarisch angegeben: Eigenthum, Besitz, Dienstbarkeiten, Pfänder, Lehne, Verjährungen „u. s. w." Das dritte Buch sollte handeln: 1) von Rechten und Verbindlichkeiten aus zweiseitigen Handlungen, „als aus Verträgen und Contracten" (darunter vom Wechselrecht); 2) von damnum, culpa, dolus und Interesse; 3) von Rechten und Verbindlichkeiten aus einseitigen erlaubten Handlungen („z. B." negotiorum gestio, solutio indebiti und — testamentarische Erbfolge); 4) von Rechten und Verbindlichkeiten aus

---

68) Abgedruckt, mit den Emendationen des Großkanzlers, bei v. Daniels a. a. O. Anl. IV. (S. 14—30.)

einseitigen unerlaubten Handlungen. (a. Nicht-Verbrechen, b. Verbrechen.)[69])

Allein schon der von dem Könige eigenhändig gutgeheißene „ohngefähre" Plan des Großkanzlers vom 31. März 1783[70]) ging auf vier Theile aus: I) vom Rechte der Personen; II) Pflichten des Staates gegen die Bürger; III) vom Rechte der Sachen; IV) von den Rechten und Verbindlichkeiten, welche sowohl Sachen als Personen gemein sind. In I. und II. findet sich bereits ziemlich ausgeprägt die Anordnung des ersten Theiles des nachherigen gedruckten Entwurfes (v. J. 1784), welche allerdings im Keime auch schon in dem vorerwähnten (Volkmar'schen) Grundrisse erkennbar ist. In III. werden zwei Hauptabschnitte gemacht: vom Besitz- und Eigenthums-Rechte und von den Rechten auf fremdes Eigenthum. Der erste dieser Abschnitte ist dann weiter zerlegt, wie folgt:

A. Vom gemeinen Eigenthum: 1) in Ansehung der Sachen, welche körperlich besessen werden können (a. in Ansehung der unbeweglichen und b. der beweglichen Sachen); 2) in Ansehung der Rechte, welche keinen körperlichen Besitz verstatten, sondern nicht anders als durch Ausübung von einer und durch Zulaß von der andern Seite besessen werden können.

B. Vom „irregulairen" Eigenthum (Lehn, Fideicommiß, Erbzins).

In IV. endlich werden die Rechte und Verbindlichkeiten, welche ganze Inbegriffe von Rechten zum Gegenstande haben (Gesellschafts-Verträge und Erbschaften), gesondert von den rechtlichen Handlungen, welche sich auf andere schon vorhandene Rechte und Verbindlichkeiten beziehen (a. Handlungen, wodurch schon vorhandene Verbindlichkeiten bestärkt werden, b. Handlungen, wodurch dergleichen Rechte und Verbindlichkeiten eingeschränkt und aufgehoben werden).

Hieraus erklärt sich die bei Emanation des Entwurfes v. J. 1784 in Aussicht gestellte, von Hause aus nicht mehr an die früher s. g. tria obiecta iuris angeschlossene Dreitheilung: I) Personenrecht, II) Sachenrecht, III) [s. g. gemischte] Rechtswahrheiten, „welche weder in das

---

69) Andere Entwürfe zum System (zum Theil abgedruckt bei v. Daniels a. a. O. S. 25—28 und Anl. VII. [S. 40 fg.]) sind weniger für die endlich gewählte Anordnung des Gesetzbuches, als für die dogmatische Auffassung gewisser einzelner Materien von Bedeutung — Selbst der nach der Instruction vom 19. Juli 1780 (§. 3. ad a)) „eigentlich für das künftige neue Gesetzbuch bestimmt" gewesene, bei v. Daniels als Anl. III. abgedruckte Plan (oben Anm. 36.) hat augenscheinlich nur auf Einzelheiten im Baue des Systems Einfluß gewonnen.

70) Abgedruckt bei v. Daniels a. a. O. Anl. VI. (S. 37—39.)

Personen- noch Sachen-Recht allein gehören, sondern beiden gemeinschaftlich sind."[71])

So erschien der erste Theil des Entwurfes, welcher — nach der Einleitung „von den Gesetzen überhaupt und den allgemeinen Grundsätzen des Rechts" — handelt: „von dem Rechte der Personen nach ihren Verhältnissen im Staate." Und zwar in dreien, durch besondere Ueberschriften bezeichneten Abtheilungen: 1. Von den Rechten und Pflichten des Hausstandes (1784). 2. Von den Rechten und Pflichten der verschiedenen Stände des Staats (1785). 3. Von den Rechten und Pflichten des Staats gegen seine Bürger und Einwohner (1786). Die Titelfolge und die innere Anordnung ist hier schon dieselbe, welche gegenwärtig der zweite Theil unseres Allg. Landrechts darbietet.

Inzwischen wurde der ursprüngliche Plan in Ansehung eines zweiten und dritten Theiles des Entwurfs verlassen oder vielmehr dahin modifizirt, daß sowohl die Verträge als die letztwilligen Verfügungen nicht wie Anfangs beabsichtigt worden war, als gemischte Rechtswahrheiten einen besonderen und zwar dritten Theil bilden, sondern — als bloße tituli zu den modis adquirendi (nach der damaligen Theorie von dem Gegensatze zwischen titulus und modus adquirendi überhaupt, als zwischen Möglichkeit und Wirklichkeit) — dem zweiten, mithin zugleich letzten Theile, vom Sachenrechte, untergeordnet und eingearbeitet werden sollten.

Der Schlüssel zu dieser Planveränderung findet sich in der That schon in einem Rescripte des Großkanzlers vom 28. November 1783, worin er sich u. A. dahin ausspricht: „Der Gegenstand eines jeden Contracts und die Absicht, warum solcher geschlossen wird, ist die Erwerbung, Uebertragung oder Aufhebung irgend eines Juris realis. Selbst die eigentlichen s. g. Contractus consensuales zielen dahin ab, daß ein Contrahent dadurch entweder das Eigenthum oder das condominium oder das Nutzungsrecht oder den Besitz einer Sache zu seiner Sicherheit erhalten soll." Es sei also beim Sachenrecht — um zu bestimmen, wie solches erworben werde — nothwendig, von denjenigen Geschäften zu reden, welche den „Titulus ad adquirendum" begründen und die Maßgaben und Bedingungen der Acquisition selbst determiniren. Sonach würden Contracte und letztwillige Dispositionen („durch welche ein Recht auf eine Sache, es sei nun auf die ganze Erbschaft oder auf einen Theil derselben oder auf eine dazu ge-

71) Entwurf von 1784 (Vorrede) S. 14.

hörige Sache oder Summe, an jemand gelangt") keinen besonderen Theil mehr ausmachen, sondern ins Sachenrecht kommen.

Hiernach trat der zweite und letzte Theil des Entwurfs, unter dem Titel: „vom Sachenrechte" — mit der den Gegensatz zum Personenrechte ausdrückenden Erläuterung: „Alle Rechte und Verbindlichkeiten der Bürger des Staats, die ihnen nicht blos vermöge ihres Standes und ihrer persönlichen Verhältnisse zukommen, sind unter dem Namen der Sachenrechte begriffen" — in dreien, nicht weiter mit besonderen Ueberschriften ausgestatteten Abtheilungen ans Licht, welche, wenn auch nicht in allen Einzelheiten, doch im Ganzen und Wesentlichen die Titelfolge und den Gliederbau des ersten Theiles unseres Allg. Landrechts an sich tragen. So enthält Abth. 1 (April 1787) die allgemeinen Quellen der verschiedenen Sachenrechte, die Theorie vom Eigenthum überhaupt und die unmittelbaren Erwerbungsarten desselben, Abth. 2 (December 1787) die mittelbare Erwerbung des Eigenthums und die verschiedenen dabei zum Grunde liegenden Rechtstitel, die Erhaltung und den Verlust des Eigenthums, Abth. 3 (Juni 1788) die s. g. Abarten des Eigenthums: getheiltes Eigenthum und Rechte auf fremdes Eigenthum, jedoch unter Vorausschickung des — ursprünglich (Vorerinnerung zur ersten Abtheilung) noch für die zweite Abtheilung bestimmt gewesenen — Miteigenthums, weil sich bei der Bearbeitung gefunden habe, daß dasselbe „mit den Abarten des Eigenthums in genauer Verbindung stehe." (Vorerinnerung zur zweiten Abth.)

Hatte man nun aber einmal jede vorher versuchte Dreitheilung fallen gelassen, so lag es auf der Hand, ja die natürliche Consequenz führte von selbst dahin: nun auch die unbeholfene Folge des Sachenrechts nach dem Personenrechte aufzugeben, in welcher der Entwurf das Gepräge der Umänderung seines ursprünglichen Planes an sich trug. Dazu bedurfte es lediglich der Umstellung der beiden Theile des Systems. Der zweite Theil des Entwurfes mußte zum ersten, und der erste Theil des Entwurfes zum zweiten Theile des Gesetzbuches werden, um mit dem Einfacheren anzufangen und zu dem Zusammengesetzteren fortzuschreiten.[72])

---

72) Vgl. Sz. Bemerkung in der revisio monitorum (Mathis a. a. O. S. 229): „Ueberhaupt findet sich, je mehr man die ganze Sammlung der im Personen- und Sachenrechte vorgetragenen Rechtswahrheiten überdenkt, daß zwar beide Theile in einer wechselseitigen Beziehung auf einander stehen, daß aber doch das Sachenrecht weit mehr Praemittenda und Praecognoscenda vom Personenrecht, als dieses von jenem enthält, und daß fast in allen Fällen, wo beide koinzidiren, die Regel ins Sachenrecht gehört, und das Personenrecht nur nähere Bestimmungen, Einschränkungen und Ausnahmen dieser Regel vorträgt."

So ist denn auch das System des Allg. Gesetzbuches v. J. 1791 im Wesentlichen durch die bloße Umstellung der beiden Theile construirt worden, indem nunmehr — wenngleich ohne Bezeichnung mit besonderen Ueberschriften — der erste Theil dem Sachenrechte, der zweite dem Personenrechte gewidmet wurde.

Dieses System ist schließlich im Allg. Landrecht v. 1794 getreu beibehalten worden, indem nur einzelne Lehren und Sätze materielle Aenderungen erlitten. (Hauptsächlich betreffend: 1) Machtsprüche, 2) Offiziersschulden, 3) Ehen zur linken Hand, 4) Ehescheidungen aus bloßer gegenseitiger Einwilligung, 5) Hagestolzen.)[73])

III. System des Allgemeinen Landrechts.

Dieses in sich abgeschlossene und gerundete Ganze beginnt mit den einfachsten und abstractesten Rechtsverhältnissen und schreitet consequent fort zu immer mehr zusammengesetzten und concreten Rechtszuständen, bis zur Zusammenfassung aller rechtlichen Momente in dem Staate selbst.

An der Spitze befindet sich eine s. g. Einleitung, welche, gleich der Einleitung zum Entwurfe (v. 1784), von den Gesetzen überhaupt handelt und danach eine ganze Reihe von allgemeinen Rechtsgrundsätzen aufstellt. Im Entwurfe (§§. 61—79 und 92) waren hier sogar noch spezielle Bestimmungen über Zurechnung der Handlungen, dolus, culpa und mora eingeflochten, welche jetzt in eigene Titel verwiesen sind. — Die doctrinäre und abstracte Haltung der „Einleitung" und die Ueberladung derselben mit Gemeinplätzen erklärt sich aus der damaligen Compendien-Manier, und aus dem Bedürfniß, in einem Titel de regulis iuris — der freilich nicht aus so marmornen Bruchstücken, wie der gleichnamige Römische, zusammengesetzt ist! — Manches unterzubringen, wofür sich sonst ein geeigneter Platz nicht leicht finden lassen wollte.

Das System selbst zerfällt zwar wesentlich in zwei Haupttheile: Sachen- und Personenrecht. Doch sind die acht ersten Titel als eine — nach der Art und Weise der damaligen Doctrin ziemlich weit ausgreifende — pars generalis vorweg auszusondern. Nicht ganz correct scheidet Svarez selbst, in seinem populär geschriebenen „Inhalt der Preußischen Landesgesetze"[74]) den Stoff der sieben ersten Titel als

---

73) In den (Siewert'schen) Materialien Heft I. S. 143—182 sind die abgeänderten Stellen des Allg. Gesetzbuches der Reihe nach vollständig abgedruckt. Vgl. Klein's Annalen Bd. 12. S. 191—196.

74) (Siewert) Materialien Heft I. S. 3—22.

„allgemeine Wahrheiten" von allem Uebrigen als dem „Gesetzbuche selbst."

Zunächst scheint sich in den sechs ersten Titeln ein gewisser Anklang an die alte Dreitheilung von Personen, Sachen und Obligationen bewahrt zu haben.

Der erste Titel handelt nämlich „von Personen und deren Rechten überhaupt". Hier wird nun zwar angehoben von der bürgerlichen Gesellschaft, der häuslichen Gesellschaft, den Ständen und Gesellschaften im Staate (§§. 2—9). Allein in der That sind dies nur einleitende Worte, welche sich im Wesentlichen außerhalb des Textes der Gesetze, mehr nach Art von Vorbemerkungen, bereits an der Spitze der drei Abtheilungen des ersten Theils des Entwurfs befunden hatten. Der eigentliche Kern des jetzigen ersten Titels besteht in der Person als dem Subjecte des Rechts in abstracto. (Ungeborene. Lebende in physischen und psychischen Beziehungen. Wirklicher oder fingirter Tod. Verwandtschaft und Schwägerschaft.) Daß ein solcher Titel de statu hominum dem Entwurfe noch ganz fehlte, ist eben so charakteristisch für ein System, welches gleich mit den concreten Zuständen der Person anfing (Ehe u. s. w.), wie die abstracte Haltung des jetzigen ersten Titels für ein System, welches ganz von unten auf zu bauen sucht.

In analog abstracter Weise wird das Object des Rechts behandelt in dem zweiten Titel: „von Sachen und deren Rechten überhaupt". In dem Entwurfe bildete dieser Titel die „Einleitung" zum zweiten Theile, der (in der Inhaltsanzeige der ersten Abth.) auch noch der Zusatz gegeben wurde: „Allgemeine Grundsätze des Sachen-Rechts". Materiell wird hier recht eigentlich die Sache als „das Object der Rechtsverhältnisse oder dasjenige, was durch sie unserem Willen eigentlich unterworfen wird,"[75]) in ihren weitesten und allgemeinsten Beziehungen umfaßt. (Begriff der Sache. Substanz derselben und im Zusammenhange damit Beweglichkeit und Unbeweglichkeit. Selbständiger und accessorischer Charakter der Sachen. Gebrauch und Werth derselben. Rechte als Sachen, nach der Seite der Persönlichkeit und Dinglichkeit, in Verbindung mit den Grundlagen des titulus und modus adquirendi.)

In dem Complexe des dritten, vierten, fünften und sechsten Titels möchte man leicht — nach der alten Dreitheilung — das dritte Moment zu Personen und Sachen, nämlich die Obligationen, zu finden geneigt sein. Und zwar die Obligationen aus erlaubten und aus unerlaubten Handlun-

75) Sav. I. 386.

gen. Es bedarf jedoch schon um deswillen einer anderen Auffassung, weil im Uebrigen die Lehre von den Obligationen fast ganz aufgelöst und in das Sachenrecht eingearbeitet ist. In der That weisen auch die vier genannten Titel nicht mehr und nicht weniger nach, als die Vermittelung zwischen dem Subjecte und dem Objecte der Rechte durch die Thätigkeit des Subjects. D. h. sie zeigen: wie das Subject Herr über das Object werde, und zwar wiederum in ganz abstracter Weise. Es handelt sich dabei wesentlich um die „allgemeine Natur der zu dieser regelmäßigen Verknüpfung der Rechtsverhältnisse mit den Personen führenden (juristischen) Thatsachen (Handlungen, Willenserklärungen u. s. w.)“ 76)

Dem gemäß erfaßt der dritte Titel: „von Handlungen und den daraus entstehenden Rechten“, den Gegenstand von seiner allgemeinsten Seite. Handlung bezeichnet hier die Thätigkeit des Rechtssubjects im weitesten Sinne. Dieser Titel bildet sonach die allgemeinste Grundlage für Willenserklärungen in ihrem ganzen Umfange (einseitige Willenserklärungen, Verträge, Willenserklärungen unter Lebenden und von Todeswegen), und nicht minder für unerlaubte Handlungen. Eine praktische Folge von dieser Methode zeigt sich unter Anderem darin, daß schon hier die Grundbestimmungen über die Culpa, und zwar auf Verträge und unerlaubte Handlungen im Wesentlichen gleich anwendbar (also ohne Aussonderung der s. g. Aquilischen Culpa), aufgestellt werden. In dem Entwurfe befand sich — wie bereits oben angedeutet ist — der Hauptinhalt dieses Titels in der dem ersten Theile vorangeschickten Einleitung. Doch sind gewisse Paragraphen des jetzigen dritten Titels (§§. 26—29) auch aus der Einleitung zum zweiten Theile des Entwurfes (§§. 64—67) und noch andere (§§. 32—34) aus dem ersten Titel des zweiten Theiles des Entwurfes (§§. 135—137) entlehnt.

Der vierte Titel: „von Willenserklärungen“, behandelt, in einer gewissen Ableitung aus dem allgemeineren dritten Titel, eine eigenthümliche Species der Thätigkeit des Rechtssubjects: die Willenserklärungen als solche. Er entwickelt die Essentialien derselben, die entkräftenden Momente und die Nebenbestimmungen in einer besonders scharfen systematischen Construction, und enthält die durchgreifende Grundlage für alle rechtlichen Willenserklärungen unter Lebenden und von Todeswegen. Im Entwurfe bildete er, unter der Ueberschrift: „von den Quellen der Sachenrechte überhaupt“, den ersten Titel des zweiten Theiles. Jedoch sind die Schlußparagraphen dieses

76) Sav. II. 374. III. 3. 5 ff. 21 ff.

ersten Titels (§§. 135—149: „Quellen der Sachenrechte, die keine Willenserklärungen sind") abgetrennt und theils am geeigneten Orte (wie eben beim jetzigen dritten Titel bemerkt ist) eingeflochten, theils in andere Bestimmungen (über negotiorum gestio, Genugthuung für Rechtskränkungen u. s. w.) aufgelöst oder ganz ausgeschieden worden.

Wie aber der Gegenstand des vierten Titels aus dem des dritten, so wird weiter der des fünften Titels aus dem des vierten abgeleitet. Der fünfte Titel: „von Verträgen" (im Entwurfe der zweite Titel des zweiten Theiles) behandelt die Lehre vom Vertrage in abstracto, und zwar, wie der Vertrag aus den in eodem obiecto zusammentreffenden Willenserklärungen der verschiedenen Rechtssubjecte hervorgeht. So wird der Vertrag entwickelt zuerst nach allen Seiten, welche in ihm selbst liegen. (Persönliche Fähigkeit zum Vertrage. Gegenstand des Vertrages. Zustandekommen [Acceptation in ihrer materiellen Natur] und Form [formelle Seite] des Vertrages. Verstärkung. Nebenbestimmungen. Auslegungsregeln.) Dann nach der Seite der Bewegung. (Erfüllung. Aufhebung.) Endlich nach der Seite der Concurrenz mehrerer Individuen in dem berechtigten oder in dem verpflichteten Subjecte. (Correalität.)

Der sechste Titel (im Entwurfe der dritte Titel des zweiten Theils) scheint nach seiner Ueberschrift „von den Pflichten und Rechten,[77]) die aus unerlaubten Handlungen entstehen", also von den Obligationen ex delicto oder ex maleficio (ex facto illicito, wie sich Svarez selbst gelegentlich in der Schlußrevision S. 7 allgemein ausdrückt), zu handeln. In der That aber handelt er nicht sowohl ausschließlich von den Obligationen aus unerlaubten Handlungen, als vielmehr von allen außercontractlichen Beschädigungen überhaupt.[78]) Und dies muß zugleich als entscheidender und spezifischer Grund geltend gemacht werden, um den Inhalt der Titel 3—6 nicht durch den allgemeinen Inbegriff der obligationes ex contractu et de-

---

77) Die Voranstellung des Wortes „Pflichten" deutet auf Handlungen, durch deren Unrechtlichkeit zunächst der Handelnde (zur Entschädigung des Verletzten) verpflichtet wird. — Sonst findet sich in unseren Gesetzbüchern eine solche Voranstellung wohl nur noch zweimal, nämlich: „Von den persönlichen Pflichten und Rechten der (Guts=)Unterthanen", als Ueberschrift des längst obsoleten vierten Abschnittes Allg. Landr. Th. II. Tit. 7. Der Sinn davon war wohl der, daß jene Unterthanen damals mehr zu Pflichten, als zu Rechten geboren waren. Und umgekehrt, gewissermaßen in auszeichnendem Sinne der höheren Standespflichten: „Von den Pflichten und Rechten des Adelstandes", als Ueberschrift des 9. Titels A. L. R. Th. II.

78) Vgl. unten zu Th. I. Tit. 6: I. 3. D.

licto, sondern durch die systematische Vermittelung zwischen Rechtssubject und Rechtsobject zu charakterisiren.

Machen sonach die sechs ersten Titel ein Ganzes für sich aus, so schließt sich der siebente Titel: „von Gewahrsam und Besitz" (im Entw. der vierte Titel des zweiten Theils) in der Art an, daß der Besitz gleichsam den Uebergang oder die Schwelle zu dem Gebiete des Eigenthums bildet, in welchem der Kern des ganzen Vermögensrechtes liegen soll. Der Begriff des Eigenthums erscheint nämlich in einer fast übermäßigen Ausdehnung. Derselbe entspricht aber consequent dem vorangegangenen allumfassenden Begriffe der Sache, welche nunmehr ganz eigentlich Object des Eigenthums wird. Mit dieser Verallgemeinerung des Eigenthums zur unbeschränkten und ausschließlichen Herrschaft des Rechtssubjects über das Rechtsobject als solches steht ferner in consequentem Zusammenhange die das ganze System durchziehende Vermischung, man möchte fast sagen Verwirrung, der beiden Elemente „Eigenthum" und „Obligation", welche sich im Römischen Rechte einer so schönen plastischen Sonderung und Gliederung erfreuen.[79] Zugleich liegt in dieser Zersplitterung und Auflösung des Obligationenrechts die schlagendste Abweichung von dem früheren Systeme der s. g. tria obiecta iuris.

Maßgebend erscheint für diese Auffassung folgender Ausspruch von Svarez: „Alles, was ein Mensch zu dem Seinigen rechnen, und darüber, als über das Seinige, verfügen kann, gehört zu dem Eigenthume dieses Menschen. Eigenthum erstreckt sich nicht blos auf körperliche Sachen, welche in die Sinne fallen, sondern auch auf Gerechtsame, die nur durch die Ausübung bemerkbar werden."[80] Eine Auffassung, welche freilich mehr der materiellen Vorstellungsweise des gemeinen Lebens als dem Bedürfnisse wissenschaftlicher Gliederung entspricht und ebensowohl die selbständige Herrschaft über eine körperliche Sache (Eigenthum in sensu stricto) wie die selbständige Herrschaft über eine fremde Handlung (Obligation) lediglich an den ganz allgemeinen Begriff des Vermögens und des Habens der berechtigten Person anknüpft.

Jedenfalls muß es als eine unvermeidliche Consequenz dieses rein materiellen Mittelpunktes des ganzen Sachenrechtes (richtiger Vermögensrechtes) gelten, wenn dem gemäß das System unseres siebenten Titels auf einer objectiven Erweiterung des Begriffes vom Besitz ruhet:

---

79) Sav. I. 374 fg. 401 not. u. (403.)

80) (Siewert) Materialien Heft I. S. 4. 5.

Besitz an körperlichen Sachen und an Rechten (Gerechtsamen). Vermeidlich wäre dagegen gewesen die mehrfach eintretende Vermengung der Rechte des Besitzes und zum Besitze.

Der achte Titel endlich: „vom Eigenthume" (im Entw. der fünfte Titel des zweiten Theils) gehört gleichfalls noch in seiner abstracten Haltung zur pars generalis. Denn er legt den allgemeinen Grund zu der Lehre vom Eigenthume in der weitgreifenden Landrechtlichen Bedeutung. Namentlich durch die Feststellung der Begriffe: Proprietät, Nutzungsrecht, gemeinschaftliches, getheiltes, eingeschränktes Eigenthum, welche den festen Anhalt für den weiteren Aufbau des Systems liefern. Nicht minder selbst durch die abstracte Auffassung der s. g. Legalservituten als der gesetzlichen Einschränkungen des Eigenthums, welche gleichsam auf einer dem Privateigenthum immanenten Nothwendigkeit beruhen, dem gemeinen (insbesondere dem nachbarlichen) Wohle einen gewissen Tribut zu zollen.

Sind hiernach die acht ersten Titel als pars generalis ausgesondert, so folgt nunmehr in strenger systematischer Abschließung der concrete Theil der Lehre vom Eigenthume im Landrechtlichen Sinne: das Sachenrecht in eigenthümlicher Begränzung und Spezialität etwa nach folgendem Schema:

I. Eigenthum in seiner Totalität.

1. Als solches.

A. Erwerbung des Eigenthums.

𝔄. Durch die Person des Erwerbenden selbst:

a) Im Allgemeinen. Unmittelbare Erwerbungsarten insbesondere. (A. L. R. Th. I. Tit. 9.)

b) Mittelbare Erwerbung.

α) Im Allgemeinen. (Tit. 10.)

β) Tituli inter vivos. (Tit. 11.)

γ) Tituli mortis causa. (Tit. 12.)

𝔅. Durch einen Dritten. (Tit. 13.)

B. Erhaltung des Eigenthums. (Tit. 14.)

C. Verfolgung desselben. (Tit. 15.)

D. Untergang desselben. (Modi tollendarum obligationum. Tit. 16.)

2. Mehreren Subjecten gemeinschaftliches Eigenthum. (Im Römischen Sinne pro partibus indivisis. Tit. 17.)

II. Eigenthum in qualitativer Theilung. (Deutschrechtlich. Tit. 18.)

III. Einschränkungen des Eigenthums, d. h. persönliche und dingliche Rechte auf fremdes Eigenthum.

1. Im Allgemeinen. (Tit. 19.)
2. Auf die Substanz fremder Sachen. (Tit. 20.)
3. Auf Gebrauch und Nutzung fremder Sachen.

A. Subjectiv persönlich. (Tit. 21. Vollständiges Nutzungsrecht, Abschn. 1. 2. [Nießbrauch und Erbpacht.] Unvollständiges Nutzungsrecht, Abschn. 3. [Leihe, Miethe, Pacht.] Laßgüter, Abschn. 4.)

B. Subjectiv dinglich. (Tit. 22. Grundgerechtigkeiten.)

4. Rechte gegen die Handlungsfreiheit: Zwangs- und Bannrechte. (Tit. 23.)

Also: volles — getheiltes — eingeschränktes Eigenthum.

Zunächst das volle Eigenthum: nach den Momenten der Erwerbung, der Erhaltung, der Verfolgung, des Unterganges, der Gemeinschaftlichkeit.

Für die Erwerbung des Eigenthums ist maßgebend geblieben die zur Zeit der Entstehung des Landrechts noch nicht wissenschaftlich überwundene Theorie vom titulus und modus adquirendi, welche auf dem abstracten Gegensatze von Möglichkeit und Wirklichkeit beruhte[81]). Danach soll der modus adquirendi sein: die äußere Handlung (oder Begebenheit), durch welche das Eigenthum wirklich erworben wird. Der titulus: der gesetzliche Grund, vermöge dessen diese äußere Handlung (oder Begebenheit) die Kraft hat, daß dadurch Eigenthum erworben werden kann. Wenn nun zur Erwerbung des Eigenthums außer dem titulus nur die Besitznehmung erforderlich ist, so gilt das Gesetz als der titulus und die Erwerbungsart als unmittelbar. In einigen Fällen geht hier sogar ohne Besitznehmung die Erwerbung des Eigenthums von Statten, blos in Folge einer gewissen Begebenheit oder Willensäußerung. (Erbschaften. An- und Zuwüchse. Verjährung.) Bedarf es dagegen zur Erwerbung des Eigenthums außer dem titulus und der Besitznehmung noch der vermittelnden Erledigung des Besitzes von Seiten des vorigen Eigenthümers, so gilt das vorangehende Rechtsgeschäft, vorzugsweise ein Vertrag, als der titulus und die Erwerbungsart als mittelbar. (A. L. R. Th. I. Tit. 2. §. 131—134; Tit. 9. §. 1—6.)

---

81) Hugo's Verdienst um die Beseitigung der falschen Theorie (Civilistisches Magazin Bd. 4. S. 137—183) ist sogar zum Theil gerade in dem gegen die Auffassung des A. L. R. gerichteten Angriffe begründet. (Z. B. S. 151 fg., 162, 170, 172.) Wegen des Gegensatzes der rechtlichen Möglichkeit und der wirklichen Erwerbung vgl. u. A. Konopak (bei Hugo a. a. O. S. 182 fg.)

Demgemäß handelt der neunte Titel[82]) „von der Erwerbung des Eigenthums überhaupt und den unmittelbaren Arten derselben insonderheit."

Gegenstände der unmittelbaren Erwerbungsarten sind herrenlose Sachen im weiteren Sinne des Wortes. Jedoch mit folgender, im Wesentlichen zu Grunde liegender Unterscheidung. Die absolut herrenlose Sache ist iure naturali Gegenstand der freien Occupation. Die relativ herrenlose Sache dagegen ist nur erst auf Grund gewisser gesetzlicher Voraussetzungen oder Vermittelungen Gegenstand des Erwerbes.

Neun Hauptarten unmittelbarer Erwerbung werden in den neun Abschnitten dieses Titels durchgeführt.

Der erste Abschnitt, von der occupatio originaria („ursprünglichen Besitznehmung"), bezieht sich ausschließlich auf solche Sachen, „auf welche noch Niemand ein Recht hat."

Der zweite Abschnitt umfaßt die Occupation der verlassenen Sachen, — bei denen der animus derelinquendi feststeht, und der verlorenen Sachen, — bei denen der animus derelinquendi gleichsam erst suppeditirt werden muß.

Der dritte Abschnitt geht gerade umgekehrt auf Sachen, bei denen der animus non derelinquendi feststeht: auf gefundene Schätze. Hier hat mehr die Sache den Herrn als der Herr die Sache verloren.

Die beiden folgenden Abschnitte, der vierte: „vom Thierfange" und der fünfte: „von der Beute", beruhen eigentlich auf der bloßen Anwendung der Occupation einer res nullius. Allein die Befugniß zum Thierfange ist durch die eigenthümliche Auffassung des Deutschen Rechts, und die Befugniß zur Beute durch den Einfluß der christlich-völkerrechtlichen Grundsätze wesentlich anders gestaltet als nach Römischem Rechte.

Der sechste Abschnitt: „von der Erwerbung der An- und Zuwüchse", behandelt im Allgemeinen, in einem gewissen Gegensatze zu der von der Person zu vollbringenden Occupation, die Sache als Organ zur Erweiterung des Eigenthums. Dabei werden zunächst die — aus der Sache selbst auf organischem Wege hervorgehenden — Früchte geschieden von den s. g. An- und Zuwüchsen, als den von außen her, durch Natur oder Kunst, bewirkten Vermehrungen oder Verbesserungen der Sache. Als solche An- und Zuwüchse treten auf: Avulsion, Alluvion, Inseln, Flußbett (Wasserrecht), Säen und Pflan-

82) Entw. Th. II. Tit. 6.

zen, Adjunction, Commixtion, Confusion, Specification (Untrennbarkeit der Verbindung), Befruchtung fremder Thiere, Bau auf fremdem Boden oder mit fremden Materialien.

Der siebente Abschnitt: „von preisgegebenen Sachen oder Geldern", faßt die s. g. Missilien nach beiden Seiten auf: 1) der Occupation einer res nullius, in Folge der Dereliction, und 2) der Tradition an eine persona incerta.

Der achte Abschnitt stellt die Erwerbung der Erbschaften — entsprechend dem Deutschrechtlichen Satze, daß der Todte den Lebendigen erbt — zu den unmittelbaren Erwerbungsarten.

Der neunte Abschnitt endlich zwängt unter den Gattungsbegriff der Verjährung alle Arten der s. g. praescriptio adquisitiva und extinctiva. Als unmittelbar gilt diese Erwerbungsart um deswillen, weil nicht blos bei der ausschließlich s. g. erlöschenden Verjährung, sondern auch bei der Ersitzung immer der nichtbethätigte Wille (des bisher Berechtigten) eine poena negligentiae leidet und durch das Gesetz zu Gunsten des (sei es ohne eigene Thätigkeit, sei es vermittelst selbstthätiger Ausübung des Rechts) neu Erwerbenden gleichsam ersetzt wird. „Unmittelbar und durch bloße Besitzergreifung können erworben werden: ..... Sachen, die seit so langer Zeit sich im Besitze eines Menschen befinden, daß dieser langwierige fortgesetzte Besitz die Stelle der Einwilligung des vorigen Eigenthümers nach den Gesetzen vertreten kann."[83])

Auf die mittelbare Erwerbung des Eigenthums gehen die drei folgenden Titel.

Der zehnte Titel[84]) gibt die allgemeine Theorie von dem — durch Willenserklärung, Gesetz, rechtliches Erkenntniß begründeten — Titel zur mittelbaren Erwerbung und von der aus Besitzerledigung und Besitzergreifung zusammengesetzten Tradition.

Der eilfte Titel[85]) behandelt in neun Abschnitten eine Reihe von einzelnen Verträgen als tituli inter vivos, welche — und zwar in den bei Weitem meisten Fällen vermittelst der Tradition — zum Eigenthumserwerbe führen. Es sind dieses großentheils Kaufs- oder dem Kaufe verwandte Geschäfte. Kaufsgeschäfte sind: die eigentliche emtio venditio (Abschn. 1.), die Cession als Kauf von Rechten (Abschn. 3.), der Erbschaftskauf (Abschn. 4), die verschiedenen Arten der emtio

83) Svarez a. a. O. S. 6. 7.

84) Entw. Th. II. Tit. 7.

85) Entw. Th. II. Tit. 8.

spei oder rei speratae (Abschn. 6). Oder, wie Svarez[86]) die Gegenstände dieser Verträge nach ihren wichtigsten Momenten zu charakterisiren sucht, es wird übertragen: das Eigenthum einer körperlichen Sache gegen Geld (Kauf); das Eigenthum von Rechten gegen Geld oder andere Vortheile (Cession); das Eigenthum eines Inbegriffs von körperlichen Sachen und Rechten gegen Geld (Erbschaftskauf); das Eigenthum einer schon vorhandenen Sache gegen Hoffnung eines künftigen noch ungewissen Vortheils (gewagte Geschäfte). — Dem Kaufe verwandt sind: Tausch — wodurch nach Sz's Bezeichnung „das Eigenthum einer körperlichen Sache gegen Ueberlassung einer andern" übertragen wird — (Abschn. 2.) und Trödelvertrag (Abschn. 5.).

Außer diesen Kaufs- oder kaufähnlichen Geschäften treten hier noch auf: Darlehn — wodurch „das Eigenthum einer Geldsumme, gegen das Versprechen, künftig eben soviel zurückzugeben" übertragen wird — (Abschn. 7.); Verträge über ein facere — wodurch „die Disposition über die Handlungen, Fähigkeiten oder Kräfte eines Anderen, gegen eine versprochene Belohnung" übertragen wird — (Abschn. 8.); Schenkung — wodurch „das Eigenthum von Sachen und Rechten, ohne Entgeld, aus bloßer Freigebigkeit" übertragen wird — (Abschn. 9.).

Der sofortige Anschluß sämmtlicher Verordnungen von Todeswegen im zwölften Titel[87]) kann um so weniger auffallen, je mehr man sich die Geschichte der Entstehung des Systems vergegenwärtigt. (Oben ad II.) Es handelt sich eben um die „Titel zur Erwerbung des Eigenthums, welche aus Verordnungen von Todeswegen entstehen", wie die Ueberschrift des zwölften Titels selbst angiebt. Oder, nach der genaueren Auffassung von Svarez[88]): welche sich auf die Einwilligung stützt, durch welche (bei mittelbaren Erwerbungsarten überhaupt) der bisherige Eigenthümer sein Recht dem Erwerbenden überträgt. „Der bisherige Eigenthümer hat sein Recht einem Anderen (entweder) dergestalt übertragen, (daß dieser die Sache noch bei seinem Leben erwerben solle [unter Lebendigen]; oder dergestalt,) daß die Erwerbung erst nach seinem Tode erfolgen solle [von Todeswegen]."

Daher kommt es, daß der zwölfte Titel im ersten Abschnitte die eigentlich-letztwilligen Verfügungen, wie Testamente, Codicille

86) A. a. O. S. 8.

87) Entw. Th. II. Tit. 9.

88) A. a. O. S. 7.

und Fideicommisse (Römischen Ursprunges) und im zweiten Abschnitte die Erbverträge (Germanischen Ursprunges) als tituli mortis causa auffaßt, welche zum Eigenthums-Erwerbe führen. Von einer Tradition im eigentlichen Sinne kann dabei freilich keine Rede sein. Die Mittelbarkeit liegt hier vielmehr blos in der durch den Tod des früheren Eigenthümers eintretenden Erledigung des Besitzes zu Gunsten des neuen Erwerbers, auf Grund jenes — meistens durch den früheren Eigenthümer selbst im Voraus constituirten — titulus mortis causa. Der Uebergang und Erwerb des Eigenthums auf erbrechtlichem Wege wird also vermittelt durch einen Rechtsact, den der Erblasser allein vorgenommen oder an welchem er doch Theil genommen hat oder welcher sonst in (vertragsmäßiger) Beziehung zu seinem Nachlaß steht u. dgl. m. Einer Tradition bedarf es aber auch hier so wenig wie bei der gesetzlichen Erbfolge. Auch auf den Testaments-, den Vertrags-Erben, den Legatar u. s. w. geht durch den Tod des Erblassers das Eigenthum ipso iure über, — wenn man nicht in dem Satze, daß der Todte den Lebendigen erbt (oben Tit. 9. Abschn. 8.) eine quasi traditio suchen will.

Im Gegensatze zu dem unmittelbaren oder mittelbaren Eigenthumserwerbe durch die eigene Person (Tit. 9—12.) behandelt nun der dreizehnte Titel[89]) nach dem gemeinsamen materiellen Gesichtspunkte der „Erwerbung des Eigenthums der Sachen und Rechte durch einen Dritten“: als Regel das Mandat (Abschn. 1.), als Ausnahmen die negotiorum gestio (Abschn. 2.) und die in rem versio (Abschn. 3.). Es ist deshalb nicht correct, wenn Svarez[90]) das Mandat nicht nur überhaupt den Verträgen des eilften Titels anreihet, sondern auch gleichsam als eine Species der Verträge über ein facere auffaßt, indem er annimmt, es werde übertragen: „Insonderheit die Disposition über die Fähigkeiten und Kräfte eines Andern, zum Behuf gewisser mit einem Dritten zu verhandelnden Geschäfte. (Vollmachtsvertrag.)“ Durch diese Weise der Behandlung wird überdies die nach dem Landrechtlichen Systeme selbst zu ziehende Gränze zwischen dem Mandate und den gewöhnlichen Verträgen über ein facere[91]) verwischt.

An die Erwerbung schließt der vierzehnte Titel[92]) die „Er-

---

89) Entw. Th. II. Tit. 10.

90) A. a. O. S. 9.

91) Unten Th. I. Tit. 13. Abschn. 1. ad I.

92) Entw. Th. II. Tit. 11.

haltung des Eigenthums und der Rechte." Diese Erhaltung (Conservation) des einmal Erworbenen bildet wiederum einen gemeinsamen materiellen Gesichtspunkt, dem so verschiedenartige Rechtsverhältnisse untergeordnet werden, wie

einerseits das Depositum (Abschn. 1.) und die Verwaltung (Abschn. 2.), welche beide noch in einer gewissen Verwandtschaft mit dem Inhalte des dreizehnten Titels, namentlich mit dem Mandate, stehen; und

andrerseits die Cautionen und Bürgschaften (Abschn. 3.), die Pfändung (Abschn. 4.) und die (im Entwurfe noch nicht zu einem eigenen Abschnitte ausgesonderten) Protestationen (und Reservationen: Abschn. 5.), welche sämmtlich nur durch die sehr allgemeine Aehnlichkeit eines Schutzes oder einer Sicherstellung gegen künftige Beeinträchtigungen in Verwandtschaft unter einander gebracht werden.

Demnächst beruhet im fünfzehnten Titel[93]) die „Verfolgung des Eigenthums" wesentlich auf einer Erweiterung des Gegenstandes der Vindication, — entsprechend der Landrechtlichen Erweiterung des Begriffes vom Eigenthum selbst. Es soll danach nicht blos das körperliche Eigenthum, sondern auch „das Eigenthum eines Rechts" („gegen jeden Anmaßer desselben") verfolgt werden. (Rückforderungsrecht im weitesten Sinne.)

Ganz systematisch folgt im sechzehnten Titel[94]) der Untergang des Eigenthums; wie denn auch die einleitenden §§en (1—10) von dem s. g. interitus rei anheben und auf das Erlöschen der Rechte in abstracto übergehen. Der Entwurf trug sogar noch die Ueberschrift: „Von dem Verlust und der Aufhebung des Eigenthums der Sachen und Rechte." In der That aber bestehet der Kern dieses Titels in dem Aufhören der Rechte durch die Aufhebung (insbesondere Erfüllung) der Pflicht, deren Leistung vermöge des Rechts gefordert werden konnte. Mit anderen Worten, es handelt sich lediglich um die modi tollendarum obligationum. Ganz richtig lautet deshalb auch die jetzige Ueberschrift: „Von den Arten, wie Rechte und Verbindlichkeiten aufhören."

Diese modi tollendarum obligationum beruhen nun entweder auf einer wahren Erfüllung, oder auf einer Tilgung ohne directe Erfüllung, oder endlich auf dem Untergange der Verbindlichkeit ohne eine besonders darauf gerichtete Thätigkeit der Subjecte des Rechts und der Verbindlichkeit. Man fühlt sich versucht, die Anordnung der zehn Abschnitte dieses Titels nach dem Fortschritte von der materiell vollstän-

93) Entw. Th. II. Tit. 12.
94) Entw. Th. II. Tit. 13.

digen Befriedigung des Berechtigten zu einer stets wachsenden Abnahme des materiellen Genügens zu messen.

Im Einzelnen aber sind die Abschnitte 1—4, Erfüllung überhaupt, Zahlung insbesondere, Deposition und Angabe an Zahlungsstatt, dem materiellen Effecte nach augenscheinlich nahe verwandt unter einander. Die Abschnitte 5 und 6, Assignation und Compensation, treffen darin zusammen, daß die Assignation gleichsam eine Zahlung durch ein fremdes nomen, unter Umständen eine wahre datio in solutum ist, die Compensation aber gleichsam eine Zahlung durch das eigene nomen des Creditors, eine Art Assignation des Creditors an sich selbst. Die Abschnitte 7 und 8, Entsagung (einseitiger Natur) und Vergleich (zweiseitiger Natur), führen beide zur Tilgung der Verbindlichkeit vermittelst eines Opfers, welches der Creditor bringt oder sich gefallen läßt. Die Abschnitte 9 und 10 endlich, Novation und Confusion, stehen einander nahe, wenn man die materielle Seite des Verschwindens der ursprünglichen Obligation ins Auge faßt. Im Uebrigen beruhet die Novation — „Verwandelung eines Rechts in ein anderes" [95]) — auf dem Umtausch der ursprünglichen Obligation gegen eine neue von gleichem Werthe. Dadurch wird sie zu einem wahren Surrogate der Zahlung, gleich einer in solutum datio. [96]) Der Confusion dagegen liegt zum Grunde die Abfindung des Berechtigten durch den Rechtssatz, daß Niemand sein eigener Schuldner sein könne; weshalb denn Recht und Verbindlichkeit in einander aufgehen.

Das letzte Moment, welches innerhalb der Totalität des Eigenthums auftritt, ist das gemeinschaftliche Eigenthum, mit welchem der siebzehnte Titel [97]) sich beschäftigt.

Es ist freilich schon oben (ad II. g. E.) bemerkt worden, wie man bei der Bearbeitung des Entwurfes dahin gelangt war, das Miteigenthum mit den s. g. Abarten des Eigenthums in engere Verbindung zu setzen. Als solche Abarten hatte der Klein'sche Plan die Lehngüter und die Domanial-, Zins- und Bauergüter bezeichnet [98]). Auch Svarez zieht das Miteigenthum in eine und dieselbe Abtheilung mit dem (im Sinne des Deutschen Rechts) getheilten Eigenthum [99]).

Allein in der That ist das Miteigenthum keinesweges eine Abart

95) Svarez a. a. O. S. 11.

96) Sav. III. 15. not. r. Obl. I. 165.

97) Entw. Th. II. Tit. 14.

98) v. Daniels a. a. O. S. 41 und Anl. VII. (S. 40 fg.)

99) A. a. O. S. 11—13.

des Eigenthums. Vielmehr ist in demselben der Vollbegriff, die Totalität des Eigenthums („das volle Eigenthum": §. 14. A. L. R. I. 8.) objectiv vorhanden; wie dies eigentlich auch Sz. nicht verkennt, indem er bemerkt, daß „die sämmtlichen unter dem Eigenthum begriffenen Rechte den mehreren Inhabern gemein" sind. Nur subjectiv ist hier das Eigenthum nach Raten (idealen Theilen) zerlegt. Das Subject besteht nicht aus Einer, sondern aus mehreren physischen Personen. Man kann deshalb ohne Zwang den 17. Titel im Gegensatze zu den Titeln 9—16 dahin charakterisiren, daß derselbe von dem vollen, aber mehreren Subjecten gemeinschaftlichen Eigenthum handelt, während die vorangehenden Titel vom Eigenthum ohne Rücksicht auf die Anzahl der Subjecte desselben sprechen.

So schließt denn der siebzehnte Titel das Miteigenthum im Römischen Sinne (pro partibus indivisis) in sich. Namentlich entspricht Abschn. 1. „vom gemeinschaftlichen Eigenthum überhaupt" (s. g. communio incidens) der actio communi dividundo, Abschn. 2. „vom gemeinschaftlichen Eigenthum der Miterben" der actio familiae erciscundae, Abschn. 5. „von Gränzscheidungen" der actio finium regundorum. Verwandt damit ist auch der jetzt obsolete Abschn. 4. „von Gemeinheitstheilungen". Aus jeder Gemeinschaft entspringt in allen diesen Abschnitten materiell die Verbindlichkeit zur Theilung und Auflösung.

Ganz im Widerspruche mit der eleganten Römischen Scheidung der actio pro socio von der actio communi dividundo und den übrigen s. g. Theilungsklagen bringt nun aber Abschn. 3. auch noch die „Gemeinschaften, welche durch Vertrag entstehen" unter den gemeinsamen Gesichtspunkt des Miteigenthums. Doch läßt sich gerade hierin eine gewisse Consequenz nicht verkennen, wenn man den leitenden materiellen Grundsatz des Landrechtlichen Systems im Auge behält, wonach Societät und Communion eben durch den Inhalt der Gemeinschaftlichkeit einander näher stehen, als dies bei formeller Scheidung der Entstehungsgründe (Consensualcontract und Quasi-Contract) der Fall ist. Der Entwurf hatte sogar an den Abschnitt von der Societät noch einen besonderen (jetzt in A. L. R. Th. II. Tit. 16. Abschn. 4. — §. 128 ff. — verpflanzten) Abschnitt angereihet: „Von den Rechten und Pflichten der Bergwerks-Gesellschaften."

Hiernach wird der Gegensatz anschaulich, in welchem der achtzehnte Titel „vom **getheilten** Eigenthume"[100]) besonders zum

100) Entw. Th. II. Tit. 15. 16. 17.

siebzehnten Titel sich befindet. Denn nunmehr erscheint das Eigenthum objectiv nicht mehr in seiner Totalität, sondern vielmehr in qualitativer Theilung. Die Qualitäten des Eigenthums selbst — die unter dem Eigenthume begriffenen Rechte: zu besitzen, zu benutzen, zu veräußern, — werden objectiv getheilt und zerklüftet. Schon die mannigfachen concreten Gestaltungen, welche sich im gemeinen Deutschen Rechte an die Vorstellung von einem dominium divisum (directum und utile) knüpften, ließen sich nicht mehr mit Römischem Maßstabe (einer Theilung pro partibus indivisis) messen. Um so weniger das Landrechtliche, im Wesentlichen sogar von dem Merkmale der Subjection des nutzbaren Eigenthümers unter den dominus directus losgelöste Abstractum, wonach bei dem „getheilten" Eigenthume von den unter dem Eigenthume überhaupt begriffenen Rechten der Besitz und die Nutzungen nur Einem (dem nutzbaren Eigenthümer) zukommen, die übrigen Rechte des Eigenthums aber Diesem mit einem Anderen (insbesondere dem Obereigenthümer) gemein sein sollen. In diesem Sinne wird dann nicht blos Lehn und Erbzins (A. L. R. Th. I. Tit. 18. Abschn. 1. 2.), sondern auch Familienfideicommiß (A. L. R. Th. II. Tit. 4. §. 72. 73., Entw. Th. I. Tit. 4. §. 28.) zum getheilten Eigenthume gezogen.

Die letzte Gruppe in dem s. g. Sachenrechte bilden die Titel 19—23, deren gemeinsamer leitender Gesichtspunkt darin zu finden ist, daß die persönlichen und dinglichen Rechte auf fremdes Eigenthum ganz allgemein als Einschränkungen des Eigenthums behandelt werden. In dieser Auffassung liegt eine fundamentale Abweichung von dem Römischen Systeme. Während nämlich nach Römischem Rechte das Eigenthum (dominium) in seinen abgetrennten Bestandtheilen den übrigen dinglichen Rechten, als verselbständigten Elementen des Eigenthums (iura in re), ihre Entstehung giebt, ist im Landrecht die Dinglichkeit der Rechte außerhalb des Eigenthums wesentlich nur als Verstärkung der persönlichen Rechte gedacht. D. h. die Dinglichkeit derselben entsteht nicht schon durch Ablösung aus dem Eigenthume (durch den Ursprung selbst), der Nießbrauch z. B. ist nicht schon als solcher, das Pfandrecht nicht schon als solches dinglich, sondern auch diese Rechte sind zunächst und an sich nur persönlich und werden erst durch das Hinzutreten anderer Momente (durch Besitznahme oder hypothekarische Eintragung) dinglich. Hierin liegt eine Beschränkung der Römischen Grundsätze. Umgekehrt aber werden auch andere an sich persönliche und nach Römischem Rechte stets persönlich bleibende Rechte, vor allen die Rechte des Miethers und des Pächters, dinglich durch Besitz oder Eintragung, — vorausgesetzt freilich, daß solche Rechte überhaupt fähig sind, im Landrechtlichen Sinne in Besitz genommen oder hypothekarisch eingetragen zu werden. Und hierin liegt eine Erweiterung der Römischen Grundsätze.

Die allgemeinen, zum Theil ganz abstracten Bestimmungen über die „dinglichen und persönlichen Rechte auf fremdes Eigenthum" finden sich nun im neunzehnten Titel [101]).

Je nachdem dann das Recht des Berechtigten auf die Substanz der Sache des Verpflichteten oder nur auf den Gebrauch oder die Nutzung derselben gerichtet ist, ergeben sich die Rechte

„auf die Substanz einer fremden Sache", wohin der zwanzigste Titel [102]) ziehet: Pfandrecht — „damit der Berechtigte sich an die Sache, zur Sicherheit wegen einer an den Eigenthümer habenden Forderung [103]), halten könne" [104]) — (Abschn. 1), Retentionsrecht (Abschn. 2.), Vorkaufs-, Näher-, Wiederkaufsrecht — „damit der Berechtigte in einem bestimmten Falle das Eigenthum der Sache vorzüglich vor Anderen erwerben könne" [104]) — (Abschn. 3.); oder die Rechte

„zum Gebrauche oder (zur) Nutzung fremden Eigenthums", worunter der einundzwanzigste Titel [105]) Verschiedenartiges begreift. Zuerst die beiden Arten des s. g. vollständigen Nutzungsrechtes — auf „allen Gebrauch und Nutzung von der Sache, welche sie ohne Veräußerung oder Vernichtung gewähren kann" [104]) —: Nießbrauch, nach Art eines guten Hausvaters, salva rei substantia (Abschn. 1.), und Erbpacht, als ein erbliches Nutzungsrecht gegen einen damit in Verhältniß stehenden Zins, ganz geschieden von dem zum getheilten Eigenthume gezogenen Erbzinsrechte (Abschn. 2.). Dann das s. g. „eingeschränkte Gebrauchs- und Nutzungsrecht fremder Sachen"; im Einzelnen: Commodat, Miethe und Pacht. (Abschn. 3.) Dieses sind gewissermaßen eingeschränkte Rechte auf Einschränkung fremden Eigenthums. Die Unvollständigkeit derselben besteht darin, daß „der Berechtigte nur eine gewisse Art des Gebrauchs oder der Nutzung hat" [104]). Endlich ein eigenthümliches bäuerliches Nutzungs-

---

101) Entw. Th. II. Tit. 18.

102) Entw. Th. II. Tit. 19.

103) Ungenau. Der Debitor braucht nicht Eigenthümer der verpfändeten Sache zu sein.

104) Svarez a. a. O. S. 14.

105) Entw. Th. II. Tit. 20.

recht; zur Verbesserung des Looses der s. g. Laßbauern. (Abschn. 4. „von den zur Cultur ausgesetzten Gütern und Grundstücken.")

Scheinbar abgesondert treten im zweiundzwanzigsten Titel[106]) die s. g. Realservituten oder Grundgerechtigkeiten auf: die „Gerechtigkeiten der Grundstücke gegen einander". Allein in der That gehören diese materiell gleichfalls zu den Gebrauchs- und Nutzungs-Rechten an fremdem Eigenthum, nur mit dem Unterschiede, daß die Rechte des 21. Titels subjectiv-persönlich, „gewissen bestimmten Personen eingeräumt"[107]), die des 22. Titels dagegen subjectiv-dinglich, „jedem Eigenthümer eines bestimmten Grundstücks auf ein anderes Grundstück eingeräumt"[107]) sind. Freilich wird auch im 22. Titel die subjectiv-dingliche Gränze mehrfach verwischt[108]).

Nahe verwandt mit den Einschränkungen des Eigenthums überhaupt sind noch schließlich die aus dem Deutschen Rechte stammenden Gewerbsberechtigungen, die Zwangs- und Bann-Gerechtigkeiten, welche der gegenwärtig obsolete dreiundzwanzigste Titel[109]) unter dem Gesichtspunkte darstellt, daß man vermöge derselben zu eigenem Vortheile die allgemeine Handlungsfreiheit eines Anderen einschränkt.

So weit die Uebersicht des Inbegriffs derjenigen Rechtsnormen, welche in dem Systeme des Landrechts wie in dem des Entwurfs (ungeachtet der übrigens eingetretenen formellen Aenderungen) zum s. g. Sachenrecht gehören. „Alle Rechte und Verbindlichkeiten der Bürger des Staates, die ihnen nicht blos vermöge ihres Standes und ihrer persönlichen Verhältnisse zukommen, sind unter dem Namen der Sachenrechte begriffen." (Vorbemerkung zum zweiten Theile des Entwurfs.)

Correcter mag man dafür den Ausdruck Vermögensrecht gebrauchen, weil damit der im Landrechtlichen Systeme nicht blos generisch, sondern wahrhaft absorbirend wirksame Begriff der Einheit des Eigenthums- und des Obligationen-Rechts besser getroffen wird.

Durchweg maßgebend und charakteristisch ist für diesen Theil des Systems: die Verschlingung und Verschmelzung des Eigenthums an körperlichen Sachen und an Rechten und die Herabsetzung der Obligation zu einem bloßen Mittel für die Schicksale des Eigenthums, für den Erwerb, die Erhaltung, die Aufhebung desselben, für die Begrün-

---

106) Entw. Th. II. Tit. 21.

107) Svarez a. a. O. S. 14. 15.

108) Unten Th. I. Tit. 22. ad I. 1. B.

109) Entw. Th. II. Tit. 22.

dung der Rechte auf fremdes Eigenthum u. s. w.[110]) In unzertrennlichem Zusammenhange hiermit befindet sich die systematische Stellung — Sonderung, Vereinigung und Unterordnung — der verschiedensten Rechts-Elemente und Verhältnisse, so Römischen wie Deutschen Ursprunges und Stoffes. Ueberall erscheint diese Stellung bedingt weniger durch die Form und den Ursprung der Rechtsverhältnisse, als vielmehr durch die Substanz und den Zweck, durch den rein materiellen Gesichtspunkt des **concreten Inhalts**, welchen jedes Recht gewährt.

Ein Beispiel mag genügen, um zu zeigen, wie sich Alles gleichsam auf die Beantwortung der Frage zurückführen läßt: „Was habe ich von diesem Rechte?" — Der Römische Consensualcontract der locatio conductio findet sich in folgender Gestalt durch das L. R.-System zerstreut. Einige Stücke desselben treten im eilften Titel auf, als tituli inter vivos zum Eigenthumserwerbe, und zwar in dem Abschnitte von Verträgen über Handlungen: operae locatae conductae (§. 895 ff., 920 ff.) und opus locatum conductum (§. 925 ff.). Anderen Stücken begegnen wir im einundzwanzigsten Titel, weil sie zum Rechte des Gebrauches oder der Nutzung fremden Eigenthums führen: locatio conductio rerum. Endlich diejenige Art der operae locatae conductae, welche wir Gesindevertrag nennen, ist in das Familienrecht verwiesen, weil sie an das Wesen der häuslichen Gesellschaft angeschlossen wird. (A. L. R. Th. II. Tit. 5.)

Leicht ließe sich dies, etwa nach folgendem Schema, weiter verfolgen:

1. Römisches dominium mit den daraus abgelösten iura in re. — Eigenthum durch das ganze L. R.-System verflüchtigt. Die anderen dinglichen Rechte:
   a. Servitus: Tit. 21. 22.
   b. Pignus: Tit. 20.
   c. Emphyteusis: Tit. 18. (Getheiltes Eigenthum.)
   d. Superficies: Tit. 22. (Mitten unter allerlei Grundgerechtigkeiten.)
2. Römische obligationes ex contractu.
   a. Litteralcontract. (Wechsel?)
   b. Stipulation. (Parallelismus der schriftlichen Form.)
   c. Consensualcontracte. Emtio venditio: Tit. 11. Locatio conductio: Tit. 11. 21. Mandatum: Tit. 13. Societas: Tit. 17.

---

110) Nicht zu verwechseln ist hiermit die auch sonst wohl wissenschaftlich anerkannte Bezeichnung des Obligationenrechts als „mittelbares Sachenrecht."

d. Realcontracte. Mutuum: Tit. 11. Commodatum: Tit. 21. Depositum: Tit. 14. Pignus: Tit. 20.

u. s. w. u. s. w.

Jedenfalls ist hierin ein Beleg dafür zu finden, daß man das L. R.-System nicht nach Römischem Zuschnitte construiren und lehren darf, wenn man dasselbe in seiner Eigenthümlichkeit zur Anschauung bringen und praktisch nutzbar machen will.

Einfacher und übersichtlicher ist der Bau des zweiten Haupttheiles im L. R.-Systeme, welcher das s. g. Personenrecht im weiteren Sinne umfaßt. Den Anfang macht ganz naturgemäß:

I. Das **Familienrecht.** In diesem werden durchweg die persönlichen, die Vermögens- und die erbrechtlichen Verhältnisse bei den einzelnen Abschnitten und Beziehungen gleich neben einander behandelt, mit eigenthümlicher Verschmelzung der Römischen und Germanischen Rechtselemente.

1. Den Ausgangspunkt bildet die **Ehe**, welche in dem ersten Titel A. L. R. Thl. II. [111]) entwickelt wird, nach den Seiten

der Eingehung (Abschn. 1. 2. 3: Erfordernisse, Präliminarien, Vollziehung),

des Bestehens (Abschn. 4: persönliche und 5. 6: Vermögens-Rechte), und

des Unterganges (Abschn. 7: durch den Tod [Erbrecht] und 8: durch richterliche Scheidung).

Daran knüpfen sich gewisse hier noch einschlagende Verhältnisse: die s. g. Ehe zur linken Hand (Abschn. 9), die rechtlichen Folgen der gesetzwidrig geschlossenen Ehen (Abschn. 10), die rechtlichen Folgen des außerehelichen Beischlafs (Abschn. 11).

2. Aus der Ehe geht hervor das Verhältniß zwischen **Aeltern und Kindern.** Daher der zweite Titel [112]) den wechselseitigen Rechten und Pflichten der Aeltern und Kinder gewidmet ist. Dabei werden geschieden

die Verhältnisse zwischen ehelichen Descendenten und Ascendenten (Abschn. 1—7, von denen die vier ersten auf die persönlichen und Vermögens-Verhältnisse inter vivos gehen, wofür die väterliche Gewalt einen Hauptpunkt der Anknüpfung bietet, — die drei letzten aber auf das Erbrecht)

---

111) Entw. Th. I. Abth. I. Tit. I.

112) Entw. a. a. O. Tit. 2.

von den nicht durch rechte Ehe begründeten Descendenzverhältnissen. (Abschn. 8—12: Kindschaft aus einer Ehe z. l. H., aus unehelichem Beischlafe, Adoption, Einkindschaft, Pflegekindschaft.)

3. Daran schließt sich von selbst die **weitere Familie.** (Geschwisterschaft — Collateralität — Familie überhaupt.)

A. Der dritte Titel [113]) handelt „von den Rechten und Pflichten der übrigen Mitglieder einer Familie", d. i. eben von den Familienrechten im weiteren Sinne, und zwar nach zwei Seiten: inter vivos und mortis causa. Die Verhältnisse inter vivos sind hier wesentlich persönlicher Natur und ohne unmittelbare Beziehung auf das Vermögen. Mortis causa dagegen tritt das ganze Erbrecht der Collateralen auf.

B. Der vierte Titel handelt in sechs Abschnitten [114]) „von gemeinschaftlichen Familienrechten", und zwar insbesondere und vorzugsweise nach der vermögensrechtlichen Seite. (Familienstiftungen, Familienfideicommisse, Näherrecht auf Familiengüter.)

4. Zu der Familien- oder häuslichen Gesellschaft wird endlich noch das **Gesinde** gezogen, — in einer der sittlichen Substanz des Rechtsverhältnisses durchaus entsprechenden Weise. Sonach beschäftigt sich der fünfte Titel [115]) mit den „Rechten und Pflichten der Herrschaften und des Gesindes", und zwar in drei (wenn auch nicht mehr [116]) durch besondere Ueberschriften geschiedenen) Abschnitten: vom gemeinen Gesinde (ersetzt durch die Gesindeordnung v. J. 1810), von Hausoffizianten (noch in Geltung) und von Sklaven (seit 1857 außer Kraft gesetzt).

Wie nun nach moderner philosophischer Anschauung an die Familie die Auflösung in Familien angeschlossen und so zu einer (dem Alterthume noch fremden) Mittelstufe zwischen Familie und Staat, zur bürgerlichen Gesellschaft, geschritten wird, um erst von ihr aus zu der höchsten Stufe des Staatsganzen emporzusteigen, so knüpft auch das L. R.-System an die Familiengesellschaft noch die größeren Gesellschaften und Genossenschaften, Corporationen und Stände, um aus diesen erst den Staat hervorgehen zu lassen, welcher ganz aus so-

---

113) Entw. a. a. O. Tit. 3.

114) Entw. a a O. Tit. 4., im Wesentlichen in demselben Gange wie das L. R., nur in 4 Abschnitten.

115) Entw a. a. O. Tit. 5.

116) Wie im Entwurfe der Fall war.

zialen Elementen erbaut gedacht wird. „Aus der Verbindung der Familien zum Zwecke des gemeinen Wohls besteht die bürgerliche Gesellschaft." (Vorbemerkung zu Abth. II. Th. I. Entw.) „Die Einwohner des Staats, und die in demselben vorhandenen größeren und kleineren Gesellschaften, stehen in Verhältnissen gegen den Staat, aus welchen wechselseitige Rechte und Pflichten entspringen." (Vorbemerkung zu Abth. III. ebendaselbst.) „Der bürgerliche Vertrag, dieser von den Weltweisen mit menschenfreundlichem Witz erfundene Grund des Gehorsams gegen die Gesetze," — der contrat social! — „wird alsdann" (wenn Preußens Unterthanen unter Gesetzen leben werden, die von ihnen selbst geprüft und genehmigt worden u. s. w.) „etwas mehr sein, als eine schöne Hypothese." (Vorerinnerung des Großkanzlers zum zweiten Theile des Entwurfs, vom 30. April 1787.)

Demgemäß folgt auf das Familienrecht:

II. Das Recht der **bürgerlichen Gesellschaft**, in Genossenschaften, Corporationen und Ständen. Die Stände der Gesellschaft insbesondere erscheinen hier noch als wesentlich geschlossene Körper, sofern einerseits der Adel und andererseits die Gutsunterthänigen vollkommen abgesondert und beziehungsweise eingeschränkt dastanden, obgleich der s. g. Mittelstand innerhalb seiner selbst bereits in den Abgränzungen schwankte.

1. Das **allgemeine** Moment des Gesellschaftswesens wird im sechsten Titel „von Gesellschaften überhaupt und von Corporationen und Gemeinen insonderheit" entwickelt[117]). Svarez charakterisirt diese „größeren Gesellschaften im Staate" dadurch, daß sie „der Staat als solche, die zu einem gemeinnützigen Zwecke errichtet worden, und fortwährend bestehen sollen, ausdrücklich bestätigt hat"[118]).

2. **Weltliche Stände.**

„Nach der Verschiedenheit der Geschäfte, zu welchen ein jeder nach den bestehenden Staatseinrichtungen hauptsächlich bestimmt ist": Bauerstand, „vorzüglich den Arbeiten des Landbaues gewidmet"; Bürgerstand, „vorzüglich mit Handwerken, Künsten und andern dergleichen Gewerben oder mit dem Handel beschäftigt"; Adelstand, „durch Geburt oder Verleihung des Staats mit gewissen äußeren Vorzügen vor den beiden übrigen Ständen versehen"; Beamten-

117) Entw. Th. I. Abth. II. Tit. I. „Von den Rechten und Pflichten der Gesellschaften überhaupt"

118) A. a. O. S. 17.

stand, durch „Personen aus allen drei Ständen, welche sich dem unmittelbaren Dienste des Staats gewidmet haben", gebildet [119]).

A. Mit dem „Bauerstande" insbesondere beschäftigt sich der siebente Titel [120]). Und zwar Abschn. 1. im Allgemeinen; Abschn. 2. mit den Dorfgemeinden, Abschn. 3 bis 8. mit den verschiedenen Pflichten und Rechten, Diensten und anderen Leistungen, kurz mit allen in Beziehung auf die Gutsherrschaften anerkannten Rechtsverhältnissen der damals noch unterthänigen Landbewohner, deren Zustand gesetzlich zu regeln, aber noch nicht zur völligen und gleichförmigen Unabhängigkeit zu erheben („und so den gordischen Knoten mit einemmale zu zerhauen") man für zeitgemäß hielt [121]).

B. Den „Bürgerstand" behandelt der achte Titel [122]) in großer Ausführlichkeit. Unter Anderem ist ein ganzer code de commerce in diesem Titel enthalten. Abschn. 1 geht auf die allgemeineren Verhältnisse, Abschn. 2 auf die Städte und Stadtgemeinden, Abschn. 3 bis 15 auf die verschiedenen bürgerlichen Gewerbe näher ein. In letzterer Beziehung werden die Handwerker (deren Innungs- und Zunftwesen man wohl reformiren, aber — schon um der bürgerlichen Ehre willen — nicht aufopfern mochte [123]), die Künstler und Fabrikanten, die Brauer, Gastwirthe, Garköche u. dgl., und die Apotheker (Abschn. 3—6) geschieden von den Handeltreibenden im eigentlichen Sinne, mit welchen das ganze Handels-, Wechsel- und See-Recht in Verbindung gesetzt wird. (Abschn. 7—14: Kaufleute; Wechsel; Handels-Billets und Assignationen; Mäkler; Rheder, Schiffer und Befrachter; Haverei und Seeschäden; Versicherungen; Bodmerei.) Zum Schluß folgt ein Abschnitt (15) von Fuhrleuten.

C. „Von den Pflichten und Rechten" [124]) (so lautet die Ueberschrift schon im A. G. B. v. 1791, während der Entw. noch hat: „von den Rechten und Pflichten") „des Adelstandes", als „des ersten Standes im Staate", dem nach seiner Bestimmung die Vertheidigung des Staates, so wie die Unterstützung der äußeren Würde und inneren Verfassung desselben hauptsächlich obliege [125]), handelt der neunte Titel [126]).

119) Svarez a. a. O. S. 18.
120) Entw. Th. I. Abth. II. Tit. 2.
121) Anm. zum Entw. Abschn. 3. h. t.
122) Entw. Th. I. Abth. II. Tit 3.
123) Anm. z. Entw. Abschn. 3. h. t.
124) Vgl. oben Anm. 77.
125) § 1. A. L. R. h. t.
126) Entw. Th. I. Abth. II Tit. 4.

D. „Von den Rechten und Pflichten der Diener des Staats“ der zehnte Titel [127]).

Es ist charakteristisch für dieses System von Ständen der bürgerlichen Gesellschaft, daß durch das aufrecht erhaltene Vorrecht des Adels zum Besitze adlicher Güter [128]) nicht nur dem Adel, welcher an so vielen anderen Arten der Gewerbe nicht Theil nehmen könne, der Betrieb der Landwirthschaft im Großen, als eine seiner Bestimmungen, erleichtert, sondern daß eben dadurch auch verhindert werden sollte, daß Bürgerliche, denen durch ihren Stand andere Bestimmungen angewiesen seien, durch übermäßigen Aufkauf adlicher Güter ihr Vermögen und Capitalien der Handlung und anderen Arten der Industrie entzögen [129]).

Nicht minder charakteristisch ist die Auffassung des Beamtenstandes, als eines gleichsam neutralen, den Mitgliedern aller übrigen Stände offen gelassenen, und doch wiederum in sich besonders organisirten Standes. Der zehnte Titel scheidet die Diener des Staates überhaupt in Militär- und Civilbediente. Zum Soldatenstande werden außer den eigentlichen Militärpersonen auch noch gewisse zum Kriegswesen verpflichtete Beamte, nur nicht andere blos dem Lager folgende Personen, gerechnet. Unter der allgemeinen Benennung Civilbediente aber werden alle nicht zum Militärstande gehörenden Beamten des Staates begriffen [130]).

3. Geistliche Verhältnisse und Unterricht.

„Unter diesen größeren Gesellschaften und Anstalten (im Staate) verdienen vorzüglich Rücksicht diejenigen, welche die Religion oder den Unterricht in nützlichen Kenntnissen zur Absicht haben.“ [131])

A. Religions-Genossenschaften. (Kirchenrecht.)

„Von den Rechten und Pflichten der Kirchen und geistlichen Gesellschaften“ ist der eilfte Titel überschrieben, während die Ueberschrift des Entwurfes an dieser Stelle [132]) nur lautete: „Von den Rechten und Pflichten der Religionsgesellschaften“, ohne daß das Wort „Kirche“ darin genannt wurde.

Im Allgemeinen ist in diesem Systeme protestantischen und in ge-

127) Entw. ebendas. Tit. 5.

128) §. 37. A. L. R. h. t.

129) Anm. z. Entw. (Tit. 4.) §. 27.

130) §. 68. h. t.

131) Sz. a. a. O. S. 17.

132) Th. I. Abth. II. Tit. 6.

wissen Berührungen auch katholischen Kirchenrechts der gesellschaftliche Standpunkt von überwiegender Bedeutung. Den verschiedenen Kirchen soll innere soziale Selbständigkeit gegönnt sein, doch mehr oder weniger unter der äußeren Suprematie des Staates.

Im Einzelnen zerfallen die 20 Abschnitte des eilften Titels nach den „Zwecken der Religionsgesellschaften“ in zwei Hauptgruppen, deren erste auf den Zweck der gemeinschaftlichen Feier des öffentlichen Gottesdienstes sich bezieht und sonach die Abschnitte (1—11) von den Kirchengesellschaften umfaßt; während die zweite Hauptgruppe den in gewissen anderen besonderen Religionsübungen bestehenden Zweck im Auge hat und die Abschnitte (12—20) von den geistlichen Gesellschaften in sich begreift[133]). Die Abschnitte 1—11 handeln sonach von der Organisation, den Mitgliedern, den Oberen und Vorgesetzten, den Gütern und dem Vermögen der Kirchengesellschaften, den Parochien, dem Pfarrer, den weltlichen Kirchenbedienten, dem Patronat, dem Vermögen und den Einkünften der Pfarrkirchen und der Pfarrer; die Abschnitte 12—20 aber hauptsächlich von Domcapiteln, Collegiatstiftern, Mönchs- und Nonnen-Klöstern, geistlichen Ritterorden und was damit im Zusammenhange steht.

B. Oeffentlicher Unterricht.

Die Rechtsverhältnisse der öffentlichen Unterrichtsanstalten bilden den Gegenstand des zwölften Titels: „von niederen und höheren Schulen“[134]). Dieser Titel ist insbesondre für das Universitätswesen in manchen Beziehungen (zumal was die Schulden der Studirenden anbelangt) noch jetzt sedes materiae.

Aus solchen sozialen Elementen geht nun endlich der Staat selbst als Subject hervor, und zwar im Allgemeinen als soziales Rechtssubject, — ein subjectiv und objectiv in rechtlichen Beziehungen stehendes Ganzes —, vorzugsweise jedoch als Rechtssubject in vermögensrechtlichen Beziehungen. Sonach fehlt es nicht an rein staats- oder verfassungs-rechtlichen Momenten in den folgenden Titeln des Landrechts. Allein vorwaltend und entscheidend bleibt darin der gewissermaßen privatrechtliche Gesichtspunkt: ob und wie weit auch hier die richterliche Cognition (über Mein und Dein) einzugreifen vermöge. Schon in der Revisio monitorum[135]) hatte Svarez gele-

---

133) §. 10—12. h. t. Svarez a. a. O. S. 17.

134) Entw. Th. I. Abth. II. Tit. 7.

135) An der von v. Daniels a. a. O. S. 58. Note 3. beigebrachten Stelle.

gentlich dies so formulirt: „Das gegenwärtige Gesetzbuch enthält die Vorschriften, durch welche Rechte und Verbindlichkeiten der Unterthanen und Einwohner des Staates gegen einander bestimmt werden. Auch Rechte und Pflichten des Staats, insofern solche den unmittelbaren Grund jener Befugnisse und Verbindlichkeiten enthalten, oder sonst Gegenstand richterlicher Entscheidungen werden können, sind in diesem Gesetzbuche mitbegriffen." Später hat sich Derselbe in seinem mehrerwähnten „Inhalt der Preußischen Landesgesetze", auf eine, der Anmerkung zum Entwurfe Th. I. Abth. 3. Tit. 1. im Wesentlichen entsprechende Weise, näher darüber verbreitet, unter der Ueberschrift: „Verhältnisse zwischen dem Staat und seinen Bürgern, so weit sie ein Gegenstand der bürgerlichen Gesetze sind." Hier wird zwar zunächst anerkannt, daß die Verhältnisse zwischen dem Oberhaupte des Staates und den Unterthanen desselben an sich kein Gegenstand des Privatrechts sind. Dann aber wird in Erwägung gezogen, daß im Preußischen Staate einige dieser Verhältnisse durch Gesetze bestimmt seien: theils wegen der Ausübung staatlicher Hoheitsrechte durch die Gerichte, theils wegen gewisser an Privatpersonen verliehener nutzbarer Rechte des Staates, theils wegen der gerichtlichen Entscheidung der Streitigkeiten zwischen Staat und Unterthanen über solche nutzbare Rechte [136]). Zugleich hat Svarez die Anordnung des Landrechts, welche von dem Allgemeinen anfängt, auf die Vermögensrechte übergeht und mit den vom Staate ausgehenden Schutzverhältnissen schließt, in dem Sinne umgestellt, daß er mit dem Schutze der Sicherheit und des Eigenthums der Bürger des Staates (Tit. 17. 20.) beginnt, auf die Fürsorge für die Erhaltung und Wohlfahrt derselben (Tit. 18. 19.) übergeht und mit dem Staatsvermögen (Tit. 14 ff.) endigt [137]).

Nach allem Diesem folgt auf die bürgerliche Gesellschaft:

III. Der Staat als Ganzes.

1. **Im Allgemeinen** handelt der dreizehnte Titel [138]) in wenigen Paragraphen: „Von den Rechten und Pflichten des Staats überhaupt", d. i. wesentlich vom Staatsoberhaupte und dessen Majestätsrechten.

2. **Vermögensrechte.**

Als Staatsvermögen überhaupt bezeichnet Svarez, was der

136) Svarez a. a. O. S. 20.
137) Ebendaselbst S. 20—22.
138) Entw. Th. I. Abth. III. Tit. 1.

Staat zur Bestreitung der öffentlichen Bedürfnisse an Gütern, Einkünften und nutzbaren Rechten besitzt.

A. Von den Staatseinkünften und fiscalischen Rechten handelt der vierzehnte Titel [139]). Zuerst wird der umfassende Begriff des Fiscus aufgestellt, dann im Einzelnen eingegangen auf Besteuerungsrecht (als ein Hoheitsrecht des Staats), Domainen („Güter und Gefälle, wovon das Eigenthum dem Staate gehört und die Nutzungen zu den Staatsbedürfnissen bestimmt sind": Sz.), niedere Regalien (worunter §. 24. h. t. die Nutzungsrechte gewisser Arten des Staatseigenthums aus Tit. 15. Abschn. 1. 2., Tit. 16. und Tit. 17. begreift), fiscalische Rechte (Vorrechte im Vermögen der Beamten und der Schuldner überhaupt und bei Prozessen).

B. Die Rechte und Regalien des Staates „in Ansehung der Landstraßen, Ströme, Hafen und Meeresufer" beziehet der fünfzehnte Titel [140]) im Wesentlichen auf solche Objecte, welche nicht im Privateigenthum sein können, sondern „ein gemeines Eigenthum des Staates" (§. 21. Tit. 14.) sind. Es handelt sich also hier um eine Hauptart der „nutzbaren Rechte, die von dem Privateigenthum abgesondert und dem Staate zur ausschließenden Benutzung beigelegt worden" (Sz.). Daher in 5 Abschnitten: 1) Land- und Heerstraßen; 2) Ströme, Hafen und Meeresufer; 3) Zollgerechtigkeit; 4) Postregal; 5) Mühlengerechtigkeit.

C. Die Rechte des Staates auf „herrenlose Güter und Sachen" erstreckt der sechzehnte Titel [141]) auf alle s. g. adespota, — lauter Objecte, welche eigentlich wohl im Privateigenthum sein könnten, aber dem ausschließenden Zueignungsrechte (der Occupation) des Staates positiv vorbehalten sind und somit einen besonderen Zweig der nutzbaren Rechte desselben bilden. Dahin gehören: herrenlose Grundstücke (Abschn. 1), erblose Verlassenschaften (Abschn. 2), jagdbare Thiere (Abschn. 3: Jagdregal), in der Erde verborgene Naturschätze (Abschn. 4: Bergwerksregal) [142]).

Von diesen materiellen Verhältnissen gestaltet sich nunmehr der Fortgang zu ideelleren. Dieses sind:

3. Schutzverhältnisse.

A. Die Rechtspflege überhaupt bringt der siebzehnte Ti-

139) Entw. ebendas. Tit. 2.

140) Entw. ebendas. Tit. 3.

141) Entw. ebendas. Tit. 4.

142) Vgl. ad 2) überhaupt: „Ueber das System der Regalien, insbesondere der niedern Regalien im A. L. R. ꝛc.", in S. S. Zeitschr. II. 59—103.

tel [143]) unter den Gesichtspunkt der „Rechte und Pflichten des Staates zum besondern Schutze seiner Unterthanen", in zwei Abschnitten: 1) Gerichtsbarkeit; 2) Auswanderungen, Abfahrts- und Abschoßgelder. Eine würdige Auffassung des Staates „in seiner richterlichen Function als Beschützer aller Rechte" [144]) ist hierin nicht zu verkennen. Nur das Abzugs- und Abschoß-Recht — das Recht, von Gütern und Erbschaften, die aus dem Lande gezogen werden, gleichsam zum Schutze der inländischen Wohlhabenheit eine gewisse Abgabe (in der Regel von 10%: §. 141 h. t.) zu erheben, ein mit der Befugniß, verwirkte Güter einzuziehen und große Geldstrafen aufzulegen, auf gleiche Stufe gesetztes niederes Regal (§. 23. 24. Tit. 14), — ist mit der in neueren Zeiten anerkannten Auswanderungsfreiheit und mit gesunderen staatswirthschaftlichen Grundsätzen, welche sich gegen dergleichen „Schutzmittel" sträubten, nicht mehr vereinbar geblieben und gehört somit zu den obsoleten Stücken des Landrechts.

B. Vormundschaftswesen.

Hier handelt es sich um die Fürsorge des Staates für die Erhaltung und Wohlfahrt derjenigen, welche „aus Mangel an Alter oder Geistesfähigkeit oder aus anderen Ursachen ihr eigenes Wohl nicht besorgen können" (Sz.); oder im Wesentlichen: um den Schutz des Staates, wo die Familie nicht ausreicht. So beruhen die neun Abschnitte des achtzehnten Titels: „von Vormundschaften und Curatelen" [145]), trotz ihres ungemein großen Details von administrativen und privatrechtlichen Bestimmungen, hauptsächlich auf der modernen Grundlage der obervormundschaftlichen staatlichen Fürsorge für die als Familienglieder für sich allein schutzlosen und unselbständigen Personen. Der Vormund wird dabei gleichsam zu einem bloßen Beamten des Staates, und zwar in einem ganz anderen Sinne, als in demjenigen, wonach schon bei den Römern die Tutel ein öffentliches Amt war [146]).

[Genauer stellt sich das System des 18. Titels etwa in folgendem Schema dar:

I. Vormünder.

1. Deren Bestellung.
   a) Wer bedarf ihrer? (Abschn. 1.)
   b) Wer bestellt sie? (Abschn. 2.)

---

143) Entw. a. a. O. Tit. 5.

144) Sav. II. 350.

145) Entw. a. a. O. Tit. 6: „von den Rechten und Pflichten des Staats in Ansehung der V. und C."

146) Sav. II. 53. fg.

c) Wer wird Vormund? (Abschn. 3. Schuldigkeit und Fähigkeit zur Uebernahme des Amtes.)

d) Wie wird man Vormund? (Abschn. 4. Verpflichtung und Bestätigung der Vormünder.)

2. Rechte und Pflichten der Vormünder.

a) Ueberhaupt (Abschn. 5).

b) Besondere Fürsorge

α) für Unterhalt und Erziehung (Abschn. 6),

β) für das Vermögen (Abschn. 7).

3. Aufhebung der Vormundschaften (Abschn. 8).

II. Curatoren und Beistände (Absch. 9).]

C. Armenpflege oder Fürsorge des Staates für die Erhaltung und Wohlfahrt derjenigen, welche „aus Mangel an Vermögen und Kräften sich ihren Unterhalt nicht selbst verschaffen können" (Sz.). Hier tritt die Fürsorge für das besondere Wohl, der Schutz des Staates ein, wo der Einzelne seine äußere Selbständigkeit in der bürgerlichen Gesellschaft, sei es in Folge des persönlichen oder des sozialen Elends, nicht zu behaupten vermag. In diesem Sinne handelt der neunzehnte Titel „von Armenanstalten und andern milden Stiftungen."[147])

D. Strafrecht.

Der zwanzigste und letzte Titel des ganzen Landrechts[148]) ist den Verbrechen und deren Strafen gewidmet, und zwar in 17 Abschnitten, welche sich im Wesentlichen so schon in dem Entwurfe finden (jedoch nur in der Zahl von 16, weil namentlich die Abschnitte über die vorzugsweise s. g. Staatsverbrechen anders geordnet waren).

Soll einmal das Strafrecht in einen Gesammtkörper des ganzen gesetzlich geltenden Rechts mit aufgenommen werden, so ist diese Stellung desselben zum ius publicum eine durchaus würdige und gerechtfertigte. Es ist gleichsam das letzte Rechtsmoment, in welchem der Staat das rächende Schwert ergreift, um das gebrochene Recht durch die Vernichtung des Unrechts wiederherzustellen und zu sühnen. Nur das enge präventive Prinzip, das Prinzip des staatlichen Schutzes durch Verhütung und Bestrafung der Verbrechen, auf welchem hier das Strafrecht noch ruhet und für welches der Entwurf sogar in der Titel-Ueberschrift „von den Rechten und Pflichten des Staats zur Verhütung und Bestrafung der Verbrechen" einen unmittelbaren Ausdruck gefunden hatte, will mit jener Höhe des systematischen Standpunktes nicht recht harmoniren.

---

147) Entw. a. a. O. Tit. 7.: „von den Rechten und Pflichten des Staats in Ansehung der Armenanstalten 2c."

148) Entw. a. a. O. Tit. 8.

Uebrigens ist bekanntlich dieser Titel vom Strafrechte aus dem Gesetzeskörper des Allg. Landrechts gegenwärtig ganz ausgeschieden, da derselbe einem besonderen Strafgesetzbuche (vom 14. April 1851) Platz gemacht hat.

Wirft man hiernach einen Blick über den ganzen Bau des L. R.-Systemes, so muß man eine gewisse Harmonie in der Form und einen durchdachten Fortschritt vom Einfachen zum Zusammengesetzten im Stoffe anerkennen. Wie flach und äußerlich erscheint dagegen das Fachwerk der Anordnung anderer neuerer Civilgesetzbücher, ohne alle Vertiefung zu einer wahrhaft systematischen Gestalt! Freilich ist auch weder die systematische Anordnung des Landrechts selbst von wesentlichen inneren Mängeln frei geblieben, wie sich dies z. B. in der Zerstückelung und Zersplitterung der Verträge und des Erbrechts durch das ganze System zeigt; noch hat eine so bis in ihre letzten Consequenzen verfolgte Systematik verfehlen können, auf den Inhalt und die Behandlung der einzelnen Lehren einen gewissen erstarrenden und zersetzenden Einfluß auszuüben. Vielmehr bewährt sich auch in dieser Beziehung der nur allzu begründete Vorwurf: daß die meisten Bestimmungen des Landrechts weder die Höhe allgemeiner leitender Grundsätze, noch die Anschaulichkeit des Individuellen erreichen, sondern zwischen beiden Endpunkten in der Mitte schweben.[149]) Allein trotz aller wissenschaftlichen Mängel einer abstracten und casuistischen Haltung, ist doch gerade um seines Systemes willen dem Landrechte der eigenthümliche künstlerische Vorzug der ausgeprägten Form des Gedankens zuzusprechen.

IV. Methode des Studiums.

An die Mängel wie an die Vorzüge des systematischen Elementes knüpft sich die rechte Einsicht in die Methode des Studiums.

Einen überwiegenden Einfluß auf die wissenschaftliche und praktische Behandlung des Gesetzbuches muß das systematische Element schon dadurch gewinnen, daß danach auf die Stellung und den Ort einer gesetzlichen Bestimmung nicht selten eben so viel ankommt, wie auf die Worte und den Inhalt derselben. Bei der generellen und abstracten Natur so mancher Spezialbestimmungen und bei der oft casuistischen Beschaffenheit der generellen Bestimmungen des Gesetzbuches wird es selbst dem Anfänger gelingen, die einfachen, bisweilen fast absichtlich versteckten Prinzipien herauszufinden und aus ihnen das Ganze zu

---

149) v. Savigny Beruf unserer Zeit rc. S. 90.

reconstruiren, wenn er nur damit beginnt, das den einzelnen Lehren zu Grunde liegende Schema mit allen Distinctionen und Subdistinctionen desselben aufzusuchen und herzustellen. Ist es doch, als fände sich auf diesem Wege gleichsam das Gerüste wieder, an welchem man das ganze System aufgebaut und welches man nach der Vollendung des Baues abgebrochen hatte, um die Spuren des mühseligen und handwerksmäßigen Theiles der Arbeit zu vertilgen! Freilich darf man sich bei dem Versuche des Wiederaufbaues nicht auf die s. g. Marginalien des Gesetzbuches verlassen wollen, welche weder durchgängig correct noch überhaupt mit authentischer Bedeutung ausgestattet sind.[150]).

Noch tiefer eingreifend ist die Bedeutung, welche dem systematischen Elemente dadurch zu Theil wird, daß gerade in ihm die eigenthümliche Behandlung des vorgefundenen Rechtsstoffes am Lebendigsten hervortritt. (Oben ad I.) Muß man auch zugestehen, daß die Behandlung des Römischen Rechtsstoffes mitunter auf Mißverständniß des Römischen Rechts beruhet, und daß die Behandlung des Deutschen Rechtsstoffes im Allgemeinen der unmittelbaren Anschauung örtlicher Gestaltungen mehr zu verdanken hat, als der wissenschaftlichen Erkenntniß des Geistes Deutscher Rechte: immer sind die Römischen und Deutschen Rechtselemente in unserem Landrechte systematisch zu einem Ganzen verarbeitet worden. Offenkundig und in sich abgeschlossen liegen an manchen Stellen die Deutschen Elemente in ganzen Rechtsmaterien zu Tage, namentlich im Lehn- und Erbzins-Recht, in den Uebergängen aus dem Obligationenrechte zum dinglichen Rechtsgebiete, welche durch Reallasten und Bannrechte gebildet werden, im Wechselrecht und Seerecht, in den Familienstiftungen und Familienfideicommissen, im Güterrecht der Ehegatten, in dem weiten Gebiete der Erbverträge und im ganzen öffentlichen Rechte (z. B. in den Rechtsverhältnissen der Stände und in den Regalien). Allein auch da, wo für Stoff und Lehre das Römische Recht maßgebend und vorherrschend geblieben ist, tauchen überall Deutsche Rechtsanschauungen auf, ohne sich gerade immer äußerlich ablösen und aussondern zu lassen. Ein Umstand, der allein schon genügen möchte, um eine nach den Römischen und Deutschen Elementen getrennte wissenschaftliche Behandlung des Landrechts nicht empfehlenswerth erscheinen zu lassen.

So viel steht fest: durch diese systematische Umschmelzung und

---

150) Die Rubriken und Marginalien des Landrechts sind übersichtlich abgedruckt in den Siewert'schen Materialien Heft 3. S. 153—332. Dem Gesetzbuche von 1791 waren die Rubriken und Marginalien als Inhaltsverzeichniß vorgedruckt.

Umgestaltung des Römischen und Deutschen Rechtsstoffes ist die Nothwendigkeit eines tieferen Studiums des Römischen wie des Deutschen Rechts eher vermehrt als vermindert worden.[151]) Eine mehr handwerksmäßige Behandlung des Landrechts hat dem tieferen Verständniß und der freieren Anwendung dieses Gesetzbuches in der That erst dann Platz gemacht, als die Verbindung desselben mit den Quellen, denen es seinen Ursprung verdankt, wieder lebendiger wurde. So ist zum Lobe geworden, was einst ein Französischer Rechtsgelehrter als Vorwurf über unser Landrecht aussprach: il suppose une science approfondie tant des lois anciennes du pays que du droit romain.

Allerdings bedarf es einer fortschreitenden gegenseitigen Durchdringung unserer Theorie und Praxis. Mit Recht stellt man stets wachsende Ansprüche praktischer Natur an die Theorie. Mit Recht aber fordert man auch umgekehrt eine immer neue Wiedergeburt gerade der Preußischen Praxis aus der Theorie des reinen Römischen und Deutschen Rechtes. Leider ist nur der unbegründete gegenseitige Hochmuth der theoretischen und der praktischen Richtung, von den trivialen Anfängen des Jahres 1749 an bis auf den heutigen Tag, noch nicht zur Genüge bekämpft worden.

Damals hoffte man das neue Heil von dem Abschneiden alles Interpretirens und Commentirens; nur das System des neuen — freilich nicht in Kraft getretenen — Gesetzbuches sollte der Jugend bekannt gemacht, nur die principia generalia sollten derselben vorgetragen werden. Und wie seltsam waren die Vorstellungen, welche noch dem Studienplane vom Jahre 1788 (Vorerinnerung zum Entwurfe vom 15. Juni d. J.) zum Grunde lagen! Zwar werde, so heißt es dort, durch die Einführung eines neuen Nationalgesetzbuches der Vortrag des Römischen Rechts auf unseren Akademien nicht so ganz, wie Manche zu glauben schienen, entbehrlich werden. Vielmehr sollten als Momente fernerer Berücksichtigung des Römischen Rechts in Geltung bleiben: der geschichtliche Werth desselben, — der Besuch unserer hohen Schulen durch Ausländer, — die noch auf viele Jahre hinaus nicht ohne Kenntniß des Römischen Rechts entscheidbaren praktischen Rechtsfälle, — die Römischrechtliche Substanz des Privatfürstenrechts in Deutschland. — Dennoch aber, so nahm man an, werde der Unterricht in der Rechtsgelehrsamkeit eine andere Richtung nehmen müssen, und zwar im Wesentlichen nach folgenden Abschnitten: 1) Studium der Philosophie, insbesondere der philosophischen Moral. 2) Studium des Naturrechts,

---

151) Sav. I. 104.

als Einleitung zur Theorie der positiven vaterländischen Rechtsgelehrsamkeit: namentlich werde eine philosophische Geschichte der Rechte und der Gesetzgebung den Werth der Gesetze des Vaterlandes richtig beurtheilen und schätzen lehren. 3) Cursorisches Lesen des Gesetzbuches, unter Anleitung eines geschickten Lehrers, der die richtige Anwendung der Gesetze auf vorkommende einzelne Fälle durch gut gewählte Beispiele anschauend darstelle, — zum Schluß der akademischen Laufbahn. Zu diesem Behufe wurde gleichzeitig der Aufruf zur Abfassung eines Lehrbuches erlassen, dessen erster Theil das Naturrecht (in Lateinischer Sprache), dessen zweiter das positive Recht (in Deutscher Sprache) behandeln sollte, — das Naturrecht gewissermaßen abstrahirt aus dem positiven Rechte.

Zum Glück für das Rechtsstudium ist dieser Plan nie zur Ausführung gekommen. Selbst das mit dem Preise gekrönte Eggers-sche Lehrbuch[152]) ist spurlos vorübergegangen. Auch ist, trotz des Abbruches des ganzen Gerüstes der Klageformen und trotz des Strebens nach Popularität in Fassung und Sprache, das Landrecht nicht zu einem Volksbuche geworden, aus welchem der Laie wie der Richter sich Rathes erholen könnte. Um so weniger, als selbst die formelle Einfachheit und Erkennbarkeit der Rechtsquelle in Einem Gesetzbuche nach und nach in den seit dem Erlaß desselben verflossenen sechs bis sieben Jahrzehnten wieder zerstört worden ist durch die ungeheuere Masse des seitdem neu angehäuften und weit zerstreuten Stoffes der Gesetzgebung, der Wissenschaft und der Praxis.

Allein nicht von dem endlosen Kreislaufe immer wiederkehrender Codificationen, sondern nur von der Wissenschaft kann hier die Hülfe kommen, — von der Wissenschaft, welche den gesammten Rechtsstoff zusammenfassen und bewältigen muß, — von der Wissenschaft, deren Arbeit jeder neue Jünger unserer Praxis gleichsam in sich selbst von Neuem anfangen muß, um für sein Theil an der Lösung der großen Gesammtaufgabe mitzuwirken.

Zu diesem Behufe läßt sich wohl kaum eine einfachere und bessere Methode empfehlen, als immer von Neuem ein gründliches Studium des Landrechts mit den nöthigen Anknüpfungen an das Römische und Deutsche Recht und an unseren Entwurf aus den Jahren 1784—1788 zu beginnen, die unter dem Texte dieses Entwurfes zerstreuten Anmerkungen,[153]) so wie die Schlußverhandlungen bei Abfassung des A. G. B.

152) Vgl. Simon in Mathis XI. 253 fg.

153) In Einer Folge abgedruckt in den Siewertschen Materialien Heft I. S. 32—140.

von 1791 (aus den Jahren 1790, 1791 in v. Kamptz Jahrb. Bd. 52. S. 1—144), und vorzüglich die amtlichen Vorträge von Svarez bei der Schlußrevision des A. L. R. von 1794 (oben Anm. 51) als die unmittelbarsten und zuverlässigsten Quellen für die Gründe der legislativen Neuerungen (für die s. g. ratio legis) zu benutzen, und das Gesetzbuch selbst von Innen heraus zu zergliedern und zu reconstruiren, um so durch eigene systematische Behandlung den Zwang des Systems am Leichtesten zu überwinden und durch wissenschaftliche Entwickelung des Gedankens aus dem innersten Kerne des Systems zur praktischen Beherrschung der leitenden Grundsätze am Sichersten zu gelangen.

Wer von dieser Grundlage aus in das massenhafte Detail der nachlandrechtlichen Gesetzgebung, Wissenschaft und Praxis mit eigener freier Thätigkeit eindringt, der wird in voller Unbefangenheit auf wissenschaftlichem und productivem Wege zu den reichsten und fruchtbarsten Resultaten gelangen, welche man auf dem handwerksmäßigen und unproductiven Umwege der äußerlichen Zusammenstellung und der Buchstaben-Controverse schwer zu finden vermag.

Publications-Patent und Einleitung des A. L. R.

Die s. g. Einleitung des A. L. R. (Entw. Th. I. Einleitung) ist ein integrirender Theil, ein nur durch den Inhalt und die Ueberschrift besonders ausgezeichneter Titel des Gesetzbuches selbst. (Code Nap. Titre préliminaire: de la publication, des effets et de l'application des lois en général. Oestr. Einleitung: von den bürgerlichen Gesetzen überhaupt.)

Dagegen ist das Publications-Patent zum A. L. R., sowohl das ursprüngliche vom 5. Februar 1794[154]), wie jedes spätere, dem ursprünglichen mehr oder weniger nachgebildete Publications-Patent (unten II. 3.),[155]) von einer wesentlich transitorischen Bedeutung. Die §§. I — VII des P.-P. sind der Einführung und Stellung des neuen Gesetzbuches gewidmet, die §§. VIII — XVIII der Ueberleitung des vorlandrechtlichen Rechtszustandes in den neuen Rechtszustand.

I. Die Rechtsquelle.

Als Rechtsquelle soll allein und ausschließlich gelten: das geschriebene particuläre und subsidiarische Recht.

1. Stellung des A. L. R. selbst, als eines geschlossenen Ganzen: P.-P. §. I. II. XVIII. Einl. §. 1. 2. 21. Koch §. 3. §. 8 Nr. V. 1. Born. Einl. §. 4. Eichh. §. 30. Gerber §. 31. Beseler §. 37. Sav. I. 197. 289 fg. (100—105). VIII. 22. Bornemann Erörtr. S. 65 fg.

Das A. L. R. ist ein allgemeines subsidiarisches Gesetzbuch, geschaffen, um den ganzen Umfang des vor demselben gültig gewesenen gemeinen Rechts zu ersetzen. Es trat bei seiner ersten Publication

---

154) Ueber die Vorarbeiten zu diesem Publications-Patente: S. S. Zeitschr. II. S. 165—203.

155) Das Publ.-Patent vom 5. Febr. 1794 wird in diesem Handbuche citirt: „P.-P." Die späteren Publ.-Patente werden durch Beifügung der Jahreszahl und resp. des Datums kenntlich gemacht.

mit dem 1. Juni 1794 an die Stelle der durch dasselbe aufgehobenen „Römischen, gemeinen Sachsen- und andrer fremden subsidiarischen Rechte und Gesetze" (d. w. Kanonisches Recht und Longobardisches Lehnrecht). Auch die früheren allgemeinen Landesgesetze[156]) sind durch das A. L. R. antiquirt, so weit sie nicht entweder dem Stoffe nach in dasselbe übergingen oder vermittelst besonderer Hinweisung in Kraft gelassen wurden. (P.-P. §. I. II. XVIII.)

Der Vorrang der speziellen und particulären Rechtsnormen vor den generellen ist angedeutet im §. 1 und §. 53 der Einleitung und ausdrücklich anerkannt im §. 21, welcher das Deutsche Rechtssprüchwort: „Willkür bricht Stadtrecht, Stadtrecht bricht Landrecht, Landrecht bricht gemein Recht" umschreibt, nur in umgekehrter Ordnung, indem (bei Beurtheilung einzelner Streitfragen) die allgemeinen Gesetze den Provinzialgesetzen, diese den besonderen Statuten und diese endlich den auf andere Art wohlerworbenen Rechten nachstehen sollen. Dabei nehmen die „Provinzialgesetze" den Platz ein, welchen in der Deutschen Parömie das „Landrecht" behauptet, und die „allgemeinen Gesetze" (zunächst unser Allg. Landrecht) entsprechen dem „gemeinen Rechte" der Parömie. — Vgl. §. 40. 41. A. L. R. II. 6; §. 110. A. G. O. I. 2.

Daß aber nach §. 2 der Einl. auch die provinziellen und statutarischen Rechtsnormen nur durch Landesherrliche Bestätigung „die Kraft der Gesetze" erhalten sollen, steht in nothwendigem Zusammenhange mit dem Glauben an die Alleinherrschaft der Gesetzgebung und mit dem Erlöschen der früheren Kraft autonomischer Rechtsbildung.

2. **Stellung der Provinzialrechte:** Einl. §. 2. P.-P. §. III—VII. Koch §. 14. Born. Einl. §. 4. Sav. I. 185 fg.

Die prinzipale Geltung der Provinzialrechte ist zwar theoretisch unangetastet geblieben.[157]) Allein dieselben sind nicht nur grundsätzlich dem legislativen Gesichtspunkte überhaupt (vgl. die eben g. E. von 1. gemachte Bemerkung in Betreff des §. 2 der Einl.), sondern auch thatsächlich, und zwar in zwiefacher Beziehung, der überwiegenden Richtung zum ius commune erlegen.

Denn erstens sind sie durch das — bereits unmittelbar nach

---

156) Erläuternd für den Begriff eines früheren allg. Landesgesetzes: Pl. Beschl. 4. Juli 1853, betr. ein Sächsisches Straßenbau-Mandat aus d J. 1781. (Entsch. XXV. 308—325. Vgl. XXI. 152—155.)

157) Außer so weit es sich um Grundsätze iuris publici handelt, wegen deren das gemeine Recht durchgreifen muß. Vgl. Präj. 854 (v J. 1840), betr. das Pfändungsrecht (Entsch. VI. 82—92). Eben so im Gebiete des Strafrechts: Entsch. IX. 384. 389; J.-M.-Bl. 1858. S. 290.

der noch auf anderen Prinzipien beruhenden C. O. v. 14. April 1780 angebahnte (oben Anm. 35) und durch P.-P. §. III—VI genau vorgeschriebene — Redactionsverfahren dem allgemeinen Codifications-Prinzipe untergeordnet worden. Zwar sollten sie „vor der Hand" (P.-P. §. III) noch in Kraft bleiben; jedoch sollte auch in Beziehung auf sie das Prinzip der Prüfung und der Gesichtspunkt der Zweckmäßigkeit mehr als der des bestehenden Rechts durchgreifen, um auch bei ihnen „eben die gründliche Verbesserung" zu erzielen, welche „in Ansehung der bisherigen gemeinen und subsidiarischen Rechte" als gelungen angenommen wurde. (P.-P. §. IV.) Hierauf beruhet die nach Form und Inhalt an den Plan und Leitfaden des Allg. Landrechts gewiesene Methode der Codification der Provinzialrechte.[158]) Danach sollten (durch die Landes-Justizcollegia und die Deputirten der Stände) die Abweichungen der Provinzialrechte von den Vorschriften des A. L. R. vollständig ermittelt, aber nicht unbedingt beibehalten werden. Vielmehr wurde als leitender Gesichtspunkt aufgestellt: „die Gesetzgebung der einzelnen Provinzen mit der allgemeinen so viel als möglich **in Gleichförmigkeit zu bringen**"; dergestalt, daß abweichende Bestimmungen „nicht anders als aus sehr erheblichen Gründen" (in Rücksicht auf besondere Eigenthümlichkeiten der Provinz oder deren Bewohner, so wie auf iura quaesita) in die Provinzialgesetzbücher anfgenommen werden sollten. Insonderheit wurde noch schließlich auf die in gewissen Stellen des A. L. R. selbst den Provinzialgesetzen ausdrücklich vorbehaltene Ergänzung oder nähere Bestimmung des gemeinen Rechts[159]) hingewiesen. (P.-P. §§. V. VI. Vgl. die Verordnung wegen der auszuarbeitenden Provinzialrechte, vom 22. August 1798: N. C. C. Bd. 10. Sp. 1689—1694, und Cab. Ordre vom 9. Septbr. 1800: Amelang's N. Archiv Bd. 1. S. 318—320.)

Zweitens ist die Codification der Provinzialrechte, ungeachtet des gleich Anfangs „zum Ueberflusse" bis zum 1. Juni 1796 verlängerten Termines (P.-P. §. IV), thatsächlich nur in Einer Provinz zu

---

158) Es fehlt übrigens nicht an ganzen Abschnitten im A. L. R. selbst, welche von Hause aus schematisch und doctrinell zur Anleitung und Controle für die Redactoren der Provinzialrechte geschaffen worden sind. (Lehnrecht, Zwangs- und Bann-Rechte, Gütergemeinschaft, Einkindschaft u. a. m.)

159) Wie auf einzelne in Kraft gelassene frühere Landesgesetze (PP. §. II.), so verweist das A. L. R. auch — und zwar an vielen Stellen, welche sich in den Jahrb. Bd. 18. S. 196—210 gesammelt finden — auf einzelne den „Provinzialgesetzen" vorbehaltene nähere Bestimmungen. (PP. §. VI. g. E.)

Stande gekommen, manche Provinzialrechte haben der uneingeschränkten und ausschließlichen Geltung des A. L. R. Platz gemacht (unten ad II), und so sind im Laufe der Zeit durch die Macht der Verhältnisse die Provinzialrechte auch materiell noch mehr in den Hintergrund gedrängt worden. Jetzt wäre es wohl doppelt ungerathen, die Codification der noch geltenden Provinzialrechte wieder aufzunehmen. Denn was sie Lebensfähiges in sich tragen, erhält sich am Besten ohne Codification. Und was nicht lebensfähig in ihnen ist, stirbt ohne Codification am Leichtesten ab.

Auch die den Provinzialrechten im P.-P. §. VII gemachte Concession — die Suspension der von dem Römischen oder gemeinen Sachsenrechte direct abweichenden Vorschriften der Tit. 1. 2. 3. A. L. R. Th. II — hat gerade nicht dazu beigetragen, das Gebiet der provinziellen Rechtsnormen wesentlich zu erweitern. Denn die Praxis fand in zahlreichen und wichtigen Fällen des Conflicts, daß das A. L. R. nicht sowohl „das grade Gegentheil eines klaren und unstreitig recipirt gewesenen Römischen oder andern fremden Gesetzes" enthielt, als vielmehr nur die Dunkelheiten, Zweifel und Controversen des früheren subsidiarischen Rechts aufklärte und beseitigte, folglich in so weit nicht als suspendirt gelten konnte. Vgl. die declaratorischen Rescripte vom 2. März 1795 (Stengel VIII. 343—346), besonders ad Nro. VII: „daß . . . allemal zu präsumiren ist, daß das Landrecht die Vorschriften der bisherigen gemeinen Rechte nicht habe ändern, sondern nur erklären, streitige Fragen entscheiden und die von dem eigentlichen Inhalte des Gesetzes bisher schon abgegangene Praxin forensem näher bestimmen wollen"; vom 25. Septbr. 1795 (Stengel I. 440—442); vom 18. Febr. 1812 (Jahrb. I. 34—36).

Im Uebrigen hat es dem Grundsatze nicht an Anerkennung gefehlt: daß Bestimmungen des gemeinen Rechts, welche in ein als Gesetzbuch publizirtes Provinzialrecht herübergenommen worden sind, als Provinzialgesetze betrachtet werden und vor dem A. L. R. zur Anwendung kommen müssen. (Pl. Beschl. 8. April 1839: Entsch. IV. 422—470. und J. M. Bl. 1839. S. 356.)

3. **Gewohnheitsrecht** (und Naturrecht): Einl. §. 3. 4. 60. 85. P.-P. §. VII. XVIII. Koch §. 28. 29. Born. §. 1. ad (1.) 2. Puchta §. 11—13. Eichh. §. 26. Gerber §. 28. Beseler §. 16 fg. 29 ff. Sav. I. 34 ff. 144 ff. 168—198. (Oestr. §. 10.)

Im nächsten Zusammenhange mit der Alleinherrschaft des geschriebenen Gesetzes steht die grundsätzliche Unterdrückung des Gewohnheitsrechtes. An die Stelle der Auffassung des gesammten Gewohnheitsrechtes als eines Theiles der nationalen Rechtsbildung, und der einzelnen Gewohnheit als eines Ausdrucks und Kennzeichens eines gemeinsamen Rechtsbewußtseins, war die moderne Vorstellung von der höchstens aus stillschweigender Einwilligung des Gesetzgebers abzuleitenden Kraft des Gewohnheitsrechtes getreten. Die „so genannten" (Entw. Einl. §. 3) Gewohnheitsrechte seien entweder contra legem: dann dürfe man sie nicht dulden. Oder praeter legem: dann lasse das Gesetz eine Lücke, und diese müsse der Gesetzgeber ausfüllen. Dazu kamen die damals in Wissenschaft und Praxis ziemlich verworrenen und streitigen Begriffe über das Gewohnheitsrecht, unter denen insbesondere das Mißverständniß der Römischen Stelle: explorandum ... an etiam contradicto aliquando iudicio consuetudo firmata sit (34 de legibus) zu den verkehrtesten Resultaten geführt hatte.

Daher die Aufgabe der Gesetzgebung: auch das Gewohnheitsrecht, so weit es überhaupt Geltung haben soll, zum ius scriptum zu erheben: A. L. R. Einl. §. 3, dessen Fassung allerdings dem Einwande unterliegt, daß die den Provinzial-Landrechten bereits einverleibten „Gewohnheitsrechte und Observanzen"[160]) aufgehört haben, ius non scriptum zu sein. Daher aber auch die Concession zu Gunsten der Observanzen praeter legem, bei denen es „bis zum Erfolge einer gesetzlichen Bestimmung" sein Bewenden haben soll: A. L. R. Einl. §. 4, dessen allgemeine Fassung eher für als gegen die Zulässigkeit der Entstehung neuer allgemeiner Observanzen nach Emanation des A. L. R. spricht, wenngleich factisch dergleichen außerhalb der Gebiete des Handelsrechts (Pr. O. Tit. 30. §. 8, Tit. 27. §. 2, A. L. R. II. 8. §. 701) kaum vorkommen möchten. Vgl. Präj. 678 (v. J. 1839), Präj. 1391 (v. J. 1844) und Entsch. XVII. 372 fg. (v. J. 1848). Auch Rechtsspr. I. 371—377. Ferner die Gründe des Pl. Beschl. v. 6. Decbr. 1852 (Entsch. XXIV. 5 ff.) und einer Entsch. aus dem Jahre 1857 (XXXV. 142 ff.).

Die s. g. Fundalobservanz (§. 719. A. L. R. I. 18: „eine bei einem gewissen Erbzinsgute wohl hergebrachte Gewohnheit" — Verwirrung von Gewohnheitsrecht und Verjährung —) ist Nichts als ein stillschweigender Vertrag, eine Agnition durch einzelne concludente Handlungen. Vgl. Präj. 824 (v. J. 1840).

Der classische Boden für das Gewohnheitsrecht sind allerdings die Particularrechte geblieben. Nach P.-P. §. VII. sollten auch die

---

160) Der Observanzen neben den Gewohnheiten ausdrücklich Erwähnung zu thun, hatte man für gut befunden, „um alle Schlupfwinkel abzuschneiden."

provinziellen und localen Gewohnheitsrechte und Observanzen sowohl ihrer Existenz als ihrer Nützlichkeit nach geprüft und mit in die Codification der Provinzialrechte eingeschlossen werden. Nach erfolgter Codification sind dergleichen ungeschriebene Rechte contra legem ganz ungültig, praeter legem jedoch nach Maßgabe §. 4. Einl. zulässig. — Daher gilt, wo das Provinzialrecht noch nicht codificirt ist, das Gewohnheitsrecht fortwährend in seiner früheren Kraft selbst contra legem. (Entsch. II. 232.)

Beweisaufnahme über „Observanzen und Gewohnheiten" wie über „andere Thatsachen": §. 55. Pr. O. Tit. 10. (Sav. I. 184. 186. 191.) Nach Analogie der Beweisaufnahme über Statuten und fremde Landesgesetze: §. 54. 53. Pr. O. ebendas. (Cap. 1. in VIto de const.)

Gesetzlicher Sprachgebrauch für Gewohnheit (Observanz, Herkommen, Verfassung): ununterbrochen, hergebracht, wohlhergebracht, rechtsbeständig. (A. L. R. II. 6. §. 123, 125; 7. §. 31, 39, 87; 11. §. 192, 235, 274, 409, 553, 562, 710, 766, 1079, 1158, 1219; 14. §. 9. Pr. O. Tit. 2. §. 46, Tit. 27. §. 2.) Die Bezeichnung: „seit rechtsverjährter Zeit wohlhergebracht" (A. L. R. II. 7. §. 313; 8. §. 41, 187; 11. §. 366), auch blos „rechtsverjährt" (A. L. R. II. 11. §. 352), erinnert an das kanonische legitime oder canonice praescripta (Sav. I. 154 fg.). Vgl. noch A. L. R. I. 18. §. 173 („einen wohlhergebrachten rechtsverjährten Besitz") und II. 17. §. 175 („dem seit rechtsverjährter Zeit hergebrachten Besitzstande").

Gleich dem Gewohnheitsrechte soll endlich auch das s. g. Naturrecht in das positive Gesetzbuch ganz aufgenommen sein, um irgend auf Geltung Anspruch machen zu können. Namentlich soll nach P.-P. §. XVIII nicht „auf den Grund eines vermeinten philosophischen Raisonnements" vom Gesetze abgewichen werden. „Allein durch die Gesetze" sollen Rechte und Pflichten aus Handlungen oder Begebenheiten bestimmt werden. (Einl. §. 85.) Doch verschafft sich die ratio naturalis auch ohne besondere gesetzliche Erlaubniß (wie Oestr. §. 7: „nach den natürlichen Rechtsgrundsätzen") überall den ihr gebührenden Eingang.

4. **Landesherrliche Verordnungen für einzelne Fälle, ohne Gesetzeskraft:** Einl. §. 5. 60. Koch §. 33. Born. §. 1. ad 3. 4. Puchta §. 14 g. E. (Oestr. §. 12.)

Dergleichen Entscheidungen (von administrativer Natur) sollen nicht auf andere Fälle „amplificirt" werden, nicht zur Exemplification dienen. (. . . sunt personales nec ad exemplum trahuntur: 1. §. 2. de const. princ. I. 4. Sav. I. 130.) Vgl. Entw. Einl. §. 5

—7, A. G. B. Einl. §. 5—7. 9. (Mit weiteren Bestimmungen über Machtsprüche u. dgl.)

5. Receptae sententiae **und Präjudicate, ohne bindende Kraft:** Einl. §. 6. 60. P.-P. §. VI. Koch §. 31. 32. Born. §. 1. ad 5. Puchta §. 16. Sav. I. 90 ff., 136 fg., 148 fg., 198, 201 ff. (Oestr. §. 12.)

Die Absicht mag nur dahin gegangen sein, dem Satze, daß Entscheidungen der Richter und Meinungen der Rechtslehrer keine Gesetze sind, einen festen Ausdruck zu geben[161]) und dem Mißbrauche der s. g. communis opinio doctorum, so wie der unabänderlichen Gebundenheit der Gerichte durch Präjudicate, entgegen zu treten. (Damit namentlich nicht „auf bloße in einzelnen Fällen ergangene und oft sehr wider einander laufende Präjudicate blindlings Rücksicht genommen" werde: P. P. §. VI.) Allein die directe Verwerfung eines ganzen Elementes des ungeschriebenen Rechtes durch §. 6 der Einl. hat mindestens das Ihrige dazu beigetragen, das Gute mit dem Uebel zu zerstören und die rechtsbildende Kraft der Wissenschaft und Praxis zu schwächen, zumal da man zugleich — anders als dies später bei der Französischen Codification geschah — die innere Verbindung mit der früheren Jurisprudenz grundsätzlich abbrach. Erst in neuerer Zeit hat insbesondere die gerichtliche Praxis ihre Würde als rechtsbildendes Organ wieder erlangt. (Vgl. unten ad VI: Nichtigkeitsbeschwerde seit 1833, Erhaltung der Einheit der Rechtsgrundsätze in den richterlichen Entscheidungen seit 1836.)[162])

II. Factische Geltung des A. L. R. und der Provinzialrechte. Koch §. 8. Nro. V. 2; §. 14. Born. Einl. §. 5. (Wegen der verschiedenen Publications-Patente ist noch besonders zu vergleichen: S. S. Zeitschr. II. 1—5.)

1. **Codificirte Provinzialrechte** giebt es nur zwei: das aus 241 „Zusätzen" zum A. L. R. bestehende Ostpreußische (für Ostpreußen,

161) Der §. 4. der Einl. zum Entw. hatte gelautet: „Entscheidungen der Richter vertreten nur unter den Partheyen, zwischen welchen sie rechtskräftig ergangen sind, die Stelle eines Gesetzes." Vgl. 2. C. de leg. (I. 14) . . . . . . „leges faciant his duntaxat negotiis atque personis pro quibus fuerint promulgata," und 13. C. de sent. et interloc. (VII. 45) . . . „cum non exemplis sed legibus iudicandum sit." — Die Meinungen der Rechtslehrer waren im Entw. §. 3. neben die „s. g. Gewohnheitsrechte" gestellt. —

162) S. g. „gemeine Bescheide" von abstracter Bedeutung gibt es freilich auch jetzt nach Preußischer Rechtsverfassung eben so wenig als nach Code Nap. art. 5 richterliche Aussprüche par voie de disposition générale et réglementaire.

Litthauen, Ermeland und den Marienwerderschen Landräthlichen Kreis, nach P. P. 4. August 1801 und 6. März 1802, mit Gesetzeskraft der Zusätze zum A. L. R. Th. I. u. Th. II. Tit. 1—4 seit dem 1. Januar, und derer zum A. L. R. Th. II. Tit. 5—20 seit dem 1. Septbr. 1802) und das (nach P. P. 19. April 1844 — Ges. Samml. 103, 104 — mit dem 1. Juli desselben Jahres in Kraft getretene) Provinzialrecht für Westpreußen in 87 Paragraphen, neben denen die bezüglichen L. R. Bestimmungen am Rande allegirt sind. (Ges. Samml. 105—110.) Durch Gesetz vom 16. Februar 1857 ist das Westpreußische Provinzialrecht, mit einigen abweichenden Bestimmungen, auch in die Stadt Danzig und deren Gebiet (mit Gesetzeskraft seit dem 1. October 1857) eingeführt worden. (Ges. Samml. 87—92.)

Die übrigen noch in Geltung befindlichen Provinzialrechte haben sich einer ungemein gründlichen und erfolgreichen wissenschaftlichen und praktischen Bearbeitung auf amtlichem Wege zu erfreuen gehabt: von Kamptz's „Actenmäßige Darstellung der Preußischen Gesetz-Revision", Jahrb. Bd. 60. S. 150—279, 285—291.

2. **Die Suspension der drei Titel des Familienrechts** (oben I. 2.) hat in Ost- und Westpreußen mit der Codification des Prov.-Rechts aufgehört. Ausdrücklich zurückgenommen wurde diese Suspension: für Pommern, im Jahre 1795 (Rescr. v. 20. Juli: N. C. C. Bd. 10. Sp. 1869—1872, und v. 19. October: Stengel VIII. 347 fg. und Rabe Sammlung Bd. 13. S. 305); für das Fürstenthum Halberstadt im Jahre 1796 (Rescr. v. 29. December: Jahrb. Bd. 36[163]) S. 256); für das Herzogthum Magdeburg im Jahre 1798 (Rescr. v. 17. November: Klein's Annalen Bd. 18. S. 314 fg.); für Schlesien im Jahre 1804 (Rescr. v. 19. Mai 1804: Amelang's Neues Archiv. Bd. 3. S. 245 fg. und Rescr. v. 19. Januar 1805: Jahrb. Bd. 44. S. 61 fg.)[164])

---

163) Nicht Bd. 32, nach einem schon aus der ersten Ausgabe der Breslauer Ergänzungen (S. 30) in andere Werke übergegangenen Druckfehler. — Das Rescript selbst ist nirgends abgedruckt. Das Datum wird übrigens in v. Kamptz's Provinzial-Rechten Bd. I. S. 355 auf den 28. December gesetzt.

164) Auf einem Irrthum beruht die — gleichfalls einem Allegate der Bresl. Erg. a. a. O. mehrfach nachgeschriebene — Annahme, als sei auch für die Altmark, und zwar durch ein Rescript vom 21. Decbr. 1795 (N. C. C. Bd. 9. — nicht Bd. 11. — Sp. 2739 fg.), die Suspension der drei Titel zurückgenommen worden. Denn das Rescript macht ausdrücklich den Vorbehalt „der in dem §. 7. des P. P. vom 5. Febr. 1794 enthaltenen Einschränkung wegen der in den drei ersteren Titeln des 2. Theils enthaltenen contra ius commune angehenden Vorschriften." Die richtige Auffassung findet sich bei Götze, Provinzial-Recht der Altmark Motive Abth. 2. S. 1.

Von Hause aus ohne Suspension der drei Titel wurde das Landrecht in folgende neu gewonnene Ländergebiete eingeführt: in Südpreußen durch das Edict vom 28. März 1794 (N. C. C. Bd. 9. Sp. 2097—2106), mit Gesetzeskraft vom 1. Juni 1794 (resp. vom 1. Septbr. 1797, nach der Declaration vom 30. April 1797, N. C. C. Bd. 10. Sp. 1159—1182); in die Fränkischen Fürstenthümer Anspach und Baireuth durch das Patent vom 29. November 1795 (N. C. C. Bd. 9. Sp. 2689—2700), mit Gesetzeskraft vom 1. Januar 1796, so wie in die diesen Fürstenthümern nachträglich incorporirten Besitzungen durch das Patent vom 31. December 1803 (N. C. C. Bd. 11. Sp. 1971—1984), mit Gesetzeskraft vom 1. Januar 1805; in Neu-Ostpreußen durch das Patent vom 30. April 1797 (N. C. C. Bd. 10. Sp. 1131—1158), mit Gesetzeskraft vom 1. September 1797; in die s. g. Entschädigungs-Länder (fast lauter säcularisirte geistliche Territorien) durch die Patente vom 8. März 1803 (Hildesheim und Goslar: N. C. C. Bd. 11. Sp. 1313—1320), vom 24. März ej. a. (Eichsfeld, Mühlhausen, Nordhausen, Erfurt: Sp. 1457—1464 ebendas.) und vom 5. April ej. a. (Paderborn und Münster, Essen, Werden und Elten: Stengel XVII. 235—242),[165]) mit Gesetzeskraft vom 1. Juni 1804.

3. Nachdem in den im Jahre 1807 verlorenen Provinzen das A. L. R. mit den Prov.-Rechten dem Code Napoléon gewichen war, ist für die im Jahre 1814 wieder oder neu erworbenen Provinzen durch die Publications-Patente aus den Jahren 1814—1825 Entscheidung getroffen worden. Das erste (aus dem Jahre 1814) ist gleichsam das Normalpatent.

a) Patent wegen Wiedereinführung des Allg. Landrechts und der Allg. Gerichtsordnung in die von den Preußischen Staaten getrennt gewesenen, mit denselben wieder vereinigten Provinzen, vom 9. Septbr. 1814: Ges.-Samml. S. 89—96. (Hypothekenwesen: Patent 22. Mai 1815, Ges.-Samml. S. 185—189.)

b) Patent wegen Wiedereinführung des A. L. R. und der A. G. O. in die mit der Provinz Westpreußen vereinigten Districte, den Kulm- und Michelauschen Kreis und die Stadt Thorn mit ihrem Ge-

165) Im N. C. C. ist dieses, die Einführung des A. L. R. in Paderborn ꝛc. betreffende Patent vom 5. April 1803 nicht mit abgedruckt, obwohl in dem, die Einführung der Allg. Gerichts-Ordnung in Paderborn ꝛc. betreffenden Patente von demselben Tage, §. II. ad 8 (N. C. C. Bd. 11. Sp. 1603 fg.), ausdrücklich auf „das besondere Patent über die Einführung Unseres A. L. R. vom 5. April d. J." Bezug genommen wird.

biete, vom 9. November 1816: Ges.-Samml. S. 217—224. (Hypothekenwesen: Patent 4. April 1818: Ges.-Samml. S. 20—24.)

c) Patent wegen Wiedereinführung der Preußischen Gesetze in das Großherzogthum Posen, vom 9. November 1816: Ges.-Samml. S. 225—232. (Hypothekenwesen: Patent 4. April 1818, wie ad b.)

d) Patent wegen Einführung des A. L. R. in die mit die Preußischen Staaten vereinigten ehemals Sächsischen Provinzen und Districte,[166]) vom 15. November 1816: Ges.-Samml. S. 233—239. (A. G. O. und Crim.-Ordnung schon eingeführt durch P.-P. 22. April 1816: Ges.-Samml. S. 124—133. Hypothekenwesen: Verordnung 16. Juni 1820: Ges.-Samml. S. 101—105.)

e) Verordnung wegen Einführung des A. L. R. und der A. G. O. in den mit den Preußischen Staaten vereinigten, zwischen den älteren Provinzen belegenen Districten und Ortschaften, und wegen Einrichtung des Hypothekenwesens in denselben, vom 25. Mai 1818: Ges.-Samml. S. 45—48. (Wegen der Detailbestimmungen im Wesentlichen nur Verweisung auf die P.-P. von 1814 und 1816.)

f) Patent wegen Einführung des A. L. R. und der A. G. O. in das Herzogthum Westphalen, das Fürstenthum Siegen mit den Aemtern Burbach und Neuen-Kirchen (Freie- und Hücken-Grund) und die Grafschaften Wittgenstein-Wittgenstein und Wittgenstein-Berleburg, vom 21. Juni 1825: Ges.-Samml. S. 153—159.

Gesetzeskraft des A. L. R. ad a (Provinzen zwischen Elbe und Rhein): seit dem 1. Januar 1815; ad b: seit dem 1. Januar 1817; ad c und d: seit dem 1. März 1817; ad e (s. g. Enklaven, — kleinere Gebiete zwischen Elbe und Rhein): seit dem 1. October 1818 (für die Aemter Heringen und Kelbra jedoch erst seit dem 1. März 1820, nach §. 1 der Verordnung vom 20. October 1819: Ges.-Samml. S. 247); ad f: seit dem 1. December 1825.

Nachträglich: Cab. Ordre vom 29. März 1837 (Ges.-Samml. S. 71. 72), betreffend die Anwendung der Preußischen Gesetze in denjenigen Orten, welche bei Grenz-Regulirungen als Gebietstheile der Monarchie anerkannt oder in Folge eines Austausches an dieselbe abgetreten worden sind. (In den neu abgetretenen Gebietstheilen mit Gesetzeskraft erst seit dem 1. Juli 1837.)

Für die Publication der Gesetze in den seit dem 12. März 1850 mit dem Preußischen Staatsgebiete vereinigten Hohenzollernschen Lan-

166) Hier hatte der Code Nap. nicht gegolten, und so sind auch nach Einführung des A. L. R. die Sächsischen Particularrechte in Kraft geblieben.

den (Ges.-Samml. 1850. S. 289—296) ist besondere Vorsehung getroffen durch den Allerh. Erlaß vom 19. Septbr. 1852: Ges.-Samml. S. 588. (Eine ganze Reihe von Gesetzen ist besonders eingeführt worden durch das Gesetz vom 30. April 1851: Ges.-Samml. S. 188—190.)[167]).

Die Einführung der Preußischen Gesetze in die neu erworbenen Jade-Gebiete (Besitznahme-Patent v. 5. Novbr. 1854: (Ges.-Samml. S. 593) ist — so weit nicht neue Gesetze ausdrücklich für diese Gebiete miterlassen werden — besonderen Verordnungen vorbehalten, durch das Gesetz vom 14. Mai 1855: Ges.-Samml. S. 306. So sind einzelne Gesetze eingeführt: Ges.-Samml. 1855 S. 598. 631; 1857 S. 1030 (Landesgewicht und Münzwesen); 1858 S. 543 (Gerichts-Organisation); 1859 S. 72 (Polizeiverwaltung) und S. 301.

4. **Summarische Uebersicht über die gegenwärtige Geltung des A. L. R.**

A. Es ist ganz ausgeschlossen in Neu-Vorpommern („Herzogthum Pommern und Fürstenthum Rügen", in Besitz genommen Kraft Patents vom 19. Septbr. 1815: Ges.-Samml. S. 203 — d. i. der Bezirk der Regierung zu Stralsund und des Ober-Appellations-Gerichts zu Greifswald —) und am s. g. Ostrhein (Gerichtsbezirk des Justiz-Senats zu Ehrenbreitstein), wo noch gemeines Deutsches Recht gilt; und in der Rheinprovinz (Bezirk des Appellationsgerichtshofes in Cöln), wo Französisches Recht gilt. (Ausnahmsweise sind jedoch auch in diese Landestheile — ad A — einzelne Bestimmungen des A. L. R. durch besondere Verordnungen eingeführt worden.)

B. Es gilt

a) nach seiner ursprünglichen Bestimmung, d. i. subsidiarisch, also nach den Provinzialrechten: in den im Tilsiter Frieden (1807) verbliebenen Provinzen, in den vormals Sächsischen Landestheilen (oben Anm. 166) und im Herzogthum Westphalen, jedoch mit fortdauernder Suspension der „drei Titel" (oben I. 2.) in der Kur- und Neu-Mark, und mit Ausschließung von Th. I. Tit. 21. Abschn. 4. und Tit. 23, Th. II. Titt. 1. 2. 3. 7. und Tit. 8. Abschn. 1 bis 6 (mit Ausnahme der §§. 444—455) im Herzogthum Westphalen (P. P. 1825 §. 4).

---

167) Für die Gesetzgebung in Hohenzollern vgl. ferner: Ges.-Samml. 1851 S. 719; 1852 S. 35. 243 (Art. 147). 463. 492. 730; 1853 S. 13. 178. 180. 182. 260; 1854 S. 47. 64. 80. 198. 285. 592; 1855 S. 197. 301; 1856 S. 445. 453. 457. 507. 547 (§. 12.); 1857 S. 311 (§. 20.); 1858 S. 9. 315. 443. 499. 606; 1859 S. 190. 288. 290. 325 (328) ff.

Wegen Restauration der früheren particularrechtlichen ehelichen Gütergemeinschaft in Westphalen (Verordnung v. 8. Januar 1816, Ges.-Samml. S. 97) vgl. unten A. L. R. Th. II. Tit. I. Abschn. 6.

In Schlesien sind durch das Gesetz vom 11. Juli 1845 (Ges.-Samml. S. 471—473) alle bis dahin bestandenen Particularrechte („besonderen Gesetze, Statuten und Gewohnheiten") über „die ehelichen Güterverhältnisse, die Erbfolge der Ehegatten und Verwandten, so wie die Erbauseinandersetzung" aufgehoben und durch das A. L. R. ersetzt worden, so weit dies nicht schon vorher durch Spezialgesetze für Breslau (11. Mai 1839: Ges.-Samml. S. 166. 167), Brieg (30. Juni 1841: Ges.-Samml. S. 127. 128) und Ohlau rc. (25. Octbr. 1841: Ges.-Samml. S. 291) geschehen war.

b) Das A. L. R. gilt ausschließlich, d. h. im Wesentlichen ohne Provinzialrechte (doch mit gewissen Modificationen): in den meisten im Jahre 1814 wieder oder neu erworbenen Provinzen. (Unter den vorigen Regierungen waren — in Folge der Einführung des Französischen Rechts — die Particularrechte, mit Ausnahme derjenigen Gegenstände, über welche sich in den allgemeinen Gesetzen keine Vorschriften fanden, aufgehoben und abgeschafft worden. Nach dem im P. P. 1814 §. 2. ausgesprochenen Grundsatze hat es nun bei den hiernach fortbestehend gebliebenen Particularrechten auch fernerhin sein Bewenden behalten, wogegen die einmal abgeschafften — mit Ausnahme der Gegenstände, über welche das A. L. R. keine Bestimmungen enthält — nicht wieder in Wirksamkeit getreten sind.)

c) Es gilt noch außerhalb Landes: in Anspach-Baireuth, in Ostfriesland, in einigen Gebieten von Sachsen-Weimar.

III. Entstehung eines bindenden Gesetzes.

Ein Gesetz muß gehörig abgefaßt, veröffentlicht, gekannt sein. Veröffentlichung und Kenntniß des Gesetzes fallen aber, nach der Fiction der modernen Gesetzgebung, in Eins.

1. **Abfassung der Gesetze.** (Ein Abschnitt aus dem inneren Staatsrechte.) Koch §. 20. 21. 34. Born. §. 1. ad 4. und §. 2. (Puchta §. 14. 14a.)

Die §§. 7. 8. 9. A. L. R. Einl. (welche mit den §§. 10. 11. 13. A. G. B. Einl. wörtlich übereinstimmten, während §. 12. A. G. B. noch dazu ein ohne die vorgeschriebene Prüfung der Gesetz-Commission bekannt gemachtes Gesetz in Ansehung des dadurch beeinträchtigten Staatsbürgers für unverbindlich und wirkungslos erklärte!) waren von Hause aus unpraktisch, und verloren, mit dem Institute der Gesetz-Commission selbst, nach und nach jegliche auch nur formelle Bedeutung. Die im Jahre 1810 beabsichtigte Wiederherstellung der Gesetz-Commission trat nicht ins Leben. (Ges.-Samml. 1810 S. 7; 1814 S. 43; 1817 S. 70.) Etwas ganz Anderes war die Gesetz-Commission, welche in den Jahren 1842—1848 bestand. (J. M. Bl. 1842 S. 182—184; 1848 S. 329.)

Das ausschließlich entscheidende Kriterium eines allgemein bindenden Gesetzes war und blieb, auch seit der definitiven Einsetzung des Staatsrathes durch die Verordnung vom 20. März 1817 (Ges.-Samml. S. 67—74), die unmittelbare Königliche Bestätigung. (Verordn. v. 20. März 1817: §. 2. „Der versammelte Staatsrath ist für Uns die höchste berathende Behörde; .... dergestalt, daß sämmtliche Vorschläge zu neuen oder zur Aufhebung, Abänderung und authentischer Declaration von bestehenden Gesetzen und Einrichtungen, durch ihn an Uns zur Sanction gelangen müssen. — Die Einwirkung der künftigen Landesrepräsentanten bei der Gesetzgebung wird durch die, in Folge Unserer Verordnung vom 22. Mai 1815 auszuarbeitende Verfassungsurkunde näher bestimmt werden." §. 28. „... Die Gutachten des Staatsraths und die entworfenen Gesetze und Verordnungen, sind ohne Ausnahme Unserer Bestätigung unterworfen, und erhalten für die ausübenden Behörden nur dann Kraft, wenn Unsere Sanction erfolgt ist.")

Nur insoweit trat durch das Gesetz wegen Anordnung der Provinzialstände, vom 5. Juni 1823 (Ges.-Samml. S. 129. 130), eine Aenderung ein, als danach den Provinzialständen, so lange keine allgemeinen ständischen Versammlungen statt finden würden, „die Entwürfe solcher allgemeinen Gesetze, welche Veränderungen in Personen- und Eigenthumsrechten und in den Steuern zum Gegenstande haben, so weit sie die Provinz betreffen" [108]), zur Berathung vorgelegt werden mußten.

Jetzt wird nach dem Art. 62 der Verfassungs-Urkunde vom 31. Januar 1850 die gesetzgebende Gewalt durch den König und durch zwei Kammern, welche seit dem Gesetze vom 30. Mai 1855 (Ges.-

108) Im §. 4. der Verordnung über die zu bildende Repräsentation des Volkes, vom 22. Mai 1815 (Ges.-Samml. S. 103) hatte es geheißen: „Die Wirksamkeit der Landes-Repräsentanten erstreckt sich auf die Berathung über alle Gegenstände der Gesetzgebung, welche die persönlichen und Eigenthumsrechte der Staatsbürger, mit Einschluß der Besteuerung, betreffen."

Samml. S. 316) das Herrenhaus und das Haus der Abgeordneten genannt werden, gemeinschaftlich ausgeübt, so daß die Uebereinstimmung des Königs und der beiden Häuser zu jedem Gesetze erforderlich ist. Doch können in dringenden Fällen (zur Aufrechthaltung der öffentlichen Sicherheit oder zur Beseitigung eines ungewöhnlichen Nothstandes) provisorisch, wenn der Landtag gerade nicht versammelt ist, unter Verantwortlichkeit des gesammten Staatsministeriums und unter Vorbehalt der Genehmigung beider Häuser des Landtages bei dem nächsten Zusammentritt derselben, Verordnungen mit Gesetzeskraft erlassen werden. (Verf.-Urk. Art. 63.)

Die Macht des Chefs der Justiz ist in der That weder vor noch nach der Cab.-Ordre vom 6. Septbr. 1815 (Ges.-Samml. S. 198) von Rechts wegen eine gesetzgeberische gewesen. Ganz klar ist freilich die Sichtung der Verhältnisse erst seit dem Jahre 1846 geworden, indem nunmehr a) die Beschwerden über gerichtliche Verfügungen in allen prozessualischen Angelegenheiten, sowohl in Civil- als in Strafsachen (und zwar in Civilsachen mit Einschluß der Verhandlungen in der Executions-Instanz), dem Instanzenzuge der gegen Erkenntnisse in diesen Angelegenheiten zulässigen Rechtsmittel (bis zum Höchsten Gerichtshofe des Landes hinauf, und zwar in Civilsachen selbst wenn in der Hauptsache das Rechtsmittel der Revision nicht stattfinden könnte, in Strafsachen jedoch nur bei Anfechtungen aus Rechtsgründen,) folgen; b) in nicht-prozessualischen Angelegenheiten jedes Appellationsgericht in seinem Sprengel die alleinige Beschwerdeinstanz bildet, und c) nur solche Beschwerden, welche die Disciplin, den Geschäftsbetrieb oder Verzögerungen betreffen, durchweg im Aufsichtswege ihre Erledigung finden. (Verordnung über das Verfahren in Civilprozessen, vom 21. Juli 1846, §. 34—37: Ges.-Samml. S. 301. Verordnung über die Aufhebung der Privatgerichtsbarkeit und des eximirten Gerichtsstandes, so wie über die anderweitige Organisation der Gerichte, vom 2. Januar 1849 [169]), §. 35: Ges.-Sammlung S. 11; mit dem Zusatz-Artikel XIII des Gesetzes vom 26. April 1851: Ges.-Samml. S. 186. Verordnung über die Einführung des mündlichen und öffentlichen Verfahrens mit Geschworenen in Untersuchungssachen, vom 3. Januar 1849 [170]), §. 12. 13: Ges.-Samml. S. 16; mit den Zusatz-

169) Nachträglich von den Kammern genehmigt, laut Bekanntmachung vom 22. April 1851: Ges.-Samml. S. 180.

170) Nachträglich von den Kammern genehmigt, laut Bekanntmachung vom 2. Mai 1852: Ges.-Samml. S. 208.

Artikeln 11—17 des Gesetzes vom 3. Mai 1852: Ges.-Samml. S. 212.)

2. **Publication der Gesetze.** Koch §. 22. Born §. 2. g. E. §. 3. Puchta §. 111 zu Anfg. und §. 57 g. E. Sav. III. 336—338, 468 ff. (Oestr. §. 2. 3. Code Nap. art. 1.)

A. Die Wirksamkeit („rechtliche Verbindlichkeit") des Gesetzes beginnt mit der gehörigen („in der vom Gesetze vorgeschriebenen Form" erfolgten) Bekanntmachung desselben: A. L. R. Einl. §. 10. Verf.-Urk. Art. 106. („Die Prüfung der Rechtsgültigkeit gehörig verkündeter Königlicher Verordnungen steht nicht den Behörden, sondern nur den Kammern zu.")

Unter der gehörigen Bekanntmachung verstand das A. L. R. nach der im §. 11. der Einl. angegebenen Publications-Methode das Zusammentreffen zweier Momente: a) des öffentlichen Anschlages der vollständigen Verordnung an den gewöhnlichen Orten und b) des Auszuges in den Intelligenzblättern der Provinz. Früher hatten verschiedenartige Formen der Publication gegolten, mit eigenthümlichen Modificationen je nach dem besonderen Bedürfniß und nach dem Publicum, auf welches ein und das andere Gesetz vorzugsweise berechnet war [171]).

---

171) Die ehemals üblich gewesene Verkündigung der Gesetze von der Kanzel (die s. g. Kanzelsprache) war schon durch die Verordnung vom 21. Januar 1716, außer in Kirchensachen, verboten worden. (C. C. M. Th. I. Abth. I. Sp. 525. 526.) Durch die Verordnung vom 24. August 1717 wurde als regelmäßige und allgemeine Form der Publication anerkannt: Versendung der Gesetze durch die oberen an die unteren Behörden und weitere Vertheilung derselben durch verschiedene Beamte in den Städten (Steuerräthe) und auf dem flachen Lande (Landräthe); in den Dörfern insbesondere Bekanntmachung der Gesetze durch öffentlichen Anschlag und durch sorgfältige Verlesung derselben in den Kirchen (vor, nur ausnahmsweise von der Kanzel); Aufbewahrung der Edictenbücher in den Kirchen oder in den Gerichten. (C. C. M. Th. II. Abth. I. Sp. 613—618.) Auch die allerdings nur für die Chur-Mark (an das Consistorium) erlassene Verordnung vom 22. Februar 1724 bezog sich auf die allgemeine Publications-Methode. Danach sollten nur wichtige Pönal-Edicte und was Kirchensachen betraf, von den Kanzeln verlesen werden. Die Art der Publication von Justiz-, Polizei- und anderen Edicten blieb den Ortsgebräuchen überlassen. Als solche werden aufgezählt: auf dem Lande das öffentliche Affigiren an den Kirchthüren, in den Schulzengerichten und an den Schenken und Bierkrügen, auch die Verlesung in der Kirche oder — bei gutem Wetter — auf den Kirchhöfen. In den Städten aber insbesondere noch: die Zusammenberufung der Bürgerschaft auf den Rathhäusern und die Affigirung an Stadtthoren, Rathhäusern und Kirchthüren. (C. C. M. Th. I. Abth. I. Sp. 549—552.) Besondere Edicte bestimmten überdies nicht selten für sich selbst noch besondere Formen der Publication. So z. B. das Edict vom 20. Decbr. 1727 („daß innerhalb vier

Nach Emanation des A. L. R. kam es (nicht schon durch das Publ.-Patent zur neuen Ausgabe des A. L. R., vom 11. April 1803 [172]), sondern) erst im Jahre 1811 zu einer ganz neuen Methode, indem durch die Verordnung vom 28. März 1811 (Ges.-Samml. S. 165—168) die Amtsblätter in den einzelnen Regierungs-Departements zu dem eigentlichen Organe für die Publication der seit der Verordnung vom 27. Octbr. 1810 (Gesetz-Samml. S. 1. 2.) in die allgemeine Gesetz-Sammlung aufgenommenen Gesetze erhoben wurden. Danach begann mit dem Anfange des achten Tages, nachdem ein in der Gesetz-Sammlung erschienenes Gesetz — welches nicht etwa ausdrücklich einen anderen Zeitpunkt des Anfanges seiner rechtlichen Wirkung festsetzte — in dem Amtsblatte als vorhanden angezeigt war, die verbindende Kraft des Gesetzes, indem angenommen wurde, „daß das Amtsblatt acht Tage nach seiner Erscheinung an allen Orten des Departements bekannt sei". Vgl. Declaration vom 14. Januar 1813 (Ges.-Samml. S. 2), Verordnung vom 9. Juni 1819 (Ges.-Samml. S. 148—151), Cab. Ordre vom 24. Juli 1826 (Ges.-Samml. S. 73 fg.).

Unmittelbares und ausschließliches Organ für die Publication der Gesetze ist die Gesetz-Sammlung selbst erst durch das (am 1. Mai 1846 in Kraft getretene) Gesetz vom 3. April 1846 (Ges.-

---

Wochen alle Bettler und Landstreicher bei benannter Strafe das Land räumen und sich nach angewiesenen Orten begeben sollen"): Anschlag an Kirchen, Rathhäusern, Thoren, Wirthshäusern, Krügen und anderen öffentlichen Orten. (C. C. M. Th. V. Abth. V. Sp. 93—96.) Das renovirte Edict, wegen Ausrottung der Sperlinge, vom 8. Januar 1731: in den Städten Affigirung an die Thore, Rathhäuser und „andere publique Oerter"; in den Dörfern aber Affigirung in den Krügen und jährlich (gegen Johannis) einmalige Verlesung durch den Küster (vor der Kirche nach beendigter Predigt) in Gegenwart der ganzen Gemeine. (C. C. M. Th. V. Abth. III. Sp. 377—380.) Das Edict vom 8. October 1731 („daß bei Strafe der Karre sich Niemand unterstehen soll, die gepflanzten Weiden- Maulbeer- Linden- und andere dergleichen nutzbare Bäume zu beschädigen"): Affigirung „an allen publiquen Orten", wiederholte Bekanntmachung bei den Regimentern, vierteljährliche Verlesung vor den Kirchthüren nach geendigtem Gottesdienste. (C. C. M. Th. IV. Abth. I. Sp. 763 fg.) Das erneuerte und geschärfte Edict gegen die Offiziers-schulden, vom 2. December 1766: öffentliche Bekanntmachung auf den Kanzeln, Vorlesung auf den Rathhäusern vor versammelter Bürgerschaft, und zwar wiederholentlich alle Vierteljahre, auch Insertion in die Zeitungen und Intelligenzblätter. (N. C. C. Bd. 4. Sp. 613—618.)

172) Dieses Patent hat allerdings durch seine Wortfassung zu einigen Bedenken Anlaß gegeben. Ein neuer Modus der Publication der Gesetze hat jedoch auf keinen Fall dadurch vorgeschrieben werden sollen.

Samml. S. 151. 152) geworden. Danach beginnt die Gesetzeskraft eines durch die Gesetz-Sammlung verkündeten Gesetzes — sofern solches nicht eine besondere Bestimmung über den Zeitpunkt des Anfanges der Gesetzeskraft enthält — in den verschiedenen Regierungsbezirken beziehungsweise mit dem 8., 9., 11., 12., 13., 14. Tage [173]), nach dem Ablaufe desjenigen Tages, an welchem das betreffende Stück der Gesetz-Sammlung in Berlin ausgegeben worden ist [174]).

B. Ignorantia iuris („Unwissenheit eines gehörig publizirten Gesetzes") wird nicht mehr entschuldigt: A. L. R. Einl. §. 12. Nur ausnahmsweise findet der Rechtsirrthum eine gewisse Berücksichtigung: A. L. R. I. 6. §. 48; 7. §. 14; 16. §. 178 ff. (Der Entw. hatte im §. 18. Einl. noch Ausnahmen für ganze „Classen der Einwohner des Staats" in Aussicht gestellt.)

Die etwas geschraubte Bestimmung A. L. R. Einl. §. 13, zu Gunsten des unwissenden Uebertreters gewisser Strafgesetze, ist zwar auch jetzt noch nicht gesetzlich aufgehoben, aber von Hause aus zur praktischen Anwendung wenig geeignet.

IV. **Nicht-rückwirkende Kraft der Gesetze.** Koch §. 35—37. §. 116. §. 463 Anm. 11. Born. §. 4. Puchta §. 111. Beseler §. 21. Sav. VIII. S. 368—540: „Zeitliche Gränzen der Herrschaft der Rechtsregeln über die Rechtsverhältnisse." (Oestr. §. 5. 8. Code Nap. art. 2.)

Bornemann, Erörterungen im Gebiete des Preußischen Rechts Heft I. (Berlin 1855) S. 1—64: „Ueber die Anwendung neuer Gesetze auf bereits bestehende Rechtsverhältnisse — die zeitlichen Grenzen der Herrschaft der Gesetze."

Aus der imperativen Natur des Gesetzes (legis modo, id est imperative: Ulp. Lib. Regul. Tit. 24. §. 1.) folgt von selbst der abstracte Satz von der Wirksamkeit des Gesetzes für die Zukunft und von der Nicht-Rückwirkung desselben auf die Vergangenheit. Dieser abstracte Satz erleidet jedoch in seiner Anwendung und Durchführung wesentliche Modificationen und Ausnahmen, theils nach den positiven Bestimmungen einzelner Gesetze, theils nach der eigenthümlichen Beschaffenheit gewisser Rechtsverhältnisse.

---

173) Der 14. Tag gilt auch für die Hohenzollernschen Lande und für die Jade-Gebiete. (Oben ad II. 3. am Ende.)

174) Durch den §. 3. des Gesetzes vom 3. April 1846 ist die früher (nach der Declaration vom 14. Januar 1813 No. 3.) an die etwa vorzeitig gewonnene subjective Kenntniß von einem neuen Gesetze geknüpfte Verbindlichkeit, sich sofort nach demselben zu achten, ausdrücklich und grundsätzlich aufgehoben worden.

Schon im Römischen Rechte ist der Grundsatz anerkannt und in vielfacher Anwendung durchgeführt: Leges et constitutiones futuris certum est dare formam negotiis, non ad facta praeterita revocari: nisi nominatim et de praeterito tempore et adhuc pendentibus negotiis cautum sit. (7. C. de leg. I. 14.) Ausnahmsweise erhalten einzelne Gesetze rückwirkende Kraft, wie z. B. das Verbot der lex commissoria (ult. C. de pactis pignorum et de lege commissoria in pignoribus rescindenda. VIII. 35) und die Herabsetzung des erlaubten Zinsfußes (27 C. de usuris IV. 32)[175]).

Um das Verhältniß des ganzen Umfanges einer neuen Gesetzgebung zu dem früheren Rechtszustande handelt es sich jedoch erst bei den modernen Codificationen, welche gleichsam mit Einem Schlage und mit dem Eintritte eines bestimmten Zeitpunctes das bis dahin in Geltung gewesene Recht durch ein neues Recht ersetzen sollen[176]).

Vor allen anderen hat die Preußische Gesetzgebung die grundsätzliche Regelung dieses Verhältnisses ins Auge gefaßt. Und zwar zum geringeren Theile in den permanenten Bestimmungen der Einleitung des A. L. R., als eines integrirenden Theiles des Gesetzbuches; zum größeren Theile in den transitorischen, auf den jedesmaligen Wechsel des gesammten Rechtszustandes berechneten Bestimmungen des Publications-Patents vom Jahre 1794 und der in mancherlei Beziehungen reichhaltigeren Publ.-Patente seit dem Jahre 1814.

1. (Permanente) **Bestimmungen der Einleitung des A. L. R.**

A. Die allgemeine Regel der nicht-rückwirkenden Kraft der Gesetze findet ihren negativen Ausdruck[177]) im §. 14 (51), wonach neue

---

175) Sav. a. a. O. S. 388 Anm. i.; S. 392 ff., 397 fg., 423, 430, 437.

176) Anders verhielt es sich mit Justinian's Compilation, so weit dieselbe eigentlich nur das bestehende Recht fixirte. (Sav. VIII. 371. 372.) Anders mit der Einführung des Römischen Rechts in Deutschland, welche gar nicht durch einen Act der Gesetzgebung geschah; außer so weit etwa in einem einzelnen Territorium ein besonderes Abkommen zwischen dem Landesherren und den Ständen über die förmliche Anerkennung des Römischen Rechts getroffen wurde, wie in der Mark Brandenburg im Jahre 1516 (Heydemann, Joachim. Const. S. 11. ff.); wobei es sogar in Folge eines besonderen Verzichts der Stände (im Eingange der Const. Joach. v. 1527), zu einer gewissen rückwirkenden Kraft des Römischen Erbrechts kam. (Heydem. a. a. O. S. 16.)

177) Der Ausdruck des Entwurfes §. 10. war zu positiv gefaßt: „Jedes neue Gesetz gilt nur auf Handlungen und Fälle, die sich nach seiner Publication ereignen."

Gesetze auf „schon vorhin vorgefallene Handlungen und Begebenheiten"[178]) nicht angewendet werden sollen[179]).

Ein ausdrücklicher Vorbehalt der von dem Gesetzgeber etwa in besonderen Ausnahmefällen anzuordnenden rückwirkenden Kraft eines neuen Gesetzes (wie noch im Entw. §. 20.) ist dabei nicht weiter gemacht worden. Es versteht sich jedoch von selbst, daß auch nach Preußischem Rechte einem neuen Gesetze ausnahmsweise die rückwirkende Kraft beigelegt werden kann und daß in einem solchen Falle dennoch die bereits rechtskräftig entschiedenen oder durch Vergleich abgemachten Sachen von der rückwirkenden Kraft der neuen gesetzlichen Bestimmung ausgeschlossen bleiben[180]).

Dagegen hat die den Richter auch rückwärts — „in allen noch zu entscheidenden Rechtsfällen" (also wiederum nicht in Ansehung der durch Vergleich oder rechtskräftiges Erkenntniß bereits erledigten Sachen[181]) — bindende Kraft der s. g. authentischen Declaration (tanquam si nostra lex ab initio cum interpretatione tali a nobis promulgata fuisset: Nov. 143 pr. i. f.) im §. 15. ausdrückliche Anerkennung gefunden[182]). Und diese Wirkung der auth. Decl. darf auch dann nicht als ausgeschlossen gelten, wenn etwa die Benennung „Declaration" fehlt. (Rechtssprüche Bd. 3. Nr 28.) Ja — nach strenger Consequenz — selbst dann nicht, wenn eine materielle Neuerung[183]) unter der Benennung „Declaration" auftreten sollte. (Z. B. Decl. v. 10. Juli 1846: Ges.-Samml. S. 263.)

B. Die Form der Handlungen — wegen deren der §. 16. nur eine legislative Regel enthält, welche z. B. in den P.-P. 1814 §. 7. und 1816. 9. Nov. (beiden) §. 9., in Betreff der holographischen und nota-

---

178) D. s. die juristischen Thatsachen der früheren Zeit: Sav. VIII. 400.

179) Das Wort „können" bedeutet hier: „sollen." (Sav S. 399. a. a. O.)

180) So soll z. B. die Verordnung vom 8. Februar 1811 (Ges.-Samml. S. 150 fg.), betr. die Kündigung und Abzweigung oder Partial-Cession der Schuldverschreibungen, in Gemäßheit ihres §. 9., nicht nur auf künftige Fälle, sondern auch auf frühere Schuldverschreibungen, Cessionen und Kündigungen, „vorausgesetzt, daß der Streit nicht schon rechtskräftig entschieden oder verglichen ist," angewendet werden.

181) Vgl. z. B. §. 7. der Declaration vom 26. Juli 1847 (Ges.-Samml. (S. 328).

182) Vgl. Sav. S. 511—514.

183) Auf den Gegensatz zu einer solchen materiellen Neuerung mochten noch die Worte des Entw. §. 21. hindeuten: „Verordnungen, wodurch ein schon vorhandenes Gesetz blos erklärt, oder näher bestimmt wird," u. s. w.

riellen Testamente (vgl. unten 2. B. b. β.), befolgt worden ist [184]) — soll nach §. 17., so weit es in favorem negotii erforderlich wird, nach den „zur Zeit des darüber entstandenen Streites" geltenden neueren (also insoweit zurückwirkenden) Gesetzen beurtheilt werden. Der hierin liegende Widerspruch mit den (grundsätzlich richtigeren) [185]) §§. 42. 43. A. L. R. I. 3. (tempus regit actum) läßt sich weder dadurch heben, daß man den §. 17. auf blos ungültige, den §. 43. auf absolut nichtige Geschäfte beziehet, noch dadurch, daß man den §. 17. auf bloße äußerliche Förmlichkeiten, den §. 43. auf die wesentliche Form der Handlungen beschränkt, noch dadurch, daß man im §. 43. die allgemeine Regel, im §. 17. die für den Fall einer neuen abändernden Gesetzgebung überhaupt oder gar blos (transitorisch) für den ersten Eintritt der Gesetzeskraft des Allg. Landrechts zugelassene Ausnahme sucht. Nur dadurch läßt sich jener Widerspruch einigermaßen beseitigen, daß man die Anwendung des §. 17. auf einseitige Handlungen beschränkt. Auch das Präj. 2097 (v. J. 1849) erklärt den §. 17. für unanwendbar auf die Form von Verträgen. Vgl. Born. Erörtr. S. 16—19; Sav. a. a. O. S. 408—413, 466, 478, 507.

C. Den Strafgesetzen ist eine gewisse zu Gunsten des Uebertreters rückwirkende Kraft beigelegt: §. 18—20. (Sav. S. 400, 401, 445, 507.) Darauf gründet sich auch das P.-P. §. XVIII. und der in den neueren P.-P. (1814 §. 16; 1816. 9. Nov. [beiden] §. 20. und 15. Novbr. §. 17; 1825 §. 23) festgehaltene Grundsatz der Milde. (Rückwirkende Anwendung des Gesetzes vom 12. Februar 1850 über die Stellung unter Polizei-Aufsicht: J. M. Bl. 1850. S. 173 fg.)

Durch den Art. VII des Gesetzes über die Einführung des Strafgesetzbuches vom 14. April 1851 ist jedoch der §. 18. der Einl. zum A. L. R. (in welchem übrigens die „Minderung" auch von dem Falle der völligen Aufhebung der Strafe zu verstehen war [186]) und das Wort „vollzogen" so viel wie „abgebüßt" bedeuten sollte) aufgehoben worden. Wegen der Motive zu dieser Aufhebung, so wie wegen der dadurch etwa veranlaßten Begnadigungsgesuche [187]) vgl. Justiz-Min.-Verfügg. v.

---

184) Nicht zu verwechseln mit der vorsorglichen Schlußbestimmung des P.-P. §. VII., in Betreff der suspendirten Titel des Familienrechts.

185) Ausnahmsweise mag der Grundsatz des §. 17. legislative Anwendung verdienen. Z. B. Verordnung vom 27. Febr. 1816. (Ges.-Samml. S. 122.) Vgl. auch eine Anwendung desselben in der Cab. Ordre vom 19. Juli 1834 ad 3. (Ges.-Samml. S. 133.)

186) Vgl. Erk. des Ob.-Trib. v. 6. Nov. 1850. (J. M. Bl. S. 23—25.)

187) Wegen des Verfahrens in Begnadigungssachen und bei Gesuchen um Aussetzung oder Unterbrechung erkannter Strafen: J. M. Bl. 1854. S. 296—304.

25. Mai 1851. (J. M. Bl. S. 194 fg.)[188]) Eine Milderung der aus der Aufhebung des §. 18. hervorgehenden größeren Strenge findet sich im Art. IV. des allegirten Einführungsgesetzes. Auch entspricht noch dem §. 20. der Einl. zum A. L. R. der Schlußsatz dieses Artikels.

Die Beurtheilung der „Privatrechte aus verbotenen Handlungen" (der Obligationen aus Delicten) richtet sich durchgreifend nach den zur Zeit des begangenen Delicts geltenden Gesetzen: Einl. §. 19. Vgl. Präj. 1321 (v. J. 1843).

2. (Transitorische) **Bestimmungen der Publications-Patente zum A. L. R.**

A. Allgemeine Regeln.

a) Geltung der Einleitungs-Paragraphen auch für den jedesmaligen Wechsel der Gesetzgebung, und Aufrechthaltung der iura quaesita: P. P. §. VIII. P. P. 1814 §. 3; 1816. 9. Novbr. (beide) §. 3; 15. Novbr. §. 5 Absatz I; 1825 §. 14[189]); 1844 (Westpreußen) §. 6; 1857 (Danzig) Art. IV. Vgl. auch die oben ad II. 4. g. E. angeführten Schlesien betreffenden Spezialgesetze v. 1839 und 1841 im §. 3. und v. 1845 im §. 5.

Hierin liegt nun zwar die volle Anerkennung des Grundsatzes, daß neuen Gesetzen keine rückwirkende Kraft beizulegen ist und daß erworbene Rechte durch neue Gesetze unberührt bleiben sollen. Damit ist es jedoch vollkommen vereinbar, daß auch nach Preußischem Rechte neue Gesetze in das Dasein der Rechte eingreifen können und müssen, und daß bloße Erwartungen oder Hoffnungen den Schutz erworbener Rechte nicht beanspruchen dürfen[190]).

In dieser Beziehung ist insbesondere die nach dem früheren Rechte (mit 21 Jahren) einmal eingetretene Volljährigkeit[191]) durch den längeren Landrechtlichen Termin (von 24 Jahren) unangetastet geblieben, wogegen die nach dem früheren Rechte noch nicht erreichte Volljährigkeit mit dem Eintritte der Gesetzeskraft des Landrechts ohne Weiteres dem längeren Termine desselben unterworfen worden ist: P. P. 1814. §. 14; 1816. 9. Novbr. (beide) §. 18; 15. Novbr. §. 14; 1825.

---

188) Wegen des früheren Verfahrens (nach §. 18. der Einl. zum A. L. R.): J. M. Bl. 1849. S. 389. 407—409. (Erkenntniß oder Verwaltungsweg?)

189) In den P.-P. von 1814 bis 1825 ist noch besonders accentuirt, daß es sich um den Schutz des bestehenden Rechtszustandes gegen „privatrechtliche" Ansprüche und um den Genuß der „in dem Verkehr mit anderen Privatpersonen" wohlerworbenen Gerechtsame handle.

190) Sav. VIII. 373 ff., 381 ff., 514 ff.

191) Sav. 386, 407, 415 ff.

§. 21 [192]). Nur ausnahmsweise findet sich einmal eine gesetzliche Bestimmung, welche gewissermaßen den vorübergehenden Schutz einer bloßen Hoffnung in sich schloß. Nach §. VII. des P. P. vom 4. August 1801 zum Ostpreußischen Provinzial-Rechte trat nämlich in Ansehung derjenigen Personen, welche am 1. Januar 1802 (dem Tage der neuen Gesetzeskraft) das 20. Lebensjahr bereits erreicht hatten, die Großjährigkeit noch, dem früheren gesetzlichen Termine gemäß, mit dem zurückgelegten 21. Jahre ein [193]).

b) Rückwirkende Kraft des A. L. R. nach Art einer authentischen Declaration im Großen: in Ansehung der Dunkelheiten oder [194]) Zweifel des früheren Rechts. P. P. §. IX (auch §. VII). P. P. 1814 §. 4; 1816. 9. Novbr. (beide) §. 4; 15. Novbr. §. 5 Absatz II; 1825. §. 15; 1844 §. 6; 1857 Art. IV. [195])

B. Besondere Bestimmungen in Betreff der vor dem Tage der neuen Gesetzeskraft stattgefundenen Handlungen oder Begebenheiten, deren rechtliche Folgen aber erst nachher eintreten.

a) Prinzip. Das ältere Recht bleibt maßgebend, wenn eine abändernde Bestimmung nicht in der Gewalt des Rechtssubjectes („von dessen Rechten oder Pflichten die Rede ist," oder welches „die Handlung oder Begebenheit angeht") gestanden hat; das A. L. R. wird maßgebend, wenn eine abändernde Bestimmung getroffen werden durfte, aber nicht getroffen worden ist: P. P. §. X. [196]) Der Entwurf zum P. P. hatte hier noch allgemein eine dreijährige Frist von der neuen Gesetzeskraft an gestatten wollen, um eventuell die Handlungen

---

192) Gleichartig ist die zur Lösung einer eingetretenen Verwirrung erlassene Verordnung wegen Einführung des 24jährigen statt des früheren 21jährigen Majorennitätstermins im Fürstenthum Erfurt und Amte Wandersleben, v. 1. Aug. 1817. (Ges.-Samml. S. 201 fg.)

193) Analoge Behandlung der persönlichen Zustände überhaupt, der Rechts- und Handlungs-Fähigkeit in Beziehung auf Testamentsmündigkeit, weibliches Geschlecht, Verschwendung u. dgl. m.: Sav. 463, 417—419; Born. Erörtr. S. 13—16.

194) Das Wort „oder," dessen sich hier die neueren Patente bedienen, ist richtiger als das „und" des P.-P. 1794.

195) Sav. 514.; Born. 64.

196) Im Gegensatze hierzu ist in dem P.-P. zum Allg. bürgerl. Gesetzbuche für Oesterreich vom 1. Juni 1811 gerade diese Unterscheidung ausdrücklich verworfen worden. Das neue Gesetzbuch soll auf frühere Handlungen u. s. w. keinen rückwirkenden Einfluß haben: „diese Handlungen mögen in zweiseitig verbindlichen Rechtsgeschäften, oder in solchen Willenserklärungen bestehen, die von dem Erklärenden noch eigenmächtig abgeändert und nach den in dem (neuen) Gesetzbuche enthaltenen Vorschriften eingerichtet werden könnten."

abzuändern. Eine solche Frist ist aber nur im §. XV. und §. XVI. beibehalten worden. (S. S. Zeitschrift Bd. II. S. 166. 170.) Das P. P. 1814. schweigt hierüber. Die P. P. 1816. 9. Novbr. (beide) §. 6, 15. Novbr. §. 6, 1825 §. 16, 1844 §. 6, 1857 Art. IV. sind einfach bei dem Prinzip des §. X. geblieben.

b) Einzelne Anwendungen, aber auch Modificationen des Prinzips (ad a): theils auf consequente Schonung der iura quaesita bezüglich, theils auf Billigkeitsgründen beruhend, theils von dem Grundsatze abhängig, daß neue gesetzliche Bestimmungen iuris publici (Gesetze von streng positiver, zwingender Natur, absolute Gesetze) sofort zu durchgreifender Anwendung gelangen, und daß insbesondere neue Prozeßgesetze sofort in unbedingte und ausschließliche Wirksamkeit treten müssen[197].

α) Die nächste und reinste Anwendung des Prinzips (§. X), und zugleich der unbedingte Einfluß des allgemeinen Grundsatzes von der nicht-rückwirkenden Kraft der Gesetze überhaupt, gestaltet sich auf die Verträge: P. P. §. XI. P. P. 1814 §. 5; 1816. 9. Novbr. (beide) §. 7; 15. Novbr. §. 7; 1825 §. 17; Schles. Spezialgesetz v. 1839 (oben ad II. 4. g. E.) §. 4.[198]) Form, Inhalt und Folgen (Erfüllung, Aufhebung, Leistung des Interesse) sollen in allen Beziehungen und zu allen Zeiten nur nach den zur Zeit des geschlossenen Vertrages geltend gewesenen Gesetzen beurtheilt werden[199]).

Zinsverträge aber — indem die private Vertragsfreiheit dem ius publicum weichen muß — werden durch neue beschränkende Zinsgesetze sofort affizirt: P. P. 1814 §. 13; 1816. 9. Novbr. (beide) §. 17; 15. Novbr. §. 13; 1825 §. 20; Präj. 1849 (v. J. 1847) zu den auch nach Einführung des Strafgesetzbuches v. 1851 (Einf.-Gesetz v. 14. April, Art. XI) in Kraft gebliebenen §§. 1271. 1272 A. L. R. II. 20.[200]) Vgl. auch 27 C. de usuris (oben Anm. 175)[201]).

197) Sav. 33 ff., 517 ff., 523 („Gesetze von streng positiver, zwingender Natur"); Koch §. 35—37 („absolute Gesetze"); Born. Erörtr. S. 6 ff., 62 ff. („öffentliches Recht," besonders „Prozeßgesetze").

198) Von Verträgen überhaupt: Sav. 435—445; Born. Erörtr. S. 24—28.

199) Die im §. 5. P.-P. 1814 in Bezug genommene Ausnahme des §. 27, wegen der notariellen Verträge, geht nur darauf, daß die bis dahin unbeschränkte Uebung der freiwilligen Gerichtsbarkeit durch die Notarien schon mit dem Tage der Publication des Patents, und nicht erst mit dem Tage der neuen Gesetzeskraft geschmälert werden mußte, so weit die Handlungen der freiwilligen Gerichtsbarkeit auf die Gerichtshöfe übergingen.

200) Schwankungen der früheren Praxis: Rescr. 4. Nov. 1818 (Jahrb. XII. 258 fg.); Ob. Trib. Erkenntniß 21. Juli 1837 (Entsch. III. 124—134).

201) Für die im Preußischen Rechte durchgedrungene Auffassung: Koch

β) Billige Milderung des Prinzips in Betreff der Form letztwilliger Verordnungen; indem hier, wegen des inneren Zusammenhanges mit §. X, in Ansehung der Testaments-Form dasjenige als eine — zur Vermeidung von Weitläufigkeiten und Kosten gemachte — Concession erscheint, was sonst eine natürliche Folge der allgemeinen Regel sein würde, nach welcher jede formell einmal zu Recht bestehende s. g. autonomische Norm auch nach eingetretenem Wechsel der Gesetzgebung aufrecht erhalten bleiben muß: P. P. §. XII. P. P. 1814 §. 6. 7; 1816. 9. November (beide) §. 8. 9; 15. November §. 8; 1825 §. 18. Absatz I.[202]). Auch im P.-P. §. XII läßt sich das Wort „durchgehends" füglich so auslegen, daß damit nicht die durchgreifend gleichmäßige Beurtheilung von Form und Inhalt, sondern lediglich die Gleichgültigkeit des Umstandes bezeichnet sein soll, ob die Disposition in der Zwischenzeit und bis zum Tage der neuen Gesetzeskraft noch hätte geändert werden können, oder nicht. Heißt es doch auch in den P. P. 1814 u. ff.: „in Rücksicht ihrer Form durchgehends". Ja in dem P. P. 1814 findet sich noch nicht einmal materiell der Gegensatz des Inhalts zur Form, indem diesem Patente die in den P. P. 1816 und 1825 enthaltenen Bestimmungen über den Inhalt (Erbfähigkeit, Pflichttheil) noch gänzlich fehlen. Dagegen ist in den P. P. 1814 und 1816 9. November (beiden) die Rechtsbeständigkeit der holographischen so wie der notariellen Testamente im Wesentlichen beschränkt auf die Dauer Eines Jahres, von dem Tage der neuen Gesetzeskraft des A. L. R. an gerechnet. (Vgl. oben 1. B.)

Der Inhalt letztwilliger Verordnungen, insbesondere die (materiellen) Momente der Erbfähigkeit und des Pflichttheils, werden ausdrücklich den zur Zeit des Erbanfalles (d. i. zu der Zeit, da sich die bona in eine hereditas verwandeln) gültigen (Prohibitiv-) Gesetzen untergeordnet: P.-P. 1816. 9. November (beide) §. 8. g. E.; 15. Novbr. §. 8. g. E.; 1825 §. 18. Absatz II. (Die s. g. autonomische Norm der Privaten kann nicht gegen das ius publicum durchgreifen.) Vgl. auch die (oben ad II. 4. g. E. näher angegebenen) Schlesien betreffenden Spezialgesetze v. 1839 §. 5; 1841 §. 4; 1845 §. 6.

γ) Reine Anwendung des Prinzips auf die Intestaterbfolge,[203]) je nachdem solche auf einer unabänderlichen (particu-

---

§. 36. No. IV. und Note 17, §. 463 Note 11.; Born. Erörtr. S. 44 fg. Dagegen: Sav. 437 fg.

202) Sav. 410 ff., 463, 466, 474—480; Born. Erörtr. S. 45—49.

203) Sav. (482—)492; Born. Erörtr. S. 49.

lären) Norm beruhet oder nicht, und im letzten Falle — wenn der Erblasser eine rechtsgültige Abänderung nicht gemacht hat — mit weiterer Unterscheidung der vor und der nach dem Eintritt der neuen Gesetzeskraft sich ereignenden Erbfälle: P.-P. §. XIII. P.-P. 1814 §. 8; 1816 9. November (beide) §. 10; 15. November §. 9. (Das P.-P. 1825 enthält hiervon nichts, in Folge der Ausschließung der „drei Titel".) Schles. Spezialgesetze (oben ad II. 4. g. E.) v. 1839 §. 6; 1841 §. 5; 1845 §. 7.

δ) Anwendung des Prinzips auf die rechtlichen Verhältnisse der Ehegatten,[204]) mit Unterscheidung der Verhältnisse unter Lebenden und von Todeswegen: P.-P. §. XIV. P.-P. 1814 §. 9; 1816. 9. November (beide) §. 11. 12, mit Pl. Beschl. 2. Juni 1840 zum §. 11 für Posen (Entsch. V. 299 ff.), und Declaration 28. März 1820 (Ges.-Samml. S. 62) zum §. 12 für Westpreußen; 1816. 15. November §. 11 (vgl. Zeitschr. II. 297—307); 1844 (Westpreußen) §. 7; 1857 (Danzig) Art. V; Schles. Spezialgesetze (oben ad II. 4. g. E.) v. 1839 §. 7; 1841 §. 6; 1845 §. 8. Hiernach werden

a) die Rechtsverhältnisse der Ehegatten unter Lebenden nach den zur Zeit der geschlossenen Ehe bestandenen Gesetzen beurtheilt. Dies gilt auch von der (Vermögens-) Auseinandersetzung bei Trennung der Ehe durch richterliches Erkenntniß.[205]) Die Ehescheidungsgründe dagegen (imgleichen die Nichtigkeits- oder Ungültigkeits-Gründe) unterliegen den zur Zeit der nachgesuchten Ehescheidung geltenden Gesetzen;[206]) nur daß dadurch nicht solche Thatsachen, welche sich schon früher ereigneten und nach den damals herrschenden Gesetzen keinen hinreichenden Scheidungsgrund in sich schlossen, gleichsam nachträglich zu Scheidungsgründen erhoben werden sollen.[207])

b) Bei der Erbfolge, so weit solche nicht auf Verträgen, letztwilligen Verordnungen oder particularrechtlichen Normen beruhet, also

---

204) Sav. 337 fg., (494—)499, 525 fg., 532; Born. Erörtr. S. 50—58.

205) Dies war schon der Sinn des P.-P. §. XIV.: „so wie in Fällen, wo die Ehe durch richterliches Erkenntniß getrennt wird." Nur der Ausdruck ist in den neueren P.-P. a. a. O. correcter: „so wie der Grundsätze wegen (Vermögens-)Auseinandersetzung bei Trennung der Ehe (durch richterliches Erkenntniß)."

206) Klar ausgesprochen in den P.-P. 1814 u. ff.; doch auch schon früher im Wesentlichen anerkannten Rechtens: Rescript 14. Januar 1799 („nur die Gesetze für entscheidend zu achten, welche zur Zeit der verlangten Trennung dem erkennenden Gericht zur Richtschnur vorgeschrieben sind") in Stengel Beitr. VIII. 301.

207) Zusatz der P.-P. 1814 u. ff.

bei der s. g. gemeinrechtlichen Erbfolge, kommt dem überlebenden Ehegatten das dem Preußischen Rechte eigenthümliche Wahlrecht (vgl. §. 496. A. L. R. II. 1) zu Statten: ob er nach den zur Zeit der geschlossenen Ehe geltend gewesenen Gesetzen oder nach den „Vorschriften des A. L. R." erben wolle. Eine gewisse Attraction üben diese erbrechtlichen Grundsätze auch auf die Frage von dem Umfange und der Beschaffenheit der ehelichen Gütergemeinschaft als solcher: vgl. den ad δ angeführten Pl. Beschl. v. 1840. Unter den „Vorschriften des Landrechts" sind jedoch nach dem zu dem Schles. Spezialgesetze v. 1845 ergangenen Pl. Beschl. v. 5. November 1855 (Entsch. XXXI. 198—210), auch nach stattgehabter gesetzlicher Gütergemeinschaft, die im A. L. R. gegebenen gemeinrechtlichen Erbfolgegesetze (nicht die L. R. Bestimmungen wegen der Erbfolge bei bestandener G.-G.) zu verstehen.

ε) Anwendung des Prinzips auf den Nießbrauch der Aeltern am Vermögen der Kinder (im Zusammenhange mit der Rechtsfähigkeit der Kinder). Sofort mit dem Tage der neuen Gesetzeskraft tritt, den Grundsätzen des A. L. R. gemäß, der väterliche Nießbrauch wieder ein, wogegen der mütterliche Nießbrauch, in Ermangelung rechtsgültiger Privatnormen (Verträge oder letztwilliger Verfügungen) aufhört: P.-P. 1814 §. 10; 1816. 9. November (beide) §. 13.[208])

ζ) Auch die rechtlichen Folgen des unehelichen Beischlafes fallen nicht unter den §. 19 der Einleitung (oben 1. C. g. E.), sondern werden mit dem Tage der neuen Gesetzeskraft im Wesentlichen nach den Grundsätzen des A. L. R. beurtheilt. Die vor diesem Tage geborenen unehelichen Kinder erhalten von diesem Tage an die im A. L. R. ihnen beigelegten Rechte. Und selbst die Geschwächte hat sich der Landrechtlichen Enschädigungsansprüche wenigstens dann zu erfreuen, wenn die Niederkunft nach dem Tage der neuen Gesetzeskraft erfolgt: P.-P. 1814 §. 11; 1816. 9. November (beide) §. 14.[209]) Einen eigenthümlichen Mittelweg hat der §. 23 des die Landrechtlichen Bestimmungen auf eine den geschwängerten Frauenspersonen und den unehelichen Kindern ungünstige Weise ändernden Gesetzes vom 24. April 1854 (Ges.-Samml. S. 198) eingeschlagen, indem dieses neue Gesetz alle zur Zeit seines Eintritts noch nicht durch Insinuation der Klage rechtshängig gewordenen Fälle seiner Kraft unterwirft.

η) Billige Milderung des Prinzips in dem Gebiete des Pfandrechts, durch Gestattung einer dreijährigen Frist, um Dritten

208) Sav. 502 - 504; Born. S. 58 fg.

209) Sav. 445, 527—530; Born. S. 59—62.

gegenüber die dinglichen Wirkungen der früheren gesetzlichen und stillschweigenden Hypotheken aufrecht erhalten zu können: P.-P. §. XV. (Nach dem Entwurfe zum P.-P. — oben ad a — war dies keine Ausnahme von der Regel, sondern nur eine Anwendung derselben.)

Auch in den P.-P. 1814 §. 15; 1816. 9. November (beiden) §. 19; 15. November §. 15; 1825 §. 22 ist zunächst grundsätzlich Sorge getragen für den Schutz der früher (nach Gemeinem und resp. Französischem Rechte) bestellten oder begründeten „wirklichen Pfand-" und Hypotheken-Rechte (insbesondere der aus Urtheilen eingetragenen, so wie der stillschweigenden und gesetzlichen Hypotheken). Daran schließt sich dann aber noch die Ueberleitung in das Preußische Rechtssystem durch die das Hypothekenwesen betreffenden (oben ad II. 3. mit allegirten) Patente, vermittelst Anberaumung gewisser Fristen, um Dritten gegenüber die dinglichen Wirkungen der früheren Vorzüge aufrecht zu erhalten.[210])

Dagegen werden die durch Pfand- oder Hypotheken-Rechte nicht gedeckten Vorzugsrechte der Gläubiger, ohne Rücksicht auf die zur Zeit der Entstehung der Forderung geltend gewesenen Rechte, theils nach den zur Zeit des zwischen mehreren Gläubigern ausbrechenden Streites (P.-P. 1814 und 9. November 1816 a. a. O.), theils nach den zur Zeit der Concurseröffnung geltenden Gesetzen (P.-P. 15. November 1816 und 1825 a. a. O.) beurtheilt. (Wegen des Anh. §. 352 zur A. G. O. vgl. Rescript v. 25. Mai 1816 in v. Kamptz's Jahrb. VIII. 26 fg.)

Der trügerische Schein, als ob auch ungedeckte Vorzugsrechte schon im Voraus gleichsam ein ius quaesitum auf künftige Classification gewähren müßten, schwindet durch die doppelte Erwägung, daß eine bloße Hoffnung, welche nach derzeitigem Rechte bei dem Eintritte einer gewissen Eventualität in Erfüllung gehen kann, noch nicht ein ius quaesitum für die Folgezeit in sich schließt, und daß vor Allem die prozessualische Natur des Concurses als eines Executionsverfahrens[211]) im Großen und Ganzen, zur Ausgleichung unter den concurrirenden Gläubigern, von selbst die Anwendung der zur Zeit der Concurseröffnung bestehenden, die Rechtshülfe gewährenden Gesetze nach sich ziehet.[212]) (Sav. VIII. 446, 282—294. Born. Erörtr. S. 63, 64. Heffter Preuß. Civilprozeß [1856] S. 384, 385.)

---

210) Born. S. 31, 64; Sav. 423 fg., 531, 539 fg.

211) Neuestes Beispiel der sofort eintretenden Wirksamkeit eines jeden Executions-Gesetzes: Ges.-Samml. 1859 S. 319 (§. 8).

212) Singuläre Bestimmungen: Rescript v. 12. Februar 1770 (N. C. C. Bd. 4. Sp. 6077—6080); Cab.-Ordre v. 27. Januar 1826. (Ges.-Samml. S. 14.)

Auch der Art. V des Einführungs-Gesetzes zur Concurs-Ordnung vom 8. Mai 1855 hat an diesem Grundsatze festgehalten; nur daß die Artt. VI und VII, um einzelne Härten auszugleichen, gewisse Sicherheits-Fristen für die Forderungen der Kinder, Mündel und Ehefrauen verlängerten, beziehungsweise einräumten. (Wentzel Commentar S. 526 ff.)

Im Allgemeinen läßt sich das Durchgreifen der zur Zeit der Concurseröffnung geltenden Gesetze anschaulich machen durch die Fiction, als würde gleich am Tage der Concurseröffnung das ganze Concursverfahren thatsächlich zu Ende gebracht. Daraus ergiebt sich dann von selbst jenes Durchgreifen in doppelter Richtung: erstens für die früher entstandenen, nach dem am Tage der Concurseröffnung geltenden Rechte zu beurtheilenden Ansprüche; zweitens für die Einflußlosigkeit der etwa später eintretenden gesetzlichen Neuerungen.

ϑ) In Ansehung anderer dinglicher Rechte ist

a) der zur Aufrechthaltung der dinglichen Wirkungen gewisser (nicht in die Augen fallender und doch den Nutzungsertrag schmälernder) Servituten (vgl. Sz. S. 73. 74) ergangene §. XVI. P.-P. bald bedeutungslos geworden durch die in den Anh. §. 58 zum A. L. R. Th. I. Tit. 22 übergegangene Bestimmung der Circular-Verordnung vom 30. December 1798. — Im Uebrigen vgl. Sav. 420 fg. ad 2 und Born. Erörtr. S. 31 ad b.

b) Die controverse Frage: ob die vor der Geltung des Preußischen Rechtes nur persönlichen Rechte der Miether und Pächter durch die Einführung des Preußischen Rechtes (also mit rückwirkender Kraft desselben) — den Sachbesitz vorausgesetzt — dinglich werden und insbesondere unter die landrechtliche Regel „Kauf bricht nicht Miethe" fallen (Sav. 424—426, 441 fg. und Born. Erörtr. S. 32—35), ist vom spezifisch Preußischrechtlichen Standpunkte (der mit so großer Energie durchgeführten Verwandelung von sonst nur persönlichen Rechten in dingliche Rechte) wohl zu bejahen.

c) Wegen der Lehen und Fideicommisse vgl. Sav. 532 und Born. Erörtr. S. 29 fg.

ι) In Betreff der Verjährung liegt das Moment der Unterscheidung darin, ob die Verjährung schon vor dem Tage der neuen Gesetzeskraft vollendet war, oder noch nicht. War sie schon vollendet, so liegt eine vollendete juristische Thatsache, ein ius quaesitum, vor.[213])

213) Vgl. unten Anm. 226.

War sie noch nicht vollendet, so soll das neue Gesetz „in allen Stücken" zur Anwendung kommen, nur daß neue kürzere Verjährungsfristen[214]) erst von dem Tage der neuen Gesetzeskraft an gerechnet werden dürfen: P.-P. §. XVII. In den P.-P. 1814 §. 12; 1816. 9. November (beiden) §. 16; 15. November §. 12; 1825 §. 19 sind die Worte „in allen Stücken" weggelassen. In den beiden letzten Patenten findet sich ein Zusatz, nach welchem dieselben Berechnungsgrundsätze auch auf andere im A. L. R. (für gewisse Handlungen, außer dem Prozeßverfahren) vorgeschriebene Fristen zur Anwendung gebracht werden sollen. Vgl. S. S. Zeitschrift II. 24—39; Sav. S. 426—434; Born. Erörtr. S. 37—44.

Die vorgedachten Worte „in allen Stücken" sind nicht exclusiv, sondern so auszulegen, daß die Vorschriften des neuen Landrechts mit den Erfordernissen der Verjährung nach vorher bestandenem Rechte gehörig combinirt werden.[215]) Dafür spricht schon die Natur der Sache, wenn man insbesondere die s. g. acquisitive Verjährung (die Usucapion) in ihre Elemente auflöst. Denn was zunächst den Besitz betrifft, so ist dieser früher angefangene und unter der Herrschaft des neuen Rechtes fortdauernde factische und rechtliche Zustand von so continuirlicher Natur, daß derselbe nothwendig nach den beiden Zeiträumen und (etwa von einander abweichenden) Rechten besonders (und, im Falle der Abweichung, verschieden) beurtheilt werden muß. Was dann das Erforderniß des gehörigen Zeitablaufes anlangt, so ist zwar das Prinzip, daß überhaupt eine gewisse Zeit abgelaufen sein muß, in beiden Rechten dasselbe. Da jedoch erst der vollendete Ablauf der Zeit die Verjährung vollbringt, so fällt die rein positive Zeitbestimmung unter das zur Zeit des als vollendet geltend zu machenden Ablaufes herrschende Gesetz, und zwar unbedingt, wo dieses eine längere Frist einführt, dagegen mit offen gelassenem Wahlrechte, wo das neue Gesetz eine kürzere Frist gewährt. Die bona fides ist ohnehin selbstverständlich in beiden Rechten dasselbe. Der s. g. iustus titulus aber muß wiederum nach der Natur der Sache, weil sonst gewissermaßen die Eine der zwei hier nothwendigen Stützen fehlt oder bricht, den (vielleicht ganz verschiedenartigen) Ansprüchen der beiden Rechte genügen.

In den P.-P. 1844 (Westpreußen) §. 8 u. 1857 (Danzig) Art. VI.

---

214) Wie z. B. die 3jährige der Schadensklage aus §. 54. A. L.-R. I. 6, die 2jährige der Schwängerungsklage aus §. 1083 A. L. R. II. 1. u. s. w.

215) Andere Gesetzgebungen beurtheilen im Wesentlichen ohne solche Combination die schon angefangenen Verjährungen nach den älteren Gesetzen: Code Nap. Art. 2281; Oestr. P.-P. v. 1. Juni 1811.

ist auch ausdrücklich eine erläuternde Bestimmung enthalten, nach welcher bei den aus der Zeit des früheren in die des neuen Rechtes laufenden Verjährungen die Anwendung des neuen Rechtes ausgeschlossen bleibt, so weit es auf die Zulässigkeit des Anfanges der Verjährung (vgl. Präj. 926, v. J. 1840: Entsch. VI. 317—320 und Entsch. v. 1849: XVIII. 137—146) oder auf eine noch unter der Herrschaft des früheren Rechtes stattgefundene Unterbrechung ankommt.

Wegen Unterbrechung der Ersitzung von Servituten durch die Herrschaft des Code Napoléon vgl. J. M. Bl. 1841 S. 60, und wegen des Beweises der s. g. Immemorialverjährung: Pl. Beschl. 24. Octbr. 1845 zu §. 12. P.-P. 15. November 1816.

V. **Verbindende Kraft der Gesetze für Mitglieder des Staats und für Fremde.** (Territorialität des Rechts: A. L. R. Einl. §. 22. 34.) Koch §. 38—40. Born. §. 5 (Collision) und §. 9 (Retorsion). Puchta §. 112. 113. Eichhorn §. 34—37. Gerber §. 32. Beseler §. 37—39. Sav. VIII. S. 8—367: „Oertliche Gränzen der Herrschaft der Rechtsregeln über die Rechtsverhältnisse." Bornemann Erörterungen S. 65—143: „Ueber die örtlichen Grenzen der Herrschaft der Gesetze." Pütter: Das praktische europäische Fremdenrecht. Leipzig 1845.

(Oestr. §. 4. 33—38 [Sav. S. 133, 144 fg., 262]; §. 300. [Sav. S. 174.] Code Nap. art. 3. 11 ff. [Sav. S. 98 fg., 133, 146, 174]; art. 47. 170. 999 u. 1317. [Sav. S. 363, 364.])

1. **Für Mitglieder des Staats.**

A. Gleichheit vor dem Gesetze: A. L. R. Einl. §. 22. 80. II. 13. §. 17. 18; 14. §. 77. Verfassungs-Urkunde vom 31. Januar 1850 Art. 4.

B. S. g. Collision **coordinirter**[216]) Gesetze. (Richtiger: Collision der örtlichen Rechte.) Für diese Lehre kann und muß die zur Zeit der Redaction des A. L. R. geläufige, ja herrschende, in ihren Mängeln und Einseitigkeiten durch die neuere Wissenschaft überwundene Unterscheidung der statuta personalia (anzuwenden beim Prävaliren der Person), realia (beim Prävaliren der Sache), mixta (beim Prävaliren

216) Die s. g. Collision subordinirter Gesetze (Sav. I. S. 262 ff.) ist im Gebiete des Preußischen Rechtes nicht von großer Bedeutung. Als entscheidend gilt dabei, besonders was das Verhältniß des A. L. R. zur A. G. O. betrifft, mehr die Rücksicht auf die s. g. sedes materiae als auf die Zeitfolge der Publication der Gesetzbücher. Vgl. Koch §. 10.; v. Daniels Lehrb. I. S. 64 fg.; Heffter Preuß. Civilprozeß S. 5 fg.

der Handlung) — Sav. S. 122 fg., 133, 319; Born. Erörtr. S. 66 ff. —, immer noch zum Anhalte dienen.

Gesetzliche Bestimmungen, welche über die hier einschlagenden Fragen besondere Entscheidung treffen, finden sich nur spärlich und zerstreut. Von großer Wichtigkeit sind jedoch die mit benachbarten Deutschen Staaten geschlossenen, als ein Ausdruck des geltenden Rechts, so wie der wachsenden Rechtsgemeinschaft und Gegenseitigkeit (Sav. S. 31 fg., 293; Born. Erörtr. S. 69) zu betrachtenden Verträge „wegen der gegenseitigen Gerichtsbarkeits-Verhältnisse" oder „zur Beförderung der Rechtspflege". Deren giebt es bis jetzt 13, und zwar nach der Zeitfolge: 1) Mit Sachsen-Weimar v. J. 1824 (Ges.-Samml. S. 149—156), erneuert (mit einigen Modificationen) 1852 (Ges.-Samml. S. 125—138). 2) Mit Sachsen-Altenburg v. J. 1832 (Ges.-Samml. S. 105—114). 3) Mit Sachsen-Koburg-Gotha v. J. 1833 (Ges.-Samml. 1834 S. 9—16), erneuert (resp. „ergänzt" und „abgeändert") 1858 (Ges.-Samml. S. 341—356). 4) Mit Reuß-Plauen j. L. (Gera) v. J. 1834 (Ges.-Samml. S. 124—132). 5) Mit dem Königreiche Sachsen v. J. 1839 (Ges.-Samml. S. 353—364). 6) Mit Schwarzburg-Rudolstadt v. J. 1840 (G.-S. S. 239—249). 7) Mit Anhalt-Bernburg v. J. 1840 (G.-S. S. 250—260). 8) Mit Braunschweig v. J. 1841 (G.-S. 1842 S. 1—14). 9) Mit Schwarzburg-Sondershausen v. J. 1843 (G.-S. 1844 S. 1—12). 10) Mit Reuß-Plauen ä. L. (Greiz) v. J. 1845 (G.-S. S. 819—830). 11) Mit Anhalt-Dessau v. J. 1853 (Ges.-S. S. 465—478). 12) Mit Lippe v. J. 1857 (G.-S. S. 289—303). 13) Mit Sachsen-Meiningen v. J. 1859 (G.-S. S. 221—235). Von diesen Verträgen war der erste (1824) das Vorbild für die Nummern 2, 3, 4 aus den Jahren 1832—1834, der fünfte aber (1839) für alle späteren Verträge, nur daß wieder zwischen dem Vertrage v. J. 1852 (ad Nro. 1) und den ihm nachfolgenden Verträgen (Nro. 11, Nro. 12, Nro. 3 v. J. 1858, Nro. 13) eine engere Verwandtschaft stattfindet.

a) S. g. Statuta personalia.

α) Zu durchgreifender Anwendung kommen die s. g. Personalstatuten bei Beurtheilung der „persönlichen Eigenschaften und Befugnisse eines Menschen" (auch „iura status" genannt in der Declaration vom 31. März 1839, G.-S. S. 156, und in der Verordn. v. 31. Aug. 1859, G.-S. S. 447; oder „absoluter Zustand der Person", umfassend die Rechtsfähigkeit und die — im modernen Rechte überwiegende — Handlungsfähigkeit: Sav. S. 118, 141—143, 165; Born. Erörtr. S. 72 ff.), und zwar nach der Stufenfolge

a) des forum domicilii: A. L. R. Einl. §. 23. 24 (des „eigentlichen" Wohnsitzes oder, wie es in der Pr. O. Tit. 2. §. 9 ff. heißt, des „beständigen" Wohnsitzes; vgl. Koch §. 219, Puchta §. 45 g. E.; Born. Erörtr. S. 141—143; dergestalt, daß die zuverlässige Wahl eines neuen Wohnsitzes — §. 16. Pr. O. a. a. O. — auch die persönlichen Rechte ändert: Sav. S. 166; Born. S. 75 ad 5);

b) des forum originis (auf einer Fiction des Wohnsitzes beruhend: Sav. S. 103 und S. 62 ad 2): A. L. R. Einl. §. 25 (d. i. forum domicilii des Vaters, bei unehelichen Kindern der Mutter: §. 17—21 Pr. O. a. a. O., Rechtsspr. II. 380);

c) desjenigen forum, nach dessen Gesetzen (bei unbekanntem oder außerhalb Landes liegendem Orte der Herkunft, so wie bei doppeltem Wohnsitze — Sav. S. 101 —) der Rechtsact am Besten bestehen kann: A. L. R. Einl. §. 26. 27. („Favor negotii" — 12. de rebus dubiis: commodissimum est, id accipi, quo res, de qua agitur, magis valeat quam pereat —; „wohlwollender Zweck": Sav. S. 132 fg., 143 fg., 249.)

In dieser Anwendung auf die Rechts- und Handlungsfähigkeit (folgeweise auf die Fähigkeit zum Eigenthumserwerb und zur Eigenthumsveräußerung, Sav. S. 181 fg., so wie auf die Fähigkeit zur Eingehung obligatorischer Rechtsverhältnisse, Sav. S. 263, Entsch. XXXII. 401—406) liegt gerade die eigentliche Bedeutung der s. g. Personalstatuten. (Sav. S. 134.) Daraus ergiebt sich dann auch die ausschließende Geltung derselben für die Beurtheilung der Volljährigkeit (Sav. S. 136 fg., 167 fg.) und für jedes einzelne Moment der s. g. Dispositionsfähigkeit überhaupt.

Die in Ansehung der Volljährigkeit früher bei Immobilien (Sav. S. 138) gemachte Ausnahme (Entsch. der Gesetz-Comm. 24. Januar 1789 ad 1 und Rescr. 2. November 1789 ad 3) gilt nach A. L. R. nicht mehr. Es kann also Niemand mehr in einer Provinz als großjährig, in einer anderen als minderjährig behandelt werden. (Rescr. 26. Juli 1803.) Auch im Verhältniß mit dem Auslande ist die Natur der einmal erlangten Volljährigkeit als eines ius quaesitum anerkannt. (Uebereinkunft mit der Königlich Sächsischen Regierung in Rücksicht der Großjährigkeits-Erklärungen solcher Minorennen, welche im Königreiche und im Herzogthum Sachsen Vermögen besitzen, vom 15. März 1821: Ges.-Samml. S. 39.) Und jeder Ausländer, welcher nach seinem Rechte großjährig ist, nach Preußischem Rechte aber noch minderjährig sein würde, kann über seine in hiesigen Landen belegenen Immobilien wie ein Großjähriger verfügen. (Rescr. 21. October 1831:

Jahrb. Bd. 38. S. 287—289; Sav. S. 144. Vgl. auch den Staatsvertrag Nro. 8. Art. 16 g. E. und die Verträge aus den Jahren 1852, 1853, 1857—59 Art. 33 g. E.) Umgekehrt bleibt ein Preußischer minor (furiosus, prodigus) wegen seiner im Auslande eingegangenen Verpflichtungen hier nur nach Preußischem Rechte verhaftet. (Born. Erörtr. S. 74 ad 2.)

Der allgemeinen Frage von der s. g. Dispositionsfähigkeit sind auch unterzuordnen gewisse eigenthümliche, als Beschränkungen dieser Fähigkeit überhaupt aufzufassende Bestimmungen des Preußischen Rechts: dergestalt, daß das Testament der Mündigen unter achtzehn Jahren (A. L. R. I. 12. §. 17) und die Intercession der Weiber (A. L. R. I. 14. §. 220 ff.) nach den Personalstatuten (und nicht nach der Regel: locus regit actum) beurtheilt werden muß. (Born. S. 74 ad 3, S. 86 ad 6. — S. C. Velleianum und Macedonianum als reine Personalstatuten: Sav. S. 148 fg., 272; vgl. S. 137 fg.) Auch für die Beurtheilung der Wechselfähigkeit sind im Wesentlichen die Personalstatuten maßgebend. (Born. S. 75 ad 4; Sav. S. 149—159, 263 fg.)

Die Grundregel von der den persönlichen (privatrechtlichen) Zustand bestimmenden Kraft des an dem Wohnsitze der Person geltenden örtlichen Rechts (Sav. S. 100 fg., 140, 147; Born. Erörtr. S. 73) ist bei uns selbst nach der Aufhebung des eximirten Gerichtsstandes in ihrer früheren Wirksamkeit (Sav. S. 96 Note b) aufrecht erhalten worden, indem der §. 15 der Verordnung vom 2. Januar 1849 (Ges.-Samml. S. 5) ausdrücklich festsetzt: „So lange in einzelnen Provinzen noch besondere Provinzial- oder statutarische Rechte bestehen, welche auf die nach den zeitherigen Bestimmungen vom ordentlichen Gerichtsstande eximirten Personen und Sachen nicht Anwendung gefunden haben, bleibt diese Anwendung für solche Personen und Sachen auch ferner ausgeschlossen." So sind denn auch von den Bestimmungen über die eheliche Gütergemeinschaft in dem Bezirke des Appellationsgerichts zu Greifswald (§. 24. 25 der angef. Verordn. v. 2. Januar 1849) gewisse Personen ausdrücklich eximirt geblieben: Gesetz vom 8. April 1857, Ges.-Samml. S. 283.

Nicht minder ist im achten Artikel sämmtlicher zuvor aufgeführter Staatsverträge für die beiderseitigen Unterthanen der Wohnsitz als die Grundlage des ordentlichen persönlichen Gerichtsstandes grundsätzlich festgehalten worden. (Nur wird zugleich die Concurrenz spezieller Gerichtsstände, theils im Allgemeinen, theils mit besonderer Benennung der Gerichtsstände des Contracts und der geführten Verwaltung, vorbehalten.) Auch der Constituirung eines doppelten, zum Theil künstlichen Wohnsitzes für gewisse gewerbliche Etablissements und Gesellschaften (Sav. S. 66) ist vorgesehen. Es findet sich nämlich in jedem der gedachten Verträge ein Artikel in Betreff der gewerblichen Etablissements überhaupt. (Art. 14 sämmtlicher unter Nro. 1—4 und 11—13 vorkommenden Verträge; Art. 16. der Nro. 5—7 und 9, 10; Art. 17 der Nro. 8.) Und diesem Artikel ist zunächst für Nro. 1 v. J. 1852 (Weimar) eine besondere Erweiterung in Betreff der Versicherungsgesellschaften zu Theil geworden (Ges.-Samml. 1855 S. 69); — eine Erweiterung, welche später der Nro. 3 v. J. 1858 (Koburg) und der Nro. 13 (Meiningen) gleich einverleibt, für die Nro. 8 (Braunschweig: Ges.-Samml. 1858 S. 323 fg.) und die Nro. 5 (Königreich Sachsen: Ges.-Samml. 1859 S. 339 fg.) besonders nachgeholt ist.

Wie sich nun ganz natürlich an den Zustand der Person das gesammte Familienrecht anschließt, so gelangen denn auch gerade auf diesem Rechtsgebiete die s. g. Personalstatuten zu weiterer Anwendung, welche nur durch gewisse, hier freilich besonders maßgebende „absolut zwingende" Gesetze geschmälert wird.

Grundsätzlich ist sonach das örtliche Recht des Wohnsitzes des Ehemannes und Hausvaters (domicilium matrimonii: Sav. S. 62. Note r) entscheidend für alle in die ehelichen Verhältnisse, die väterliche Gewalt und die Vormundschaft einschlagenden Fragen. (Sav. S. 324—348. Born. Erörtr. S. 131—136, S. 73 ad 1.)

Insbesondere für das Güterrecht der Ehegatten ist die lex domicilii von so durchgreifender Bedeutung, daß sie sich auch auf anderwärts liegende Immobilien erstreckt: A. L. R. II. 1. §. 365—369, und daß sie auch nach Veränderung des ersten Wohnsitzes (freilich nicht ohne positive Modificationen) fortwirkt: §. 350—355 ebendas., ja (sofern es sich nicht um die eigentliche Intestaterbfolge, sondern um die Fortwirkung des ehelichen Güterrechts handelt: Sav. S. 336 fg.; Born. S. 135 ad 6) ihren Einfluß über den Tod hinaus übt. Dagegen unterliegen die aus der väterlichen Gewalt hervorgehenden Vermögensverhältnisse, je nach dem veränderten Wohnsitze des Vaters dem Wechsel des örtlichen Rechts.

Auch für die vormundschaftlichen Verhältnisse erscheint im Wesentlichen das örtliche Recht des Wohnsitzes (und zwar des Mündels, in der Regel zugleich des verstorbenen Vaters,) als maßgebend, so daß davon selbst die Verwaltung und die Veräußerung der anderwärts gelegenen Immobilien berührt wird. (Das Gesetz über die Veräußerung der Pupillengüter ist ein Personalstatut: Sav. S. 345.) Vgl. die Modificationen dieses leitenden Grundsatzes in dem gleichlautenden Art. 15 der obigen Staatsverträge Nro. 5—7 und 9, 10; so wie im Art. 16 der Nro. 8 und (im Wesentlichen wieder mit diesem Art. 16 gleichlautend) Art. 33 der Nro. 1 v. 1852, der Nro. 11, Nro. 12, Nro. 3 v. 1858, Nro. 13.

Endlich sind noch diejenigen Gesetze, welche das Erbrecht betreffen, als s. g. Personalstatuten anzusehen, zumal bei der im Systeme des A. L. R. so eigenthümlichen Anschließung des Erbrechts an Vermögensrecht und Familienrecht.

Das Erbrecht muß sich also im Wesentlichen richten nach dem örtlichen Rechte des letzten Wohnsitzes des Erblassers. Der entscheidende Einfluß des Römischen Begriffes der successio per universitatem — dieser „juristischen Form, unter welche das Wesen des Erbrechts gebracht wird" (Sav.) — ist mindestens für das Preußische Recht in voller Schärfe anzuerkennen. (Sav. S. 119 und 295—324. Born. Erörtr. S. 125—131 und S. 135 ad 6.)

Vorzugsweise gilt dieses von der gesetzlichen Erbfolge im Landrechtlichen Sinne,[217]) so weit es sich dabei um eine Universal-Succession handelt. Denn gerade in dieser Beziehung tritt in den Vordergrund die Bedeutung des Erblassers und seiner Persönlichkeit für die Erbschaft und die Universal-Succession. Das Vermögen, diese künstliche Einheit der verschiedenartigsten Rechte, wird durch den Tod seines Herrn zur „Verlassenschaft" und geht als „Erbschaft" auf den Erben (einen Universal-Successor, sei es auch nur nach einer s. g. pars quota) über. (A. L. R. I. 2. §. 33—35; 9. §. 350 fg.; 12. §. 4, 44 fg.; II. 1. §. 455.) Die Person des Erblassers bleibt also der eigentliche Mittelpunkt für die zur Erbschaft gewordene (künstliche) Einheit des Vermögens. Und gegen diesen persönlichen Mittelpunkt verschwindet auch der sonst so wichtige Unterschied der Objecte, welche in der Erbschaft enthalten sein mögen, vor Allem also der Unterschied zwischen beweglichen und unbeweglichen Sachen. D. h. die Immobilien werden nicht minder als die Mobilien von den Personalstatuten des Erblassers angezogen.

Zwar hat diese, seit dem achtzehnten Jahrhunderte in Deutschland vorzugsweise zur Anerkennung gelangte Auffassung der Sache [218]) im

217) Gesetzliche Erbfolge bezeichnet hier den Gegensatz gegen testamentarische und vertragsmäßige; weshalb der Ausdruck „Intestat-Erbfolge" nicht erschöpfend sein würde.

218) Sav. S. 302. — Für unser früheres Landesrecht mag sogar bemerkt

Preußischen Rechte nur in Einer Beziehung einen besonderen gesetzlichen Ausdruck gefunden, indem zu dem §. 495 A. L. R. II. 1, nach welchem die Statuten oder Provinzialgesetze des letzten persönlichen Gerichtsstandes des Erblassers über die Erbfolge der Ehegatten entscheiden sollen, der aus der Entscheidung der Gesetz-Commission vom 20. Mai 1794 hervorgegangene Anhangs-§. 78 getreten ist, welcher lautet: „Von dieser Bestimmung macht auch das unbewegliche Vermögen der Eheleute keine Ausnahme, ob dieses sich gleich unter einer anderen [219]) Gerichtsbarkeit befindet." Allein diese Entscheidung ist keinesweges als eine (blos für die Erbfolge der Ehegatten gemachte) Ausnahme von einer — nirgends ausgesprochenen — entgegengesetzten Regel, sondern lediglich als eine (gerade auf die Erbfolge der Ehegatten gemachte) Anwendung einer — nur nicht ausdrücklich angegebenen — allgemeinen Regel anzusehen. Und die Anerkennung dieser allgemeinen Regel läßt sich wenigstens implicite in verschiedenen Gesetzesbestimmungen finden, als: A. L. R. I. 12. §. 537 (Erbfolge der substituti nach den Regeln der durch die Personalstatuten des institutus angeordneten gesetzlichen Erbfolge); Pr. O. Tit. 2. §. 121 (Gerichtsstand der Erbschaft „als eines Inbegriffs von Sachen und Rechten" am letzten Wohnsitz des Erblassers: „da, wo der Erblasser, zur Zeit seines Ablebens, seinen ordentlichen persönlichen Gerichtsstand gehabt hat"; vgl. Sav. S. 310 und 323); Declaration vom 31. März 1839, Ges.-Samml. S. 156 (Beachtung — nicht des Ortes der Garnison, son-

---

werden, daß zwar nicht die extreme Meinung, nach welcher das Erbrecht sich je nach den Orten, an welchen sich die Sachen der Erbschaft befinden, richten, also möglicher Weise jeder Bestandtheil der Erbschaft nach einer anderen lex rei sitae zu beurtheilen sein würde, wohl aber die vermittelnde Meinung, nach welcher die lex rei sitae nur für Immobilien, das am Wohnsitze des Erblassers geltende Recht aber für alles übrige Vermögen (bewegliches Eigenthum und Obligationen) entscheidend sein soll, in des Kurfürsten Johann Georg's Landesordnung v. 1594 Th. III. const. XXIII. Billigung gefunden hatte. Dort wird die Controverse: „Wann einer vorstirbet, und lesset in und ausserhalb Landes bewegliche und unbewegliche Gueter, ob die theilunge der frömbden Außlendischen Gueter nach des ortts rechten, statuten oder gewohnheiten, do er gewohnet und gestorbenn, oder aber nach den Rechtenn des Orts do die Guetere gelegenn geschehenn solle?" ausdrücklich nach der damals vorherrschenden Meinung der Rechtslehrer dahin entschieden: „daß die frembde bewegliche Gueter und schulde nach dem Rechte do die Verstorbene Persohn gewohnet und gestorbenn, und also dißfalß nach unserer Landes Constitution getheilett; die unbewegliche Gueter aber, nach dem Rechte des ortts, do sie gelegenn reguliret werden sollen." — Diese Grundsätze finden dann auch Anwendung auf den Abschoß: const. XXIII. i. f. u. const. XX. a. a. O.

219) Sei diese andere Gerichtsbarkeit eine inländische oder eine ausländische: Präj. 1492 (v. J. 1844: Entsch. X. 177—181).

dern — des eigentlichen Wohnsitzes, wie für die iura status, so auch für die Erbfolge in den Nachlaß von Militairpersonen); Verordn. v. 31. Aug. 1859 (oben S. 98). Auch die Entscheidung der Gesetz-Commission vom 8. September 1794 über die Erbfolge der Juden „nach Mosaischen Gesetzen" hatte den Sinn der gesetzlichen Erbfolge nach den Personalstatuten des Erblassers. — Aus den mehrerwähnten Staatsverträgen lassen sich freilich für die materielle Behandlung des Erbrechts keine genügenden Folgerungen ziehen. [220])

Jedenfalls hat sich unsere Praxis in neuerer Zeit dahin fixirt: die gesetzliche Erbfolge in Beziehung auf das bewegliche und unbewegliche Vermögen nach dem an dem letzten Wohnsitze des Erblassers geltenden Rechte eintreten zu lassen. (Präj. 655 und 663, v. J. 1839; Entsch. X. 146 fg., v. J. 1844; Born. Erörtr. S. 108 fg., 128 fg.)

Der täuschende Schein, als würde diese Regel verletzt durch die s. g. Singularsuccession in Lehen und Fideicommisse u. dgl. m., welche sich nicht nach den Personalstatuten, sondern nach den Realstatuten richten muß (Sav. S. 305—308, 319, 198 ad 5), läßt sich auch für das Preußische Recht leicht abstreifen. Der §. 354. A. L. R. I. 9 spricht es besonders aus, daß „Lehne und Fideicommisse, welche der Erblasser besessen hat," zu seiner Erbschaft „nicht gerechnet werden". Vgl. Entsch. X. 143—152.

Zur Entscheidung der Frage: wie es zu halten sei, wenn der Erblasser unter mehreren Personalstatuten stand, läßt sich von den verschiedenen Analogien, welche die Gesetze in dieser Beziehung darbieten (A. L. R. Einl. §. 30; II. 1. §. 347; 18. §. 57. 58; Pr. O. Tit. 50. §. 25 [Concurs-Ordnung v. 1855 §. 115. 320]; A. L. R. II. 8. §. 4. 6), wohl nur diejenige benützen, nach welcher eventuell das dem A. L. R. am Nächsten kommende Recht (also bei verschiedenen concurrirenden Localrechten gewissermaßen nach einer Durchschnittsrechnung im Vergleiche zum gemeinen Preußischen Rechte) zur Anwendung gelangen muß. Daneben können die Modificationen gar wohl bestehen, welche aus dem gesetzlichen Wahlrechte des überlebenden Ehegatten (A. L. R. II. 1. §. 496), so wie aus dem etwaigen Vorsprunge der noch fortwirkenden Gesetze eines eximirten Gerichtsstandes (vergl. den oben

---

220) Es handelt sich dort nur um das Forum der Erbschaftsklagen: Born. Erörtr. S. 131 Anm.; Sav. S. 308—310. Vgl. Art. 17 u. 27 der Verträge Nr. 1. v. 1824, Nr. 2—4, Art. 25. 26 der Nr. 5—7 u. 9. 10, Art. 26. 27 der Nr. 8, Art. 17 u. 25 der Nr. 1 v. 1852 u. der Nr. 11. 12, Art. 17 u. 24 der Nr. 3 v. 1858 u. der Nr. 13.

S. 100 angeführten §. 15 der Verordn. v. 2. Januar 1849), sich ergeben mögen.

Leichter gestaltet sich die Anwendung der Personalstatuten (des Erblassers beziehungsweise des Erben, Legatars ꝛc.) auf die materiellen Momente der testamentarischen oder auch der vertragsmäßigen Erbfolge, als: persönliche Fähigkeit derjenigen Personen, welche die Verordnung von Todeswegen errichten oder in derselben bedacht werden, Inhalt der Verordnung, insbesondere in Betreff der Enterbung, der Präterition, des Pflichttheils, der Legate u. s. w., so weit nicht gerade hier wieder in der einen oder anderen Beziehung Ausnahmen durch „absolut zwingende" Gesetze eintreten. (Sav. S. 311—315. Born. Erörtr. S. 125 fg.)

β) Auch das bewegliche Vermögen als solches scheint nach §. 28. 31. A. L. R. Einl. grundsätzlich unter die Personalstatuten seines Herrn gestellt zu sein, in Gemäßheit der vermeintlich althergebrachten Regel: mobilia ossibus inhaerent et personam comitantur. Allein bei der unbestimmten, den verschiedensten Deutungen Raum gebenden Fassung des §. 28 und bei den verkehrten Folgen, zu welchen die buchstäbliche Auslegung desselben führen müßte, beschränkt sich hier die Anwendbarkeit der Personalstatuten gleichsam von selbst auf gewisse subjective Fähigkeiten und Einwirkungen der Person. (Sav. S. 171, 174, 176 fg., 196, 181—183. Born. Erörtr. S. 87 fg., 98. Vgl. zur Auslegung des §. 28: Entsch. XXXII. 356 fg.)

Hierin wird auch dadurch Nichts geändert, daß in den Staatsverträgen gelegentlich die Activ-Forderungen aller Art den beweglichen Sachen beigezählt werden, welche so anzusehen seien, als befänden sie sich an dem Wohnorte des Erblassers (Nro. 1 v. 1824 Art. 27. Absatz 2 u. s. w.: oben Anm. 220), resp. die Activ-Forderungen an dem Wohnorte des Gemeinschuldners. (Art. 19 a. a. O. u. s. w.)

b) S. g. statuta realia.

Ungeachtet des eben (ad *β*) angedeuteten formellen Anschlusses des A. L. R. an die zur Zeit seiner Abfassung noch herrschende Unterscheidung der Mobilien und Immobilien, ergiebt sich doch materiell auch für das Preußische Recht die eigentliche Bedeutung der s. g. Realstatuten in der Anwendung derselben auf das Sachenrecht überhaupt, wie die eigentliche Bedeutung der s. g. Personalstatuten in der Anwendung auf das Personenrecht erkannt wurde. Hierauf beruhet die grundsätzliche Geltung des örtlichen Rechts der gelegenen Sache (lex rei sitae) für die Beurtheilung aller dinglichen Rechte, und zwar nicht blos, wenn der Gegenstand dieser Rechte in unbeweglichen, sondern auch wenn derselbe in beweglichen Sachen bestehet. (Sav. S. 169—200, 352 fg. Born. Erörtr. S. 87—98.)

Zwar ist die Anwendung der lex rei sitae auf bewegliche Sachen ausdrücklich nur für den Fall einer doppelten persönlichen Gerichtsbarkeit vorgeschrieben: A. L. R. Einl. §. 29 (mit der Modification, daß, falls sich das Mobiliarvermögen an einem dritten Orte befindet, den dem gemeinen Preußischen Rechte am Nächsten kommenden örtlichen Rechten der Vorzug eingeräumt wird: A. L. R. Einl. §. 30); während die Anwendung der lex rei sitae auf Immobilien gewissermaßen mit Nachdruck in den Worten des §. 32 begründet wird: „In Ansehung des unbeweglichen Vermögens gelten, ohne Rücksicht auf die Person des Eigenthümers, die Gesetze der Gerichtsbarkeit, unter welchen sich dasselbe befindet."

Allein die Natur des Eigenthums und der übrigen dinglichen Rechte drängt, gleichsam von selbst und ohne den Unterschied zwischen beweglichen und unbeweglichen Gegenständen zum Einfluß gelangen zu lassen, die Entscheidung gerade der wichtigsten hier einschlagenden Fragen unter die Regel der s. g. Realstatuten, wenngleich in einzelnen Punkten noch Raum zur Controverse bleiben mag.

Im Wesentlichen klar und folgerichtig erscheint hiernach die Anwendung der Realstatuten auf den Besitz, auf die dem Privatverkehr entzogenen Sachen, auf die Zulässigkeit der Occupation, auf die Eigenthumsübertragung, auf die Ersitzung, auf die aus dem Römischen Rechte stammenden iura in re, insbesondere auch auf das Pfandrecht in seiner modernen Gestaltung (Sav. S. 191—198, 282), endlich auf Lehen, Fideicommisse und andere dingliche Rechte rein Germanischen Ursprunges (oben S. 104).

Durch die im angeführten Einl.-§. 32 anerkannte Macht der Realstatuten wird in einer sehr wichtigen Beziehung selbst die sonst unangetastete Regel: locus regit actum (unten c. α.) gebrochen, indem nach §. 115. A. L. R. I. 5. die Form eines Vertrages, dessen Gegenstand unbewegliche Sachen („deren Eigenthum, Besitz oder Nutzung") sind, der lex rei sitae unterworfen ist. (Sav. S. 354, 365; Born. Erörtr. S. 82 ad 2; Ensch. XXXIII. 5 fg.) Ebenmäßig enthalten auch die ad a. mehrgedachten Staatsverträge, im Gegensatze zu der dort ausdrücklich vorangeschickten Regel (locus regit actum), die Ausnahme-Bestimmung: „Verträge, welche die Begründung eines dinglichen Rechts auf unbewegliche Sachen zum Zweck haben, richten sich lediglich nach den Gesetzen des Orts, wo die Sachen liegen." (Art. 35 der Nro. 1 v. 1824, der Nro. 2—4 und 8; Art. 34 der Nro. 5—7, 9, 10; Art.

32 aller Verträge aus den Jahren 1852—1859.) Nur hat inzwischen diese Bestimmung, zuerst nach besonderer Uebereinkunft mit dem Königreich Sachsen im Jahre 1854 (Ges.-Samml. S. 412), dann in Beziehung auf den entsprechenden Artikel der meisten übrigen Verträge, entweder gleichfalls in Folge besonderer Uebereinkunft im Jahre 1857 (Ges.-Samml. S. 116, 113, 114, 115, 287, 285 fg.: zu den Nummern 1 v. 1852, Nro. 2, 4, 6, 10, 11), oder mittelst sofortiger Einverleibung in den Artikel der Hauptverträge selbst (Nro. 3 v. 1858, Nro. 12 und 13), eine Erweiterung dahin erfahren: daß die vor einem Gerichte oder Notare des einen Staates nach dessen Gesetzgebung gültig abgeschlossenen und recognoscirten Verträge in dem anderen der beiden contrahirenden Staaten dieselbe Wirksamkeit haben sollen, als ob sie vor einem Gerichte oder Notare des letzteren abgeschlossen und recognoscirt worden wären. (Noch finden sich über den s. g. dinglichen Gerichtsstand — Pr. O. Tit. 2. §. 107 ff. —, vorzugsweise rücksichtlich der Immobilien, in allen Verträgen besondere Vorschriften, und zwar in Art. 23—26 der Nro. 1 v. 1824 und der Nro. 2—4; Art. 22—24 der Nro. 5—7., 9—12 [in Nro. 11 hatte sich ein Druckfehler eingeschlichen: vgl. Ges.-Samml. 1853 S. 588]; in Art. 23—25 der Nro. 8; Art. 21—24 der Nro. 1 v. 1852; Art. 21—23 der Nro. 3 v. 1858 und der Nro. 13; in den Verträgen seit dem Jahre 1852 mit einem besonderen Zusatze wegen der hypothekarischen Klage.)

Im Uebrigen ist die Auslegung und der Umfang des L. R. Einl. §. 32 nicht unbestritten, indem die Ausdrücke: „in Ansehung", „Vermögen", „gelten", „Person des Eigenthümers", in ihrem eigenthümlichen Zusammenhange, zu mehrfacher Deutung Anlaß geben. (Sav. S. 174, 176, 317 fg.; Born. Erörtr. S. 88, 108—110, 128.) So viel ergiebt sich jedoch schon aus dem entsprechenden Paragraphen des Entwurfes (Einl. §. 30) mit Sicherheit, daß der §. 32 sich wesentlich auf die Verkehrsverhältnisse unter Lebenden beschränken soll. (Die scheinbare Ausnahme bei der s. g. Singularsuccession in Lehen u. s. w. ist schon oben gewürdigt.) Nicht minder kann es als ausgemacht angenommen werden, daß der §. sich auf die Rechte, welche der Eigenthümer an unbeweglichen Sachen hat, aber nicht auf die (nach §. 23 zu beurtheilende) Dispositionsfähigkeit beziehen soll: Präj. 967 v. J. 1841. (Born. S. 73.) Dagegen ist die in dem Präj. 663 v. J. 1839 angenommene Beschränkung des §. auf solche Realstatuten, welche gerade für Immobilien ausdrückliche und spezielle Vorschriften enthalten, zu verwerfen. Vielmehr muß unter den „Gesetzen der Gerichtsbarkeit, unter welchen sich das unbewegliche Vermögen befindet," das gesammte am Orte der gelegenen Sache geltende Recht (die ganze lex rei sitae) verstanden werden.

c) S. g. statuta mixta.

α) Am Orte des Rechtsgeschäftes (actus).

Die aus einem seit dem 16. Jahrhunderte fast allgemeinen Gewohnheitsrechte hervorgegangene Regel: Locus regit actum, in ihrer wesentlich facultativen Bedeutung (Sav. S. 350 fg., 358), läßt sich auch für das Preußische Recht festhalten, so weit es sich eben um die formelle Seite der Rechtsgeschäfte handelt. (Sav. S. 348—367. Born. Erörtr. S. 78—87. Löwenberg Beiträge Bd. I. Nr. I.) Diese Regel beruhet theils auf der objectiven Kraft der örtlichen Rechte selbst, theils auf der subjectiven (nur nicht gerade „Autonomie" zu nennenden: Sav. S. 112 fg.) freiwilligen Unterwerfung der Parteien unter jene Rechte. Sie findet aber ihrer Natur nach im Einzelnen wenig oder gar keine Anwendung auf rein persönliche und auf dingliche Rechte (weil hier die bloße Willenserklärung, auf deren gesetzliche Form allein die Regel sich bezieht, wenig Einfluß hat, und in Betreff der dinglichen Rechte insbesondere gerade die wichtigsten Handlungen — oben ad b. — unter der lex rei sitae stehen: Sav. S. 351—353). Dagegen ist sie von großer Wichtigkeit für die obligatorischen Rechtsverhältnisse (besonders Verträge), für den Abschluß der Ehe und für die Abfassung der Testamente.

Der allgemeinste und durchgreifendste Ausdruck ihrer Anerkennung ist dieser Regel zu Theil geworden in einer gleichlautenden Bestimmung der Staatsverträge: „Alle Rechtsgeschäfte unter Lebenden **und** auf den Todesfall werden, was die Gültigkeit derselben rücksichtlich ihrer Form betrifft, nach den Gesetzen des Ortes beurtheilt, wo sie eingegangen sind. — Wenn nach der Verfassung des einen oder des anderen Staates die Gültigkeit einer Handlung allein von der Aufnahme vor einer bestimmten Behörde in demselben abhängt, so hat es auch hierbei sein Verbleiben." (Art. 34 der Nro. 1 v. 1824, der Nrn. 2—4 und 8; Art. 33 der Nrn. 5—7, 9, 10; Art. 32 der Verträge aus den Jahren 1852—1859.)

Im A. L. R. selbst ist zunächst die Tragweite des Einl.-§. 33 ziemlich unbedeutend. Derselbe bezieht sich lediglich auf die „äußerliche Feierlichkeit" einer Handlung, in Ansehung deren die verpflichtende Kraft etwaiger Bestimmungen des örtlichen Rechts auf locale Handlungen der Gerichtseingesessenen beschränkt wird.[221]) Von entscheiden-

221) Sz. in Löwenb. Beitr. a. a. O. S. 37: „Solemnitates externae per legem statutariam praescriptae gelten nur auf Handlungen, welche a) von

der Bedeutung für die spezielle Anwendung der Regel „locus regit actum“ auf Verträge (vgl. Entsch. XXXII. 337 fg.) sind dagegen die §§. 111—114. A. L. R. I. 5,[222]) an welche sich der schon ad b. berührte Bruch der Regel durch den §. 115 anschließt. (Erläuternd für den Gegensatz zwischen §. 111 und §. 115: Präj. 352 a und 299 aus dem Jahre 1837.) Für die Anwendung der Regel auf alle Rechtsgeschäfte läßt sich der §. 115. Pr. O. Tit. 10 anführen. („Gültigkeit einer Urkunde in Ansehung der Form“ nach den Gesetzen des Ortes zu beurtheilen, wo dieselbe verbindliche Kraft erhalten hat.) Für die Anwendung auf das Wechselrecht: A. L. R. II. 8. §. 936 fg.; Deutsche Wechselordnung Art. 85 fg. (Sav. S. 258 fg., 355. Born. S. 84—86.) Auf die Beweiskraft der Handelsbücher: Präj. 1568 (v. J. 1845), Entsch. XI. 376—378. (Born. S. 138; Sav. S. 355.)

Auch für die Beurtheilung der Form einer Eheschließung gilt nach Preußischem Rechte die Regel locus regit actum (indem der §. 170. A. L. R. II. 1 nur die Umgehung der materiellen Erfordernisse der Ehe geahndet wissen will): Präj. 2595 v. J. 1855. (Entsch. XXIX. 380—400.) Vgl. Sav. S. 356—359; Born. Erörtr. S. 80—82 ad 1. und S. 132 fg.

Endlich spricht nach Preußischem Rechte auch in Betreff der Abfassung eines Testamentes mehr für als gegen die (namentlich von Koch mit scharfsinnigen Gründen bestrittene) unbedingte Anwendung der Regel: Sav. S. 355 fg. (ad IV) und 365—367; Born. Erörtr. S. 79, 82—84 (ad 4) und 126 (ad 2). Wenigstens war man bei den Vorarbeiten zu dem Gesetze „über die Testamente der Preußi-

---

Personen, die dem Statuto unterworfen sind, und zwar b) in loco, wo das Statutum obwaltet, vorgenommen werden.“ — Der im A. L. R. Einl. §. 33. absichtlich vermiedene, im Entw. Einl. §. 31. gebrauchte Ausdruck: „äußere Form oder Feierlichkeit“ einer Handlung, findet sich noch im A. L. R. II. 10 §. 8, wo den Unteroffiziers und gemeinen Soldaten bei Vornahme einer solchen Handlung an dem Orte ihres Standquartiers die Wahl gegönnt wird, ob sie den Statuten oder den Vorschriften des gemeinen Rechts folgen wollen.

222) Von dem allgemeineren §. 111 erscheint hier der §. 112 (Eichh. §. 37. Note b) als bloße Anwendung auf den Fall eines s. g. förmlichen (in einem besonderen Instrumente aufgenommenen) Vertrages, wogegen die §§. 113. 114. wieder auf dem s. g. favor negotii (oben ad a, α, c,) beruhen. Vgl. Sav. S. 249, 258, 354. Die im §. 148. A. L. R. I. 5. enthaltene Beschränkung der Regel ist in den Staatsverträgen mit Recht fortgelassen: Born. Erörtr. S. 78—80, S. 82 ad 3, S. 109. — Für die Anwendung des §. 111 kann auch noch verglichen werden die Cab.-Ordre v. 19. Juli 1834 (oben Anm. 185) ad 4 u. 6. (Ges.-Samml. S. 134.)

schen Gesandten und gesandtschaftlichen Personen bei fremden Höfen während ihres Aufenthalts im Auslande", v. 3. April 1823 (Ges.-Samml. S. 40), entschieden der Ansicht, daß die formelle Gültigkeit eines von irgend einem Preußischen Unterthanen an einem Orte des Auslandes nach den dortigen Gesetzen formell gültig errichteten Testamentes von unseren Gerichten stets habe anerkannt werden müssen. (Löwenberg Beitr. a. a. O. S. 46 fg.) Auch findet diese Ansicht vollen Beifall in der neuesten Praxis: Entsch. XXXV. 368—378 (v. J. 1857).[223])

Anders als mit der bisher berührten formellen Seite der Rechtsgeschäfte verhält es sich hier mit der Bestimmung des örtlichen Rechts, welches über die materielle Seite der rechtlichen Handlungen, insbesondere über den Inhalt und die Wirkungen der Verträge, zu entscheiden hat.

Erst die neuere Wissenschaft hat die großen Gesichtspunkte aufgestellt, von denen aus der innere Zusammenhang des auf freier Unterwerfung der Parteien beruhenden, mit dem wahren Sitze der Obligation zusammenfallenden besonderen Gerichtsstandes derselben und des durch diesen Gerichtsstand zugleich bestimmten örtlichen Rechts der Obligation hell und klar geworden ist. (Sav. S. 200—294. Vgl. Born. Erörtr. S. 98—111.) Jene freie Unterwerfung läßt sich jedoch in den meisten Fällen nicht sowohl in einer ausdrücklichen als vielmehr in einer stillschweigenden Willenserklärung der Parteien finden; und zwar dergestalt, daß wesentlich der Erfüllungsort als Sitz der Obligation gedacht, daß an diesen Ort der besondere Gerichtsstand der Obligation durch freie Unterwerfung verlegt wird. Danach bestimmt diesen besonderen Gerichtsstand überall der Erfüllungsort, entweder der ausdrücklich festgestellte, oder der auf stillschweigender Erwartung der Parteien beruhende. Allerdings erscheint, was diese stillschweigende Erwartung anbelangt, gerade in vielen und wichtigen Fällen der Entstehungsort der Obligation durch begleitende Umstände als geeignet, zugleich als Erfüllungsort von den Parteien gedacht zu werden. (Sav. S. 210—228.)

Zur Zeit der Redaction des A. L. R. war dagegen noch diejenige

---

223) Aus unserem früheren Landesrechte läßt sich wohl eine Stelle der Joh. Georg'schen L. O. v. 1594 (Th. III. const. XXXVII.) gleichfalls für die Anwendung der Regel locus regit actum auf die Testamentserrichtung anführen: „... daß die Testamenta und letzte ordnungenn woll nach eines jeden ortts oder Stadt Gewonheit und Statuta gemacht werdenn können, auch jederzeit bestendigk und krefftigk sein sollenn."

Anschauung vorherrschend, welche den besonderen Gerichtsstand der Obligation an den Entstehungsort derselben, insbesondere an den Ort des geschlossenen Vertrages, setzte und demgemäß ihren schlagenden Ausdruck in dem technisch s. g. forum contractus (für den besonderen Gerichtsstand der Obligationen überhaupt) fand. (Sav. S. 208, 228, 234, 239 fg., 245.)

So gehört denn auch nach dem Systeme unserer Allg. Gerichtsordnung zu den Fällen des durch ausdrückliche oder stillschweigende Einwilligung des Beklagten (Pr. O. Tit. 2. §. 7. No. 2) begründeten außerordentlichen Gerichtsstandes (§. 148—165 ebendas.) vor Allem der s. g. Gerichtsstand des Contractes: Pr. O. Tit. 2. §. 148—152. Zwar ist hier scheinbar schon der Erfüllungsort in den Vordergrund und der Ort des geschlossenen Vertrages („wo der Vertrag seine verbindliche Kraft erhalten hat") erst in die zweite Reihe gedrängt. Allein der Erfüllungsort soll doch nur im Falle ausdrücklicher Verabredung in Betracht kommen. („Ist in dem Vertrage ein Ort bestimmt, wo die übernommene Verbindlichkeit erfüllt werden soll" u. s. w.) Und der in Ermangelung einer solchen Verabredung zur Anwendung gelangende Entstehungsort ist ohne die für denselben erforderlichen beschränkenden Bedingungen hingestellt. Uebrigens gilt die Beschränkung dieses Gerichtsstandes auf den Fall, wenn der Beklagte sich an einem solchen Orte „antreffen" läßt, auch nach unserer Pr. O. (§.150.) Und eben so ist das Wahlrecht des Klägers (zwischen dem ordentlichen Gerichtsstande und dem Gerichtsstande des Contractes: §. 152) ausdrücklich anerkannt. (Sav. S. 241—246.) Auch ist nicht minder die Aufhebungs- als die Erfüllungsklage in dem Gerichtsstande des Contractes für zulässig erklärt. (Pr. O. a. a. O. §. 151. Sav. S. 241, 272 Note q.)

Dieser Behandlung der Sache entspricht eine im Wesentlichen gleichlautende Bestimmung der Staatsverträge: „Der Gerichtsstand des Contractes, vor welchem eben sowohl auf Erfüllung als auf Aufhebung des Contractes geklagt werden kann, findet nur dann seine Anwendung, wenn der Contrahent zur Zeit der Ladung in dem Gerichtsbezirk sich anwesend befindet, in welchem der Contract geschlossen worden ist, oder in Erfüllung gehen soll. — Dieses ist besonders auf die auf öffentlichen Märkten geschlossenen Contracte, auf Viehhändel und dergleichen anwendbar." (Art. 29 der Nro. 1. v. 1824, der Nro. 2—4 und 8; Art. 28 der Nro. 5—7, 9, 10; Art. 27 der Nro. 1. v. 1852 und der Nro. 11, 12; Art. 26 der Nro. 3 v. 1858 und der Nro. 13.) Nur fehlt in einigen (Nro. 5—10) die Clausel wegen der öffentlichen Märkte

u. s. w. In No. 8 (Braunschweig) ist noch ein eigenthümlicher Vorbehalt wegen der Competenz eines gewissen Kaufgerichts gemacht. Und in den beiden neuesten Verträgen (No. 3 v. 1858 und No. 13) ist, wie in unserer Pr. O., ausdrücklich der verabredete bestimmte Erfüllungsort voran- und diesem der Ort, wo der Vertrag zum Abschluß gekommen ist, nachgestellt. (Der blos concurrirenden Natur dieses besonderen Gerichtsstandes ist schon oben ad a. α. bei Gelegenheit des Art. 8 der Staatsverträge gedacht worden.)

An diesen den Gerichtsstand des Contractes betreffenden Artikel der Staatsverträge schließt sich dann durchweg ein Artikel wegen der Wechselsachen an, und demnächst ein Artikel, welcher, nach Art unserer Prozeßordnung (Tit. 2 §. 154 ff.; vgl. jedoch Sav. S. 218), den s. g. Gerichtsstand geführter Verwaltung (forum gestae administrationis) als etwas Besonderes für sich behandelt. (Art. 31 der Nro. 1 v. 1824, der Nro. 2—4 und 8; Art. 30 der Nro. 5—7, 9, 10; Art. 29 der Nro. 1 v. 1852 und der Nro. 11, 12; Art. 28 der Nro. 3 v. 1858 und der Nro. 13.)

Die in die den Concursprozeß betreffenden Bestimmungen der Verträge seit dem Jahre 1839 (No. 5 ff.) eingeschaltete allgemeine Verweisung auf den Entstehungsort einer Forderung (Born. S. 99) wird, des besseren Zusammenhanges wegen, erst unten (ad β. von dem Orte des Prozesses) angeführt.

Ist nun aber einmal erst nach Maßgabe des speziellen Gerichtsstandes der Obligation das anwendbare örtliche Recht gefunden, so bleibt dieses von dem, in Ansehung des Gerichtsstandes dem Kläger übrigens zustehenden Wahlrechte unberührt. Es kann jedoch aus inneren Gründen, vor Allem wegen der Collision mit einer den urtheilenden Richter positiv zwingenden Rechtsregel, zurücktreten müssen. (Sav. S. 246—249.) Imgleichen erscheint die Gültigkeit einer Obligation, so weit es sich um deren materielle Bedingungen handelt, abhängig von dem örtlichen Rechte, welchem diese Obligation überhaupt unterworfen ist, — wiederum mit der Ausnahme eines am Orte der Klage entgegenstehenden positiv zwingenden Gesetzes. (Sav. S. 269, 275 ff.) In der Wirkung einer Obligation endlich liegt die Hauptbedingung des örtlichen Rechts der Obligation (der Rechte des Ortes, welcher überhaupt als Sitz der Obligation zu betrachten ist: Sav. S. 281 ff.)

Im A. L. R. finden sich nur vereinzelte Bestimmungen, welche hierher gehören. So I. 5. §. 113. 114. (Favor negotii bei Verträgen, welche durch Briefwechsel geschlossen oder von verschiedenen

Orten datirt sind: oben Anm. 222; Sav. S. 249, 258, 261; Born. S. 86 fg.) Ferner I. 5. §. 256. 257. (Ort der Uebergabe bei Contracten nach Maß und Gewicht, Ort der Zahlung bei nicht ausgedrückter Münzsorte: Sav. S. 262, 267.)

Die Praxis ist nicht frei von Schwankungen, welchen allerdings eine gewisse Stütze untergebreitet wird durch die Auffassung, daß es darauf ankomme, von welchem Rechte die Parteien als Grundlage ihrer Vereinbarung „allen Umständen nach" ausgegangen seien, welches Recht sie für das zu begründende Rechtsverhältniß „vor Augen gehabt" haben. (Born. Erörtr. S. 105. — Entsch. XL. 57. 58.)

Vgl. Präj. 903 (v. J. 1840): „Die durch einen Contract begründeten Rechte und Pflichten" sind (nicht nach A. L. R. Einl. §. 23. oder §. 28, sondern) „jedenfalls nach den Gesetzen des Orts, wo der Contract geschlossen ist," zu beurtheilen (ohne Rücksicht auf den Ort des persönlichen Gerichtsstandes der Parteien [224]). Präj. 1895 (v. J. 1847): „Wenn zwei Inländer einen Contract, der im Inlande in Wirkung treten soll, im Auslande geschlossen haben, so tritt für die Frage: was Rechtens sei, wenn der Contract unerfüllt geblieben? wofern in dem Contract selbst darüber nichts bestimmt ist, die inländische Gesetzgebung in Wirkung." (Der Rechtsfall ist abgedruckt in den „Rechtsfällen aus der Praxis des Ob.-Tribunals" rc. Bd. 2. S. 105—107.) Präj. 2170 (v. J, 1849): „Die Wirkungen eines über bewegliche Sachen von Inländern im Auslande geschlossenen und dort **sofort erfüllten** Vertrages sind nach den Gesetzen des Auslandes zu beurtheilen." (Entsch. XVIII. 146—151; besonders in den Gründen S. 150 fg. Vgl. dazu ein Ob.-Trib. Erk. aus dem Jahre 1856, betr. einen von einem Inländer mit einem Ausländer im Auslande geschlossenen und dort auch zu erfüllenden Vertrag, in Strieth. XIX. 284—288.) Präj. 2403 (v. J. 1852): „Das contractliche Verhältniß einer ausschließlich Preußischen Eisenbahngesellschaft, welche Güter zur Weiterbeförderung übernommen hat, die einer auswärtigen Eisenbahn aufgegeben waren und durch eine auswärtige Eisenbahn weiter transportirt werden sollen, dem Absender gegenüber, richtet sich nach den Preußischen Gesetzen." (Abschluß und Erfüllung des Vertrages fiel unter einen Ort Preußischen Rechts: Entsch. XXIV. 21—23.) Neuerlich (im Novbr. 1858) ist noch die Anwendbarkeit der Lex Anastasiana (Sav. S. 277 fg.) als von dem

224) Näheres über die dem Präj. 903 zu Grunde liegende ungedruckte Entscheidung bei Born. Erörtr. S. 123 fg.

an dem Orte der angestellten Klage (nicht der entstandenen Forderung oder der Cession) geltenden Rechte abhängig erkannt worden. (Entsch. XL. 50—60; besonders in den Gründen S. 57 ff.)

β) Am Orte der Rechtsverfolgung (processus).

Abgesehen von den bereits berührten Ausnahmefällen, in denen das am Orte der angestellten Klage geltende Recht (das Recht des urtheilenden Richters) — der die materielle Gültigkeit der Obligationen beherrschenden Regel entgegen — zur Anwendung gelangt (Sav. S. 269, 275—278), wird der Prozeßrichter als solcher recht eigentlich gebunden durch die Rechtsbestimmungen und gesetzlichen Vorschriften über die gerichtliche Rechtsverfolgung. Unstreitig gehören dazu die für den eigentlichen Prozeß geltenden Formen und Regeln. Größere Schwierigkeiten ergeben sich aus der Anwendung der Regeln des Actionenrechts. Die früher wohl beliebte Unterscheidung zwischen dem modus procedendi und den s. g. merita causae reicht zur Lösung dieser Schwierigkeiten nicht aus. (Sav. S. 131 ad C, 187—189, 259—261, 271 Note o, 273—275, 282 ff.; Born. Erörtr. S. 138—141, 92—97, 113—125.)

In dem zweiten Artikel sämmtlicher zur Beförderung der Rechtspflege in den Jahren 1824—1859 mit den benachbarten Staaten geschlossener Verträge ist zunächst die Vollstreckbarkeit der richterlichen Erkenntnisse gegenseitig gewährleistet, und danach in allen Verträgen seit 1839 diese gegenseitige Begünstigung auch auf die in Prozessen gerichtlich abgeschlossenen und vollstreckbaren Vergleiche ausgedehnt worden. Daran schließt sich durchweg in dem dritten Artikel die gegenseitige Anerkennung und Zulassung der Einrede des rechtskräftigen Urtheils (oder der rechtskräftig entschiedenen Sache); mit Ausnahme der Nummern 5—10 ist auch noch immer der alte technische Ausdruck exceptio rei iudicatae in Parenthese beigefügt.

Mit besonderer Sorgfalt ist in diesen Verträgen (vgl. den Vorbehalt wegen derselben in der Concursordnung v. 1855 §. 226, 296) der Concurs-Prozeß und was damit zusammenhängt, behandelt. (Art. 18—22 der No. 1—4; Art. 19—21 der Nro. 5—7, 9—12; Art. 20—22 der Nro. 8; Art. 18—20 der Nro. 1 v. 1852, der Nro. 3 v. 1858 und der Nro. 13.) Im Wesentlichen sind dabei die aus der eigenthümlichen Natur des Concurses als eines Executionsverfahrens im Großen und Ganzen (oben Seite 94) fließenden Grundsätze befolgt. Danach gilt die Regel der Einheit des Concurses an dem Wohnsitze des Gemeinschuldners. Demgemäß weicht auch der besondere Gerichtsstand der Obligation dem allgemeinen persönlichen Gerichtsstande, und bei der rein prozessualischen Thätigkeit des Concursgerichtes gelangt das am Orte dieses Gerichtes geltende Recht — d. i. das örtliche Recht an dem Wohnsitze des Gemeinschuldners — zur Anwendung, jedoch mit Ausnahme der dinglichen Rechte, welche der lex rei sitae unterworfen bleiben. (Sav. S. 282—294 [besonders 291 ff.], 191—198 ad 4; Born. S. 94—97 ad 6.)

So heißt es in den Verträgen No. 1—4: „Art. 21. Alle Forderungen, sie seien auf ein dingliches oder persönliches Recht gegründet, sind allein bei dem allgemeinen Gant-Gerichte einzuklagen, oder wenn sie bereits klagbar gemacht worden, dort weiter zu verfolgen. Das außerhalb Landes befindliche Vermögen des Gemeinschuldners wird, nach vorgängiger Veräußerung der Grundstücke und Effekten, durch den Richter der gelegenen Sache dem Gant-Gerichte abgeliefert. Art. 22. Dingliche Rechte werden nach den Gesetzen des Ortes der belegenen Sache beurtheilt und geordnet; über die Rangordnung rein persönlicher Ansprüche und deren Verhältniß zu den dinglichen Rechten entscheiden die am Orte des Gant-Gerichtes geltenden Gesetze, und es findet kein Unterschied zwischen in- und ausländischen Gläubigern, als solchen, statt." ....

In den Art. 20 der Nro. 5 (und eben so in den entsprechenden Artikel aller späteren Verträge) ist jedoch unter Anderem eine Modification aufgenommen, wonach vor Ausantwortung des Vermögens an das allgemeine Concursgericht alle nach den Gesetzen desjenigen Staates, in welchem das auszuantwortende Vermögen sich befindet, zulässigen Vindications-, Pfand-, Hypotheken- oder sonstige, eine vorzügliche Befriedigung gewährenden Rechte an den zu diesem Vermögen gehörigen und in dem betreffenden Staate befindlichen Gegenständen, vor dessen Gerichten geltend gemacht werden können, worauf sodann aus dem Erlöse derselben die Befriedigung dieser Gläubiger bewirkt und nur der Ueberrest an die Concursmasse abgeliefert wird.

Endlich ist in den Art. 21. der Nro. 5 (und eben so in den entsprechenden Artikel der späteren Verträge) vor der selbstverständlich beibehaltenen Bestimmung über die nach dem örtlichen Rechte des Concursgerichtes zu entscheidende Rangordnung der persönlichen Ansprüche noch folgende, für die ganze Statutenlehre interessante Erläuterung eingeschoben: „Hinsichtlich der Gültigkeit persönlicher Ansprüche entscheiden, wenn es auf die Rechtsfähigkeit eines der Betheiligten ankommt, die Gesetze des Staates, dem er angehört; wenn es auf die Form eines Rechtsgeschäftes ankommt, die Gesetze des Staates, wo das Geschäft vorgenommen worden ist; bei allen anderen als den vorangeführten Fällen die Gesetze des Staates, wo die Forderung entstanden ist."

Ein die Collision der am Orte des Concurses und der am Orte der Erfüllung eines speziellen Rechtsgeschäftes geltenden Gesetze erläuternder Rechtsfall aus der neuesten Praxis (1858) findet sich in den Entsch. XXXVIII. 1—6.

Die Anwendung des am Orte des Gerichtes, wo der Prozeß geführt wird, geltenden Rechtes auf die Verfolgung des Eigenthums durch Klage ist im Wesentlichen auch nach Preußischem Rechte unzweifelhaft, jedoch in Beziehung auf die in den positiven Gesetzgebungen verschiedenartig auftretende Beschränkung der Eigenthumsklage nicht unbestritten. (Sav. S. 187—189; Born. S. 92—94 ad 5. Entsch. XXXII. 353—360 [Vindication nach Culmischem Rechte].)

Die meisten Bedenken veranlaßt die Behandlung der Klagverjährung. So viel sich auch grundsätzlich dafür anführen läßt, daß (wie über andere peremtorische Einreden: Sav. S. 270 fg., so auch) über die Einrede der Klagverjährung, insbesondere über die Verjährungszeit, das örtliche Recht der Obligation, nicht das des Klageorts, entscheiden müsse (Sav. S. 273—275), so neigt doch die Praxis des Preußischen Rechts, trotz gewisser Schwankungen, im Wesentlichen dahin: an der prozessualischen Bedeutung der Verjährung als an dem leitenden Grundsatze festzuhalten. (Born. S. 113—125.)

Aus unserem früheren (jetzt antiquirten) Rechte ließ sich zu Gunsten dieser Praxis etwa die in den Anh. §. 117 zum A. L. R. (II. 8. §. 936) und in den Anh. §. 365. zur A. G. O. (Pr. O. Tit. 50. §. 471) übergegangene Entscheidung der Gesetzcommission vom 18. October 1796 anführen, wonach Wechsel, welche nach Preußischen Gesetzen verjährt waren, zur siebenten Classe des Concurses verwiesen wurden, wenn sie gleich auswärts ausgestellt worden waren und der Schuldner sich auswärtigen — eine längere Verjährungsfrist bestimmenden — Wechselrechten unterworfen hatte.

Die Entscheidungen des Ober-Tribunals wollen sonach den Einwand der Verjährung nach inländischen Gesetzen, und zwar nach den Gesetzen des Wohnsitzes oder ordentlichen Gerichtsstandes des Beklagten, aber nicht nach denen eines blos zufälligen Klageorts, beurtheilt wissen. (Born. S. 118, 121, 125.)

Das Präj. 1461 (v. J. 1844) hat zuerst den allgemeinen Satz hingestellt, daß die inländischen Gesetze zur Anwendung kommen bei der Beurtheilung der Frage: ob der vor einem inländischen Gerichte geltend gemachte Anspruch aus einem im Auslande abgeschlossenen Vertrage durch Verjährung erloschen sei. (Entsch. X. 102—106.) Daran schließt sich das Präj. 1524 (v. J. 1845) mit dem Hauptsatze: „Der von dem Verklagten erhobene Einwand der Verjährung einer gegen ihn eingeklagten persönlichen Schuld ist im Allgemeinen nach den im ordentlichen persönlichen Gerichsstande des Verklagten gültigen Gesetzen zu beurtheilen." Dieser Hauptsatz wird dann auch auf den besonderen Fall ausgedehnt, wenn die Schuld unter der Herrschaft anderer Gesetze contrahirt war und zugleich der Beklagte dort seinen Wohnsitz hatte, der Ablauf der Verjährung aber erst unter der Herrschaft der Gesetze des neuen Domicils eingetreten ist. Schließlich werden jedoch in Ansehung der von den Gesetzen des neuen Domicils bestimmten kürzeren Verjährung gewisse Maßgaben, gleichsam zu einiger Deckung des Klägers gegen die harten Consequenzen der als Prozeßgesetze aufgefaßten Verjährungsgesetze, angenommen: betreffend den Ablauf des vollen kürzeren Zeitraums unter den Gesetzen des neuen Domicils, so wie die zeitige Kenntniß des Klägers von der Domicilveränderung des Beklagten. (Entsch. XI. 232—239.) Dazu kommt noch eine weitere Maßgabe nach einer späteren Entscheidung (v. 1854): betreffend die Nicht-Mitzählung der Zeit eines vorübergehenden auswärtigen Wohnsitzes. (Strieth. XII. 135—143.) An dem Ablaufe des vollen kürzeren Zeitraumes unter den Gesetzen des neuen Domicils hat auch noch eine andere neuere Entscheidung (v. 1855) festgehalten. (Strieth. XX. 8—11.)[225]) Immer aber soll (nach einer Entscheidung aus d. J. 1854) der Domicilwechsel des Beklagten ohne Einfluß bleiben, wenn einmal nach den Gesetzen des früheren Wohnsitzes das Klagerecht durch Verjährung erloschen war. (Entsch. XXVIII. 70—75 vgl. mit Strieth. XIV. 191—159.)[226])

Geradezu sind die Gesetze des Klageorts als über die Verjährungszeit entscheidend wohl nur in einer die Schwängerungsklage betreffenden Entscheidung (von 1848) angenommen worden. (Rechtsf. IV. 27—29: „daß der Einwand der Verjährung nur von demjenigen Richter, der überall über die Zulassung der Klage zu befinden habe, und

225) Der Rheinische Senat ist dagegen der von Savigny vertretenen Ansicht treu geblieben und hat auf die Verjährungsfrage, unabhängig von dem (zufälligen) Domicilwechsel der Parteien, das örtliche Recht der Obligation (noch 1855) angewendet. (Strieth. XIX. 60 ff., besonders S. 69—72. Vgl. Sav. S. 274 Note u und Arnsb. Archiv Bd. 6. S. 73—76.)

226) Es liegt dann eine vollendete juristische Thatsache vor: oben Anm. 213.

zwar nach denjenigen Gesetzen zu beurtheilen sei, die dort gelten, wo der Prozeß angestellt werde.")

γ) Am Orte der Rechtsverletzung (delicti commissi).

Im Wesentlichen entscheidet unsere Praxis die Civilansprüche aus unerlaubten Handlungen nicht sowohl nach dem am Orte der Klage geltenden Gesetze (Sav. S. 240, 261, 278), als vielmehr nach dem Gesetze, unter welchem das Delict begangen worden ist. (Born. Erörtr. S. 111—113.) Das Präj. 1321 (v. J. 1843) erkennt dies in folgenden Worten ziemlich allgemein an: „Die Frage, nach welchen Gesetzen eine Schadens-Vergütung zu leisten, regulirt sich nach dem Orte, wo die beschädigende Handlung vorgefallen ist." (Entsch. IX. 381—394.) Vgl. Pr. O. Tit. 2. §. 178.

Die streitige Frage von den aus dem außerehelichen Beischlafe abgeleiteten Obligationen (Sav. S. 279 fg.; Born. Erörtr. S. 136—138; Koch §. 36 Note 13 a und 30; §. 40 Note 25 b; vgl. oben Seite 93) läßt sich auch nach Preußischem Rechte höchstens in Ansehung der geschwängerten Person (A. L. R. I. 3. §. 37 [II. 20. §. 1027]), gewiß nicht in Ansehung des unehelichen Kindes, unter den Gesichtspunkt eines Quasidelicts bringen.

In Ansehung der Rechte des unehelichen Kindes gegen seinen vermeintlichen Vater stehen zwei Hauptansichten einander entgegen. Die eine hält daran fest, daß es sich um die Paternitätsfrage — mit ihrem ökonomischen Zubehör, Alimentationspflicht u. s. w. — handele, daß mithin die Ansprüche des unehelichen Kindes zu entscheiden seien nach dem am Wohnorte des Vaters (eigentlich an dem Orte des Bürgerrechts desselben, welcher aber nach der modernen Auffassung mit dem Wohnorte identisch ist,) geltenden Rechte, d. i. in der Regel (freilich auch nur in der Regel) zugleich nach dem Rechte des Ortes der Klage. Die andere Hauptansicht geht davon aus, daß es sich um die Statusfrage des Kindes — wiederum mit ihrem ökonomischen Zubehör — handele, wonach dann die s. g. Personalstatuten des Kindes, die an dem Orte der Geburt desselben geltenden Rechte, für entscheidend erachtet werden.

Unsere neuere Praxis entwickelt sich im Sinne der letzteren Ansicht. Der Epoche machende Pl. Beschluß v. 21. November 1849 (Präj. 2158: Entsch. XVIII. 39—51 und J. M. Bl. 1850 S. 30—33) hatte zwar zunächst nur die Eine Frage zu entscheiden: ob einem (in der Rheinprovinz) unter der Herrschaft des Französischen Rechts erzeugten und geborenen, nicht freiwillig anerkannten Kinde ein Alimentationsanspruch gegen seinen demnächst in eine altländische Provinz übergesiedelten angeblichen Erzeuger zustehe? Und diese Frage wurde eben durch den in dem gedachten Pl. Beschl. ausgesprochenen Rechtssatz verneinend, und zwar wie folgt entschieden: „Aus einer Schwängerung, welche an einem Orte, wo Französisches Recht gilt, stattgefunden hat, steht dem daraus unter der Herrschaft des Französischen Rechts geborenen und domizilirenden Kinde gegen den Schwängerer ein rechtlicher Anspruch auch dann nicht zu, wenn dieser nach dem Beischlafe seinen Wohnsitz aus dem Orte des Französischen Rechts nach einem Orte verlegt, wo das Allgemeine Landrecht gesetzliche Kraft hat."[227]) Allein es galt doch für ausgemacht, daß dieser Ausspruch auf dem Grundsatze beruhete: die Rechte des Kindes nach den Gesetzen des Ortes, denen dasselbe bei seiner Geburt unterworfen war, zu bestimmen, und als diesen Ort den Wohnsitz der Mutter zur Zeit der Geburt des Kindes anzusehen. Auf dieser prinzipiellen Grundlage der s. g. Personalstatuten des Kindes erging dann auch nach diesem ersten Pl. Beschlusse und in Uebereinstimmung mit demselben mehr als Eine Entscheidung des höchsten Gerichtshofes über verschiedene hierher gehörige Fragen. (So im Jahre 1850 in Betreff der damals noch geltenden Verpflichtung des väterlichen Großvaters: Entsch. XX. 300—307, wo nur die Ueberschrift eine von Koch und Bornemann gleichmäßig gerügte Incorrectheit enthält; im Jahre 1851 in Betreff der iura status des beklagten Vaters: Strieth. IV. 143—145; im Jahre 1856 in Betreff der [im Wesentlichen schon in den Gründen des ersten Pl. Beschlusses, Entsch. XVIII. 51, angenommenen] Voraussetzung, daß die Ansprüche des Kindes auch an dem Orte der Geltendmachung gesetzlich anerkannt [daß durch die in dem Gerichtsstande des Erzeugers zur Anwendung kommenden Gesetze Alimentationsklagen überhaupt gestattet] seien: Strieth. XXII. 205—208.)

In diese Auffassung scheint nun freilich ein zweiter, in der neuesten Zeit ergangener Pl. Beschl. vom 1. Februar 1858 (Präj. 2695: Entsch. XXXVII. 1—16 und J. M. Bl. S. 115—120) einen Riß zu bringen und zu der für den Ort des Beischlafes entscheidenden Ansicht (vgl. Sav. S. 280 Note bb) hinüberzuführen, indem derselbe dahin formulirt ist: „Das Recht eines unehelichen Kindes gegen seinen Vater auf Alimente wird in dem Falle, wo die Mutter des Kindes bei

227) Anders das frühere Präj. 1296 (v. J. 1843): „Ist die Schwängerung an einem Orte erfolgt, wo Französisches Recht gilt, so können Alimente für das daraus geborene uneheliche Kind von dem Schwängerer nur von der Zeit an gefordert werden, wo er sich an einen Ort begeben hat, für welchen resp. das gemeine oder Preußische Recht Anwendung findet."

dessen Geburt den Wohnsitz, welchen sie zur Zeit ihrer präsumtiven Schwängerung inne gehabt, aufgegeben hatte, nach dem Gesetze ihres Domicils zur Zeit der Schwängerung beurtheilt." Man muß jedoch die (im J. M. Bl. mit abgedruckten) Vorfragen und deren Entscheidung beachten, um den Sinn des endlichen Beschlusses ganz zu verstehen. Die dem Plenum eigentlich vorgelegte Frage lautete mit Rücksicht auf die thatsächlichen Verhältnisse des besonderen Falles: Ob aus einer Schwängerung, welche an einem Orte stattgefunden habe, wo gemeines Recht gelte, dem daraus unter der Herrschaft des bürgerlichen Gesetzbuches der Rheinprovinz geborenen Kinde gegen den Schwängerer, welcher seinen Wohnsitz unter dem gemeinen Rechte habe, ein rechtlicher Anspruch auf Alimente zustehe? Vorweg wurde nun allerdings die Frage: Ob es unverändert bei dem Grundsatze des Plenarbeschlusses vom 21. November 1849 verbleiben solle? von der Majorität in dem Sinne verneint, daß in der That ein Abgehen von diesem Grundsatze beschlossen wurde. Allein da demnächst auch die Frage von der (aus einer Vereinigung von an sich entgegengesetzten Meinungen hervorgehenden) Majorität verneint wurde: ob der entstandene Conflict durch den negativen Rechtssatz gelöst werden solle: „das Recht eines unehelichen Kindes gegen den unehelichen Vater auf Alimente wird nicht schon dadurch ausgeschlossen, daß die Geburt des Kindes an einem Orte erfolgt ist, an welchem das bürgerliche Gesetzbuch (des Rheinlandes) Gesetzeskraft hat"; so mußte nun erst eine Entscheidung des Plenums über folgende einzelne Fragen herbeigeführt werden:

1. Entscheidet lediglich das Recht des Ortes der Schwängerung? Diese wurde verneint.

2. Entscheidet das Gesetz des Domicils des unehelichen Vaters, welches dieser zur Zeit der Schwängerung hatte? Diese wurde gleichfalls verneint.

3. Ist das Domicil der Mutter zur Zeit der Schwängerung entscheidend? Diese wurde bejaht.

Hiernach kann und soll der auf diese Bejahung gestützte, wiederum nur einen besonderen Fall entscheidende Pl. Beschluß in seiner oben angeführten Formel durchaus nicht in Widerspruch treten mit dem Pl. Beschluß v. 1849, — schon darum nicht, weil i. J. 1849 die Frage: in welchem Zeitpunkte das Recht des Kindes für erworben zu achten sei? gar nicht vorlag, mithin die Unterscheidung zwischen den Gesetzen des Wohnsitzes der Mutter zur Zeit der Schwängerung und zur Zeit der Geburt nicht gemacht werden durfte, — eine Unterscheidung, welche ohnehin, bei der nicht leicht gerade während der Schwangerschaft eintretenden wirklichen Veränderung des Wohnsitzes der Mutter, nur selten zur Anwendung kommen kann. So erscheint dann der Pl. Beschl. v. 1858 nur als eine Modification, eine nähere Bestimmung des Pl. Beschlusses v. 1849, eine Anwendung der dem Pl. Beschlusse v. 1849 zum Grunde liegenden Rechtsanschauung auf einen besonderen Fall, welcher i. J. 1849 nicht zur Beurtheilung vorlag und dem allgemeinen Grundsatze über die Anwendung der Gesetze des Wohnsitzes der Mutter eines unehelichen Kindes unterzuordnen ist. Es ist deshalb ganz consequent der neueste Pl. Beschluß zum §. 23 der Einleitung zum A. L. R. (status des Kindes) eingetragen worden.

Jedenfalls neigt diese Entwickelung unserer Praxis weder zu der Ansicht hin, welche das am Wohnorte des unehelichen Vaters geltende Recht zur entscheidenden Anwendung bringt, noch zu der Ansicht, welche, gestützt auf die Annahme einer aus der natürlichen Zeugung entspringenden natürlichen Verbindlichkeit, den Schwerpunkt der ganzen Entscheidung lediglich in dem vor dem Forum der gegen den unehelichen Vater angestellten Klage zu führenden Beweise findet.

2. **Verbindende Kraft der Gesetze für Fremde** (s. g. subditi temporarii).

Die Regel der Rechtsgleichheit in Behandlung der Einheimischen und Fremden (Sav. S. 132, 142) ist anerkannt: A. L. R. Einl. §. 34, 41. In Ansehung der Handlungsfähigkeit (Personalstatuten) der Fremden ist jedoch, in favorem negotii, ein gewisser Bruch in das Prinzip gebracht: Einl. §. 35. (Sav. S. 133, 143 fg., vgl. S. 156; Born. Erörtr. S. 73. — Zur Anwendung des §. 35 in mannichfaltigen Beziehungen: Born. S. 74 ad 2. 3, S. 75 ad 4, S. 78 ad 9, S. 86 ad 6.) In Ansehung der Gesandten und der zu denselben gehörenden Personen gilt Exterritorialität: Einl. §. 36—39; Pr. O. Tit. 2. §. 62—72; A. L. R. Anh. §. 1. (Aus Nro. I[228]) der Declaration einiger Vorschriften des A. L. R. und der A. G. O., welche auf das Staatsrecht und die Verhältnisse mit fremden Mächten Beziehung haben, v. 24. September 1798: N. C. C. Th. X. Sp. 1757 fg.) Vgl. auch das oben S. 110 wegen der Testamente der Preußischen Gesandten im Auslande angeführte Gesetz v. 3. April 1823.

Die Einl. §§. 40—42 bilden eigentlich nur einen Uebergang zur Retorsion (wegen Rechtsungleichheit): §. 43—45. (Born. Erörtr.

228) Diese Nro. I. „ad §. 41 der Einleitung des Allg. Landrechts" (gemeint ist der jetzige §. 37, der dem §. 41 des A. G. B. v. 1791 entspricht) steht in wesentlichem Einklange mit §. 60. Pr. O. a. a. O.

S. 71 ad 3.) Die Retorsion hat eine völkerrechtliche Basis, ist aber Gegenstand der Entscheidung für den Civilrichter, und zwar (nachdem das ius retorsionis „ob diversa Statuta der Königlichen Provinzen" innerhalb Landes schon in den Jahren 1756 und 1761 für durchaus unstatthaft erklärt worden war: N. C. C. Th. II. Sp. 21 fg. und Th. III. Sp. 59 fg. und 79 fg.) dem Auslande gegenüber nach dem im §. 43 ausgesprochenen Grundsatze: Retorsion gegen den Staat, welcher Fremde überhaupt oder Preußische Unterthanen insbesondere rechtlich belästigt. Der §. 44 (Beschränkung der Unterrichter als solcher) gilt nach der neueren Gerichtsverfassung nicht mehr. (Born. Erörtr. S. 71 Note 1.) Der §. 45 liegt implicite schon in dem §. 407. A. L. R. I. 11.

Vgl. im Einzelnen[229]): A. L. R. I. 11. §. 1033 (Nachdruck); 12. §. 40 (Erwerb von Erbschaften und Vermächtnissen); II. 8. §. 933—935 (Wechselsachen; vgl. Koch Wechselrecht, Breslau 1850, S. 102); II. 15. §. 87 (Strandrecht); 17. §. 173 (Nachlaß-Confiscation); 18. §. 84 (vormundschaftliche Verwaltung von Immobilien). — [Pr. O. Tit. 50. §. 162 und Anh. §. 379.] Concurs-Ordnung 1855 §. 3 (dem bestehenden Rechte gemäß, nur mit näherer Präcisirung des Zeitpunktes in Betreff der Cessionen). — In Beziehung auf Anh. §. 34 zur A. G. O. (Belangung jedes Ausländers auf Grund des von demselben in Preußischen Landen besessenen Vermögens): Verordnung vom 7. Juli 1819 (Ges.-Samml. S. 212: Aufhebung des Anh. §. 34 zu Gunsten der Einwohner der Deutschen Bundesstaaten, mit Vorbehalt der Retorsion) und Cab. Ordre v. 14. August 1837 (Ges.-Samml. S. 139 fg.: Retorsion gegen Kurhessische Unterthanen). — Allerh. Erlaß vom 29. December 1852 (Ges.-Samml. 1853 S. 19: Retorsion bei Arrestanlegungen gegen Bayerische Unterthanen. Vgl. dagegen die mit Waldeck ausdrücklich vereinbarte Reciprocität: Ges.-Samml. 1840 S. 118.) — Rescript 4. October 1836 (v. Kamptz Jahrb. Bd. 48. S. 429 fg.: Vorbehalt der Retorsion in Paternitätsklagen gegen Schweizerinnen aus St. Gallen). — Präj. 1578 (v. J. 1845): Entsch. XI. 151—173 (Retorsion gegen Frankreich in Betreff der von Französischen Gerichten erlassenen Urtheile).

VI. **Auslegung der Gesetze und der Privilegien:** A. L. R. Einl. §. 46—58. Anh. §. 2. (Cab. Ordre 8. und Rescript 21. März 1798.) Koch §. 23. 24. 26. 27 (Nro. I). 30. 132 (Nro. II). Born.

229) Aus früherer Zeit ist etwa noch zu bemerken: Rescr. v. 29. August 1739 (C. C. M. Cont. I. Sp. 267 ff.: Retorsion gegen Frankreich in Erbschaftsfällen) und v. 8. Septbr. 1740 (ebendas. Sp. 375 ff.: Retorsion gegen die Schlesier in Wechselsachen).

§. 6 und §. 8 ad 1. Puchta §. 15. 21 (Nro. 2). 30. 31. Gerber §. 30. 64. 67. Beseler §. 3. 24. 25. 50. Sav. I. S. 328. 329, vgl. mit S. 213, 217 ff., 290 ff., 318 ff. (Oestr. §. 6. 7. 13. Code Nap. art. 4.)

Der durch die damals herrschenden Ansichten von der Auslegung der Gesetze als einer Prärogative des Gesetzgebers beengte Standpunkt des A. L. R., so weit es sich um die Auffassung und Anerkennung der Interpretation überhaupt handelte (Einl. §. 46: „aus den Worten und dem Zusammenhange derselben" [grammatische Auslegung] „oder aus dem nächsten unzweifelhaften Grunde des Gesetzes" [logische Auslegung]; §. 49: — im Falle einer Lücke in den Gesetzen — „nach den in dem Landrechte angenommenen allgemeinen Grundsätzen und nach den wegen ähnlicher Fälle vorhandenen Verordnungen" [Analogie]), ist nicht nur formell durch Abschaffung der Anfragen an die Gesetz-Commission erweitert worden, sondern später auch materiell einer durchweg freieren Behandlung der Sache gewichen, besonders in Folge der Verordnung über das Rechtsmittel der Nichtigkeitsbeschwerde, vom 14. December 1833 §. 4 (Ges.-Samml. S. 303) und der Cab. Ordre zur Erhaltung der Einheit der Rechtsgrundsätze in den richterlichen Entscheidungen, vom 1. August 1836 (Ges.-Samml. S. 218 fg.).

Der Schwerpunkt für die Wiedereinsetzung der richterlichen Interpretation in die Thätigkeit der „Reconstruction des dem Gesetze inwohnenden Gedankens" (Sav. S. 213) und zugleich für die Wiedereinsetzung der gerichtlichen Praxis in die Würde eines rechtsbildenden Organes (oben I. 5) liegt in der angeführten Verordnung vom Jahre 1833, nach welcher nicht mehr, wie früher (Pr. O. Tit. 16. §. 2. Nro. 2,[230]) blos gegen ein Erkenntniß contra claram vocem legis, sondern schon dann die Nichtigkeitsbeschwerde zugelassen ist, „wenn das angefochtene Urtheil einen Rechtsgrundsatz verletzt, er möge auf einer ausdrücklichen Vorschrift des Gesetzes beruhen, oder aus dem Sinne und Zusammenhange der Gesetze hervorgehen; oder wenn dasselbe einen solchen Grundsatz in Fällen, wofür er nicht bestimmt ist, in Anwendung bringt." Mit anderen Worten: die Nichtigkeitsbeschwerde gilt jetzt auch wegen unrichtiger Auslegung der Gesetze, also ist diese Auslegung wieder in vollem Umfange zum Gegenstande der freien richterlichen Thätig-

230) „Es ist aber zur Nichtigkeitserklärung nicht hinreichend, wenn blos behauptet wird, daß gegen die Analogie der Gesetze gesprochen, oder daß die Entscheidung aus einem auf den vorliegenden Fall nicht passenden Gesetze genommen, oder daß das Gesetz nicht richtig erklärt, oder auf den Fall nicht richtig angewendet worden sei."

keit erhoben worden. Ist nun aber, nach der negativen Seite, der höchste Gerichtshof des Landes zugleich der eigentliche Nichtigkeits-Richter, so schließt sich organisch, nach der positiven Seite, die durch die angeführte Cab. Ordre v. J. 1836 begründete Einrichtung an, durch welche eine neue Achtung vor den Präjudicaten geschaffen, aber zugleich mit den Fortschritten der beweglichen Wissenschaft (der Auslegungskunst) in den nöthigen Einklang gebracht ist: „um die Einheit der Rechtsgrundsätze in den richterlichen Entscheidungen, nicht blos bei dem (Geheimen) Ober-Tribunale selbst, sondern auch vermöge des Einflusses der Autorität des Höchsten Gerichtshofes bei den übrigen Gerichten möglichst zu erhalten, damit nicht durch den Wechsel der Rechtsansichten eine Rechtsungewißheit entstehe." Die Spitze der rechtsbildenden Praxis haben danach die Plenarbeschlüsse des Obertribunals eingenommen. Seit dem Jahre 1846 (§. 25 der Verordnung über das Verfahren in Civilprozessen, v. 21. Juli 1846: Ges.-Samml. S. 298) bis zum Jahre 1855 entschied das Plenum nicht blos über die zweifelhaft gewordene Rechtsfrage, sondern auch in der Sache selbst. (Der §. 25 der Verordnung von 1846 wurde durch §. 3 des Gesetzes vom 26. März 1855, Ges.-Samml. S. 189 fg., wieder aufgehoben.) Durch das (die Erhaltung der Einheit der Rechtsgrundsätze in den richterlichen Entscheidungen des Obertribunals betreffende) Gesetz vom 7. Mai 1856 (Ges.-Samml. S. 293 fg.) ist die Erzeugung von Plenarbeschlüssen einer neuen Abgränzung unterworfen worden.

Die früher noch bei streitig gewordener Auslegung von Staatsverträgen durch die Verordnung vom 25. Januar 1823 (Ges.-Samml. S. 19 fg.; vgl. Circulare vom 22. November 1826, Jahrb. Bd. 28 S. 290 ff., und Instruction v. 6. December 1833, Jahrb. Bd. 42 S. 305 ff.) eingezwängte richterliche Thätigkeit ist vermittelst der jene erste Verordnung aufhebenden Verordnung vom 24. November 1843 (Ges.-Samml. S. 369) wieder frei gelassen, indem jetzt die Gerichte nur verpflichtet sind, in den Prozessen, bei deren Entscheidung es auf die völkerrechtliche Gültigkeit, die Anwendbarkeit oder Auslegung von Staatsverträgen ankommt, auf den Antrag einer Partei oder nach Befinden von Amtswegen die zum Behuf der rechtlichen Beurtheilung erforderliche Auskunft von dem Ministerium der auswärtigen Angelegenheiten einzuholen. (Wegen der vom Rechtswege ausgeschlossenen Privatansprüche aus Staatsverträgen vgl. ein Erkenntniß des Gerichtshofes zur Entsch. der Competenz-Conflicte v. 13. November 1858: J. M. Bl. 1859 S. 155—162.)

Für die Auslegung der gesetzlichen Vorschriften läßt

sich so wenig das s. g. **Register** zum A. L. R. (vgl. z. B. eine Ob.-Trib.-Entsch. in den Rechtsf. III. 6 aus dem Jahre 1847), wie der Inhalt und die Folge der s. g. **Marginalien** (oben Anm. 150), unmittelbar und mit einiger Sicherheit benutzen, da Beides ziemlich unzuverlässige Privatarbeiten sind. — In der Annahme von **Druckfehlern** im **Texte** (Sav. I. 242 fg.) muß unsere Kritik besonders vorsichtig sein. (Rescr. 29. December 1837: Jahrb. Bd. 50 S. 469—480. **Ziehm** Verzeichniß der unrichtigen Allegate und der den Sinn entstellenden oder das Verständniß erschwerenden Druckfehler in den verschiedenen Ausgaben und Auflagen des A. L. R. und der A. G. O. &c., Berlin 1845.)

Als Beispiel einer Interpretation nach dem Geiste und der Sprachweise des A. L. R. wird (zum §. 46. A. L. R. Einl.) angeführt: Präj. 2273 (v. J. 1851: Entsch. XX. 307 ff., besonders 310).

Die **Auslegung der Privilegien** (Einl. §. 54 bis 58 — aus **Müller's** Promptuarium iuris —) verhält sich zur Auslegung der Gesetze im Wesentlichen wie die Behandlung der Ausnahme zur Behandlung der Regel. (Zum „Hauptendzwecke des Staats" im §. 57 vgl. A. G. B. 1791 Einl. §. 77: „Das **Wohl** des Staats überhaupt, und seiner Einwohner insbesondere, ist der **Zweck** der bürgerlichen Vereinigung, und das allgemeine Ziel der Gesetze.")

VII. Aufhebung der Gesetze und Erlöschung oder Aufhebung der Privilegien: A. L. R. Einl. §. 59—72. **Koch** §. 25. 27 (Nro. II). **Born.** §. 7 u. §. 8 ad 2. 3. **Puchta** §. 17. 18. 31. **Beseler** §. 23. (**Oestr.** §. 9.)

Der modernen Auffassung gemäß soll das geschriebene Recht (oben I) auch nur durch geschriebenes Recht wieder aufgehoben, dem Gesetze also nur durch ein neues Gesetz, nicht mehr durch desuetudo u. dgl. m. Eintrag gethan werden können.[231]) Der §. 61 (lex posterior generalis non derogat priori speciali) beruhet auf dem Vorzuge der particulären Normen überhaupt (oben I. 1).[232])

In Ansehung der **Privilegien** wird unterschieden: Das **Erlöschen** (**Aufhören**) derselben, je nach ihrer subjectiven Beschaffenheit (Einl. §. 63—66: privil. personalia, realia, mixta) oder nach ihrer objectiven Begränzung (§. 67—69: durch dies, condicio, modus), und die **Aufhebung** der Privilegien (und zwar selbst der s. g. onero-

231) Nicht einmal zu Gunsten einer s. g. kaufmännischen Observanz soll davon eine Ausnahme gestattet sein: Entsch. XIX. 185, 190, v. J. 1850.

232) Vgl. Entsch. X. 234 ff. XVI. 328 fg. XIX. 57.

sen) durch den Staat, entweder „aus überwiegenden Gründen des gemeinen Wohls,"[233]) und dann gegen hinlängliche Entschädigung (§. 70. 71),[234]) oder wegen groben Mißbrauchs, und dann ohne Entschädigung (§. 72). Bei der Aufhebung ist der richterlichen Wirksamkeit eine bestimmte, nicht zu enge Gränze dahin gezogen, daß im Falle des überwiegenden Gemeinwohls nur das Entschädigungs-Quantum, im Falle des groben Mißbrauchs dagegen das Privilegium selbst resp. die Aberkennung desselben den Gegenstand des richterlichen Erkenntnisses bildet.

VIII. **S. g. allgemeine Grundsätze des Rechts**: A. L. R. Einl. §. 73—108. (Vgl. oben Seite 35, wegen der hier angehäuften abstracten Allgemeinheiten und Uebersetzungen früherer lateinischer Gemeinplätze, wie: in maiore etiam minus, ius et obligatio sunt correlata, qui iure suo utitur neminem laedit, ius debilius cedit fortiori u. s. w.)

Zum §. 74 vgl. z. B. A. L. R. I. 8. §. 29 ff.; 11. §. 8 ff.; Erk. des Gerichtsh. zur Entsch. der Competenz-Confl. v. 3. Mai 1856: J. M. Bl. S. 171 fg. (Rechtsweg zugelassen.)

Dem ganz allgemein gefaßten §. 75 hat der Pl. Beschluß vom 1. Juli 1850 (Entsch. XX. 3—10) die erforderliche Begränzung dahin gegeben, daß der Staat zum Ersatze des Schadens, welcher dem Einzelnen durch eine zum Gemeinwohle bestimmte Einrichtung verursacht worden, nicht in allen durch besondere Gesetze nicht ausgeschlossenen Fällen, namentlich dann nicht verpflichtet ist, wenn die Befugniß zur Anlage schon aus den Bestimmungen der §§. 36—38 Tit. 6 und §§. 26—28. Tit. 8. Th. I des A. L. R. hergeleitet werden kann. — Vgl. dazu spätere Entscheidungen: aus den Jahren 1850 (Entsch. XX. 101—105), 1852 (Strieth. VI. 220—224), 1853 (Strieth. VIII. 337—345, XI. 164—168), 1856 (Entsch. XXXII. 23—32 und Strieth. XIX. 336—354).

Die Behandlung der Selbsthülfe in den Einl. §§. 76—79. (Koch §. 206. 739; Born. §. 42 zu Anfang; Puchta §. 80. 301; Oestr. §. 19. 344) hängt mit dem ganzen Landrechtlichen Systeme zusammen. Der Staat hat die Pflicht, aber auch das ausschließliche

---

233) Diese Fassung ist gewählt, um den ursprünglichen „gar zu schwankenden Ausdruck: zum Besten des gemeinen Wesens wenigstens in etwas näher zu bestimmen." (Sz. in Jahrb. Bd. 52. S. 64.)

234) Vgl. z. B. A. L. R. II. 8. §. 209; 15 §. 6. 103. — Doch gibt es auch hier gewisse Gränzen: Präj. 863 (v. J. 1840); vgl. Entsch. XXXII. 105 (v. J. 1856)

Recht zum Schutze seiner Einwohner; Selbsthülfe ist deshalb nur zu „entschuldigen", wenn die Hülfe des Staates zur Abwendung eines — sei es übrigens auch blos unter den obwaltenden Umständen — „unwiederbringlichen" (oder „unersetzlichen") Schadens zu spät kommen würde. Für die privatrechtliche Seite der Selbsthülfe ist noch hierher zu ziehen: A. L. R. I. 7. §. 142 ff. (Selbsthülfe gegen Besitzstörungen); 14. Abschn. 4 (Pfändungsrecht); 11. §. 1156 (Selbstvertheidigung nicht für Undank zu achten). Von dem s. g. decretum D. Marci ist Nichts ins A. L. R. übergegangen. Die strafrechtliche Seite der Selbsthülfe im A. L. R. (II. 20. §. 157 ff.: offensiv; §. 517 ff.: defensiv; vgl. §. 1115, von einem gewissen Nothrecht) hat mit dem Str. G. Buch v. 1851 von selbst ihr Ende gefunden, da gegenwärtig die Selbsthülfe als solche (in abstracto) überhaupt nicht mehr bestraft wird, sondern nur noch die (concreten) Vergehen des widerrechtlichen Eindringens in fremde Wohnungen u. s. w. (Str. G. B. §. 214) und des Wegnehmens der eigenen Sache vom Nutznießer u. s. w. (§. 271) geahndet werden.

Die Einl. §§. 85. 86, wonach die aus Handlungen oder Begebenheiten entspringenden Rechte und Pflichten allein durch die Gesetze bestimmt werden sollen, dagegen die durch die Gesetze nicht unterstützten und um deswillen „unvollkommen" genannten Rechte „keine gerichtliche Klage oder Einrede" begründen, geben den nächsten Anlaß zu der wichtigen Frage von der Behandlung der obligatio naturalis im Preußischen Rechte. Koch §. 453. Born. §. 232 (bes. S. 339 ff.). Puchta §. 237. 293 g. E. Sav. Obl. I. 123 ff. (Oestr. §. 1432. Code Nap. art. 1235.)

Eine allgemeine Theorie der obligatio naturalis läßt sich aus den zerstreuten Bestimmungen des A. L. R. ohne Zwang und Willkühr nicht ableiten. Wenngleich nämlich die gesetzlich begründeten Rechte eben um ihrer Erzwingbarkeit willen — im Gegensatze zu den „unvollkommenen" des §. 86 — als „vollkommen" gelten müssen, so kann man daraus doch nicht ein dem Römischen Verhältniß zwischen der (klagbaren) obligatio civilis und der (nur der Prärogative der Klage entbehrenden, sonst gültigen und mehrfach, und das nicht blos durch „Einrede", geschützten) obligatio naturalis nachgebildetes Verhältniß zwischen vollkommenen und unvollkommenen Rechten abstrahiren, da ja gerade die unvollkommenen nicht einmal eine „Einrede" gewähren sollen.

Die modern s. g. moralische Verbindlichkeit ist nicht so in das Landrechtliche System eingeschlossen wie die obligatio naturalis in das Römische. Doch genügt die moralische Verbindlichkeit auch nach

A. L. R. zur Ausschließung der condictio indebiti (zur retentio soluti): I. 16. §. 178. 179 (wo „unvollkommene Pflicht" und „moralische Verbindlichkeit" ganz dasselbe bezeichnen, nämlich die Unklagbarkeit). Dies ist aber auch die Haupt-, ja genau genommen die einzige Wirkung der moralischen Verbindlichkeit nach A. L. R. Denn daß sie außerdem noch eine zur Novation genügende Grundlage darbieten soll (I. 16. §. 467. 468), läßt sich (bei der Auffassung der Novation als Surrogat der Zahlung) ganz ungezwungen lediglich auf die Ausschließung der (im Landrechtlichen Systeme objectiv so sehr erweiterten) condictio indebiti zurückführen. Im Uebrigen erscheint die moralische Verbindlichkeit nach A. L. R. weder zur Verstärkung durch accessorische Verbindlichkeiten noch zur Compensation tauglich. Nicht zur Verstärkung durch accessorische Verbindlichkeiten: denn weder das „ganz ungültig" im §. 251. A. L. R. I. 14. noch das „in sich ungültig" im §. 12. I. 20. berechtigt zu der Annahme, daß eine unklagbare Verbindlichkeit doch zur Verstärkung durch Bürgschaft beziehungsweise durch Pfandbestellung geeignet sei. (Dies beweist in Ansehung der Bürgschaft der Gegensatz des §. 254 zum §. 251, und in Ansehung der Pfandbestellung der innere Zusammenhang des §. 12. mit den Paragraphen 11. 13. 14. 415. und selbst mit der in den Paragraphen 97. 98. allein zugelassenen Modification.[235]) Nicht zur Compensation: denn der falsche Schein, als ob nach §. 377. A. L. R. I. 16. eine verjährte (also unklagbare) Forderung doch noch ad compensandum tauglich wäre, ist leicht abzustreifen, wenn man diesen Paragraphen richtig auflöst. Derselbe lautet wörtlich: „Daß zur Zeit der eingeklagten Forderung die Gegenforderung schon verjährt ist, hindert die Compensation nicht, wenn nur zu der Zeit, da die erstere zahlbar war, die Verjährung der letztern noch nicht vollendet gewesen ist." D. h. waren einmal Forderung und Gegenforderung gleichzeitig als gültige Forderungen neben einander

---

235) In dieser Untauglichkeit zur Verstärkung durch accessorische Verbindlichkeiten liegt ein Hauptunterschied von der früheren Behandlung der obligatio naturalis. So hieß es noch in Cocceji's Project des Corp. Jur. Frid. Th. II. (v. J. 1751) Lib. V. Tit. II. §. 4. von der Schuldforderung, welche der Constituirung eines Pfandes oder einer Hypothek vorher gehen müsse: „Es ist aber genug, wann das Debitum naturale ist, wann es zwar keine Action, iedoch die andern Effectus debiti hat." Imgleichen in dem Preuß. Landrecht v. 1721 (an dessen Bearbeitung derselbe Cocceji den Hauptantheil gehabt), wie schon in der früheren Gestalt v. 1685, Buch IV. Tit. XIII. Art. I. §. I: daß in allen Contracten ꝛc. Bürgen gestellt werden können, die Obligation sei wie sie wolle „Natürlich oder Bürgerlich."

vorhanden, so ist die Compensation nach der Landrechtlichen Vorstellung (§. 301. 361) einer vollendeten Thatsache gleich zu achten, der die etwa später erfolgende Verjährung der Gegenforderung nicht weiter entgegen treten kann. Also umgekehrt: war die Gegenforderung bereits verjährt, als die Forderung zahlbar wurde, so gilt keine Compensation, — ein Satz, der überdies mit dem Prinzipe des §. 342 in vollem Einklang steht.

Dieser Auffassung geschieht nicht der mindeste Eintrag dadurch, daß das A. L. R. in manchen Fällen die condictio indebiti ausschließt, wo das Römische Recht nach seiner Consequenz dieselbe zuließ: z. B. bei gewissen Spielschulden (A. L. R. I. 11. §. 578), bei Intercessionen der Frauen (I. 14. §. 243. 411).

Tiefer liegt der das ganze Landrechtliche System durchziehende Grundsatz, daß eine wegen des Mangels der gesetzlich vorgeschriebenen (insbesondere der schriftlichen) Form unklagbare Verbindlichkeit doch durch hinzutretende (sei es auch nur partielle) Erfüllung in eine gewisse Wirksamkeit tritt. Hier zeigt sich nicht sowohl die gewöhnliche und spezifische Wirkung der moralischen Verbindlichkeit, die Ausschließung der condictio indebiti, als vielmehr die dem Gesetzbuche eingearbeitete natürliche Billigkeit: weil, wie es schon in dem Corpus Jur. Frid. v. 1781 (Th. IV. Tit. 6. §. 4.) heißt, „wenn .. jemand behauptet, daß er .... den mündlich geschloßnen Contrakt bereits ganz oder zum Theil erfüllt habe, ... der Kläger sodann nach der Natur der Sache darauf zu dringen berechtigt ist, daß der Beklagte entweder dem mündlich geschloßnen Contrakte durch schriftliche Vollziehung verbindliche Kraft verschaffe, oder alles dasjenige zurückgebe, was er in Gefolge des mündlichen Contrakts erhalten hat." Vgl. jedoch Sav. Obl. I. 128—131.

Zu den Einl. §§. 95—98, von der s. g. Collision der Rechte, vgl. Koch §. 100; Born. §. 43.

Zu den §§. 99 ff., besonders wegen der s. g. iura personalissima, die allein von der Abtretbarkeit (vgl. unten zum A. L. R. I. 11. Abschn. 3) und Vererblichkeit ausgenommen sein sollen: Koch §. 99 No. II; Born. §. 183 ad 2.

A. L. R. Th. I. Tit. 1. Von Personen und deren Rechten überhaupt.

(Im Entwurf nicht vorhanden: oben Seite 36.)

Koch §. 41—80. Born. §. 9—14. 300. Puchta §. 22—28. 40—43. 50. 51. 114. 115 (—121). Sav. II. 4—22 (385—417, besonders 413 ff.). III. 22 ff. (81 fg.) 83—89. Eichh. §. 318. 327. 334. Gerber §. 34. 35. 247. Beseler §. 56—59. 146 (ad I). 148. (Oestr. §. 15—18. 21—25. 40—43. 273—278. 865. Code Nap. art. 112—143. 388. 488—515. 720—722. 314, 725 u. 906 [„viable"].)

I. **Person als Rechtssubject** in abstracto: „der Mensch, sofern er gewisse Rechte in der bürgerlichen Gesellschaft genießt." (§. 1 h. t.)

Das im A. L. R. mehrfach so genannte Publikum (I. 8. §. 37 ff., 71, 74; II. 20. §. 211, 413, 415, 762, 767 fg., 1395, 1402, 1441, 1495 ff.) ist kein Rechtssubject: Rechtsspr. IV. 287—299 (Ob. Trib. Erk. v. J. 1831); Rechtsf. III. 352—354 (v. J. 1848); Strieth. IV. 244—247 (v. J. 1852).

Dagegen paßt der im §. 1 h. t. aufgestellte Begriff des Rechtssubjectes allerdings auf die juristischen Personen, auf Corporationen und Gemeinden, Städte und Kirchen u. s. w. und besonders auf den Fiscus. So weit es sich um deren Privatrechte handelt, wird an den geeigneten Stellen (besonders in den Lehren von Besitz und Verjährung, Schenkung, Verwaltung u. s. w.) auch von den juristischen Personen die Rede sein. Auf die publizistische Seite derselben kann in diesem gedrängten Handbuche des Civilrechts nicht näher eingegangen werden.[236])

II. **Gesellschaftliche Verhältnisse:** §. 2—9 h. t. (Status civitatis und familiae.) Entw. Th. I. Abth. I. prooemium (außerhalb des Textes der Gesetze); Abth. 2 und 3 (desgleichen).

---

236) In Koch §. 55 ff. u. Born. §. 14 wird zugleich von den juristischen Personen ausführlich gehandelt, deren nähere Entwickelung sich an A. L. R. Th. II. Tit. 6 ff. anschließt und wesentlich mit dem ius publicum zusammenhängt. Vgl. oben S. 55 ff.

III. Physische und beziehungsweise psychische Zustände und Beschaffenheiten der Person. (Zum status naturalis gehörig.)

„Der Anfang der natürlichen Rechtsfähigkeit ist bedingt durch die Geburt, d. h. durch die vollständige Trennung eines lebenden Menschen von der Mutter." (Sav. II. 4.) Die Gränze dieser Fähigkeit bildet der Tod. (Sav. II. 17.) Die Handlungsfähigkeit ist bedingt durch ein gewisses Alter und durch den freien Gebrauch der Vernunft. (Sav. III. 22 fg.)

1. **Zustände vor und bei der Geburt.**

Der Ungeborene gilt von der Zeit der Empfängniß an[237]) als beseelt: §. 10 h. t., und hat sofort Anspruch auf physischen Schutz: §. 11 (custoditur: 7 de statu hominum I. 5; vgl. A. L. R. I. 9. §. 381; II. 18. §. 962. 967); die Rechtsverhältnisse aber („bürgerliche Rechte") bleiben ihm einstweilen nur vorbehalten, bis er lebendig zur Welt kommt: §. 12. (3 si pars hered. V. 4: ut in tempus nascendi omnia ei iura integra reservarent; vgl. A. L. R. I. 9. §. 371—380; 12. §. 527—530; II. 4. §. 44. 205; 18. §. 962 ff.; Jur. Wochenschr. 1842 Sp. 591 ff. und Löwenberg Beitr. I. S. 504 fg.) Zur Vermeidung falscher Anwendung der §§. 10—12 h. t. vgl. den Rechtsfall in Strieth. VI. 182—185 (v. J. 1852).

Als lebendig zur Welt gekommen gilt ein Kind schon dann, wenn man bei der Geburt die Stimme desselben deutlich vernommen hat: §. 13.[238]) Jeder andere Beweis des Lebens ist also gleichfalls zulässig. Vitalität ist nicht erfordert.

2. **Nach der Geburt.**

A. Zwillinge sind in der Regel gleich berechtigt, mit Ausnahme der allenfalls durch das Loos zu entscheidenden Rechte der Erstgeburt in besonderen Verhältnissen: §. 14—16 h. t. (II. 4. §. 147. 149 ff.)

B. (Wahre) Mißgeburten[239]) sollen (wenn sie anders überhaupt

---

237) Das A. L. R. hat nur einmal einen Zeitpunkt für die Empfängniß angenommen: II. 2. §. 22, sonst immer Zeiträume: II. 1. §. 1022. 1077; 2. §. 2. 19. 40.

238) 3 C. de posth. her. inst. VI. 29. Sachsenspiegel Buch I. Art. 33. — Project des Corp. Jur. Frid. v. 1749 Part I. Lib. I. Tit. IV. §. 4: „Geborne Menschen sind diejenige, welche lebendig zur Welt kommen: Zu dessen Beweis aber ist nicht nöthig, daß sie eben einen Laut von sich geben, sondern es ist genug, wann die Geburt sonst ein Zeichen des Lebens von sich giebt: In dubio ist die Präsumtion, daß das Kind lebendig zur Welt gekommen sey, wann es sonst in der von der Natur vorgeschriebenen Zeit geboren wird." (Von dieser Präsumtion findet sich im A. L. R. Nichts: Gruchot Beitr. I. 122 fg.)

239) Dabei ist wohl Rücksicht auf den Kopf zu nehmen, welcher menschliche Bildung an sich tragen muß, damit die Geburt nicht monströs sei: Sav. II. 10

am Leben bleiben) nur auf physische Schonung und Erhaltung Anspruch haben: §. 18 h. t. (vgl. II. 20. §. 716 ff.), übrigens aber bürgerlich rechtsunfähig sein: §. 17.

C. Die Rechtsfähigkeit beider Geschlechter wird im Wesentlichen als gleich anerkannt: §. 24 h. t. Die Handlungsfähigkeit der Frauen ist allerdings in manchen Beziehungen (wenn auch zum Theil nur formell) beschränkt. (I. 5. §. 22. 23; 14. §. 220. 221 ff. 407 ff.; II. 1. §. 188 ff. 195 ff. 341—344; II. 18. §. 51 No. 1. 2. §. 52—55; Pr. O. Tit. 1. §. 25—29.) Doch sind die (particularrechtlichen) Ueberreste der Geschlechtsvormundschaft seit dem Jahre 1826 nach und nach im ganzen Lande aufgehoben worden. (Ges.-Samml. 1826 S. 13 fg. 47; 1829 S. 52; 1830 S. 24; 1832 S. 205; 1833 S. 96; 1855 S. 176.)

Ein wirkliches Zwittergeschlecht erkennt das A. L. R. so wenig an wie das Römische Recht. Zwar sollen „wenn Zwitter geboren werden" zunächst die Aeltern, §. 19 h. t., und, nach zurückgelegtem 18. Lebensjahre, die sogenannten Zwitter selbst, §. 20, die Wahl des männlichen oder weiblichen Geschlechtes frei haben. Allein nicht nur ist der sogenannte Zwitter an die seinerseits einmal getroffene Wohl unabänderlich gebunden: §. 21[240]), sondern wo irgend die Rechte Dritter davon berührt werden, da greift die Untersuchung und der Befund der Sachverständigen entscheidend durch: §. 22. 23. Es kommt also schließlich, nach A. L. R. wie nach Römischem Rechte (10 de statu hominum I. 5.; 15. §. 1. de testibus XXII. 5.; 6. §. 2. de lib. et posth. XXVIII. 2.), gerade da wo die ganze Frage im rechtlichen Verkehr eine praktische Bedeutung gewinnt, auf die objective Prävalenz des einen oder des anderen der beiden allein anerkannten Geschlechter hinaus.[241])

(nach Analogie der Schlußworte der L. 44 pr. de religiosis XI. 7: .. caput, cuius imago fit, unde cognoscimur).

240) Nach einer früheren, dem A. G. B. v. 1791 unmittelbar vorangegangenen Fassung dieses §. (denn im A. G. B. selbst lautet derselbe schon ganz so wie im A. L. R.) war sogar das ius variandi mit ausdrücklichen Worten abgeschnitten: „Er muß aber bei der einmal getroffenen Wahl beständig verbleiben." Vgl. auch die folgende Anmerkg.

241) Das Project des Corp. Jur. Frid. v. 1749 beachtete noch die Möglichkeit eines vollkommenen Zwitterzustandes (in dem oben Anm. 238 angef. Titel §. 3): „Es muß zuvorderst eines Hermaphroditen Zustand untersucht, und er nach dem Geschlecht, welches bei ihm prävalirt, entweder für eine Manns- oder für eine Weibs-Person declarirt werden: Wann beyde Geschlechte gleich sind, wird ihm die Wahl gegeben; und wann er einmal ein Geschlecht erwehlt, kann er sich des andern Geschlechts bey schwerer Lei-

D. Altersunterschiede. (Von deren Einfluß auf die Handlungsfähigkeit: unten Tit. 4. §. 20 ff., Tit. 5. §. 11 ff.)

Die Gränze der Kindheit ist das vollendete 7., die der Unmündigkeit das vollendete 14., die der Minderjährigkeit das vollendete 24. Lebensjahr, und zwar durchweg ohne Unterschied der Geschlechter: §. 25. 26 h. t.[242]) Bevormundung: §. 32. 33 h. t.; II. 18. §. 6 ff. 696. (Gewisse Reminiscenzen der sogenannten plena pubertas mit 18 Jahren: A. L. R. I. 1. §. 20; 5. §. 34; 12. §. 17; II. 1. §. 37; 18. §. 244. 560. 719; [20. §. 1040]; Pr. O. Tit. 10 §. 230 ad 13; Crim. Ordn. §. 357 ad 9.)

Was insbesondere die Minderjährigkeit betrifft, so gab es zur Zeit der Redaction des A. L. R. in den verschiedenen Provinzen verschiedene Termine für die Erreichung der Volljährigkeit: von 21, 24 und 25 Jahren. Man beabsichtigte Anfangs die Herstellung eines nach den Ständen der bürgerlichen Gesellschaft verschiedenen Termines (Entw. Th. I. Abth. III. Tit. 6. §. 7 und 9: im Allgemeinen 25 Jahre, für Bauern, Künstler, Handwerker, Kaufleute 21 Jahre; später nach einem Concl. der Ges.-Commission: 24 resp. 21 Jahre); allein die Cab. Ordre vom 5. November 1790 entschied durchgreifend und ohne Unterschied der Stände für den in das A. L. R. übergegangenen Termin von 24 Jahren. (Sz. S. 1 fg. und Jahrb. Bd. 52 S. 116—118.) Nur trat nach Emanation des A. L. R. eine nicht geringe Unsicherheit ein, sofern sich provinzielle Volljährigkeitstermine dem Landrechtlichen Termine gegenüber aufrecht erhalten konnten. (Die authentische Interpunction des §. 26 ist: „Die Minderjährigkeit aber dauert, ohne Unterschied des Ortes der Herkunft und des Standes, bis das 24. Jahr zurückgelegt ist" — also kein Komma nach „Ortes": S. S. Zeitschr. I. 227 ad 3; Jahrb. Bd. 50. S. 469 ad §. 26 h. t.; vgl. aber auch Publ. Pat. zum Ostpreuß. Prov. Recht v. J. 1801 §. VII., wo sich das Komma nach dem Worte „Orts" noch findet.) Nach vielen Schwan-

des-Strafe nicht bedienen: Wann also der Hermaphrodit einmal einen Mann zur Ehe genommen, kann er keine Frau heyrathen." (!)

242) Im Proj. des Corp. Jur. Frid. v. 1749 war nicht nur der für beide Geschlechter verschiedene Mündigkeitstermin v. 14 u. resp. 12 Jahren (wie in unserer alten Vormundschaftsordnung v. 1718 §. 54: C. C. M. Th. II. Abth. II. Sp. 74) beibehalten: P. I. Lib. III. Tit. II. §. 21, sondern auch die Gränze der Kindheit für Knaben auf 7, für Mädchen auf 6 Jahre gesetzt: ebendas. Tit. VI. §. 3 ad 3, und überdies die doli capacitas bei Knaben von 10½, bei Mädchen von 9 Jahren (pubertati proximi) angenommen: Tit. VII. §. 4 ad 2. Im Entw. Th. I. Abth. III. Tit. VI. §. 7. war schon durchweg die Gränze der Kindheit auf 7, der Unmündigkeit auf 14 Jahre gestellt.

kungen und Wechseln ist es jedoch allmählich dahin gekommen, daß gegenwärtig im ganzen Lande — mit Ausnahme der Rheinprovinz, wo der Französische, eigentlich Deutsche Termin von 21 Jahren gilt — nur der Eine Volljährigkeitstermin des A. L. R. für alle Stände[243]) und ohne localrechtliche Abweichungen zweifellos besteht.[244])

Die Juden, denen A. L. R. Anh. §. 3 (aus einem Rescr. v. 13. December 1768: N. C. C. Th. IV. Sp. 5061 fg.) den 20jährigen Volljährigkeitstermin nach ihren Personal-Statuten („ihren Rechten gemäß") gelassen hatte, stehen jetzt gleichfalls unter dem gemeinen Rechte: Edict vom 11. März 1812 §. 20: Ges.-Samml. S. 19; Declaration vom 24. Januar 1844: Ges.-Samml. S. 51 fg.; Gesetz v. 23. Juli 1847 §. 1: Ges.-Samml. S. 263; Verfass.-Urk. v. 1850 Art. 4 und 12.

E. Unterschiede der Seelenkräfte. (Von deren Einfluß auf die Handlungsfähigkeit: unten Tit. 4. §. 23 ff., Tit. 5. §. 14 ff., Tit. 12. §. 20 ff.)

Die des Gebrauches ihrer Vernunft gänzlich (oder auch nach Umständen [Jur. Wochenschr. 1841 S. 345 ff.] nur partiell) beraubten Personen („Rasende und Wahnsinnige", furiosi) werden den Kindern, diejenigen, welchen das Vermögen mangelt, die Folgen ihrer Handlungen zu überlegen („Blödsinnige", mente capti, dementes), den Unmündigen, die gerichtlich erklärten Verschwender (nicht, wie nach Römischer Ansicht, 1 pr. de cur. fur. XXVII. 10 — quamdiu vel furiosus sanitatem vel ille [prodigus] sanos mores receperit —, den furiosis — vgl. jedoch Sav. III. 88 —, sondern) den Minderjährigen gleich geachtet: §. 27—31 h. t.[245]) Bevormundung: §. 32. 33 h. t.; II. 18. §. 12 ff.

---

243) Nur der König wird mit 18 Jahren volljährig: Verfass.-Urk. v. 1850 Art. 54. Für die Prinzen des Königl. Hauses gilt der Landrechtliche Termin: Mathis Bd. 8. S. 109 fg. (Erk. des Geh. Ob.-Tribunals aus dem Jahre 1806). — Singulär ist die Fiction der Großjährigkeit des minderjährigen Soldaten in Beziehung auf seine freiwillige Entschließung im Heere fortdienen zu wollen: Cab. Ordre 10. Febr. 1825, Ges.-Samml. S. 15. (Vgl. Code Nap. art. 374.)

244) Eigentlich schon seit dem Jahre 1808: Ges.-Samml. 1817. S. 201. Wegen der neueren Zeit vgl. PP. 1814. §. 14.; 1816. 9. Novbr. (beide) §. 18.; 1816. 15. Novbr. §. 14; 1825. §. 21; Verordn. 1. August 1817, Ges.-Samml. S. 201 fg. (für Erfurt); Verordn. 6. Juni 1831, Ges.-Samml. S. 68 (für Neuvorpommern u. Rügen); Verordn. 7. Januar 1838, Ges.-Samml. S. 32 (für Sachsen auch in Lehnssachen).

245) Die Landrechtl. Benennungen der verschiedenen Seelenstörungen gelten zwar technisch weder für richtig noch für erschöpfend. Die zu Grunde

3. **Tod** — physisch eingetreten oder rechtlich angenommen. (Erleichterungen des Beweises schon im gemeinen Deutschen Rechte.) Das A. L. R. kennt nur die Todeserklärung abwesender (verschollener) Personen.[246])

A. Die gemeinrechtliche Präsumtion für die Lebensdauer von 70 Jahren hat das A. L. R. nur da beibehalten, wo es sich um den Erwerb eines neuen Rechtes für den Abwesenden, von dessen Leben oder Tode keine Nachricht zu erhalten ist, (um „einen gewissen Erb- oder andern Anfall") handelt: §. 38 h. t.; vgl. I. 9. §. 489; II. 2. §. 453. (Diese Präsumtion gilt übrigens nicht bloß in dem Sinne, daß der Verschollene nach vollendetem 70. Jahre nicht mehr gelebt, sondern auch daß er bis zu diesem Zeitpunkte wirklich gelebt habe: Entsch. XVII. 87—97 und Rechtsf. IV. 3—5, v. J. 1848. Vgl. auch Entsch. XII. 180 fg.)

B. Dagegen übt das A. L. R. eine größere Schonung gegen den Abwesenden, sofern über schon erworbene Sachen und Rechte desselben, als eines Verstorbenen, verfügt (also vor Allem wenn die Erbfolge in sein Vermögen eröffnet) werden soll, indem dazu

a) der Regel nach der vollständige Beweis des Todes erforderlich ist: §. 34 h. t. (I. 12. §. 212.) Beweismittel: Zeugenaussagen und gewisse kirchliche, gerichtliche, obrigkeitliche, häusliche Urkunden. (Pr. O. Tit. 10. §. 128. 162; A. L. R. II. 11. §. 469 ff. und 492 ff.; Cab. Ordre v. 11. Juli 1833: Ges.-Samml. S. 289; Verordnung vom 30. März 1847: Ges.-Samml. S. 125—128, und vom 23. Juli 1847 §. 8 ff.: Ges.-Samml. S. 265 fg.)

---

gelegten Kriterien aber (vom Gebrauche der Vernunft und von der Ueberlegung hergenommen) sind nicht unpraktisch. — Die Kriterien der Verschwendung (§. 30 h. t. u. Pr. O. Tit. 38. §. 9.; vgl. z. B. A. L. R. I. 11. §. 1111) sind nicht so scharf zutreffend wie das Römische liberos ad egestatem perducere (Paul. rec. sent. III. 4. §. 7.) und Oestr. (§. 273.): „sich oder seine Familie ... künftigem Nothstande Preis geben." Zur Auslegung unseres §. 30. vgl. Strieth. XXIX. 20—25 (v. J. 1858).

246) Anfangs hatte man beabsichtigt, auch die Todeserklärung der unheilbar Rasenden, Wahn- und Blödsinnigen in das Gesetzbuch aufzunehmen, d. h. solche Personen für bürgerlich todt zu erklären: Entw. Th. I. Abth. III. Tit. VI. §. 563—591; Jahrb. Bd. 52. S. 59 fg. — Das Wort: „bürgerlicher Tod" kommt einmal im A. L. R. vor: II. 2. §. 270. Man kann dies auf den s. g. Klostertod beziehen. (A. L. R. II. 11. §. 1199—1209; I. 18. §. 370 fg.; vgl. Edict v. 21. Juni 1753 im N. C. C. Th. I. Sp. 505 ad I., wo ein Clericus regularis „pro Civiliter mortuo gehalten wird.") Nach Art. 10. der Verfass.-Urk. v. 1850 findet der bürgerliche Tod überhaupt nicht statt.

b) Läßt sich jedoch die Thatsache des Todes nicht erweisen, so erfolgt die Todeserklärung entweder

α) durch ein förmliches richterliches Erkenntniß, nach Ablauf gewisser Fristen und nach vollständiger gerichtlicher Prozedur: §. 37 h. t.; II. 1. §. 665—667 u. §. 692; II. 18. §. 19—27 (Bevormundung der Abwesenden), und §. 821—855 (Aufhebung dieser Vormundschaft durch die Todeserklärung der Abwesenden); Pr. O. Tit. 37 (vom Verfahren gegen Verschollene); oder

β) ohne Beobachtung einer solchen feierlichen Form: in zwei Ausnahme-Fällen erleichterten Beweises, nämlich

a) bei schweren Verwundungen im Kriege, nach Maaßgabe des §. 35 h. t. (wo die „schwere Wunde" objectiv erwiesen werden muß) und Anh. §. 4 (aus dem Publicandum v. 14. März 1797, wegen Einführung des A. L. R. bei den Militairgerichten, ad 1), und

b) beim Schiffbruch, nach Maaßgabe des §. 36 h. t. (wo objectiv erwiesen werden mußte, daß und wann „das Schiff untergegangen" war: Jahrb. XLV. 155 ff.).

Zum §. 35 ist zu beachten, daß zur Erleichterung der Todeserklärungen der aus den Kriegen von 1806—1815 nicht zurückgekehrten Militairpersonen zwei Spezial-Gesetze ergangen sind: vom 22. Mai 1822 (Ges.-Samml. S. 148—150: gerichtlicher Todtenschein auf Grund der Meyer'schen Listen resp. der durch den Eid des Extrahenten [negativ] bestätigten Aussage Eines Beweiszeugen, oder auch auf Grund des in Gemäßheit des §. 35 h. t. aufgenommenen Beweises) und vom 2. August 1828 (Ges.-Samml. S. 93 fg.: Todeserklärung des Verschollenen, nach einem abgekürzten Verfahren, durch ein kostenfreies gerichtliches Erkenntniß, dessen Tag der Rechtskraft [247]) als Todestag gilt).

Der §. 36 aber ist ganz außer Kraft getreten, in Folge des Gesetzes vom 24. Februar 1851 (Ges.-Samml. S. 23. 24), betreffend die Todeserklärung in See gegangener verschollener Personen. Hiernach wird der Tod eines Menschen schon dann als erwiesen angenommen, wenn das Fahrzeug, auf welchem derselbe sich befand, untergegangen und Ein Jahr nachher verflossen ist, ohne daß von seinem Leben und Aufenthalt Nachrichten eingegangen sind: §. 1. Daran knüpfen

---

247) Wegen dieses Tages der Rechtskraft vgl. noch J M. Bl. 1839 S. 143 fg. — Uebrigens ist, in Ermangelung eines ordentlichen Rechtsmittels gegen dergl. Erkenntnisse (Pr O. 37. §. 11 fg.), von Hause aus auch zwischen A. L. R. II. 1. §. 665 (Tag des publ. Urtels) u. II. 18. §. 835 (Tag des rechtskr. Urtels) ein eigentlicher Widerspruch nicht anzuerkennen gewesen.

sich aber ganz neue, negative Voraussetzungen, unter denen der Untergang des Fahrzeuges selbst — wenn dasselbe nach gewissen Fristen am Orte seiner Bestimmung nicht eingetroffen oder nicht zurückgekehrt ist — als erwiesen angenommen wird: §. 2. (Beweismittel: §. 3. Eid des Extrahenten: § 4. Todeserklärung des Verschollenen, nach einem abgekürzten Verfahren, durch ein gerichtliches Erkenntniß, dessen Tag der Rechtskraft als Todestag gilt: §. 5. 6.)

C. Bei gleichzeitigem Untergange des Lebens mehrerer Menschen, besonders in einer gemeinsamen Calamität („in einem gemeinsamen Unglücke, oder sonst dergestalt zu gleicher Zeit ......, daß nicht ausgemittelt werden kann, welcher zuerst verstorben sei"), gilt im Zweifel die Annahme (eine sogenannte praesumtio iuris et de iure), „daß keiner den Andern überlebt habe": §. 39 h. t. (Als die „vernünftigste unter den verschiedenen widersprechenden Vorschriften über diese Frage", aus L. 18 de rebus dubiis XXXIV. 5: non videtur alter alteri supervixisse; Sz. S. 2. Vgl. Sav. II. 20—22.) Das praktische Resultat besteht darin, daß in einem solchen Falle kein Recht realisirt wird, welches dadurch bedingt ist, daß ein gewisser Mensch einen gewissen Anderen überlebt habe. (Dies ist auch gemeint in dem übrigens in sich unhaltbaren §. 461. A. L. R. I. 12. Vgl. Born. §. 378.)

IV. Verwandtschaftliche Verhältnisse.

1. Unter **Aeltern** und **Kindern** versteht der Sprachgebrauch des Gesetzes Ascendenten und Descendenten überhaupt: §. 40 h. t. (Z. B. I. 11. §. 637. 1145 fg.; 12. §. 526; II. 1. §. 117; 8. §. 1972.[248]) Der §. 41 h. t. paßt nach seiner concreten Fassung: „So lange Aeltern

---

248) Diese Allegate mögen zur Einschränkung der gewöhnlichen Behauptung dienen, als mache das A. L. R. gar keinen Gebrauch von dieser significatio verborum. Doch läßt sich nicht verkennen, daß in der ganz überwiegenden Mehrzahl der Fälle das A. L. R. die Aeltern von den weiteren Ascendenten und die Kinder von den weiteren Descendenten, in verschiedenen Wendungen des Ausdruckes, scheidet. Auch ist mit Recht bemerkt worden, daß das Stempelgesetz vom 7. März 1822 (Ges.-Samml. S. 77 ad A. B. C.) den gesetzlichen Sprachgebrauch nicht respectirt, sondern vielmehr unter Aeltern und Kindern, im Gegensatz der Ascendenten und Descendenten, nur die des ersten Grades versteht. Endlich soll auch nach den Gründen zum Präj. 490 (v. J. 1838) die Bestimmung des §. 40 h. t. nicht zur Richtschnur für die Befugniß zur Pupillar-Substitution genommen werden dürfen. (Entsch. IV. 14—23.). Nicht selten schärft übrigens das A. L. R. die Bezeichnung „Aeltern" oder „Kinder" durch den ausdrücklichen Zusatz: „des ersten Grades." (I. 11. §. 1030; II. 2. §. 349 fg., 359. 517.)

und Kinder des ersten Grades leben ꝛc." nur zu einer Erläuterung des Sprachgebrauches einzelner Rechtsgeschäfte (Verträge und Testamente).

2. **Blutsverwandtschaft,** bedingt durch gemeinschaftliche Stammältern: §. 42 h. t. (Familie: A. L. R. II. 3. §. 1.)

3. **Schwägerschaft,** nur zwischen dem einen Ehegatten und den Blutsverwandten des anderen: §. 43 h. t., folglich auch, als sogen. Stiefverbindung, zwischen dem einen Ehegatten und den aus einer sonstigen Ehe erzeugten Kindern des anderen: §. 44. (Vgl. jedoch II. 1. §. 5—7; Cab.-Ordre 22. Dec. 1843: Ges.-Samml. 1844 S. 47; [A. L. R. II. 20 §. 1033 ff.] Strafgesetzbuch von 1851 §. 141; Entsch. XXVII. 392—404.)[249])

Hiernach umfaßt der Begriff der Schwägerschaft unzweifelhaft nicht blos die Verbindung der Schwiegerältern und Schwiegerkinder (Jahrb. Bd. 7. S. 204 fg.), sondern auch die der Stiefältern und Stiefkinder (weshalb der Stiefsohn einer Frau als deren vermutheter Bevollmächtigter nach §. 119. A. L. R. I. 13 gelten muß: Rescript vom 24. Jan. 1834, aus den Ministerial-Acten in den Bresl. Ergänz. mitgetheilt). „Stiefgeschwister" dagegen ist ein nach der Landrechtlichen Terminologie unzulässiger Ausdruck, wenn man den §. 44 h. t. mit II. 3. §. 4—8 und II. 1. Abschn. 11 (Einkindschaft) sorgfältig vergleicht.

4. **Grade der Verwandtschaft,** nach Römischer Computation gemeint: §. 45 h. t. (Entw. Th. I. Tit. 3 §. 41: „nach den Generationen".) Uneigentlich ist auch von Graden der Schwägerschaft die Rede: A. L. R. II. 1. §. 5; 8. §. 124; Pr. O. Tit. 2. §. 143; Städte-Ordnung von 1808 §. 150 u. s. w. — Die Verwandten innerhalb des sechsten Grades (Römischer Computation) heißen technisch: „nahe Verwandte": A. L. R. II. 1. §. 622. (Vgl. §. 627. 647; II. 2. §. 584; I. 12. §. 31.) Doch versteht die Concurs-Ordnung v. 1855 (§. 102. 109 und Anfechtungsgesetz §. 5) in gewissen speziellen Beziehungen unter „nahen Verwandten" nur die Verwandten in aufsteigender und absteigender Linie, sowie die vollbürtigen und halbbürtigen Geschwister.

Auf einer bloßen Ungenauigkeit des Ausdruckes beruhen die „Sei-

---

249) Die noch in der Resolution vom 1. December 1758 (N. C. C. Thl. II. Sp. 315 fg. No. LI.) ausdrücklich berücksichtigte s. g. Quasi-Affinität (die Ehe eines Mannes mit der proclamirten Braut seines verstorbenen Vaters wurde nur unter der Bedingung zugelassen, daß die Braut eidlich erhärtete, sich mit dem Vater nicht fleischlich vermischt zu haben) ist in das A. L. R. nicht übergegangen und auch von dem neueren Gesetze (1843) nicht berührt: Born. §. 303 ad 3.

tenverwandten des ersten Grades" in A. L. R. II. 1. §. 644 und „Geschwister ersten Grades" in II. 3. §. 15. 22. Auch kommt das Wort „Grad" gelegentlich noch in dem allgemeinen Sinne einer gewissen Reihe von Erben vor: A. L. R. I. 21. §. 178. 189.[250])

---

250) Der Succession nach Graden wird die Succession nach Linien im Lehnrechtlichen Sinne (Parentelen) entgegengesetzt: I. 18. §. 383 ff. Im gemeinen Erbrecht bedeuten in Betreff der Descendenten die „Linien" („Hauptlinien, Unterlinien") lediglich stirpes: II. 2. §. 348 ff. u. 3. §. 37 ff. In Betreff der Ascendenten ist nur von der „aufsteigenden Linie" die Rede: II. 2. §. 492 ff. — Bei der Succession in Familienfideicommisse finden sich noch besondere technische Bezeichnungen je nach der entscheidenden Nähe des Grades oder nach der Linealfolge (erste, zweite Linie rc., Nebenäste rc.): II. 4. §. 145 ff.

A. L. R. Th. I. Tit. 2. Von Sachen und deren Rechten überhaupt.

(Entw. Th. II. Einleitung: Allgemeine Grundsätze des Sachenrechts. Vgl. oben S. 36.)

Koch §. 81—99. 451. 452. 454. 471 ad III. Born. §. 15. 16. 18. 39—41. Gruchot Beitr. Bd. I. S. 125—136. Puchta §. 34—38. 140. 143 g. E. 149. 218—223. Sav. I. 331. 338. 386 (Object der Rechtsverhältnisse); I. 378 fg. 384 und II. 261 (universitas iuris); I. 383 ff. und III. 4 ad A, 8—21 (Successionen). Eichh. §. 153—155. Gerber §. 58. 59. Beseler §. 74—78. 122. (Oestr. §. 285. 291—299. 301—308. 859. 674—680. Code Nap. art. 516—536.)

I. **Sache als Rechtsobject** in abstracto.

Die weite Fassung des Begriffs der Sache als „Gegenstand eines Rechts oder einer Verbindlichkeit" überhaupt: §. 1 h. t., so daß auch „Handlungen" und „Rechte" (als Gegenstände eines anderen Rechts) darunter fallen: §. 2 h. t., und nur zur Sache „im engeren Sinne" eine gewisse Selbstständigkeit gefordert wird, vermöge deren sie der Gegenstand „eines dauernden Rechts" sein kann: §. 3 h. t. (vgl. z. B. I. 7. §. 80. 82), — ist wesentlich bedingt durch die Stellung des Eigenthums (und des Besitzes) im ganzen Systeme des A. L. R. (Oben Seite 39 ff.)

Bei dieser Absorbirung des Unterschiedes zwischen den s. g. res corporales und incorporales durch den allgemeinen Begriff der Sache (der Ausdruck „körperliche Sache" wird sogar nur selten gebraucht, wie A. L. R. I. 5 §. 148; 7 §. 50. 78) verlieren denn auch gelegentliche Abweichungen in der Landrechtlichen Terminologie (wie „Sachen und Rechte": §. 33. 34. 40 h. t.; „Sachen und Handlungen": I. 4 §. 5; „Sachen oder Rechte": I. 5 §. 46; 8 §. 1; 9 §. 579; „Sachen, Rechte und Pflichten": I. 9 §. 350) an Gewicht; nur daß gerade beim Besitz und bei der Verjährung die Natur der Sache wieder zu einer schärferen

Sonderung der s. g. res corporales und incorporales zwingt. (Unten Tit. 7 und 9.)[251])

II. An die **Substanz** der Sache: §. 4 h. t. (vgl. z. B. §. 43 h. t. mit I. 11. §. 81; I. 8. §. 10 mit 18. §. 1 ff., 19. §. 9, 20. §. 1 und 21 §. 25), schließt sich

1. die im §. 5 h. t. allgemein gezogene **Gränze für die Befugniß des Nutzungsberechtigten** (§. 110 h. t.), welcher die Substanz nicht „verändern" („vermindern, verschlimmern, verringern") darf (vgl. z. B. I. 18. §. 8. 9. 193; 21. §. 25. 31; II. 1. §. 231 ff.);[252])

2. der für ein Deutsches Rechtssystem so überaus bedeutsame Unterschied der **Beweglichkeit und Unbeweglichkeit**

A. der körperlichen Sachen: §. 6 h. t., wo Alles auf eine quaestio facti zurückgeführt wird: ob nämlich eine Sache „ihrer Substanz unbeschadet"[253]) von einer Stelle zur anderen gebracht werden kann oder nicht (vgl. wegen der Buden: Jahrb. XIX. 299; wegen der Windmühlen: Rechtsspr. IV. 3—15, v. J. 1834;[254]) wegen der Schiffsmühlen: Rescr. v. 3. Septbr. 1842, J. M. Bl. S. 303; Gesetz, betr. die auf Mühlengrundstücken haftenden Reallasten, vom 11. März 1850 §. 7, Ges.-Samml. S. 148; Entsch. XXXIV. 440—450, v. J. 1856; wegen der Bäume: Entsch. XI. 201—211, v. J. 1845);

B. der Rechte, welche, zunächst in Uebereinstimmung mit dem gemeinen Deutschen Rechte, im Allgemeinen als bewegliche Sachen gelten: §. 7 h. t. Dann gelten, gleichfalls noch in Uebereinstimmung mit dem gemeinen Rechte, die in der Ausübungsbefugniß mit dem Besitze einer unbeweglichen Sache verbundenen (also vor allen, aber nicht allein, die s. g. subjectiv-dinglichen) Rechte als unbewegliche Sachen: §. 8 h. t. (Subj.-dinglich: §. 125. 128 h. t. Vgl. Löwenberg Beitr. I. S. 710. 711.) Hiernächst aber weicht das A. L. R. insofern von der

---

251) Vorbereitet war übrigens dieses Zusammenwerfen der körperlichen und unkörperlichen Dinge nicht erst im Entw. a. a. O. §. 1. 2, sondern schon im Project des Corp. Jur. Frid. (Part. II. Lib. I. Tit. II. §. 2. vgl. mit Tit. III.)

252) Im Entw. a. a. O. §. 3—6. waren die allgemeinen Sätze von der Substanz noch weiter ausgesponnen.

253) Ein Kriterium, welches sonst auch zur Abgränzung der „Nutzungen" dient: §. 110 h. t.

254) Wie das Ober-Tribunal hier (S. 9 a. a. O.) in treffender Weise auch die Gestalt zur Substanz rechnet, so heißt es ebenfalls schon (allerdings in einer anderen Beziehung) in 9. §. 3. ad exhibendum X. 4: mutata forma prope interimit substantiam rei.

gemeinrechtlichen Ansicht[255]) ab, als es **nicht** auch die s. g. objectiv-dinglichen Rechte, sobald nur deren Gegenstand ein Immobile ist, also vor allen **nicht** die Hypothekenrechte, zu den unbeweglichen Sachen zählt.[256]) Es steht fest, daß man bei der Redaction des A. L. R. nicht die Absicht hatte, alle Realrechte auf fremdes unbewegliches Eigenthum für Immobilien zu erklären. Man durfte dieses auch nicht thun, ohne bei den unser ganzes Rechtssystem durchziehenden Eigenthümlichkeiten in der Behandlung der Immobilien (Anlegung eines eigenen Foliums im Hypothekenbuche, Form der Veräußerung durch Subhastation, Absonderung im Concurse, Regeln über die Vertragsform u. a. m.) in die unbequemsten und weitschichtigsten Consequenzen hineinzugerathen. So soll denn nach §. 9 h. t. außer dem Falle des §. 8 ein Recht die Immobiliarqualität nur alsdann haben, „wenn ihm dieselbe durch besondere Gesetze ausdrücklich beigelegt ist." Hierin liegt einerseits eine gewisse Beschränkung der gemeinrechtlichen Auffassung. Andererseits aber ergibt sich eben daraus eine wahre Erweiterung derselben, und zwar in der Richtung, daß selbst solche Rechte, deren Gegenstand kein Immobile ist, die Geltung als Immobilien erlangen können.

Denn obgleich eigentlich nur der §. 253 A. L. R. II. 16 ein solches besonderes Gesetz ist, welches einem Rechte — nämlich jedem verliehenen Bergwerkseigenthume, also auch Bergtheilen oder Kuxen, — die Immobiliarqualität ausdrücklich beilegt, so haben doch noch verschiedene andere Gesetzesstellen, namentlich Hyp.-Ordnung Tit. I. §. 14 fg., A. L. R. I. 20. §. 395, II. 18. §. 555 mit Anh. §. 161, genügenden Anhalt geboten, um **gewissen selbstständigen und für sich veräußerlichen Gerechtigkeiten**, auch **ohne daß dieselben einem Grundstücke ankleben oder mit dem Besitze eines Grundstückes ausgeübt werden**, jene Qualität einzuräumen. Die Zweifel und Schwankungen in Betreff der Grinzen für diese Einräumung sind allerdings in der Praxis nicht gering ge-

---

255) Puchta §. 36.; Thibaut Pand. §. 260.

256) Uebrigens wird schon in einem Bescheide an das Pupillen-Collegium zu Cleve v. 29. Septbr. 1764 gelegentlich ausgesprochen, daß „bekanntermaßen" den Immobilibus **nicht** gleich geachtet werden: „Nomina und ausstehende Capitalia, wenn sie auch auf Hypothequen ausgethan sind." (N. C. C. Bd. 3. Sp. 492 a. E.) Und eben so werden wieder in ganz neuer Zeit in der oben (S. 105) angeführten Staatsverträgen (Art. 19. u. 27.) die Activforderungen, und zwar ohne Unterschied, ob sie hypothekarisch sind oder nicht, ausdrücklich zu den Mobilien gezählt. Desgleichen in der Convention mit Oesterreich v. J. 1844 (Ges.-Samml. S. 165 ad 4).

wesen, haben aber gerade in dem gesunden Takte der Praxis ihre sicherste Erledigung gefunden, und zwar vor Allem nach dem Kriterium der Zulässigkeit oder Unzulässigkeit der Anlegung eines eigenen Foliums im Hypothekenbuche für eine derartige Gerechtigkeit.[257])

Das Mobiliar- oder bewegliche Vermögen insbesondere, §. 10 h. t., zerfällt nach dem Sprachgebrauche des Gesetzes (dessen subsidiarische Anwendbarkeit bei der Auslegung von Willenserklärungen nicht zu bezweifeln ist: A. L. R. I. 4. §. 65—74, bes. 73; 5. §. 129. 252 ff.; 12. §. 519 ff., 554—556) in baares und Capital-Vermögen einerseits und Effecten andererseits.

Baares Vermögen umfaßt nach §. 11 h. t. nur geprägtes Geld (mit Ausnahme seltener Münzen und Medaillen, vgl. §. 374. A. L. R. I. 11) und gemünztes Papier (— Papiergeld — wozu auch die jetzigen Preuß. Banknoten gerechnet werden: Bankordnung vom 5. Oct. 1846 §. 29 und 32—34, Ges.-Samml. S. 442—444; vgl. noch wegen der Bank-Giro-Anweisungen: Entsch. XXXIV. S. 247 ff.). Capitalvermögen umfaßt nach §. 12 h. t. alle s. g. lettres au porteur (Geldpapiere: Sav. Obl. I. 496; II. 117) „gleich andern Schuldinstrumenten". Gemeinsam ist dem baaren und dem Capital-Vermögen der Geldwerth, welcher den unmittelbaren Ausdruck für ihre einzelnen Bestandtheile darbietet. (Geld als die s. g. allgemeine Sache.)

Im Gegensatze hierzu werden nach §. 13 h. t. unter den Effecten alle übrigen beweglichen Sachen (also nach der Seite ihres spezifischen Gebrauches) begriffen. Die §§. 14—30 enthalten eine V. S.

---

257) Selbst der scheinbare Kreislauf, welcher daraus entsteht, daß ein Immobile ein besonderes Hyp.-Folium bekommen, und daß gelegentlich wieder die Zulässigkeit eines solchen Foliums über die Immobiliarqualität einer Sache entscheiden soll, löst sich thatsächlich gleichsam von selbst auf, wo die Erwägung des praktischen Bedürfnisses das entscheidende Moment wird. Vgl. für eine langjährige Praxis seit 1804, in Betreff mannichfaltiger Rechte und Gerechtigkeiten, denen als besonderen Realitäten ein Folium im Hyp.-Buche eingeräumt worden ist: (Amelang) Neues Archiv IV. 116—120 u. Jahrb. II. 187 (Stände in den Judenschulen); Jahrb. VIII. 56—58 (aufgehobene Gewerbsberechtigungen); Jahrb. XV. 287 und J. M. Bl. 1840 S. 113 fg. (Apotheker-Privilegien); Jahrb. VIII. 280 fg. (Jagdgerechtigkeiten); (in den Bresl. Erg. angeführte) ungedr. Rescripte (Zehntrechte); Jahrb. XXVI. 416 fg. (ehemals unablösliche Pächte); Jahrb. XVIII. S. 331 ad 2 (Superficies) vgl. mit einem (in den Bresl. Erg. angef.) ungedruckten Rescr. v. 20. Octbr. 1837, einem (in der Jur. Wochenschr. 1838 S. 69 ff. abgedruckten) Ob.-Trib. Erk. aus dem J. 1836 (Erbpachtsgerechtigkeiten: bes. S. 78 a. a. O.) und Strieth. VI. 193—201 (bes. S. 200), v. J. 1852 (ehemal. gutsherrl. Rechte wegen der Colonatsgefälle).

gewisser Sachen dieser Art. Dabei werden die **Mobilien** (§. 18.), als lediglich Möbeln, Hausrath und Geräthschaften (§. 14—16) umfassend, technisch gesondert von den Moventien (§. 17)[258]) und den übrigen hier (§. 19—30) aufgezählten Sachen. (Die Worte „nutzbar" im §. 17 und „leinen" im §. 25 sind nur beschreibender Natur und nicht buchstäblich zu nehmen.)

Uebrigens sind unsere Gesetze nichts weniger als beharrlich in der Anwendung ihres eigenen hier aufgestellten Sprachgebrauches. Vor Allem sind die zum Theil störenden Schwankungen in dem bald engeren, bald weiteren, bald ungenauen Gebrauche der Worte **Mobilien** und **Effecten** aufgefallen.[259]) Dagegen erklärt sich die verschiedenartige Bedeutung, in welcher das Wort **Capital** gebraucht wird, leicht aus dem Zusammenhange der einzelnen Stellen.[260])

3. Auf die Substanz bezieht sich endlich noch die **Theilbarkeit** oder **Untheilbarkeit** der Sachen: §. 41 h. t., sofern diejenigen Sachen als untheilbar gelten müssen, deren Ganzes durch eine Absonderung der Theile substanziell aufgehoben wird. Vgl. Entsch. XVI. 218 und Sav. Obl. I. (303 ff.) 318. 330. 343. (Oestr. §. 889. 890. Code Nap. art. 1217 ff.)

III. Den Gegensatz zu einer **besonderen oder für sich bestehen-**

---

258) Der Ausdruck Moventien kommt wohl nur noch einmal im A. L. R. vor: II. 8. §. 2055. (Sonst Thiere, Vieh u. s. w.)

259) So: „Mobilien und Effecten" im §. 279. A. L. R. II. 2.; „Sachen und Effecten" im §. 580. u. 581. A. L. R. I. 21. und im §. 1193. A. L. R. II. 11; „baares Geld" als eine Species der transportabelsten „Effecten" im §. 70. Pr. O. Tit. 24; „Sachen, Gelder, Effecten oder Activforderungen" im §. 1. Pr. O. Tit. 29; „Juwelen und Kostbarkeiten, Mobilien, Effecten und Waaren" im §. 377 Pr. O. Tit. 50. (Entsch. VIII. 478—480.) Im Familienrecht (A. L. R. Th. II. Tit. 1. 2. 4. 18.) werden fast durchweg die Effecten in ihrem ganzen Umfange durch den (eigentlich engeren) Ausdruck „Mobilien" bezeichnet. (Bisweilen: „Mobilien und Kostbarkeiten": A. L. R. II. 1. §. 213 u. 4. §. 60 fg.) Eine eigenthümliche Bedeutung haben die Effecten noch im kaufmännischen Sprachgebrauche, als verkäufliche Schuldverschreibungen oder coursirende Creditpapiere. (Vgl. Pr. O. Tit. 50. § 300: „Waaren oder Effecten"; Conc. Ordn. v. 1855 §. 33. ad 8: „Güter, Fonds und Effecten"; Bankordnung v. 1846 §. 4: „Wechsel und Effecten" und §. 31: „Baarfonds und Effecten.")

260) So z. B. ganz allgemein als ausstehende Forderung irgend einer Art: A. L. R. I. 7. §. 232; II. 17. §. 181; II. 18. §. 455 ff.; speziell als zinstragend: I. 7. §. 192 (gleich anderen „nutzbaren Rechten"); 12. §. 408 (beim Vermächtniß einer bestimmten Schuldforderung); 13. §. 72 (bei Zahlungen des Mandatars für den Mandanten, im Gegensatze zu bloßen currenten Auslagen); auch wohl einmal als aufgesammeltes baares Geld: II. 11. §. 635.

den (selbstständigen) Sache (30 pr. de usurp. XLI. 3): §. 31 h. t. (im Entw. §. 21. noch durch den Zusatz „res singularis" erläutert), bildet

1. ein **Inbegriff von Sachen** oder **von Rechten**, eine s. g. universitas facti oder iuris, je nachdem mehrere besondere Sachen bloß factisch, §. 32 h. t. (Sav. Obl. I. 309), oder verschiedene Sachen und Rechte vermittelst eines Rechtsbegriffs, §. 33—35 und 40 h. t., zu einem (einzelnen) Ganzen zusammengefaßt werden. Sav. Obl. I. 319: „Wie bei den Sachen, so kommt auch bei den Rechten eine künstliche Zusammensetzung zu einem neuen, collectiven Ganzen vor. Eine solche Zusammensetzung findet sich in dem Peculium, der Dos, der Erbschaft."

Das A. L. R. stellt für beide Arten des Inbegriffs gleichmäßig den Hauptgrundsatz auf, daß jedes einzelne Stück an dem Rechtsverhältnisse des Ganzen so lange, aber auch nur so lange Theil nimmt, als es sich bei demselben befindet: §. 36—39 h. t. Dadurch ist zugleich der Streit über die Frage abgeschnitten: ob bei gewissen Arten von Inbegriffen res in locum pretii und pretium in locum rei succediren müsse oder nicht.[261])

2. **Ein Zubehör** oder **Pertinenzstück**.

A. Begriffe.

Im Allgemeinen wird darunter eine Sache verstanden, welche zwar für sich selbst bestehen kann, aber mit einer anderen Sache in eine fortwährende Verbindung gesetzt worden ist: §. 42 h. t. (Allegirt in §. 10 h. t.; I. 11. §. 79; 12. §. 405; 20. §. 444.)

Selbst unbewegliche Sachen, welche einem anderen Ganzen durch die Handlung oder Bestimmung eines Menschen (oder auch durch das Gesetz) zugeschlagen werden, haben die Pertinenz-Eigenschaft: §. 44 h. t. (Entsch. v. J. 1854: Strieth. XI. 352—356; Präj. 2508, v. J. 1854: Entsch. XXVII. 194—199 und Strieth. XII. 90—95.)[262]) Dagegen machen verschiedene (nicht durch menschliche Willkühr, sondern) durch die Natur mit einander verbundene unbewegliche Sachen nur Eine Substanz aus: §. 43 h. t.

---

261) Deutlich ausgesprochen ist die Nicht-Succession in besonderen Fällen: A. L. R. I. 11. §. 27; 17. §. 55; II. 1. §. 516 („auch hier"). Vgl. jedoch über vereinzelte Fälle einer wirklichen oder scheinbaren Anwendung der verworfenen Regel res succedit in locum pretii et pretium in locum rei: Koch §. 93 am Ende (nebst dem Commentar zum §. 36 h. t.) und Thöne Preuß. Privatr. Bd. 2. S. 24. — Zum §. 37 h. t. insbesondere: Präj. 401, v. J. 1838 („wirklich fortgebracht") und unten 2. B.

262) Vgl. auch noch Entsch. XV. 27 u. XXIII. 358—363. Ferner, wegen der Pertinenz-Eigenschaft der bäuerlichen Dienste und Leistungen:

Bewegliche natürliche Zuwüchse als Zubehör von Immobilien und Moventien: §. 45 h. t. (Vgl. Tit. 7. §. 193 fg. und Tit. 9. §. 221.) Nicht jede Nebensache ist Zubehör der Hauptsache: §. 46 h. t. („Die Nebensache, ohne welche rc.") „Pertinentiae pertinentiarum sunt pertinentiae rei principalis": §. 47 h. t. (Z. B. die Abschlagsschleuse des zur Mühle gehörigen Mühlenteiches: Entsch. aus d. J. 1852 in Strieth. VI. 137—140. Eine andere, durch Combination der §§. 92 und 46 h. t. zu entscheidende Frage ist die: ob und in wie weit der Mühlenteich selbst als Pertinenzstück der Mühle zu betrachten sei.)

B. Grundsätze: §. 105—108 h. t. (Analogie mit §. 36—39.)

Die Pertinenzstücke nehmen an dem Rechtsverhältnisse der (demselben Eigenthümer wie die Pertinenzstücke gehörenden) Hauptsache Theil, so lange sie sich bei derselben befinden, ohne jedoch durch eine blos vorübergehende Trennung (242. §. 4. de V. S. L. 16: . . . quod interim tollerentur) davon ausgeschlossen zu werden. Vgl. A. L. R. I. 20. §. 445. 456. 475 und Entsch. II. 393; XXI. 434; XXIII. 153; Strieth. XXX. 106—109.[263])

C. Pertinenz-Register: §. 48—104 h. t.[264])

Die eigenthümliche Bedeutung eines solchen gesetzlichen Registers tritt besonders hervor in dem zwiefachen Gegensatze: 1. zur Spezialität der Willenserklärungen (A. L. R. I. 11. §. 78—82; II. 8. §. 1400); 2. zu Geschäften in Pausch und Bogen (I. 11. §. 83—91).

Als Kriterium der ländlichen Grundstücke, im Gegensatze der städtischen, §. 48. 61. 75 ff. h. t. (Beseler §. 78. Note 7; §. 181. Note 9; §. 182. Note 4—6.), ist nach Preußischem Rechte in mannigfachen Beziehungen festzuhalten (nicht locus aedificiis vacuus, sondern): daß Ackerbau und Viehzucht damit verbunden sei. Vgl. A. L. R. I. 5. §. 343. 344; 7. §. 195; 8. §. 60; 11. §. 83. 88. 255; 14. §. 188; 21. §. 151. 169 fg. 261. 302 und 307. 330. 343. **400**; II. 4. §. 48. (51. 60.); A. G. O. I. 24. §. 121. 127 ff.; [47. §. 17; 50.

Pl. Beschl. 29. April 1839 (Entsch. V. S. 1—12); Entsch. XXXVI. 191 (v. J. 1857); Strieth. XXXII. 337—343 (v. 1859); der Rentenbriefe: Präj. 2596, v. J. 1854 (Entsch. XXX. 266—279); der Orgel: Entsch. v. J. 1858 (Entsch. XXXVIII. 273—278 und Strieth. XXIX. 219—224).

263) Zur Erläuterung des §. 108. insbesondre: Präj. 415 (v. J. 1837) und Entsch. (v. J. 1854) in Strieth. XIII. 96—99.

264) Im Entw. befanden sich in der Einl. zu Th. II. nur wenige allgemeine Bestimmungen (§. 9—11) über Pertinenz-Stücke. Das Register war, nebst den Hauptgrundsätzen, der Lehre vom Kaufvertrage einverleibt. (Th. II. Tit. VIII. §. 68—120.)

§. 242; 52. §. 29 fg.]; II. 6. §. 2 ff.; Exec. Ordnung von 1834 §. 24 (Ges.-Samml. S. 37 fg.); Concurs-Ordn. von 1855 §. 429 ad 2.

Auch „Pertinenzstücke beweglicher Sachen" (so lautete das Marginale zu §. 114 ff. Entw. Th. II. Tit. VIII.) sind dem A. L. R. geläufig: §. 96—102 h. t.; 12. §. 407. So gilt, in wesentlicher Abweichung vom Römischen Rechte (44. de evict. XXI. 2: Scapham non videri navis esse etc.), auch das Boot als Zubehör des Schiffes: §. 91 h. t. und II. 8. §. 1397. 1398. (Pr. O. Tit. 50. §. 684.)

IV. Die Sache nach der praktischen Seite des **Gebrauches.**

Der Nutzen umfaßt allen möglichen Gebrauch (bis zum Verbrauch): §. 109 h. t. Die Nutzungen dagegen umfassen nur den Gebrauch salva substantia: §. 110 h. t. (Oben ad II. 1. Auch A. L. R. I. 7. §. 189 ff.; 9. §. 220. 357; 21. §. 29 ff. u. s. w.)

Das Geld, als die allgemeine Sache, giebt den Maßstab für den Werth der spezifischen Sachen: §. 111—119 h. t. (Sav. I. 376: Werth und Geldwerth als gleichbedeutende Ausdrücke; Obl. I. 405: Geld als absoluter Werthmesser.) Dabei wird, im Wesentlichen in der sonst üblichen Abstufung des s. g. pretium commune, singulare und affectionis (pretia rerum non ex affectione [affectu] nec utilitate singulorum sed communiter fungi: 33 pr. ad leg. Aquil. IX. 2. und 63 pr. ad leg. Falcid. XXXV. 2.), unterschieden: der gemeine Werth, der außerordentliche Werth und der Werth der besonderen Vorliebe.[265]) Der letzte hieß im Entw. (Th. II. Einl. §. 33. 35; Tit. III. §. 75) „Werth der besondern Schätzung."

Unter verbrauchbaren Sachen werden die sonst s. g. fungiblen (vertretbaren) verstanden (die Quantitäten: Sav. VI. 122—124; Obl. I. 309. 400 fg.; II. 118): §. 120 h. t. (Im Entw. Th. II. Einl. §. 36, wie in der Pr. O. Tit. 50. §. 297, findet sich der erläuternde Zusatz: res fungibiles. Aehnlich im A. L. R. I. 5. §. 275: Genus.) Der §. 121 h. t. (vgl. I. 5. §. 225) ist von Bedeutung für den quasi ususfructus: A. L. R. I. 21. §. 173.

V. Die Rechte, als eine Art der Sachen, nach den Seiten der **Persönlichkeit** und der **Dinglichkeit.**

Vier Arten von Rechten, je nachdem deren Subject und resp. Object Person oder Ding ist (Sav. Obl. I. 134. 135):

---

265) Nur in Ausnahmefällen (§. 118 h. t.) wird in Anschlag gebracht: der außerordentliche Werth, A. L. R. I. 6. §. 86; 11. §. 9; 12. §. 378, oder gar der Werth der besonderen Vorliebe, A. L. R. I. 6. §. 87 (20. §. 196); 11. §. 880. — Besonders lehrreich für diese Begriffe: Rechtsspr. III. 339—357. Vgl. auch Strieth. XIV. 106—109; XXXII. 245—247; XXXV. 284 fg.

1. Subjectiv-persönliche und objectiv-persönliche Rechte,[266]) im A. L. R. wie im Römischen Rechte rein obligatorischer Natur: §. 122—124 h. t. Zum §. 123: „geben, leisten, verstatten oder unterlassen" vgl. 3 pr. de O. et A. XLIV. 7: . . . ad dandum aliquid vel faciendum vel praestandum (Sav. Obl. I. 300) und 189. de V. S. L. 16: . . . ut abstineat quis ab eo facto etc. Der technische Ausdruck „Recht zur Sache" im §. 124. (133. 135. 139.) h. t. (vgl. A. L. R. I. 19. §. 2. 6. 33; 20. §. 17) beruhet auf einer bloßen Uebersetzung des s. g. ius ad rem der Neueren.[267])

2. Subjectiv-dingliche und objectiv-persönliche Rechte, Deutschen Ursprunges, dem Römischen Rechte fremd, zu den im A. L. R. s. g. affirmativen Rechten (iura in faciendo) gehörig: §. 125 und 128 h. t. Vgl. A. L. R. Einl. §. 64 fg.; I. 2. §. 8; 7. §. 80; 16. §. 483; II. 7. §. 308 ff. u. s. w.; Sav. II. 378; Entsch. XXXIII. 462.

3. Subjectiv-persönliche und objectiv-dingliche Rechte, im A. L. R. wie im Römischen Rechte Pfand, Personal-Servitut u. s. w.; im A. L. R. aber auch Miethe, Pacht und verschiedene Rechte Deutschen Ursprunges — oben S. 49 ff. —, ja sogar gewisse Grundgerechtigkeiten zur Befriedigung persönlicher Bedürfnisse: §. 126. 127. 129 h. t. Vgl. I. 19. §. 22 ff.; 21. §. 185; 22. §. 96 fg. und 203 ff.

4. Subjectiv-dingliche und objectiv-dingliche Rechte, im A. L. R. wie im Römischen Rechte die eigentlichen Real-Servituten, im A. L. R. jedoch noch weitere Rechte Deutschen Ursprunges: §. 126—129 h. t. Vgl. I. 22. §. 12 ff.; 18. §. 186; 20. §. 651; II. 8. §. 430; 11. §. 578 ff. 913 fg. u. s. w. Zu weiterer Erläuterung: Präj. 1634, v. J. 1845; Entsch. XVI. 200; XVIII. 320; XXXVIII. 347; XLI. 363; Strieth. XXXI. 61 ad a. 163 fg.

Dingliche Rechte κατ' ἐξοχήν (die „wahren" dinglichen Rechte: Sav. II. 378.) sind die in Ansehung ihres Gegenstandes dinglichen Rechte, die im A. L. R. s. g. Rechte auf die Sache: §. 127. 130. 133. fg. h. t. I. 16. §. 482. Auch pleonastisch „dingliche Rechte auf die Sache": §. 135. 137. 140 h. t. und I. 19. §. 7.)[268])

---

266) In der Einl. zum Entw. Th. I. wird das „Jus personale" in diesem Sinne ausdrücklich unterschieden von dem (auf den Stand u. s. w. bezüglichen) „Jus personarum": §. 130. u. 128. (Sav. I. 400 fg.) Oestr. §. 859: „Die persönlichen Sachenrechte, vermöge welcher eine Person einer andern zu einer Leistung verbunden ist 2c."

267) Vgl. das Register zum A. L. R. s. v. „Rechte"; Puchta §. 219. Note c.; Sav. I. 372; Gruchot a. a. O. S. 136.

268) Im §. 129 der Einl. zum Entw. Th. I.: „Jus reale." Im Register zum A. L. R. a. a. O.: „jura objectiva realia." — Jus in rem: Sav. V. 23.

An diese Begriffsbestimmungen schließen sich einige Hauptsätze über titulus und modus adquirendi: §. 131 — 134 h. t. Oben S. 41. Auch A. L. R. I. 10. §. 1 fg.; 11. §. 376 fg. und §. 1037 fg.; 18. §. 79 fg.; 20. §. 6 ff.

Endlich folgen einige abstracte Grundsätze vom dinglichen Rechte überhaupt. An der Spitze steht der für das ganze System (oben S. 49 fg.) bedeutende Satz von der Möglichkeit der Erhebung eines jeden (persönlichen) Rechtes zur Sache zu einem (dinglichen) Rechte auf die Sache, vermittelst (Eintragung oder) Einräumung des Besitzes (Sav. VIII. 190): §. 135 h. t. (A. L. R. I. 19. §. 4; 20. §. 7; 21. §. 2. 4 fg. und §. 359; Strieth. XXXII. 81. 84; XXXIV. 128 ad c. 133.)[269]) Daran schließt sich die gleichfalls für das ganze System bedeutende (jedoch nicht ausnahmefreie) Regel der s. g. Abschaffung des nicht durch Besitz (oder Eintragung) erkennbaren ius reale contra tertium possessorem (Sz. S. 2. 58. 73): §. 136 h. t.; vgl. A. L. R. I. 20. §. 8. 271 ff. 573; 22. §. 147.[270]) Demnächst die objective Wirksamkeit des einmal begründeten Rechts auf die Sache: §. 137 h. t. (I. 19. §. 7); mit Andeutung der Modificationen bei der Vindication von Mobilien: §. 138 h. t. (in Verbindung mit dem allegirten Tit. 15), so wie bei etwa einflußreichen Veränderungen in der Person des Berechtigten: §. 139 h. t. (wie z. B. A. L. R. I. 21. §. 366 ff.). Die Schlußparagraphen 140. 141 h. t. (Einl. §. 108 und I. 16. §. 2) beruhen auf dem Grundgedanken, daß wohl mit dem principale das accessorium, aber nicht mit dem accessorium das principale untergehe. Dieser Grundgedanke erleidet jedoch wesentliche Modificationen: Anh. §. 52 zum A. L. R. (I. 16) und §. 520 ff. A. L. R. I. 20; Entsch. XVIII. 268. 272.

— „Realrecht": A. L. R. I. 18. §. 186; 20. §. 41. 64. „Realansprüche": I. 20. §. 152.

269) Vgl. Sz. S. 67: „... da der Konduktor, indem ihm auf den Grund des Kontrakts der Besitz der Sache eingeräumt worden, ein wirkliches Jus reale überkommen hat."

270) Praktisch schwierige u. bedenkliche Fragen betr. Schärfkorn: Pl. Beschl. 27. April 1840 (Entsch. V. 291—299); Präj. 2003 (v. J. 1848) und 2133 (v. J. 1849: Entsch. XVIII. 405—415, vgl. XVII. 18); Privatforstbediente: Pl. Beschl. 3. Januar 1848 (Entsch. XVI. 3—17, bes. 13 fg.; J. M. Bl. 1848 S. 79—82; Rechtsf. III. 384—386); Gesinde: Entsch. v. J. 1852 (Strieth. VI. 215—220); Reallasten: Entsch. v. J. 1849 (Entsch. XVIII. 316—326, vgl. XIV. 272); Präj. 2288, v. J. 1851 (Entsch. XXI. 44—59); Entsch. v. J. 1854 (XXVII. 297—304).

A. L. R. Th. I. Tit. 3. Von Handlungen und den daraus entstehenden Rechten.

(Entw. Th. I. Einl. §. 61—79. 92. Th. II. Einl. §. 64—67; Tit. 1. §. 135—137. Oben S. 35 u. 37.)

Die Hauptlehre dieses — die Grundlage für Willenserklärungen aller Art, für Verträge und für Beschädigungen bildenden — Titels ist die Culpa (ohne technische Sonderung der s. g. Aquilischen Culpa).

I. **Einleitung und Begründung des Standpunktes.** (Von besonderer Bedeutung auch für den sechsten Titel.) Koch §. 102. Born. §. 20 zu Anfg. Puchta §. 49. Sav. III. 22. (Handlungen als Gründe der Entstehung oder des Untergangs der Rechte.)

1. Nur aus **äußeren freien Handlungen** sollen Rechte und Verbindlichkeiten entstehen: §. 1—3 h. t. Das sind juristische Handlungen, zum Unterschiede von blos moralischen.[271]) Doch sind Unterlassungen nicht davon ausgeschlossen: §. 32 h. t.; I. 6. §. 2—5. 9. 11. 12; 11. §. 869 fg. 890 ff.; II. 15. §. 35. Vgl. 121 de R. J. (Qui non facit quod facere debet etc.)

2. Die **Folgen** der Handlungen gelten, nach gewissen besonderen Kriterien ihrer Entstehung, als **unmittelbar, mittelbar** und **zufällig:** §. 4—6 h. t.; I. 6. §. 2—4.

3. Auf dem Zusammenhange zwischen Ursache und Wirkung beruhet die **Zurechnung** der Handlungen: §. 7—14 h. t. Je näher die Folgen den Handlungen stehen, desto stärker ist die Pflicht zur Vertretung derselben. Daraus ergibt sich die unbeschränkte Zurechnung der unmittelbaren Folgen (§. 7), die beschränkte Zurechnung der mittelbaren Folgen (§. 8—10, von denen der §. 9 ein bloßes Motiv für die Bestimmung des §. 10 enthält), die nur ausnahmsweise eintretende Zurechnung der zufälligen Folgen. (§. 11—13 h. t.; I. 6. §. 16; 7. §. 241. 242; 13. §. 81. 249; 14. §. 19. 85. 341; 17. §. 227; 20. §. 131; 21.

---

271) Im Entw. a. a. O. §. 61 ff. war noch — mit dem Marginale „Moralität der Handlungen“ — der Zusatz „moralisch“ zu den (äußeren freien) Handlungen gemacht.

§. 251; II. 5. §. 94; 18. §. 258. 282; Präj. 1397, v. J. 1844: Entsch. IX. 370—375.)

II. **Dreigradige Culpa.** [272]) Koch §. 141—143. 468—470. Born. §. 20. 152. Puchta §. 261. 264—267. Sav. I. 219: Aequitas als Grundlage der allgemeineren Rechtsregel über die culpa; doch nicht ohne Modificationen. III. 295 Note d: Culpa nicht so allgemein wie der dolus eine causa obligationis. IV. 10: Nichthaftung des in uneigennützigem Verhältniß befindlichen Schuldners für jede gewöhnliche culpa. (Oestr. §. 1294—1300. 1303. 1311 fg. Code Nap. art. 804. 863. 1116. 1137. 1374. 1732. 1806—1808. 1850. 1927 fg. 1992.)

Der §. 15 h. t. geht davon aus, daß dolus (der Nachdruck liegt auf dem Worte „wollen") nicht präsumirt wird. (18. §. 1 de prob. et praes. XXII. 3: .... docere dolum admissum.) Doch fordert §. 16 h. t. im Allgemeinen die Anwendung der gehörigen Aufmerksamkeit (diligentia), deren Vernachlässigung den Begriff der culpa im Allgemeinen begründet: §. 17 h. t. („Versehen".)

Um jedoch an den früher gebräuchlichen drei Graden der culpa festhalten zu können und dadurch insbesondere zu dem vermeintlich praktischen Resultate zu gelangen, welches im A. L. R. I. 5. §. 278—280 seinen Ausdruck in Beziehung auf Verträge gefunden hat, [273]) werden nun gleichsam zwei Factoren zur weiteren Berechnung der Abstufungen mit einander combinirt: Aufmerksamkeit und Fähigkeit. Danach gilt als culpa lata („grobes Versehen") und ist in Beziehung auf die zu vertretenden Folgen dem dolus gleich gestellt, was bei gewöhnlichen Fähigkeiten ohne Anstrengung der Aufmerksamkeit vermieden werden kann: §. 18. 19 h. t. [274]) (213 §. 2 de V. S.: Lata culpa est nimia negligentia, id est, non intelligere quod omnes intelligunt. 32 depos. XVI. 3.: ... latiorem culpam dolum esse ....) Als culpa levis („mäßiges Versehen"), was bei einem gewöhnlichen Grade von Aufmerksamkeit vermieden werden kann: §. 20. 21. 24 h. t. (I. 20.

---

272) Zu besserer Klärung der Methode bleibt hier noch ausgeschieden, was sich auf die Culpa bei eigentlichen Beschädigungen (unten Tit. 6) bezieht.

273) Allgemein gefaßt: wer aus einem gewissen Rechtsgeschäfte oder in einem gewissen Rechtsverhältnisse nach der Natur der Sache keinen unmittelbaren Vortheil zu erwarten hat, haftet nur für culpa lata; wer ausschließlich Vortheil zu erwarten hat, für culpa levissima; wogegen beide Theile, welche Vortheil zu erwarten haben, einander gegenseitig für culpa levis haften.

274) Was dahin zu rechnen, ist in jedem besonderen Falle eine rein thatsächliche Frage: Präj. 703, v. J. 1839.

§. 121: „als ein guter Hausvater"; 21. §. 22: „nach der Art eines guten Hauswirthes"; II. 18 §. 275: „ein ordentlicher Hausvater" und §. 472: „die gewöhnliche Aufmerksamkeit eines vernünftigen Hausvaters".) Endlich als culpa levissima („geringes Versehen")[275], was nur bei vorzüglichen Fähigkeiten (besonderer Sachkenntniß) oder bei ungewöhnlicher Anstrengung der Aufmerksamkeit vermieden werden kann: §. 22. 23 h. t.[276])

Hiernach beruhen die durch das ganze System des A. L. R. zerstreuten einzelnen Fälle, in welchen die Vertretung der s. g. culpa levissima gefordert wird, auf der Verpflichtung des Handelnden entweder zu besonderer Sachkenntniß und Geschicklichkeit oder zu besonders angestrengter Aufmerksamkeit. Und zwar zu besonders angestrengter Aufmerksamkeit hauptsächlich dann, wenn Jemand allein den Vortheil aus der Sache zieht oder sich wesentlich im Unrecht befindet. Vgl. I. 5. §. 279. 281. 290. 321; 7. §. 237. 240; 9. §. 341. 457; 11. §. 115. 251. 301. 432. 438. 921. 954. 956; 13. §. 57. 80. 245; 14. §. 19. 42. 112; 16. §. 13. 286; 17. §. 227; 20. §. 124; 21. §. 248. 279 u. 441; II. (5. §. 66. 67. 94;) 8. §. 447. 2459. 2460—2462; 10. §. 88. 89; 18. §. 166. 258. 277—281. (Gewisse Anomalien finden sich in I. 11. §. 958; 13. §. 220; bloße Modificationen in I. 11. §. 923; 13. §. 58.)

Die Behandlung der s. g. culpa levis in concreto, d. h. die Schonung der beobachteten diligentia quam suis (bei einer in abstracto vorhandenen culpa levis), stützt sich im A. L. R. auf den im §. 25 h. t. — im Gegensatze zu der Regel des §. 24 — ausgesprochenen Grundsatz, wonach nur bei Verträgen, welche ein besonderes Vertrauen unter den Handelnden voraussetzen, eine gewisse schonende Rücksicht auf die bestimmten persönlichen Eigenschaften des Handelnden („eigenthümliche Beschaffenheit oder Geisteskräfte") genommen wird. So wird der Mandatar, welcher den Auftrag weder gegen Belohnung noch als

275) Der bisweilen (A. L. R. I. 5. §. 281; 7. §. 240; 9. §. 457; 20. §. 124; 21. §. 248; II. 8. §. 2460; 18. §. 166) vorkommende Ausdruck „geringstes Versehen" soll keinesweges noch eine weitere Steigerung dieses Grades in sich schließen, sondern beruhet lediglich auf einer Steigerung des Accents. Eben so umgekehrt einmal: „sorgfältigste Aufmerksamkeit" (II. 8. §. 447); auch „genaueste Aufmerksamkeit" (II. 10. §. 88; vgl. mit §. 90: „vorschriftsmäßige Aufmerksamkeit").

276) Das Wort „darf" anstatt „braucht" im §. 23 h. t. ist ein in der Sprache des A. L. R. unaufhörlich wiederkehrender Provinzialismus. Z. B. I. 5. §. 288. 296; 6. §. 16. 19. 36; 9. §. 341; 11. §. 213; 17. §. 58; II. 18. §. 302.

Kunst- oder Sachverständiger (arte peritus heißt es im Register zum A. L. R. s. v. „Versehen") übernommen hat, nur „zu demjenigen Grade des Fleißes und der Aufmerksamkeit, welchen er in seinen eignen Geschäften derselben Art anzuwenden pflegt", verpflichtet: I. 13 §. 55—58. (Der belohnte Mandatar vertritt danach „jedes mäßige Versehen überhaupt", d. i. die s. g. culpa levis in abstracto; der belohnte Sachverständige culpa levissima, der unbelohnte nur culpa levis.) Auf gleiche Weise werden Gesellschafter (socii), welche weder eine besondere Besoldung oder Belohnung erhalten noch mit einer besonderen Verwahrung oder Verwaltung betraut sind (in welchen Ausnahmefällen sie für culpa levis in abstracto haften, „ohne Rücksicht ihrer persönlichen Eigenschaften"), bei dem Betriebe des gemeinschaftlichen Gewerbes nur „zu demjenigen Grade von Fleiß und Aufmerksamkeit verpflichtet, den ein Jeder in seinen eigenen Geschäften anzuwenden pflegt": I. 17. §. 211—213. Endlich wird auch bei Bestimmung des Grades der Verschuldung, welche etwa dem Ehemanne bei Ausleihung und Verwaltung der der Frau zugehörenden eingebrachten Capitalien zur Last fällt, auf „die persönlichen Fähigkeiten und Einsichten des Mannes" Rücksicht genommen: II. 1 §. 554. 555. (Vgl. §. 291.) Weitere, dem Römischen Rechte geläufige Fälle der Schonung beobachteter diligentia quam suis (oder, wie in gewissen Beziehungen correcter zu sagen wäre, des Begnügens mit der beobachteten dil. qu. s.) kennt das A. L. R. nicht. Namentlich nicht bei der s. g. communio incidens: I. 17 §. 58 (wonach die Gemeinschafter für culpa levis in abstracto haften); nicht bei der Verwaltung der eingebrachten Grundstücke: II. 1 §. 595 (wonach der Ehemann, wie jeder andere Nießbraucher [A. L. R. I. 21. §. 132 vgl. mit §. 15. 16], in Ansehung der eingebrachten Grundstücke für levis culpa in abstracto haftet, während derselbe in Ansehung der eingebrachten Mobilien der Regel nach nur für culpa lata aufzukommen braucht: II. 1. §. 561); endlich auch nicht bei der vormundschaftlichen Verwaltung: II. 18. §. 166. 277—281 (culpa levissima); §. 282 (eventuell casus); §. 275. 276. 301 ff. 463 —465. 514. 911 (culpa levis in abstracto); §. 284 fg. 304. 306. 462. 464. 513. 557. 690. 912 (nur culpa lata).

Das L. R. hat eben den Kreis der persönlichen Rücksichten hier nicht um den Gesichtspunkt der Gemeinschaftlichkeit, sondern lediglich um den des Vertrauens gezogen. Und demgemäß gestattet es denn auch — um die bereits gewonnenen Resultate in den vollen Gegensätzen zusammenzufassen — die Berufung auf die beobachtete diligentia quam suis: erstens, dem socius, aber nicht dem Gemeinschafter aus der communio incidens; zweitens, dem Mandatar (an welchen das Römische Recht strengere Ansprüche macht), aber nicht dem Vormunde (an welchen wie an einen öffentlichen Beamten das L. R. strengere Ansprüche macht). Auch für die gelegentliche Schonung einer rebus suis consueta negligentia in 22. §. 3 ad S. C. Trebell. XXXVI. 1 findet sich im L. R. keine Analogie.

Für die Behandlung der s. g. culpa lata in concreto, dergestalt, daß die vernachlässigte oder verletzte diligentia quam suis zur culpa lata wird, lassen sich wohl nur zwei Stellen des A. L. R. beibringen: I. 17. §. 214, wonach die gesetzliche Milde, welche sich mit der von einem socius beobachteten diligentia quam suis begnügt, keineswegs demjenigen zur Entschuldigung gereichen soll, „der etwa in seinen eigenen Geschäften einen höheren Grad von Fleiß und Aufmerksamkeit zu äußern pflegt", und I. 14. §. 11. 12, wonach der (unbelohnte) Depositar grundsätzlich nur für culpa lata haftet, einer solchen culpa aber die verabsäumte diligentia quam suis gleich zu achten ist [277]).

Freilich läßt sich weder in den Ansichten und Vorarbeiten der Redactoren noch in der Fassung der Gesetze selbst eine volle Klarheit über die hier nach den Resultaten der neueren Wissenschaft gesonderten Momente entdecken [278]). Allein es ist doch wenigstens nirgends der

277) Die Worte des §. 11.: „nur verpflichtet, die ihm anvertraute Sache mit eben dem Fleiße zu verwahren, als er bei seinen eigenen Sachen von gleicher Art zu thun pflegt", erregen freilich den Anschein, als ob es sich hier noch um einen Fall des Begnügens mit der beobachteten dil. quam suis handelte. Allein es bedarf nur der Voranstellung des im §. 12. ausgesprochenen richtigen (auch Römischrechtlichen) Grundsatzes von der eigentlich auf culpa lata beschränkten Haftung des Depositars (32. depositi: ... nec enim salva fide minorem iis, quam suis rebus, diligentiam praestabit), um danach ganz von selbst auch zu der richtigen Auslegung des §. 11 zu gelangen.

278) Die Unklarheit ist auch im Register zum A. L. R. s. v. „Versehen" nicht gering; wie sich aus folgender Zusammenstellung der dort zerstreuten Bemerkungen entnehmen läßt: „Culpa in concreto; darauf wird nur (bei Verbrechen und) bei Verträgen, welche ein besonderes Vertrauen voraussetzen, Rücksicht genommen. Th. I. Tit. III. §. 24. 25. vertritt in der Regel der Mandatarius, wenn er nicht belohnt wird, oder ein Sachverständiger ist. Th. I. Tit. XIII. §.55. vertritt auch in der Regel der Depositarius. Th. I. Tit. XIV. §. 11. desgleichen der Socius. Th. I. Tit. XVII. §. 211. Ausnahme §. 212—214. desgleichen der Ehemann bei Verwaltung der Güter der Ehefrau. Th. II. Tit. I. §. 555." ... „grobes Versehen oder culpam in concreto vertritt der Depositarius. Th. I. Tit. XIV. §. 11—13. Die Ausnahmen davon s. ebd. §. 14. 17. 18. 19." .... „geringes Versehen .... vertritt der Ehemann wegen des Eingebrachten der Frau, jedoch nur in concreto. Th. II. Tit. I. §. 554. 555. Ausnahme in Ansehung der Mobilien ebd. §. 561."

richtigen Auffassung der entscheidenden Beweisfrage (vgl. insbesondere §. 56 Tit. 13 [„nicht ausgemittelt"] mit §. 12 Tit. 14 [„nicht abgemessen"] und §. 214 Tit. 17 [„nicht zur Entschuldigung"]) ein positives Hinderniß entgegen gesetzt; weshalb es denn also auch nach Preußischem Rechte schließlich darauf hinaus kommen muß, daß die Beweislast auf denjenigen fällt, welcher entweder seinerseits die beobachtete dil. quam suis zu seinem eigenen Schutze behauptet oder umgekehrt seinem Gegner die verabsäumte dil. quam suis zu dessen größerer Belastung vorwirft.

III. Abstracte Sätze über rechtliche Handlungen und deren **Wirkungen**: §. 26—39 h. t. Born. §. 19.

Zu §. 26 fg. vgl. A. L. R. I. 6. §. 59. Zu §. 28: A. L. R. Einl. §. 78 (oben S. 126 fg.). Zu §. 32 (u. Einl. §. 85): beispielsweise A. L. R. I. 2. §. 132 u. 22. §. 43. Zu §. 34 h. t.: A. L. R. I. 13. §. 249. 279. (Entsch. XIII. 510.) Zu §. 35—37 h. t.: 134. §. 1 de R. J. (Nemo ex suo delicto meliorem suam conditionem facere potest.) 12. §. 1 de furtis XLVII. 2 (.... sed nemo de improbitate sua consequitur actionem.) 57 pro soc. XVII. 2. (.... rerum inhonestarum nullam esse societatem.) Jur. Wochenschr. 1843 Sp. 437 ff.; Entsch. VII. 125 fg.; VIII. 238—244 (Präj. 1244, v. J. 1842); XIII. 509 ff.; XIV. 192; XV. 497 fg. (Präj. 1939, v. J. 1847; vgl. Strieth. II. 116 fg., v. J. 1851); Entsch. XVII. 273 u. 416; XXII. 131; Strieth. XXX. 158—160. Die Praxis strebt consequent nach einer Sonderung der Elemente, welche jedem einzelnen rechtlichen Anspruche zum Grunde liegen. Nur so weit diese in unerlaubten oder rechtswidrigen Handlungen bestehen, gilt der Anspruch als verwerflich. Im Zusammenhange damit steht die Scheidung der in ein bereits unter den Parteien bestehendes Rechtsverhältniß eingreifenden von der das verpflichtende Verhältniß erst erzeugenden Rechtsverletzung: Entsch. XXIII. 246. 248.

Im §. 37 h. t. beruhet nach der herrschenden Annahme (Jahrb. L. 469; Entsch. XIII. 514; XVIII. 43; Sav. VIII. 527), das Allegat des Abschn. 10 A. L. R. Th. II. Tit. 1 auf einem Druckfehler; wie sich denn schon im A. G. B. von 1791 das Allegat des (für passender gehaltenen) „Abschn. XI." findet, welches nunmehr auch in die neueste Ausgabe des A. L. R. (vom J. 1855) aufgenommen ist. Sinnlos wäre jedoch auch das Allegat des Abschn. 10 durchaus nicht.

IV. **Form der Handlungen**: §. 40—44 h. t. Koch §. 116. (Unten Tit. 4. ad I. 4.)

Im Allgemeinen soll die gesetzlich vorgeschriebene Form einer Handlung mehr zur Gewißheit und Beglaubigung derselben als zur Herstellung der Gültigkeit des ganzen Rechtsgeschäfts dienen. (§. 40. 41 h. t.; II. 17. §. 52; A. G. O. II. 1. §. 11; Entsch. I. 22; IX. 88; X. 276; XVI. 107; XVII. 67 ff.; XVIII. 250 fg.; XIX. 63; Strieth. XXXIII. 184—187.)[279]) Bei Verträgen gehört jedoch die Beobachtung der gesetzlichen Form insofern zur Gültigkeit des Geschäftes selbst, als die Vernachlässigung dieser Form den Vertrag unklagbar macht. (A. L. R. I. 5. §. 109 fg. 155 ff. 178. 184.)

Zu §. 42—44 h. t.: oben S. 87. (Tempus regit actum. 29 de R. J.: Quod initio vitiosum est, non potest tractu temporis convalescere.) Vgl. Strieth. XXIX. 95—98.

V. **Zeitbestimmungen** (in ihrer mit der Lehre von den Handlungen überhaupt innerlich zusammenhängenden Bedeutung): §. 45—49 h. t. Koch §. 220—222. Born. §. 42. Puchta §. 73—76. Eichh. §. 176. Gerber §. 66. 101. Beseler §. 51. (Oestr. §. 902. 903. Code Nap. art. 2260. 2261; 1026. 1031 [an et jour].)

Die Rechnung des Tages von Mitternacht bis Mitternacht (§. 45 h. t.; II. 8. §. 2173; 11. §. 1088. 1153) entspricht der Römischen Bestimmung: dies a media nocte incipit et sequentis noctis media parte finitur. (8. de feriis II. 12.) Auch ist im A. L. R., wie im Römischen Rechte, die s. g. civilis computatio vorherrschend. (§. 46. 47 h. t.; I. 5. §. 18; 9. §. 547. 549; 11. §. 649; 16. §. 55. 63; Sav. IV. 420 vgl. mit 347 ff.; Allg. Deutsche Wechselordnung Art. 32 ad 1: Koch Wechselrecht S. 201 fg.)[280]) Wegen der öfters vorkommenden Frist „binnen 24 Stunden" (I. 5. §. 95; 9. §. 139; 11. §. 199; 21. §. 345) vgl. Entsch. VII. 53; XVII. 153.

Wegen besonderer Berücksichtigung der Feiertage (§. 48 h. t.; II. 8. §. 870—872. 985—990. 1095—1097) vgl. Jurist. Wochenschrift 1840 S. 280 ff. (nebst den Allegaten); Allg. Deutsche Wechselordnung Art. 92 (Koch Wechselrecht S. 341 ff.).

Die (wie es scheint nach dem Longobardischen Lehnrechte, Feud. I. 22: ultra annum et mensem; II. 24: per annum et diem,) auf Ein

279) Zu weiterer Vergleichung: A. L. R. I. 4. §. 95; 9. §. 400. 566; 11. §. 347. 473; 12. §. 70. 97. (Anh. §. 31.) 138. 139. 159. 162. 621. 654; 18. §. 42; 20. §. 419 fg. u. dgl. m.

280) Ausnahmsweise Rechnung nach besonderen Tagesstunden: A. L. R. I. 5. §. 15. 17; (II. 8. §. 863. 865. 869. 1007;) Allg. Deutsche Wechselordnung Art. 88 ad 4 nebst den Preuß. Einführungs-Ordnungen vom 6. Januar 1849 und 15. Februar 1850 §. 4: Koch Wechselrecht S. 83 fg. 337. 344 Note 18. S. 360.

Jahr und Dreißig Tage gestellte Frist von Jahr und Tag (§. 49 h. t.) hat jetzt nur noch Bedeutung im Lehnrecht (A. L. R. I. 18. §. 121. 372); da der §. 351 A. L. R. I. 11 durch den Art. 2 der Declaration vom 6. April 1839 (Ges.-Samml. S. 127) und der §. 43 A. L. R. II. 8 durch die neueren Städte-Ordnungen (Städte-Ordn. von 1808 §. 37. 38, von 1853 §. 5. 6) beseitigt ist. In dem §. 112 der Pr. O. Tit. 24 ist der Ausdruck „Jahr und Tag" nicht mit technischer Genauigkeit gebraucht. Im Bergrecht (A. L. R. II. 16. §. 144) findet sich die Frist von Einem Jahre und Sechs Wochen, ohne einen Zusatz von Tagen (während im Deutschen Rechte Ein Jahr Sechs Wochen Drei Tage geläufig sind).

A. L. R. Th. I. Tit. 4. Von Willenserklärungen.

(Entw. Th. II. Tit. 1: Von den Quellen der Sachenrechte überhaupt. Oben S. 37 fg.) Born. „von Rechtsgeschäften überhaupt und von Verträgen insbesondre" (Ausg. 2, vom J. 1833) S. 35—188; Koch „das Recht der Forderungen rc." (Ausg. 2, vom J. 1858. 1859, in drei Bänden) §. 74—82. 91. 92—102. 103. 104. 107; Sav. III. 6. 98—307; Gruchot Beitr. I. 141—168; Baron Abhandlungen aus dem Preuß. Recht, Berlin 1860, S. 60—65. 70 ff.

Die systematische Stellung dieses Titels, als der Grundlage für alle rechtlichen Willenserklärungen unter Lebenden und von Todeswegen, wird an zwei Stellen des A. L. R. selbst genau bezeichnet: I. 3. §. 31 u. 12. §. 8. Nach seiner inneren Construction läßt sich derselbe in zwei Haupttheile zerlegen, deren erster die Willenserklärungen als solche (in Rücksicht auf die Essentialien, die Auslegung, die Anfechtbarkeit, die Form und die Wirkung) behandelt, während der zweite (vom §. 99 an) auf die s. g. Nebenbestimmungen bei Willenserklärungen (Bedingung u. s. w.) [281]) speziell eingeht.

I. **Willenserklärungen als solche.** (Koch §. 103. 111. Born. §. 21. Puchta §. 54. 58.)

Die Definition im §. 1 h. t., welche ihre wesentliche Ergänzung in den §§. 30. 31 des Tit. 3 findet [282]), ist wenigstens dazu dienlich, um den falschen Schein abzustreifen, als wäre in den §§. 2. 3 des Tit. 5 ein prägnanter Gegensatz zwischen „Erklärung" und „bloßer Aeußerung" beabsichtigt.

---

281) Eigentlich sind diese s. g. Nebenbestimmungen nur Beschränkungen, welche der Wille sich selbst gibt und wodurch er seinen Umfang modifizirt (vermindert): Sav. a. a. O. S. 99.120; Puchta §. 58 Note a.

282) So gestaltet sich auch nach Preußischem Rechte (vgl. u. a. §. 52 u. 57 h. t.) die unmittelbare Richtung der Willenserklärungen oder Rechtsgeschäfte auf die Entstehung oder Auflösung eines Rechtsverhältnisses, entweder einseitig (vor Allem letztwillig) oder in vertragsmäßiger Uebereinstimmung: Sav. S. 5—7. 98 fg. 121.

1. **Essentialien:** §. 2—4 (94) h. t.

Als wesentliche Erfordernisse einer rechtlich wirksamen Willenserklärung gelten hiernach: ein geeignetes Object, ein handlungsfähiges Subject und eine dem freien Willen entsprechende Beschaffenheit der Erklärung selbst. (Die Formfrage beruhet dabei einstweilen noch auf sich.)

A. Ein geeignetes Object, d. i. jede Sache oder Handlung, auf welche ein Recht erworben oder Anderen übertragen werden kann: §. 5 h. t. Koch §. 115. 82—84. Born. §. 17. 16 zu Anf. Puchta §. 51. 110. 35 ad 2. Eichh. §. 155. 265 ff. Gerber §. 60 ff. Beseler §. 48. 76. (Oestr. §. 286—290. 700. 878. Code Nap. art. 6. 537 ff. 2046.)

Von den nach §. 5 h. t. zulässigen Gegenständen werden ausdrücklich ausgeschlossen:

a) Handlungen, welche die Gesetze verbieten: §. 6 h. t. (5 pr. C. de leg. I. 14: … lege contrahere prohibente. Sav. I. 239; IV. 550.)

Verwandt, wenn auch nicht identisch mit der Bestimmung des §. 6 h. t. ist der — ungeachtet des in den verschiedenen positiven Rechten verschiedenartigen Umfanges des ius publicum (der „absoluten" oder „gebietenden" Rechtsregeln)[283]) — überall gültige Satz: Jus publicum privatorum pactis mutari non potest (38 de pactis II. 14), oder: Privatorum conventio iuri publico non derogat (45. §. 1 de R. J.). Vgl. Sav. I. 57. 58. Es geht dies anerkanntermaßen auch nach Preußischem Rechte auf den Inbegriff von feststehenden Rechtsregeln, welche keiner Abänderung durch Privatwillkühr unterliegen. (Strieth. VII. 292. 297.) In diesem Sinne gelten namentlich die Regeln und Formen des Prozesses (Sav. V. 411) überall als iuris publici, und deshalb sind insbesondere die Formalien der Rechtsmittel, wie die Art des Prozesses selbst, der Willkühr der Parteien nicht unterworfen. (Entsch. VIII. 207.) Damit steht auch nicht in Widerspruch, daß man im Voraus einer gewissen gerichtlichen Entschei-

---

283) So ist die Verjährung nach Römischem Rechte iuris publici und der Privatwillkühr entzogen (Sav. V. 411), nach Preußischem Rechte dagegen den Verträgen der Parteien untergeordnet (A. L. R. I. 9. §. 565). Umgekehrt ist z. B. der nach Römischem Rechte zulässige s. g. contractus suffragii (un. Cod. de suffr. IV. 3; Puchta §. 315) bei uns wenigstens insoweit verworfen, als alle Verträge u. Versprechungen, wodurch Jemandem, gegen Zuwendung eines Amts, Privatvortheile zugesagt oder wirklich eingeräumt werden, „null und nichtig" sein sollen (A. L. R. II. 10. §. 73).

dung sich unbedingt unterwerfen und allen ordentlichen und außerordentlichen Rechtsmitteln entsagen darf. (Präj. 1549, v. J. 1845: Entsch. XII. 473—476.)[284])

Vor Allem stehen die Willenserklärungen der Privaten, welche die Gewerbefreiheit berühren, nach neuerem Preußischem Rechte unter dem Gesichtspunkte des ius publicum. So sind alle seit gesetzlicher Ertheilung der Gewerbefreiheit (Edict vom 2. Nov. 1810 im Eingange: Ges.-Samml. S. 79) zur Beschränkung oder Hinderung derselben geschlossene Verträge, als „gegen die Bestimmung eines allgemeinen Landesgesetzes errichtet", nichtig: Cab.-Ordre v. 19. April 1813. (Ges.-Samml. S. 69.) Z. B. ein Vertrag, wodurch sich Jemand verpflichtet, ein freies Gewerbe in einem bestimmten Orte oder Bezirke, sei es auch nur innerhalb einer gewissen Frist, nicht zu treiben (Jur. Wochenschrift 1835 S. 425—428); ein Vertrag, wonach bäuerliche Besitzer von Kalksteinbrüchen den Kalk nur zum eigenen Verbrauch brechen und nur an Wirthe des Dorfes verkaufen sollen (Rechtsf. II. 189—191, v. J. 1847); ferner ein Vertrag, wonach ein Brennerei-Besitzer den Branntwein an einem gewissen Orte und in einem gewissen Umkreise nicht soll verkaufen dürfen (Entsch. XXXIII. 466, v. J. 1856); nicht minder ein Vertrag, durch welchen der Pächter eines Gutes auf einer bestimmten Mühle nicht soll mahlen lassen (Entsch. XXXIX. 26, v. J. 1858). Dagegen haben die vor der gesetzlichen Einführung der Gewerbefreiheit geschlossenen, diese Freiheit beschränkenden oder hindernden Verträge ihre fortdauernde Geltung behauptet. (Pl. Beschl. v. 5. Dec. 1842: Entsch. VIII. 112—117.) Auch gestattet §. 11 der Gewerbe-Ordnung v. 17. Januar 1845 (Ges.-Samml. S. 43) die Reconstituirung der übrigens aufgehobenen (oder für ablösbar erklärten) ausschließlichen Gewerbeberechtigungen vermittelst gewisser Rechtstitel auf zehn Jahre. (Vgl. Entsch. XII. 291—298.) Neue Realgewerbeberechtigungen aber dürfen nach §. 64 desselben Gesetzes (Ges.-Samml. S. 53) nicht mehr begründet werden. Doch gilt, ungeachtet des §. 1 dieses Gesetzes (Ges.-Samml. S. 41), die vertragsmäßige Ausschließung eines Grundstückes von dem Betriebe eines gewissen Gewerbes als eine zulässige Belastung des Grund-Eigenthums, und nicht als eine

---

284) Vgl. Löwenberg Beitr. I. No. XVII. (S. 576—595), wegen der Unzulässigkeit des Verzichts auf den Rechtsweg bei Verträgen der Privatpersonen mit Staatsbehörden. Erk. des Gerichtshofes zur Entsch. der Comp. Confl. v. 12. Febr. 1859 (J. M. Bl. S. 294—296), wegen der den ordentlichen Gerichten vorbehaltenen Entscheidung über die Zulässigkeit oder Unzulässigkeit des Rechtsweges unter Privatgesellschaften.

gesetzwidrige Beschränkung der persönlichen Gewerbefreiheit. (Entsch. aus den Jahren 1847, 1851, 1854: Rechtsf. II. 98 fg.; III. 173—175; Strieth. IV. 187—190. XII. 101—107.)

Gleichfalls vom Standpunkte des ius publicum unterliegt die Privatwillkühr wesentlichen Einschränkungen in der Begründung gewisser Verhältnisse, welche als der Landescultur schädlich angesehen werden (Edict zur Beförderung der Land-Cultur v. 4. Septbr. 1811 §. 2. 7: Ges.-Samml. S. 301. 303; Verordnung wegen Organisation der Generalcommissionen 2c. v. 20. Juni 1817 §. 15. 43: Ges.-Samml. S. 164. 168; Ablösungs-Ordnung v. 7. Juni 1821 Einl. und §. 29: Ges.-Samml. S. 77. 81; Gemeinheitstheilungs-Ordnung, von demselben Tage, §. 26—28. 164: Ges.-Samml. S. 56. 73, nebst der Declaration v. 31. März 1841: Ges.-Samml. S. 75 fg. [Präj. 2105 v. J. 1849] und dem ergänzenden und abändernden Gesetze v. 2. März 1850 Art. 12: Ges.-Samml. S. 142; Gesetz betr. die Ablösung der Reallasten 2c. v. 2. März 1850 §. 91—93: Ges.-Samml. S. 105 fg. und §. 97: S. 107, nebst der Declar. v. 24. Mai 1853: Ges.-Samml. S. 240); ferner in der Regulirung der Armenpflege innerhalb einer Gemeinde (Entsch. XXVII. 304. 310: „Was das Armenpflege-Gesetz als Gemeindelast angeordnet hat, kann nicht durch Privatabkommen in Singular-Lasten verwandelt werden" und Strieth. XII. 288: „Das Armenpflegegesetz ist insoweit Verbotsgesetz" — beide Entsch. v. J. 1854; vgl. Entsch. XXXII. 200. 202, v. J. 1856) u. A. m.

Die durch besondere Gesetze aus den Jahren 1836. 1840. 1844 eingeführten Einschränkungen der Privatwillkühr in dem Verkehr mit Staats- und anderen Papieren au porteur, sowie in der Eröffnung von Aktienzeichnungen für Eisenbahn-Unternehmungen 2c., sind neuerlich aufgehoben worden durch das Gesetz vom 1. Juni 1860 (Ges.-Samml. S. 220.)

b) Handlungen, welche die Ehrbarkeit beleidigen: §. 7 h. t. (I. 16. §. 206; 26 de V. O. XLV. 1: . . . turpes stipulationes nullius esse momenti; 15 de cond. inst. XXVIII. 7: . . . quae facta laedunt pietatem, existimationem, verecundiam nostram, et [ut generaliter dixerim] contra bonos mores fiunt: nec facere nos posse credendum est.)

Die Aufgabe des positiven Rechts kann zwar nicht darin gefunden werden, die Erfüllung des zu den s. g. tria iuris praecepta gehörenden „honeste vivere" durchzusetzen. Wohl aber hat auch das positive Recht dafür zu sorgen, daß der Unsittlichkeit wenigstens negativ entgegen getreten, daß jede Verletzung der boni mores, Alles was contra bonos mores versprochen oder bezweckt wird, abgewehrt und des rechtlichen Erfolges, der rechtlichen Unterstützung beraubt werde. (Sav. I. 56. 409. III. 104. V. 468; Obl. I. 384.) Beispiele aus unserer Praxis: Rescript v. 13. März 1797 in Stengels Beitr. V. 265 fg., (vgl. 97. §. 2 de V. O.); Jur. Wochenschr. 1846 Sp. 273—277, 281—287; Präj. 2580, v. J. 1854: Entsch. XXIX. 373—379; Strieth. XXIV. 123—125 (v. J. 1857); XXXV. 90—94 (v. 1859).

c) Beförderung gesetzlich gemißbilligter Handlungen (sei es durch Verheimlichung der That, sei es durch Entschädigung oder Belohnung des Thäters, sei es durch Belohnung der Unterlassung einer sträflichen Handlung): §. 8 h. t. (I. 11. §. 714. 1070; 16. §. 205. 400 u. s. w.; 27. §. 4 de pact. II. 14: . . . ne furti agam vel iniuriarum, si feceris, . . .; 123 de V. O. XLV. 1. . . . flagitii faciendi vel facti causa . .; 7. §. 3 de pact.: . . ob maleficium, ne fiat, . . .; 2 pr. de cond. ob turp. XII. 5: . . . ne sacrilegium facias, ne furtum, ne hominem occidas. . .)

Damit erscheint es auch durchaus nicht unverträglich, daß nach §. 303 A. L. R. I. 5 die Bestimmung einer Conventionalstrafe zur Verhütung eines Verbrechens zuläßig ist (vgl. unten zum angef. §. 303), so wie daß nach §. 415. 416. A. L. R. I. 16 über das Privatinteresse aus schon begangenen unerlaubten Handlungen, imgleichen über die Verheimlichung eines nicht von Amtswegen zu rügenden Verbrechens (Vergehens) rechtsgültig transigirt werden kann. (7. §. 14 de pactis: . . . Et in caeteris . . omnibus . . . ., quae non ad publicam laesionem, sed ad rem familiarem respiciunt, pacisci licet . . .; 27. §. 4. eod.: . . . post admissa haec pacisci possumus.) Nur ist der Umkreis der nicht von Amtswegen zu rügenden Gesetzesübertretungen je nach dem zu Grunde liegenden Strafgesetzbuche (wie A. L. R. Th. II. Tit. 20 und Strafgesetzbuch v. J. 1851) ein verschiedener.

Vgl. Sz. bei Born. (§. 17): „Bei solchen (Delicten), wo es auf die Rüge des (sic) partis laesae ankommt, ist ein Vergleich, daß solche nicht gerügt werden sollen, gültig." Entsch. v. J. 1851 in Strieth. XII. 18—20.

d) Einschränkung der Gewissensfreiheit: §. 9 h. t. Gemeint ist (bei der rein internen Natur der Gewissensfreiheit: §. 1—4. A. L. R. II. 11) die Verpflichtung zur (äußeren) Annahme oder Beibehaltung (Aenderung oder Nicht-Aenderung) einer gewissen Religion. (II. 2. §. 74 ff.; 11. §. 40. 1179.) Im Sinne der Unzuläßigkeit einer solchen Verpflichtung war die früher controverse Frage (v. Hymmen Beitr. Samml. V. [v. J. 1780] S. 144—156) schon vor Emanation des A. L. R. entschieden worden: Verordnung v. 4. Novembr. 1786 (N. C. C. Sp. 197—200), wonach auch die s. g. conditio religionis non mutandae in letztwilligen Verordnungen pro non adiecta gelten sollte. In gleichem Sinne erging nach Emanation des A. L. R. die Cab. Ordre v. 12. Juni 1804, mit ausdrücklicher Verweisung auf die klare und deutliche Entscheidung der „Landesgesetze" (Amelang's Neues Archiv Bd. IV. S. 110 fg.). [285]) Vgl. Sav. III. 184 fg. ad IV.

e) Verhinderung der Ehen: §. 10—12 h. t. (Sav. III. 180 ad A mit der Note a.)

Der allem Anscheine nach beabsichtigte Gegensatz zwischen §. 10 (vom Cölibat überhaupt) und §. 11 (vom Wittwenstande insbesondere)[286]) ist nicht unbestritten. Doch läßt sich folgende Auslegung wohl rechtfertigen. Nach §. 10 soll die von einer Person männlichen Geschlechts bis über das 30., von einer Person weiblichen Geschlechts bis über das 25. Jahr hinaus übernommene Verpflichtung zum ehelosen Stande (wie nach Römischem Rechte das si non nupserit durchweg: Tit. Dig. de cond. et dem. XXXV. 1 an verschiedenen Stellen, L. 22; 63. §. 1; 72. §. 5 u. s. w.) nichtig im eigentlichen Sinne des Wortes sein, und zwar nichtig von Anfang an (nach Art des ab initio non valet in 123 de V. O.), also auch nicht einmal innerhalb der gezogenen Zeitgränze (bis zum vollendeten 30. resp. 25. Lebensjahre) rechtlich wirksam. (Vgl. jedoch Strieth. XXVI. 18—20 Note *.) Anders nach §. 11 die Verpflichtung zur Nicht-Aenderung des Wittwenstandes. Eine solche Verpflichtung ist zwar nicht (wie nach Römischem Rechte, Auth. Cui relictum [Cod. VI. 40] und Nov. XXII. cap. 44) vollkommen wirksam, sondern gleichfalls unverbindlich, aber nicht absolut nichtig[287]). Denn so lange sie erfüllt wird, so lange werden

---

285) Eine entgegengesetzte Entscheidung des Geh. Ober-Tribunals aus dem Jahre 1807 scheint hauptsächlich auf der Berücksichtigung des Umstandes beruht zu haben, daß es sich um ein schon im Jahre 1774 errichtetes Testament handelte: Mathis' Jur. Monatsschr. IV. 237—297 und V. 137—148.

286) Der Entwurf (Th. II. Tit. 1) hatte statt dessen nur Eine allgemeine Bestimmung getroffen (§. 12), wonach allein die Verpflichtung zum lebenswierigen ehelosen Stande für ungültig erklärt war.

287) Materiell läßt sich auch für das A. L. R. die Anerkennung eines solchen Unterschiedes zwischen (ipso iure) nichtigen und (gleichsam per exceptionem) ungültigen (für irgend einen Theil unverbindlichen, von irgend einem Interessenten anfechtbaren) Rechtsgeschäften nicht abweisen, obgleich for-

auch die etwa versprochenen Gegenleistungen gewährt: §. 120. 138 h. t., vgl. mit I. 11. §. 598—600 und II. 1. §. 471—473. (Wogegen es in der Nov. a. a. O. §. 2 heißt: ut si ad secundas venerit nuptias, reddat quod datum est, tale quale percepit restituens, et quos accepit in medio fructus. Das „reddat quod datum est" würde übrigens auch nach Preußischem Rechte zur Anwendung kommen, wo es sich nicht um fortlaufende Gegenleistung, sondern um eine einmal gegebene untheilbare Gegenleistung handelte.)

Zum §. 12 h. t. vgl. I. 5. §. 5; II. 11. §. 1171 ff. 1210. 1223. (Thibaut Pand. §. 389.)

f) Beschränkung der persönlichen Freiheit: §. 13 h. t. (I. 5. §. 297.) Ausdrücklich genannt sind hier: Sklaverei (wie es schon nach Römischem Recht unmöglich war, durch freien Willen Sklave zu werden: Sav. II. 30. Note a) und Privatgefangenschaft. Ein besonderes Verbot der Ausbedingung des Einlagers (des sonst s. g. Einreitens, Leistungsrechts, obstagium: Eichh. §. 125, Gerber §. 164 Note 1, Beseler §. 121 Note 2), als unerlaubter Selbsthülfe, war noch in den strafrechtlichen Titel des A. L. R. (II. 20. §. 1285) aufgenommen[288]).

Seitdem ist auch die Eingehung eines Unterthänigkeits-Verhältnisses (Edict v. 9. Octbr. 1807 §. 10—12: Ges.-Samml. S. 172 fg.) und die Verpflichtung zu Robotdiensten über 12 Jahre hinaus u. dergl. m. (Cultur-Edict v. 14. Septbr. 1811 §. 7: Ges.-Samml. S. 303, Ablös.-Gesetz v. 2. März 1850 §. 91: Ges.-Samml. S. 105) von den zulässigen Gegenständen der Willenserklärungen ausgeschlossen worden.

g) Dem Privatverkehr entzogene Sachen (res quarum non est commercium): §. 14 h. t. (182 de R. J.: Quod nullius esse potest, id ut alicuius fieret, nulla obligatio valet efficere. Cf. 83. §. 5; 137. §. 6 de V. O.; §. 2 J. de inutil. stip. III. 19. Anders,

---

mell und technisch nur einmal davon Gebrauch gemacht wird: Th. II. Tit. 1. Abschn. 10 (von nichtigen und ungültigen Ehen).

288) Nach Kurf. Joh. Georg's Landes-Ordnung v. J. 1594 Th. II. const. XIV. sollte wenigstens den Mißbräuchen bei dem damals noch üblichen und für nützlich gehaltenen „Einreitten" (vgl. die ausdrückliche Gestattung des „Einlagers" oder der „Leistungen" in den Landtagsrecessen aus den Jahren 1538. 1539. 1572 und in dem Reverse v. 1602: C. C. M. Th. VI. Abth. I. Sp. 50. 57. 110. 169 fg.) Einhalt gethan werden: „ . . . daß auf ein Pferdt und Persohn, Tag und Nacht nicht mehr dann achzehen silber groschen sollen gutt gethann werdenn Do aber daruber mehr verzehret, soll der Zehrer dasselbe aus seinem Beutel zahlen."

für den Fall der möglichen Hebung des Hindernisses, nach A. L. R. I. 5. §. 58 ff.; vgl. jedoch 11. §. 28 fg.; 12. §. 386. 456; Entsch. XXXIII. 466 fg.)

Hierher gehören insbesondere

α) ihrer Natur nach die s. g. res omnium communes: §. 15 h. t. (2. §. 1 de div. rer. I. 8. A. L. R. I. 8. §. 3; II. 15. §. 44);

β) gesetzlicher Bestimmung nach die s. g. res publicae: §. 15 h. t. (I. 8. §. 4; II. 15. §. 2 ff.; 11. §. 173. 179. 183; Cab. Ordres v. 14. April und 26. Octbr. 1840: J.-M.-Bl. S. 143 und 340);

γ) die durch „rechtliche" („rechtsgültige") Privatverfügung dem Verkehr entzogenen Sachen: §. 15 h. t. (I. 9. §. 582; II. 18. §. 711; Strieth. XXXV. 28 fg.) Eine solche Privatverfügung bindet jedoch zunächst nur denjenigen, welchen der Verfügende zu verpflichten berechtigt war: §. 16 h. t.; dann aber auch jeden Dritten, welcher entweder um die Verfügung weiß, oder — was zwar noch nicht von jeder blos öffentlich bekannt gemachten, wohl aber von jeder in das Hypothekenbuch eingetragenen Verfügung angenommen wird — um dieselbe wissen muß: §. 17 bis 19 h. t. In diesen Bestimmungen findet man eine Beschränkung der nach Römischem Rechte (3 quibus modis pignus XX. 6 und 31 de pignor. XX. 1, vgl. mit A. L. R. I. 11. §. 264 fg. und 269) in weiterem Umfange Dritten gegenüber (in rem) wirksamen Privatverfügungen. Andrerseits ist der auf die (vielleicht zufällige, rein subjective) Wissenschaft des Dritten gelegte Werth und die durch die Erkennbarkeit einer hypothekarischen Eintragung bedingte Notorietät (die gleichsam objective Wissenschaft eines jeden Dritten) dem A. L. R. eigenthümlich. Daher die große, nicht auf die vorangehenden §§. 15—17 zu beschränkende Tragweite des §. 19 h. t. (Vgl. z. B. Entsch. VIII. 68. 171; X. 16; XIII. 158 Note 1; XIV. 236; XVII. 498; XX. 199; XXI. 52; XXVI. 333 fg.; XXXVI. 60 fg.; XLII. 76. 78; Strieth. XXXV. 83.)

Uebrigens gilt eine Sache noch nicht als dem Privatverkehr entzogen, wenn durch eine Privatverfügung der Eigenthümer (Besitzer) der Sache in seiner Befugniß, über dieselbe zu disponiren, beschränkt oder völlig gehemmt wird: Präj. 694 (v. J. 1839).

B. Ein handlungsfähiges Subject: §. 3 h. t. Koch §. 112. Born. §. (10—) 13. 24. Puchta §. 50. Sav. III. 21—90.

An die im ersten Titel (oben Seite 133. 134 ad D. E.) aufgestellten Unterschiede des Alters und der Seelenkräfte schließt sich hier die verschiedenartige Handlungsunfähigkeit an.

a) Die Willensäußerungen der Kinder sind (absolut) nichtig (gelten als nicht vorhanden): §. 20 h. t. (Z. B. I. 7. §. 44.) 1. §. 13 de O. et A. XLIV. 7: .... qui eius aetatis est, ut nondum intelligat quid agatur.

b) Die Willenserklärungen der Unmündigen (über 7 Jahre) sind, sofern sie sich dadurch einen Vortheil erwerben, (relativ) gültig, dagegen, sofern mit dem zu erwerbenden Vortheile Pflichten und Lasten verbunden sind, noch von der Einwilligung des Vorgesetzten abhängig: §. 21. 22 h. t.[289]) (I. 5. §. 11—13; II. 2. §. 125; 8. §. 1938; Entsch. XII. 340 fg.; XIV. 181; Strieth. XX. 85 fg.) 11. de A. R. D. XLI. 1: Pupillus, quantum ad adquirendum, non indiget tutoris auctoritate: alienare vero nullam rem potest, nisi praesente tutore auctore.

c) Die Willenserklärungen der Geisteskranken werden verschieden behandelt, je nachdem diese bereits unter Vormundschaft gesetzt sind, oder noch nicht[290]).

α) Sind sie bevormundet, so gelten die Willenserklärungen der Rasenden und Wahnsinnigen, gleich denen der Kinder, für (absolut) nichtig: §. 23 h. t. (1. §. 12 de O. et A.: Furiosum, sive stipulatur, sive promittat, nihil agere, natura manifestum est), ohne daß auf s. g. lichte Zwischenräume die dem Römischen Rechte geläufige Rücksicht (20. §. 4 qui test. fac. XXVIII. 1: si habet intermissionem; 2. C. de contr. emt. IV. 38: intermissionis tempore; 6. C. de cur. fur. V. 70: in mediis furoris intervallis, ... per intervalla quae perfectissima sunt) genommen werden darf: §. 25 h. t.; während die Blödsinnigen ganz nach Analogie der Unmündigen (ad b.) behandelt werden: §. 26 h. t.

β) Sind sie noch nicht bevormundet[291]), so gelten verschiedenartige (immer den Gegenbeweis zulassende) Präsumtionen:

a) für die Willenserklärung eines Rasenden oder Wahnsinnigen: §. 24 h. t.;

b) in gewisser Weise gegen die Willenserklärung eines Blöd-

---

289) In a) u. b) läßt sich in gewisser Weise der oben in der Anm. 287 berührte Gegensatz zwischen Nichtigkeit und Ungültigkeit wieder erkennen. — Der (mündigen) Minderjährigen ist hier (nach einer Note zum Entw. §. 24 h. t.) um deswillen nicht gedacht, weil deren Willenserklärungen, je nach ihrer verschiedenen Art, auch verschiedene Wirkung haben.

290) Dabei ist nicht zu übersehen, daß auch gegen Ehefrauen in maritalischer und gegen Kinder in väterlicher Gewalt das Blödsinnigkeits-Erklärungs-Verfahren nach Pr. O. Tit. 38. §. 1 ff. zulässig erscheint: Präj. 1780, v. J. 1846.

291) Vgl. die Note zum Entw. §. 27 h. t.

sinnigen: §. 27 h. t. (Entsch. aus d. J. 1849: bei Gruchot a. a. O. S. 147 und in Koch's Commentar zum §. 27 h. t.; aus d. J. 1857 u. 1859: in Strieth. XXIV. 280—288 u. XXXV. 16—18.)[292]) Nur ist die Berechnung des in den §§. 24 und 27 angedeuteten Zeitpunktes (ob vom Augenblick der wirklichen Bevormundung oder von der Bestellung des Curators im Interdictionsprozesse an?) nicht zweifellos.

d) Die Willenserklärungen der — durch Trunk oder heftige Affecte — des Gebrauchs ihrer Vernunft (wenn auch nur vorübergehend, doch vollständig) beraubten Personen (Sav. III. 86 fg. 109 fg.) gelten, gleich denen der Wahnsinnigen, als nichtig: §. 28—30. 44 h. t. (vgl. I. 12. §. 23), ohne daß die Vorschriften der §§. 91—93 (welche sich auf einen dem Blödsinn analogen Zustand beziehen) hier Anwendung finden können: Strieth. XIV. 150—152, v. J. 1854; Entsch. XXXVIII. 7—14, v. J. 1858.

C. Eine dem freien Willen entsprechende Beschaffenheit der Willenserklärung. (Uebereinstimmung des Willens mit der Erklärung: Sav. III. 99.)

Dieses in sich einige und positive Erforderniß der gehörigen Vermittelung zwischen dem Subjecte (B) und dem Objecte (A) findet seinen Ausdruck im §. 4 h. t. dahin: daß die Willenserklärung frei, ernstlich und gewiß (oder zuverlässig) sein müsse; wodurch die dreifache und negative Richtung des Rechts gegen Zwang, Schein und Unklarheit angedeutet wird.

a) Die Willenserklärung muß frei sein. Koch §. 104. (740.) Born. §. 25. Puchta §. 55. 56. 385. Sav. III. 99—110. (Oestr. §. 55. 870. 874. 875. [1487.] Code Nap. art. 1109. 1111—1115. [1304. 887. 2053.])

„Der Zwang an sich hebt das Dasein und die Wirksamkeit des Willens nicht auf; aber die in demselben enthaltene, in das Rechtsgebiet störend eingreifende, Unsittlichkeit macht eine positive Gegenwirkung nothwendig." (Sav. 100. 108.) Im A. L. R. ist nun zur Lösung dieser Aufgabe des positiven Rechts ein Weg eingeschlagen, welcher zwar immer noch an das prätorische „Quod metus causa gestum erit, ratum non habebo" erinnert, aber Vieles von der antiken Festigkeit eingebüßt hat und nicht frei von künstlichen Verschlingungen geblieben ist. Die prätorische Satzung bezieht sich wesentlich auf die s. g. vis compulsiva (das „coactus volui" der L. 21. §. 5. quod metus

---

292) Für die letztwilligen Verordnungen der Geisteskranken gelten singuläre Grundsätze: A. L. R. I. 12. §. 20—22.

IV. 2, im Gegensatze zur s. g. vis absoluta: Sav. 100—103. 120. 261.) und zerfällt in folgende Momente. Metus: die durch Drohung absichtlich erregte Furcht; gestum: ein Rechtsgeschäft; causa: der Causalnexus zwischen metus und gestum; ratum non habebo: die Rechtshülfe gegen das Geschehene. Das A. L. R. sondert die Beschaffenheit des Zwanges, die Wirkung desselben, die Anfechtung der erzwungenen Willenserklärung.

A. Verschiedenartige Beschaffenheit des Zwanges.

Das Hauptmoment der Unterscheidung ist hier weniger von der entweder absoluten oder compulsiven Natur des Zwanges selbst hergenommen, als vielmehr von der entweder physischen oder psychischen Natur der zur Durchsetzung des Zwanges angewendeten Mittel.

α) Zwangsmittel physischer Natur: theils positive physische Gewalt, welche in der That den scheinbar Handelnden zu einem willenlosen Werkzeuge macht: §. 31 h. t. (vis absoluta), theils negative physische Einwirkung: §. 32 h. t. (schon zur vis compulsiva gehörig); wobei freilich nicht zu übersehen ist, daß unter den §. 31 auch gewisse negative Arten der Verhinderung fallen können (Sav. 101 und 1. §. 1. de auct. et cons. tut. XXVI. 8: . . si invitus retentus sit per vim, ... ut si somno aut morbo comitiali occupatus tacuisset), und daß umgekehrt im §. 32 neben der „Entziehung der Nahrungs- und Heilmittel" (vgl. Sav. 105 Note i von der factischen Entziehung der Freiheit) auch die „Zufügung körperlicher Schmerzen" auftritt.

β) Zwangsmittel psychischer Natur (durchweg zur vis compulsiva gehörig): mit weiterer Unterscheidung nach ihrer Richtung gegen Leben, Gesundheit, Freiheit, Ehre, Vermögen.

a) Sind die Drohungen unmittelbar gegen Leben, Gesundheit, Freiheit oder Ehre (gleichsam die vier höchsten der vom Recht geschützten Güter) gerichtet, so gelten dieselben schon dann als gefährlich, wenn ihre Ausführung „auch nur nach der Meinung des Bedroheten," also nach dem vielleicht ganz unbegründeten subjectiven Dafürhalten des Bedroheten, in der Gewalt des Drohenden stand: §. 33—35 h. t.

b) Sind dagegen die Drohungen nicht unmittelbar gegen Leben, Gesundheit, Freiheit oder Ehre gerichtet (wohin also nicht nur die mittelbar gegen diese hohen Güter, sondern auch die gegen das Vermögen gerichteten Drohungen aller Art gehören), so soll der Richter erst den Causalnexus zwischen Drohung und Willenserklärung objectiv ermessen, freilich auch hier mit Berücksichtigung der persönlichen Beschaffenheit des Bedroheten: §. 36. 37 h. t.; während nach Römischem Rechte weder die Bedrohung des guten Rufes oder des Vermögens zur

Begründung der actio quod metus causa genügte (ohne daß es darum an jeglichem Rechtsschutze gegen solche Drohungen gefehlt hätte), noch die Charakterschwäche oder leere Einbildung des angeblich Bedroheten in irgend einem Falle Berücksichtigung fand (metum non vani hominis, sed qui merito et in homine constantissimo cadat etc.: 6 quod metus): Sav. 105—107. (452. 453.)

Hieran knüpft sich, im Wesentlichen als ausführende Folgerung aus dem gesetzlich anerkannten Begriffe des Zwanges nach der verschiedenartigen Beschaffenheit seiner Mittel:

γ) eine Reihe von Fällen, in welchen der Begriff des Zwanges ausgeschlossen bleiben soll.

a) Bei dem s. g. metus iustus ex parte inferentis. In dieser Beziehung findet die Regel ihren allgemeinen Ausdruck in dem §. 38 h. t., wonach die Drohung, „sich seines Rechts gesetzmäßig zu bedienen," niemals als Zwang angesehen werden soll. (Non videtur vim facere, qui iure suo utitur et ordinaria actione experitur: 155. §. 1 de R. J.) Als bloße Anwendung dieser Regel auf den besonderen Fall der angedroheten Civilverfolgung („sein Recht gerichtlich verfolgen zu wollen") erscheint der §. 39. („Eine Willenserklärung also" ꝛc.) Während nun aber nach Römischem Rechte die Bedrohung mit Prozessen, seien es Civilklagen oder Criminalanklagen, niemals zur Begründung der actio q. m. c. hinreicht (Sav. S. 106), ergibt sich als Ausnahme von der Landrechtlichen Regel die Bestimmung des §. 35 h. t., wonach die Drohung, Jemanden eines Verbrechens wegen, mit oder ohne Grund, gerichtlich angeben zu wollen, (in der Regel) jede darauf erfolgte Willenserklärung des Bedroheten vereiteln soll. Diese Ausnahme findet jedoch ihre Erklärung in dem systematischen Zusammenhange des §. 35 mit den beiden ihm vorangehenden Paragraphen (oben β. a), sofern in einer angedroheten Criminalverfolgung immer zugleich eine Bedrohung der Ehre liegt. Dem entspricht auch consequent die weitere Ausdehnung des §. 35 auf den Fall einer den Civilanspruch betreffenden Drohung der Criminalverfolgung, durch das Präj. 2086 (v. J. 1848): „Die Drohung, Jemand eines Verbrechens wegen angeben — zur Bestrafung anzeigen zu wollen, vereitelt die darauf erfolgte Willenserklärung des Bedrohten, auch wenn diese Erklärung sich auf den Civilanspruch des Drohenden aus dem angeblichen Verbrechen bezieht. Sie ist keine solche Drohung, die nur eine Aeußerung, sich seines Rechts gesetzmäßig zu bedienen und sein Recht gerichtlich verfolgen zu wollen, enthält." (Entsch. XVII. 97—101.)

Die in dem §. 35 h. t. noch enthaltene Beschränkung: „in der Regel", ist lediglich auf die oben zum §. 8 h. t. (Seite 162) berührte Ausnahme bei den nicht von Amtswegen zu rügenden Gesetzesübertretungen zu beziehen.

b) Bei der gedroheten Entziehung eines zwar zugedachten aber noch nicht eingeräumten Vortheils: §. 40 h. t. (Gruchot Beitr. I. 150.)

c) Bei dem s. g. metus reverentialis: §. 41 h. t. (Eben so schon nach der vorlandrechtlichen Preuß. Praxis: v. Hymmen Beitr. VII. 84 ad 21. Vgl. 6 C. de his quae vi metusve causa g. s. II. 20; Sav. 103. Note c.)[293])

B. Wirkung des Zwanges.

Diese besteht in der Ungültigkeit der erzwungenen Willenserklärung, mag nun der Zwang von demjenigen, zu dessen Vortheil die Erklärung gereichen soll, oder von einem Dritten verübt worden sein. So ist §. 42 h. t. objectiv aufzufassen. (14. §. 3 quod metus IV. 2: In hac actione non quaeritur, utrum is qui conveniatur an alius metum fecit: sufficit enim hoc docere, metum sibi illatum, vel vim; et ex hac re eum qui convenitur, etsi crimine caret, lucrum tamen sensisse. Vgl. Entsch. XXXIII. 13; auch die gelegentliche Bemerkung von Sz. in der Schlußrevision v. 1791: Jahrb. LII. S. 65, wegen des etwaigen Verlustes der exceptio metus „gegen jeden Tertium", was u. A. „von der Redlichkeit oder Unredlichkeit des Tertii" abhänge.) Es versteht sich deshalb von selbst, daß eine drohende Gefahr, welche blos als subjectiver Anlaß, als Motiv zur Willenserklärung auftritt, zur Entkräftung derselben nicht ausreicht: §. 43 h. t. [293]) (wovon nur der §. 1138 A. L. R. I. 11 eine überdies in sich ziemlich beschränkte Ausnahme macht); es sei denn wiederum, daß die Furcht sich bis zu einem den Gebrauch der Vernunft völlig ausschließenden Affecte (oben S. 167) gesteigert habe: §. 44 h. t. Vgl. die für diese ganze Lehre überaus wichtige, hauptsächlich an die Auslegung der §§. 43. 44 h. t. sich anschließende Entsch. XXXIII. 8—24, v. J. 1856.

C. Anfechtung erzwungener Willenserklärungen: §. 45—51 h. t.

Wenn auch nicht in formellem Anschluß an das Römische System (Klage, Exception, Restitution: Sav. III. 104. 117; IV. 537; VII. 191 ff.), hat doch das A. L. R. hier gleichfalls eine gewisse Abstufung

293) In den beiden §§. 41 u. 43 h. t. finden sich Fälle der Furcht ohne vorgängige Bedrohung.

in den Formen der gegen erzwungene Willenserklärungen dargebotenen Rechtshülfe beibehalten. Neu ist dabei im Wesentlichen nur das Erforderniß der vorläufigen gerichtlichen Anzeige des erlittenen Zwanges, welche, unter Anführung der Beweismittel, binnen acht Tagen nach wieder erhaltener Freiheit (einen Richter „antreten" zu können) erfolgen muß. (Sz. S. 3 und Jahrb. LII. S. 65 fg. vgl. mit S. 1—5.) Wer diesem Erforderniß genügt hat, von dem hängt es ab, seinen weiteren Rechtsschutz agendo oder excipiendo oder provocando (§. 47 h. t. und Pr. O. Tit. 32. §. 1 No. II. und §. 34, auch Tit. 33) zu suchen. (Strieth. XXII. 169—173.) Wer dagegen die erforderte Anzeige zu machen versäumt hat, den trifft (zwar nicht mehr, wie nach dem Entw. §. 50 h. t., der Verlust der ganzen exceptio metus, aber doch eine Veränderung in der Beweislast, d. h.) die nachtheilige Folge, daß er sich nicht mehr des Eidesantrages zum Beweise bedienen darf, sondern den Beweis auf andere Art vollständig führen muß, ohne zum Erfüllungseide gelassen zu werden. (§. 49. 50 h. t. Strieth. VII. 141. 145.) Aus der Vergleichung dieser Spezialbestimmungen mit den allgemeinen prozessualischen Grundsätzen über die verschiedenen Arten des nothwendigen Eides (Pr. O. Tit. 13. §. 11: „wenn das streitige Factum nicht vollständig in seinem ganzen Umfange hat ausgemittelt werden können" und §. 24—26) ergibt sich wohl zugleich die Consequenz, daß hier in diesem besonderen Falle auch nicht eventuell von Zulassung des Gegners zum Reinigungseide die Rede sein könne [294]).

Den Erben des innerhalb der gesetzlichen Frist von acht Tagen ohne Anzeige gestorbenen „Erklärenden" ist eine weitere Frist („innerhalb dreier Monate, nach erhaltener Kenntniß von dem Dasein der Willenserklärung") zur Anzeige des Zwanges gegönnt. (§. 51 h. t.; ohne weitere Berücksichtigung der Deliberationsfrist: Gruchot a. a. O. S. 151.)

Unverkennbar ist bei dieser ganzen Behandlung der Sache die Absicht des Gesetzgebers: den Einwand des Zwanges nicht abzuschneiden, aber auch nicht zu begünstigen. Vgl. noch A. L. R. I. 12. §. 25; 16. §. 209; II. 1. §. 39. 41—44; 2. §. 119.

b) Die Willenserklärung muß ernstlich sein: §. 52

---

294) Der Gegner kann fordern, mit Ausschwörung des Reinigungseides verschont zu werden, wo dem anderen Theile die vollständige Führung des Beweises in so durchgreifender Weise (selbst mit Ausschließung der Eidesdelation) auferlegt ist, wie in den §§. 49. 50 h. t. Anders I. 16. §. 106. 107.

—56 h. t. Koch §. 113. 114. Born. §. 26. Puchta §. 65 zu Anf. Sav. III. 103 Note d; 257—263. (Absichtliche „Erklärungen ohne Willen": zum Scherz, symbolisch, mit Simulation.) IV. 100. 551. (Oestr. §. 869. 916. Code Nap. 911.)

Der Gegensatz gegen eine ernstliche Willenserklärung findet hier zunächst seinen allgemeinsten Ausdruck in den nur „aus Scherz" („scherzweise") oder „zum Schein" geschehenen Aeußerungen. Im Falle des Scherzes will man rechtlich überhaupt Nichts. (3. §. 2 de O. et A. XLIV. 7: ... nec enim si per iocum, puta, vel demonstrandi intellectus causa etc.) Im Falle des Scheines will man rechtlich etwas Anderes als was man äußert. (36 de contr. empt. XVIII. 1.: Cum in venditione quis pretium rei ponit, donationis causa non exacturus etc.; 3. C. eod. IV. 38: Si donationis causa venditionis simulatus contractus est etc.) Für beide Fälle fordert das A. L. R. einen nicht auf blos innere subjective Momente beschränkten, sondern auf die äußerlich erkennbaren objectiven Thatsachen sich erstreckenden Beweis. (§. 55 h. t.: „.... aus den Umständen klar erhellen".) [295]) Ueberdies wird eine rechtliche Vermuthung gegen Schein oder Scherz aufgestellt, bei Aeußerungen über Berufs- oder Gewerbs-Angelegenheiten (§. 53 h. t.), so wie bei solchen Erklärungen, welche in einer besonderen durch die Gesetze bestimmten Form abgegeben sind (§. 54 h. t.; vgl. z. B. Entsch. XXIX. 394. 395). [296]) Noch eine rechtliche Vermuthung dieser Art fand sich in einem jetzt antiquirten Abschnitt des A. L. R. (II. 1. §. 1099. 1100.)

Die weitere Entwickelung der Landrechtlichen Theorie von den Scheingeschäften überhaupt wird sich unten im Tit. 11 an die Spezialbestimmungen der §§. 70—74 über simulirte Käufe anschließen.

c) **Die Willenserklärung muß gewiß oder zuverlässig sein.** Koch §. 110. Born. §. 30. Puchta §. 64. 97. Sav. III. 242—257. 363 ff. VIII. 213 fg. (Oestr. §. 863.)

Es handelt sich schließlich um die Klarheit des Willens in seiner

---

295) Die Ergänzung des Beweises durch einen nothwendigen, insbesondere durch einen Erfüllungseid, ist nicht ausgeschlossen: Entsch. v. J. 1851 in Strieth. V. 19. 24. Desgleichen der Beweis durch Eideszuschiebung: Entsch. v. J. 1855 in Arnsb. Jur. Monatsschr. S. 625—628. Vgl. Gruchot a. a. O. S. 151.

296) Der Gegenbeweis gegen diese rechtliche Vermuthung darf jedoch selbst bei gerichtlich oder notariell abgegebenen Willenserklärungen keineswegs als ausgeschlossen gelten: Born. Rechtsgesch. S. 118; Koch Fordr. §. 81 ad II; Strieth. V. 21.

Erscheinung. Unmittelbar und ausdrücklich zeigt sich diese in Worten oder anderen deutlichen (in Worte übersetzbaren Zeichen): §. 57 h. t.; Strieth. XXX. 248 ad a. und 250. (38 de O. et A. XLIV. 7: Non figura literarum, sed oratione quam exprimunt literae, obligamur etc. Geberden: 52. §. 10 de O. et A. u. 17 de nov. XLVI. 2 [nutu]; 6 de R. C. XII. 1 u. 58 pr. de her. inst. XXVIII. 5 [digito ostendere]. Vgl. wegen der Zeichensprache der Taubstummen: A. L. R. I. 5. §. 24; II. 18. §. 16; A. G. O. II. 3. §. 7 [bei Verträgen] und Rescr. 24. Juni 1802 und 10. Mai 1806 [bei Testamenten].)

Allein es gibt auch stillschweigende, nicht unmittelbar in Worten oder Zeichen sich offenbarende Willensäußerungen, welche dennoch mit den ausdrücklichen gleiche Kraft haben sollen (2 pr. de pactis II. 14: ... etiam tacite consensu convenire intelligitur), wo nicht zu der rechtsgültigen Form des Geschäfts eine ausdrückliche Erklärung gesetzlich erfordert wird. Sie bestehen in Handlungen, aus welchen die Absicht des Handelnden mit Zuverlässigkeit geschlossen werden kann (s. g. facta concludentia, Handlungen, welche sich „etwa als Zeichen des Willens interpretiren" [Sav. 254], d. h. gleich den im §. 57 h. t. angedeuteten Zeichen in Worte übersetzen lassen): §. 58—60 h. t.

Beispiele von solchen concludenten (schlüssigen) Handlungen, welche einen Willen offenbaren, der als eine wirklich vorhandene Thatsache angenommen wird (Sav. 253), oder von gewissen Umständen, aus welchen ein wirklicher Entschluß gefolgert, und welchen deshalb gleiche Kraft mit ausdrücklichen Willenserklärungen beigelegt wird, finden sich durch das ganze A. L. R. zerstreut: I. 5. §. 81. 189 (vgl. mit 16. §. 165); 9. §. 420; 11. §. 333 fg. 1045. 1058. 1168; 12. §. 427. 430. 575. 596. 612; 13. §. 7. 130 fg. 143 fg. 185; 14. §. 158. 209 fg.; 16. §. 389; 18. §. 159. 777; 20. §. 79. 253; 21. §. 325. 327; II. 1. §. 721; 2. §. 16 (7). 127 fg. 218; 8. §. 478. 509. 685. [993]; 11. §. 42; 18. §. 594 fg. Vgl. Entsch. XXI. 356. XXII. 204. XXIII. 19. XXIX. 66. 73. Dagegen finden sich Fälle, in denen das Gesetz eine ausdrückliche Willenserklärung fordert und die stillschweigende für ungenügend hält: I. 5. §. 38; 9. §. 398; 11. §. 465; 14. §. 202 („in der Regel"); 16. §. 381; 18. §. 202; 20. §. 155; II. 2. §. 137. 414—416. 422. 438 fg. Vgl. Entsch. XXIX. 51 fg. und Präj. 2409 (v. J. 1852: Entsch. XXIV. 124—128).

Bloßes Stillschweigen (142 de R. I.: Qui tacet, non utique fatetur, sed tamen verum est, eum non negare; aber nicht: Qui tacet, consentire videtur; Sav. 248 fg.) soll nur dann als Einwilligung gelten, wenn der Schweigende sich erklären konnte, und nach den Gesetzen (also insbesondere vermittelst eines darauf gegründeten richterlichen Befehls) dazu verbunden war: §. 61. 62 h. t. (Pr. O. Einl. §. 14.) Fälle der Art im A. L. R.: I. 6. §. 59; 9. §. 332. 421; 11. §. 133. 336; 13. §. 14. 16. 127. 247; 16. §. 383; 21. §. 625; 22. §. 43; II. 2. §. 218; II. 18. §. 791. Vgl. auch Arnsb. Archiv V. 495—499 (Entsch. v. J. 1838); Strieth. XXXIV. 267 ad b. 276 (v. J. 1859).

Einen letzten Gegensatz gegen die ausdrücklichen Willenserklärungen bilden noch die s. g. vermutheten (richtiger: fingirten) Willenserklärungen (Sav. 253—256), welche wieder von den s. g. stillschweigenden darin sich unterscheiden, daß in ihnen eigentlich der Wille gar nicht als eine wirklich vorhandene Thatsache angenommen, sondern vielmehr die Absicht des Handelnden, ohne Rücksicht auf den wirklichen Entschluß desselben, aus den Umständen gefolgert und abgeleitet wird, und zwar nach A. L. R. nicht anders als wenn „die Gesetze selbst" eine solche „Vermuthung" aufstellen, welche dann ihrer Natur nach nur so lange entscheidend eingreift, bis eine andere Willensmeinung des Handelnden klar ausgemittelt ist (40. §. 4. de proc. III. 3: . . . contraria voluntas probetur): §. 63. 64 h. t. (I. 5. §. 6. 117; 7. §. 107. 108; 11. §. 1041—1045; 13. §. 119—128; 16. §. 98. 102 fg. In allen diesen und ähnlichen Fällen ist nirgends eine s. g. praesumtio iuris et de iure zu finden.)

2. **Auslegung der Willenserklärungen:** §. 65—74 h. t. (I. 5. §. 252; 12. §. 556; 16. §. 403; II. 6. §. 32; Pr. O. Tit. 10. §. 117.) Koch §. 132. Born. §. 37. Puchta §. 66. Sav. III. 244. Obl. II. 189—195; besonders 192 ff.: zweideutige Aeußerungen bei Verträgen zum Nachtheil, bei einseitigen Willenserklärungen zum Vortheil des Urhebers auszulegen. (Oestr. §. 914—916. 614. 655. Code Nap. Art. 1156—1164.)

Das Hauptgewicht wird hier auf die gewöhnliche Bedeutung der Worte und Zeichen gelegt: §. 65 h. t. (vgl. z. B. Strieth. I. 165; XXVIII. 71; Entsch. XXXII. 438); und zwar je nach der Zeit der abgegebenen Erklärung: §. 66 h. t., und nach der Person des Erklärenden: §. 67. 68 h. t. (96 de R. I.: In ambiguis orationibus maxime sententia spectanda est eius qui eas protulisset); imgleichen nach dem etwa objectiv geläufigen besonderen Sprachgebrauche: §. 69 h. t. (zumal in örtlicher Beziehung: 34 de R. I.: . . . id sequamur, quod in regione . . . frequentatur; Sav. Obl. a. a. O. Note o.; Strieth. XXIX. 265—268).

Für die Aufklärung von Zweifeln wird die eigentliche Absicht als entscheidendes Moment behandelt: §. 70—72 h. t. (I. 12. §. 518; 219 de V. S.: ... voluntatem potius quam verba spectari; Sav. a. a. O. Note m.; Strieth. XXIII. 159—161; XXXI. 301—303.) Zur Erklärung von unbestimmten Aeußerungen sollen die in den Gesetzen enthaltenen Bestimmungen dienen: §. 73 h. t. (Oben Seite 143.) Endlich soll jede Willenserklärung im zweifelhaften Falle so gedeutet werden, daß sie nicht ohne alle Wirkung bleibe: §. 74 h. t. (I. 12. §. 519; 80. de V. O. XLV. 1.: ... quo res, qua de agitur, in tuto sit; 12. de reb. dub. XXXIV. 5.: ... quo res ... magis valeat quam pereat; Sav. a. a. O. Note. k. l.)

3. **Anfechtbarkeit der Willenserklärungen.** (Koch §. 128. 129. Born. §. 29. Puchta §. 67. Sav. IV. 537 ff.).

A. Wegen Irrthums. Koch §. 106—109. Born. §. 27. Puchta §. 57. §. 65 Nr. 1. Sav. III. 111—115; 263—302; (326—) 468 fg.; Obl. II. 284. (Oestr. §. 871—876. 57—59. 95. 570—572. 1385. 1431. 1487. Code Nap. art. 1109. 1110. 1117. 1304. 2053. [Sav. III. 470—472.])

„Der Irrthum an sich" (schließt das Dasein des freien Willens und dessen Folgen nicht aus, und) „hat in der Regel gar keine Wirkung, und es ist überall nur durch besondere Ausnahme, wo ihm" (für einzelne juristische Thatsachen) „eine Einwirkung eingeräumt wird. Auch in diesen ausgenommenen Fällen wird seine Wirkung ausgeschlossen, wenn dem Irrenden" (was in der Regel bei dem s. g. Rechtsirrthum angenommen wird) „eine besondere Verschuldung zur Last fällt, das heißt wenn der Irrthum leicht zu vermeiden war." (Sav. 114. 341. 343. 384. 404.)[297]) Als wirklich ausgeschlossen gilt der Wille durch einen wesentlichen Irrthum über die Natur des Rechtsverhältnisses, über die Person, über den Gegenstand; und zwar in Ansehung des Gegenstandes mit Unterscheidung einer individuell bestimmten Sache (error oder dissensus in corpore), einer nur nach Gattung und Quantität bestimmten Sache, endlich einer derartigen Eigenschaft der Sache, daß durch die irrig vorausgesetzte Eigenschaft (s. g. error in substantia),

---

297) Kein Irrthum, welcher auf großer Nachläßigkeit beruhet, soll dem Irrenden zu gut kommen, nur der iustus oder probabilis error (die iusta ignorantia) darf geltend gemacht werden. Aber beim factischen Irrthum muß die Nachläßigkeit als eine besondere Thatsache erwiesen werden; beim Rechtsirrthum versteht sie sich von selbst und ist nur durch den Beweis ungewöhnlicher Umstände zu widerlegen. Also nicht die Rechtsregel, sondern die Beweislast ist für beide Arten des Irrthums verschieden. (Sav. 335 fg. 359. 465 u. 467.) Vgl. oben S. 84 ad B.

nach den im Verkehr herrschenden Begriffen, die Sache zu einer anderen Art von Sachen gerechnet werden müßte, als wozu sie wirklich gehört. (Sav. 267 ff. 444 Note n.)

Das A. L. R. unterscheidet nach den Objecten des Irrthums folgendermaßen[298]:

a) Der Irrthum in gewissen, als besonders wichtig ausgezeichneten Momenten soll, selbst wenn derselbe vermeidlich war, zur Anfechtung[299]) der Willenserklärung berechtigen. Diese Momente sind:

α) das Wesentliche des Geschäfts (essentialia negotii: Koch §. 111; Born. §. 31. ad 1; Puchta §. 58; Sav. Obl. I. 18—21; z. B. 18. §. 1. de reb. cred. XII. 1: Si ego quasi deponens tibi dedero, tu quasi mutuam accipias etc.): §. 75 h. t.;

β) der Hauptgegenstand der Willenserklärung (quum in corpore dissentiatur: 9 pr. de contr. emt. XVIII. 1; si de alia re stipulator senserit, de alia promissor: §. 23. I. de inutil. stip. III. 19): §. 75 h. t. (I. 16. §. 417; II. 8. §. 2073—2075.)

Vorausgesetzt wird jedoch in dem §. 75 h. t. ein thatsächlicher Irrthum, indem der Rechtsirrthum hier keinen Schutz findet: Entsch. aus d. J. 1853 in Strieth. VIII. 153—157. Fälle eines thatsächlichen Irrthums in dem Wesentlichen des Geschäfts oder in dem Hauptgegenstande der Willenserklärung: Strieth. II. 5 fg. IX. 157 fg. XXX. 344—347. XXXI. 304—307. Ein solcher Irrthum kann übrigens auch gegen eine gerichtlich abgegebene Willenserklärung geltend gemacht werden: Strieth. XX. 265 fg.

γ) Die Person desjenigen, für welchen aus der Willenserklärung ein Recht entstehen soll, — vorausgesetzt freilich, daß es gerade auf diese Person abgesehen war: §. 76 h. t. (9 pr. de her. inst. XXVIII. 5.: Quotiens volens alium heredem scribere, alium scripserit, in corpore hominis errans etc. Sav. III. 269—272. IV. 156.) Vgl. A. L. R. I. 13. §. 261; 16. §. 417; II. 1. §. 40.

δ) Die ausdrücklich vorausgesetzten Eigenschaften der Person oder Sache: §. 77 h. t. (I. 5. §. 319. 325. 334. 347.)

---

298) Die hier folgenden allgemeinen Grundsätze über den Irrthum gewinnen eine maßgebende Bedeutung in der ganzen Lehre von der Gewährleistung (A. L. R. I. 5. §. 318 ff.) und bei der s. g. laesio enormis. (A. L. R. I. 11. §. 59 ff.; vgl. jedoch Sav. 358 Note a.)

299) Die abwechselnden Ausdrücke „ungültig machen, vereiteln, entkräften" u. dgl. m. bezeichnen hier immer nur die Anfechtbarkeit der Willenserklärung von Seiten des Irrenden. (Vgl. oben Anm. 287.)

Ein jeder Irrthum in einem dieser Momente (α—δ) berechtigt nun den Erklärenden, selbst wenn dieser den Irrthum hätte vermeiden können, zur Anfechtung der Willenserklärung: §. 78 h. t. Dabei tritt nur gleichsam in zweiter Reihe die Frage vom Schadensersatze auf. D. h. der Erklärende, welcher durch eigenes grobes oder mäßiges Versehen in den Irrthum gerathen ist, muß den durch seine Schuld (in Folge der Auflösung des Rechtsgeschäfts) entstandenen Schaden dem Anderen ersetzen, falls dieser Andere nicht selbst um den Irrthum gewußt hat: §. 79 h. t. (II. 8. §. 2076.) Vgl. Entsch. XXX. 79 fg. Fällt beiden Theilen ein vermeidlicher Irrthum zur Last, so ist kein Theil dem anderen zur Entschädigung verpflichtet, indem eine Art von Compensation stattfindet: §. 80 h. t. — Hiernach würde also ein geringes Versehen den Irrenden nicht nur zur Anfechtung seiner Willenserklärung berechtigen, sondern auch in allen Fällen von der Verpflichtung zum Schadensersatze frei lassen.

b) Nicht in gleichem Maße wird der Irrthum in den blos gewöhnlich vorausgesetzten Eigenschaften der Person oder Sache begünstigt. (Sav. 305.)

Ein solcher Irrthum soll nämlich den Irrenden überhaupt nur dann, wenn dieser seinen Irrthum nicht durch eigenes grobes oder mäßiges Versehen veranlaßt hat, zur Anfechtung der Willenserklärung berechtigen: §. 81. 82 h. t. (I. 5. §. 319. 329—331. 335; II. 1. §. 40. 104 ff.) Hier tritt also zum Nachtheile des aus Nachlässigkeit Irrenden die Unanfechtbarkeit der Willenserklärung[300]) gewissermaßen an die Stelle der (ad a. angenommenen) Verpflichtung zum Schadensersatze.

c) Ganz unberücksichtigt bleibt jeder anderweitige Irrthum („in anderen Eigenschaften oder Umständen"): §. 83 h. t. (I. 9. §. 583; 16. §. 429; II. 8. §. 2077.)

B. Wegen Betruges. Koch §. 105. (740.) Born. §. 28. Puchta §. 57. 376. Sav. III. 115—119: Parallelismus zwischen Furcht als Zwang und Irrthum als Betrug; 340. 358 Note a. 362 Note h.: Absorbirung des Irrthums durch den Betrug. (Oestr. §. 866. 869. 871—875. 878. Code Nap. art. 1109. 1116 fg. 2053.)

Das A. L. R. faßt hier lediglich ins Auge: den Betrug als wissentliche und vorsätzliche Veranlassung eines Irrthums: §. 84 h. t. (Sav. 118: „Absichtliche Erzeugung eines Irrthums, wodurch der Irrende zu einer Willenserklärung bestimmt wird". 1. pr. de dolo malo IV. 3.: . . ne vel illis malitia sua sit lucrosa, vel istis

300) Vgl. A. L. R. I. 4. §. 19; 16. §. 39; 21. §. 6.

simplicitas damnosa; 1. §. 2. eod.: . . dolum malum esse omnem calliditatem, fallaciam, machinationem ad circumveniendum, fallendum, decipiendum alterum adhibitam. Vgl. unten die Allegate zu Tit. 5. §. 31—36.) 301) Der wissentlichen Veranlassung steht die wissentliche Benutzung des Irrthums (betrügliche Unterlassung oder Verschweigung [Sz.]) gleich: Strieth. II. 93—97; XXXVI. 226. Vgl. 43. §. 2 de contr. empt. XVIII. 1.: . . . [dolus] non tantum in eo est, qui fallendi causa obscure loquitur, sed etiam qui insidiose obscure dissimulat.

Zur Entschädigung ist nun der Betrüger in allen Fällen und nach allen Seiten verpflichtet: §. 86. 88. 90 h. t. (I. 5. §. 350 fg. 359; 13. §. 279; 14. §. 212; II. 1. §. 963.)

Anfechtbar aber ist die Willenserklärung unbedingt und in allen Fällen nur bei dem s. g. dolus causam dans (wenn die Willenserklärung selbst durch Betrug veranlaßt ist): §. 85. 87 h. t. (I. 5. §. 349 ff.; 16. §. 419. 430.) Dagegen ist bei dem s. g. dolus incidens (wenn der Erklärende zu einem Irrthum bei der Willenserklärung vorsätzlich verleitet ist), so wie bei dem von einem Dritten verübten Betruge, die Anfechtbarkeit der Willenserklärung abhängig von der Beschaffenheit des Irrthums an und für sich (nach den ad A. aufgestellten Grundsätzen): §. 87. 89 h. t. (I. 5. §. 358 fg.)

Nur indirect, ja fast negativ (§. 91 h. t. verb.: „ohne die Absicht, den Andern zu hintergehen") schließen sich an diese allgemeinen Grundsätze vom Betruge die eigenthümlichen, zur Beseitigung des Unfugs der exceptio ebrietatis getroffenen Bestimmungen der §§. 91—93 h. t. von der Versetzung eines Anderen in einen dem Blödsinn analogen Zustand, vermittelst Trunkes oder Erregung heftiger Leidenschaften. (Oben S. 167 ad d.) Die Anfechtbarkeit der in diesem Zustande abgegebenen Willenserklärungen ist peremtorisch (also strenger als bei den erzwungenen Willenserklärungen, oben S. 170 ad §. 45 ff. h. t.: Sz. S. 3. 4.) an die binnen Acht Tagen, d. i. in einer einwöchigen, aus Sieben Tagen bestehenden Frist: Pl. Beschl. 2. Juli 1855 (J. M. Bl. S. 327—330, Entsch. XXXI. 189—197), anzubringende gerichtliche Anzeige gebunden. Vgl. Strieth. XXXVI. 238—243 (v. J. 1860).

4. **Form der Willenserklärungen**: §. 94. 95 h. t. Koch §. 116. 549. Born. §. 30 g. E. Puchta §. 64. Sav. III. 237—242.

Einer besonderen, über die zu Anfang dieses Titels (ad I. 1.) an-

---

301) Strafrechtlicher Begriff des Betruges: A. L. R. II. 20. §. 1256 u. Strafgesetzbuch v. J. 1851 §. 241.

gedeuteten wesentlichen Erfordernisse hinaus gehenden Form bedarf es nur im Falle einer ausdrücklich auf die Form gerichteten gesetzlichen Bestimmung. Vgl. oben Tit. 3. ad IV; Entsch. XXI. 193; XXVIII. 102. 105; Strieth. XXXIV. 325—328.

Analog den testamentarischen Dispositionen der Militairpersonen (A. L. R. I. 12. §. 177 ff.), und sogar ohne das Erforderniß einer eventuellen Erneuerung oder Wiederholung, sollten nach der Cab. Ordre v. 2. Sptbr. 1815 (Ges. Samml. S. 197) alle von Militairpersonen im Felde („in solchen Lagen, wo sie an der Beobachtung der erforderlichen Förmlichkeiten verhindert sind") abgegebenen Willenserklärungen inter vivos, ohne Beobachtung der sonst erforderlichen Förmlichkeiten, gültig sein (wenn nur „die Gewißheit ihres Willens dergestalt feststeht, daß vernünftigerweise solche nicht bezweifelt werden kann"). Neuerlichst ist jedoch diese Cab. Ordre nebst anderen gesetzlichen Vorschriften aufgehoben und beziehungsweise ersetzt worden, durch das Gesetz v. 8. Juni 1860, betr. die Befugniß der Auditeure zur Aufnahme von Akten der freiwilligen Gerichtsbarkeit ꝛc. (Ges. Samml. S. 240—244.)

5. **Wirkung der Willenserklärungen:** §. 96—98 h. t. (Bloße Abstractionen aus dem Verhältniß der Willenserklärung zu dem Behufs ihrer Wirksamkeit noch hinzutretenden äußeren Momente.)

II. **Nebenbestimmungen bei Willenserklärungen.**

1. **Bedingung.** Koch §. 117—120. Born. §. 32—34. Puchta §. 59—61. 299. Sav. III. 121—204. (Oestr. §. 696—703. 707—709. 712. 897—900. 1251. Code Nap. art. 900. 944 fg. 1040 fg. 1168—1184.)

A. Grundbegriffe.

„Bedingung (conditio) heißt der Zusatz einer Willenserklärung, welcher das Dasein" — und zwar entweder den Anfang oder das Ende — „eines Rechtsverhältnisses von einem künftigen, ungewissen Ereigniß auf willkührliche Weise abhängig macht." — „Das Sein oder Nichtsein der bedingenden Thatsache soll das Sein oder Nichtsein des Rechtsverhältnisses zur Folge haben." (Sav. 121. 149. 194.) Auf der Unterscheidung des (in Abhängigkeit gesetzten) Anfanges oder Endes des Rechtsverhältnisses beruhet die herkömmliche Unterscheidung der suspensiven (aufschiebenden) von der resolutiven (auflösenden) Bedingung. Doch ist in gewisser Weise auch die Resolutivbedingung aufzufassen als eine suspensive, — nämlich für die Vernichtung des Hauptgeschäfts. („Nur nicht als eine Suspensivbedingung für ein neues Rechtsgeschäft von umgekehrtem Inhalt und Zweck": Sav. 154 fg. 192 fg.) Keine wahren Bedingungen (weil das Kriterium der Ungewißheit fehlt) sind: die s. g. nothwendigen und unmöglichen Bedingungen, die conditiones iuris und die in praeteritum vel praesens collatae. (Sav. 122—127; Puchta §. 59 Note b.)

Das A. L. R. deutet zunächst den allgemeinen Standpunkt der Bedingung als einer Nebenbestimmung bei Willenserklärungen an: §. 99 h. t. (oben Anm. 281)[302]), und schließt daran weniger eine Definition als vielmehr eine Umschreibung der bedingten Willenserklärung: daß nämlich „das daraus entstehende Recht von einem Ereigniß, welches eintreffen oder nicht eintreffen soll, (si aliquid factum fuerit aut non fuerit: §. 4 J. de V. O. III. 15) abhängig gemacht worden": §. 100 h. t. (I. 12. §. 491. Entsch. XVIII. 151. 155 fg. XVII. 361. 363 fg. vgl. mit XXI. 66. XLI. 96.) Demnächst folgt eine formelle Scheidung der Bedingungen in aufschiebende (§. 101—113)[303]) und auflösende (§. 114—125)[304]), — eine Methode, bei welcher die Wiederholung gewisser Hauptsätze unvermeidlich war. Auch die s. g. conditio in praeteritum vel praesens collata (Sav. 125 fg. 163 fg. 201 fg.) gilt hier als Bedingung, sofern sich einstweilen die Kenntniß des wahren Sachverhalts in der Schwebe befindet: §. 140—144 h. t. Dabei ist jedoch nicht verkannt, daß, wenn der (klare)[305]) Nachweis der zur Bedingung gestellten „Begebenheit" eintritt, die s. g. Bedingung den Charakter eines bloßen dies annimmt. (§. 141—143 h. t. Quae enim per rerum naturam sunt certa, non morantur obligationem, licet apud nos incerta sint: §. 6. J. l. c.)[306])

B. Wirkung.

a) Der aus dem Wesen der Suspensivbedingung hervorgehende Zustand der Unentschiedenheit (pendente conditione), in welchem „ein Recht noch gar nicht vorhanden und nur das künftige Dasein desselben von der Willkühr der Betheiligten mehr oder weniger unabhängig

---

302) Vgl. A. L. R. I. 5. §. 226; 11. §. 271; 12. §. 62.

303) Vgl. A. L. R. I. 9. §. 369; 11. §. 258; 12. §. 478; 16. §. 347; II. 1. §. 95.

304) Vgl. A. L. R. §. 143. 155 h. t.; I. 11. §. 261. 263. 266. 331; 12. §. 489; 16. §. 348.

305) Daß durch das Wort „klar erwiesen" gerade der nothwendige Eid ausgeschlossen sein solle, läßt sich nicht füglich annehmen. (Gruchot a. a. O. S. 164.)

306) Nur ist die Möglichkeit nicht zu übersehen, daß die Ungewißheit ewig dauern kann. So ist es z. B. bei der Bedingung: „wenn C. heute noch lebt" (37 de R. C. XII. 1 und 10. §. 1 de cond. inst. XXVIII. 7: Si Rex Parthorum vivit) wohl denkbar, daß später ermittelt wird, C. sei in der That nicht mehr am Leben, ohne daß je festgestellt werden kann, ob derselbe gerade „heute" noch gelebt habe oder nicht.

gemacht ist" (Sav. 149. 150), bietet den positiven Rechten keinen Anhalt zu verschiedenartiger Behandlung: §. 101—103 h. t. (Der Berechtigte muß erst die Wirklichkeit des Ereignisses „abwarten;" nur darf der Verpflichtete nichts zum Nachtheil „des dem Andern zugedachten Rechtes" vornehmen. Ex conditionali stipulatione tantum spes est debitum iri: §. 4. J. l. c.; . . . quamvis eum, qui stipulatus est sub conditione, placet etiam pendente conditione creditorem esse: 42 pr. de O et A. XLIV. 7.; . . . . expectari oportet conditionis eventum etc.: un. §. 7 C. de cad. toll. VI. 51. Strieth. XXXV. 307.)

b) Dagegen gewährt das Moment der Entscheidung, der Verwandlung des Zustandes der Ungewißheit in Gewißheit, sei es durch den wirklichen Eintritt des Ereignisses (conditio existit, impletur, expletur), sei es durch den Nichteintritt desselben (conditio deficit), einen für die positiven Rechte charakteristischen Spielraum zu abweichender Behandlung.

Nach Römischem Rechte kommt bei Suspensivbedingungen conditione existente das Rechtsverhältniß zu Stande, wie wenn es ohne Bedingung gewesen wäre, das Rechtsgeschäft wird purifizirt (. . . quasi pure ei hereditas vel legatum relictum sit: 26 de cond. inst. XXVIII. 7); wogegen conditione deficiente die Erwartung eines Rechtsverhältnisses spurlos verschwindet, das Rechtsgeschäft so angesehen wird, als hätte es niemals existirt (. . . nulla est emptio, sicuti nec stipulatio: 8 pr. de peric. et comm. XVIII. 6). Das unter einer Resolutivbedingung stehende Rechtsverhältniß ist zunächst einem unbedingten gleich, wird aber conditione existente völlig vernichtet, als wenn es nie vorhanden gewesen wäre (. . . erit pura emptio, quae sub conditione resolvitur: 2 de in diem addict. XVIII. 2). Es ist dieses die s. g. rückwirkende Kraft des Momentes der Entscheidung. (Sav. 150—156. 217 ff.)

Anders nach A. L. R. — Hier wird der Accent im Wesentlichen nicht auf das Rechtsgeschäft, sondern auf die Bedingung gelegt. D. h. der Regel nach soll erst mit der Entscheidung des zur Bedingung gestellten Ereignisses das davon abhängig gemachte Rechtsverhältniß ins Leben treten, also die s. g. rückwirkende Kraft des Momentes der Entscheidung nicht stattfinden.

Für die aufschiebende Bedingung ist diese Regel angedeutet in den Worten des §. 101 h. t.: daß „erst" durch den Eintritt dieser Bedingung „die Erwerbung des Rechts vollendet" (Entw. §. 91 h. t.: „das Recht erworben") „werden soll;" woran sich gleich die Bestimmung des §. 102 h. t. schließt: daß der Berechtigte die Wirklichkeit des Ereignisses abwarten muß, „ehe er das Recht ausüben kann.“ (Eben so: den Besitz des Rechts fordern können im §. 141, und: das Entstehen des Rechts im §. 163 h. t.) So soll der Kauf „nicht eher zur Wirklichkeit gelangen“, als bis die aufschiebende Bedingung eintritt: A. L. R. I. 11. §. 258. So wird das Eigenthum einer Erbschaft oder eines Vermächtnisses erst mit dem Eintritt der aufschiebenden Bedingung erworben: I. 12. §. 478. 483. (Controverse wegen der Ausnahmen von der Regel: Koch Fordr. §. 94 ad I. 2.)

Für die auflösende Bedingung ergibt sich die Regel aus §. 114. 115 h. t.: durch den Eintritt dieser Bedingung soll die Wirkung der Willenserklärung „wieder aufhören“; der Berechtigte „verliert sein Recht mit dem Augenblick“, wo die Bedingung zur Wirklichkeit gelangt. (Eben so: „verliert“ im §. 118, und: „aufhören“ im §. 163 h. t.; auch: „wieder rückgängig werden“ im §. 739. I. 18.) Dieser Regel entspricht sofort der §. 120. (138) h. t., wonach die während des Wittwenstandes gezogenen Nutzungen, ungeachtet der gebrochenen Bedingung des nicht zu ändernden Wittwenstandes, niemals herausgegeben zu werden brauchen. (Oben S. 163 ad e.) Ferner die Lehre vom Kaufe: I. 11. §. 261 fg. 290. 297 ff. 331 fg., und von Erbschaften und Vermächtnissen: I. 12. §. 489. Allein gerade für die auflösende Bedingung ist im §. 116 h. t. eine (wenngleich beschränkte) Ausnahme von der Regel aufgestellt worden: daß nämlich auch die gezogenen Nutzungen wieder herausgegeben werden müssen, wenn aus den Umständen erhellet, daß das Recht beim Eintritt der Bedingung als ungültig von der Zeit der Einräumung an habe angesehen werden sollen.[307]) D. h. bei aufschiebenden Bedingungen soll die s. g. rückwirkende Kraft des Momentes der Entscheidung allerdings dann, aber auch nur dann stattfinden, wenn die Absicht der Parteien erweislich auf solche Rückwirkung gerichtet war.[308]) Vgl. Entsch. XXXVIII. 18 fg.

c) In eigenthümlicher Verbindung mit der auflösenden Bedingung steht noch die Cautionsleistung nach §. 121—125 h. t. Vgl. I. 12. §. 472. 481.

---

307) Ursprünglich sollte die Herausgabe der Nutzungen ausnahmslose Regel sein: Entw. §. 95 h. t.; Sz. Jahrb. LII. 5. 6.

308) ... „wenn die auflösende Bedingung dergestalt conditio sine qua non war, daß man sieht, derjenige, welcher dem Begünstigten das jus conditionatum eingeräumt hat, würde solches gar nicht gethan haben, wenn er an den Fall gedacht hätte, daß die conditio resolutiva jemals zur Wirklichkeit gelangen möchte“: Sz. a. a. O.

C. Inhalt.

a) Die Unterscheidung der conditio casualis, potestativa, mixta, je nachdem ein zufälliges, vom Willen unabhängiges Ereigniß oder die Freiheit des Handelnden oder eine Verbindung von Beidem die Ursache ist, von welcher der Eintritt der Bedingung abhängt (un. §. 7 C. de cad. toll. VI. 51: ... sub conditione... vel casuali vel potestativa vel mixta, quarum eventus ex fortuna vel ex honoratae personae voluntate vel ex utroque pendeat), stimmt im Wesentlichen mit dem Römischen Rechte (Sav. 127 ff.) überein. So dürfen bei der von einem bloßen Zufalle abhängenden Bedingung beide Theile nichts vornehmen, wodurch das Eintreten des Zufalls hervorgebracht oder verhindert wird: §. 104 und 117 h. t. Imgleichen wird die Fiction der erfüllten Bedingung, wenn derjenige die Erfüllung verhindert, der aus der Nichterfüllung Vortheil zieht (quotiens per eum, cuius interest conditionem non impleri, fiat, quo minus impleatur, perinde haberi, ac si impleta conditio fuisset: 161 de R. J.; quicumque sub conditione obligatus curaverit, ne conditio existeret, nihilominus obligetur: 85. §. 7 de V. O.; Sav. 140—142), auch nach allen Seiten der auf freien Handlungen beruhenden Bedingungen durchgeführt, nur mit der dem A. L. R. eigenthümlichen Zulassung sogenannter „erlaubter Mittel" zur Veranlassung des entscheidenden Entschlusses: §. 105—107 und §. 118. 119 h. t.[309])

Abweichungen vom Römischen Rechte finden sich

α) in der nicht ungekünstelten Behandlung der incorrect s. g. Potestativbedingung, welche von der Willkühr des Verpflichteten abhängt. Grundsätzlich ist zwar gleichfalls das nackte si velit (Sav. 131) verworfen: §. 108 h. t. (Code Nap. 1174. Vgl. Sav. 232 und A. L. R. I. 12. §. 516.) Daran schließt sich aber eine eigenthümliche Modification in der Behandlung der auch nach Römischem Rechte an sich zulässigen Bedingung, welche auf eine äußere, wenngleich ganz von der Willkühr des Verpflichteten abhängige Handlung desselben gestellt ist (Sav. 132 fg.), insofern es sich um ein zur Bedingung gesetztes „bestimmtes Ereigniß" handelt, dessen Eintreffen oder Nichteintreffen doch von dem freien Willen des Verpflichteten abhängt. Hier soll zwar zunächst dem Verpflichteten die freie Verfügung über den Ge-

---

309) Im Entw. §. 96. 97 h. t. war die vorsätzliche Hintertreibung resp. Beförderung der Erfüllung ohne weitere Distinctionen mit nachtheiligen Folgen bedroht. Vgl. Sz. a. a. O. S. 66—69.

genstand der Erklärung unbenommen bleiben, bei dem dereinst eintretenden Ereigniß aber dem Berechtigten, je nachdem der Verpflichtete seiner Erklärung noch zu genügen oder (durch eigenes Zuthun) nicht mehr zu genügen vermag, ein unbedingtes Recht erworben oder doch Schadloshaltung zu leisten sein: §. 109—111 h. t. (Praktisch liegt das Hauptgewicht der Entscheidung auf §. 111.)

β) In der stricten Auffassung des zur Bedingung gestellten Vortheils eines Dritten. Während hier nach Römischem Rechte die Fiction der erfüllten Bedingung eintritt, wenn derjenige, auf dessen Vortheil die Erfüllung berechnet ist, darauf freiwillig verzichtet (quotiens per eum, cuius interest conditionem impleri, fiat quo minus impleatur: Sav. 138—140), gilt nach A. L. R. die Bedingung nur dann als erfüllt, wenn der Vortheil dem Dritten wirklich verschafft wird, nicht auch dann, wenn der Dritte den Vortheil ausschlägt oder sich selbst an dessen Erlangung hindert: §. 112. 113 h. t. (I. 12. §. 507.)[310])

b) Ihres Inhaltes wegen, der jede Ungewißheit des Erfolges ausschließt, sind keine wahren Bedingungen (oben S. 179 fg.):

α) die s. g. nothwendigen Bedingungen, weil deren Erfüllung, sei es aus physischen, sei es aus juristischen Gründen, gar nicht ausbleiben kann. Qui sub conditione stipulatur, quae omnimodo extitura est, pure videtur stipulari: 9. §. 1 de nov. XLVI. 2; ... heres erit, perinde ac si pure institutus esset: 50. §. 1 de her. inst. XXVIII. 5. (Sav. 157. 158 fg. ad I. 160.) Auch nach A. L. R. gilt durch Beziehung auf nothwendig eintreffende Ereignisse eine Willenserklärung als nicht bedingt: §. 126 h. t., sonach die affirmativ-nothwendige Bedingung als bloße Zeitbestimmung: §. 127 h. t., die negativ-nothwendige Bedingung aber (wenn „das Recht von dem Nichteintreffen eines nothwendigen Ereignisses abhängig gemacht wird") als die Willenserklärung vernichtend: §. 128 h. t.

β) Die s. g. unmöglichen Bedingungen, weil deren Erfüllung, wiederum aus physischen oder juristischen Gründen, nicht eintreffen kann. Impossibilis autem conditio habetur, cui natura impedi-

---

310) Der Entwurf war im §. 98 h. t. noch dabei geblieben, die Bedingung für erfüllt zu achten, „wenn der Dritte diesen Vortheil ausschlägt, oder sich selbst an dessen Erlangung hindert." Eine gewisse innere Verwandtschaft der statt dessen in das A. L. R. übergegangenen Bestimmung mit der allgemeinen Behandlung der s. g. pacta in favorem tertii (I. 5. §. 74 ff.) läßt sich wohl nicht verkennen, wenngleich man nicht geneigt sein möchte, gerade das Präj. 1571 mit darauf zu begründen.

mento est, quo minus existat ... („si digito caelum attigero") ...: §. 11 J. de inut. stip. III. 19; ... „si rem sacram aut religiosam Titius vendiderit, vel forum aut basilicam", ... ubi omnino conditio iure impleri non potest, ...: proinde ac si ea conditio quae natura impossibilis est, inserta esset etc.: 137. §. 6 de V. O. XLV. 1. (Sav. 157. 159 fg. ad II.) Auch das A. L. R. stellt zunächst die absolute und die relative Unmöglichkeit einander gleich: §. 129 h. t. (Sav. 164.) Daran schließt sich die durchgreifende Bestimmung des §. 130, wonach (ohne Unterschied, ob Irrthum obwalte, oder nicht: Sav. 191 fg. u. 200) bei jeder negativ gefaßten unmöglichen Bedingung (weil eine solche gleichsam sich selbst verzehrt) die Willenserklärung als unbedingt gilt. (Vgl. §. 11 J. l. c.: „si digito coelum non attigero;" 7 de V. O.: „si in coelum non ascenderit.")

In Ansehung der affirmativ gefaßten unmöglichen Bedingungen aber weicht das A. L. R. wesentlich vom Justinianischen Rechte ab, welches den Unterschied zwischen Verträgen und Testamenten sanctionirt hatte, so daß die Verträge wirkungslos wurden, bei Testamenten die Bedingung als nicht geschrieben galt. (Sav. 162—169. 194 ff.) Das A. L. R. ist zu der natürlichen (Proculejanischen) Behandlung der Sache zurückgekehrt, indem es durch eine solche Bedingung den Inhalt jedes Rechtsgeschäfts („die ganze Willenserklärung"), sowohl inter vivos als mortis causa, völlig entkräften läßt[311]): §. 131 h. t. und I. 12. §. 504—506. (647.) Nur im §. 505 (Tit. 12) findet sich die geringe Modification, daß eine Bedingung für erlassen geachtet wird, wenn die an sich mögliche Erfüllung derselben dem Erben oder Legatario noch bei Lebzeiten des Erblassers unmöglich und dieses dem Erblasser bekannt geworden war, ohne daß derselbe in seiner Verordnung etwas geändert hätte. (Vgl. Sav. 166. 191 fg.)

Den unmöglichen Bedingungen unmittelbar gleich gestellt werden die nach Sinn und Art der Erfüllung „ganz unverständlichen": §. 132

311) Die Note zum Entw. §. 119 h. t. lautet: „Der im Römischen Recht hier gemachte Unterschied zwischen Verträgen und letztwilligen Verordnungen, hat in der Natur der Sache keinen Grund." Sz. (S. 4) sucht dies näher zu substanziiren. Nehme man an, es sei keine voluntas seria vorhanden, wenn ich filio 100 Thlr. verspreche, falls er in den Mond fliegen werde, so sei doch eine solche voluntas seria auch gewiß alsdann nicht da, wenn ich filio 100 Thlr. in meinem Testamente unter der Bedingung vermache, daß er in den Mond fliege. (Der Römische Unterschied komme her von der fast abergläubisch ängstlichen Fürsorge für die Aufrechthaltung der Testamente rc.)

h. t. u. I. 12. §. 64. (Conditiones perplexae: 88 pr. ad leg. Falc. XXXV. 2; Sav. 159 Note f. u. 163 Note m.; Gruchot a. a. O. S. 162.)

γ) Die s. g. unerlaubten Bedingungen wirft das A. L. R. nicht unter den Begriff der moralischen Unmöglichkeit. (Sav. 169 fg.) Auch ist dasselbe in der Behandlung der unerlaubten Bedingungen bei der Römischen Unterscheidung zwischen Verträgen und Testamenten (Sav. 171—179. 194—201) stehen geblieben. Im §. 136 h. t. wird vorweg der Grundsatz aufgestellt, daß ein von den zulässigen Gegenständen einer Willenserklärung überhaupt ausgeschlossener Gegenstand (im §. 123 des Entwurfs h. t. näher beschrieben: was „wider die Gesetze oder wider die Ehrbarkeit laufen würde") — oben Seite 159 ad A — auch nicht als Bedingung auferlegt werden kann (Entw. §. 122: „darf").[312]) Ob aber dergleichen Bedingungen die Erklärung entkräften, oder für nicht beigefügt zu achten seien: darüber verweist §. 137 h. t. auf die besonderen gesetzlichen Bestimmungen nach den verschiedenen Arten der Willenserklärungen. D. h. Verträge (oder vielmehr alle Willenserklärungen inter vivos) werden durch unerlaubte Bedingungen entkräftet: I. 5. §. 227. 228; in letztwilligen Verordnungen werden unerlaubte Bedingungen für nicht beigefügt angesehen, die Erbeinsetzungen und Legate also in unbedingte verwandelt: I. 12. §. 63. (Si flagitii faciendi ... causa concepta sit stipulatio, ab initio non valet: 123 de V. O. XLV. 1. Cum quis sub hac conditione stipulatus sit ... ubi ... id facere ei non liceat: nullius momenti fore stipulationem: 137. §. 6 eod. Conditiones contra ... Leges ... scriptae, vel quae contra bonos mores ... sunt ..., pro non scriptis habentur: et perinde, ac si conditio hereditati sive legato adiecta non esset, capitur hereditas legatumve: 14 de cond. inst. XXVIII. 7.)

Da es sich jedoch bei der rechtlichen Wirksamkeit der unerlaubten Bedingungen immer nur darum handeln kann, die Beförderung des Schlechten abzuwehren (Sav. 172), so darf man eine gewisse Zulässigkeit der negativ gestellten unerlaubten Bedingungen (zur Abwehr von Schlechtigkeiten: 1. 2 C si mancipium IV. 56 „si prostituta fuisset"; 121 §. 1 de V. O. „si concubinae tempore matrimonii consuetudinem recepisset"; Sav. 174 ff.) auch für das Preußische Recht durchaus nicht verkennen. (Koch Fordr. §. 95 ad 5.)

---

312) Auch im A. L. R. I. 12. §. 63 heißt es: „darf."

Benutzt man die sonst übliche Unterordnung der unmöglichen und der unerlaubten Bedingungen unter den Gattungsbegriff der Unmöglichkeit, also die Eintheilung in physisch und moralisch unmögliche Bedingungen, zur Vergleichung des A. L. R. mit dem Römischen Rechte[313]), so ergibt sich als Resultat folgender charakteristischer Unterschied. Nach Römischem Rechte wird durch eine (physisch oder moralisch) unmögliche Bedingung jedes Rechtsgeschäft unter Lebenden entkräftet, wogegen eine solche Bedingung bei allen Erklärungen von Todeswegen als nicht beigefügt gilt. Nach Landrecht dagegen wird wiederum (vgl. oben S. 181) der Accent nicht sowohl auf die Art des Rechtsgeschäfts gelegt, als vielmehr auf die Art der Bedingung, d. h. auf die Art ihrer Unmöglichkeit: und zwar so, daß durch physisch unmögliche Bedingungen Erklärungen inter vivos und mortis causa gleichmäßig zerstört werden, bei moralisch unmöglichen Bedingungen dagegen die Römische Distinction der Rechtsgeschäfte festgehalten und die moralisch unmögliche Bedingung gleichsam dem Testator zu Ehren gestrichen wird[314]).

Die s. g. unnützen Bedingungen sind zwar nicht den unerlaubten gleich gestellt, aber doch nach dem Tode des „Erklärenden" (d. i. des bedingt Verpflichteten)[315]) im Wege Rechtens erlaßbar: §. 133—135 h. t. und I. 12. §. 503.

Die Vorschrift des §. 139 h. t., über das Wahlrecht des alternativ mit der Erfüllung mehrerer erlaubter Bedingungen Belasteten, entspricht einem im A. L. R. an mehreren Orten anerkannten Grundsatze in favorem des Verpflichteten: I. 5. §. 251. 274; 12. §. 490 ff.

2. **Bewegungsgrund** (causa). Koch §. 126. Born. §. 27 ad 1. e. Puchta §. 65 Note k. Sav. III. 112. 304. 377—382 (Nr. XVII). 469. (Oestr. §. 572. 901. [Code Nap. 1131—1133.])

In der Natur der Sache begründet und durch vorsichtige Abgränzung gegen Bedingung und Modus bewährt ist die Regel der Einfluß-

---

313) Zur Vergleichung des A. L. R. mit anderen neueren Gesetzbüchern: Sav. 203. 204.

314) Diese Auffassung wird auch den Anhalt zur Lösung derjenigen Bedenken bieten, welche aus dem Schweigen des Landrechts über die Behandlung der Bedingungen bei Erbverträgen hervorgehen. (Unten im Erbrecht.)

315) „Von einer offenbar unnützen Bedingung ist zu vermuthen, daß solche nur zum Scherz beigefügt worden. So lange aber der Erklärende lebt und auf die Erfüllung der Bedingung besteht, kann diese Vermuthung nicht Platz greifen." (Note zum Entw. §. 121 h. t.)

losigkeit des Irrthums im Bewegungsgrunde. (... legato falsa causa non nocet. veluti cum ita quis dixerit: Titio, quia absente me negotia mea curavit, Stichum do lego ...: licet enim neque negotia testatoris unquam gessit Titius ..., legatum tamen valet. sed si conditionaliter enuntiata fuerit causa, aliud iuris est, veluti hoc modo: Titio, si negotia mea curaverit, fundum do lego: §. 31 J. de leg. II. 20; 17. §. 2. 3. de cond. XXXV. 1. — Id quoque quod ob causam datur, puta quod negotia mea adiuta ab eo putavi, licet non sit factum: quia donare volui, quamvis falso mihi persuaserim, repeti non posse: 65. §. 2. de cond. ind. XII. 6. [Sav. III. 357. IV. 90.]) Ausnahmen macht das Römische Recht im Wesentlichen nur bei Testamenten. (92 de her. inst. XXVIII. 5: ... „Quia heredes, quos volui habere mihi, continere non potui" etc. ... licet modus institutione contineretur, quia falsus non solet obesse, tamen ex voluntate testatoris .. ei subveniendum etc. 72. §. 6 de cond. XXXV. 1.: Falsam causam legato non obesse, verius est: quia ratio legandi legato non cohaeret. sed plerumque doli exceptio locum habebit, si probetur alias legaturus non fuisse.)

Auch nach Landrecht soll der Bewegungsgrund — und als solcher gilt die bloße Voraussetzung einer gewissen Begebenheit oder Thatsache, welche entweder schon geschehen sei oder noch geschehen solle, — hauptsächlich nur zur Erklärung einer zweifelhaften Absicht dienen; dergestalt, daß bei klarer Absicht eine Willenserklärung durch die Unrichtigkeit des Bewegungsgrundes noch nicht entkräftet wird: §. 145—147 h. t. Hierauf gründet sich die Regel, daß ein Irrthum im Bewegungsgrunde zum Rücktritt von der Willenserklärung nicht berechtigt: §. 149. Jedoch gelten zwei Ausnahmen: die eine im Falle des vorsätzlich (dolo) veranlaßten Irrthums im Beweggrunde: §. 148, die andere bei rein lucrativen Geschäften nach Maßgabe des §. 150.

Was überhaupt als Bewegungsgrund anzusehen sei, ist in zweifelhaften Fällen Sache der Auslegung. (Z. B. die Erklärung der Befriedigung wegen des Hauptanspruches in Beziehung auf eine Entsagung des Pfandrechts: Entsch. XVIII. 264 ad III. 274, v. J. 1849.) Es wird aber auch im Falle des §. 148 die (in den §§. 146. 147 wörtlich bezeichnete) Anführung des Beweggrundes (und zwar vor oder bei Abgabe der Erklärung selbst) vorausgesetzt: Entsch. XXXIII. 27 fg., v. J. 1856. (Strieth. XXII. 107 ff.) Vgl. noch Strieth. XXXII. 273. Der §. 150 insbesondere enthält eine wesentliche Erweiterung der schon nach Römischem Rechte bei letztwilligen Verordnungen geltenden

Ausnahme[316]). Denn jetzt sollen in dergleichen Fällen alle rein lucrativen Rechtsgeschäfte („Willenserklärungen, woraus nur der, zu dessen Gunsten sie geschehen, allein den Vortheil ziehen würde",) unkräftig sein, freilich nur unter der Voraussetzung, daß der irrige Bewegungsgrund nicht allein ausdrücklich (wenngleich nicht gerade schriftlich: Entsch. a. a. O. S. 30) angeführt, sondern nach allen Umständen („sobald erhellet, daß" 2c.; 1 C. de falsa causa adi. VI. 44: . . . non . . . nisi liquido probari possit) auch wirklich die einzige Ursache der Willenserklärung selbst gewesen sei. (Ueber die Unanwendbarkeit des §. 150 auf eine bereits durch Uebergabe vollzogene Schenkung vgl. Strieth. XXI. 128—132, v. J. 1856.)

3. **Beschreibung** (demonstratio). Koch §. 127. Born. §. 27 ad 3. Puchta §. 65 Note m. Sav. III. (305.) 306. 380 Note f. (Oestr. §. 571.)

Die Landrechtlichen Bestimmungen über falsche Bewegungsgründe sollen auch für falsche Beschreibungen gelten: §. 151 h. t. und I. 12. §. 518. (Neque ex falsa demonstratione neque ex falsa causa legatum infirmatur: Ulp. Lib. Reg. Tit. XXIV. §. 19.) Anwendungen auf einzelne Rechtsfälle in: Strieth. XX. 51—54, v. J. 1855 (unrichtige Bezeichnung einer arrestirten Forderung); Entsch. XXXI. 418, v. J. 1855 (incorrecte Benennung eines Vertrages); Strieth. XXXII. 271—274, v. J. 1859 (unrichtige Bezeichnung eines Grundstückes).

4. **Endzweck** (modus). Koch §. 122—125. Born. §. 35. Puchta §. 63. Sav. III. 226—237. IV. 280—288. (Oestr. §. 709—712. 901. Code Nap. art. 953. 954.)

Die Gleichartigkeit des als besondere Form einer auf einen Erwerb gelegten Belastung im Römischen Rechte überhaupt nur bei testamentarischen Verfügungen und bei Schenkungen vorkommenden Modus mit der Bedingung (und der Zeit) ist darin begründet, daß der Modus den Werth der ursprünglichen Gabe vermindert und daß insofern der auf das Geben gerichtete Wille sich selbst beschränkt. Allein „die Bedingung suspendirt, zwingt aber nicht, der Modus zwingt, suspendirt aber nicht." (Sav. III. 230. 231.) Auch fällt, anders als

---

316) Zu weit wollte der Entw. §. 132 h. t. gehen, indem dort ohne alle Einschränkung auf eine gewisse Art von Geschäften ganz allgemein bestimmt war: „Erhellet aus den Umständen, daß der irrig angeführte Bewegungsgrund die einzige Ursach der Willenserklärung selbst gewesen sei, so ist solche unkräftig." Die Landrechtliche Erweiterung des Römischen Rechts erscheint wohl gerechtfertigt: Sav. 469.

bei der Bedingung, die Verpflichtung zu dem Modus hinweg, wenn die Erfüllung desselben unmöglich wird. (Sav. III. 235. IV. 282.)

Im Entwurfe (§. 134 h. t.) war die ganze Lehre von dem Modus in den Einen Satz gefaßt: „Ist etwas ausdrücklich zu einem gewissen Endzweck bewilligt worden, so ist die Beifügung dieses Endzwecks einer beigefügten auflösenden Bedingung gleich zu achten."

Das A. L. R. behandelt zunächst den Modus (Endzweck oder auch blos Zweck genannt) grundsätzlich in den §§. 152—162 h. t. Daran schließen sich die im Wesentlichen nur zurück verweisenden Bemerkungen I. 5. §. 226 und 12. §. 61, wonach die durch Verträge aller Art, so wie die durch letztwillige Verfügungen eingeräumten Rechte unter Anderem auch vermittelst der Beifügung eines Zweckes „eingeschränkt" werden können. Dann wird die donatio sub modo I. 11. §. 1053—1057 (1048. 1049) und der Modus bei Verordnungen von Todeswegen I. 12. §. 488. 508—515. (647.) behandelt. Der Abschnitt von der Zahlung geht gehörigen Ortes auf den außer dem Falle eines Vertrages zu erfüllenden Zweck näher ein: I. 16. §. 200—204, imgleichen auf unerlaubte Zwecke: §. 205—212. Endlich wird die eigenthümliche Bedeutung des Zweckes bei Privatgesellschaften, Stiftungen und Corporationen entwickelt: II. 6. §. 21. (25. 28.) 73—80. 193 ff.

Eine directe und erschöpfende Definition des Modus findet sich nirgend im A. L. R. Vielmehr erfolgt gleichsam auf einem Umwege die Beschreibung desselben in der Art, daß, wenn der Erklärende bei demjenigen, was er dem Anderen zu thun oder zu unterlassen auferlegt, den eigenen Vortheil desselben zur Absicht gehabt habe (z. B. zur Aussteuer oder Ausstattung), — eine solche Bestimmung eher für einen Endzweck als für eine (aufschiebende) Bedingung zu achten sei: §. 152 h. t. und I. 12. §. 488. 508.

Die nicht-suspensive Natur des Modus[317]) wird als das eigentliche Wesen desselben (freilich wieder mit der leidigen Ausnahme entgegengesetzter Verabredung: Koch Fordr. §. 99 ad I.) aufgefaßt im §. 153 h. t. (80 de cond. XXXV. 1: . . . nec enim parem dicemus eum cui ita datum sit, si monumentum fecerit, et eum cui datum est, *ut* monumentum faciat.) Allein darin weicht das A. L. R. wesentlich vom Römischen Rechte ab, daß es eine Klage auf Erfüllung des Modus nicht gibt. Vielmehr soll, wenn der Modus nicht erfüllt wird,

---

317) Deshalb ist z. B. eine Forderung sub modo auch zur Compensation tauglich (wie eine Forderung sub conditione resolutiva): I. 16. §. 349 (348).

das ab initio erworbene Recht wieder verloren gehen, gerade als ob eine auflösende Bedingung einträte (so viel ist aus der Bestimmung des Entwurfs übrig geblieben): §. 154. 155 h. t. (Entsch. XXXVII. 27. 30: bei Strieth. XXVII. 137 ff.) Nur kann das Recht nicht zurück genommen werden, so lange die nicht auf eine gewisse Zeit beschränkte Erfüllung des Modus noch möglich ist: §. 156 h. t.

Bei Willenserklärungen unter Lebenden muß zwar grundsätzlich der Modus, bei Verlust des eingeräumten Rechts, genau erfüllt werden: §. 157. 158 h. t.; doch gilt den Erben gegenüber eine Art stillschweigender Genehmigung der ungenauen Erfüllung (wobei der Erklärende „sich wissentlich ein Jahr beruhigt hat"): §. 159.

Bei Erklärungen von Todeswegen wird es grundsätzlich mit der Erfüllung des Modus weniger streng genommen: §. 160 h. t. und I. 12. §. 509 ff. (Dies zeigt sich insbesondere bei eintretender Unmöglichkeit der Erfüllung in dem Gegensatze des §. 158 h. t. und der §§. 511 ff.)

Als eine für Bedingung und Modus gemeinschaftlich und gleichmäßig zu lösende Frage wird endlich in den §§. 161. 162 h. t. (I. 12. §. 485) die Frage von der Vererblichkeit behandelt[318]). Während nämlich nach Römischem Rechte bei Verträgen das bedingte Recht stets auf die Erben übergeht, bei Testamenten aber der bedingte Erbe oder Legatar die Erfüllung der Bedingung erleben muß, wenn diese überhaupt Etwas wirken soll (Sav. III. 136. 188 Note s. g. E. 213 ad B), treten nach A. L. R. „in allen Fällen", d. h. bei allen Willenserklärungen inter vivos und mortis causa, wenn nur das eingeräumte Recht selbst auf die Erben übergehen kann, diese Erben „auch in Ansehung der Befugniß, die Bedingung oder den Zweck zu erfüllen", in die Rechte ihres Erblassers; — es sei denn die Bedingung oder der Zweck an die Person des Berechtigten gebunden (ein s. g. personalissimum, z. B. Strieth. XXII. 66—72), in welchem Falle durch den vor der Erfüllung eintretenden Tod des Berechtigten die Willenserklärung selbst ihre Wirksamkeit verliert.

Daß übrigens, ungeachtet des im §. 161 h. t. scheinbar nur die Potestativbedingung treffenden Wortlautes, das Gleiche von der s. g. conditio casualis gilt und gelten muß, dafür spricht nicht nur die Entstehungsgeschichte und die Praxis (Entsch. XXVII. 340. 345—

318) Im Wesentlichen schon eben so im Entw. §. 124. 125 vgl. mit 134 h. t. (Eine dem A. L. R. I. 12. §. 485 entsprechende Bestimmung findet sich noch nicht im Entw. II. 9 zwischen §. 304 u. 305.)

347), sondern auch die Natur der Sache. Denn in dem Größeren (dem Rechte, durch eine eigene freie Handlung die Bedingung zu erfüllen) liegt auch das Geringere (das Recht, die durch ein von selbst eintretendes Ereigniß sich erfüllende Bedingung als „erfüllt" geltend zu machen).

5. **Zeitbestimmung** (dies). Koch §. 121. Born. §. 36. Puchta §. 62. Sav. III. 204—226. (Oestr. §. 704—708. 902—904. Code Nap. art. 1185—1188.)

„Die Bedingung knüpft sich an ein ungewisses Ereigniß, die Zeitbestimmung an ein gewisses." (Sav. 206.) Je nachdem nun die Zeitbegränzung an den Anfang oder an das Ende des Rechtsverhältnisses gelegt wird, handelt es sich um den Anfangstermin desselben: in diem, ex die, oder um den Endtermin: ad diem. (Sav. 204. 205.) Es gibt aber nur zwei Fälle des wahren dies: „die zeitliche Beschränkung des Rechtsverhältnisses vermittelst eines Kalendertages, und die vermittelst eines gewissen, das heißt nothwendig irgend einmal eintreffenden Ereignisses." (Sav. 210.)

Das A. L. R. stellt ohne alle weitere Begränzung eine der Willenserklärung beigefügte ungewisse Zeit einer Bedingung gleich, und zwar, je nachdem dadurch der Anfangs- oder der Endtermin des Rechts bestimmt wird, einer aufschiebenden oder einer auflösenden Bedingung: 163 h. t. (II. 1. §. 96; I. 20. §. 61.) Es versteht sich jedoch von selbst, daß auch nach Landrecht ein s. g. dies certus an und blos incertus quando keine Bedingung, sondern ein wahrer dies ist. (79 pr. de cond. XXXV. 1.: Heres meus, cum morietur Titius, centum ei dato: purum legatum est, quia non conditione, sed mora suspenditur: non potest enim conditio non existere.) Vgl. oben §. 127 h. t. und I. 14. §. 264; 21. §. 336. — Wahrhaft ungewisse, den Bedingungen gleich zu achtende Zeitbestimmungen finden sich nicht selten in gewissen Versprechungen „nach Möglichkeit oder Gelegenheit": A. L. R. I. 5. §. 236; II. 1. §. 98. Z. B. Strieth. IX. 355—358. Vgl. unten zum §. 236 des Tit. 5; auch, wegen einer hier noch nicht zu lösenden Schwierigkeit, zum §. 169 des Tit. 16.

Nach allen Seiten ausgeführt wird die nicht-suspensive Natur und Wirkung der gewissen Zeit (dies certus non suspendit), und zwar in den §§. 164—166 h. t. (cessit dies, sed nondum venit: 213 de V. S.; ... statim quidem debetur, sed peti priusquam dies veniat non potest: §. 2 J. de V. O. III. 15), so weit es sich um den Anfangstermin (s. g. suspensive Betagung), in den §§. 167. 168, so weit es sich um den Endtermin (s. g. resolutive Betagung) handelt, und in dem beide Verhältnisse berührenden (nach Sz. in Jahrb. LII. 69 „zur Vermeidung aller Zweifel" abgefaßten) §. 169 h. t. — Im §. 166 soll eine eigennützige, gerade auf Schmälerung des Rechts gerichtete Absicht vorausgesetzt sein: Strieth. XXVII. 255—257. Für die Gränzen der Anwendbarkeit des §. 167 vgl. Strieth. IV. 180—183; XVI. 155.

Die nach Römischem Rechte bei testamentarischen Verfügungen in wichtigen Beziehungen unzulässig gebliebenen Beschränkungen durch Zeitbestimmung (Sav. 211—214. 218. 226) sind nach A. L. R. in jeder Beziehung zulässig geworden: I. 12. §. 259 fg. 486 fg.

A. L. R. Th. I. Tit. 5. Von Verträgen.

(Entw. Th. II. Tit. 2.) Bornemann Rechtsgesch. u. Vertr. S. 217—393. Koch Fordr. §. 61—66*. 69—73. 82—91. 103—140. 142. Sav. III. 307—321. Obl. I. 136—294. II. 7—292. Gruchot Beitr. I. 306—364. 483—538. II. 133—160. 299—335. 463—502. III. 128—180. 288—352.

Die systematische Stellung dieses abstracten Titels „von Verträgen" ist schon oben S. 38 näher angegeben. Im Texte des Gesetzbuches ist zwar der Stoff nicht in besondere Abschnitte zerlegt. Doch ergeben sich aus dem Inhalte folgende vier Hauptabschnitte von selbst: Verträge an sich (Substanz, Form und Zubehör), Erfüllung der Verträge, Aufhebung der Verträge, Correalität.

Abschnitt I. Verträge an sich.

I. **Allgemeine Begriffsbestimmungen.** Koch §. 545. 546. 569 Nr. I. Born. §. 136. Puchta §. 54. 259. (Oestr. §. 859. 861. 864. Code Nap. art. 1101—1106.)

Die Definition des Vertrages im §. 1. h. t.: „wechselseitige Einwilligung zur Erwerbung oder Veräußerung eines Rechtes" (duorum pluriumve in idem placitum consensus: 1. §. 2 de pactis. II. 14), soll in der That die wechselseitige Einwilligung zur Begründung (oder Auflösung) eines bestimmten Rechtsverhältnisses unter den Parteien („die Vereinigung Mehrerer zu einer übereinstimmenden Willenserklärung, wodurch ihre Rechtsverhältnisse bestimmt werden": Sav. III. 309; Obl. II. 7; Entsch. XIX. 363) bezeichnen. Dieselbe paßt deshalb auf alle in den verschiedensten Rechtsgebieten denkbaren Verträge (Sav. III. 310—314; Obl. II. 257), wenngleich nicht verkannt werden mag, daß sie zunächst und vorzugsweise den obligatorischen Vertrag (Sav. III. 314ff.; Obl. II. 8) berührt. Immer aber gehört es zum Wesen eines gültigen Vertrages, daß die contrahirenden Personen als bestimmte Individuen hervortreten: Entsch. IV. 197—201.

Fundamental für den Begriff des Vertrages ist die volle Congruenz der beiden Momente: Versprechen §. 2. 3. und Annahme §. 4. (78 ff.) h. t. Der §. 3 versteht unter der „bloßen Aeußerung etwas[319]) thun zu wollen“ ein bloßes Vorhaben. (Vgl. oben Tit. 4. ad I. im Eingange; Sav. III. 238 fg. 259: von dem der vollendeten Willenserklärung vorhergehenden Zustande der Unentschiedenheit; 138. §. 1. de V. O.: quod praestaturus sis; Sav. Obl. I. 391 Note g. und 392 Note p.)

Die Ausnahme von der Nothwendigkeit dieser Congruenz, bei der pollicitatio (3 pr. de pollic. L. 12: offerentis solius promissum; vgl. Sav. IV. 120, auch II. 54 Note f. g. E.) und bei dem votum (de meliori bono; vgl. Richter Kirchenrecht §. 276), ist verworfen: §. 5 h. t. (Sz. S. 4; vgl. A. L. R. II. 11. §. 1162 fg. 1179 und oben zum §. 12 Tit. 4), nur mit der (doch wieder vom Römischen Rechte 1. §. 2 —4, 6. §. 1, 9, 14 l. c., abweichenden) Modification im §. 6 h. t., für den Fall, daß der Erblasser bereits angefangen hat ein Gelübde zu erfüllen[320]).

Die Generaleintheilung in lästige und wohlthätige Verträge, §. 7. 8 h. t. (vgl. §. 65. 66. 233. 269 h. t. und I. 11. §. 1037 ff.), ist nicht ganz correct[321]), indem sie eigentlich einen anderen Gegensatz, den der zweiseitigen und einseitigen Verträge, andeutet. (Gruchot a. a. O. S. 308 fg. Sav. Obl. II. 12—14.)

II. **Subject der Verträge.** Koch §. 557. Nr. I. Born. §. 13. Puchta §. 232 ad 1. (Oestr. §. 865—868. Code Nap. art. 1123 —1125.)

Der Ausgang wird zwar von den allgemeinen Grundsätzen über die Handlungsfähigkeit des Rechtssubjects (oben Tit. 4. ad I. 1. B.) genommen: §. 9. 10 h. t. (I. 11. §. 674; 13. §. 29 ff.; 14. §. 56. 132; II. 8. §. 715; 18. §. 249.) Allein es schließt sich daran die durch das Wesen der zweiseitigen s. g. negotia claudicantia (pr. J. de auct. tut. I. 21; 13. §. 29 de A. E. V. XIX. 1; 5. §. 1 de auct. et cons. tut. XXVI. 8.) bedingte Modification. Nur weicht das A. L. R. vorweg und grundsätzlich vom Römischen Rechte darin ab, daß es

319) Im §. 3 Entw. h. t. fand sich hier nach dem Worte „etwas“ noch der mehr ausführende Zusatz: „in der Folge“ (thun zu wollen).

320) Im Entw. fehlte diese Modification noch. Statt dessen ließ der §. 6 Entw. h. t. die „innere“ Verbindlichkeit der Gelübde „dem Gewissen eines jeden anheim gestellt.“

321) Im §. 8 Entw. h. t. fehlten sogar bei der Bezeichnung des wohlthätigen Vertrages noch die Worte: „zu Gunsten des Andern.“

in Ansehung der Fähigkeit, Verträge zu schließen, die Minderjährigen und Verschwender mit den Unmündigen auf Eine Stufe stellt: §. 14 h. t.; womit dann der Wegfall der restitutio in integrum (welche in der That nur auf solche Minderjährige, die sich obligiren konnten und sich thatsächlich ohne einen Curator obligirten, paßte und deshalb eigentlich auch schon im gemeinen Deutschen Rechte als grundlos und mißbräuchlich hätte gelten müssen) in consequentem Zusammenhange steht. (Sz. S. 192—195.)[322]) Demgemäß ist die Gültigkeit des ganzen Vertrages von der vormundschaftlichen Genehmigung[323]) abhängig gemacht, wenn solche Personen, welche durch Willenserklärungen nur Vortheile zu erwerben fähig sind (so daß das Römische nisi in quantum locupletior factus est in 5. §. 1 l. c. bei Verträgen nach Preußischem Rechte nicht mehr blos auf den Pupillen, sondern auch auf den Minderjährigen und den Verschwender paßt), zugleich Lasten übernehmen sollen: §. 11 h. t. Allein der andere — einstweilen gebundene — Theil kann nicht nur dem Vormunde eine (angemessene) Frist zur Ertheilung oder Versagung seiner Genehmigung stellen: §. 12. 13 h. t. (II. 1. §. 79), sondern auch, so lange dem Vormunde der Antrag noch nicht gemacht ist, unter alleiniger Zustimmung des Unfähigen vom Vertrage wieder zurücktreten: Rechtsspr. I. 300—303; Entsch. XII. 165; Präj. 1862 (v. J. 1847: Entsch. XIV. 177—185); Gruchot 312—314.

Die Unfähigkeit des Minderjährigen endigt (dem §. 46 A. L. R. I. 3 entsprechend, also anders als nach Römischem Rechte: Sav. IV. 405. 416 fg. 420.) schon mit dem Anfange desjenigen Tages, an welchem die Volljährigkeit erreicht wird: §. 18 h. t.; ingleichen mit der Majorennitätserklärung: §. 19 h. t. (II. 18. §. 713 ff.); und in gewissen Beziehungen mit zurückgelegtem Zwanzigsten Lebensjahre, so wie mit (vormundschaftlich genehmigter) Anstellung einer eigenen Wirthschaft oder Bestimmung zu einem gewissen Zwecke oder Geschäfte: §. 19—21 h. t. (II. 18. §. 728 ff. 802 ff. 807 ff.)

Anfang und Ende der Unfähigkeit des Verschwenders sind (aus-

---

322) Zwei beschränkte Ausnahmen finden sich, in denen es nach Preuß. Rechte noch eine s. g. rest. ex capite aetatis gibt: bei der Verjährung, A. L. R. I. 9. §. 537. 594, und bei einer in einem Prozesse erlittenen Läsion, Pr. O. Tit. 16. §. 13 ff.

323) D. i. von der Genehmigung des Vormundes: Pl. Beschl. 22. Juni 1846. Nicht schon um der §§. 236—239 A. L. R. II. 18 willen, sondern lediglich in besonderen Ausnahmefällen bedarf es Dritten gegenüber noch der besonderen Genehmigung des Vormundschaftsgerichts. (Entsch. XIII. 3—18.)

nahmsweise nach Naturalcomputation) an die Mittagsstunde des Tages der Einleitung und Wiederaufhebung der Vormundschaft geknüpft: §. 15 und 17 h. t. (Vergl. Präj. 1274, v. J. 1843: Entsch. VIII. 384—393; auch XL. 400 fg.) In Ansehung der aus der Vergleichung des §. 15 h. t. mit dem §. 26 Pr. O. Tit. 38 hervorgehenden Zweifelsfrage: ob auch die in der Zwischenzeit von der ersten öffentlichen Bekanntmachung bis zum freisprechenden rechtskräftigen Erkenntnisse abgeschlossenen Verträge für den Provocaten unverbindlich seien? spricht mehr für die verneinende als für die bejahende Entscheidung. (Gruchot 315—317.) Der §. 16 h. t. (vergl. Concl. der Gesetz-Commission v. 4. Octbr. 1793) ist jedenfalls nach §. 22 Pr. O. a. a. O. auf den wirklich eintretenden Erfolg der Prodigalitätserklärung zu beschränken.

Auf anderweitige Arten der Unfähigkeit deuten die §§. 22—25 h. t. Wegen der verheiratheten Frauen vgl. A. L. R. II. 1. §. 195. 196. 221. 231. 318 ff. 335 ff., und, in Ansehung der Wechselfähigkeit (im Einklange mit der Vertragsfähigkeit überhaupt): Pl. Beschl. 21. Februar 1853 (J. M. Bl. 145—148; Entsch. XXIV. 260—283). Wegen der Kinder in väterlicher Gewalt: A. L. R. II. 2. §. 124 ff. 158 fg. 163 ff. 201 ff. In Betreff der unverheiratheten Frauen sind zwar die (im §. 23 h. t. angedeuteten) particularrechtlichen Ausnahmen mit der Geschlechtsvormundschaft (oben Tit. 1 ad III. 2. C.) hinweggefallen, die gemeinrechtlichen Beschränkungen in der Uebernahme fremder Verbindlichkeiten aber (A. L. R. I. 14. §. 221 ff.) noch bestehen geblieben. Die Blinden, Tauben und Stummen sind nur wenn sie unter Vormundschaft stehen in der Vertragsfähigkeit den Blödsinnigen (oben Tit. 4. §. 26) gleich gestellt (§. 25 h. t. vgl. mit II. 18. §. 15 ff. 51. 346. 818 ff. und Rescr. 11. April 1841 im J. M. Bl. S. 151 fg., wegen der nothwendig zu bevormundenden Tauben und zugleich Blinden), sonst aber fähig, Verträge zu schließen, sofern sie ihren Willen „deutlich und mit Zuverlässigkeit" (124 pr. de R. J.) zu äußern vermögen. (§. 24. 171 h. t.)

Die §§. 26—30 h. t. sind iuris publici.

Die Unkenntniß eines Contrahenten von der Unfähigkeit des anderen führt in keinem Falle (auch nicht bei falscher eidlicher Versicherung des Unfähigen) zur Gültigkeit des Vertrages, sondern höchstens zur Schadloshaltung wegen des dem Unfähigen zur Last fallenden Dolus: §. 31—36 h. t. (Qui cum alio contrahit, vel est, vel debet esse non ignarus conditionis eius: 19 pr. de R. J.; Sav. III. 373 Note f.; VII. 158. 159; A. L. R. I. 11. §. 707; 13. §. 35; II. 2. §. 134

fg.; [8. §. 729;] 18. §. [705. 710. 788. 859.] 808. Vgl. oben Anm. 301.)

Der §. 33 h. t. gilt für anwendbar, sobald dem unfähigen Schuldner solche, wenn auch nicht eben betrügliche Handlungen nachgewiesen werden können, welche den Entschluß des Anderen, sich mit ihm in ein Geschäft einzulassen, bestimmt haben: Präj. 683 v. J. 1839. (Vgl. auch Entsch. XII. 167.) Dem §. 34 h. t. liegt die (durch keinen Gegenbeweis zu beseitigende) Vermuthung zum Grunde, daß man jeder Person unter achtzehn Jahren ihr minderjähriges Alter ansehen könne.

Durch Anerkenntniß soll ein wegen der Unfähigkeit des einen Theiles unverbindlicher Vertrag convalesciren, sofern das Anerkenntniß nicht nur nach gehobener Unfähigkeit erfolgt, sondern auch ausdrücklich geschieht und in sich selbst einen neuen und zwar rechtsgültigen Vertrag einschließt; so jedoch, daß sich auch dann die Convalescenz nur im Falle besonderer ausdrücklicher Verabredung auf den Anfang des Geschäftes zurück erstreckt: §. 37. 38 h. t.[324]) (I. 5. §. 192; 11. §. 412. 713; 20. §. 18; II. 2. §. 136 fg.) Vgl. Entsch. III. 147 — 152 (v. J. 1838); Präj. 1660 ad I.: Entsch. XII. 332. 335 ff. (v. J. 1845); Rechtsf. II. 130 — 132 (v. J. 1847); Entsch. XXVII. 325 — 328 (v. J. 1854) und XXXII. 5 (v. 1856); Strieth. XXXIII. 56—59 (v. 1859); Koch §. 130. 133 ad II. §. 722.

III. **Object der Verträge.** Koch §. 557 Nr. II. Born. §. 137. Puchta §. 256 fg. (Oestr. §. 878 — 882. Code Nap. art. 1126 —1130. 1133.)

Auch hier wird an die allgemeinen Grundsätze über rechtsgültige

---

324) Im Entw. hatten die entsprechenden §§. 40. 41 h. t. gelautet: „Ein wegen Unfähigkeit eines Contrahenten für ihn unverbindlicher Vertrag kann, nach gehobner Unfähigkeit, durch ausdrückliches oder stillschweigendes Anerkenntniß verbindliche Kraft erhalten. — Ist aber der Vertrag, wegen des einem Contrahenten entgegen stehenden gesetzlichen Verboths, von Anfang an nichtig; so gilt ein nachfolgendes Anerkenntniß nur in sofern, als dasselbe für einen neuen rechtsgültigen Vertrag angesehen werden kann." In der That scheinen sich die in den Landrechtlichen §§. 37. 38. noch gesteigerten strengen Anforderungen an ein wirksames Anerkenntniß kaum rechtfertigen zu lassen, außer wo es sich um absolut (ab initio) nichtige Geschäfte handelt. Wörtlich passen dieselben freilich auch auf s. g. negotia claudicantia. Hiernach würde den Gesetzrevisoren (Pens. XIV. Mot. zu den Titt. 3—6. S. 54—57) wenigstens de lege ferenda beizupflichten sein. Vgl. jedoch Born. §. 13 ad 5; Koch Fordr. §. 377 ad V. 2. 3; Gruchot 319 fg.

Willenserklärungen (oben Tit. 4 ad I. 1. A.) angeknüpft: §. 39 h. t. (I. 12. §. 387[325]); II. 8. §. 1952.) Allein auch hier tritt wiederum die durch das Zusammentreffen des Willens mehrerer Rechtssubjecte bewirkte größere Biegsamkeit der Verträge in den Vordergrund. Das Object wird dehnbarer als das der einseitigen Willenserklärungen, indem sich die Verträge vermittelst einer gewissen Auslegung auch auf solche Gegenstände erstrecken lassen, über welche der Versprechende nicht von Hause aus frei und selbstständig verfügen kann. Hierauf beruhet die folgende, zwar casuistisch aber sorgsam durchgeführte Unterscheidung des A. L. R.:

1. **Gegenstände, welche an sich disponibel sind, aber zunächst nicht von Seiten des Promittenten: Handlungen oder Sachen eines Dritten.** Sav. Obl. II. 75. 87. (Oestr. §. 881. Code Nap. art. 1119. 1120.)

Als Grundregel gilt: wer die Handlung eines Dritten verspricht, ist nur verpflichtet, seine Bemühungen zur Bewirkung der versprochenen Handlung anzuwenden, — insbesondere zur Veräußerung der Sache des Dritten (vorausgesetzt, daß man ausdrücklich über fremde Sachen contrahirt hat, d. h. ohne etwa irriger Weise die fremde Sache für eine eigene zu halten):[326]) §. 40. 46 h. t. (§. 62 h. t. und I. 11. §. 139. Si quis alium daturum facturumve quid spoponderit, non obligabitur .... quodsi effecturum se, ut Titius daret, spoponderit, obligatur: §. 3 J. de inut. stip. III. 19.) Sind die vertragsmäßig angewendeten Bemühungen erfolglos, so soll in Ansehung des bereits Gegebenen oder Geleisteten eine billige Ausgleichung eintreten: §. 41. 42 h. t. Ist die versprochene Bemühung ganz unterblieben, oder ist der Versprechende durch ein (zu vertretendes[327]) Versehen an dem Nichterfolge selbst Schuld, so hat derselbe Schadensersatz zu leisten: §. 43. 44 h. t. Verträge über fremde Sachen (oder Rechte) insbesondere bleiben ohne rechtliche Wirkung, wenn sich nicht annehmen läßt, daß die Absicht der Contrahenten lediglich auf die Bewegung des Dritten zu einer dem Vertrage gemäßen Handlung ging: §. 47 h. t.; obgleich jedenfalls in Ansehung des bereits Gegebenen

---

325) In diesen §. 387 ist nach dem Vorgange des A. G. B. 1791 das Allegat der §§. 39 ff. aus dem fünften Titel wieder aufzunehmen. Das Allegat der §§. 33 ff. ist augenscheinlich falsch, und das in die neueste Ausgabe des A. L. R. (v. J. 1855) übergegangene Allegat der §§. 51. 68 ff. ganz willkührlich.

326) Der Accent liegt in dem §. 46 h. t. auf dem Worte „ausdrücklich." Vgl. Gruchot 323 fg. u. Entsch. XVI. 452; auch Strieth. XXXV. 226 fg.

327) Gesetzrev. a. a. O. S. 58.

oder Geleisteten wieder die billige Ausgleichung (wie im §. 42) eintritt: §. 48 h. t.

Als Ausnahme gilt das Versprechen, wirklich für den Erfolg (der anzuwendenden Bemühungen) zu stehen: dann muß das volle Interesse prästirt werden, sobald es nicht gelingt, den Eintritt des versprochenen Erfolges zu bewirken: §. 45. 49 h. t. (Der §. 45 bildet also den Gegensatz zu §. 40, nicht zu §. 44.)

Zum §. 50 h. t. vgl. I. 11. §. 160; 16. §. 205.

2. **Gegenstände, welche schon an sich nicht disponibel sind.**

Hier handelt es sich um den (in einem gewissen Zusammenhange mit der Lehre von den Bedingungen, oben S. 184 ff., stehenden) Einfluß (objectiv) unmöglicher, rechtswidriger, unsittlicher Gegenstände auf die (dadurch geschwächte, ja selbst völlig vernichtete) Wirksamkeit der obligatorischen Verträge (mit der auch schon nach Römischem Rechte wenigstens bei dem Kaufe und ähnlichen Verträgen geltenden Unterscheidung, ob dem Gläubiger die Unmöglichkeit bekannt ist, oder nicht): Sav. III. 284. 302—304; Obl. I. 381—386; II. 6. 284—292; Puchta §. 220.

A. Unmögliche Handlungen.

a) Jede Verpflichtung zu einer absolut (objectiv) unmöglichen Handlung oder Leistung ist nichtig: §. 51 h. t. (Entsch. v. J. 1852: in Strieth. VI. 16—22, betr. ein auf eine unmögliche Leistung gerichtetes Erkenntniß.) Vgl. auch §. 580 A. L. R. I. 20.

b) Bei der relativen (vom A. L. R. „bedingt" oder „hypothetisch" genannten) Unmöglichkeit[328]) greift das (subjective) Moment des Wissens oder Nichtwissens der Contrahenten ein[329]).

α) War diese Unmöglichkeit beiden Contrahenten bekannt oder unbekannt (die Extreme werden einander gleich gestellt), so ist der Vertrag eben so nichtig, wie ad a: §. 52 h. t.

β) War die (relative) Unmöglichkeit nur dem einen oder dem anderen Contrahenten bekannt, und zwar

a) dem Debitor, so ist dieser zur Entschädigung verpflichtet: §. 53 h. t.;

b) dem Creditor, so soll zwar der Vertrag selbst ohne verbind-

---

328) Vgl. A. L. R. I. 4. §. 129: „nach den besonderen Beschaffenheiten und Verhältnissen desjenigen, dem die Bedingung gemacht worden"; Gruchot 325 fg.

329) Aehnlich I. 11. §. 39 ff.

liche Kraft sein, aber das von dem Creditor bereits Gegebene oder Geleistete als geschenkt gelten: §. 54. 55 h. t.[330])

c) Der Vertrag besteht

α) in allen Fällen (ad a. u. b.), wenn die Wahl zwischen etwas Möglichem und Unmöglichem gelassen ist: §. 56 h. t. (vgl. §. 274 h. t. u. Gruchot 326 fg.);

β) in Fällen relativer Unmöglichkeit (ad b.), wenn diese bis zu der zur Erfüllung bestimmten Zeit aufhört: §. 57 h. t.

B. Dem Privatverkehr entzogene Sachen. (Oben Tit. 4 ad I. 1. A. g.)

Verträge über solche Sachen sollen insofern gültig sein, als das Hinderniß gehoben werden kann: §. 58. 59 h. t. (Sav. III. 169); mit weiterer Unterscheidung, ob zu der Hebung des Hindernisses eine gewisse Zeit bestimmt ist, oder nicht: §. 60. 61 h. t.

Hat sich ein Contrahent besonders zur Bewirkung der Handlung eines Dritten verpflichtet, von welcher die Hebung des Hindernisses abhängt, so reduzirt sich das Verhältniß auf die oben ad 1. entwickelten Grundsätze: §. 62 h. t.

Hat sich kein Contrahent zur Hebung des Hindernisses besonders verpflichtet, so liegt die Verbindlichkeit dazu dem einen oder dem anderen Theile, resp. beiden Theilen gleichmäßig ob, je nach der Bekanntschaft mit der Existenz des Hindernisses, oder nach der (wohlthätigen oder lästigen) Natur des Vertrages: §. 63—66 h. t.

Kann endlich, der gehörig angewandten Mühe ungeachtet, das Hinderniß nicht gehoben werden, so reduzirt sich das Verhältniß auf die für die relative Unmöglichkeit (oben ad 2. A. b.) aufgestellten Grundsätze: §. 67 h. t.

C. Unerlaubte (s. g. rechtlich oder moralisch unmögliche) Handlungen. (Oben Tit. 4 ad I. 1. A. a ff. Sav. III. 168.)

Für den Fall der Hebbarkeit des Hindernisses (durch Dispensation von dem Verbotsgesetze) sollen die eben unter B. dargestellten Grundsätze Anwendung finden: §. 68. 69 h. t. Ausnahme: II. 1. §. 77. — Wegen der Verträge unter Ehegatten, getrennt von einander zu leben, vgl. Rechtsf. I. 20—23 (v. J. 1847); Entsch. XX. 143 ad 2 (v. J. 1851); Strieth. VI. 253—259 (v. J. 1852); Entsch. XLI. 183—189 (v. J. 1859: auch bei Strieth. XXXIII. 321 ff.).

---

330) Das Geschäft ist „als eine Schenkung anzusehen“: d. h. nach den gesetzlichen Vorschriften über die Schenkung, insbesondere über die zu deren Gültigkeit erforderlichen Formen, zu beurtheilen: Gesetzrev. a. a. O. S. 59; Gruchot 326.

3. Gegenstände von zweifelhafter Disponibilität.

A. Nutzlose.

Verträge, deren Erfüllung Niemanden einen Vortheil oder Nutzen gewähren kann, sollen auf den Antrag des Belasteten durch den Richter aufgehoben werden: §. 70 h. t.[331]) (I. 4. §. 133—135 [oben Anm. 315]; 20. §. 580; Puchta §. 302 Note i; Koch §. 568 Note 13; Fordr. §. 140; Gruchot 329—331.)

B. Unbestimmte. (Koch §. 115 ad III. Born. §. 138 ad 2. Puchta §. 221. Sav. Obl. I. 386—388.)

Verträge, deren Gegenstand „sich gar nicht bestimmen läßt", oder deren Bestimmung oder Erfüllung der Willkühr des Verpflichteten lediglich überlassen ist, entbehren der für jede Willenserklärung erforderlichen objectiven Klarheit und Festigkeit, und sind deshalb unverbindlich: §. 71 h. t. (I. 4. §. 73. 108. 132; 5. §. 235—240; 11. §. 30; 12. §. 516; 20. §. 580. Ausnahmen spezieller Natur: I. 11. §. 331—339.) Damit ist jedoch wohl vereinbar die Abhängigkeit des Gegenstandes der Verträge von einem außerhalb des Willens der Parteien liegenden Momente (wie I. 11. §. 31. 47. 52 fg.), insbesondere von dem Ausspruche eines Dritten: §. 72. 73 h. t. (I. 11. §. 13. 16—18. 48—51 [Arbitratoren; vgl. C. Nap. art. 1592]: Entsch. XI. 180—185; XIX. 102; XXVII. 450—459.) Auch muß die Gränze für die Wirksamkeit des §. 71 h. t. in der Praxis scharf und sorgfältig gezogen werden: Präj. 961, v. J. 1840; Entsch. XXXI. 398—402, v. J. 1855; Strieth. XX. 173—178 und XXII. 229—231, v. J. 1856; Entsch. XLI. 143.

C. Vortheile eines Dritten. Koch §. 570. Born. §. 137 ad 2. Puchta §. 52. 256 zu Anfg. 273. Sav. IV. 124. 281. 285; Obl. II. 20. 74—84. 86 fg. Eichh. §. 343 ad IV. Gerber §. 158 Note 2. Beseler §. 120 ad III. (Oestr. §. 881. 1017. Code Nap. art. 1121. 1165. 1973. 1997 fg. [Sav. Obl. II. 87 fg.])

Es handelt sich hier um einen der Fälle, in welchen die Contrahenten und die Parteien nicht durchaus dieselben Personen sind (Sav. Obl. II. 17 ff.), und zwar näher um die außerhalb des Falles der Stellvertretung mögliche Einwirkung des Vertrages auf einen Nichtcontrahenten. Von der Römischen Regel der Nicht-Einwirkung des Vertrages auf die Berechtigung des Dritten weicht das A. L. R. grundsätzlich ab, zugleich die im gemeinen Deutschen Rechte gangbaren Con-

---

331) Nach dem Entw. §. 50 h. t. sollten solche Verträge sogar ohne Weiteres „für beide Theile unverbindlich" sein.

troversen (besonders über die Befugniß der Contrahenten zur Wiederaufhebung des Vertrages vor erfolgtem Beitritt des Dritten, so wie über die Befugniß des Dritten zum eigenmächtigen Beitritt u. dgl. m.) in einem von unserem höchsten Gerichtshofe schon lange vor Emanation des A. L. R. gebilligten Sinne[332]) entscheidend.

Es soll also der Vortheil des Dritten nicht mehr bloß in conditione gestellt (Sav. Obl. I. 326 fg.; II. 81. 274), sondern direct zum Gegenstande eines Vertrages erhoben werden können: §. 74 h. t. D. h. die contrahirenden Theile sind zunächst einander gegenüber vollständig gebunden und können gegen einander auf Erfüllung des Vertrages dringen, ohne daß es des Nachweises bedarf, daß sie bei dieser Erfüllung ein besonderes Interesse haben: Präj. 1571, v. J. 1845. (Entsch. XII. 150—154; vgl. XIV. 69 und oben Anm. 310.) Eben deshalb aber können dieselben, weil sie zunächst nur erst einander gegenüber vollständig gebunden sind, nach ihrem alleinigen Einverständniß den Vertrag ändern oder aufheben: §. 76 (391) h. t. (Freilich muß ein wahres Einverständniß beider Theile stattfinden. Einseitiger Widerruf ist unzulässig: Entsch. XXXIX. 27—42 und Strieth. XXX. 122 ff.) Wenn sie jedoch einmal dem Dritten den Antrag zum Beitritt gemacht haben, so müssen sie (wie Eine Person, welche einer anderen einen Antrag gemacht hat: §. 90 ff. h. t.) die Erklärung des Dritten über die Annahme abwarten: §. 77 h. t. Ist dann schließlich der Beitritt des Dritten mit Bewilligung der Hauptparteien erfolgt, so sind die vertragsmäßigen Rechte auch für den Dritten (welcher von Hause aus an der Schließung des Vertrages weder unmittelbar noch mittelbar Theil genommen hatte) direct begründet: §. 75 h. t.

---

332) Sent. reform. des Ob. Tribunals v. 1. März 1768, in v. Hymmen's Beitr. VI. 105 fg. (No. 53): „.... Der Dritte erlangt aus dergleichen ihm zum Besten geschehenen Stipulation nicht eher das geringste Recht, bevor er nicht seinerseits die Stipulation gleichfalls acceptirt hat. So lange also seine Acceptation nicht hinzugekommen, können die beiden Stipulanten noch machen was sie wollen. Sie können die Stipulation wieder aufheben“ u. s. w. Bei der Redaction unserer Gesetzgebung hatte man Anfangs so weit gehen wollen, daß die bloße Erklärung des Dritten, sich den bedungenen Vortheil anmaßen zu wollen, ausreichend sein sollte. Später aber griff die Ansicht durch, daß der Beitritt des Dritten nicht ohne Bewilligung der Hauptcontrahenten geschehen könne. So lautete denn der §. 60 des gedruckten Entwurfes h. t. schon wörtlich so, wie der jetzige §. 74. Und der §. 61 des Entwurfes stellte wenigstens im Prinzip die (in den jetzigen §§. 75—77 weiter ausgeführte) Begränzung auf: „Der Dritte selbst aber erlangt aus einem solchen Vertrage erst alsdenn ein Recht, wenn er demselben, mit Bewilligung der Hauptcontrahenten, beygetreten ist.“ Vgl. Gesetzrev. a. a. O. S. 59—61.

So erscheint das Verhältniß des Dritten gleichsam ausgelöst aus dem unter den Hauptparteien bestehenden Vertrage, welchem Jener nicht aus eigener Macht beitreten darf. Es bedarf vielmehr, damit der Dritte ein Theilnehmer an dem Hauptvertrage, ein s. g. Mitcontrahent (ein Ausdruck, dessen sich nicht blos unsere Praxis, sondern auch das A. L. R. I. 12. §. 650 bedient), werde, erst noch einer besonderen Uebereinkunft, gleichsam eines neuen Vertrages[333]), zwischen den Hauptparteien und dem Dritten. Es genügt also nicht an der bloßen Klageanstellung oder Zahlungsannahme von Seiten des Dritten (Rechtsspr. III. 166—173; Rechtsf. I. 167—170)[334]), sondern es muß, zur Herstellung des „mit Bewilligung der Hauptparteien" erfolgenden Beitritts, eine Aufforderung dazu von Seiten der Hauptparteien ergangen, oder doch die Einwilligung des etwa allein zu Gunsten des Dritten stipulirenden Contrahenten ertheilt sein: Entsch. X. 341—354 (besonders 349 fg.), vgl. mit Präj. 1406 ad c. Doch soll es, auch wenn sonst Schriftform erforderlich ist, nicht nothwendig sein, daß das Einverständniß der Contrahenten mit dem Beitritt des Dritten, oder der Antrag zum Beitritt an den Letzteren schriftlich erklärt werde: Präj. 2464 ad 2, v. J. 1853. (Entsch. XXVI. 9. 12 fg. Vgl. jedoch §. 153 h. t. und Entsch. X. 354; auch Strieth. VII. 132—135.)

Uebrigens fehlt es nicht an directer Anführung oder doch Anwendung der §§. 74 ff. h. t. an verschiedenen Stellen des A. L. R.: I. 5. §. 89. 308 fg. 391; Tit. 11. §. 27. 613; 12. §. 646 (Rechtsspr. I. 101 ff); 13. §. 2. Eine Abweichung von dem Hauptgrundsatze (§. 75 und 88 h. t.) findet sich eigentlich nur in I. 11 §. 1060, aber nach richtiger Auffassung weder in I. 12. §. 300 (weil der Erbe die Masse objectiv, also auch von selbst zu Gunsten dritter Personen, z. B. der Legatarien, vertritt), noch in I. 16. §. 370 (weil hier die Annahme einer stillschweigenden Entsagung auf Compensation zu Grunde liegt: vgl. S. S. Zeitschr. II. 277—280; Juristische Zeitung v. J. 1835 Sp. 139—141).

Auch die Praxis wacht mit Vorsicht darüber, den falschen Schein der Ausnahmen von der Regel abzustreifen und je nach der Beschaffenheit des concreten Falles klar zu stellen, was nicht unter den Begriff

---

333) „Gleichsam": denn als ganz neu kann dieser durch den Hauptvertrag schon nothwendig gebotene und als natürliche Consequenz desselben eintretende Vertrag eigentlich nicht gelten.

334) Anders nach der ehemaligen Ansicht des Ober-Tribunals: Rechtsspr. I. 116—119.

der Vortheile eines Dritten gehöre: z. B. Entsch. XVI. 202; Strieth. IV. 251—254; Entsch. XXVI. 8 fg. 11 (Präj. 2464 ad 1 vgl. mit Präj. 1406 ad b.); XXVII. 316 fg.; XXXVIII. 22—27 (auch bei Strieth. XXVII. 295—298). Eine wahre Ausnahme von der Regel hat sich jedoch in der neueren Praxis, auf Grund der Anschauungen und Bedürfnisse des Deutschen Gewohnheitsrechtes, Bahn gebrochen, indem durch den Pl. Beschl. vom 25. August 1846 (Präj. 1770) der Rechtssatz fixirt worden ist: daß, wenn ein Vater in einem Gutsüberlassungsvertrage dem einen seiner Kinder eine Abfindung ausgesetzt hat, dem die Abfindung fordernden Kinde von dem Uebernehmer des Gutes die Vorschrift der §§. 74. 75 h. t. nicht entgegengesetzt werden kann. (J. M. Bl. 1846 S. 208—211; Entsch. XIV. 68—80.) Es kann also auch das zu dem Ueberlassungsvertrage nicht zugezogene Kind (der Dritte, dessen Vortheil den Gegenstand des ohne seinen Beitritt abgeschlossenen Vertrages bildet) die Gewährung der ihm in jenem Vertrage ausgesetzten Abfindung selbstständig fordern. Und dieses gilt sogar dann, wenn die Abfindung nicht in Gelde oder anderen Leistungen bestehen, sondern vermittelst der Uebereignung eines Theiles des überlassenen Grundstücks erfolgen soll: Strieth. X. 9 fg. (v. J. 1853); imgleichen, wenn die Gutsüberlassung nicht an eines der Kinder sondern an die Ehefrau geschieht: Strieth. XXIV. 339 fg. (v. J. 1857). Selbst auf die Stipulation einer Großmutter zu Gunsten ihrer Enkelin wird der Pl. Beschl. v. J. 1846 anwendbar befunden: Strieth. XXX. 150—153 (v. J. 1858). Nur insofern ist die Tragweite dieses Pl. Beschlusses beschränkt worden, als die Anwendbarkeit des §. 76 h. t. dahin Anerkennung gefunden hat, daß die Hauptparteien den Abfindungsvertrag, bevor das darin bedachte Kind zum Beitritt gelangt ist, abzuändern oder gar aufzuheben berechtigt bleiben: Entsch. XXXIV. 39—48 (v. J. 1856); Strieth. XXV. 127—133 (v. J. 1857).

Wegen der Uebernahme von Pfandschulden zur Deckung des Kaufpreises (in gewissem Zusammenhange mit §. 74 ff. h. t.) vgl. unten Tit. 20 zu §. 53. 54.

IV. Vermittelung zwischen Subject und Object.

1. **Acceptation.** Koch §. 548. Born. §. 139. 140. Puchta §. 250 zu Anfg. §. 251 ad 1. (Oestr. §. 861. 862.)

Materiell kommt der Vertrag zu Stande vermittelst der ausdrücklich und gehörig (z. B. Präj. 1544, v. J. 1845; Entsch. in Strieth. II. 51—55, v. J. 1851) oder durch concludente Handlungen (oben S. 173; vgl. Rechtsspr. I. 123; Entsch. IX. 222; XII. 235; Strieth. XXVII. 145—149) erklärten, nach Inhalt und Zeit hinlänglich congruirenden Annahme des Versprechens: §. 78 — 108 h. t. (§. 2 — 4. 254 h. t.; I. 11. §. 1058; 13. §. 7; 16. §. 388.)

Neu und nicht ungekünstelt sind hier die (im A. L. R. selbst[335]) vielfach in Bezug genommenen) Bestimmungen der §§. 90 ff. über die Zeit zur Annahme und die Perfection der Annahme. In Ermangelung einer von dem Antragenden selbst gestellten Zeit zur Annahme (Bedenkzeit) gelten nämlich verschiedene, vom Gesetze subsidiarisch bestimmte Fristen, je nachdem der Antrag mündlich oder schriftlich geschehen ist, und zwar bei schriftlichen Anträgen mit weiterer Unterscheidung, ob dieselben unter Personen, welche an einem Orte oder an verschiedenen Orten sich aufhalten, oder durch einen eigenen Boten (Sav. VIII. 235 — 237; Obl. II. 56 ff.), oder an eine Corporation oder Gemeinde gemacht werden. (Vgl. Rechtsspr. I. 302; Entsch. XII. 395; XIV. 185; Arnsb. Jur. Monatsschr. v. 1855 S. 212 — 215.) Einstweilen aber ist der Antragende bereits durch sein bloßes Anerbieten (abweichend vom gemeinen Deutschen Rechte) gebunden, so lange die gesetzliche Frist noch läuft[336]), mit deren fruchtlosem Ablaufe freilich das Anerbieten seine Kraft verliert. (Entsch. I. 275; XVIII. 225.) Auch sollte es sich wohl von selbst verstehen, daß der Antragende nicht weiter gebunden ist, sobald der Antrag innerhalb der gesetzlichen Frist (sei es auch nur mündlich) abgelehnt wird[337]). Die Annahme gilt also als perfect, wenn der Annehmende rechtzeitig Alles gethan hat, was seinerseits zur Bekanntmachung der Annahme an den Antragenden erforderlich ist; — dergestalt, daß selbst der Offerent, welcher die Annahme der ihm von dem anderen Theile zugesandten, dessen Acceptation enthaltenden schriftlichen Erklärung verweigert hat, hierauf allein den Einwand: es sei ein schriftlicher Vertrag zwischen ihnen nicht zu Stande gekommen, mit Erfolg nicht gründen kann: Präj. 2571, v. J. 1854. (Entsch. XXIX. 154 — 159; auch in Strieth. XV. 220 — 225.)

Für den praktischen Erfolg ist jedoch schließlich das entscheidende Moment weniger darin zu finden, ob der Acceptant das Seinige zur Bekanntmachung der Acceptation gethan hat, als vielmehr darin, ob

---

335) I. 11. §. 1062; 13. §. 17. 126. 145; 14. § 50; 16. §. 151 fg. 239. 241; 20. §. 609; II. 8. §. 510. 1951. 2118. 2124. 2137. (2145. 2151. 2159. 2161. 2164.) 2302.

336) Nur leidet die gesetzliche Frist zur Erklärung über die Annahme eines Versprechens keine analoge Anwendung auf einen Vorbehalt bei Annahme einer Erfüllung: §. 307 h. t. und Präj. 1263, v. J. 1843 (ad b).

337) Entsch. XXXIII. 30—34. (Strieth. XXI. 71—74.) Vgl. unten ad §. 134 h. t.

auch thatsächlich die Anzeige von der erfolgten Acceptation dem Antragenden rechtzeitig zugegangen ist. Denn wenn Letzteres nicht der Fall ist, so steht dem Antragenden, trotz der an sich rechtzeitig erfolgten Acceptation, der Rücktritt frei. (§. 103 h. t.) Und selbst wenn er dann den seinerseits genommenen Rücktritt nicht (wie ihm nach §. 100. 104 h. t. obliegt) dem anderen Theile gehörig kund gibt, so haftet er doch höchstens (nach Maßgabe des §. 105 h. t.) zur Schadloshaltung. Vgl. Strieth. XXXIV. 330—333 (v. J. 1859).

Im §. 106 h. t. muß die den Erben sonst gegönnte Deliberationsfrist (I. 9. §. 383 ff.) unberücksichtigt bleiben.

2. **Form.** Koch §. 547. 549. 550—556. Born. §. 141—149. Puchta §. 64. 250—252. Sav. (III. 237—242.) Obl. II. (197 ff.) 218 ff. 231 ff. 243 ff. Eichh. §. 91—96. Gerber §. 65. 158. 159. 161. 163. Beseler §. 49. (119—) 121. (Oestr. §. 883—887. 936. 943. 1178 fg. 1249. Code Nap. art. 1317 ff. 1322 ff. 1341—1348. 1358 ff. 1834. 1907. 1950. 1985. 2074. 2085. 2127.)

Bornemann, Erörterungen S. 144—234: „Ueber die schriftliche Form der Verträge."

Formell kommt der Vertrag zu Stande durch die Beobachtung der gehörigen Form, welche gerade bei Verträgen nicht blos zum Beweise dienen soll, sondern als ein Essentiale anzusehen ist, sofern der Mangel der Form den Mangel der Klagbarkeit des Vertrages nach sich zieht: §. 109. 110 h. t. (I. 3. §. 40. 41; 11. §. 75)[338]). Besonders gilt dieses von der im A. L. R. vorherrschenden schriftlichen Form[339]).

A. Locus regit actum: §. 111—114 h. t., mit Ausnahme der s. g. statuta realia: §. 115 h. t. (Oben S. 108—114, besonders Anm. 222.)

---

338) Auch in der Praxis prävalirt die Ansicht von der Wesentlichkeit der Form bei Verträgen: Entsch. I. 22; IV. 122 fg.; Präj. 2955, v. J. 1854. (Entsch. XXX. 251. 263 fg.; vgl. Strieth. XVII. 110—115 u. Entsch. XXXVI. 111.)

39) Der falsche Schein, welchen §. 10. A. L. R. I. 14 erregen könnte: „Zur Gültigkeit dieses Geschäfts" (des Verwahrungsvertrages) „bedarf es keines schriftlichen Contracts, sondern es sind auch andere Beweismittel von dem, was vorgegangen ist, hinreichend", — läßt sich leicht beseitigen, wenn man den Paragraphen folgendermaßen in drei Sätze auflöst. 1) Zur Gültigkeit eines Realcontractes bedarf es der schriftlichen Form überhaupt nicht. 2) Ist dennoch diese Form bei einem Realcontracte angewendet worden, so dient sie blos als Beweismittel. 3) Da sie in diesem Falle blos als Beweismittel dient, so sind auch andere Beweismittel gleich wirksam.

B. Die schriftliche Form ist perfect[340]):

a) Erst mit der Unterschrift (ohne daß auf die Besiegelung der mindeste Werth gelegt wird): §. 116. 118. 119 h. t.

Die Unterschrift muß von der Partei selbst oder von ihrem zur Unterschrift legitimirten Stellvertreter herrühren: Präj. 2077, v. J. 1848. (Entsch. XVII. 457 — 462; vgl. XVIII. 207 ad III.)[341])

Zweiseitige Verträge bedürfen zwar der Unterschrift beider Theile; es genügt aber, wenn jeder Theil nur das dem anderen übergebene Exemplar unterschrieben hat: Pl. Beschl. 2. Septbr. 1839 (Entsch. V. 30 ff.); Entsch. v. J. 1850 in Strieth. III. 194 ad b. Auch kann derjenige, welcher die Urkunde durch seine Unterschrift vollzogen und dem anderen Contrahenten behändigt hat, den Mangel der Unterschrift des Letzteren nicht vorschützen: Präj. 292 (v. J. 1837) und Strieth. XIV. 6 ad b. (v. J. 1854)[342]). Andererseits erscheint es als eine nothwendige Consequenz der erforderlichen „Aushändigung", daß die bloße Unterschrift als solche noch nicht einseitig bindet: Entsch. XIX. 69—73 (v. J. 1850).

Im §. 117 h. t. ist die bekannte Controverse, welche sich an c. 17 C. de fide instr. IV. 21. (Sav. VIII. 235; Dbl. II. 243 fg. 269 fg.) anschließt, durch die Aufstellung der Vermuthung entschieden: daß, wo die Parteien den Vertrag schriftlich zu schließen verabredet haben, nicht blos der Beweis, sondern selbst die verbindliche Kraft des Vertrages von der schriftlichen Abfassung desselben abhängen solle. Eine s. g. praesumtio iuris et de iure ist jedoch hierin nicht zu finden, vielmehr der Gegenbeweis für zulässig zu achten: daß (im concreten Falle) blos der Beweis, und nicht

---

340) Die verschiedenen Formen der schriftlichen Erklärung sind in Born. Erört. S. 180—191 unter vier Hauptgesichtspunkte gebracht: I. Völlige Gleichstellung gewisser Fälle (sieben an der Zahl) mit einem förmlichen schriftlichen Vertrage (als Punctationen, Briefwechsel rc.). II. Anerkenntniß. III. Unterschriebene Rechnung. IV. Kaufmännische Vermerke.

341) Nicht zu verwechseln mit dem Falle, wo ein Anderer im Namen der Partei den Vertrag schließt und seinen eigenen Namen unterschreibt: Pl. Beschl. 22. April 1850 (Entschl. XIX. 29 ff.) u. 4. Decbr. 1854 (XXIX. 293—301); auch Strieth. XXXIV. 322 fg. (v. J. 1859). Vgl. Born. Erörtr. S. 222—231.

342) Eine weitere Frage (von mehr materieller Bedeutung) ist die: ob und wie weit der andere Theil, dessen Unterschrift mangelt, durch die Annahme und Benutzung der schriftlichen Urkunde seinerseits aus dem Inhalte derselben gebunden sei: Präj. 1046, v. J. 1841 (zum §. 155 h. t.). Vgl. dazu noch Entsch. XII. 163. 165.

die verbindliche Kraft des Vertrages selbst, von der schriftlichen Abfassung desselben abhängen solle.

b) **Schon** durch eine Punctation, als eine schriftliche und vorbehaltlose Festsetzung aller wesentlichen Momente (Essentialien) des Geschäfts: §. 120. 125 h. t.[343]) (§. 143. 263—265 h. t.; I. 10. §. 17; 11. §. 1067; Rechtsspr. II. 95. 102 fg.). Den Gegensatz dazu bilden die bloßen Tractaten (§. 125 h. t.; A. G. O. II. 3. §. 4). Das Verhältniß der Punctation zu dem („ausführlichen" oder „förmlichen") schriftlichen Vertrage aber beruhet entweder auf bloßer Eile (Edict vom 8. Februar 1770 §. 5: „wenn die Zeit zu kurz ist, einen ausführlichen schriftlichen Contract aufzusetzen" ꝛc.), oder (nach dem Systeme des A. L. R. und der A. G. O.) auf dem Bedürfniß einer weiteren beglaubigten Form.

Sonach erscheint die Punctation materiell als ein rechtsbeständiger schriftlicher Vertrag, und deshalb kann daraus nach §. 121 h. t. auf Erfüllung geklagt werden, — vorausgesetzt, daß nicht von Hause aus eine mehr als schriftliche (also eine notarielle oder gerichtliche) Form erfordert wird (A. L. R. II. 17. §. 59; Entsch. IV. 123). Dem steht auch nicht entgegen, daß formell eine beglaubigte Ausfertigung der an sich (zur Klagbarkeit des Vertrages) genügenden schriftlichen Urkunde, namentlich für den Immobiliarverkehr, erforderlich sein kann, und (sogar unabhängig von dem materiellen Inhalte der durch den Vertrag begründeten Verbindlichkeiten, nur nicht von der Gültigkeit oder der Erfüllbarkeit des Geschäftes selbst,) durchsetzbar ist: §. 122—124 h. t. Präj. 2069, v. J. 1848; Strieth. I. 75—77; VI. 259—261.

Das notarielle resp. gerichtliche Protokoll verhält sich zu dem notariellen resp. gerichtlichen Vertrage, wie die schriftliche Punctation zum schriftlichen Vertrage: §. 126 h. t. Präj. 896, v. J. 1840: Entsch. VI. 300—306; Präj. 1180. a, v. J. 1842; Notariatsordnung v. 11. Juli 1845 §. 40: Ges. Samml. S. 493.

c) **Auch** in den Fällen der Correspondenz (des Briefwechsels): §. 142[344]). 143 h. t. (Rechtsspr. I. 29—31; Strieth. IX. 119 ad b. 121 fg.), und der vom Schuldner unterschrie-

---

343) Der Ausdruck „Bedingungen" und „Nebenbedingungen" ist hier wie an anderen Orten (z. B. §. 142 h. t.) mit der bekannten modernen Incorrectheit für die Haupt- und Nebenbestimmungen des Geschäfts gebraucht.

344) Im §. 142 brauchen die „Abwesenden" sich nicht nothwendig an verschiedenen Orten aufzuhalten; anders in den §§. 96. 112 fg. h. t.

benen Rechnung: §. 152 h. t. (Rechtsf. III. 227), welche noch hierher und nicht in die Rubrik von der Nothwendigkeit der schriftlichen Form gehören.

C. Absorbirende Macht und Wirkung der schriftlichen Form (Alleinherrschaft der Schrift): §. 127 — 130 h. t.

Die Nichtberücksichtigung der mündlichen Nebenabreden (§. 128 h. t.[345]); — „vor, bey, oder nach dem schriftlichen Contract": setzte der §. 3 des Edicts vom 8. Febr. 1770 hinzu) soll zwar „ohne Unterschied des Gegenstandes" (d. h. ohne die sonst geltende Unterscheidung der Gegenstände über 50 Thaler ꝛc.) durchgreifen; dieselbe erstreckt sich jedoch nicht auf solche Nebenabreden, welche eine Anfechtung des schriftlichen Vertrages als rechtsungültig begründen, weil sie in die Essentialien des Geschäfts eingreifen, zur Begründung des Einwandes der Simulation, der betrüglichen Verleitung u. s. w. dienen: Pl. Beschl. 31. Januar 1845 (J. M. Bl. 35 und Entsch. X. 259 — 273). Vgl. Präj. 1533, v. J. 1845; Rechtsf. I. 257 — 259, v. J. 1847; IV. 359 — 361, v. J. 1848; verschiedene Entsch. aus den Jahren 1852 — 1859 in Strieth. VI. 311 — 314; IX. 284—289; X. 157 — 161; XIX. 116 — 119; XXIII. 3 — 8; XXIV. 304—306; XXIX. 26 — 30. 283 — 285 (Gruchot III. 300 fg.); XXXI. 304—307; XXXII. 43—47. 265 — 267; XXXIV. (20—26.) 285—289; Entsch. XXXIX. 43—47; XL. 18—22.[346])

Auf die s. g. Naturalien und Accidentalien beschränkt sich hiernach auch die subsidiarische („ergänzende") Einwirkung der gesetzlichen Vorschriften über Art, Ort, Zeit der Erfüllung u. s. w. nach §. 129 h. t. (I. 11. §. 731; vgl. auch Entsch. XII. 49.)

Der §. 130 h. t. geht (im Gegensatze zu §. 128) auf solche einzelne Bestimmungen, welche in dem schriftlichen Contracte zwar vorkommen, aber der Auslegung bedürfen. (Edict v. 8. Febr. 1770 §. 7.) Vgl. I. 4. §. 71; 5. §. 169. 252. 263; Pr. O. Tit. 10. §. 117 — 119. 122; Strieth. XXXI. 301 — 303.

Noch ergibt sich aus dem inneren Zusammenhange mit den Grund-

---

345) Das Wort „vorgeschützt" im §. 128 (vgl. §. 146. 148) h. t., wie auch an andern Stellen „vorgeblich" und dgl. m. (z. B. §. 147 h. t.), hat nicht den Sinn eines irrigen oder gar fälschlichen Vorgebens, sondern nur den des Einwendens.

346) Wie unvermeidlich hier gewisse Uebelstände und abweichende Auffassungen in der Praxis übrig bleiben, ungeachtet des (seit dem Pl. Beschl. v. 1845) leitenden Gedankens, die Form nicht zur Benachtheiligung des Wesens mißbrauchen zu lassen: darüber vgl. Born. Erörtr. S. 191—202.

sätzen über die absorbirende Macht der schriftlichen Form des Hauptvertrages die Richtigkeit der Erinnerung zum §. 153 h. t.: daß eigentlich der Beitritt eines Dritten auch dann schon schriftlich erklärt werden muß, wenn nur der Hauptvertrag factisch schriftlich verfaßt worden ist[347]).

D. Nothwendigkeit der schriftlichen Form und Folgen der Vernachlässigung derselben.

Der vortheilhafte Einfluß, welchen die feierliche Form der Römischen Stipulation auf die Besonnenheit der Parteien und auf die sichere Unterscheidung des vollendeten Vertrages von den bloßen Vorbereitungen und Uebergängen zu einem solchen ausgeübt hatte, war mit dem Wegfall der Stipulation und mit der Gültigkeit aller nuda pacta im gemeinen Deutschen Rechte verloren gegangen. Auf dem Bedürfniß der Wiederherstellung einer größeren Rechtssicherheit beruhet nun der in der Preußischen Gesetzgebung (schon vor Emanation des A. L. R.) auf die schriftliche Form gelegte Werth. Danach hat die schriftliche Form im A. L. R. eine ähnliche Bedeutung und Wichtigkeit gewonnen, wie im Römischen Rechte die mündliche Stipulation. (Sav. Obl. II. 198 Note d. 218 ff., besonders 220 Note c. 242. 249.)[348])

a) Nothwendigkeit der schriftlichen Form. (Born. Erörtr. S. 149 — 180: „Rechtsgeschäfte, bei welchen die Schriftlichkeit kraft des Gesetzes erforderlich ist." I. Ohne Unterschied der Summe [12 Fälle]. II. Wegen der Summe über fünfzig Thaler. III. Ausnahmen von dem Erforderniß der Schriftlichkeit, ohne Unterschied der Summe [5 Fälle].)

A. Bestimmte Fälle, in welchen die Nothwendigkeit der schriftlichen Form stattfindet: theils durch die Quantität, theils durch die Qualität des Gegenstandes bedingt.

α) Vor Allem greift das Erforderniß der schriftlichen Form durch, wenn der Gegenstand des Vertrages sich über fünfzig Thaler beläuft (Sav. Obl. II. 247 fg.): §. 131. 132 h. t.[349])

---

347) Aehnlich zum §. 259 h. t.: Gesetzrevis. a. a. O. S. 76 fg. u. 115. Vgl. auch A. L. R. I. 11. §. 394; 16. §. 162; Strieth. XXXVI. 45 ad b. 53.

348) Eine weitere Frage ist freilich die: ob auch der Zweck der Landrechtlichen Gesetzgebung, die Rechtssicherheit, wirklich erreicht worden sei? Diese Frage ist (wie Bornemann wohl unwiderleglich dargethan hat: Erörtr. S. 148. 231 – 234) leider zu verneinen. Die ganze Lehre ist, zumal bei der Tendenz der Praxis, ganz im Geiste deutschrechtlicher Anschauungen und Grundsätze, dem Mißbrauche der Form entgegen zu treten, dermaßen verwickelt und erschüttert worden, daß die Rückkehr zum gemeinen Rechte, wenn auch mit gewissen Modificationen, wünschenswerth erscheinen kann.

349) Die Reduction des Goldwerthes auf Silber-Courant (nach § 132 h.

Diese Rücksicht auf die Höhe des Objectes herrscht auch im Wesentlichen bei **einseitigen Willenserklärungen**: §. 133 h. t. (in welchem Paragraphen die Worte: „sobald ihre Folgen sich auf die Zukunft hinauserstrecken sollen" zwar mehr beschreibender Natur sind, aber doch die Praxis dahin geleitet haben, den §. 133 auf einseitige Verträge, aus welchen eine unmittelbare Verpflichtung für den Erklärenden hervorgehen soll, zu beschränken, unter Anderem also auch auf die Fälle einer die Willenserklärung begleitenden thatsächlichen Erfüllung nicht anzuwenden[350]); bei **Entsagungen**: §. 134 h. t. (welcher Paragraph durchaus nichts vom Tit. 16. §. 380 fg. und 387 Abweichendes bestimmen soll, sondern der „Entsagungen und Verzichtleistungen" wohl nur deshalb so uneingeschränkt und ohne Hinweisung auf den Unterschied nach der Höhe des Objectes gedenkt, um den Gegensatz gegen die Erfüllung, zu deren Beweise es überhaupt keiner schriftlichen Ur-

---

t. fünf Thaler Gold = $5\frac{1}{4}$ Thlr. Ct.) harmonirt weder mit dem Stempelgesetze ($5\frac{1}{2}$ Thlr. Ct.) noch mit dem normalen Verkehr ($5\frac{2}{3}$ Thlr. Ct). Daher die Incongruenz, daß z. B. ein Gegenstand von 51 Thlr. Ct. schriftliche Form erfordert, ein Gegenstand von 9 Friedrichsd'or aber (obgleich diese Summe in der That = 51 Thlr. Ct. ist) nicht (weil 9 Frd'or nach §. 132 h. t. als $47\frac{1}{4}$ Thlr. Ct. gelten). Die Verordnung vom 21. Juli 1843 („über die Grundsätze, nach welchen der Werth des Streitgegenstandes in Civil-Prozessen zu berechnen ist") hat im §. 3 (Ges.-Samml. S. 297 fg.) das Mißverhältniß nur in prozessualischer Beziehung ausgeglichen (durch Berechnung des Preußischen Goldes nach dem in den Königlichen Cassen geltenden Werthe, des fremden Goldes nach dem Tagescourse). — Von geringerer Erheblichkeit ist die Differenz, daß für das gesetzliche Erforderniß der schriftlichen Form fünfzig Thaler die s. g. summa minor, für das gesetzliche Erforderniß des Stempels aber die s. g. summa maior sind.

350) Jene Beschränkung ist in den Gründen zu dem Pl. Beschl. vom 1. März 1847 (nach welchem die zur Gültigkeit der Schuld einer Ehefrau erforderliche Bewilligung des Mannes, auch bei Gegenständen über 50 Thlr., nicht unbedingt, und namentlich nicht bei Darlehnen, der schriftlichen Form bedarf) am Schärfsten aufgestellt. (Entsch. XIV. 33 fg. 38 fg.; vgl. 49 fg.) Fälle, in denen sonach die schriftliche Form erfordert wird, finden sich in den Entsch. XIV. 44 ff. (Pl. Beschl. 22. März 1847, betr. die Einwilligung der Ehefrau in die Veräußerung der zur Gütergemeinschaft gehörigen Immobilien); XVIII. 207 fg. ad IV. 214 (v. J. 1849, betr. die Verwandlung einer Geschäftsführung in ein Mandat); XXIX. 1 ff. (Pl. Beschl. 20. Novbr. 1854, betr. das s. g. constitutum possessorium); XXV. 388. (Präj. 2447 v. J. 1853, betr. die Einwilligung in Sublocationen; im Gegensatz zu den Fällen des Präj. 2029 v. J. 1848 und der Entsch. XXVIII. 102 ff., v. J. 1854.) Ausdrücklich allegirt ist der §. 133 h. t. im §. 392 A. L. R. I. 9. (Strieth. VIII. 274 ad a. 278 fg.) Anwendungen desselben lassen sich finden in I. 14. §. 214 und 20. §. 65.

künden bedürfe, recht prägnant zu bezeichnen[351]); bei terminlichen Leistungen: §. 136 h. t. (Ausnahme: I. 21. §. 268); bei einseitig-gewagten Geschäften: §. 138 h. t.

Eine Conventionalstrafe wird nur dann dem Werthe des Objectes der Hauptverbindlichkeit hinzugerechnet, wenn sie selbst den Werth von 50 Thalern übersteigt, also allein schon einen schriftlichen Vertrag (über das ganze Geschäft) nothwendig macht: §. 140. 141 h. t.

β) Ohne Rücksicht auf die Höhe des Objectes gilt das Erforderniß der schriftlichen Form:

a) wegen gewisser Eigenschaften des Objectes. Dazu gehört Unbestimmtheit oder Unübersehbarkeit des Werthes: §. 136 h. t. (bei unbestimmter Zahl der terminlichen Leistungen) und §. 139 h. t. (bei beiderseits gewagten Geschäften; z. B. Arnsb. Archiv XIII. 359 — 363); vor Allem aber die Immobiliar-Eigenschaft des Objectes.

In letzterer Beziehung gedenkt zwar der §. 135 h. t. ausdrücklich nur der Grundgerechtigkeiten (I. 22. §. 12 ff.; Entsch. XL. 22 — 26) und der beständigen persönlichen Lasten und Pflichten (der s. g. affirmativen Rechte: I. 7. §. 80). Allein der ganze innere Zusammenhang des Landrechtlichen Systems (I. 10. §. 15 — 17; 11. §. 75. 1066; 16. §. 407; 18. §. 83. 691; 20. §. 99. 100; 21. §. 233. 401. 626; vgl. Gesetz wegen Aufhebung der Verlautbarung und Bestätigung der Verträge über unbewegliche Güter, vom 23. April 1821: Ges. Samml. S. 43 fg. und Declaration vom 22. Juli 1840: Ges. Samml. S. 226) rechtfertigt durchaus die constante Praxis, daß auch über das Eigenthum an Grundstücken ohne Rücksicht auf den Werth des Gegenstandes immer schriftlich contrahirt werden muß (Sav. VIII. 354 Note e): Entsch. I. 363 ad I. 366 fg. (v. J. 1836: „Zum gültigen Verkaufe eines Grundstücks ist ein schriftlicher Vertrag unbedingt nothwendig ꝛc."); Präj. 299, v. J. 1837; Entsch. IV. 221; XIV. 50 fg. (in den Gründen zum Pl. Beschl. v. 22. März 1847; vgl. oben Anm. 350); XVII. 132; XXVII. 36 ad 1 (v. J. 1853: „Alle Verträge, welche die eigenthümliche Ueberlassung eines Grundstücks oder einer Grundgerechtigkeit zum Gegenstande haben, bedürfen zu ihrer Gültigkeit der schriftlichen Abfassung") und 39 — 41 (Gründe, welche in den ganzen systematischen Zusammenhang der Lehre eingehen).

---

351) Präj. 1005, v. J. 1841 (Entsch. VII. 88 ad II. 94 fg.; vgl. V. 270 ff.); Strieth. VII. 44—47; Born. Erörtr. S. 166 fg. Vgl. auch oben Anm. 337 und Strieth. XXXVI. 301—303 (v. J. 1860).

b) Wegen der besonderen Eigenschaft gewisser Rechtsgeschäfte, wie Cession bei vorhandener schriftlicher Schuldurkunde (A. L. R. I. 11. §. 394), Bürgschaft (I. 14. §. 203), Wechsel u. a. m.

B. Ausnahmen von der Nothwendigkeit der schriftlichen Form.

α) Bei der Miethe des gemeinen Gesindes: §. 137 h. t. (II. 5. §. 22 ff. und Gesinde-Ordnung v. J. 1810 §. 22 ff. Vgl. unten Anm. 393.)[352]

β) Bei den Realcontracten (Sav. Obl. I. 129; II. 201 fg. 224. 229 fg. 248), und zwar auch nach Preußischem Rechte bei allen Realcontracten. Hier ist zwar zunächst nur gedacht des depositum: §. 144 h. t. (I. 14. §. 10) und des damit verwandten receptum der Wirthe ꝛc.: §. 145 h. t. (II. 8. §. 444 ff. 1735. 2453. 2456 fg.) Allein ganz gleiche Grundsätze gelten für das mutuum: I. 11. §. 727, für das pignus: I. 20. §. 94, und für das commodatum: I. 21. §. 229 fg.

γ) Bei außerhalb Landes geschlossenen Verträgen über bewegliche körperliche Sachen: §. 148 h. t. (Diese Einschränkung auf bewegliche „körperliche" Sachen harmonirt nicht mit §. 111. 115 h. t., wonach alle bewegliche Sachen, also auch die s. g. unkörperlichen, nach demselben Grundsatze behandelt werden müßten.)[353]

δ) Bei den in kaufmännisch geführte Bücher eingetragenen Vermerken über Waarenlieferungen: §. 149—151 h. t. (II. 8. §. 596. 597 vgl. mit Entw. Th. I. Abth. II. Tit. 3. §. 385. 386 [Edict v. 8. Febr. 1770 §. 4. Nr. III]. Pr. O. Tit. 10. §. 168.)[354]

ε) Bei Prolongationen: §. 154 h. t. (Stillschweigende Verlängerung zulässig bei Miethe und Pacht: I. 21. §. 325 ff.; beim Gesinde:

---

352) Anders bei anderen Dienstverträgen: A. L. R. II. 5. §. 177. 188; (7 §. 112;) 8. §. (290.) 1450.

353) Born. Erörtr. S. 82. 109; Entsch. XXXII. 333—338 (v. J. 1856) oben Anm. 222.

354) Es läßt sich zwar nicht verkennen, daß man bei den Vorarbeiten zum A. L. R. in einer gewissen Verwechselung der Begriffe von Beweiskraft der Handlungsbücher und von schriftlicher Abfassung der Verträge befangen gewesen ist. (Gesetzrev. a. a. O. S. 88—90.) Allein es ist der Praxis gelungen, durch klare und sorgfältige Scheidung der verschiedenen Geschäfte, um welche es sich hier handelt, und der den verschiedenen gesetzlichen Bestimmungen zukommenden Gebiete alle Unklarheiten und scheinbaren Widersprüche zu beseitigen: Präj. 800 (v. J. 1840: Entsch. V. 389—402); Präj. 1597 (v. J. 1845: Entsch. XII. 154—163); Präj. 1763 (v. J. 1846); Strieth. X. 139—142 (v. J. 1853); Entsch. XLI. 274—283 (Strieth. XXXIV. 86—94: v. J. 1859). Vgl. auch Koch §. 415 Note 19 („wie eine Form der Grund der Verbindlichkeit, aber doch kein Beweismittel ist") und Born. Erörtr. S. 190 fg. (ad IV).

A. L. R. II. 5. §. 113 und Gesindeordnung v. 1810 §. 114; auch bei Dienstverträgen mit Hausoffizianten — A. L. R. II. 5. §. 186. 194 —: Pl. Beschl. 18. Octbr. 1847 im J. M. Bl. S. 336 — 338 und Entsch. XV. 61 — 66.)

b) Rechtliche Folgen, wenn die erforderte schriftliche Form verabsäumt wird.

Ist einmal die Gesetzgebung zu dem Erforderniß einer mehr als mündlichen Form zurückgekehrt, so bedarf auch wiederum die Frage von den Wirkungen des dare oder facere, falls die gesetzliche Form verabsäumt ist, einer positiven Lösung, welche sich mehr oder weniger an das (im gemeinen Deutschen Rechte mit der Gültigkeit aller nuda pacta unvereinbare) s. g. ius poenitendi bei den s. g. Innominat-Contracten des Römischen Rechts (Sav. Obl. II. 210 fg. 225) anschließen muß. (Gesetzrev. a. a. O. S. 87. 93.)

Nach einem blos provinziellen Vorgange (Verfügung der schriftlichen und gerichtlichen Vollziehung der Contracte auf dem platten Lande im Fürstenthum Halberstadt, durch eine besondere Constitution vom 5. März 1718[355]) und einer vorzugsweise im fiscalischen Interesse ergangenen Bestimmung im §. II. des Stempeledicts vom 13. Mai 1766[356]) hatte nun unsere Gesetzgebung mit dem Epoche machenden Edicte vom 8. Feb. 1770: „daß alle Contracte, Verträge und Versprechungen, deren Gegenstand die Summe von 50 Rthlr. übersteiget, vom 1. October 1770 an, schriftlich errichtet werden, widrigenfalls aber unverbündlich seyn sollen,"[357]) den Weg zur Lösung jener Frage in der angedeuteten Weise gebahnt. Zwar hatte dieses Edict, um nur den Hauptzweck einer vermeintlichen Rechtssicherheit zu erreichen, den auf die schriftliche Form gelegten Werth dermaßen überspannt, daß die Verabsäumung dieser — in der durchgreifendsten Weise für alle Gegenstände über 50 Rthlr. gebotenen — Form dahin führte, den Vertrag als nicht geschlossen

355) Edict v. 8. Febr. 1770 im Eingange.

356) „.... daß ... kein Kauf-, Pacht- oder Miethes-Contract, welcher über 50 Thaler beträget, über Immobilien, weiter mündlich geschlossen, sondern ein jeder dieser Art Contracte, zu mehrerer Sicherheit der Contrahenten, und Verhütung der sonst daraus vielfältig entstandenen Processe, bey Strafe der Nullität, und daß keine Klage noch Exception, mithin auch kein jus retentionis an den Sachen des Pächters oder Miethers statt haben, noch einige Zurückforderung der etwa von dem Pächter geleisteten Caution oder andere Schadloshaltung und Ersetzung des Vorschusses verlanget werden könne, künftighin schriftlich aufgesetzet ... werden soll": N. C. C. Bd. 4 Sp. 404 fg.

357) N. C. C. Bd. 4 Sp. 6669—6676.

anzusehen und daraus „weder eine Klage noch Einwendung" zuzulassen, insbesondere aber demjenigen, welcher den Vertrag einseitig erfüllt und namentlich eine bewegliche Sache gegeben hatte, nur binnen sechs Monaten die Vindication dieser Sache (die Zurückforderung gezahlter Gelder und consumirter Früchte also gar nicht) zu gestatten. Allein gerade diese Ueberspannung des Prinzips, diese bis zur Verletzung alles guten Glaubens führende formale Consequenz mußte bald zur Umkehr zwingen und gewisse Ausgleichungen im Interesse des materiellen Rechtes erzeugen. So wurde denn schon durch das Rescript vom 10. März 1781[358]) — im Geiste der neuen Prozeß-Ordnung und zur Abwehr des dolus — eine allgemeine gesetzliche Bestimmung getroffen, wonach derjenige, welcher den mündlichen Vertrag ganz oder zum Theil erfüllt habe, berechtigt sei zu verlangen: „daß der Gegentheil entweder den Contract schriftlich mit ihm errichte, und solchergestalt perficire, oder daß er ihm das in Rücksicht dieses Contracts gegebene oder geleistete restituire, oder ihn deswegen schadlos halte." (Vgl. Corp. Jur. Frid. v. 1781 Th. IV. Tit. 6. §. 4: oben S. 129.) Dazu trat später die Entscheidung der Gesetz-Commission vom 28. April (bestätigt durch Rescr. v. 12. Mai) 1788: daß (nach Vorschrift des Rescripts v. 10. März 1781 und des Corp. J. Fr. a. a. O.) „das gegebene, es möge solches eine unbewegliche oder bewegliche Sache seyn, ... nicht bloß binnen 6 Monaten, sondern binnen der ordentlichen Verjährungs-Zeit" zurückgefordert werden könne. (Klein Ann. Bd. 2 S. 293 fg.)

Hiernach finden sich im Entw. §. 111. 115—122 h. t. bereits die Grundzüge der folgenden im A. L. R. durchgeführten Theorie.

A. Ist ein Vertrag[359]) über bewegliche Sachen[360]) einmal beiderseits vollständig[361]) erfüllt, so wird die materiell vollendete Thatsache vom Gesetze auch gegen den Mangel der schriftlichen Form aufrecht erhalten und nach allen Richtungen hin geschützt: §. 146. (149.) 147 h. t. (Auf das Wort „sogleich" im §. 146, welches auch

358) N. C. C. Bd. 7 Sp. 3299—3302.

359) Anwendung auf Vergleiche: Präj. 1853 (v. J. 1847: Entsch. XV. 83—86); Strieth. II. 45—47 (v. J. 1851) und XXVI. 44 (v. J. 1857).

360) Also auch über Rechte, soweit solche zu den beweglichen Sachen gehören: Präj. 1710 v. J. 1846 (Entsch. XIII. 190—196); Born. Erörtr. S. 170. — Wegen des nicht unbedenklichen Präj. 1371 (in Betreff unbeweglicher Sachen: unten Anm. 367) vgl. Born. a. a. O. S. 205 fg.

361) Ueber das Wesen der vollständigen Erfüllung vgl. Born. a. a. O. S. 170—178. 205; auch Entsch. XXXIX. 240. Beispiele unvollständiger Erfüllung: Entsch. XIV. 237. 239 fg.; Rechtsf. IV. 375—377.

an der entsprechenden Stelle des Edicts von 1770, §. 6 g. E. fehlte, wird von der Praxis mit Recht kein Werth gelegt[362]).

B. Ist der Vertrag noch von keiner Seite erfüllt, so findet daraus keine Klage Statt (und gerade hierin liegt das durchgreifende Gegentheil der gemeinrechtlichen Klagbarkeit des pactum nudum): §. 155 h. t. (Vgl. Präj. 1046: oben Anm. 342, u. Präj. 1742: Entsch. XIII. 169 ad II.)

C. Ist endlich der Vertrag bereits einseitig oder theilweise erfüllt, so kommt es zu der bereits durch die vorlandrechtliche Gesetzgebung angebahnten vermittelnden Ausgleichung[363]), mit einem wesentlichen Unterschiede zwischen dare und facere.

α) Wenn nämlich Sachen den Hauptgegenstand des Vertrages bilden[364]), so ist derjenige Contrahent, welcher von dem anderen die Erfüllung bereits ganz oder zum Theil angenommen hat, nach §. 156 h. t. verpflichtet: „entweder den Vertrag auch von seiner Seite zu erfüllen, oder das Erhaltene zurückzugeben oder zu vergüten." In dieser alternativen „Verpflichtung" liegt jedoch zugleich ein dem Empfänger eingeräumtes Wahlrecht: — ein s. g. ius poenitendi, welches nach Römischem Rechte nur dem Geber zustand, indem dieser die Wahl hatte zwischen der actio praescriptis verbis (auf Erfüllung) und der condictio ob causam datorum (Rücktritt). Daraus folgt aber noch nicht, daß nach Preußischem Rechte das s. g. ius poenitendi nur dem Empfänger und nicht auch dem Geber eingeräumt sein soll. Zwar lassen die Worte des §. 161 h. t.: „auf Rechnung desselben" (des mündlichen Vertrages) „etwas gegeben" die Möglichkeit einer Auslegung a contrario dahin zu: daß, wer vollständig erfüllt habe, in keinem Falle den Rücktritt vom Vertrage wählen dürfe. Und damit wäre dann insofern das absolute Gegentheil des Römischen Rechts begründet, als dem Geber, der vollständig erfüllt hat, das s. g. ius poenitendi versagt bliebe. Allein, trotz der theoretisch nie ganz zu schlichtenden Controverse, welche sogar in den Schwankungen und Unklarheiten der legislativen Vorarbeiten reichliche Nahrung gefunden hat[365]),

362) Born. a. a. O. S. 203; Strieth. XXXV. 191 fg.

363) Die hierauf bezüglichen §. (155.) 156 ff. h. t. werden verschiedentlich im A. L. R. selbst allegirt: §. 223 h. t.; I. 11. §. 74; 13. §. 149. 278; 16. §. 177; II. 8. §. 617. 950. 1453. 2302.

364) Born. Erörtr. S. 207—220 behandelt in dieser Beziehung theils die gesetzlichen Nachtheile für den Wankelmüthigen, zum Schutze des dem Vertrage treu Bleibenden (No. 1—6), theils gewisse Ausnahmen von der Regel (No. 7).

365) Vgl. Bornemann's Revision dieser Streitfrage in der Jur. Wo-

ist doch seit nunmehr 22 Jahren die Praxis im entgegengesetzten Sinne fixirt worden. Denn das Präj. 436 (v. J. 1838: Entsch. III. 341—359, besonders 353 ff.) hat den Satz aufgestellt: „Von einem, nach den Gesetzen schriftlich zu errichtenden, aber nur mündlich abgeschlossenen, und noch nicht von beiden Seiten erfüllten Vertrage kann auch derjenige Contrahent, welcher denselben seinerseits bereits theilweise oder vollständig erfüllt hat, zurücktreten und das Gegebene zurückfordern." Und an diesem Satze hat nicht nur die Praxis des höchsten Gerichtshofes unwandelbar festgehalten[366]), sondern es spricht für denselben auch die durch das Prävaliren des Veto hergestellte Gleichförmigkeit des Rechts beider Theile, welche unerläßlich erscheint, wenn einmal die in dem §. 156 h. t. nicht zu verkennende wesentliche Abweichung von dem Römischen Rechte (rücksichtlich des Empfängers) eingeführt ist.

Uebrigens finden die ausgleichenden Bestimmungen der §§. 156 ff. auch auf unbewegliche Sachen (besonders in Betreff der Gegenleistungen) eine gewisse Anwendung, obgleich grundsätzlich (Born. Erörtr. 205. 207; Entsch. XII. 47 g. E.) bei einem über Immobilien nur mündlich abgeschlossenen Vertrage selbst nach vollständiger beiderseitiger Erfüllung jedem Theile der Rücktritt frei bleibt[367]).

Immer aber muß der Zurücktretende das Empfangene im alten Stande zurückgeben: §. 157 h. t.; woraus freilich noch nicht folgen

chenschr. v. 1841 Sp. 749—758. 765—768; Born. Syst. §. 147; Jur. Wochenschr. 1846 Sp. 113—119. 121—127. 129—132; 317—320; Koch Fordr. §. 86.

366) Vgl. u. A. die Entsch. des Ob. Trib. aus den Jahren 1846. 1847: Jur. Wochenschr. 1846 Sp. 321—326; Rechtsf. II. 25—27; 183. 184; und aus dem J. 1856: Strieth. XX. 205—209 (in Begründung des Satzes, daß der Klageantrag nicht alternativ auf Rückgabe oder Erfüllung gestellt zu werden braucht). Zum §. 161 h. t. noch: Strieth. XXXVI. 133 fg.

367) Vgl. Präj. 531 (v. J. 1838) und 1371 (v. J. 1843: oben Anm. 360); ungedr. Entsch. v. 13. Febr. 1849 in Koch's Commentar ad §. 156 h. t. (Strieth. II. 304); Strieth. VI. 249—253 (v. J. 1852); XII. 240—242 (v. J. 1854); XXVIII. 6—9 (v. J. 1857; bes. S. 8 fg.: das Ob. Trib. habe nach den Präjj. 531. 1371 „formelle Kaufverträge über Grundstücke, bei denen nur der wahre Preis mündlich verabredet worden, sobald sie erfüllt sind, den Verträgen über bewegliche Sachen gleichgestellt, mit anderen Worten, den §. 146. I. 5. auch auf derartige Verträge über Grundstücke" [ein ganz abgemachtes Geschäft vorausgesetzt] „angewendet"); XXIX. 85—88 (v. J. 1858); Entsch. XXXVIII. 28—35 (v. J. 1855; bes. S. 33: „Indem von Verträgen über unbewegliche Sachen unter derselben Voraussetzung" (nach §. 146 h. t.) „nicht ein Gleiches gilt, muß es hinsichtlich ihrer auch dann, wenn sie vollständig erfüllt sind, bei den Vorschriften der §§. 156 ff. sein Bewenden behalten").

soll, daß er keinen Anspruch auf Ersatz der auf die Erhaltung der Sache verwendeten Kosten hätte: Präj. 2189, v. J. 1850. (Entsch. XIX. 76—82; Born. Erörtr. 210.) Dabei gilt er wegen der Nutzungen und wegen der Verbesserungen gleich einem unrechtfertigen Besitzer: §. 158 h. t. Kann er jedoch das Empfangene in dem alten Stande nicht zurückgeben, so muß er den mündlich verabredeten Werth, oder, in Ermangelung einer solchen Verabredung, denjenigen Werth ersetzen, welchen die Sache zur Zeit der Uebergabe hatte: §. 159. 160 h. t. Dem Zurücktretenden steht aber schon so viel entgegen, wenn überhaupt nur die vorgenommenen oder eingetretenen Veränderungen die Sache in ihrer Bestimmung und Brauchbarkeit gegen den Zustand zur Zeit der Uebergabe verändern, — als worüber nöthigen Falls Sachverständige mit ihrem Gutachten zu hören sind: Präj. 2152, v. J. 1849. (Entsch. XIX. 83—90; Born. Erörtr. 208. 209.)

Umgekehrt muß der Zurücktretende das Gegebene[368]) in dem Stande wieder annehmen, in welchem sich dasselbe zu der Zeit befand, da seine Weigerung zur Wissenschaft des Anderen gelangte: §. (161) 162 h. t.; wie denn überhaupt der dem Vertrage treu Bleibende bei der Rückgabe durchgehends die Rechte eines redlichen Besitzers hat: §. 163 h. t.; womit auch die verschiedenen Anfangstermine der Zinsen zusammenhängen, welche für die auf Abschlag des mündlichen Vertrages geleisteten Zahlungen zu entrichten sind: §. 164 h. t.[369]) (Im §. 164 ist unter „gegenseitig" zu verstehen: „gegentheilig".)

Hierbei handelt es sich nun wesentlich noch um die Art der Abfassung des Klageantrages desjenigen, welcher in Folge eines mündlichen Vertrages eine Sache gegeben hat und den Vertrag wegen Mangels der gesetzlichen schriftlichen Form aufrufen und das Gegebene zurückfordern will. Im Jahre 1849 hatte der dritte Senat des Ober-Tribunals entschieden: „daß der Geber einer Sache, welcher dieselbe zufolge §§. 155 ff. h. t. zurückfordere, in seiner Klage zugleich erklären müsse, daß er sich zur vollständigen Gegenleistung, zur Wiederannahme des Grundstücks in statu quo und zu den Vertretungen eines unrechtfertigen Besitzers erbiete, auch dem Verklagten überall die Rechte eines

---

368) Vgl. Sz. in Jahrb. LII. 6. 7.

369) Vgl. Präj. 973, v. J. 1841, und die Allegate aus Strieth. VI. u. XII oben Anm. 367. (Born. Erörtr. 213 Note 1.) Für die Tragweite des §. 163 h. t. ist auch noch von Interesse ein Rechtsfall in der Arnsb. Jur. Monatsschr. v. 1855 S. 538 — 549 (bes. 543 u. 545 fg.); vgl. Entsch. VI. 286 fg. (in den Gründen zum Präj. 852, v. J. 1840: Born. Erörtr. 217 fg. ad f).

redlichen Besitzers gestatte," und daß derselbe daher zurückzuweisen sei, wenn seine Klage diese Anerbietungen nicht enthalte. Durch den Plenar-Beschluß vom 19. Mai 1851 ist jedoch die Streitfrage:

> ob zur Begründung der Rücktrittsklage ein solches Anerbieten des gegenseitig zu Gewährenden erforderlich sei?
>
> oder
>
> ob es genüge, daß der erkennende Richter durch Einschränkung der in der Klage gestellten Forderung den Rechten des Verklagten Anerkennung verschaffe?

im Sinne der letzteren Alternative, und zwar wörtlich, wie folgt, entschieden worden: „Eine Klage, welche auf Grund der §§. 155 u. ff. Tit. 5. Thl. I. A. L. R. erhoben und auf Rückgabe (Herausgabe) des Gegebenen, gegen Erstattung des Empfangenen, gerichtet worden ist, kann, wenn sich im Prozesse ergeben hat, daß der Verklagte als ein redlicher Besitzer zu behandeln sei, nicht aus dem Grunde, an und für sich allein, ganz oder angebrachtermaaßen abgewiesen werden, weil nicht schon in der Klage die Wiederannahme in dem gegenwärtigen Zustande und die Gestattung aller Vortheile des redlichen Besitzes angeboten worden sind, sondern der Richter ist befugt, die Rechte des Verklagten und die dadurch bewirkte Einschränkung der Ansprüche des Klägers, im Erkenntnisse festzusetzen." (J. M. Bl. S. 251—253; Entsch. XXI. 329—338; Strieth. II. 302—307.) Die auch materiell weit greifende Bedeutung dieses Beschlusses ist einleuchtend, obgleich die Entscheidung der Streitfrage vorzugsweise in den Vorschriften über das Prozeß-Verfahren gesucht, und für die Anwendung des Beschlusses die gebührende Rücksicht auf die besonderen Umstände jedes einzelnen Falles ausdrücklich vorbehalten worden ist. (Entsch. a. a. O. S. 336 u. 338. Born. Erörtr. 216. 217.)

β) Wenn dagegen Handlungen[370]) den Hauptgegenstand des Vertrages bilden[371]), so tritt ein anderer leitender Gesichtspunkt ein (als ad *α*)), welcher im Wesentlichen darin liegt, daß geleistete Handlungen nicht „zurückgegeben"[372]), nicht ungeschehen gemacht

---

370) Dazu gehören auch Unterlassungen: Präj. 1700 (v. J. 1846: Entsch. XIII. 119—123); Strieth. XXXII. 234—237 (v. J. 1859).

371) Wann dieses anzunehmen sei, ist quaestio facti: Präj. 2066 (v. J. 1848); Strieth. XIV. 137—139 (v. J. 1854). — Beispiel einer Leistung, welche gar nicht zu den Handlungen in dem hier geltenden Sinne gehört: Strieth. II. 45 (ad a). 46.

372) Vgl. 25 de praescr. verb. XIX. 5: operae .. repeti non possunt. (Sav. IV. 36 Note c). Auch Entsch. XI. 381; XII. 42 u. A. m.

(und in den wenigsten Fällen richtig geschätzt) werden können[373]). Deshalb soll

a) nach Leistung sämmtlicher Handlungen auch die Vergütung der mündlichen Abrede gemäß erfolgen: §. 165 h. t. Die mündliche Abrede muß jedoch schon vor geleisteter Handlung getroffen worden sein: Präj. 2674, v. Jahre 1856 (Entsch. XXXIV. 48—53)[374]). Der Begriff der „Vergütung" ist nicht unbestritten. Es fehlt nicht an Autoritäten, welche denselben auf Geldleistungen beschränken wollen. Doch spricht praktisch mehr für die Ausdehnung auf jegliche Art der versprochenen Gegenleistung. (In dem Sinne des §. 122 Entw. h. t.: „Ist auf Rechnung eines mündlichen Contrakts eine Handlung geleistet worden, so muß der Contrakt auch von der andern Seite, des Mangels der schriftlichen Abfassung ohnerachtet, erfüllet werden.")

Hierauf beruht denn auch der entscheidende Pl. Beschl. vom 7. Novbr. 1845, nach welchem selbst die Ueberlassung von Immobilien[375]) unter den Begriff der „Vergütung" fallen kann: „Derjenige, der dem andern Theile eine unbewegliche Sache unter der Vereinbarung, daß derselbe eine bestimmte Person heirathe, abgetreten hat, kann, nachdem der Andere die bezeichnete Person wirklich geheirathet hat, diesen Vertrag wegen Mangels der schriftlichen Form nicht mehr anfechten." (Entsch. XII. 31—49, bes. 40. 41 ff.)[376])

Durchgreifende Anwendungen des Grundsatzes von der maaßgebenden Bedeutung der mündlichen Abrede für die zu leistende Vergütung finden sich in mehrfachen Beziehungen. So im Präj. 1569 (v. J. 1845: Entsch. XI. 375—382, ein vollzogenes Commissionsgeschäft betreffend); in Strieth. IV. 241—244 (v. J. 1852: Dienstvertrag mit einem Wirthschaftsbeamten); im Präj. 2653 (v. J. 1855, Entsch. XXXI. 374—385, auch Strieth. XVIII. 329 ff.: opus locatum conductum); in Strieth. XXXII. 103—106 (v. J. 1859: geleistete Cession)[377]).

---

373) Vgl. Born. Erörtr. S. 220—222 (ad VII).

374) Vgl. auch die schon i. J. 1847 getroffene Entscheidung in den Rechtsf. I. 117—120.

375) So weit nicht etwa die s. g. autonomische Befugniß der Parteien in dieser Beziehung gesetzlich beschränkt erscheint: Strieth. III. 362—366 (v. J. 1851).

376) Vgl. zu diesem Pl. Beschl. noch Entsch. XXXI. 398 ff. (v. J. 1855: Heirath gegen Zuwendung einer Nachlaßquote, oben S. 202 ad §. 71 h. t.); XLI. 22—30 (v. J. 1859: Heirath gegen Zahlung einer Mitgift; auch in Strieth. XXXIV. 68 ff.).

377) Nicht zu verwechseln mit der Frage von der Perfection der Cession als solcher. (Born. Erörtr. 171 ff.: oben Anm. 331).

Schließlich ist aus den §§. 159 u. 165 h. t. für alle Verträge, sowohl über Sachen wie über Handlungen, mit Sicherheit der allgemeine Satz zu folgern: daß auf Grund einseitiger Erfüllung in allen Fällen Gegenleistung gefordert werden kann, wenn die Herstellung des früheren Zustandes unmöglich ist.

b) Sind die Handlungen nur erst theilweise geleistet, so steht zwar dem Verpflichteten wie dem Berechtigten der Rücktritt von dem (eben noch nicht vollständig erfüllten) Vertrage frei, jedoch mit billiger Ausgleichung dessen, was beziehungsweise der Berechtigte noch an rückständigen Leistungen (nach dem mündlichen Vertrage) zu fordern haben würde: §. 166 h. t., oder der Verpflichtete für die bereits erfolgten Leistungen (nach Abschätzung der Sachverständigen) als Vergütung in Anspruch nehmen kann: §. 167 h. t. Vgl. §. 411 h. t.

γ) Alle weiteren Forderungen von Entschädigung oder Interesse aus einem (nach gesetzlicher Vorschrift der schriftlichen Abfassung unterliegenden, aber) blos mündlich abgeschlossenen Vertrage[378]) schneidet der §. 168 h. t. ab, welcher sich auf die ganzen ad α) und β) entwickelten Verhältnisse bezieht[379]), immer aber nur solche Fälle voraussetzt, in denen es sich um die („von dem einen oder dem andern Theile") ganz oder theilweise verweigerte Erfüllung handelt: Präj. 693 (v. J. 1839); 1645 (v. J. 1845); Born. Erörtr. S. 204 fg.[380]); Strieth. X. 75 fg. (ad b) u. 77.

c) Ausmittelung des Inhalts verloren gegangener schriftlicher Verträge.

Die schriftliche Urkunde ist zwar kein bloßes Beweismittel (oben Anm. 339); allein da sie unter Anderem auch zum Beweise dienen kann, so soll durch ihren zufälligen Verlust der Beweis des materiellen Rechts keinen Eintrag leiden: §. 169 h. t.[381]) (. . . nec oberit tibi

---

378) Analogisch anzuwenden auf den Fall, wenn gegen die Vorschrift der Gesetze die gerichtliche oder notarielle Form verabsäumt und lediglich ein schriftlicher Vertrag errichtet worden ist: Entsch. IV. 120. 125 fg.

379) Ueber den durch das einleitende Wort „Uebrigens" angedeuteten inneren Zusammenhang des §. 168 mit den §§. 156—167 vgl. Jahrb. LII. 148 und Entsch. XLI. 27 fg.

380) Vollständig abgedruckt ist der dem Präj. 1645 zu Grunde liegende Rechtsfall im Arnsb. Archiv XIII. 437—448. (Zu den Gründen des Ob. Trib. S. 445 fg. vgl. auch Entsch. III. 353).

381) Ueber den auch sonst ziemlich weiten Umfang des Beweises durch Zeugen u. Eid neben den schriftlichen Verträgen des A. L. R. vgl. Born. Erörtr. S. 194 fg.

amissio instrumentorum etc.: 1. C. de fide instr. IV. 21; ... amissis [instrumentis] non tolli substantiam veritatis: 10 eod.)

Wenn jedoch einer der Contrahenten den Verlust oder die Vernichtung des Instruments vorsätzlich veranlaßt hat, so soll die Angabe des Anderen von dem Inhalte so lange für richtig angenommen werden, bis das Gegentheil klar erwiesen ist: §. 170 h. t. (Gleichlautend schon §. 124 Entw. h. t. Vgl. 20 C. de prob. IV. 19: ... ad emptionis probationem non est indiciis aliis opus, sed instrumentorum furtum monstrare sufficit.) Anders nach §. 120 Pr. O. Tit. 10: „Wenn eine Partei die zur Aufklärung der Wahrheit erforderlichen Urkunden vorsätzlich abhänden bringt, zerreißt, oder auf andere Art unleserlich macht; so soll ihr Gegner jederzeit zur eidlichen Bestärkung des Inhalts der auf diese Art dem Auge des Richters entzogenen Urkunde gelassen werden." (Gleichlautend schon §. 36 Corp. Jur. Frid. Th. 4. Tit. 6.) Alle Versuche zur Vereinigung dieser einander widersprechenden Bestimmungen des A. L. R. und der A. G. O.[382]) müssen daran scheitern, daß beide von einer vorsätzlichen Beseitigung des schriftlichen Beweismittels durch eine bei der Verdunkelung der Wahrheit interessirte Partei sprechen, und daß eine auf alle Urkunden gerichtete allgemeine Bestimmung der Gerichtsordnung schwerlich gerade die Verträge davon auszuschließen gemeint sein kann. Nach ihrer größeren Uebereinstimmung mit sonstigen allgemeinen Rechtsgrundsätzen und nach der Rücksicht auf die s. g. sedes materiae (oben Anm. 216) mag man hier füglich der G. O. (dem § 120) vor dem L. R. (dem §. 170) den Vorzug einräumen. Die Zeitfolge der Entstehung (Uebernahme des §en aus dem C. J. Frid. in die G. O., und spätere Abfassung des L. R. §en) kann gerade in diesem Falle wohl um so weniger entscheidend sein, als die L. R. §§. 169. 170 h. t. im §. 122 Pr. O. Tit. 10. ausdrücklich allegirt sind. Ein interessanter

382) Als: das L. R. (§. 170) spreche vom eigentlichen Betruge, die G. O. (§. 120) von anderweitiger Beseitigung des Instruments; die G. O. enthalte die Regel, das L. R. die Ausnahme; das L. R. gehe speziell auf die Verträge, die G. O. auf alle übrigen Urkunden; das L. R. gebe eine bloße Präsumtion, die G. O. lasse diese noch durch einen Eid ergänzen; die G. O. denke an eine erst während des Prozesses, das L. R. an eine schon vorher erfolgte Vernichtung der Urkunde u. s. w. Selbst die scharfsinnige Ausführung: die G. O. denke den Producenten (den angreifen'en Theil), das L. R. den Producten (den angegriffenen Theil) als denjenigen, welcher die Urkunde selbst über Seite gebracht habe (Jur. Wochenschr. 1843. Sp. 297—308. 319—326), entbehrt der hier (wo es sich um die unausgedrückten „Gedanken" des Gesetzgebers handelt) unentbehrlichen thatsächlichen Grundlagen aus der Redactionsgeschichte.

Rechtsfall, in welchem die Vorschrift der G. O., mit Ausschließung des L. R. 's (freilich aus anderen, mehr in der Beschaffenheit des besonderen Falles liegenden Gründen), zur Anwendung gekommen ist, findet sich in den Entsch. XL. 296—300 (v. J. 1859).

E. Mehr als schriftliche Form, wegen gewisser subjectiver Mängel (oder Unbehülflichkeiten) eines Contrahenten.

Es handelt sich hier nicht um die aus Rücksicht auf den Gegenstand erforderliche notarielle oder gerichtliche Aufnahme eines Vertrages[383]), sondern um das Erforderniß einer über die Schriftlichkeit hinaus gehenden Form aus Gründen subjectiver Unfähigkeit, in Fällen, wo sonst die schriftliche Form (zwar erforderlich sein, aber auch) genügen würde. (Zur Beseitigung der schwankenden Meinungen über ignorantia iuris: Sz. S. 4 fg.) Dieses Erforderniß erstreckt sich auf gerichtliche Form für Blinde und Taubstumme: §. (24.) 171 h. t. (A. G. O. Th. II. Tit. 3. §. 4–8)[384]), und auf wenigstens notarielle[385]) Form für analphabete (d. h. des Schreibens und Lesens unkundige[386]) oder durch einen Zufall am Schreiben verhinderte)

---

383) Die durch das A. L. R. zerstreuten Bestimmungen über die durch den Gegenstand gewisser Rechtsgeschäfte bedingte notarielle oder gerichtliche Form sind (unvollständig) zusammengestellt in der A. G. O. Th. II. Tit. 1. §. 3—10. (Gesetzrev. a. a. O. S. 74.)

384) Nicht-Verpflichtung eines Taubstummen aus einem blos schriftlichen Wechselaccept, selbst nach aufgehobener Vormundschaft: Strieth. XX. 269—271 (v. J. 1856).

385) Nur ausnahmsweise (Gesetzrev. a. a. O. S. 101 fg.; Justiz-Min.-Schreiben vom 9. Decbr. 1817 im Centralblatt für Preuß. Juristen Jahrg. 1837 Sp. 759 ad 128) haben die Protokolle der Verwaltungsbeamten verbindende Kraft für Analphabete: Edict vom 27. Juni 1811 §. 9 (Ges. Samml. S. 210 fg.) und Präj. 3, v. J. 1832; Gesetz v. 2. März 1850, betr. die Ablösung der Reallasten rc. §. 108 Abs. 2 (Ges. Samml. S. 109).

386) Als analphabet gelten sonach auch diejenigen, welche blos ihren Namen schreiben, sonst aber weder schreiben noch lesen können: Anh. §. 72 zur A. G. O. (Gesetzrev. a. a. O. S. 101); imgleichen diejenigen, welche die Schrift, in der das Instrument abgefaßt ist, weder lesen noch schreiben können, wenn sie auch andere Schrift lesen und schreiben: Entsch. II. 161 ad 1. 164 fg. (v. J. 1837); Pl. Beschl. 2. Juli 1855 (Entsch. XXXI. 1—8: „Juden, welche in jüdischen Schriftzügen zu schreiben und zu lesen verstehen, deutsch aber außer ihrem Namen nicht schreiben noch Geschriebenes lesen können, sind in Beziehung auf einen in deutscher Sprache abgefaßten, von ihnen unterschriebenen Vertrag, als Analphabeten zu erachten"). Vgl. (wegen derjenigen, welche Geschriebenes nicht lesen können) auch noch Strieth. XVII. 365–368 (v. J 1855) und XXVIII. 209—213 (v. J. 1858). Dagegen gilt

Personen, imgleichen für solche, welche der Sprache des Instrumentes unkundig sind: §. 172. 179 h. t. Für analphabete Landleute gilt noch eine erleichterte Form (um einem „Hauptbedenken" abzuhelfen: Sz. S. 5): §. 173 h. t.[387])

Ist nun die hiernach erforderliche mehr als schriftliche Form nicht beobachtet worden, so soll der Vertrag einem blos mündlich geschlossenen gleich geachtet werden: §. 174 h. t. D. h. es gilt nach den Regeln der Analogie auch die sonstige materielle Wirkung der etwa hinzutretenden Erfüllung: Entsch. II. 161 fg. ad II. 166 fg. (v. J. 1837). Und eben so finden die hier einschlagenden formellen Rechtsgrundsätze analogische Anwendung: Präj. 495, v. J. 1838 (Entsch. IV. 214—223); Präj. 1636, v. J. 1845 (Entsch. XII. 153 — 167); Strieth. XXXIV. 161 ad b. 163 fg. (v. J. 1859).

Die §§. 175 — 178 h. t. mit dem Anh. §. 5 (aus der Circ. Verordn. v. 30. Dcbr. 1798 Abschn. 5. §. 3) und die §§. 180—184

---

derjenige als schriftlich verpflichtet, welcher einen Vertrag unterschrieben hat und Geschriebenes lesen kann, selbst wenn er ein Mehreres als seinen Namen nicht schreiben kann: Entsch. XVI. 108—113 (v. J. 1848); Strieth. XII. 5—7 (v. J. 1850). Auch wird bei denen, welche etwas mehr als ihren Namen schreiben können, auf das größere oder geringere Maß ihrer Fertigkeit im Schreiben und Lesen keine Rücksicht genommen: Strieth. IX. 261—263, v. J. 1853. (Analog in Ansehung der Sprachkunde: Strieth. XXVII. 265—267, v. J. 1858.) Im Wechselprozeß gilt der Einwand der Schreibensunkunde zur Entkräftung einer Wechselerklärung als unzulässig: Präj. 2269 (v. J. 1851: Entsch. XX. 354—357).

Wegen der Beweislast bei behaupteter Unkunde im Lesen und Schreiben vgl. Jur. Wochenschr. 1840 S. 458 Note 4 u. Ob. Trib. Entsch. v. J. 1851 in Gruchot's Beitr. I. 364. (Bei behaupteter Sprachunkunde: Rechtsf. IV. 77—79, v. J. 1848.)

Die bloße Recognition genügt zwar nicht anstatt der gerichtlichen oder notariellen Errichtung eines Vertrages analphabeter Personen: Jur. Wochenschr. 1840 S. 121—125; allein anders verhält es sich, wenn die Scriptur zu einem integrirenden Theile des gerichtlichen Vertrages gemacht wird: Präj. 1558 (v. J. 1845: Entsch. XI. 185—190).

387) Nach §. 173 h. t. genügt die Aufnehmung des Vertrages vor den Dorfgerichten (d. s. nach §. 79 A. L. R. II. 7. „Schulze und Schöppen", und zwar nur zwei Schöppen: Präj. 1615, v. J. 1845), mit Zuziehung eines vereideten Gerichtsschreibers, da es „auf bloße Beglaubigung ankommt": A. L. R. II. 7. §. 82. 83; A. G. O. II. 2. §. 8. (Es bedarf deshalb auch keiner nachträglichen Wiederholung vor Gericht: Votum des Just.-Min. aus dem Jahre 1824 in Gesetzrev. a. a. O. S. 102 fg.) Dagegen genügt die dorfgerichtliche Aufnahme nicht, wenn gemeine Landleute der Sprache unkundig sind, in welcher das Instrument abgefaßt werden soll: Entsch. XXVIII. 53—57 (v. J. 1854).

h. t. enthalten Details über die Form des Verfahrens, welche durch die neuere Gesetzgebung wesentlich modifizirt worden sind. Es handelt sich dabei um Attestirung von Handzeichen[388]), Zuziehung von Beiständen, Zeugen, Dollmetschern.[389])

V. **Verstärkung der Verträge.** Koch §. 558. Born. §. 150. Puchta §. 253–255. Sav. Obl. II. 266–283. (Oestr. §. 908–911. 937. Code Nap. art. 1115 und 1338. 1590 und 1715.)

1. **Durch Anerkenntniß.** (Koch §. 133 ad I; §. 550 ad I. 6; §. 722.)

Anerkenntniß kann heben:

A. Einen Formmangel (nach Art des s. g. constitutum debiti proprii: Gruchot a. a. O. S. 483 ff.): §. 185 h. t., vorausgesetzt, daß das hier so genannte Anerkenntniß nicht blos in schriftlicher oder protokollarischer Einräumung der Thatsache des mündlichen Abschlusses des Vertrages besteht, sondern den Willensausdruck der Verpflichtung in sich schließt, also in der Absicht erfolgt, die verbindende Kraft des Vertrages (der „Verabredungen," d. i. der vorher getroffenen mündlichen Vereinbarung der Contrahenten), ungeachtet der mangelnden schriftlichen Abfassung, einzuräumen, wodurch es dann recht eigentlich zum fundamentum agendi gegen den Agnoscenten wird: Entsch. I. 363 ad II. 367 (v. J. 1836); IV. 217 fg. (Note) und 222 fg. (v. J.

---

388) Vgl. Homeyer's Hantgemal (1852) S. 75 Note 129.

389) Vgl. Anh. zur A. G. O. §. 75. 422; Cab. Ordre v. 20. Juni 1816: Ges. Samml. S. 203 (Gesetzrev. a. a. O. S. 103 fg.); Cab. Ordre v. 8. Octbr. 1837: Ges. Samml. S. 154; [Gesetz über die Aufnahme von Notariats-Urkunden in fremden Sprachen, vom 9. Juli 1841 (Ges. Samml. S. 129–131), sammt den §§. 49–77 A. G. O. III. 7. aufgehoben durch das] Gesetz über das Verfahren bei Aufnahme von Notariatsinstrumenten, vom 11. Juli 1845: Ges. Samml. S. 487–494 (bes. §. 24–35 von fremden Sprachen); Declaration der §§. 75. 87. 422 Anh. zur A. G. O., vom 26. Januar 1857: Ges. Samml. S. 64. (Cab. Ordre 5. Mai 1839: J. M. Bl. S. 178 fg.; Rescr. 16. April 1840: J. M. Bl. S. 153.) Von den hierher gehörenden Ob. Trib. Entscheidungen sind besonders in Beziehung auf das Erforderniß des s. g. Unterschrifts-Beistandes (Schreibzeugen, Unterschriftszeugen) zu beachten: Präj. 246 v. J. 1837; Präj. 749 v. J. 1839; Pl. Beschl 15. Januar 1847 (Entsch. XIV. 3–12); Entsch. XVI. 101–108 (v. J. 1848); Pl. Beschl. 6. Novbr. 1848 (Entsch. XVII. 66–72); Pl. Beschl. 7. Mai 1855 (Entsch. XXX. 393–408). Auf öffentliche Urkunden in einer Sprache, deren ein Contrahent unkundig ist, bezieht sich Präj. 2316 v J. 1851 (Entsch. XXI. 184–188; vgl. Entsch. XXXIV. 54–61, v. J. 1856); auf einzelne formelle Fragen bei Aufnahme von Notariatsurkunden: Pl. Beschl. 4. Febr. 1850 (Entsch. XIX. 59–65; vgl. XVIII. 251. Note *) u. 20. Decbr. 1852 (Entsch. XXIV. 239–245).

1838); Präj. 1510 v. J. 1844 (Entsch. X. 361 — 366; vgl. Gruchot a. a. O. S. 488 [Entsch. v. J. 1852] und Strieth. XIII. S. 172 ad a. 173 [v. J. 1854]); Entsch. XIII. 187. 188 (v. J. 1846); XVIII. 242 ad III. 254 fg. (v. J. 1849); XX. 93. 95 (v. J. 1850); Strieth. XXI. 37 — 40 (v. J. 1856); XXIII. 63 — 65 (v. J. 1856); XXVI. 315 — 318 (v. J. 1857).[390])

Vgl. Born. Erörtr. S. 185 — 190 (ad II.) und, wegen des Zusammenhanges des §. 185 mit dem §. 116 h. t.: oben S. 208.

B. Den Mangel einer freien und ernstlichen Einwilligung. Hier wird (zum Unterschiede von A) ein seiner Form nach rechtsbeständiger Vertrag vorausgesetzt (Entsch. XVIII. 254), während der Mangel in der inneren Substanz des Consenses liegt; weshalb denn auch nur das zur Zeit des bereits gehobenen Hindernisses erfolgte Anerkenntniß als genügend gilt (Entsch. XXXIII. 20 fg.), dann aber freilich (anders als in C)[391]) mit rückwirkender Kraft ausgestattet ist: §. 186 —188 h. t.

Ein stillschweigendes Anerkenntniß (oben Tit. 4. §. 58 ff.) wird nur in solchen Handlungen gefunden, aus welchen 1) eine vollständige (hinreichende) Kenntniß des Vertrages und zugleich 2) die (wiederholte) Genehmigung des Vertrages (nicht blos partiell, sondern) nach seinem ganzen Inhalte hervorgehet: §. 189 — 191 h. t. Eine der bedeutsamsten Anwendungen des §. 189 findet sich im §. 165 A. L. R. I. 16. (Anerkenntniß einer Verbindlichkeit durch vorbehaltlose Zahlung.)

Ob es bei Anerkenntnissen außerhalb der Verträge noch der Angabe einer besonderen causa debendi bedürfe (was von dem höchsten Gerichtshofe im Wesentlichen bejahet wird: Entsch. XI. 345 — 355; Rechtsf. III. 32. 47; Strieth. VIII. 196 ad b. 201) ist eine nicht unbestrittene Frage.

C. Den Mangel der persönlichen Fähigkeit: §. 192 h. t. (Oben S. 198 zu §. 37. 38 h. t.)

---

390) Es ist aber festzuhalten, daß §. 185 h. t. nur auf Verträge geht; weshalb denn z. B. eine blos mündliche Erbschafts-Entsagung auch durch nachheriges schriftliches Anerkenntniß keine Gültigkeit erlangt: Strieth. VIII. 274 ad b. 279 fg. (v. J. 1853). Ist dagegen ein schriftliches Anerkenntniß eines mündlich geschlossenen Vertrages in der erforderlichen Absicht wirklich abgegeben, so wird seiner Wirksamkeit auch der Umstand nicht hinderlich, daß jene Abgabe etwa in einem mit einem Dritten geschlossenen Vertrage erfolgt ist: Präj. 269 v. J. 1837. (Born. Erörtr. S. 168 fg. ad 3.)

391) Wogegen wieder in A (für den Fall des §. 185 h. t.) die Rückwirkung aus der Natur der Sache gleichsam von selbst folgen zu müssen scheint. Vgl. die Allegate bei Gruchot a. a. O. S. 489.

Die §§. 185—192 h. t. sind im A. L. R. selbst mehrfach in Bezug genommen: I. 11. §. 412; 13. §. 143; 16. §. 411; II. 8. §. 509.

2. **Durch Entsagung der Einwendungen.** (Nicht zu verwechseln mit den Entsagungen des Tit. 16. Abschn. 7., besonders §. 382. Koch §. 212. 213.)

Einwendungen, denen man im Vertrage (nicht unbestimmt und allgemein, sondern) ausdrücklich, speziell und deutlich entsagt hat: §. 193. 197. 198 h. t., und denen man überhaupt entsagen darf: §. 194—196 h. t. (A. G. O. II. 2. §. 32. 52), können nicht mehr vorgeschützt werden (... unicuique licet contemnere haec [his renuntiare] quae pro se introducta sunt: 41 de minor. IV. 4. u. 29 C. de pact. II. 3.)[392])

Der eidlichen Bestärkung ist der Erfolg einer größeren Bekräftigung der Verträge (Puchta §. 253; Sav. VII. 51 fg. und Obl. II. 283 ad 3) nicht mehr eingeräumt (Koch §. 136): §. 199 h. t. Vgl. §. 35 h. t. [II. 8. §. 729]; I. 11. §. 1162; 16 §. 373; Pr. O. Tit. 10. §. 248; Strieth. XXIX. 102. Strafbestimmungen gegen außergerichtliche Eide (A. L. R. II. 20. §. 1425 ff.) sind jedoch in das Strafgesetzbuch von 1851 nicht übergegangen.

3. **Durch gerichtliche Bestätigung**: §. 200—204 h. t. (Pr. O. Tit. 10. §. 126.)

Gegen diese Rubrik ist geltend zu machen, daß entweder die gerichtliche Bestätigung ein wesentliches Erforderniß und dann die Gültigkeit des Vertrages selbst von ihr abhängig ist (wie A. L. R. I. [16. §. 413;] 20. §. 227; II. 1. §. 858; 2. §. 216 fg. 667; 4. §. 29. 62 fg.; [8. §. 731 ff.]), oder daß die gerichtliche Bestätigung zur Gültigkeit des Vertrages vom Gesetze nicht gefordert wird, dann aber auch eigentlich eine Verstärkung des Vertrages nicht bewirken kann. (Gesetzrev. a. a. O. S. 104—106.) Ueberdies ist die (im §. 200 h. t. noch vorausgesetzte) gerichtliche Bestätigung, welche, „ohne für die Gültigkeit des Vertrages erforderlich zu sein," nach der Verfassung einzelner Provinzen der Eintragung gewisser Verträge über Immobilien voraus-

---

392) Sehr geläufig ist hiernach die Entsagung der Einwendungen in Fällen wie A. L. R. I. 5. §. 348; 11. §. 65. 137. 148; 14. §. 307; 16. §. 372. Auch die Entsagung aller Rechtsmittel (Präj. 1549: oben S. 160) kann in einem Vertrage als zulässig auftreten: Entsch. XII. 476. Dagegen finden sich Beispiele wirkungsloser oder unzulässiger Entsagungen: A. L. R. I. 11. §. 734. 1162; 16. §. 401; 20. §. 240; Anh. §. 163 zur A. G. O. [Pr. O. Tit. 47. §. 100; 48. §. 31; 49. §. 17 c.]

gehen mußte, bereits durch §. 2 des Gesetzes vom 23. April 1821 (oben S. 213 zum §. 135 h. t.) aufgehoben worden.

4. **Durch Draufgabe** (arrha).

Während nach Römischem Rechte durch die arrha grundsätzlich eine verstärkte Wirkung der Verträge erzeugt wird, mithin die arrha an sich nicht Reugeld, sondern Zeichen des völlig abgeschlossenen Vertrages ist (woraus der regelmäßige Einfluß des Gebens auf das Eigenthum des Gegebenen und auf die Gültigkeit des Vertrages folgt): Sav. Obl. II. 266—271, tritt dieselbe in particulären Formen des Deutschen Rechts auch als Reugeld auf: Eichh. §. 97 Note a; Gerber §. 164; Beseler §. 121 ad I.

Die Bestimmungen des A. L. R. beruhen auf einer gewissen Verschmelzung der Römischen arrha und des Deutschen Reukaufs.

A. Grundsätzlich erscheint die Draufgabe als „Zeichen des geschlossenen Vertrages" (arrha pacto perfecto data, probatoria): §. 205 h. t.[393] Sie ist wo möglich (d. h. wenn nicht Gesetz oder Vertrag oder heterogene Beschaffenheit des contractlich zu Leistenden entgegen steht) zugleich als Angeld, also auf Abrechnung der übernommenen Verbindlichkeit vorausgegeben, anzusehen: §. 206—208 h. t. (Strieth. XIII. 243 ad a.)

Hieraus ergibt sich die Landrechtliche Regel der confirmatorischen, nicht reugeldartigen Natur der Draufgabe: §. 210. 211 h. t. Und demgemäß gelten die auf der Unterscheidung des Vorhandenseins

---

393) Als Zeichen des abzuschließenden Vertrages (pacto imperfecto data: Thibaut Pand. §. 144) wird die arrha nicht besonders erwähnt, weil dafür die §§. 155 ff. (vgl. §. 223) h. t. genügen. (Gesetzrev. a. a. O. S. 110.) Mit constitutorischem Charakter ist die arrha nur als Miethsgeld des Gesindes ausgestattet, wegen dessen §. 209 h. t. (vgl. oben S. 214 ad §. 137 h. t.) auf das Gesinderecht verweist. Hier stimmt nun der §. 23. A. L. R. II. 5 und §. 23 der Gesindeordnung v. 1810 wörtlich überein, indem danach die Gebung und Annehmung des Miethsgeldes die Stelle des schriftlichen Vertrages vertritt (wenngleich die folgenden Paragraphen in der weiteren Behandlung des Miethsgeldes etwas von einander abweichen). Anders nach der Gesindeordnung für Neuvorpommern v. 11. April 1845, deren §§. 23 ff. (Ges. Samml. S. 393 fg.) zwar auch des Miethsgeldes gedenken, aber nicht als eines den Vertrag constituirenden Momentes, so daß der Vertrag nudo consensu zu Stande kommt. Darin aber stimmt wieder mit dem A. L. R. und der Gesindeordnung v. 1810 (§. 45 ff.) die G. O. für Neuvorp. (§. 39 ff.) überein, daß dem Miethsgelde der Charakter eines Reugeldes ausdrücklich abgesprochen wird.

Die besonderen Bestimmungen des A. L. R. wegen der Brautgeschenke (Puchta §. 424; Thib. §. 413. 420), auf welche §. 209 h. t. noch hinweist, finden sich II. 1. §. 112. 122 fg. (132.) 773. 923 (2. §. 305).

oder Nichtvorhandenseins einer besonderen Culpa des einen oder des anderen Contrahenten beruhenden Bestimmungen der §§. 217—224 h. t. für diese regelmäßige (§. 217: „eigentliche") Draufgabe, welche bei rückgängigem Vertrage im Wesentlichen zu einem bloßen Momente der Hauptleistung resp. Entschädigung wird[394]).

Im Gegensatze zu dieser Regel tritt dann als Ausnahme auf:

B. Die auf ausdrückliche Verabredung begründete Arrha, welche zugleich Wandelpön (Reugeld) ist (s. g. arrha poenitentialis, liberatoria): §. 212 h. t.[395]) Diese berechtigt denjenigen Theil, welcher sie fallen läßt, zum Rücktritt von dem (noch nicht einmal theilweise erfüllten) Vertrage: §. 213—215 h. t. Im §. 214 soll „Erstattung" blos Rückgabe bedeuten, nicht das in duplum arras reddere (duplum restituere) g. E. der c. 17 C. de fide instr. IV. 21 (pr. J. de empt. III. 23): Sav. a. a. O. 269 fg.

C. Gemeinschaftliche Bestimmungen für jede Art der Arrha (A und B) finden sich im §. 216 h. t. (früher bezweifelt) und im §. 225 h. t.[396])

VI. **Nebenbestimmungen bei Verträgen.**

1. Conditio, modus, causa: §. 226—229 h. t. S. oben Tit. 4 ad II. 1—4. Zu §. 227. 228 insbesondere: oben S. 186; Sav. III. 204; Rechtsf. I. 20—23, v. J. 1847.

Der §. 229 streift an die Controverse von der Beweislast bei behaupteter Bedingtheit eines Rechtsgeschäfts: Sav. V. 155. 185; Gruchot I. 497—512.

2. Dies. Oben Tit. 4. ad II. 5. Koch §. 479. Born. §. 151 ad 3. Puchta §. 241. Sav. Obl. I. 516—520. Gruchot I. 512—520. (Oestr. §. 902. 904. Code Nap. art. 1187.)

Die Römische Regel, jede obligatio (in Ermangelung einer durch die Parteien getroffenen Zeitbestimmung) von selbst als praesens anzusehen, also auch umgekehrt den dies adiectus pro reo aufzufassen, erscheint im A. L. R. wesentlich umgewandelt. Denn

---

394) In den §§. 220. 221 h. t. ist die condictio sine causa unverkennbar: Präj. 1618, v. J. 1845, ad b; Entsch. XVI. 172—174 (v. J. 1847). Vgl. noch zu §. 220—223: Sz. Jahrb. LII. 7.

395) Bei der Verweisung des §. 212 auf die entsprechenden Bestimmungen über die Conventionalstrafe als Wandelpön (§. 312 ff.) ist der gewichtige und folgenreiche Unterschied ins Auge zu fassen, welcher statt findet zwischen einer bereits erfolgten Leistung (Draufgabe) und einer noch zukünftigen Leistung (Conventionalstrafe), mittelst deren man sich vom Vertrage los machen kann: Gesetzrev. a. a. O. S. 111.

396) Gesetzrev. S. 111 am Ende.

A. wenn die Zeit der Erfüllung in dem Vertrage nicht bestimmt ist, gilt nur ausnahmsweise der Anspruch auf sofortige Erfüllung. (§. 235 h. t.; I. 11. §. 92. 215. 221.) Der Regel nach soll vielmehr

a) die im Vertrage völlig mangelnde Zeitbestimmung nach Absicht, Zweck und Umständen, beziehungsweise nach der lästigen oder wohlthätigen Natur des Vertrages, so wie nach der zur Erfüllung etwa erforderlichen besonderen Kunst- oder Sach-Kenntniß, durch richterliches Erkenntniß ergänzt werden: §. 230—234 h. t.[397])

b) Wenn dagegen die Zeitbestimmung nicht völlig mangelt, aber doch nicht ganz klar ist, so wird weiter unterschieden, ob etwa

α) durch unbestimmte Ausdrücke (vgl. §. 71 h. t.) eine nahe Zeit der Erfüllung angedeutet worden ist, in welchem Falle die Erfüllung sofort gefordert werden kann: §. 235 h. t (selbst bei rein wohlthätigen Verträgen: Strieth. IV. 174—179, v. J. 1851); oder ob

β) die Erfüllung in unbestimmten Ausdrücken, nach Möglichkeit oder nach Gelegenheit, versprochen worden ist, in welchem Falle der abstracte Gegensatz einer an sich nicht aus dem Vertrage allein entspringenden, sondern schon vor dem Vertrage rechtlich vorhandenen[398]), und einer an sich blos durch den Vertrag erst begründeten Verbindlichkeit die Handhabe zum Schluß dieser ganzen Casuistik bietet, indem

a) bei jener nicht aus dem Vertrage allein entspringenden Verbindlichkeit, „der zweifelhaften Ausdrücke ungeachtet", wiederum die richterliche Bestimmung nach den Grundsätzen ad a. eintreten soll: §. 236 h. t. (vgl. oben S. 192 und Rechtsf. IV. 305; Strieth. III. 270—272); wogegen

b) bei der durch den Vertrag allein begründeten Verbindlichkeit

---

397) Vgl. wegen des dem richterlichen Ermessen eingeräumten Spielraums die ausdrückliche Zurückbeziehung auf diese Paragraphen in folgenden Stellen des A. L. R.: §. 236 h. t.; I. 11. §. 94. 337; II. 8. §. 1645. Auch für die Erfüllung gewisser letztwillig auferlegter Bedingungen tritt eventuell die richterliche Bestimmung einer „verhältnißmäßigen" Frist ein: I. 12. §. 495. Und im §. 20. I. 16 wird ausdrücklich unterschieden: ob die Zeit der Erfüllung einer Verbindlichkeit durch Willenserklärungen, oder durch richterlichen Ausspruch, oder durch besondere Gesetze bestimmt ist.

398) S. g. obligatio ex lege. (Koch Fordr. §. 68.) Vgl. z. B. A. L. R. I. 16. §. 13; II. 3. §. 14 fg. Und im Allgemeinen: Einl. §. 82. 85. (Entw. §. 88.) Auch für den Gegensatz von Willenserklärungen u. Gesetzen: I. 8. §. 25; 16. §. 54; 20. §. 2; 21. §. 1.

die Zeit der Erfüllung, ja nach Umständen die Erfüllung selbst, fast ganz der Willkühr des Verpflichteten überlassen bleibt: §. 237—240 h. t. (Gruchot I. 64—66; Rechtsf. III. 177—179.)

B. Die im Vertrage bestimmte Zeit der Erfüllung wird in buchstäblicher Strenge (also nicht pro reo) aufgefaßt, dergestalt daß die zu frühe Leistung dem Verpflichteten in jeder Beziehung zum Nachtheil gereicht, ja unter Umständen der Nicht-Leistung gleich gilt, außer insofern der Berechtigte Vortheile daraus gezogen oder dieselbe ohne Vorbehalt angenommen hat: §. 241—246 h. t.

Zu §. 241 h. t. vgl. noch als Anwendungen der Regel: I. 11. §. 758. 935; 16. §. 56.[399]) Wegen der scheinbaren Ausnahme in §. 55. I. 14 (vgl. §. 245. I. 21): Gruchot I. 520. Eine wirkliche, wenn gleich singuläre Ausnahme ist in I. 12. §. 330 zu erkennen.

Zu §. 245 vgl. §. 307 h. t.

Zu §. 246 h. t.: I. 16. §. 168 fg.

3. Locus. Koch §. 480. Born. §. 151 ad 4. Puchta §. 246. Sav. (System VIII. 205 ff.: oben S. 110—114.) Obl. I. 508—516. (Oestr. §. 902. 905. 1420. Code Nap. art. 1247. 1609.)

Das System des A. L. R. in Betreff des Ortes der Erfüllung überhaupt beruhet auf einer Scheidung der contractlichen und außercontractlichen Rechtsverhältnisse.

A. Die in Verträgen mangelnde Bestimmung des Ortes der Erfüllung[400]) soll (zur Entscheidung der gemeinrechtlichen Controversen über den Vorzug des Wohnortes der einen oder der anderen Partei, oder des Ortes des geschlossenen Vertrages)

a) zunächst und grundsätzlich nach der Natur des Geschäftes und der Absicht der Contrahenten durch richterliches Erkenntniß ergänzt werden: §. 247 h. t. (neuerlich zur Anwendung gebracht auf Zahlung des Miethszinses in demselben Hause, in welchem die gemiethete Wohnung belegen ist: Entsch. XLI. 30—34 und Strieth. XXXIII. 311—314, v. J. 1859);

b) eventuell, wenn die Auslegungsregel ad a keinen genügenden

---

399) Umgekehrt gibt es nicht selten Rechte des Gläubigers vor der Erfüllungszeit: I. 11. §. 759; 20. §. 135. 441 u. a. m.

400) Der Entw. §. 172—176 h. t. (II. 2.) war von dem locus contractus als Regel ausgegangen und hatte eventuell dem Aufenthaltsorte des debitor den Vorzug gegeben, jedoch wieder mit gewissen Ausnahmen für den Aufenthaltsort resp. die Convenienz des creditor. Bei der Umarbeitung ließ man jedoch das Kriterium des locus contractus als ein rein zufälliges wieder bei Seite. (Gesetzrev. a. a. O. S. 114.)

Anhalt zur Entscheidung bietet, nach verschiedenen Grundsätzen beim dare und beim facere erfolgen.

α) Handelt es sich um ein dare, so gilt als Erfüllungs- (Ablieferungs-) Ort

a) bei lästigen Verträgen der Ort, wo der creditor zur Zeit des geschlossenen Vertrages gewohnt hat: §. 248 h. t.[401]) (Das Wort „geben" in diesem Paragraphen geht auch auf Zahlungen, z. B. von Pachtgeldern: Strieth. XV. 108—111, v. J. 1854. Das Wort „gewohnt hat" erstreckt sich, wie der Ausdruck des §. 769. I. 11: „seinen Wohnsitz gehabt hat", auf die Wohnung resp. Behausung des creditor: Strieth. XV. 200—204, v. J. 1854. Vgl. unten Anm. 404. Immer aber ist streng daran festzuhalten, daß beide Paragraphen, 247. 248 h. t., nur im Falle einer richterlich zu ergänzenden Contractslücke zur Anwendung gelangen: Strieth. XVI. 344 ad c. 352, v. J. 1855.)

b) Bei blos wohlthätigen Verträgen ist das dare nur da zu fordern, wo der debitor sich aufhält (ein Ausdruck, der wohl nur der Abwechslung halber für „wohnt" gebraucht ist): §. 249 h. t.

β) Handelt es sich um ein facere, so gilt als Erfüllungsort der Ort, wo der debitor zur Zeit des geschlossenen Vertrages gewohnt hat: §. 250 h. t.

c) Bei mehreren zur Erfüllung bestimmten Oertern wird der debitor begünstigt durch das Recht der Wahl nach §. 251 h. t. (Ohne die Römische Unterscheidung alternativer und copulativer Fassung: Ephesi aut Capuae — Ephesi et Capuae: 2. §. 2—4 de eo quod certo loco XIII. 4.)

B. Für außercontractliche Rechtsverhältnisse gilt

a) die auf „Erfüllung der Verbindlichkeiten überhaupt" bezügliche Regel des §. 27 A. L. R. I. 16[402]): daß, „wenn weder Willenserklärungen, noch die Natur des Geschäfts, noch beson-

---

401) Vgl. A. L. R. I. 11. §. 93 (Zug um Zug: Entsch. XLI. 33.) und §. 94. (Kauf.) Ebend. §. 769—777. (Wohnort des Gläubigers als Regel beim Darlehn, jedoch mit gewissen Modificationen bei Veränderungen dieses Wohnortes oder beim Wechsel der Person des Gläubigers [besonders mit dem bei eingetragenen Schuldinstrumenten durch §. 774 begründeten eigenthümlichen Wahlrechte des Schuldners, welches jedoch nach dem Präj. 734 v. J. 1839 streng auf Darlehnsforderungen beschränkt bleibt], so wie mit einer Ausnahme zu Gunsten der Bank und der Creditsysteme als Darlehnsnehmer, nach §. 777.) Ferner I. 11. §. 836. [II. 8. §. 874.]

402) Diese allgemeine Regel fehlte noch im Entw. II. 13.

dere Gesetze[403]) den Ort der Erfüllung näher bestimmen", die Erfüllung da, wo der Verpflichtete sich aufhält, geleistet und angenommen werden muß; ingleichen

b) die durchgreifende Regel, daß Zahlungen insbesondere („die sich nicht auf Verträge gründen") vom Schuldner nur da, wo er wohnt[404]), geleistet zu werden brauchen: §. 52.[405]) I. 16.[406]) Begründet wurde diese Regel bei der Redaction des Gesetzbuches durch die Erwägung, daß weder ein Gesetz noch die im zweifelhaften Falle allemal den Debitor begünstigende Analogie für diejenige Meinung gemeinrechtlicher Doctores spreche, nach welcher die Zahlung in der Regel in domicilio creditoris geschehen müsse[407]), — eine Meinung, welche überdies eigentlich nur auf debita ex contractu (wegen deren das Erforderliche schon in unserem Tit. 5. §. 247 ff. bestimmt sei) sich erstrecke: Sz. 52.

Eine Modification erleidet diese Regel zu Gunsten öffentlicher Cassen (außer dem Falle eines Darlehns) durch §. 53. I. 16.[408])

Uebrigens liegt es in der Natur der Wechselzahlungen, daß auch diese (obgleich sie nicht zu denen „welche sich nicht auf Verträge gründen" gehören, also eigentlich nicht unter die Regel des §. 52. I. 16, sondern unter die des §. 248. I. 5 fallen sollten,) in der Wohnung (dem Geschäftslocale) des Schuldners erfolgen („abgeholt" werden müssen): [A. L. R. II. 8. §. 873. 1101.] Allg. Deutsche Wechselordnung Art. 4. no. 8 und Art. 97.

Hiernach läßt sich die subsidiarische Regel des A. L. R. etwa dahin zusammenfassen: In und außer Contracten gilt als locus solutionis der Wohnort des debitor, mit Ausnahme beim dare aus einem lästigen Vertrage.

---

403) Dergleichen besondere Gesetze finden sich im A. L. R. I. 11. §. 34?. 777 (oben Anm. 401 g. E.); 14. §. 73—75; 16. §. 53.

404) Damit ist die Wohnung im eigentlichen Sinne gemeint: Bericht des Just. Min. v. 26. Mai und Cab. Ordre 13. Juni 1840. (J. M. Bl. S. 254 bis 256.) Vgl. oben zum §. 248 h. t.

405) Der entsprechende §. 19. Entw. II. 13 hatte gelautet: „Wo weder Gesetze noch Verträge den Ort der Zahlung näher bestimmen, muß solche da, wo es dem Leistenden am wenigsten lästig ist, entrichtet und angenommen werden."

406) Vgl. z. B. A. L. R. I. 16. §. 278.

407) Gegen diese Meinung erklärt sich auch Sav. Obl. I. 516. Note r.

408) Vgl. I. 11. §. 776. 777 (oben Anm. 401); Jahrb. XXXVII. 328 fg.; J. M. Bl. 1840 S. 115 fg.

VII. **Auslegungsregeln:** §. 252—269 h. t. Vgl. oben Tit. 4. ad I. 2. (S. 174.)

Zu §. 253 vgl. §. 83 h. t. und 96 de R. I. (oben zu Tit. 4. §. 67. 68); auch (contra stipulatorem) 38. §. 18 de V. O. XLV. 1. und 26 de reb. dub. XXXIV. 5.

Zu §. 254. 255 h. t. (eigentlich keine Auslegungsregeln, sondern Regeln über den vollendeten Abschluß): Born. §. 140 ad 4 (von der perfecten Annahme). Uebrigens ist im §. 254 das „unter Abwesenden" entbehrlich und im §. 255 das Wort „Gebot" im Sinne von „Anerbieten" gemeint.

Zu §. 256. 257 h. t. (34 de R. I.: oben zu Tit. 4. §. 69 und Sav. VIII. 82. 266; 3 de reb. auct. iud. XLII. 5: . . . eo loco . . . quo solvenda est pecunia: Sav. VIII. 252 fg.; 71 de contr. empt. XVIII. 1.: . . . Quibus mensuris aut pretiis negotiatores vina compararent, in contrahentium potestate esse . . .; praesertim si nihil contra consuetudinem regionis fiat) vgl. Sav. VIII. 262. 267. (Oben S. 113.)

Zu §. 258 h. t. (I. 11. §. 779; 16 §. 76), als bloßer Auslegungsregel, ohne bindende Kraft für den Privatwillen (I. 5. §. 257; 11. §. 778; 12. §. 450. 451; 16. §. 74): Sav. Obl. I. 447 und Präj. 470, v. J. 1838. (Entsch. IV. 65—70.)

Der §. 259 h. t. ist von jedem Falle zu verstehen, wo factisch kein schriftlicher Vertrag vorliegt. (Oben Anm. 347 zum §. 153 h. t.)

Zu §. 260 h. t. vgl. I. 11. §. 1040 ff. und 21. §. 9. 10.

Nach §. 261 h. t. sollen, wenn ein Contrahent „alle Gefahr und Schaden übernommen hat", darunter auch die „ungewöhn**lichen** Zufälle" verstanden werden. Im A. G. B. 1791 hieß es: „ungewöhn**lichsten**"; und nach dieser in den Ausgaben des A. L. R. bis zum Jahre 1817 (auch in der Lateinischen Ausgabe v. J. 1800: „casus quam maxime insolitos") beibehaltenen, in den Jahren 1808—1810 der in so weit in allen drei Instanzen gleichförmigen Entscheidung einer überaus wichtigen Sache (Mathis Jur. Monatsschr. Bd. 10. S. 501—522, bes. S. 506 u. 513)[409]) zu Grunde gelegten, in den Ausgaben des A. L. R. seit dem Jahre 1817 ohne ersichtlichen Grund geänderten Lesart (Gruchot I. 523. 524) sind darunter die früher noch besonders geschiedenen s. g. casus insoliti und insolitissimi gleichmäßig begriffen, so daß (wie schon in der ersten Ausgabe

---

409) Es handelte sich um eine Forderung von beinahe 100,000 Thlrn. gegen eine Feuerversicherungsgesellschaft, zur Vergütung von Kriegsbrandschäden.

dieses Grundrisses angedeutet) der §. 2211. A. L. R. II. 8. als ein Beispiel, der §. 594. I. 21. als eine Ausnahme zum §. 261 h. t. anzusehen ist. Die thatsächlich ächte Lesart scheint also gegen Koch's neue Ausführung (Fordr. §. 20. no. III, in der zweiten Ausg. Bd. I. S. 212—215; vgl. Comment. ad §. 261 h. t. u. Lehrb. §. 466 Note 5—7.) zu sprechen.

Zum §. 262 h. t. (in welchem das Wort „jünger" in der Bedeutung von „später", und „älter" in der Bedeutung von „früher" gebraucht ist — ähnlich in I. 11. §. 1116, correcter: I. 4. §. 72 —) vgl. Strieth. IV. 6—10; VI. 231 ad b. 236; XVI. 174 ad a. 176.

Zu §. 263—265 h. t. (wo die Worte „ausgefertigt" und „förmlich" Dasselbe bedeuten, während in den §§. 112. 113 h. t. das Wort „förmlich" blos die besondere, selbstständige Aufnahme des Vertrages bezeichnet: oben Anm. 222) vgl. Rechtsf. II. 226—228 und Gruchot I. 524—526. Im §. 265 ist einer der im A. L. R. seltenen Fälle einer s. g. praesumtio iuris et de iure nicht zu verkennen (Koch); nur müssen auch die thatsächlichen Voraussetzungen zutreffen: Strieth. XXXIV. 287.

Zu §. 266 (nach Art der modernen Abstraction: contra eum qui clarius loqui debuisset, an Stelle der concreten Römischen Bestimmungen) vgl. Sav. Obl. II. 193 fg. u. Koch Fordr. §. 91. ad I. B. 5.

Zu §. 267 vgl. §. 260 h. t. und I. 21. §. 8. Zu §. 268 h. t.: 56 de R. I. (in dubiis benigniora); Strieth. XXI. 3; Entsch. XLI. 34.

Abschnitt II. Erfüllung der Verträge.

I. Allgemeine Grundsätze.

1. **Erfüllung der Verträge in ihrer Totalität:** §. 270—272 h. t. Koch §. 559. 673 ad II. (Fordr. §. 118.)[410]) Born. §. 136 ad 4. Gesetzrev. a. a. O. S. 116. Puchta §. 232 ad 2. Sav. V. 289. „Noch etwas über die Exceptiones non impleti und non rite adimpleti contractus. Von Dr. F. L. v. Keller": in Bekker und Muther's Jahrbuch des gemeinen deutschen Rechts, Bd. IV. S. 337—371. (Oestr. §. 902. 919. Code Nap. art. 1134 fg.)

---

410) Koch ist auch in der neuesten Ausgabe seines Rechts der Forderungen (Bd. 2. v. J. 1859 S. 393 fg.) nur auf Bornemanns System in der ersten Ausg. (Bd. 2. S. 406 fg.), nicht auf Bornemanns anders gestaltete Entwickelung in der zweiten Ausg. (Bd. 2. S. 225 fg.) eingegangen.

Der §. 270 h. t. beruhet auf dem allgemeinen Prinzipe der Erfüllung aller Verbindlichkeiten überhaupt. Vgl. §. 273. 276 h. t.; I. 16. §. 11; Entsch. XII. 153; Strieth. XXVII. 374; XXX. 129. 176. Dieses Prinzip wird auch keineswegs verletzt, wenn die contractlichen Rechte (nicht überschritten, sondern) nur nicht in ihrem vollen Umfange ausgeübt werden: Strieth. IV. 233—235.

Die eigentliche Bedeutung des §. 271 h. t. (vgl. §. 232 h. t. u. I. 16. §. 22. 23) ist nicht unbestritten. Die Auffassung, daß hier nichts Anderes als die s. g. exceptio non adimpleti contractus gegeben sein und daß die Fassung nur andeuten solle, wie gerade bei dieser Exception die Beweislast auf denjenigen falle, gegen welchen dieselbe gemacht wird, scheint in der That nicht ausreichend zu sein. Vielmehr spricht Alles für die Annahme: der §. 271. habe die bekannte gemeinrechtliche Controverse in dem Sinne entscheiden sollen, daß die Behauptung (des die Erfüllung des Vertrages fordernden Contrahenten, seinerseits) erfüllt zu haben, oder zur Erfüllung aus besonderen Gründen erst später verpflichtet zu sein, zur Begründung der Klage selbst (ad fundandam intentionem) gehöre. Demgemäß erscheint dann im Preußischen Rechte die s. g. Einrede des nicht erfüllten Vertrages („der von dem Beklagten hervorgehobene Mangel der Vorleistung") nicht als eine wahre Exception, sondern als eine verneinende Klagebeantwortung (Abläugnung des Klagegrundes); wenngleich die Anwendung dieser Regel und die Abgränzung der Ausnahmen von derselben nicht ohne Zweifel geblieben ist.

Inzwischen hat sich die Praxis im Wesentlichen dadurch eine feste Grundlage geschaffen, daß sie den §. 271 in seinem ganzen Umfange nur auf solche Verträge anwendbar findet, deren Erfüllung noch geschehen soll; womit zugleich das Erforderniß des Nachweises der Vollständigkeit derjenigen Vorleistungen eng zusammenhängt, welche dem die Erfüllung fordernden Contrahenten obliegen.

Als maßgebend für die angegebene beschränkte Anwendung des §. 271 (auf Verträge „deren Erfüllung noch geschehen soll") hat sich besonders bewährt das Präj. 857 (v. J. 1840: Entsch. VI. 53—59), nach welchem, für den Fall der in den Hauptpunkten des Vertrages („seinem Hauptinhalte nach") bereits geschehenen Erfüllung, in Beziehung auf die noch übrigen Leistungen niemals eine gänzliche Weigerung der Erfüllung, sondern (je nach der Natur dieser Leistungen) nur entweder die Compensation oder der Antrag auf Erfüllung Zug um Zug als gerechtfertigt gilt. Eben wegen dieser beschränkten Anwendbarkeit des §. 271 muß auch derjenige, welcher die Erfüllung in der Hauptsache von dem anderen Contrahenten angenommen hat, wegen behaupteter einzelner Mängel der Erfüllung nach Umständen entweder einen Entschädigungs-Anspruch besonders begründen (und nachweisen): Präj. 978 (v. J. 1841), oder die Bestimmung dessen, was (vom Kläger) noch zu erfüllen und was dagegen (vom Beklagten) noch zu leisten sei, dem Richter überlassen: Präj. 1174 (v. J. 1842: Entsch. VIII. 229—238). Hierauf beruhet schließlich bei lästigen Verträgen die durchgreifende Unterscheidung, ob die Uebergabe der Sache, welcher es angeblich an den gehörigen Eigenschaften fehlt, bereits stattgefunden hat oder noch erst bewirkt werden soll, um danach die gesetzlichen Vorschriften über die Verpflichtung zur Gewährleistung für anwendbar zu halten oder auszuschließen: Präj. 1442 (v. J. 1844: Entsch. XI. 190—197).

Neuere Anwendungen dieser Grundsätze finden sich vielfach. So in den Rechtsf. I. 154 ad 1; 162 fg. ad 1. 3; 214 ad 1 (sämmtlich v. J. 1847); Strieth. VI. 140—143 (v. J. 1852: betr. ein opus locatum conductum); X. 39 fg. (v. J. 1853: betr. einen bedingungsweise zu Stande gekommenen Administrations-Vertrag); XII. 125—127 (v. J. 1854: betr. einen Milchpachtvertrag); XX. 71 ad a. 73 (v. J. 1856: betr. den Einwand des nicht erfüllten Vertrages gegen eine erbschaftliche Liquidations-Masse); XXI. 200 ad a. 201—204 (v. J. 1856: Beweis des Einwandes der nicht gehörigen Erfüllung — non rite adimpleti contractus —; vgl. noch besonders I. 6. 7); XXVII. 23 ad b. 30 (v. J. 1857: betr. die Liquidemachung der Einrede des nicht erfüllten Vertrages); XXXIII. 37—42 (v. J. 1859: wichtig für die Abgränzung contractlicher Haupt- und Nebenleistungen.)

In Ansehung des Nachweises der Vollständigkeit der Vorleistungen nahm schon das Präj. 659 (v. J. 1839) so viel an, daß die Hinwegräumung gewisser Hindernisse, welche der Umschreibung des Besitztitels für den Käufer eines Gutes entgegen stehen (in specie die Beseitigung der Rechte von Lehnsinteressenten an einem verkauften Lehngute) zur Vollständigkeit der dem Verkäufer obliegenden Uebergabe (nicht zur Evictionsleistung) gehöre und deshalb vollbracht sein müsse, bevor der Verkäufer, selbst nach geleisteter Naturaltradition, die Gegenleistung (Zahlung oder Deposition des rückständigen pretii) fordern könne. Generell ist dann später, vom Standpunkte der dem Verkäufer eines Grundstückes obliegenden wesentlichen Verbindlichkeiten, um den Käufer zur Bewirkung der gerichtlichen Zuschreibung auf seinen Namen in den Stand zu setzen (A. L. R.

I. 11. §. 124—126), durch das Präj. 2002 (v. J. 1848)[411]) festgestellt worden, daß der Käufer die Bezahlung der Kaufgelder verweigern darf, wenn der Verkäufer unterlassen hat, die Berichtigung seines eigenen Besitztitels zu bewirken.

Damit stimmt ferner überein, daß bei einem „frei von Hypotheken" zu übergebenden verkauften Gute der Nachweis einer solchen Schuldenfreiheit zur Vollständigkeit der Uebergabe gerechnet wird, vor dessen Führung der Verkäufer die an ihn bedungene baare Zahlung des Kaufgeldes nicht fordern kann: Präj. 1051 (v. J. 1841); vorausgesetzt jedoch, daß hier die Naturalübergabe des verkauften Grundstücks noch nicht erfolgt ist: Präj. 1592 (v. J. 1845).

Noch findet sich eine Anwendung des erforderlichen Nachweises der Erfüllung auf einen Fall, in welchem der Hauptgegenstand unter mehreren für einen ungetheilten Preis verkauften Gegenständen nicht gewährt wurde: Strieth. III. 65 ad b. 68 (v. J. 1851).

Fälle vergeblich angebotener oder von dem anderen Theile vereitelter Erfüllung: Entsch. XVII. 184 ad I. 187 fg. (v. J. 1848); Strieth. XI. 347 fg. ad b. 350 fg. (v. J. 1854).

Darüber endlich, daß das im §. 271 h. t. jedem Contrahenten gegebene Recht nicht auf die Abschließung des formellen Vertrages bezogen werden darf, vgl. Präj. 2069 (nebst den oben S. 209 dazu gemachten Anführungen aus Striethorst).

Nach allem Diesem scheint unsere Praxis gerade auf dem Wege zu sein, um sich die schlagenden Resultate der neuesten Untersuchung von Keller (a. a. O.) aneignen zu können. Auch in unserem Zusammenhange handelt es sich um den Austausch der vertragsmäßigen Leistungen; um eine Einwendung, welche in der That eine Bemängelung des Klagerechts und nicht die Geltendmachung einer selbstständigen Gegenforderung in sich schließt (die Einwendung „wegen weder erfolgter noch angebotener Leistungen"); um die Kreuzung der beiderseitigen Ansprüche (indem z. B. weder der Käufer die Sache, noch der Verkäufer den Preis, sondern jener die Sache gegen den Preis, dieser den Preis gegen die Sache zu fordern hat). Auch unsere Praxis kann deshalb consequent (vgl. S. 366. 367 a. a. O.) den §. 271 h. t. in der Weise der folgenden Unterscheidung anwenden.

---

411) Dieses Präjudiz (v. 18. April 1848) ist ohne Gründe abgedruckt in den Entsch. XVI. 501. (Präj. Samml. S. 50.) Die Gründe finden sich aber in den Rechtsf. IV. 55—57. (Erheblichkeit des Einwandes „der nicht rechtzeitig erfolgten Berichtigung des Besitztitels.") Vgl. ebendas. S. 93.

Entweder der Kläger fordert blos Erfüllung seines Anspruches, weil seine Gegenleistung bereits stattgefunden hat oder erst später stattzufinden braucht. Oder er fordert aus der Kreuzung der beiderseitigen Ansprüche die Leistung des Beklagten gegen seine eigene Leistung (Zug um Zug); widrigenfalls (wenn er blos Erfüllung seines Anspruches fordert) die Einwendung des Beklagten (ohne alle besondere exceptio doli) den Klagegrund direct bemängelt („gegen das Vorhandensein der eigensten Bedingungen der Actio gerichtet ist").

2. **Eigenthümliche Objecte der Erfüllung.** Born. §. 151 ad 1.

A. Individuum: §. 273 h. t. (Ein Folgesatz von §. 270.) Vgl. I. 11. §. 900. 928; 13. §. 37; 14. §. 24. 121; 16. §. 11. (2. §. 1 de R. C. XII. 1.: . . . aliud pro alio invito creditori solvi non potest.)

B. Alternative. Koch §. 455. Sav. Obl. I. (346 fg.) 389—399. (Oestr. §. 906. 907. Code Nap. art. 1189—1196).

Die natürliche Grundregel von der dem Verpflichteten zustehenden Wahl. (Sav. 391 fg.) ist auch im A. L. R. festgehalten: §. 274 h. t.[412]); und zwar nicht blos für das Geben von Sachen im engeren Sinne, sondern für alle Arten von Leistungen: I. 4. §. 139; 5. §. 56. 251; 12. §. 388—391.[413])

Eine wahre Ausnahme von dieser Grundregel findet sich gegenwärtig eigentlich nur noch im A. L. R. I. 11. §. 38 zu Gunsten des Käufers (im Zusammenhange mit der systematischen Zurücksetzung des Verkäufers); also auch consequent zu Gunsten des Auszüglers (als Käufers des Auszuges): Rechtsf. IV. 197—199 (v. J. 1848).[414])

Nur scheinbar ist die Ausnahme im §. 192 A. L. R. I. 16. Denn hier tritt gerade derjenige, welcher zu viel empfangen hat, der condictio indebiti gegenüber als Verpflichteter auf. (Anders freilich ist die Auffassung des Römischen Rechts in 10 C. de cond. ind. IV. 5: ... ut ipse habeat electionem recipiendi, qui et dandi habuit; Sav. III. 463; Obl. I. 397. 398.)

Das Präj. 2410 (v. J. 1852), welches sich auf eine particular-

---

412) Im Entw. §. 192. 193 h. t. (II. 2.) war ein grundsätzlicher Unterschied gemacht worden, indem bei wohlthätigen Verträgen der Debitor, bei lästigen der Creditor die Auswahl haben sollte.

413) Vgl. Entw. II. 9. §. 241—243.

414) Die Anwendbarkeit der im A. L. R. II. 7. §. 424 ff. noch vorkommenden Ausnahme zu Gunsten der Gutsherrschaften ist in Folge der neuesten Gesetzgebung mindestens sehr eingeschränkt worden: Ablösungsgesetz v. 2. März 1850 §. 2 No. 7; §. 3 No. 3 ff. (Ges. Samml. S. 80 fg.)

rechtlich begründete Alternative bezieht, statuirt allerdings ein Wahlrecht für den Abgabenberechtigten und nicht für den Abgabenverpflichteten (hinsichtlich der Art der Entschädigung des Letzteren für den Weitertransport). Allein auch hierin darf eine Ausnahme von der Regel nicht gesucht werden. Denn in der vorliegenden alternativen Obligation wird mit Recht gerade der Abgabenpflichtige als Gläubiger, der Abgabenberechtigte als Schuldner aufgefaßt. (Entsch. XXV. 60 fg. ad 2; 64. 65.)

Uebrigens ist in allen Fällen mit der einmal vollzogenen (getroffenen, angestellten) Wahl auch nach A. L. R. das Wahlrecht selbst für absorbirt zu erachten (im ius eligendi nicht auch ein ius variandi zu suchen): I. 5. §. 215. 315 fg.; 12. §. 400; 20. §. 597. 623—625. 645; 21. §. 619.

C. Genus. Sav. Obl. I. (346 fg.) 399. 400. (Oestr. §. 656. Code Nap. art. 1246.)

Das A. L. R. fordert in der Regel nicht mehr und nicht weniger (anders 52 mandati XVII. 1.) als eine Qualität von mittlerem Durchschnitt (35 §. 2. C. de don. VIII. 54: . . . mediocritas spectetur): §. 275 h. t. (in billigem Gegensatze zu §. 273); I. 12. §. (392. 396.) 404; [18. §. 751;] 21. §. 123. 608; II. [7. §. 475;] 11. §. 920. 925. 926. Der Begriff eines genus muß jedoch sorgfältig festgehalten werden: Strieth. I. 166 fg.

D. Facere. Puchta §. 239. Sav. Obl. I. 378. 380. Koch §. 455 ad V. (Code Nap. art. 1142—1145.)

Die Bestimmung des §. 276 h. t. hängt zusammen mit der nach Preußischem Rechte zulässigen f. g. executio ad faciendum (Pr. O. Tit. 24. §. 48 ff. u. Exec. Ordnung v. 3. März 1834 §. 9), enthält aber insofern einen Grundsatz des materiellen Rechts, als es sich um die letzten erzwingbaren Consequenzen des allgemeinen Prinzips der Erfüllung (§. 270 h. t.) handelt. Inzwischen bleibt es natürlich auch nach Preußischem Rechte dem Gläubiger unbenommen, von vorn herein auf das Interesse zu klagen. (Vgl. besonders nach §. 408. 410 h. t.) Und nicht minder löst sich schließlich nach vergeblicher executio ad faciendum das ganze Verhältniß gerade so in eine Entschädigungsforderung auf, wie es etwa nach Französischem Rechte (ohne executio ad faciendum) mit einer solchen Forderung beginnt[415]).

3. **Vertretung der Culpa:** §. 277—284 h. t. (I. 5. §. 360; 6.

---

415) C. Nap. art. 1142: Toute obligation de faire ou de ne pas faire se résout en dommages et intérêts, en cas d'inexécution de la part du débiteur.

§. 17; 21. §. 21; II. 8. §. 2120.) S. oben Tit. 3. ad II. (S. 151.) **Gruchot** I. 531—535.

Voranzustellen ist, nach der Römischen Regel nisi quid nominatim convenit, vel plus vel minus, in singulis contractibus etc. (23 de R. I.), der §. 283 h. t., welcher gleichfalls die s. g. lex specialis contractus über den zu vertretenden Grad der culpa durchgreifen läßt. (Doch auch nach A. L. R. nicht ohne alle Schranken: I. 16. §. 400; 20. §. 240. 241 vgl. mit §. 121. 124. 125.)

Fiscus als Contrahent kann aber niemals wegen Vertretung der aus einem Acte der Gesetzgebung hervorgehenden, von ihm angeblich *verschuldeten* Unmöglichkeit der Erfüllung des Contracts in Anspruch genommen werden. Präj. 628 (v. J. 1839).

II. **Folge unterbliebener Erfüllung:** Schadloshaltung entweder nach allgemeinen gesetzlichen Bestimmungen oder nach besonderer Uebereinkunft der Parteien.

1. **Schadloshaltung in gesetzlicher Abstufung nach den Graden der culpa,** beruhend auf der zur Zeit der Redaction des A. L. R. herrschenden (leeren) Abstraction aus gewissen in concreto kaum haltbaren Unterscheidungen. **Koch** §. 471 ad II. 1. **Born.** §. 152. **Puchta** §. 224. 225. (Oestr. §. 912. 913. 1293 ff. Code Nap. art. 1146—1155.)

A. Das (ganze oder volle) *Interesse*[416]) — d. i. der ganze Inbegriff des s. g. damnum emergens *und* lucrum cessans — wird vergütet

a) im Falle von dolus oder culpa lata: §. 285—287 h. t. (I. 5. §. 320. 351. 359; 11. §. 34. 40. 44. 49. 97. 302. 369. 424 fg. 489 fg. 541. 544. 664. 1007; 12. §. 313. 607; 13. §. 89. 249 ff.; 14. §. 329. 462; 21. §. 551; II. 8. §. 2111.)

Indem das Gesetz (§. 285 h. t.) an die schuldvolle Nichterfüllung des Vertrages die Verbindlichkeit zur Vergütung des Interesses, also *eine von der vertragsmäßigen Verpflichtung verschiedene Leistung* knüpft, gewährt es dem Berechtigten die volle Be-

416) Der Ausdruck *Interesse* (id quod interest) kommt zwar selten (wie §. 286. 287 h. t. und I. 11. §. 34. 40. 44. 49) ohne allen Zusatz vor; doch enthalten die Accentwörter „ganz, voll" in der That keine Steigerung des materiellen Inhalts. Uebrigens unterscheidet der Landrechtliche Sprachgebrauch technisch, wenn auch nicht constant, den vollen Schadensersatz in contractlichen Verhältnissen (Tit. 5): *Vergütung des Interesse*, und in außercontractlichen Verhältnissen (Tit. 6): *vollständige Genugthuung*. (Ungenau z. B. Tit. 5. §. 45; Tit. 6. §. 132; Tit. 11. §. 369.)

fugniß, diese in einem Geldwerthe in Anspruch zu nehmen; also z. B. die ex mora rückständigen Prästationen eines Altentheils (nicht in Natur, sondern) in ihrem Geldwerthe nachzufordern: Strieth. III. 325 —328 (v. J. 1851).

Für die erforderliche Begränzung des s. g. lucrum cessans ist maßgebend das Präj. 2082 (v. J. 1848). Dieses bezog sich auf das Interesse bei fruchtloser Execution eines Judicates, welches den Beklagten zur Lieferung fungibler, einen marktgängigen Preis habender Sachen verurtheilt hatte. (Entsch. XVII. 176—183.) In diesem Falle lag jedoch ein Kaufvertrag mit fester Preis- und Zeit-Bestimmung zum Grunde. Deshalb konnte in einem späteren Falle, wo es sich um einen in einer bestimmten Quantität Getraide bestehenden Dienstlohn handelte, bei Bestimmung des Geldwerthes dieser Prästationen weiter gegriffen werden: Strieth. XIX. 135—139 (v. J. 1855). Vgl. Arnsb. Archiv Bd. 14. S. 577—580 (Entsch. v. J. 1849); Strieth. XXVII. 105. 141 fg. (v. 1857); XXVIII. 103—106 (v. 1857); 356 —360 (v. 1858: unten Anm. 463). Auch für die in concreto oft mißliche Unterscheidung zwischen „wirklichem Schaden" und „entgangenem Gewinn": Entsch. XVII. 146. 148 fg. (v. J. 1848).

Ausnahmsweise wird selbst bei dolus oder culpa lata nur der „wirkliche Schaden" (das s. g. damnum emergens) ersetzt: in dem singulären Falle des §. 834 A. L. R. I. 11.

b) Kunst- und Sachverständige haben schon im Falle von levis oder levissima culpa das volle Interesse zu vergüten: §. 289. 290 h. t.[417])

c) Bei Omissionen als solchen haftet Jeder für das volle Interesse: §. 291 h. t. (Pr. O. Tit. 24. §. 54 und Exec. Ordnung v. 1834 §. 10.) Hier scheint absichtlich kein Unterschied nach dem Grade der Verschuldung gemacht zu sein. Und dies ist grundsätzlich richtig, wo es sich um eine positive Verpflichtung zu etwas Negativem handelt. (Strieth. IV. 312.)[418]) Damit läßt sich freilich §. 890 A. L. R. I. 11 nicht recht in Uebereinstimmung bringen.

B. Das bloße damnum emergens wird ersetzt im Falle von levis oder levissima culpa: §. 288 h. t. (Ausnahme bei A. b.)

Für die Gränzbestimmung zwischen der Leistung des Interesse

---

417) Zum §. 290 h. t. vgl. Entw. §. 209 h. t. (II. 2) u. Sz. bei Born. §. 152 ad 4. c. Note 6.

418) So bestimmt auch der C. Nap. art. 1145: Si l'obligation est de ne pas faire, celui qui y contrevient doit les dommages et intérêts par le seul fait de la contravention. (Vgl. oben Anm. 415.)

überhaupt (aus einem an sich gültigen Vertrage) und der bloßen Rückforderung des Gegebenen (aus einem ungültigen Vertrage) vgl. noch Entsch. III. 325 ad II. 330 fg. (v. J. 1837).

Die Beschränkung der Entschädigungsverbindlichkeit durch die mit eintretende Schuld des Beschädigten ergibt sich auch für Vertragsverhältnisse aus allgemeinen Rechtsgrundsätzen, wenngleich die §§. 18 ff. A. L. R. I. 6 nicht unmittelbar mit auf Verträge gerichtet sind: Entsch. XXXVIII. 40—48 (v. J. 1858: auch bei Strieth. XXIX. 54—61).

2. **Conventionalstrafe, als eine nach besonderer Uebereinkunft der Parteien im Voraus fixirte Schadloshaltung,** also nicht eine poena privata neben der Schadloshaltung. Koch §. 558 ad IV. Born. §. 163. Puchta §. (230.) 231. Sav. (III. 174 ff. 181 ff.; V. 59.) Obl. I. 328 fg.; II. 272—282. (Oestr. §. 1336. Code Nap. art. 1152. 1226—1233.)

A. Begriff und Natur der Conventionalstrafe.

Während die Conventionalstrafe, ein bedingtes Versprechen, um auf das Gegentheil der ausgedrückten Bedingung hinzuwirken (Sav.), ihre wesentlichste Eigenthümlichkeit als Mittel zur Bestärkung des Hauptvertrages auch im A. L. R. bewahrt hat, weicht doch das A. L. R. von der (zumal im gemeinen Deutschen Rechte durchgreifenden) Römischen Regel des alternativen Verhältnisses ab, wonach der Gläubiger die Wahl hatte, Erfüllung allein, oder (als Interesse der Erfüllung) Strafe allein einzuklagen, — noch dazu mit eventueller Nachforderung des möglichen Ueberschusses aus der nicht-gewählten Klage. (Sav. 277. 278. 281.)

Denn nach §. 292 h. t. erspart zwar die Conventionalstrafe zunächst den lästigen Beweis über die Existenz und die Höhe des erlittenen Schadens, indem durch die Verabredung einer solchen Strafe das Interesse im Voraus bestimmt wird, welches ein Contrahent dem anderen bei nicht gehörig geleisteter Erfüllung des Vertrages zu vergüten hat. Allein daran schließt sich auch zugleich die absorbirende Kraft der Conventionalstrafe nach §. 293 h. t., durch Abschneidung der Forderung eines höheren Interesse. (Ausnahmen: I. 11. §. 834; II. 1. §. 113.)

Aus der Begriffsbestimmung des §. 292 h. t. folgt aber weiter, daß es nicht auf die wörtliche Benennung, sondern auf die materielle Beschaffenheit dessen ankommt, was als Conventionalstrafe gelten soll, womit dann noch die accessorische Natur dieser Strafe und ihr wesentlicher Unterschied von der Resolutivbedingung zusammen hängt: Entsch.

XV. 269. 271 fg. (v. J. 1847); Arnsb. Arch. XIII. 177. 178 (v. J. 1847); Entsch. XIX. 90—93 (v. J. 1850); XXXVIII. 35—39 (auch bei Strieth. XXX. 11—15; v. J. 1858: „Conventionalstrafe als ein mit dem Hauptrecht genau zusammenhängendes und von demselben vor ihrer Verwirkung nicht trennbares Nebenrecht"; vgl. Gruchot Beitr. II. 226—235). Auch liegt es in der Spezialität des die Conventionalstrafe begründenden Abkommens der Parteien, daß eine etwa zum Abschluß eines Hauptvertrages ertheilte Vollmacht noch nicht zur Verabredung von Conventionalstrafen ermächtigt: Präj. 1450 (vom J. 1844). [419])

Die durchgreifende Wirkung des §. 293 h. t. ist vielfach zur praktischen Anerkennung gelangt. So werden neben einer Conventionalstrafe keine Zögerungszinsen gewährt: Strieth. IV. 303 ad b. 306 fg. (v. J. 1852). Und so wird allgemein angenommen, daß die Conventionalstrafe jeden anderweiten Entschädigungs-Anspruch ausschließt, der lediglich auf das Gesetz sich gründet, und daß mit der vorbehaltlosen Annahme der nachherigen Erfüllung jeder Anspruch auf Schadensersatz untergeht: Strieth. XX. 131—135 (v. J. 1856).

Doch ist immer genau zu beachten, was unter der „nicht gehörig geleisteten Erfüllung" (§. 292 h. t.) verstanden wird, ob also die Conventionalstrafe schon auf partielle oder erst auf gänzliche Nichterfüllung gesetzt ist; namentlich auf eine gewisse Art des aus der Nichterfüllung entstehenden Schadens: §. 294, auf die Zögerung in der Erfüllung: §. 295, auf die gänzliche Nichterfüllung: §. 296 h. t.

Die letzte Consequenz dieser Auffassung der Conv.-Strafe als des im Voraus bestimmten Interesse für die Nichterfüllung zeigt sich in dem negativen Resultate: daß in allen Fällen, wo auf Erfüllung des Vertrages nicht geklagt werden kann, auch die Forderung einer Conv.-Strafe nicht Statt findet: §. 310 h. t. (Sav. 279—281, ad B.) Beispiele: Entsch. XI. 197—201 (v. J. 1844); Rechtsf. II. 1—3 (v. J. 1847); Strieth. VII. 171—173 (v. J. 1852); XI. 238 ad a. 242 (v. J. 1854); Entsch. XXXIV. 61—65 (v. J. 1856). (Gruchot II. 149—155.)

---

419) Der noch zum §. 292 h. t. ergangene Anh. §. 6 (Cab.-Ordre v. 14. Septbr. 1802: Löwenberg Beitr. Bd. 2 S. 23. 114) ist zwar seit dem Edict vom 9. Octbr. 1807 und der dadurch begründeten Freiheit des Verkehrs mit Gütern aller Art nicht mehr direct anwendbar. Doch macht Koch mit Recht darauf aufmerksam, daß der Rechtssatz selbst immer noch in anderen Fällen zur Geltung kommen kann, wo es eines Consenses zur Veräußerung beziehungsweise Erwerbung eines gewissen Grundbesitzes bedarf.

B. Gegenstände der Conventionalstrafe.

a) Ausgeschlossen sind

α) Freiheits- oder Ehrverletzungen: §. 297 h. t. Vgl. oben Tit. 4. §. 13 (S. 164). Deshalb ist z. B. die Verpflichtung, einen bestimmten Ort zu meiden und im Nichtbefolgungsfalle eine Conventionalstrafe zu bezahlen, für ungültig erkannt worden: Stengel Beitr. Bd. 16 S. 220—229 (v. J. 1799).[420])

β) Handlungen, welche selbst kein Gegenstand eines Vertrages sein können: §. 298 h. t. (I. 4. §. 6 ff.; 5. §. 39 ff.)

γ) Wucherische Darlehnszinsen: §. 299 h. t. (I. 11. §. 825. 826.) Vgl. 44 de usuris: Poenam pro usuris stipulari nemo supra modum usurarum licitum potest. (Sav. Obl. II. 282.)

b) Die Bestimmung des Maßes und der Größe eines an sich zulässigen Gegenstandes ist den Parteien überlassen, und zwar

α) bei anderen als Darlehns-Verträgen (a. γ.) mit der Einschränkung, daß die den doppelten Betrag des wirklich auszumittelnden Interesse übersteigende Strafe bis auf diesen doppelten Betrag durch den Richter (natürlich nicht von Amtswegen, sondern auf Antrag des angeblich Ueberlasteten) ermäßigt werden muß: §. 300. 301.[421]) Der Beweis dieses Uebersteigens liegt dem Beklagten, als Excipienten, zur Last: Pl. Beschl. 23. Januar 1846. (J. M. Bl. S. 50—52 und Entsch. XII. 3—10.)

Beispiele: Arnsb. Arch. VI. 540—544 (v. J. 1838: Conv.-Strafe im Betrage von 10% des Kaufpreises); Entsch. XV. 264 fg. ad I. 275 (v. J. 1847: unentgeltliche Rückgabe von Gebäuden u. dgl. m. als Conv.-Strafe); Strieth. [XXVI. 175 (§. 301 h. t. in einem besonderen Falle ausgeschlossen durch ein neueres Spezialgesetz);] XXVII. 24 ad c. 31 und ebendas. 32 fg. (v. J. 1857: Verzugszinsen von der Hauptforderung für rückständiges Kaufgeld und von der Conventionalstrafe; — ohne daß derartige Conv.-Strafen auch nach dem Standpunkte der neueren Criminal-Gesetzgebung den Bestimmungen und Prohibitivgesetzen wegen unerlaubten Zinswuchers unterliegen).

---

420) Aehnlich 71. §. 2 de cond. et dem. XXXV. 1. — Controvers ist (zur Pr. O. Tit. 29. §. 10. No. 1) die Frage: ob man sich vertragsmäßig auf den Fall der Nichterfüllung eines Versprechens dem sofortigen Personalarrest unterwerfen dürfe? (Born. Rechtsgesch. S. 92. 93; Bresl. Ergänz. zur Pr. O. a. a. O.)

421) Die Begränzung auf das alterum tantum (§. 301 h. t. u. I. 6. §. 93) ist wohl der const. un. C. de sententiis quae pro eo quod interest proferuntur (VII. 47) nachgebildet.

β) Ohne alle Einschränkung:

a) wenn das Interesse gar keiner Schätzung fähig ist: §. 302 h. t.; Rechtsf. I. 241—243 (v. J. 1847: beim Zurückgehen eines Tauschgeschäfts); Strieth. IV. 307[422]) (v. J. 1852: bei einer Zögerung in der Beschaffung der Geldmittel zur Ausführung eines gesellschaftlichen Bauunternehmens);

b) wenn es sich um die Verhütung eines Verbrechens handelt, woraus dem anderen Theile ein besonderer Nachtheil entstehen könnte: §. 303 h. t. (Sav. III. 174—179; Obl. II. 282.) Vgl. oben Tit. 4. §. 8 (S. 162) und §. 136. 137 (S. 186).

γ) Da jedoch durch die Conv.-Strafe die ganze Entschädigung gleichsam ein für allemal gegenständlich fixirt sein und bleiben soll, so wird auch consequent auf den Fall der nicht gehörig entrichteten Strafe eine Vergrößerung, ein Anschwellen derselben, nicht zugelassen, mithin weder die Festsetzung einer ferneren Conv.-Strafe noch die Vorbedingung von Zinsen gestattet: §. 304 h. t. Ein Satz, der in seinem ganzen Umfange auch auf die Wandelpön, als eine Art der Conv.-Strafe, Anwendung finden muß: Präj. 2146 (v. J. 1849: Entsch. XIX. 93—96.) Anders verhält es sich mit einer (selbstverständlich zulässigen) alternativen Conv.-Strafe: Arnsb. Arch. XIII. 183 fg. (oben ad A).

Zögerungszinsen sind im §. 304 h. t. gewiß nicht ausgeschlossen. Und zwar spricht wohl das Meiste dafür, den Lauf derselben mit dem Tage der insinuirten Klage beginnen zu lassen: Strieth. XXVII. 24 ad c. und 31 (oben ad α).[423])

C. Zeitpunkt des Verfalls der Conventionalstrafe. (Sav. Obl. II. 279 ad A.)

a) Grundsätzlich tritt dieser Verfall ein, sobald der Verpflichtete sich einer Zögerung schuldig macht: §. 305 h. t.

b) Der einmal eingetretene Verfall („die einmal verwirkte Strafe") kann durch spätere Erfüllung des Vertrages nicht mehr abgewendet werden (23 pr. de recept. IV. 8: ... licet postea offeratur, attamen semel commissam poenam ... non evanescere; vgl. 23 de O. et A. XLIV. 7): §. 306 h. t.; es sei denn, daß der Andere die nach-

---

422) Augenscheinlich ist S. 307 und 303 ad b anstatt §. 203 (l. 5) zu lesen: §. 302.

423) Andere Ansichten sind für den Beginn erst mit dem Tage der rechtskräftigen Verurtheilung, oder schon mit dem Eintritt der mora als solcher (nach A. L. R. I. 16. §. 68, wegen der Natur der Conv.-Strafe als einer bedingten Obligation).

herige Erfüllung ganz oder zum Theil ohne Vorbehalt angenommen hat (10 de eo quod certo loco XIII. 4: . . . creditor accipiendo pecuniam etiam remisisse poenam videtur): §. 307 (vgl. §. 245) h. t. Der Vorbehalt muß jedoch bei der Annahme der Erfüllung erfolgen und mit dieser zusammenfallen: Präj. 1263 (v. J. 1843) ad b. (oben Anm. 336); kann überhaupt mit rechtlicher Wirkung erst nach bereits verfallener Strafe gemacht werden: Rechtsf. III. 204 fg. (v. J. 1847); bedarf aber, wenn er in dem Falle einer nur auf die nicht gehörig geleistete Erfüllung (in specie auf die Zögerung in der Erfüllung) gesetzten Conv.-Strafe einmal rechtzeitig und ausdrücklich erklärt worden ist, keiner Erneuerung bei der späteren Annahme der Erfüllung selbst: Entsch. XX. 89—92 (v. J. 1850). Auch ist es durchaus nicht unzulässig, daß eine besondere Vereinbarung der Contrahenten über die Art der Annahme modifizirend eingreife: Ob. Trib. Entsch. (v. J. 1850) bei Gruchot II. 148 fg. Das Wesen des vom Gesetze erforderten Vorbehaltes beruhet also darin, daß derselbe den Anspruch auf die noch nicht geforderte Conv.-Strafe conservirt, welcher sonst durch die aus der Annahme der späteren Erfüllung zu folgernde Verzichtleistung verloren gehen würde: Strieth. XXX. 258—266 (v. J. 1858). Eben deshalb ist bei mehreren einzelnen, für sich bestehenden Verpflichtungen aus einem lästigen Vertrage, welche theilweise unter Conv.-Strafe stehen, theilweise nicht, der Vorbehalt nur in Beziehung auf die unter Strafe gestellten erforderlich: Präj. 1263 ad a; gerade wie bei Verträgen über terminliche Leistungen jede Leistung für sich besonders aufgefaßt werden muß und die vorbehaltlose Annahme späterer Terminalleistungen keinen Erlaß der durch Nichtleistung früherer Termine einmal verwirkten Conv.-Strafe begründet: Entsch. XV. 265 ad II. 269 fg. (v. J. 1847). — Der schriftlichen Form (wie nach dem Entw. §. 225 h. t. II. 2.[424]) bedarf übrigens diese Art des Vorbehalts nicht.

c) Die Conv.-Strafe, welche einem Dritten zufallen soll (vgl. oben zu §. 74 ff. h. t.), kann von diesem nicht eher, als bis der Contrahent auf deren Entrichtung anträgt, gefordert, mithin von dem Dritten auch wenn er sie acceptirt hätte nicht selbstständig eingeklagt werden: §. 308. 309 h. t. (Nach dem Vorgange eines Ob. Trib. Erkenntnisses aus d. J. 1778 in v. Hymmen's Beitr. III. 38—41.)

---

424) „Hat jedoch der andre die nachherige Erfüllung geschehen lassen, und schriftlich, ohne Vorbehalt, darüber quittirt, so kann er auf die Conv.-Strafe nicht ferner antragen.“

D. Wandelpön.

Im Gegensatze zu der Regel von der Conv.-Strafe als Bestärkungsmittel des Hauptvertrages (oben ad A zu Anfang; Entsch. XII. 7), wonach die Erlegung der Strafe keineswegs von der Erfüllung des Vertrages befreit: §. 311 h. t., kann ausnahmsweise der Strafvertrag als Schwächung des Hauptvertrages dienen sollen. (Sav. Obl. II. 276.) In diesem Sinne macht das A. L. R. die Auffassung der Conv.-Strafe als Wandelpön von der ausdrücklichen Verabredung der Parteien abhängig, wonach entweder „der Verpflichtete durch Erlegung der Strafe von seiner Verbindlichkeit frei werden soll“: §. 312 h. t., oder das Interesse des anderen Theiles „auf den Fall wenn der Vertrag ganz rückgängig werden sollte“ bestimmt wird: §. 313 h. t.

Als Wirkung einer solchen Wandelpön ergibt sich nun die dem Verpflichteten zustehende Wahl: ob er den Vertrag erfüllen, oder die Strafe entrichten wolle: §. 314 h. t. (Rechtsf. IV. 161—163, v. J. 1848; Strieth. VI. 175 fg. ad d. 179 fg., v. J. 1852.) Das einseitige Recht der Wahl geht jedoch verloren ebensowohl durch den mit der Erfüllung schon gemachten Anfang: §. 315 h. t. (Rechtsf. I. 215—217, v. J. 1847), wie auch durch den einmal schriftlich[425]) erklärten Entschluß zur Erlegung der Wandelpön: §. 316 h. t.[426])

Wenn aber die Erfüllung verweigert wird, so braucht der andere Contrahent nicht alternativ auf Erfüllung des Vertrages oder auf Entrichtung der Wandelpön, sondern lediglich auf Zahlung der Strafe zu klagen (wogegen dann unter Umständen freilich dem Beklagten noch die Geltendmachung seines Wahlrechts excipiendo frei bleiben mag): Entsch. XXXIV. 65—73, bes. 69. 70 (v. J. 1856). Vgl. Gruchot II. 158 fg.

III. **Gewährleistung als Moment der Klage auf Erfüllung:** §. 317 h. t.

Das im §. 318 h. t. für alle lästigen Verträge,[427]) „wo

---

425) Die hier ohne Rücksicht auf die Höhe des Objects geforderte Schriftlichkeit scheint auf der Voraussetzung zu beruhen, daß es in solchen Fällen nicht leicht an einem schriftlichen Vertrage fehlen werde. (Sz. bei Born. §. 150 in der Schlußnote. — Koch Fordr. §. 1 3 ad II. 1.)

426) Wegen des Unterschiedes zwischen der Conv.-Strafe und der Arrha, bei gleichem pönitenziellen Charakter, vgl. oben Anm. 393.

427) Wegen der wohlthätigen Verträge vgl. A. L. R. I. 11. §. 1082 bis 1084. 1176; 18. §. 474. 475. Wegen letztwilliger Zuwendungen: I. 12. §. 325. 397. 398; 17. §. 100. 101. 126.

nicht besondere Gesetze[428]) oder ausdrückliche Verabredungen[429]) ein Anderes mit sich bringen," aufgestellte Prinzip umfaßt in seiner Allgemeinheit (Haftung nach Natur und Inhalt des Vertrages, in Beziehung auf die gegebenen Sachen,) die Gewährleistung wegen physischer und wegen juristischer Mängel, welche im A. L. R. zum Theil durch einander geworfen sind.[430])

Koch §. 560. 561—566. Born. §. 157—162. Puchta §. 362. 363. Eichh. §. 97. Gerber §. 174. Beseler §. 123 ad III. (Oestr. §. 922—933. Code Nap. art. 1184. 1625—1649. 1705. 1721. 1790. 1792. 1891.)

Vorweg ist zu beachten, daß nach Preußischem Rechte das Grundprinzip von der Gewährleistung (§. 318 h. t.) auch auf solche Verträge sich erstrecken soll, aus welchen fortdauernde Rechte und Pflichten des einen und anderen Theiles entspringen.[431]) In diesem Sinne bleibt das auf Erbpacht- und andere ähnliche Verträge („wo Rechte und Pflichten des Einen und Andern Theils fortdauernd sind") bezügliche Präj. 26 (v. J. 1833: Rechtsspr. IV. 22—34, bes. 28 fg.) auch jetzt (nach gesetzlicher Aufhebung des Instituts der Erbpacht) noch maßgebend. Die Pflicht zur Gewährleistung beschränkt sich also bei solchen Verträgen keinesweges auf die Zeit und den Zustand der Uebergabe, sondern dauert so lange an, als der Vertrag selbst. Vgl. noch Arnsb. Jur. Monatsschr. v. J. 1855 S. 414—416.

1. **Gewährleistung wegen physischer Mängel oder fehlerhafter**

---

428) Wie I. 5. §. 339—342. 346; 11. §. 344. 420 ff. 448 ff. 484 ff. 539 ff.; 16. §. 242 ff. 418. 422; 17. §. 97 ff. (126); 20. §. 216. 428 ff. 484 ff.; 21. §. (273.) 418 ff. 623 ff.

429) Wie I. 5. §. 347. 348; 11. §. 137 421. 1083; 17. §. 126.

430) Die abstracte, unklare und zerstückelte Behandlung dieser Lehre im A. L. R. rührt im Wesentlichen daher, daß der Entw. von der Evictionsleistung erst in der Lehre vom Kauf (II. 8. §. 165 ff.) gehandelt, dagegen in dem allgemeinen Titel von den Verträgen nur eine Andeutung wegen Vertretung der Culpa bei einer der Sache „anklebenden Last" gegeben hatte (II. 2. §. 246), unter Verweisung auf die näheren Bestimmungen für die verschiedenen Arten der Contracte (§. 247). Die §§. 323. 333—336. 344. A. L. R. h. t. sind sonach erst später eingeschaltet worden. Der (oben im Texte dieses Handbuches gemachte) Versuch der Herstellung einer größeren Klarheit durch die Sonderung der beiden Elemente — physischer und juristischer Mängel — beruhet auf dem Vorgange der Gesetzrevisoren a. a. O. S. 126 ff.

431) Vgl. z. B. A. L. R. I. 21. §. 418 ff. (oben Anm. 428). Schon Sz. (Gesetzrev. a. a. O. S. 124) hatte, bei aller Anerkennung der Abweichung solcher Verträge vom Kaufe, ausdrücklich der Eviction „einer gemietheten, gepachteten, in usumfructum gegebenen Sache" Erwähnung gethan.

Eigenschaften. (Aedilizische Klagen. Sav. III. [115. 356.] 358. 359. 413 fg. ad C; IV. 428; V. 61 fg. 257 ad 2; VII. 94. 106; VIII. 272.)

A. Allgemeine Grundsätze.

a) Regel. Zu vertreten sind sowohl die bei der Sache gewöhnlich vorausgesetzten, wie die im Contracte ausdrücklich vorbedungenen Eigenschaften (von denen die ersteren abstract der Natur, die letzteren concret dem Inhalte des Vertrages [§. 318] entsprechen): §. 319 h. t. [432]) (Vorausgesetzt, daß die Uebergabe bereits stattgefunden hat: Präj. 1442, oben S. 238.) Die Verpflichtung zur Schadloshaltung (nach §. 285—291 h. t.: oben II. 1) ist an die Schuld des Gebers geknüpft, wegen deren der Empfänger sich der gegebenen Sache nicht gehörig (nach der Natur und dem Inhalte des Vertrages) bedienen kann: §. 320 h. t. [433])

b) Ausnahmen. Die Vertretungs-Verbindlichkeit fällt hinweg, wenn die Unmöglichkeit, sich der Sache solchergestalt zu bedienen (§. 320), entweder

α) (vor der Uebergabe) durch eigenes auch nur geringes Versehen des Empfängers: §. 321 h. t. [434]), oder

β) nach erfolgter Uebergabe durch einen bloßen Zufall, oder durch unabwendbare Gewalt und Uebermacht (casus oder vis maior) entstanden ist: §. 322 h. t. (Tit. 21. §. [211.] 299—307. 383 fg. 478; vgl. Tit. 18. §. 762 ff.)

B. Wegen fehlender ausdrücklich vorbedungener Eigenschaften insbesondere gilt

a) principaliter die (Contracts-)Klage auf nachträgliche Gewährung der fehlenden Eigenschaften: §. 325 h. t. [435]);

b) eventuell — wenn der Geber die fehlende Eigenschaft nicht gewähren kann — die freie Wahl zwischen dem Rücktritt vom Vertrage mit der actio redhibitoria, unter Rückgabe der Sache in einem (zur Zeit der Rücktritts-Erklärung) wesentlich unveränderten Stande (nach Art einer in integrum restitutio für beide Theile: 23. §. 7 de aed. ed. XXI. 1., Sav. VII. 106): §. 326. (z. B. Strieth. III. 65 ad b. 68 fg.) und §. 327 h. t. (Präj. 2152 u. 2189: oben S. 219; Strieth. I. 46—48, v. J. 1849; Gruchot II. 324 fg.;

---

432) Vgl. I. 11. §. 135. 188. 192 fg. 198. 367. 875. 953; 16. §. 242; 17. §. 97 fg.; 21. §. 84. 272 fg. u. a. m.

433) Z. B. I. 11. §. 138; 20. §. 169. 170. Vgl. Entsch. XXXVII. 93 bis 100 (v. J. 1857).

434) Vgl. I. 11. §. 432.

435) Vgl. I. 11. §. 164. 207 fg.

Strieth. XII. 192 ad b. 195, v. J. 1854; XXX. 113—116, v. J. 1858; Entsch. XLI. 40—45 [Strieth. XXXIV. 82—86], v. J. 1859), und dem Festhalten am Vertrage mit der actio quanti minoris: §. 328 h. t. (Präj. 629, v. J. 1839, wegen Vergütung des Minderwerths eines Erbpachtrechts).[436])

Es ist sonach nicht etwa dem Geber die Befugniß ertheilt, sich durch Rücknahme der Sache oder durch Preisminderung von der contractlichen Verbindlichkeit loszumachen; sondern es sind hier vielmehr die Befugnisse des Uebernehmers ausgesprochen, wenn der Geber nicht gewähren kann. Deshalb ist der Pl. Beschluß vom 2. Februar 1852 (im Gegensatze zu einer früheren Senats-Entscheidung aus d. J. 1843: Entsch. IX. 167 ad I. 177 fg.) dahin ergangen: „Ist der Verkäufer eines Grundstücks zu der von ihm im Contracte übernommenen Liberation des verkauften Grundstücks von den darauf eingetragenen Hypotheken verurtheilt, so kann der Käufer nicht genöthigt werden, statt der Bewirkung der Liberation oder der Liquidirung des Interesse, sich mit der Aufhebung des Vertrages, oder dem Ersatz des Minderwerths event. des vollen Werths des verkauften Gegenstandes zu begnügen." (J. M. Bl. 1852. S. 82—84; Entsch. XXII. 145—160, bes. 158 ff.; Strieth. IV. 328—338.) Unverkennbar ist hierdurch die volle Consequenz des vom Gesetze eingeräumten Wahlrechts gezogen. (Die Möglichkeit der Entlastung des Grundstücks insbesondere ist objectiv aufgefaßt, indem die dazu erforderliche Zahlung auch durch einen Dritten geleistet werden kann: Entsch. S. 154.)

Das seiner Natur nach ausschließliche Verhältniß zwischen der actio redhibitoria und quanti minoris (dergestalt, daß nach Römischem Rechte durch die bloße Anstellung der einen Klage, ohne Rücksicht auf deren Erfolg, die andere absorbirt wird: Sav. V. 256. 257) ist auch von unserer Praxis im Wesentlichen festgehalten. So gilt die Befugniß zum Rücktritt vom Vertrage (actio redhib.) als für immer verloren, wenn der Empfänger der fehlerhaften Sache auf das Anerbieten des Gebers, ihm gegen die Restitution derselben den gezahlten Preis zu erstatten, einmal ausdrücklich (sei es auch nur mündlich) erklärt hat, daß er die Sache nicht zurückgeben wolle (§. 328: „Kann oder will er dieses nicht rc."): Strieth. XVII. 201—204 (v. J.

---

436) Vgl. noch zu §. 326—328 h. t.: I. 11. §. 165 ff. und 192 ff.; 210 (nur a. qu. min., nicht redhib.) und 370 (desgleichen); 947. 951 (nur a. qu. min.); 16. §. 243; 20. §. 23.

1855). Dagegen soll die Minderungsklage (actio qu. min.) nicht unbedingt unzulässig sein, blos weil die Wandelungsklage (actio redh.) rechtskräftig verworfen worden ist. Vielmehr wird in dieser Beziehung folgendermaßen unterschieden. Ist der Empfänger mit der Wandelungsklage abgewiesen, weil er die Bedingung derselben — die Rückgewähr der Sache in unverändertem Stande — nicht erfüllen konnte, so soll ihm demnächst noch die Minderungsklage offen stehen. Ist dagegen die Wandelungsklage lediglich wegen nicht geführten Beweises der wirklichen Existenz des gerügten Gewährsmangels verworfen, so soll auch die Minderungsklage nicht mehr zulässig sein: Entsch. XXXIV. 73—78 (v. J. 1856).

C. Wegen fehlender gewöhnlich vorausgesetzter Eigenschaften gilt die Klage nur nach Maßgabe der Beschaffenheit und Kraft des Irrthums. (Oben Tit. 4. S. 177 ad b.)

Das Prinzip ist ausgesprochen im §. 329 h. t.[437]) (Strieth. VIII. 14—17.) Als bloße Folgerungen (oder Erläuterungen) schließen sich daran die Bestimmungen, daß ein in die Augen fallender Fehler den Empfänger, welcher die Sache ohne ausdrückliche Rüge des Fehlers übernommen hat, weder zum Rücktritt vom Vertrage noch zur Forderung einer Vergütung berechtigt: §. 330 h. t.; wogegen bei einem nicht in die Augen fallenden Fehler dieselben Grundsätze wie bei fehlenden ausdrücklich vorbedungenen Eigenschaften (§. 325—328 h. t.: ad B. a. b.) zur Anwendung kommen: §. 331 h. t. Die Präsumtion, daß ein Fehler erst nach Uebernehmung der Sache entstanden sei: §. 332 h. t., bildet eine aus allgemeinen Rechts- und Beweis-Grundsätzen fließende Regel, von welcher sich jedoch eine praktisch höchst wichtige Ausnahme in I. 11. §. 199 (beim Viehhandel) findet; eine andere §. 436 ebendaselbst (bei der Cession).

Zu den gewöhnlich vorausgesetzten Eigenschaften gehört z. B. die Coursfähigkeit eines (den Gegenstand eines Kaufs bildenden) auf den Inhaber lautenden öffentlichen Geldpapiers, welche von der Aechtheit und Richtigkeit des Instruments wesentlich abhängt: Präj. 1938 (v. J. 1847: Entsch. XVI. 114—117). Damit steht auch eine spätere Entscheidung (v. J. 1859: Entsch. XLI. 35—40; ausführlicher bei Strieth. XXXIII. 64—76) nicht im Widerspruch, weil in diesem Falle die Vertretungspflicht aus dem Verkaufe bereits aufgebotener

---

437) Zu ergänzen aus I. 11. §. 193 (Eigenschaften, die bei einer jeden Sache derselben Art gewöhnlich vorausgesetzt werden) und aus I. 5. §. 275 (Sache von mittlerer Art und Güte).

Werthpapiere insbesondere wegen des durch eigenes Versehen veranlaßten Irrthums der Käufer hinwegfiel.

Ob aber überhaupt ein Fehler als ein in die Augen fallender anzusehen sei, das beruht in jedem einzelnen Falle auf der Würdigung factischer Verhältnisse: Strieth. XXIII. 319—321 (v. J. 1857). Die ausdrückliche (nicht nothwendig schriftliche)[438]) Rüge des Fehlers soll zwar gleich bei Uebernahme der Sache erfolgen. Doch ist dies nicht so zu verstehen, als ob die sofortige Rüge auch schon bei der bloßen Uebergabe der Sache an den Fuhrmann des (abwesenden) Empfängers erforderlich wäre: Präj. 1815 (v. J. 1846: Entsch. XIV. 186—189). Imgleichen kann der Mangel sofortiger Rüge dem Empfänger nicht zum Nachtheil gereichen, wenn die übersandte Waare verpackt und der Fehler nicht schon an der Verpackung äußerlich erkennbar ist: Strieth. IV. 15 fg. (v. J. 1851).

Die Nicht-Anwendbarkeit des §. 330 h. t. auf den Mangel einer vorbedungenen Eigenschaft ist außer Zweifel. Allein eine Eigenschaft hat den Charakter einer vorbedungenen nur dann, wenn ein besonderes, der Sache nicht schon der Regel nach zukommendes Merkmal ausbedungen ist: Strieth. IV. 16—20 (v. J. 1849 u. 1850). Auch findet der Rücktritt vom Vertrage nicht weiter Statt, wenn der Lauf der Natur den gerügten Mangel (der vorbedungenen Eigenschaft) ergänzt hat: Strieth. X. 75 ad α. 77—79 (v. J. 1853).

D. Bei einem Inbegriff von Sachen (oben Tit. 2. S. 145) als Object des Vertrages berechtigen die Fehler einzelner Stücke als solcher noch nicht zum Rücktritt vom Vertrage (actio redhib.), sondern nur zur Forderung der Schadloshaltung (actio qu. min.): §. 339. 340 h. t.; es sei denn, daß durch dieselben der vertragsmäßige Gebrauch des ganzen Inbegriffs vereitelt werde (wie bei den comoedi, quadrigae, mulae pares etc. der L. 34 de aed. ed. XXI. 1.): §. 341 h. t.[439]) Doch gilt bei Käufen in Pausch und Bogen selbst der §. 340 (von der Schadloshaltung) nicht als unbedingt anwendbar: Entsch. XXXVII. 84—87 (v. J. 1857); Gruchot II. 486 fg.; Strieth. XXXVI. 226—231 (v. J. 1860).

Den Gegensatz zu einem Inbegriff von Sachen bilden nach §. 342 h. t. (wie 38. §. 14 de aed. ed.) mehrere einzelne Stücke zu-

---

438) Koch Fordr. §. 128 ad I. 4. (Zweite Ausg. Bd. 2. S. 472 fg.) Gruchot II. 474.

439) Vgl. I. 11. §. 173. 174 (Kauf eines Inbegriffs beweglicher Sachen; Entw. II. 8. §. 197. 198 mit der Note); §. 925. 947. 951 ff. (opus locatum conductum).

sammen als Object des Vertrages. Es kommt deshalb immer auf die Auslegung der Verabredungen im concreten Falle an. Insbesondere folgt auch nach Preußischem Rechte so wenig wie nach Römischem Rechte (36 de aed. ed.) aus dem Kaufe mehrerer Sachen für einen gemeinschaftlichen Preis die Behandlung dieser Sachen als eines Inbegriffs: Rechtsf. IV. 122—124 (v. J. 1848); Strieth. XXIX. 68 fg. und 88—92 (v. J. 1858).

E. Bei gewagten Geschäften kann nach der Natur dieser Verträge (I. 11. §. 528 ff.) von einer Gewährleistung „wegen fehlerhafter Beschaffenheit der künftigen Sachen" nicht die Rede sein: §. 346 h. t.; es sei denn in concreto „eine gewisse Beschaffenheit" (denkbar und) ausdrücklich vorbedungen: §. 347 h. t.

F. Verjährung.

Das Bedürfniß gewisser kürzerer Verjährungsfristen macht sich hier in allen Gesetzgebungen geltend. Es handelt sich im Interesse der Rechtssicherheit um ein Gegengewicht gegen die aus heimlichen Mängeln hervorgehenden Ansprüche.

So verordnet der §. 343 h. t., daß der Uebernehmer einer Sache die Rechte, welche ihm wegen natürlicher, die Sache selbst betreffender Fehler zukommen,

1. bei Landgütern innerhalb Dreier Jahre,
2. bei städtischen Grundstücken[440]) innerhalb Eines Jahres,
3. bei beweglichen Sachen innerhalb Sechs Monate,

nach dem Empfang der Sache, ausüben muß.

Den leitenden Gesichtspunkt für diese Vorschrift hat Sz. S. 5 klar bezeichnet. Dabei ist freilich der Irrthum mit untergelaufen, als ob das Römische Recht die Verjährungsfristen „je nachdem de vitiis rei Caution geleistet worden oder nicht" (2 und 6, resp. 6 und 12 Monate) bestimmt habe[441]). Allein es ist doch richtig erkannt worden, daß es darauf, ob Caution geleistet worden oder nicht, in der That nicht ankommen könne. Das entscheidende Moment hat man vielmehr darin gefunden: ob der Uebernehmer der Sache („der Käufer") von dem Fehler früher oder später unterrichtet sein könne. Dies hange wiederum davon ab: „in wiefern der Fehler in der Sache selbst[442]), oder nur in

---

440) Wegen des dem Preußischen Rechte eigenthümlichen Kriteriums für die Unterscheidung ländlicher und städtischer Grundstücke vgl. oben S. 146.

441) Puchta §. 363 Note m. Koch Fordr. §. 130 ad 2. (Zweite Ausg. Bd. 2. S. 479 fg.)

442) Darauf geht jetzt §. 343 h. t.

einem Mangel äußerer zufälliger Eigenschaften[443]) liege: da im erstern Falle der Fehler gewöhnlich eher als im letztern entdeckt werden kann."

Deshalb ist, trotz der nach den Objecten verschieden bemessenen Fristen (bei welchen „quoad praedia rustica auf die gewöhnliche Feldereintheilung mit Rücksicht genommen worden"), im §. 343 h. t. (von den Fehlern, welche „in der Sache selbst" liegen) als dies a quo immer der Tag des Empfanges der Sache festgehalten, weil eben von diesem Tage an der Empfänger die Gelegenheit hat, mit dem mangelhaften Zustande der Sache bekannt zu werden. Darin liegt zugleich das Motiv der Abweichung vom Römischen Rechte, nach welchem die Verjährung der Klagen aus dem Edicte der Aedilen grundsätzlich von dem abgeschlossenen Contracte anfängt[444]).

Sonach geht der §. 343 h. t.[445]) nur auf physische, aber auch ohne Ausnahme auf alle physische Mängel, also auf diejenigen Gewährsmängel, welche mit den ädilizischen Klagen (redhib. und qu. min.) verfolgt wurden (wogegen der §. 344 — unten ad 2. D. — lediglich von den s. g. juristischen, sinnlich nicht wahrnehmbaren Mängeln zu verstehen ist): Gesetzrev. (Pens. XIV.) S. 123—126[446]); Entscheidungen des Ober-Tribunals aus den Jahren 1835—1839 in: Entsch. I. 127 fg. u. 134; Arnsb. Archiv II. 366—368; Jur. Wochenschr. 1838 S. 200—202 u. 1839 S. 462—464; Centralblatt für Preuß. Juristen 1839. Sp. 829. (Vgl. noch Entsch. XV. 6.)

Zu den natürlichen Fehlern gehört unter anderen auch der, wenn der Sache und den Materialien, aus welchen dieselbe gefertigt worden ist, die bedungene Eigenschaft und Tüchtigkeit ermangelt. Aus diesem Mangel erwächst für den Uebernehmer das Recht, von dem Geber so viel an Vergütigung zu fordern, als die Sache wegen der fehlenden Eigenschaft weniger werth ist, worüber das Gutachten von Sachverstän-

443) Darauf geht jetzt §. 344 h. t.

444) Sav. III. 413 fg. ad C. Gruchot II. 497 fg. ad 2.

445) Im Entw. fand sich nur erst Ein Paragraph über die Verjährung der Ansprüche „wegen fehlerhafter Beschaffenheit der Sache", und zwar §. 244 h. t. (II. 2.), welcher übrigens in den Fristbestimmungen (mit Ausnahme von 3 Monaten bei beweglichen Sachen) und in dem dies a quo ganz unserem §. 343 entspricht. — Eine directe Anwendung der Fristen unseres §. 343 findet sich im A. L. R. I. 11. §. 68 (laesio enormis: Strieth. XXXIV. 219 fg.), der im Entw. (II. 8. §. 52 ff.) noch fehlte: Eine Anwendung der 3jährigen Frist im A. L. R. I. 11. §. 968. (Anders Entw. II. 8. §. 691 fg.) Vgl. auch noch A. L. R. I. 21. §. 623—625. (Im Entw. II. 20. Abschn. 3 am Ende, noch nicht vorhanden.)

446) Abgedruckt in den Entsch. I. 121—124 in der Note.

digen entscheiden muß. Nach diesen Grundsätzen wurde z. B. der Fall entschieden, in welchem das von einem Schiffer bestellte Tauwerk nicht, wie vorausbedungen worden, aus gutem reinem Hanf, sondern aus bloßer Hanfheede geliefert war. (Entsch. I. 120 ad I. 128.) Ferner wurde ein in Lage und Richtung contractwidrig ausgeführter Bau eines Schornsteins nach den Bestimmungen des §. 343 h. t. wegen natürlicher, die Sache selbst betreffender Fehler beurtheilt. (Jur. Wochenschr. 1839 a. a. O.) Dagegen ist daran festgehalten worden, den §. 343 nur auf die Gewährleistung für solche Fehler zu beziehen, welche bereits zur Zeit des Empfanges der Sache vorhanden (oder als vorhanden gewesen zu vermuthen) waren; also z. B. nicht auf die Verpflichtung, die innerhalb eines bestimmten Zeitraumes an einer gelieferten Maschine möglicherweise nothwendig werdenden Verbesserungen und Reparaturen auszuführen: Strieth. XXIV. 368—370 (v. J. 1857).

2. **Gewährleistung wegen juristischer Mängel oder fehlenden Rechts des Auctor, d. i. wegen der Ansprüche eines Dritten.** (Evictionsklage. Sav. III. 358 fg. Note b; IV. 101. 121; Obl. II. 292.)

A. Vorweg wird ganz im Allgemeinen wegen der Ansprüche eines Dritten die Vertretungspflicht des Gebers nach Maßgabe des §. 320 h. t. (oben 1. A. a) anerkannt: §. 323 h. t.; demnächst aber sofort auf die bei den verschiedenen Arten der Verträge darüber festgesetzten näheren Bestimmungen verwiesen: §. 324 h. t. [447]) (Die Evictionsleistung ist und bleibt eben eine natürliche Folge der lästigen Verträge.)

Hierin sind nun wesentlich alle die Fälle eingeschlossen, in welchen der Dritte das **Eigenthum** ganz oder theilweise in Anspruch nimmt. (Die Substanz schwindet.) Nur müssen zur Ergänzung der abstracten §§. 323. 324 h. t. unmittelbar herangezogen werden die Bestimmungen in I. 11. §. 164: von der partiellen Eviction, und §. 143—152: von der Nothwendigkeit und (prozessualischen) Bedeutung der Litisdenunciation bei Kaufs- und „allen andern Verträgen, aus welchen ein Contrahent von dem andern Gewährsleistung fordert". (Pr. O. Tit. 17. §. 10 und 19.) [448]) Vgl. A. L. R. I. 11. §. 191. 426. 467; 20. §. 85; 21. §. 83.

---

447) Z. B. I. 11. § 136 ff. 213. 344. 387 ff. 421. 485. 1083; 20. § 216 ff; 21. §. 84 u. s. w.

448) Strenger als die A. G. O., knüpfte die frühere Preußische Gesetzgebung an die Unterlassung der litis denunc. den gänzlichen Verlust des Regresses: Cod. Frid. March. v. 1748 Th. III. Tit. XII. §. 18. (Kammergerichts-Ordnung für die Kurmark v. 1. März 1709 Tit. XXVIII. §. 15; Preuß. Landrecht v. 1721 Buch IV. Tit. VI. Art. 18. §. 3.)

B. Es folgen die Fälle, in welchen der Dritte blos iura in re geltend macht. (Die Substanz wird belastet.) Hier wird es nun gleichsam als eine gewöhnliche Eigenschaft angesehen, daß der Sache keine ungewöhnliche Last anklebe. Darauf beruhet, um die §§. 325 — 331 h. t. analogisch zur Anwendung zu bringen, die Parallele

a) zwischen „gewöhnlichen Lasten" und fehlenden ausdrücklich vorbedungenen Eigenschaften. D. h. von selbst gehen auf den Uebernehmer der Sache auch die einer Sache derselben Art gewöhnlich anklebenden Lasten, ohne Vertretung von Seiten des Gebers, über: §. 333 h. t. (Vgl. I. 11. §. 175; 21. §. 292 ff.) Nur wenn der Uebernehmer die Freiheit von einer solchen Last sich ausdrücklich vorbedungen hat, ist der Geber zur Vertretung nach 1. B. verpflichtet: §. 334 h. t. (Z. B. I. 11. §. 176.)

b) Zwischen „ungewöhnlichen Lasten" und fehlenden gewöhnlich vorausgesetzten Eigenschaften. D. h. für dergleichen Lasten muß, auch ohne ausdrückliche Vorbedingung, nach 1. C. Gewähr geleistet werden: §. 335 h. t. (I. 11. §. 183.)

Angeschlossen ist wiederum die Verweisung auf die verschiedenen Arten der Verträge: §. 336 h. t.

C. Endlich handelt es sich um diejenigen Fälle, in welchen der Dritte seinerseits die Freiheit von einer der Sache zugesicherten Befugniß in Anspruch nimmt. (Die Substanz wird verringert, eines Zubehörs beraubt.) Für diese Fälle zeigt der §. 164. I. 11, von Entziehung einer mit der Sache verkauften „Gerechtigkeit", den Weg zur Anwendung der §§. 325 ff. h. t. Eben darauf bezieht sich das Wort „Befugnisse" im §. 344 h. t.

D. Verjährung.

Im Gegensatze zum §. 343 h. t. (oben 1. F.), aber zugleich im ergänzenden Anschluß an denselben, verordnet der §. 344 h. t., daß wegen solcher Mängel, welche (nicht die Sache selbst, sondern) nur äußere Eigenschaften, Befugnisse oder Lasten der Sache betreffen, der Uebernehmer seine Rechte

1) bei Landgütern innerhalb Eines Jahres,
2) bei städtischen Grundstücken innerhalb Sechs,
3) bei beweglichen Sachen innerhalb Dreier Monate,

nach der von dem Mangel erlangten Kenntniß, geltend machen muß.

Entstanden ist dieser Paragraph (welcher im Entwurfe noch fehlte: oben Anm. 445) auf Grund eines für gerechtfertigt erachteten Monitums, daß der Tag des Empfanges nicht entscheiden könne, wenn gewisse Befugnisse z. B. Jagd, Hütung, Patronat u. s. w. erst nach Jahren bestritten würden. (Gesetzrev. a. a. O. S. 125.) Deshalb hier, bei durchgehends kürzeren Fristen, ein anderer, seiner Natur nach späterer dies a quo als im vorangehenden Paragraphen. Nur ist dieser Tag nicht zu rechnen von der erlangten Kenntniß des bloßen Anspruchs, sondern von der (in Folge rechtskräftigen Urtheils oder Anerkenntnisses oder Vergleichs u. dgl. m.) erlangten rechtlichen Gewißheit des Mangels.[449]) Vgl. z. B. Entsch. XLI. 39 fg. (oben S. 253).

Die Mängel aber, um welche es sich hier handelt, sind (wie schon oben zu 1. F. angedeutet ist) ausschließlich juristische. Selbst die Bezeichnung „äußere Eigenschaften" ist nicht von physischen Mängeln zu verstehen. (Entsch. XV. 9 ad 3.) Die „Befugnisse" (vgl. C.) sind dingliche Rechte im subjectiven Sinne (A. L. R. I. 2. §. 125), wie (Jagdgerechtigkeit, Gerichtsbarkeit,) Patronat, Grundgerechtigkeit u. s. w. (Entsch. ebendas. ad 2.) Zu den „Lasten" endlich (vgl. B.) gehören Hypothekenschulden („und was dem ähnlich") nicht, weil die Sache dadurch nicht mangelhaft wird: Rechtsf. III. 59 fg. (v. J. 1847). Und so hat eine constante Praxis den §. 344 h. t. überhaupt für unanwendbar erklärt auf contractliche Verpflichtungen zur Befreiung eines Grundstücks von darauf haftenden Reallasten und Verbindlichkeiten, weil es sich in solchen Fällen nicht um vorbedungene Lastenfreiheit (Gewährung einer Eigenschaft der verkauften Sache), sondern um eine (mit der Klage auf Erfüllung des Vertrages durchzusetzende) Hinwegräumung gewisser auf dem Grundstücke haftender Lasten handelt. Vgl. Entscheidungen aus den Jahren 1847 (Rechtsf. I. 194—196), 1848 (Arnsb. Arch. XIV. 212—216), 1852 (Strieth. VII. 298—300), 1853 (Gruchot II. 479), 1854 (Arnsb. Jur. Monatsschr. v. 1855 S. 611—615). Eben deshalb sind aber auch umgekehrt die kürzeren Verjährungsfristen neuerlich in einem Falle zur Anwendung gebracht worden, in welchem das besondere Uebereinkommen der Parteien nichts Anderes enthielt, als was schon die §§. 325—328 h. t. über die Gewährleistung gesetzlich bestimmen: Strieth. XXXI. 86—89 (v. J. 1858).

Von durchgreifendster Bedeutung für die Tragweite des §. 344 h. t. ist der nach vorgängigem Schwanken der Praxis gefaßte Pl. Beschluß vom 21. Juni 1847, welcher wörtlich lautet, wie folgt:

„1. Wird durch Eigenthumsansprüche eines Dritten dem Ueber-

449) Gesetzrev. S. 130 fg. Born. §. 160 ad 3. Koch Fordr. §. 126 ad 5. (Zweite Ausg. Bd. 2. S. 453 fg.) Gruchot II. 499—502.

nehmer einer Sache die letztere ganz entzogen, so können dem Anspruch desselben an den Uebergeber von dem Letzteren die kurzen Verjährungsfristen von einem Jahre bei Landgütern, sechs Monaten bei städtischen Grundstücken, und drei Monaten bei beweglichen Sachen, nicht entgegengesetzt werden."

„2. Ist nur ein Theil der Sache entwährt, so finden die vorgedachten kurzen Verjährungsfristen nur in dem Falle Anwendung, wenn der Uebernehmer aus der Entwährung einen Mangel des Ganzen geltend macht, und demgemäß von dem ganzen Vertrage zurücktreten will."

(J. M. Bl. 1848 S. 50—53; Entsch. XV. 3—17.)

Hiernach erstreckt sich der §. 344 h. t. wesentlich nur auf die unter B. („Lasten") und C. („Befugnisse") bezeichneten Fälle, nicht aber auf die Entwährung des Eigenthums (A.) als solche (oder doch nur auf den Fall des aus der partiellen Entwährung des Eigenthums nach Maßgabe des §. 164 A. L. R. I. 11 geltend zu machenden Mangels des Ganzen).

3. **Gemeinschaftliche Bestimmungen für physische und juristische Mängel.**

A. Der §. 345 h. t. verordnet, in unmittelbarer Beziehung auf sämmtliche Verjährungsfristen der §§. 343. 344: „Läßt der Uebernehmer diese Fristen verstreichen, ohne die Klage wider den Geber gerichtlich anzumelden, so geht sein Recht verloren."

a) Die Controverse, ob hiernach nur die Klage verjähren solle, ganz in Uebereinstimmung mit der Römischen Unverjährbarkeit der Exceptionen[450]), oder ob das ganze Recht auf Gewährleistung materiell verloren gehen solle, nach Art der vom Allg. Landrecht der Verjährung überhaupt zugeschriebenen Folgen und Wirkungen[451]), ist von unserem höchsten Gerichtshofe im Sinne der Regel: quae ad agendum sunt temporalia, ad excipiendum sunt perpetua, entschieden worden.

Das Präj. 407 (v. J. 1838) lautet: „Die Verabsäumung der

---

450) Sav. V. 417—437 entwickelt die Ansicht, daß alle Exceptionen ohne Ausnahme ganz unverjährbar sind, zuvörderst von dem Standpunkt allgemeiner Gründe, dann (S. 429 ff.) nach den besonderen Quellen des Römischen Rechts.

451) Vgl. z. B. A. L. R. I. 9. §. 501. 502: Durch Verjährung werden Rechte verloren; I. 16. §. 7: Rechte erlöschen durch Verjährung ꝛc. (Sav. V. 406: Zerstörung der Obligationen ipso iure, als Folge der vollendeten Verj. nach Preuß. Recht.)

gesetzlichen Frist zieht nur den Verlust des Rechts nach sich, welches der Uebernehmer der Sache durch Klage verfolgen kann, nicht aber den Verlust der Rechte, die er im Wege der Einrede geltend machen darf."

Begründet findet sich diese Auffassung schon in den Entsch. I. 129 fg. (v. J. 1835) und 135 fg. (v. J. 1836).[452]) Weiter entwickelt in einem für die legislative Prüfung der Frage ertheilten Gutachten des Ob. Tribunals: J. M. Bl. 1847 S. 198—201 [453]). Festgehalten auch in der neueren Praxis: Rechtsf. III. 323 fg. (v. J. 1848); Strieth. XI. 48—52 (v. J. 1853).

In der That scheint auch schließlich für das als Exception fortdauernde, wenngleich als Klage verjährte Recht die Natur der Sache, welche in dem Römischen Satze: cum actor quidem in sua potestate habeat, quando utatur suo iure; is autem cum quo agitur, non habeat potestatem, quando conveniatur (5. §. 6 de doli exc. XLIV. 4) [454]) ihren bleibenden Ausdruck gefunden hat, eben so sehr zu sprechen, wie die Landrechtliche Behandlung der (nicht mit einem Anspruch auf Gewährleistung zu verwechselnden) s. g. exceptio non adimpleti contractus, in gehöriger Combination folgender Stellen: I. 5. §. 271; 11. §. 222; 16. §. 377. Eben deshalb ist es aber auch ganz consequent, die Anwendung des Präj. 407 auf den Fall der Verletzung über die Hälfte (oben Anm. 445) zu verweigern, weil es sich dabei von Hause aus recht eigentlich um einen an eine gewisse Frist gebundenen Einwand handelt: Strieth. XXXIV. 219. 220 (vom J. 1859).

b) Uebrigens beziehen sich die §§. 343—345 h. t. nicht blos auf einzelne Fehler einer Sache, sondern dieselben finden auch dann An-

---

452) Von Sav. V. 436 Note p. besonders allegirt und für die (sowohl nach gemeinem, als nach Preußischem Recht) richtige Meinung erklärt.

453) Resultat (S. 200): „daß, wenn die in §. 343. Tit. 5. Thl. I. Allg. Landrechts vorgeschriebenen Fristen verstrichen sind, der Uebernehmer der Sache zwar mit keinem Antrag mehr gehört werden kann, mit welchem er eine wirkliche Gewährleistung wegen Mängel der Sache fordert, mithin, daß er weder die Aufhebung des Kontrakts, noch die im §. 328 u. 331 Tit. 5. Thl. I. Allg. Landrechts bezeichnete Vergütung unbedingt zu fordern berechtigt ist;"

„daß er jedoch mittelst des Einwandes der Fehlerhaftigkeit der Sache noch die Abweisung der von dem Geber angestellten Klage beantragen könne, wenn er entweder noch gar nicht, oder noch nicht vollständige Zahlung geleistet hat."

454) Sav. V. 429—432. Wegen der in mehr als Einer Beziehung wichtigen praktischen Rücksicht auf die Stellung des Klägers als des angreifenden, des Beklagten als des angegriffenen Theiles vgl. noch Sav. V. 271; Obl. I. 8; Entsch. I. 136.

wendung, wenn die übergebene Sache zu dem bestimmten Zwecke ganz unbrauchbar war: Präj. 203 (v. J. 1837). Auch bleibt die kürzere Verjährung der §§. 343 ff. blos um deswillen von der Anwendung nicht ausgeschlossen, weil aus dem Vertrage auf dessen Aufhebung und auf Erstattung des Geleisteten geklagt worden ist: Strieth. XXIII. 210 ad a. 220 fg. (v. J. 1857).

c) Dagegen ist die Unanwendbarkeit der §. 343—345 in mehrfachen Beziehungen angenommen worden.

α) Bei Ansprüchen auf Erfüllung des Vertrages durch vollständige Uebergabe (in Verbindung mit I. 21. §. 623—625): Präj. 345 (v. J. 1837). Denn zur Anwendung unserer Paragraphen gehört als nothwendige Voraussetzung, daß die Sache selbst übergeben sei und daß demnächst Mängel an derselben zum Vorschein kommen. Darin liegt der wesentliche Unterschied von der Nichtleistung des Versprochenen, an welche sich die keiner kurzen Verjährung unterworfene Klage auf Erfüllung des Vertrages anschließt: Entsch. XXXIII. 77—86, bes. 82 fg. (v. J. 1856). Vgl. unten ad ζ.

β) Bei Nachtheilen, welche nach vertragsmäßig erfolgter Uebergabe (einer in Erbpacht verliehenen Sache) späterhin eintreten und wegen deren der Uebernehmer (Erbpächter) von dem Geber (Verleiher) auf Grund des Vertrages Entschädigung fordert: Pl. Beschl. 27. Mai 1839. (J. M. Bl. 220 ad Nr. 196 und Entsch. IV. 295—302.)[455])

γ) Bei dem Einwande des Uebernehmers aus dem §. 271 h. t., daß der Geber seinerseits den Vertrag nicht erfüllt habe: Präj. 266 (v. J. 1837).

δ) Bei der Retention eines Theiles des Kaufgeldes als Deckung für die Güte der verkauften Sache, soweit die Gewährforderung diesen Theil des Kaufgeldes nicht übersteigt: Jur. Wochenschr. 1837 S. 41 —46. (Ob. Trib. Erk. v. J. 1835.)

ε) Bei dolosem Verschweigen der dem Geber bekannten Mängel: Arnsb. Archiv XIII. 578—587 (v. J. 1847).

ζ) Bei der Entschädigungs-Klage aus §. 285—291 h. t.: Strieth. XXXII. 268—270 (v. J. 1859). Vgl. oben ad α.

B) Der §. 348 h. t. (oben Anm. 392) geht auf jede Art von Gewährsmängeln. Nur versteht sich die Entsagung, wie nach Römischem Rechte (14. §. 9 de aed. ed. XXI. 1), ohne Dolus des anderen

---

455) Damit steht auch keinesweges in Widerspruch, was das bereits im Eingange dieser ganzen Lehre (oben S. 250) allegirte Präj. 26 (v. J. 1833) ad b, wegen des alljährlich sich erneuernden Rechts auf Gewährleistung angenommen hatte.

Theiles. Vgl. I. 11. §. 137. 138. Auch stellt das mündliche Abkommen, wonach die Gewährleistung ausdrücklich erlassen wird, keine bloße Nebenabrede (im Sinne des §. 147 h. t.) dar, sondern eine wesentliche Bestimmung des Vertrages: Strieth. XXVI. 265 fg. (v. J. 1857). Koch Fordr. §. 132 Note 5.

C. Endlich gehen die §§. 337. 338 h. t. von der Behandlung des redhibirenden Uebernehmers als eines redlichen Besitzers (nur nicht bis zur Bereicherung mit dem Schaden des Anderen) gleichfalls auf alle Arten von Gewährsmängeln. Vgl. I. 11. §. 165. 168. 250 ff.; 16. §. 244. Strieth. XXVI. 126—131 (v. J. 1857). Gruchot II. 479—481. Strieth. XXXV. 72 fg. (v. 1859).

Abschnitt III. Aufhebung der Verträge.

(Oestr. §. 917—920. 1112. 1117. 1447. 1448. Code Nap. art. 1122. 1148. 1184. 1302 fg. 1722. 1724. 1889.)

Die Aufhebung der Verträge bildet die Ausnahme zu der Regel der Erfüllung. Als Aufhebungsgründe behandelt das A. L. R. hier: Betrug, Unmöglichkeit der Erfüllung, veränderte Umstände, mutuus dissensus, Mangel der Erfüllung von der anderen Seite, Tod[456]).

I. **Betrug.** (Wesentlich zu ergänzen aus Tit. 4. ad I. 3. B.: oben S. 177 fg.)

Der Betrug begründet in allen Fällen einen Anspruch auf Schadensersatz. Jedoch folgt die Befugniß zur Anfechtung des Vertrages absolut nur aus dem dolus causam dans.

1. Der dolus causam dans berechtigt den Betrogenen:

A. vom Vertrage wieder abzugehen: §. 349 h. t. In der Aufhebung des Vertrages liegt dann die eigentliche Genugthuung des Betrogenen. Denn im Uebrigen erfolgt nur Restitution des Gegebenen oder Geleisteten, wobei freilich der Betrüger als unredlicher, der Betrogene aber als redlicher Besitzer behandelt wird und nur aus einer in rem versio verhaftet ist: §. 352—356 h. t.

B. Der Betrogene kann aber auch beim Vertrage stehen bleiben und dann die Vergütung des Interesse (oben Abschn. II. ad II. 1. A. a.) fordern: §. 350. 351 h. t.

---

456) Gelegentlich finden sich im A. L. R. bei speziellen Lehren Rückweisungen auf diese allgemeinen Aufhebungsgründe. So I. 12. §. 634; 17. §. 79. 271. — Die im §. 414 h. t. noch remissiv angedeuteten Aufhebungsgründe, als Erlaß, Vergleich u. s. w., sind in der That gar keine Gründe zur Aufhebung der Verträge, sondern modi tollendarum obligationum. (Gesetzrev. a. a. O. S. 148.)

C. Bei beiderseitigem Betruge bleibt der Vertrag bestehen, ohne jeden Entschädigungsanspruch: §. 357 h. t.[457])

2. Beim dolus incidens ist (wie im Tit. 4. §. 87. 88) der Erfolg verschieden nach der Beschaffenheit des erregten Irrthums, so daß nur der wesentliche („die Willenserklärung gänzlich entkräftende") Irrthum zur Anfechtung des Vertrages (wie in 1. A. B.) berechtigt: §. 358. 359 h. t.[458])

Wenn aber der Betrogene überhaupt berechtigt ist, von dem Vertrage wieder abzugehen, so braucht er zu diesem Behufe nicht nothwendig den Weg der Klage zu beschreiten. Vielmehr kann er die Erklärung seines Rücktritts abgeben, so lange er das Geschäft noch nicht genehmigt hat, also auch im Wege der Einrede oder Replik, falls der Betrüger im Prozesse für sich Rechte aus dem Geschäfte herleiten will: Strieth. VIII. 326—328 (v. J. 1853). Und da überhaupt grundsätzlich derjenige, durch dessen doloses Verfahren ein Act veranlaßt worden ist, wodurch sich ein Anderer zu Etwas verpflichtet hat, nicht berechtigt sein soll, den Vortheil daraus zu ziehen, so ist die doli exceptio, so weit sie das Verhältniß der streitenden Theile zu einander berührt, selbst im Wechselprozesse zugelassen worden: Strieth. VII. 314—318 (v. J. 1852); XVI. 158—160 (v. J. 1855: „Einwand des generellen Dolus im civilrechtlichen Sinne"); J. M. Bl. 1857 S. 147 Nr. 124 (v. J. 1855); Strieth. XXIII. 193 fg. (v. 1857); XXVIII. 160 fg. (v. 1857).[459])

Damit ist freilich die bedenkliche Frage von der Bedeutung der s. g. exceptio doli generalis für das Preußische Recht nicht erledigt. Die umfangreiche Wirksamkeit der doli exceptio des Römischen Rechts[460]) darf jedenfalls nicht von der formellen Seite her in das

---

457) Hier wird eigentlich dem Betruge eine rechtserzeugende Kraft eingeräumt! So stand der Satz auch schon im Entw. §. 258 h. t. (II. 2.) Der ungedruckte Entwurf war dem unstreitig richtigen Römischen Satze, daß es gegen die exceptio doli keine replicatio doli gibt (4. §. 13 de doli exc. XLIV. 4 und 154 de R. J.), näher geblieben: „Sind von beiden Seiten Betrügereien vorgefallen, so kann keiner auf Entschädigung klagen." (Gesetzrev. a. a. O. S. 134.)

458) Damit wird der grundsätzlichen Unwirksamkeit des Irrthums, ohne welche der Verkehr gegen gränzenlose Unsicherheit und Willkühr nicht zu retten wäre (Sav. III. 354 ff.), einigermaßen gehuldigt.

459) Frühere Rechtsfälle, welche sich auf verschiedene Arten betrüglicher Verleitung beziehen: in Mathis' Jur. Monatsschr. VIII. 601—642 u. Jur. Wochenschr. 1840. S. 798—801.

460) Unter allen Exceptionen, welche im Röm. Rechte als Entkräftigungs-

Preußische Recht hineingetragen werden. Allein materiell — selbst abgesehen von den dem A. L. R. mehrfach eingearbeiteten und einverleibten Resultaten der mit jener Exception erzielten Billigkeit — lassen sich ähnliche Conflicte und ähnliche Lösungen, wie im Römischen Rechte, auch für unser heutiges Recht nicht ganz abweisen[461]).

II. **Unmöglichkeit der Erfüllung.** Koch §. 466 (besonders Note 1. 16. 17. 19. 27); §. 480 ad III.; §. 568 ad II. Born. §. 156. 164. Puchta §. 302. Sav. Obl. I. 381 ff.; II. 284 ff. (Oben S. 200.)

Die Ausführung des A. L. R. beruhet hier auf abstracten und casuistischen Distinctionen und Subdistinctionen. Das Hauptmoment der Unterscheidung liegt in der Unmöglichkeit der Erfüllung und der Erfüllungsart. Dies erklärt sich daraus, daß was ursprünglich von der concreten Unmöglichkeit (resp. Erschwerung) der Erfüllung an einem bestimmten **Orte** gelten sollte, schließlich auf die abstracte Unmöglichkeit (resp. Erschwerung) der Erfüllungs**art** übertragen worden ist. Nun ist es aber in der Wirklichkeit höchst schwierig, ja in einzelnen Fällen geradezu unmöglich, die Gränzlinie zwischen Unmöglichkeit der Erfüllung und Unmöglichkeit der Erfüllungsart mit Sicherheit zu ziehen[462]).

1. **Unmöglichkeit der Erfüllung selbst.**

Ist diese Unmöglichkeit eine Folge der Culpa, so handelt es sich nur um die Entschädigungsfrage. Ist sie dagegen eine Folge des Casus, so handelt es sich um die (eigentlich allein hierher gehörige) Frage von der Aufhebung des Vertrages.

A. Die „eigene Schuld“ der Contrahenten ist entweder

a) ausschließlich auf der Seite des Debitor: dann haftet dieser für das Interesse nach seiner Culpa (§. 277 ff.): §. 360 h. t.[463]); oder

---

mittel auch bei anderen Rechten als Obligationen vorkommen, ist die umfassendste und wichtigste die doli exceptio: Sav. IV. 537. Ja es schließt jede Exception zugleich die doli exceptio in sich: Sav. V. 467. Insbesondere aber erscheint die doli exc. da wirksam, wo das Unrecht nur in der hartnäckigen Rechtsverfolgung liegt: Sav. III. 118 und wo es sich um Entkräftung eines Vertrages auf indirectem Wege handelt: Sav. III. 343. (Reichhaltige Anwendungen der doli exc.: Sav. II. 420; III. 233. 331. 378; V. 172. 178. 379. 501; VIII. 444.) Vgl. Puchta §. 94.

461) Gesetzrev. a. a. O. S. 133. Koch Fordr. §. 76 ad V u. §. 402 ad IV. Preußische Gerichtszeitung Jahrg. I. (1859) No. 43 S. 2.

462) Gesetzrev. a. a. O. S. 134—137.

463) Die Frage, nach welchem Zeitpunkt das von dem Verpflichteten wegen verschuldeter Unmöglichkeit der Erfüllung zu leistende Interesse zu be-

b) ausschließlich auf der Seite des Creditor: dann wird der Debitor von der Verbindlichkeit frei und kann Entschädigung[464]) fordern: §. 361 h. t. (und zwar nicht blos im Falle absoluter, sondern auch relativer — nach dem Gegenstande des Vertrages und der demselben zum Grunde liegenden Absicht der Contrahenten zu bemessender — Unmöglichkeit: Entsch. XL. 26—32, v. J. 1858); oder endlich

c) auf beiden Seiten gleichmäßig: dann ersetzt Jeder dem Anderen den unmittelbaren Schaden, aber auch Nichts weiter als diesen: §. 362. 363 h. t.

B. Entsteht die Unmöglichkeit der Erfüllung ohne Schuld der Contrahenten — ausdrücklich gesagt ist zwar nur: durch casus oder vis maior cui resisti non potuit[465]) — so gilt (der casus nicht mehr, wie

---

rechnen sei (Gruchot III. 132—134), ist von unserer neueren Praxis besonders in Beziehung auf Zeitkaufsgeschäfte über vertretbare Börsen- und marktgängige Waaren (coursirende öffentliche Papiere, Getraide u. s. w.) im Wesentlichen constant nach folgenden Grundsätzen entschieden worden. Bei allen Geschäften dieser Art ist die Erfüllung an dem bestimmten Erfüllungstage ein Essentiale des Vertrages. Die Combination des verabredeten Preises und der Zeit der Erfüllung giebt dem Geschäfte seinen eigenthümlichen Charakter und der mora einen eigenthümlichen Einfluß. Wird also nicht genau an den stipulirten Terminen erfüllt, so kann nur noch das Interesse gefordert werden. Denn die Klage auf Erfüllung des Vertrages muß in Ansehung beider Theile für ausgeschlossen gelten, wenn die Erfüllung nicht mehr in einer dem Vertrage entsprechenden Weise bewerkstelligt werden kann, d. h. unmöglich geworden ist. Als Interesse (Schadensersatz) aber gilt die Differenz zwischen dem vereinbarten und dem marktgängigen Preise am Lieferungstage (resp. dem festgesetzten Kaufpreise der Papiere und dem Course derselben an dem verabredeten Erfüllungstage). Vgl. Entsch. XV. 460—470 (v. J. 1847); Arnsb. Archiv XIV. 579 (v J. 1849); Strieth. X. 348 bis 353 (v. J. 1853); XIII. 243 ad b. 246 fg. (v. 1854); XIV. 120 ad a. 122 fg. (v. 1854); XVI. 58 fg. (v. 1854); XVII. 79 fg. ad a. 82 fg. (v. 1855); XXIV. 134—142 (v. 1857); XXVII. 3—11, bes. 4 ad e. u. 6. 9 (1857); XXVIII. 356—360 (v. 1858: ein Fall, in welchem der Marktpreis des auf den Lieferungstag folgenden Tages der Differenzberechnung zum Grunde gelegt werden mußte). Gemeinrechtliches: Strieth. XVI. 205—210; XXV. 56—60.

464) „Entschädigung, — folglich auch Vergütung der schon wirklich aufgewendeten Bemühungen und gemachten Anstalten": Entsch. XIII. 70. (Zu §. 361 h. t.) Doch läßt sich auch nach Preußischem Rechte für zweiseitige Verträge die Auffassung nicht abweisen, nach welcher die „Entschädigung" unter Umständen gerade in der Gegenleistung bestehen muß: Gruchot III. 134 fg.; Entsch. XVII. 152 (wo aus §. 361 h. t. gefolgert wird, daß der Käufer den bedungenen Kaufpreis bezahlen muß, wenn er durch seine mora solvendi die Uebergabe der verkauften Sache unmöglich gemacht hat).

465) Die umfassende negative Wendung in B. rechtfertigt sich aus dem Gegensatze gegen A. Darauf beruhet auch schon eine Entsch. aus d. J. 1849

nach Römischem Rechte, als Surrogat der Erfüllung[466]), sondern) der Vertrag als aufgehoben: §. 364 h. t. (I. 11. §. 100. Sz. S. 16 fg.) Danach gibt Jeder das ob causam datum zurück, und zwar nach Art eines redlichen Besitzers, nur wieder (wie oben im §. 356) mit Vergütung der in rem versio: §. 365—368 h. t. (Vgl. I. 11. §. 902. 960. 964. 967; 16. §. 14. 202; 18. §. 760 ff.; 21. §. 211. 299 ff. 381.)

Die (subjective) Zahlungsunfähigkeit des Verpflichteten steht jedoch der (objectiven) Unmöglichkeit der Erfüllung nicht gleich — eine Leistung wird durch den Mangel der erforderlichen Geldmittel noch nicht unmöglich[467]), — und deshalb ist in einem solchen Falle der andere Contrahent zum Rücktritt vom Vertrage nicht berechtigt: Strieth. XXVII. 372—374 (v. J. 1858).

2. **Unmöglichkeit der bestimmten Art der Erfüllung.** (Gruchot III. 180 g. E.)

A. Unmöglichkeit im engeren Sinne.

a) Entsteht diese durch die Schuld oder auch nur durch einen s. g. casus in persona[468]) des Einen der Contrahenten, so kann der andere (der benachtheiligte) Contrahent eine andere Erfüllungsart wählen und Schadloshaltung wegen (des aus) der Veränderung (entstehenden Nachtheils) fordern, jedoch wieder ohne sich mit dem Schaden

(Entsch. XVII. 96—104; später nochmals in Strieth. XXVII. 162—165 abgedruckt), nach welcher die Erfüllung eines Compromisses, weil der Schiedsrichter, des arbitrii recepti ungeachtet, selbst im Wege des Prozesses nicht zur Fällung seines Spruches vermocht werden konnte, für unmöglich erklärt, und dabei angenommen wurde, daß die Unmöglichkeit der Erfüllung „nicht durch Schuld eines der Contrahenten, sondern durch Schuld eines Dritten, mithin in Beziehung auf die Contrahenten durch einen Zufall“ entstanden sei. (Entsch. S. 101.)

466) Im Zusammenhange mit dem Römischen: creditoris est rei periculum. Vgl. Gruchot 135—138.

467) Vgl. 137. §. 4 de V. O.: Illud inspiciendum est, an qui centum dari promisit, confestim teneatur, an vero cesset obligatio, donec pecuniam conferre possit? quid ergo, si neque domi habet neque inveniat creditorem? Sed haec recedunt ab impedimento naturali et respiciunt ad facultatem dandi. Est autem facultas personae commodum incommodumque, non rerum quae promittuntur etc. Sav. Obl. I. 384—386.

468) Dieser s. g. casus in persona, welcher nur gerade bei der Unmöglichkeit der Erfüllungsart besonders auftritt (Gesetzrev. S. 135), wird der culpa gleich geachtet. Der vermeintlich technische Ausdruck selbst hängt wohl mit dem alten Mißverständniß des Römischen cum per aliquem stetit quo minus id fiat (res tradatur etc.) zusammen. Vgl. noch I. 11. §. 884. 885. 938; 21. §. 290.

des Anderen zu bereichern (d. h. ohne einen Vortheil zu erlangen, welcher aus der ursprünglich bestimmten Erfüllungsart nicht hervorgegangen sein würde): §. 369—372 h. t.

Die dem Berechtigten hiernach zustehende Wahl einer anderen Erfüllungsart geht freilich nicht so weit, daß derselbe den Vertrag selbst auf eine ihm beliebige Art — unter Anderem durch eine von ihm selbst gewählte Person — auf Kosten des Gegners erfüllen könnte: Strieth. II. 122—124 (v. J. 1851).

Dagegen haben die Grundsätze von der Wahl einer anderen Erfüllungsart auf Vitalizien-Verträge eine weit greifende Anwendung gefunden. In dieser Hinsicht wird angenommen, daß bei contractwidrigem Gebahren (liebloser, brutaler Behandlung des zu Verpflegenden) die contractmäßige Erfüllungsart durch die Schuld des Verpflichteten unmöglich gemacht sei. Deshalb wird dem Berechtigten die Wahl einer anderen Erfüllungsart eingeräumt: Arnsb. Arch. XIV. 121—126 (aus den Jahren 1842 u. 1847); Strieth. VI. 103—106 (v. J. 1852); Arnsb. Jur. Monatsschr. v. 1855 S. 656—660.

b) Entsteht die Unmöglichkeit der bestimmten Erfüllungsart durch bloßen Zufall, so gilt der Vertrag wieder, gerade wie in 1. B, als aufgehoben: §. 373 h. t. (I. 11. §. 33. 37.)

B. Bloße Erschwerung der bestimmten Erfüllungsart befreiet an sich den Verpflichteten nicht: §. 374 h. t. (2. §. 2 de V. O.: .... non facit inutilem stipulationem difficultas praestationis; Gruchot III. 138 fg.) Allein eine mit der zufälligen Veränderung verbundene unvorhergesehene Gefahr braucht sich der Verpflichtete entweder nur gegen Uebernahme derselben durch den Berechtigten: §. 375 h. t., oder (wenn sie ihm selbst an Leben, Gesundheit oder Freiheit gehen könnte) gar nicht gefallen zu lassen: §. 376 h. t. Auf dieser letzten Stufe geht also die Erschwerung in die Unmöglichkeit der Erfüllungsart über!

Besondere Rückweisungen auf die Unmöglichkeit der Erfüllung als Grund zur Aufhebung der Verträge finden sich im A. L. R. I. 11. §. 104. 879. 983. 1010; 16. §. 12; 17. §. 80. (II. 18. §. 416.) Vgl. unten Anm. 473.

III. **Veränderte Umstände.** Koch §. 568 ad III. Born. §. 165.

Die sonst leicht gemißbrauchte s. g. clausula rebus sic stantibus[469]) ist hier in die gemessenen Gränzen einer unvorhergesehe-

---

469) Abstrahirt aus dem in besonderen Beziehungen wohl begründeten Römischen si in eadem causa maneat (38 pr. de sol. XLVI. 3) und quae recte

nen Veränderung der Umstände gebannt, mag dadurch der klare Endzweck beider Theile oder auch nur Eines Theiles vereitelt sein[470]). Der Erfolg besteht in der Befugniß des einen oder des anderen Theiles oder beider Theile zum Rücktritt von dem noch nicht erfüllten Vertrage, und zwar immer mit angemessener Entschädigung des unschuldig Leidenden: §. 377—384 h. t. Bei der Frage aber, ob veränderte Umstände obwalten, welche zum Rücktritt von dem Vertrage berechtigen, ist lediglich der Zeitpunkt ins Auge zu fassen, in welchem der Vertrag zu erfüllen, ob also zu dieser Zeit diejenige Veränderung eingetreten war, welche die Erreichung des beim Abschlusse des Vertrages vorgewalteten Endzwecks (z. B. Zuwendung eines Grundstückes an ein Ehepaar) unmöglich macht. Veränderte Verhältnisse, welche sich späterhin ereignet haben (wie der Tod des einen Ehegatten), kommen in so weit nicht in Betracht: Entsch. XXVI. 239—245 (v. J. 1853). Für den inneren Zusammenhang zwischen der Entschädigungs-Verbindlichkeit und dem Rücktritts-Rechte (§. 380. 381 h. t.) ist erläuternd ein Rechtsfall in Strieth. XXIV. 302—304 (v. J. 1857); auch XXXV. 128 ad c. 133 (v. 1859).

Anwendungen der Grundsätze vom Einfluß veränderter Umstände finden sich im A. L. R. I. 11. §. 178. 635. 656 fg. 758—760. (982.) 984—986. 1005 ff. 1140 ff.; 12. §. 538; 14. §. 47 fg. 248; 16. §. 33; 17. §. 80; 21. §. 235 fg. 366 ff. 376 ff. 553 (Sz. S. 71); II. 1. §. 107 ff. 489; 2. §. 454. 485; 5. §. 143. 146. 148 (Gesinde-Ordnung v. 1810, §. 144. 147. 149); 18. §. 416; 19. §. 41. In der Pr. O. Tit. 50. §. 39 ff. 305 ff. (Concurs-Ordnung v. 1855, §. 15 ff. 99 ff.)

IV. Mutuus dissensus. Koch §. 567. Born. §. 166; Erörtr. S. 178—180 ad 5. Puchta §. 298.

Da nicht mehr, wie im gemeinen Deutschen Rechte, jedes nudum pactum zur Auflösung des Vertrages ausreicht, vielmehr wieder ein besonderer Werth auf die Form (zumal auf die schriftliche Form) gelegt wird, und im Zusammenhange damit die Wirkung der ganz oder theilweise eintretenden Erfüllung ins Auge gefaßt werden muß (oben Seite 211 u. 215 ff.), so nähert sich das A. L. R. auch in Ansehung des s. g.

---

constiterunt, resolvi, cum in eum casum reciderunt a quo non potuissent consistere (98 pr. V. O.) und dgl. m. (3. §. 2 de his quae pro non scriptis hab. XXXIV. 8.)

470) Der Entw. §. 267 ff. h. t. (II. 2.) war in der Begünstigung der s. g. clausula reb. sic stant. noch zu weit gegangen.

contrarius consensus oder mutuus dissensus wieder mehr der Römischen Anschauung von der gültigen und vollständigen Auflösung eines jeden Rechtsgeschäftes in derselben Form, in welcher dasselbe entstanden ist. Prout quidque contractum est, ita et solvi debet: Ut, cum re contraxerimus, re solvi debet etc.: 80 de sol. XLVI. 3. Nihil tam naturale est, quam eo genere quidque dissolvere quo colligatum est: ideo verborum obligatio verbis tollitur: nudi consensus obligatio contrario consensu dissolvitur: 35 de R. J. Fere quibuscunque modis obligamur, iisdem in contrarium actis liberamur etc.: 153 de R. J.

Die Regeln des A. L. R. über die Aufhebung eines Vertrages durch wechselseitige Einwilligung beruhen hiernach auf der Unterscheidung: ob noch von keiner, oder ob schon von Einer Seite, oder ob gar schon von beiden Seiten erfüllt war.

1. Ist der Vertrag **noch von keiner Seite erfüllt**, so soll zwar eine blos mündliche Erklärung zur Wiederaufhebung desselben hinreichen, jedoch nicht ohne daß die Spuren der etwa vorhandenen schriftlichen Form vertilgt werden: §. 385—387 h. t.

Die Vertilgung der Spuren der schriftlichen Form (§. 387) ist so wesentlich, daß die mündliche Uebereinkunft über die Aufhebung eines schriftlichen noch unerfüllten Vertrages für sich allein, ohne Hinzutritt der Cassation des schriftlichen Instruments, unverbindlich ist und die Klage aus dem schriftlichen Vertrage nicht ausschließt: Präj. 1339 (v. J. 1847: Entsch. XIV. 192 ad I. 194—196). Deshalb ist auch wohl consequent die Cassation aller Exemplare des schriftlichen Vertrages zu fordern, wenn mehrere dergleichen vorhanden sind; oder man muß geeigneten Falles zur Mortifizirung schreiten. (Gesetzrev. S. 139.) Sonst bleibt immer noch ein Scriptum für die Klagbarkeit des Vertrages übrig, neben welchem die mündliche Uebereinkunft über die Aufhebung desselben schon nach §. 127. 128 h. t. (oben S. 210 ad C) wirkungslos erscheinen müßte.

Nur neben schriftlich erklärtem mutuus dissensus bedarf es keiner Cassation des schriftlichen Instruments. Kann oder will man also die Spuren der Schriftlichkeit nicht vertilgen, so muß man sich der schriftlichen Form zur Aufhebung des schriftlich eingegangenen Vertrages bedienen.

Es gibt jedoch Eine Ausnahme, in welcher sogar neben der blos mündlich erklärten wechselseitigen Einwilligung die Cassation des Scriptums nicht als erforderlich gilt: wenn es sich nämlich um die Aufhebung eines mündlichen, nur von dem einen Contrahenten schriftlich anerkannten (und noch von keiner Seite erfüllten) Vertrages handelt: Entsch. XX. 93—97 (v. J. 1850; vgl. oben S. 227 zu §. 185 h. t.); Strieth. XXVIII. 50 ad b. 52 fg. (v. J. 1857). Damit harmonirt noch eine (von Born. in den Erörtr. a. a. O. beigebrachte) Entscheidung (aus dem J. 1854), nach welcher die schriftliche Rücktritts-Erklärung des einen Theiles, welche der andere mündlich oder auch nur stillschweigend angenommen hat, dem ersteren entgegen steht, wenngleich die Vertrags-Urkunde nicht vernichtet worden ist.

2. Ist der Vertrag **schon von einer Seite erfüllt**, so bedarf es zur Aufhebung desselben einer schriftlichen Erklärung in so weit als zur Errichtung des Vertrages die schriftliche Abfassung nothwendig ist. Derselbe Grundsatz gilt, wenn der Einwilligung in die Aufhebung des (schon von einer Seite erfüllten) Vertrages Bedingungen oder Nebenabreden (mag deren Gegenstand einen Werth von mehr als 50 Thalern haben, oder nicht,) hinzugefügt werden: §. 388 h. t.

Die schriftliche Erklärung des dissensus braucht jedoch in solchen Fällen keine wechselseitige zu sein, in welchen (wie beim Mandate und Verwaltungsvertrage) dem Einen Theile der einseitige Rücktritt (die einseitige und mündliche Kündigung) gestattet ist: Präj. 1708 (v. J. 1846: XV. 209—215).

Auch muß es in allen Fällen, wo der Mangel der Schriftlichkeit durch die vollständige Erfüllung geheilt werden kann (§. 146 h. t.: oben Anm. 359), als zulässig gelten, daß ein von einer oder der anderen Seite bereits erfüllter schriftlicher Vertrag vermittelst eines von beiden Seiten erfüllten mündlichen Vertrages wieder aufgehoben wird, ohne daß es der Cassation des über den Vertrag aufgenommenen schriftlichen Instruments bedarf: Strieth. XXVI. 42—45 (v. J. 1857).

Wo dagegen das Erforderniß der schriftlichen Erklärung des dissensus nach §. 388 h. t. zur reinen Anwendung gelangt, da kann dessen Mangel auch nicht durch die mit der blos mündlichen Erklärung über die Aufhebung des Vertrages verbundene Cassation der Urkunde ersetzt werden: Entsch. XXXIX. 156—160 (v. J. 1858).

3. Ist endlich der Vertrag im Wesentlichen **beiderseits erfüllt**, so kann die s. g. „Wiederaufhebung" desselben „durch wechselseitigen Consens" selbstverständlich (nach §. 1 h. t.) für nichts Anderes angesehen werden, als für einen neuen Vertrag, — nur in umkehrender Richtung: §. 390 h. t. Vgl. Strieth. IX. 203—206 (v. J. 1853).

4. Ohne Rücksicht auf die ad 1. 2. 3. maßgebende Unterscheidung

der bereits gänzlich oder doch zum Theil erfolgten Erfüllung des Vertrages ist der §. 389 h. t. anzuwenden, nach welchem jeder Vertrag, welcher gerichtlich (resp. notariell) geschlossen werden muß, auch der gerichtlichen (resp. notariellen) Aufhebung bedarf. Die Stelle der gerichtlichen (resp. notariellen) Aufhebung kann mithin selbst in dem Falle eines noch von keiner Seite erfüllten Vertrages durch mündliche Erklärung mit Cassation des Instruments ꝛc. niemals vertreten werden. (Gesetzrev. S. 138 fg.) Es ist dies der schlagendste Fall, in welchem das zu Anfang dieser Lehre bezeichnete (Römische) Prinzip praktisch durchgeführt wird.

Inzwischen ist die Voraussetzung, daß der Vertrag selbst nach gesetzlicher Vorschrift gerichtlich geschlossen werden mußte, genau festzuhalten. Ein blos factisch, aber ohne gesetzliche Nothwendigkeit gerichtlich geschlossener Vertrag bedarf deshalb zu seiner Aufhebung nur der schriftlichen Form: Strieth. XXV. 127 ad a. 130 fg. (v. J. 1857). Auch muß es sich um einen vorangegangenen völlig gültigen und perfecten Vertrag handeln, nicht aber um die bloße Erklärung darüber: ob man einen schon an sich unverbindlichen Vertrag halten und vollziehen, oder nunmehr definitiv seine Nichtigkeit und völlige Beseitigung aussprechen wolle; weshalb der §. 389 auf die Erklärung eines Analphabeten, daß er den privatschriftlichen Vertrag nicht halten wolle, unanwendbar befunden worden ist: Entsch. XII. 166. (Präj. 1636: oben S. 225.)

5. Die Wiederaufhebung eines **zum Besten eines Dritten** geschlossenen Vertrages richtet sich nach den allgemeinen Grundsätzen über die s. g. pacta in favorem tertii (oben S. 202 ff.) und über die pflichtmäßige Vertretung Anderer: §. 391. 392 h. t. Vgl. Präj. 1862 (oben S. 196); Strieth. VIII. 112—115 (v. J. 1852); XXX. 128 fg. (oder Entsch. XXXIX. 35 fg., v. J. 1858: oben S. 203); Gruchot III. 147.

V. **Mangel der Erfüllung von der anderen Seite.** Koch §. 568 ad IV. Born. §. 167. 168.

Nach Sz. S. 5. 6. sollen hier die Vorschriften des A. L. R. nicht so neu sein, wie sie scheinen. Dieselben sollen vielmehr mit der Theorie des gemeinen Rechts vollkommen übereinstimmen und noch genauer der Lehre des Römischen Rechts von den contractibus innominatis nachgebildet sein, auch zur Förderung der natürlichen Billigkeit und zur Vermeidung von Prozessen beitragen.

In der That aber beruhen sie auf einer ziemlich gesuchten Vermittelung zwischen gewissen Gegensätzen, welche im gemeinen Deutschen und im Französischen Rechte ihren treffendsten Ausdruck gefunden haben.

Es steht nämlich entweder die Klage auf Erfüllung an der Spitze, als wohlbegründetes Recht, aber auch als allein zulässiges positives Angriffsmittel, zumal da, wo, wie im gemeinen Deutschen Rechte, kein Ueberbleibsel des s. g. ius poenitendi zu finden ist (oben S. 215), mithin kein schroffes Recht zum Rücktritt, sondern nur die exceptio non (rite) adimpleti contractus den immer nöthigen negativen Schutz gewähren kann[471]). Oder es gilt von Hause aus, wie im Französischen Rechte, das Rücktrittsrecht zu Gunsten desjenigen Contrahenten, welcher dem Anderen die Nicht-Erfüllung (oder nicht-gehörige Erfüllung) mit Grunde vorwirft[472]).

Bei den Vorarbeiten zum A. L. R. war man nun Anfangs davon ausgegangen, die Befugniß zum Rücktritt (wegen der von dem anderen Theile geweigerten Erfüllung) allgemein und schroff zuzulassen: „Wenn der eine Theil vom Vertrage abgehet, so hat der andere die Wahl, ob er ein Gleiches thun, oder auf Erfüllung des Vertrages dringen will." (Ungedr. Entw.) Auf die hiergegen erhobenen Monita sollte dann der Rücktritt nur demjenigen Contrahenten gestattet werden, dessen Gegner weitaussehende Einwendungen macht („die Erfüllung seiner im Contrakt klar gegründeten Hauptverbindlichkeiten unter zweifelhaften, einer weitläuftigen Erörterung bedürfenden Ausflüchten verweigert": Entw. §. 281 h. t. [II. 2.]). Endlich gelangte man zu der im A. L. R. fixirten gemischten Theorie, deren Grundgedanke auf der Unterscheidung beruht, ob Handlungen den Hauptgegenstand des Vertrages bilden, oder nicht. Im ersten Falle gilt die Befugniß zum Rücktritt in reichem Maße. Im anderen Falle wird vom Antrage auf Erfüllung ausgegangen, aber, je nachdem dieser Antrag rechtskräftig oder doch durch ein erstinstanzliches Erkenntniß gebilligt oder verworfen wird, dem einen

---

471) So auch Oestr. §. 919: „Wenn ein Theil den Vertrag entweder gar nicht; oder nicht zu der gehörigen Zeit; an dem gehörigen Orte; oder auf die bedungene Weise erfüllet; so ist der andere Theil außer den in dem Gesetze bestimmten Fällen, oder einem ausdrücklichen Vorbehalte, nicht berechtiget, die Aufhebung, sondern nur die genaue Erfüllung des Vertrages und Ersatz zu fordern."

472) Code Nap. art. 1184. La condition résolutoire est toujours sous-entendue dans les contrats synallagmatiques, pour le cas où l'une des deux parties ne satisfera point à son engagement.

Dans ce cas, le contrat n'est point résolu de plein droit. La partie envers laquelle l'engagement n'a point été exécuté, a le choix ou de forcer l'autre à l'exécution de la convention lorsqu'elle est possible, ou d'en demander la résolution avec dommages et intérêts.

La résolution doit être demandée en justice, et il peut être accordé au défendeur un délai selon les circonstances. Vgl. art. 1654. 1764.

oder dem anderen Theile — gleichsam zur Belohnung — die Befugniß zum Rücktritt ertheilt.

Die Halbheit und Unangemessenheit dieser Behandlung der Sache ist schon früh erkannt worden. Wer die Erfüllung mit Unrecht verweigert, erreicht seinen Zweck vollkommen, wenn er nur das Glück hat, ein erstinstanzliches Erkenntniß zu seinen Gunsten zu erlangen. (§. 406 h. t.) Der Hauptübelstand aber liegt in dem künstlichen Umwege, auf welchem man nach dem natürlichen Ziele strebt. Denn das Rücktrittsrecht wird von dem Schicksal der Erfüllungsklage abhängig gemacht; anstatt daß der Rücktritt, wenn man denselben überhaupt zulassen will, entweder von Hause aus ohne Klage, oder doch vermittelst einer unmittelbar die Auflösung des Geschäfts anstrebenden Klage gestattet werden müßte. (Gesetzrev. S. 140—148.)

Die im A. L. R. getroffenen Bestimmungen[473]) lassen sich in folgende Casuistik auflösen.

1. **Grundregel.**

Die von dem einen Contrahenten geweigerte oder nicht gehörig geleistete Erfüllung berechtigt den anderen noch nicht zum Rücktritt, sondern nur zur Klage auf Erfüllung und Entschädigung: §. 393. 394 h. t. (14. C. de resc. vend. IV. 44: ... venditor ... quanti interest, experiri potest: non ex eo quod emptor non satis conventioni fecit, contractus irritus constituitur.)

Ganz besonders muß dieser Grundsatz zur Anwendung kommen bei derjenigen Art der nicht gehörig geleisteten Erfüllung, welche nur in der Verzögerung der schuldigen Leistung besteht; es sei denn, daß nach der eigenthümlichen Natur eines gewissen Geschäftes die nichtrechtzeitige Erfüllung mit Unmöglichkeit der Erfüllung in Eins fällt: oben Anm. 463, oder daß die Parteien gerade auf die Erfüllung zu einer bestimmten Zeit das entscheidende Gewicht gelegt haben: Strieth. XXXIV. 57—60 u. XXXVI. 120—122 (v. J. 1859).

Auch auf Ehegelöbnisse erscheinen die §§. 393. 394. (270) h. t. anwendbar: Entsch. XXIII. 176 fg. (v. J. 1852).

---

473) Auf diese allgemeinen Bestimmungen wird in speziellen Lehren zurückgewiesen: I. 11. §. 232; 21. §. 391. 392. Auch in I. 16. §. 199 scheint das Allegat (Tit. 5. §. 360 ff.) in „Tit. 5. §. 393 ff." geändert werden zu müssen. Denn der §. 199 deutet nicht auf Unmöglichkeit der Erfüllung (wie mancher andere, oben S. 268 angeführte §.), sondern auf Nichterfüllung „von Seiten des Andern"; freilich in einer Weise, die sich auch auf Tit. 5. §. 161 ff. beziehen ließe.

2. Modificationen der Grundregel.

Durch Urtel und Recht soll Entscheidung eintreten:

A. Ueber den streitigen Inhalt des Vertrages („Sinn und Umfang" der contractlichen Verbindlichkeiten) selbst: §. 395 h. t. (Exc. non rite adimpl. contr. Präj. 1174: oben S. 238; Entsch. VIII. 234.)

B. Ueber die, bei unstreitigem Inhalte des Vertrages, auf angebliche Nicht-Erfüllung (des Klägers) gegründete Weigerung (des Beklagten): §. 396 h. t.[474]) Und zwar nach folgenden Distinctionen in Ansehung der Vertrags-Objecte und der Prozeß-Stadien.

a) Der Hauptgegenstand des Vertrages besteht **nicht in Handlungen.**

α) Es ist rechtskräftig erkannt und der Weigerungs-Grund

A. gänzlich

a. verworfen: §. 397. 398, oder

b. für erheblich geachtet: §. 399—401 h. t. Dann erwirbt in a) der Kläger, in b) der Beklagte das Recht zum Rücktritt, womit zugleich gewisse Vortheile für den Sieger in Ansehung des Schadensersatzes resp. der Qualification des von dem Beklagten inne gehabten Besitzes verbunden sind. (Das „Uebrigens" im §. 401 geht nur auf die beiden vorangehenden §§. 399 und 400.)[475])

B. Der Weigerungsgrund ist (rechtskräftig) zum Theil verworfen, zum Theil gebilligt: §. 402. 403 h. t. In solchen Fällen gilt kein Recht zum Rücktritt, es sei denn, daß der Richter ein solches Recht dem einen Contrahenten, wegen angenommenen Uebergewichts der Schuld des anderen Contrahenten, vorbehalte.

β) Es ist in erster Instanz erkannt, und zwar

A. zum Nachtheil des Weigernden (d. i. des Beklagten): §. 404. 405, oder

B. zum Vortheil desselben: §. 406. 407 h. t. Dann kann der momentane Sieger, also in A) der Kläger, in B) der Beklagte, „so-

---

474) Derjenige Theil, welcher die Erfüllung seiner in dem Vertrage übernommenen Verbindlichkeiten „weigert", ist hier augenscheinlich der Beklagte. Der „Weigerungsgrund", welcher „gerichtlich untersucht" werden soll, besteht darin, daß „der Andere" (d. i. der Kläger) seine Verbindlichkeiten „nicht gehörig erfüllt habe, oder solchergestalt nicht erfüllen könne."

475) Will der Sieger von seinem Rücktrittsrechte keinen Gebrauch machen, so kann in a) der Kläger auf Erfüllung bestehen, neben welcher er mit dem Ersatze des aus der ungegründeten Weigerung entstandenen Schadens sich begnügen muß (§. 397); so wie in b) der Beklagte nur die judicatmäßige Erfüllung zu leisten braucht (§. 399).

gleich"[476]) vom Vertrage zurücktreten und (freilich ohne weitere positive Vortheile zu erlangen) die folgenden Instanzen abschneiden.[477]) Eine Anwendung dieser Bestimmungen findet sich im A. L. R. I. 11. §. 232. 238; eine Abweichung von denselben I. 21. §. 392. Immer aber muß zur Rechtfertigung des Rücktritts gleich nach erstinstanzlichem Erkenntnisse die Voraussetzung zutreffen, daß der erste Richter den für die Nichterfüllung des Vertrages angeführten Weigerungsgrund speziell für gerechtfertigt erklärt, also nicht etwa aus einem anderen Grunde die Weigerung, den Vertrag zu erfüllen, für begründet erachtet hat: Entsch. XX. 97—100 (v. J. 1850).

Uebrigens ist die (nach §. 406) einmal gemachte Rücktrittserklärung selbst in dem Falle durchgreifend, wenn der Zurückgetretene der Verpflichtung zur Rückgabe der auf Rechnung des Vertrages erhaltenen Sachen (nach §. 407) thatsächlich nicht zu genügen vermag: Strieth. XIV. 43 fg. ad b. 48. 49 (v. J. 1854).

b) Der Hauptgegenstand des Vertrages besteht in **Handlungen.**[478])

Hier gilt von Hause aus freier, und zwar sofortiger[479]) Rücktritt auf eigene Gefahr: dergestalt, daß der Zurücktretende, wenn (im nachfolgenden Rechtsstreite) sein Vorgeben („daß der Andere die Erfüllung bisher nicht contractmäßig geleistet habe, oder solchergestalt nicht leisten könne") ungegründet befunden wird, den Gegentheil vollständig entschädigen muß; wogegen er selbst, wenn sich sein Vorgeben als gegründet ergibt, nur den Ersatz des (bis zum Zeitpunkte des erklärten Rücktritts) wirklich entstandenen Schadens fordern kann: §. 408—410 h. t. Unverkennbar erscheint als leitender Gesichtspunkt für

---

476) „Sogleich" steht im §. 404 h. t. ausdrücklich und ist im §. 406 h. t. hinzuzudenken. Es kann keinem Zweifel unterliegen, daß der Rücktritt auf Grund eines noch nicht rechtskräftigen Erkenntnisses (vgl. I. 11. §. 238) durchaus nur unmittelbar nach dem erstinstanzlichen, nicht etwa auch nachträglich nach dem Appellationserkenntnisse zulässig ist. (Vgl. den von den Gesetzrevisoren a. a. O. S. 143. 144. angeführten Bericht des Ob. Trib. aus d. J. 1814.)

477) Wenn jedoch der Gegner dem Rücktrittsrechte widerspricht, so kann dieser Widerspruch nicht durch ein bloßes Decret beseitigt werden, sondern es ist dann zuvörderst über das behauptete Recht „vom Vertrage (nach dem erstinstanzlichen Erkenntnisse) zurücktreten zu dürfen" in einem besonderen Prozesse durch alle zulässigen Instanzen zu erkennen, bis dahin aber das Appellationsverfahren in der Hauptsache auszusetzen: Rescr. 18. Octbr. 1836. (Jur. Wochenschr. S. 832 fg.)

478) Vgl. wegen des dare facere überhaupt: Sav. Obl. I. 300 fg. 380 ad II.

479) Das Wort „sofort" steht sowohl in §. 408 h. t. als im §. 878. I. 11.

diese Behandlung der Sache die Zulassung einer gewissen Selbsthülfe, welche doch durch die mit übernommene Gefahr wesentlich temperirt wird.[480])

Wegen Vergütung der auf Rechnung des Vertrages etwa schon geleisteten Handlungen wird (da solche nicht ungeschehen gemacht werden können) auf die allgemeinen Grundsätze der §§. 166. 167 h. t. (oben S. 222) verwiesen: §. 411 h. t. Imgleichen wegen der operae locatae conductae (resp. opus locatum conductum) und wegen des kaufmännischen Verkehrs auf die speziellen dahin einschlagenden Abschnitte des A. L. R. (I. 11. Abschn. 8; II. 8. Abschn. 7. 11. — vgl. jedoch Gruchot III. 179—): §. 412. 413 h. t.

Für die praktische Anwendung des §. 408 h. t. ist besonders einflußreich geworden das Präj. 2066 (v. J. 1848)[481]): „Wenn bei einer Gutsüberlassung neben den übrigen Verpflichtungen des Uebernehmers zu Zahlungen, Gewährungen u. s. w. auch dessen Verpflichtung ausgesprochen ist, den Ueberlasser stets anständig zu behandeln und mit kindlicher Liebe zu verpflegen, so betrifft diese Verpflichtung Handlungen, welche zu den Hauptgegenständen des Vertrages zu rechnen sind; und findet der §. 408 a. a. O. Anwendung." (Oder, wie es in den Entsch. a. a. O. ausführlicher lautet: „und steht deshalb dem Ueberlasser, bei behaupteter Nichterfüllung dieser übernommenen Verpflichtung von Seiten des anderen Contrahenten, die Befugniß zu, von dem Vertrage wieder abzugehen.")

Zum Grunde lag dabei vorzüglich die Anschauung: der §. 408 erfordere nicht, daß nur Handlungen Hauptgegenstand des Vertrages seien; es genüge vielmehr, wenn „neben einem anderen Hauptgegenstande" Handlungen auch „als solcher" (d. h. als ein Hauptgegenstand des Vertrages) zu betrachten seien. Daran schloß sich dann die Consequenz, daß der Ueberlasser des Gutes vorläufig blos eine contractwidrige Behandlung und Verpflegung (ohne Beweis) zu behaupten brauche, um vom Ueberlassungsvertrage zurücktreten zu dürfen, — nur mit Vorbehalt der vollständigen Entschädigung des Uebernehmers, für den Fall des später ungegründet zu befindenden Vorgebens des Ueberlassers.

---

480) Vgl. u. A. Gesetzrev. a. a. O. S. 147: „Will man bei Miethen oder Pachten einen Rücktritt gestatten, so muß er ebenso wie bei Verträgen über Handlungen ohne richterliche Hülfe auf Gefahr des Rücktretenden gestattet werden."

481) Präj. Samml. S. 18; Entsch. XVI. 521 fg. — Die Gründe finden sich im Arnsb. Arch. XIV. 182—185.

Das Bedenkliche in der Anwendung des §. 408 auf ein so wesentlich mit dem Uebergange des Eigenthums an einem Grundstücke verbundenes Rechtsgeschäft, wie ein Gutsabtretungsvertrag der gedachten Art, ist von Anfang an mit Recht hervorgehoben worden.[482]) Andererseits läßt sich das Bedürfniß der Praxis nicht verkennen, welches sich bei den überhaupt aus dare und facere gemischten Gegenständen der Verträge durch Anwendbarmachung des §. 408 Hülfe zu verschaffen sucht.

Deshalb hat die Praxis den Gedanken, welcher dem Präj. 2066 zum Grunde lag[483]), nicht ganz fallen gelassen, aber auch nicht ohne Modification nach den thatsächlichen und besonderen Umständen und Verhältnissen der einzelnen Fälle festgehalten. Vgl. Strieth. VI. 6. 7 (v. J. 1851); XIV. 137—141 (v. 1854); XX. 228—231 (v. 1856); XXXVI. 99—104 (v. 1859); Gruchot III. 162—171.

Nicht anwendbar befunden ist der §. 408 auf solche Verträge, deren Gegenstand in der Hauptsache aus Leistungen (z. B. Gewährung von Hütungsrechten und Pferchnutzung) und in Nebenpunkten aus Handlungen (z. B. Haltung des Hirten und Regulirung des Hütelohns) besteht: Strieth. XI. 347 ad. a. 349 fg. (v. J. 1854).

Ferner findet §. 408 keine Anwendung auf verdungene Werke (I. 11. §. 878. 936—938. 943—948): Entsch. XIX. 151 (ad I.) — 159 (v. J. 1850); Strieth. XX. 243 (v. J. 1856).[484])

---

482) Arnsb. Arch. a. a. O. S. 185—188.

483) In abstracto läßt sich freilich behaupten: Handlungen seien nur dann der „Hauptgegenstand" eines Vertrages, wenn sie die Hauptsache, alle sonstigen Gegenstände nur Nebensache sind. Also seien Handlungen nicht der „Hauptgegenstand" des Vertrages, sowie neben ihnen noch andere „Hauptgegenstände" vorkommen. Dadurch würde dann zugleich die Singularität des §. 408 auf Handlungen als solche beschränkt. Vergleicht man aber den §. 408 mit §. 165 h. t. (oben S. 220 ad β. und besonders Anm. 371), so kann man wohl nicht umhin, den Hauptgegenstand eines Vertrages auch da in Handlungen zu finden, wo neben diesen noch andere Leistungen auftreten, wenn nur die Handlungen nicht unter die Gegenstände der Nebenabreden gehören, sondern ein wesentliches Element der Hauptabrede des Vertrages bilden, also gleichsam den anderen Hauptgegenständen ebenbürtig sind.

484) Ein allerdings subtiler, aber durch die Fassung der Gesetzesworte begründeter Unterschied besteht im Folgenden. Der §. 408 h. t. gestattet den Rücktritt auf eigene Gefahr, selbst wenn die dem Gegner Schuld gegebene Nicht-Erfüllung auf bloßer Behauptung (auf einem vielleicht ganz unrichtigen Vorgeben oder Vorwande) beruht. Der §. 878. I. 11 dagegen berechtigt zum Rücktritt ohne alle Gefahr, wenn nur so viel feststeht, daß der Gegner die versprochene Erfüllung weigert. Die Folgen des §. 408 treten ein, nach-

Dagegen ist dem §. 408 volle Anwendung gewährt auf Engagements-Verträge von Künstlern (in specie von Schauspielern): Strieth. XV. 225—231 (v. J. 1854); auf Dienstverträge aller Art: Strieth. IV. 1. 2 (v. 1851); XXVIII. 47—49 (v. 1857) und 204—208 (v. 1858); auf Verträge mit Handarbeitern (I. 11. §. 895 ff. 906. 920, im Gegensatze zu §. 925 ff.): Strieth. XX. 240—245 (v. 1856);[485] auf Lieferungsverträge: Strieth. XVIII. 259—264 (v. 1855). Vgl. Gruchot III. 154—162.

Auf solche Fälle, in welchen der zurücktretende Contrahent das angeblich zu viel Gezahlte zurückfordert, passen die §§. 408. 409 h. t. überhaupt nicht (so wenig wie §. 889. I. 11): Strieth. IX. 221—225 (v. J. 1853).

Ob übrigens die an sich zulässige Rücktrittserklärung eine ausdrückliche oder doch thatsächliche sein müsse, oder nicht, darüber ist die Praxis nicht frei von Schwankungen: Strieth. II. 375 fg.; XV. 229 fg.; XVIII. 263; XXVIII. 48; Gruchot III. 176—179.

So viel aber ist als feststehend anzunehmen, daß unter der vollständigen Entschädigung des §. 409 h. t. (wie in allen anderen Fällen einer vorsätzlichen Verletzung der Vertragspflichten) das ganze auf Ersatz des wirklichen Schadens und entgangenen Gewinnes gerichtete Interesse verstanden werden muß: Entsch. XI. 30. Vgl. jedoch wegen der Auslegung des §. 410 im Gegensatz zum 409 h. t.: Centralbl. für Preuß. Jur. v. 1838 Sp. 834. 923 u. Gruchot III. 179 (ad 4).

VI. **Tod.** Koch §. 568 ad V. §. 520 ad 1. Born. §. 169. Puchta §. 300 zu Anfg.

1. **Regel:** Uebergang der Rechte und Pflichten aus Verträgen auf die Erben: §. 415 h. t. (I. 9. §. 362. 366; 13. §. 190—193; 17. §. 278—280. 282 ff.; II. 8. §. 666.)

2. **Ausnahmen.**

A. Verträge über ganz individuelle (nicht-fungible) Hand-

---

dem der Rücktritt bereits stattgefunden hat. (§. 409 fg.) Die Bestimmungen der §§. 877. 878. I. 11 gehen dem zu nehmenden Rücktritt voran.

485) Der Gegensatz gedungener Arbeit (operae locatae conductae) gegen ein verdungenes Werk (opus locatum conductum) gewinnt auf diese Art noch eine besondere praktische Bedeutung, durch die Anwendbarkeit oder Nichtanwendbarkeit des §. 408 h. t. Das opus loc. cond. im Sinne des A. L. R. I. 11. §. 925 ff. erfordert zu seinem Begriffe die Combination der Arbeit und der verarbeiteten Materialien zu einem neuen Producte, gegen eine (für das Ganze bedungene) Vergütung in Pausch und Bogen. (Strieth. XX. 244 fg.)

lungen sind für aufgehoben zu achten, wenn der Verpflichtete (auf dessen „besondere Fähigkeiten und Verhältnisse" es ankam) vor der Erfüllung stirbt: §. 416 h. t. (§. 108 h. t.; I. 13. §. 186; 17. §. 281. 290; 21. §. 366 ff.; II. 1. §. 124—127. 830. 1088 fg.; 5 [und Gesinde-Ordnung v. 1810] §. 99 ff.; 8. §. 661 ff.)

Dabei wird jedoch zugleich wegen der etwa schon vor dem Tode entstandenen Verbindlichkeiten Vorsehung getroffen. Die Erben des Verpflichteten sollen nämlich

a) das auf Rechnung der übernommenen Handlung bereits Erhaltene zurückgeben: §. 417 h. t., und im Falle einer ihrem Erblasser zur Last fallenden Verzögerung der Erfüllung dem Berechtigten, wegen der nunmehr eintretenden Aufhebung des Vertrages, Schadensersatz (zu ermessen nach dem zu vertretenden Grade der Schuld: Gesetzrev. S. 148) leisten: §. 418 h. t.; dagegen aber auch

b) im Falle der von ihrem Erblasser bereits theilweise geleisteten Erfüllung eine billige Vergütung erhalten, und zwar nach Verhältniß des für das Ganze Versprochenen, nur nicht über das Maß des dem Berechtigten verschafften Vortheils hinaus: §. 419—422. (Koch Fordr. §. 139 ad I. 2.)

B. Lästige Verträge überhaupt, also insbesondere auch lästige Verträge über fungible Handlungen, werden durch den Tod nicht aufgehoben, selbst wenn dem Erblasser ungewöhnliche Vortheile auf Grund persönlicher Eigenschaften und persönlichen Vertrauens zugestanden waren. Nur müssen die Erben entweder auf die ungewöhnlichen Vortheile verzichten oder für die nach Art des Erblassers zu leistende Erfüllung des Vertrages Sicherheit bestellen: §. 423 h. t. Dieser §. steht sonach nicht im Widerspruch mit §. 416, beruhet aber auf einer der Kritik unterliegenden Subtilität in der Unterscheidung der Fälle. (Gesetzrev. S. 149. Koch Fordr. §. 139 ad II.)[486])

Abschnitt IV. Correalverträge.

Jahrb. XX. 3—26. (Rubo: Einiges über Correalobligationen

486) An sich ist die Unterscheidung der ganz individuellen Arbeit und der von Jedem auf gleiche Weise zu leistenden (also auch nach Zahl, Maß oder Gewicht zu schätzenden) Arbeit in der Natur der Sache begründet und schon im Römischen Rechte anerkannt; unter Anderem auch zur Aufklärung der Absicht der Parteien, ob die Obligation auf die Erben übergehen solle, oder nicht. So wird in 15 C. de contr. stip. VIII. 38 der Uebergang der Obligation auf die Erben angenommen, weil in diesem Falle nicht die persönliche Arbeit des Unternehmers, sondern die Besorgung des Werkes durch Anschaffung von Materialien und Bestellung von Arbeitern beabsichtigt war: Sav. Obl. I. 402. 403.

nach preußischem Recht.) Koch §. 514—519. (Fordr. §. 61—66 [a].) Born. §. 170—172. Puchta §. 233—235. Sav. V. 220—222. 255; Obl. I. 136—294. Gruchot III. 288—352. Stobbe (Vertragsrecht: unten Anm. 507) S. 174—178. (Oestr. §. 888—896. [Sav. 294.] Code Nap. art. 1197—1216. [Sav. 293.])

Wo mehrere Subjecte auf Seiten des Rechts oder der Verbindlichkeit aus Verträgen auftreten, da kann in der Art und Weise ihrer Verbindung oder Sonderung das Verhältniß zwischen Regel und Ausnahme positiv sehr verschieden aufgefaßt, ja geradezu umgekehrt werden.

Zu der Römischen Regel der natürlichen Getheiltheit der Obligationen (obligatio ipso iure divisa)[487]) verhält sich die willkürliche Ungetheiltheit als Ausnahme. Und zwar als ächte Ausnahme wesentlich in den ächten Fällen der Correalität (Identität der Obligationen)[488]); obgleich auch die unächten Fälle der Correalität die Erscheinung der Ungetheiltheit (Solidarität)[489]) darbieten.

Im A. L. R. ist das Verhältniß im Wesentlichen umgekehrt und das solidarische Verhältniß unter mehreren Verpflichteten, wenn auch nicht unter mehreren Berechtigten, zur Regel erhoben worden. (Gesetzrev. S. 149.)

Nach Sz. S. 6. 7. soll jedoch hierdurch nur die ursprüngliche reine Theorie des Römischen Rechts wieder hergestellt sein. „Nach dieser konnten Correi debendi in Solidum belangt werden. 3. §. 1. de duob. reis constit.[490]) Erst die Novella 99. c. 1 führte das Beneficium divisionis in der Art ein, daß gegen den klaren Buchstaben des Kontrakts dergleichen Correi doch nur pro rata haften sollten, wenn sie der Exceptioni divisionis nicht entsagt hätten[491]). Diese

---

487) Sav. Obl. I. 137. 220. 323 ad II. 350 ad II.

488) Sav. V. 220 fg. ad A; Obl. I. 138. 139. 144. 366—368.

489) Sav. V. 221 fg. ad B; Obl. I. 197—215. (252 ff.) In dem Falle einer unächten Correalschuld stehen mehrere, von einander unabhängige, Obligationen in einem solchen Verhältniß zu einander, „daß die Tilgung der einen zugleich die andere aufhebt, indem sie ihr ihren Gegenstand entzieht": Sav. Obl. I. 368.

490) (Dig. XLV. 2.) Ubi duo rei facti sunt, potest vel ab uno eorum solidum peti. hoc est enim duorum reorum, ut unusquisque eorum in solidum sit obligatus possitque ab alterutro peti. & partes autem a singulis peti posse, nequaquam dubium est: quemadmodum et a reo et fideiussore petere possumus. utique enim, cum una sit obligatio, una et summa est: ut sive unus solvat, omnes liberentur; sive solvatur ab altero, liberatio contingat.

491) Sav. (Obl. I. 291 Note e) macht darauf aufmerksam, daß Sz. hier der bekannten irrigen, zu seiner Zeit vorherrschenden Auffassung der Novelle 99 folgt, nach welcher alle Correalschuldner überhaupt Gegenstand die-

Disposition ist offenbar wider die Natur der Sache, mit der es gewiß nicht harmonirt, wenn Leute, die sich in Solidum ausdrücklich verpflichtet haben, doch nur pro rata haften sollen[492]). Es ist auch wider die Absicht des Creditoris, welcher dadurch, daß er sich mehrere Schuldner verpflichtete, sich eine desto gewissere und leichtere Erfüllung des Vertrages sichern wollte; und nun, vermöge des Beneficii divisionis, genöthigt wird, statt eines Schuldners, mehreren nachzulaufen, und gegen sie die einzelnen Antheile auszuklagen."

Schließlich bemerkt Sz., in der Vertheidigung der Landrechtlichen Theorie von der Correalobligation, an derselben Stelle: daß diese Theorie „von sehr weit umfassenden Folgen sei, und daß, wenn sie geändert werden sollte, daraus eine große Menge von Veränderungen bei den speziellen Materien folgen würde." Eine Bemerkung, deren Richtigkeit sich ergibt, wenn man nur etwa folgende Stellen des A. L. R. in Vergleichung zieht: I. 9. §. 576 fg.; 11. §. 320; 12. §. 289. 498; 13. §. 201—216; 14. §. 59—66. 373—379; 16. §. 303—307. 458—460. 492—494; 17. §. 52. 127 ff. und 151 ff. 239 fg.; 18. §. 755 fg.; 20. §. 181; II. 8. §. 647. [786. 797—800.] 2090—2093. 2138; 18. §. 288.

Es läßt sich jedoch nicht verkennen, daß die Landrechtliche Umkehrung von Regel und Ausnahme auf einem Mißverständnisse der Theorie beruhet und dem praktischen Bedürfnisse widerspricht. Hierüber ist die Kritik jetzt ziemlich einig. Auch haben sich andere neuere Gesetzgebungen den richtigen Römischen (im gemeinen Deutschen Rechte herrschend gebliebenen) Grundsätzen angeschlossen: Oestr. §. 891; Code Nap. art. 1202. Vgl. Sav. Obl. I. 289—294; Gruchot III. 295—299.

I. Correi debendi.[493])

---

ses Gesetzes sein sollen (Sav. 281 ad II), während in der That Gegenstand des Gesetzes nur diejenigen Correalschuldner sind, welche mit ihrem Correalschuld-Vertrage noch besondere Verträge wechselseitiger Verbürgung eines Jeden für alle Uebrigen verbunden haben (Sav. 282 ad III).

492) Oder, wie sich Sz. schon früher (in der rev. mon.) ausgedrückt hatte: man werde die Uebereinstimmung der von unserem Gesetzbuche angenommenen Theorie mit dem gemeinen Menschenverstande nicht verkennen können, wenn man nur seine Pandekten einen Augenblick auf die Seite lege (!): Gesetzrev. S. 149.

493) Praktische Bedeutung der Correalschuld: dem Gläubiger eine freiere Macht in der Verfolgung einer Schuld zu verleihen, und zwar einer-

1. **Aus einem gemeinschaftlich geschlossenen Vertrage haften die mehreren Verpflichteten**

A. principaliter, d. h. wenn nicht im Vertrage ausdrücklich das Gegentheil bestimmt ist, in solidum („einer für alle und alle für einen"): §. 424. 425 h. t.[494]);

B. eventuell, d. h. wenn aus dem Vertrage so viel hervorgeht, daß eine solidarische Haftung nicht eintreten soll:

a) nach den über die Art und das Maß des von Jedem zu leistenden Beitrages in dem Vertrage selbst getroffenen genauen Bestimmungen: §. 426 h. t.; in Ermangelung solcher genauer Bestimmungen

b) nach Maßgabe des zu Grunde liegenden Rechtsverhältnisses: d. i. ein Jeder „nach dem Zwecke seiner Theilnehmung an der übernommenen Verbindlichkeit, so wie derselbe aus der Natur des Geschäftes, und seinem persönlichen Stande oder Gewerbe sich ergibt": §. 427 h. t.[495]); äußersten Falles, wenn selbst der ad b angedeutete Anhalt versagt,

c) „zu gleichen Theilen", d. i. in capita: §. 428 h. t.

Kurz, es sind von Hause aus der Correalschuld gleichsam in subsidium die Regeln der Gesellschafts-Rechnung eingeimpft, während man eigentlich das Correalverhältniß überhaupt seiner Natur nach gar nicht mit einer Societät verbunden zu denken hat[496]).

2. **Der Berechtigte kann sich an die mehreren Verpflichteten halten**[497]):

A. in den Fällen 1. B. an jeden Einzelnen besonders für dessen

---

seits zu größerer Sicherheit, andererseits zu größerer Bequemlichkeit der Rechtsverfolgung. Sav. Obl. I. 217. 218.

494) Der Entw. §. 291 h. t. (II. 2.) bediente sich des Ausdruckes: „so werden sie als Eine Person angesehen." Nach der früheren Hypoth. u. Concurs-Ordnung (v. J. 1722, §. 46) war noch umgekehrt zur solidarischen Haftung erforderlich: „.... So ist solches mit eben diesen Worten, und daß auf solche Weise beyde für einen, und einer für beyde hafften wollen, der Obligation ausdrücklich mit zu inseriren." (C. C. M. Th. II. Abth. II. Sp. 128.)

495) Dabei ist nach Ausweis der Materialien besonders an den Fall gedacht, wenn sich die Mitglieder einer Dorfgemeinde zum Baudienst verpflichten. Vgl. Born. §. 171 in der Schlußnote, nebst den dort allegirten Cab. Ordres aus d. J. 1831. 35. 36. (Ges. Samml. 1831. S. 5; 1835 S. 184; 1836 S. 203.)

496) Sav. Obl. I. 143. 222. 225.

497) Die systematische Sonderung von 1. u. 2., in Unterscheidung des Verhältnisses, nach welchem die mehreren Verpflichteten haften, und des Verhältnisses, nach welchem der Berechtigte dieselben angreifen darf, scheint durch

Person und Antheil, ohne daß irgend der Eine für den Anderen aufzukommen braucht: §. 429 h. t.;

B. in 1. A. an alle Einzelnen nach Belieben, sowohl für die ganze Forderung, als für jeden Theil derselben, mit freiem ius eligendi und variandi, — ohne jegliches beneficium divisionis: §. 430—434 h. t.[498])

Mit großer Sicherheit werden die Landrechtlichen Grundsätze über die Solidar-Verbindlichkeit von der Praxis festgehalten in solchen Fällen, wo es sich um gemeinschaftliche Schuldverschreibungen über empfangene Darlehen, so wie um gemeinschaftlich in ungetrennter Summe ohne Ausstellung eines Schuldscheines erhobene Darlehen handelt, mag nun dieser oder jener Schuldner mehr oder weniger von der dargeliehenen Summe in die Hand bekommen haben: Präj. 2271 (v. J. 1851: Entsch. XXI. 421. 423); Entsch. XXXII. 349—353 (v. J. 1856: ausführlicher bei Strieth. XIX. 246—257). So sind auch mehrere gemeinschaftliche Verkäufer, welche über den gemeinschaftlichen Empfang des Kaufgeldes quittirt hatten, nach eingetretener Ungültigkeit des Kaufvertrages, bezüglich der Rückzahlung wie für ein Darlehn, und zwar nach dem Grundsatze der Solidarverbindlichkeit, verhaftet erkannt worden (unter ausdrücklicher Bezugnahme auf die Entsch. XXI. a. a. O.): Strieth. XXIX. 262—265 (v. J. 1858). Ja selbst in dem Falle, wo mehrere zum Empfang einer Zahlung auf Grund eines Vertrages gemeinschaftlich Berechtigte die Zahlung gemeinschaftlich erhoben hatten, wurden dieselben späterhin, als sich heraus stellte, daß sie eine Nichtschuld erhoben hatten, zur Rückzahlung der erhobenen Summe (und zwar eben aus der Erhebung, als aus ihrem gemeinsamen Rechtsgeschäfte,) solida-

---

die Darstellung des A. L. R. gerechtfertigt zu sein. Im Entwurfe waren beide Verhältnisse mehr in einander verschränkt.

Vgl. Entw. §. 291 h. t. (II. 2.) u. A. L. R. §. 424 h. t. (I. 5.)
„ §. 292—294 „ „ „ „ §. 430—432.
„ §. 295. „ „ „ „ §. 426 (429).
„ §. 297. 298. „ „ „ „ §. 433. 434.

498) Zum §. 432 h. t. vgl. Pr. O. Tit. 17. §. 17, zur Unterstützung der Ansicht: daß nur eben zwischen dem „in Anspruch Genommenen" (§. 431 h. t.) und dem Litisdenunciaten keine Erörterungen Statt finden sollen, welche durch die Aufforderung an dem Prozesse Theil zu nehmen, veranlaßt werden könnten. (Gesetzrev. S. 150. Gruchot III. 313.) Im §. 433 h. t. ist die gemeinrechtlich streitige Frage: ob der Gläubiger durch Anstellung der Theilklage auf die solidarische Haftung des oder der Mitverpflichteten stillschweigend verzichte (Puchta §. 235 Note m.), im Sinne des A. L. R. consequent verneinend entschieden.

risch verpflichtet erachtet, ohne Rücksicht darauf, wie sie das gemeinschaftlich erhobene Geld unter sich vertheilt haben mochten: Strieth. XXV. 97—100 (v. J. 1857). Vgl. jedoch Koch Fordr. §. 63 ad 1. a. bb. und Gruchot III. 305—308 (ad 7).

Mit voller Consequenz durchgeführt erscheint die Correal-Verbindlichkeit mehrerer Mandanten den Mandatarien gegenüber, in einem Rechtsfalle bei Strieth. V. 30 (v. J. 1852).

Dagegen ist klar erkannt worden, daß die solidarische Verbindlichkeit mehrerer Wechselverpflichteten (Sav. Obl. I. 287—289) nicht nach den Grundsätzen der ächten Correal-Verpflichtung beurtheilt werden darf, weil bei dieser die Solidarität in der Einheit des Vertrages beruhet, welche bei der solidarischen Verbindlichkeit mehrerer Wechselschuldner fehlt. Denn der Grund der Solidarität im wechselrechtlichen Verhältniß liegt in verschiedenen, sich an einander reihenden, selbstständigen wechselmäßigen Verpflichtungen, welche für jeden einzelnen, aus einer Wechselerklärung haftenden Wechselverbundenen sich auf das Ganze der Leistung erstrecken. Eben deshalb wird auch (in weiterer Consequenz, die den §. 435 h. t. unanwendbar macht,) durch die Erfüllung der Verbindlichkeit aus einer einzelnen der neben einander stehenden Wechselverpflichtungen die Verbindlichkeit der übrigen Wechselverpflichteten aus den von ihnen übernommenen, selbstständigen, sich nur stufenweise an einander anschließenden wechselmäßigen Verbindlichkeiten nicht nothwendig aufgehoben: Strieth. VII. 275. 276 (v. J. 1852). Vgl. noch Strieth. XXIX. 363—365 (vom J. 1858).

Was endlich die Wirkung des richterlichen Erkenntnisses betrifft, durch welches mehrere Litisconsorten verurtheilt werden (Gruchot III. 316—318), so sollen im zweifelhaften Falle (ob die Execution gegen Jeden aufs Ganze oder nur pro rata zu vollstrecken sei) wieder die §§. 424 ff. h. t. durchgreifen, d. h. es soll auf das ursprüngliche Rechtsverhältniß zurückgegangen werden: Pr. O. Tit. 24. §. 13. (Anders noch Corp. Jur. Frid. v. 1781, Th. I. Tit. 24. §. 7.)[499])

3. **Verhältniß der einzelnen Mitverpflichteten zur Obligation im Ganzen.**

A. Unterschied der Befreiungen in rem und in personam.[500])

499) Wegen der Anomalie und des Wechsels der Gesetzgebung in Ansehung des Kostenpunktes (Pr. O. Tit. 23. §. 29 vgl. mit C. J. Fr. a. a. O. Tit. 23. §. 24 und Gesetz wegen der Gerichtskosten v. 10. Mai 1851 §. 10. Nr. 5): Koch Fordr. §. 63 ad 2. c. und Gruchot II. 261—263; III. 313 fg.

500) Sav. Obl. I. 172 ff.

a) Die Tilgung oder Verminderung des Anspruches selbst hat objective Wirkung (in rem), sei auch die tilgende oder vermindernde Handlung resp. das zur Verlängerung der Erfüllungszeit[501]) führende Ansuchen nur von Einem der Mitverpflichteten ausgegangen: §. 435. 436. 441 h. t. (Der §. 436 greift eigentlich schon in die Regreßfrage hinüber: unten ad 4.)

b) Die Befreiung oder Nachsicht, welche Einer der Mitverpflichteten blos für seine Person erlangt hat, kommt den Uebrigen nicht zu Statten, hat also nur subjective Wirkung (in personam): §. 437. 442 h. t.[502])

Wegen der Wirkung des freisprechenden Urtheils insbesondere (§. 437 h. t.) vgl. Gruchot III. 326—330. Wegen der Wirkung des Vergleichs: ebendas. 331. 332.

B. Durch die Handlung Eines Verpflichteten können die Rechte der übrigen keine Schmälerung (vermittelst Erschwerung der Schuld oder Erweiterung des Gläubigerrechts) erleiden: §. 438 h. t. (Gruchot a. a. O. S. 332—338.)

Daraus folgt, daß ein Verpflichteter die an eine gewisse Zeit gebundenen Befugnisse des Berechtigten nicht zum Nachtheil der anderen Verpflichteten prolongiren kann: §. 439 h. t.[503])

Jedoch gilt (zwar nicht das bloße Anerkenntniß eines Verpflichteten, wohl aber) die Anstellung der Klage von Seiten des Berechtigten gegen einen Verpflichteten als Unterbrechung der Klageverjährung auch gegen die Uebrigen: §. 440 h. t. (I. 9. §. 576. 577.)[504]) Vgl. Sav. Obl. I. 193—195; Gruchot a. a. O. Seite 338.

Imgleichen prävalirt in der Praxis die Ansicht, daß durch die

---

501) In dieser Verlängerung (Stundung) liegt ja materiell auch eine Verminderung des Anspruches an die Verpflichteten.

502) Die ad a und b (zur schärferen Sonderung von in rem und in personam) auseinander gelegten Paragraphen finden sich schon im Entwurfe ganz in der Ordnung wie im A. L. R.

Vgl. Entw. §. 301—306 und A. L. R. §. 435—437.
„ §. 311. 312 „ „ „ „ §. 441. 442.

Auch im Entw. waren die Bestimmungen ad B. schon dazwischen geschoben.

503) Das Allegat „Th. 2. Tit. 8. Abschn. 8." ging auf die Landrechtliche Wechsel-Prolongation (§. 1236 fg.), welche unserer jetzigen (Allg. D.) Wechselordnung fremd ist.

504) Anders nach der (Allg. D.) Wechselordnung Art. 80: Unterbrechung der Verjährung nur in Beziehung auf Denjenigen, gegen welchen die Klage gerichtet ist.

von einem Correalschuldner geleistete Zinsenzahlung die Verjährung der Forderung auch gegen die Uebrigen unterbrochen oder gehindert werde, indem der Empfang der Zahlung als eine unterbrechende Handlung des Gläubigers, als Einziehung eines Theiles der Forderung, nicht als Anerkenntniß des zahlenden Correal-Schuldners, aufgefaßt wird.[505])

4. **Regreß der Correalverpflichteten unter einander.**

Mit dem Conclusum:

„Unter den Correis findet zwar keine solidarische, wohl aber eine subsidiarische Obligation statt"

wurden nach Ausweis der Redactionsgeschichte zwei aufgeworfene Zweifelsfragen entschieden, auf deren negative Beantwortung man gefaßt gewesen war, weil gar kein Grund vorhanden sei, „zwischen den Correis inter se eine obligationem solidariam anzunehmen"[506]).

In der That scheint in jener Entscheidung gleichsam instinctiv eine urdeutsche Rechtsansicht zum Durchbruch gekommen zu sein![507])

Während also nach Römischem Rechte unter den correis als solchen ein gegenseitiges Rechtsverhältniß nicht angenommen wird[508]), ertheilt das A. L. R. den Correalverpflichteten als solchen

---

505) Vgl. vor Allem die von Koch (Schles. Arch. V. 462) beigebrachte Entsch. des Ob. Trib. v. 31. August 1844. Auch Jur. Wochenschr. 1846. Sp. 33—36; Koch Fordr. §. 65 am Ende.

506) Jene Fragen hatten gelautet:

„Kann ein Correus, welcher dem Berechtigten mehr, als seinen Antheil entrichtet hat, wegen des Ersatzes, der ihm von jedem der übrigen Correorum zu leisten ist, sich an einen derselben in solidum halten?"

„Oder müssen nicht wenigstens die übrigen Correi die Ratam des- oder derjenigen unter ihnen, welche insolvendo sind, gegen den zahlenden Correum in subsidium vertreten?" Sz. Jahrb. LVI. 8.

507) Wenngleich sich an die Auslegung des Sachsen-Spiegels Buch III. Art. 85 verschiedene Ansichten darüber knüpfen, wie sich die (prinzipale) Theilhaftung und die (subsidiäre) Solidarhaftung zu einander verhalten, so ist doch so viel keinem Zweifel unterworfen, daß nach altem Deutschem Rechte den gemeinsamen Schuldnern als solchen genügender Regreß gegenseitig gewährt war: Homeyer Note zum §. 1. des angeführten Artikels (Hom. Ausg. 1835. Seite 263); Sachße Note 2 zu demselben Paragraphen (Ausg. 1848. S. 307); Beseler (System) §. 218 ad II; Stobbe: Zur Geschichte des deutschen Vertragsrechts, Leipz. 1855, S. 146 fg. und S. 161 Note 9; Kühns: Ueber das germanische Gesammtversprechen, in der Preuß. Gerichtszeitung Jahrg. II. S. 87 Sp. 2 fg.

Auch andere neuere Gesetzgebungen huldigen diesem Regreßrechte: Oestr. §. 896; Code Nap. art. 1213. Vgl. Gruchot III. 339—341.

508) Dennoch ist auch vom Standpunkte des Römischen Rechts die Frage

A. nachdem der Eine oder der Andere die Verbindlichkeit gegen den Berechtigten erfüllt hat, den gegenseitigen Regreß

a) nach dem Inhalte des unter ihnen bestehenden Vertrages: §. 443 h. t.; in Ermangelung eines solchen Vertrages

b) nach Maßgabe der „in Ansehung des übernommenen Geschäftes oder des daraus gezogenen Vortheils" unter ihnen obwaltenden besonderen Verhältnisse: §. 444 h. t.; äußersten Falles, wenn selbst der Anhalt eines besonderen zum Grunde liegenden Rechtsverhältnisses fehlt,

c) „unter sich zu gleichen Theilen": §. 445 h. t.

Es sind also hier wieder, wie oben in 1. B, die Regeln der Gesellschafts-Rechnung adoptirt. Und an die nach solchen Regeln (innerhalb der correi) getheilte Obligation schließt sich ganz consequent weiter an:

B. die Ausgleichung unter den Mitverpflichteten, durch Repartition der in Folge der Vertrags-Unfähigkeit oder der Insolvenz Einzelner ausfallenden Antheile: §. 446—449 h. t.[509])

Freilich könnte man aus A. L. R. I. 16. §. 492—494 die bedenkliche Schlußfolgerung ziehen wollen, daß derjenige Correalschuldner, auf welchen das Recht des Gläubigers (durch Cession oder Vererbung) übergegangen ist, nunmehr den Regreß gegen Jeden seiner Mitschuldner auf das Ganze (etwa mit Abzug seines eigenen Antheils) nehmen dürfe. Allein man wird doch auch das Preußische Recht von dieser bedenklichen

nach der späteren Ausgleichung unter den Betheiligten, oder nach dem Regreß, nicht abzuweisen: Sav. Obl. I. 226 ff. Ja es gestaltet sich danach recht eigentlich die Aufgabe: die Regel (der getheilten Schuld) in ihren Folgen wiederherzustellen, so weit es geschehen kann, ohne das Wesen des Correalverhältnisses irgend zu gefährden; — damit sich nicht Einer auf Kosten des Anderen ohne Grund bereichere. (Sav. 228. 229.) An einzelnen Rechtsinstituten aber zeigt es sich, wie der Anspruch auf Regreß (durch Klage) geltend gemacht werden könne. So an der Societät (Sav. 232), dem Mandat (233), der neg. gestio (236) und vor Allem an der Cession (239 ff.). Daran schließt sich das Regreßverhältniß in ächten Fällen der passiven Correalschuld, nach den Römischen Quellen: Sav. 259—263, und endlich die Zusammenstellung der Resultate: 265.

509) Die §§. 444. 447. 448 h. t. sind erst bei der Umarbeitung des Entwurfs eingeschoben.

Vgl. Entw. §. 299 u. A. L. R. §. 443.
„ §. 300 „ „ „ „ §. 445.
„ §. 302 „ „ „ „ §. 446.
„ §. 303 „ „ „ „ §. 449.

Allenfalls kann man im §. 301 des Entwurfs den Keim zu dem jetzigen §. 444 finden.

Folgerung frei sprechen müssen: Sav. Obl. I. 266 fg. 291 fg.; Rechtsspr. III. 90—99 (v. J. 1828[510]); Koch Fordr. §. 66 Note 19 (Ausg. 2 S. 41 fg.); Gruchot III. 342.

In voller Consequenz mit der richtigen Auffassung der Sache steht das in das weite Gebiet der Real-Correalobligationen maßgebend eingreifende Präj. 1649 (v. J. 1845): „Wenn bei der Existenz mehrerer, für eine und dieselbe Forderung solidarisch verpfändeter Grundstücke der Besitzer des einen derselben den gemeinschaftlichen Gläubiger befriedigt und nun den Besitzer des andern belangt, so kommt die Regel zur Anwendung, wonach mehrere Correalverpflichtete unter sich auch ohne besondern Vertrag zur Befriedigung des Gläubigers einen verhältnißmäßigen Beitrag zu leisten haben. Diese Regel erleidet dadurch keine Aenderung, daß einer der Correalverpflichteten den Gläubiger gegen jura cessa befriedigt hat; auch der Cession ungeachtet muß er sich, wenn er den andern in Anspruch nimmt, seinen eigenen Antheil in Abzug bringen lassen." (Entsch. XII. 168—172.) Festgehalten und weiter entwickelt: Strieth. VI. 342 fg. ad b. c. 346 fg. (v. J. 1852[511]); XXXIV. 168 ad a. 174—176 (v. J. 1859. Insbesondere S. 176: „... ein passives Correalverhältniß rücksichtlich der conjunctim eingetragenen Post, und vermöge desselben nach den Vorschriften der §. 443—445 A. L. R. I. 5 eine Verbindlichkeit ...., den auf sie kommenden verhältnißmäßigen Antheil den postlozirten Gläubigern des Grundstückes zur Deckung ihrer Ausfälle zu gewähren"[512]).

Für die Tragweite der Unverbindlichkeit des Vertrages wegen der persönlichen Unfähigkeit des Einen der Correalverpflichteten (§. 446 h. t.) ist lehrreich ein Rechtsfall aus der neuesten Praxis: Entsch. XLI. 45—49 (v. J. 1859).

II. Correi credendi. (Sav. Obl. I. 264 fg. 369 ff.)

Nach der Römischen Regel konnte der Einzelne unter mehreren neben einander stehenden Gläubigern nur einen Theil der Forderung geltend machen, nach der Römischen Ausnahme dagegen, welche sich eben im Correalverhältniß darstellt, die ganze Forderung vertreten.

510) Das Jahr 1826 (S. 95 a. a. O.), nach welchem das Appellations-Erkenntniß citirt zu werden pflegt, scheint auf einem Schreib- oder Druckfehler zu beruhen.

511) Die Jahreszahl 1850 in der Ueberschrift scheint auf einem Druckfehler zu beruhen.

512) Auch noch S. 178: „Der Anspruch der ausgefallenen Gläubiger stellt sich als ein durch den Correalverband aller verpfändeten Grundstücke begründeter Regreßanspruch dar rc."

(Sav. a. a. O. 289.) Hiervon weicht das A. L. R. in jeder Richtung ab, indem dasselbe weder Theilung der Forderung von Hause aus, noch volle Verfügung jedes einzelnen Mitberechtigten über das Ganze anerkennt, sondern ein vermeintliches condominium iuris annimmt, gegen welches freilich die s. g. Privatautonomie (z. B. I. 16. §. 460) sich Selbsthülfe zu schaffen unbehindert geblieben ist. (Gruchot III. 343—346.)

In diesem Sinne wird die Regel an die Spitze gestellt, daß, wenn sich Jemand in einem Vertrage[513]) mehreren Personen zu einer und eben derselben Sache oder Leistung verpflichtet hat, die Mitberechtigten das gemeinschaftliche Recht nur gemeinschaftlich ausüben können: §. 450 h. t. (I. 11. §. 320; 13. §. 210; 14. §. 63. 65. 66; 20. §. 181.) Damit ist gleich der (auf Tit. 17[514]) verweisende) §. 453 h. t. in integrirende Verbindung zu setzen, weil dieser Paragraph die Befugnisse der mehreren Berechtigten unter sich den Grundsätzen vom gemeinschaftlichen Eigenthum unterwirft[515]).

Das erste Bedürfniß einer, so zu sagen, legalen Interpretation (Sav. Syst. I. 209) des §. 450 h. t. ist durch das Präj. 1870 (v. J. 1847: sowohl in den Entsch. XIV. 463, als in der Präj. Samml. S. 19 ohne Gründe abgedruckt, nur in den Entsch. noch mit Hinweisung auf Pr. O. Tit. 5. §. 4. Nr. 7) in dem Sinne befriedigt worden: daß bei gemeinschaftlich geschlossenen Verträgen das gemeinschaftliche Recht in der Regel auch nur gemeinschaftlich von allen Theilnehmern im Wege der Klage verfolgt werden könne; und daher, so lange diese Gemeinschaft bestehe, und so fern der Vertrag selbst nicht etwa eine exceptionelle Bestimmung darüber enthalte, der einzelne Theilnehmer

513) Wegen letztwilliger Verfügungen vgl A. L. R. I. 12. §. 284. 368 fg.

514) Vgl. insbesondere Tit. 17 §. 172. 173; auch §. 10 ff. 151 ff. 233 ff.

515) Der Entwurf war noch von einer ganz anderen Theorie erfüllt, welche auf dem Unterschiede der Theilbarkeit und Untheilbarkeit des Gegenstandes der Obligation beruhete. Er bestand aus folgenden drei Sätzen: „§. 313. Hat sich jemand mehrern zu einer untheilbaren Sache verpflichtet, so können die Berechtigten solche nur zusammen fordern." (Entspricht in so weit schon unserem §. 450.) „§. 314. Hat sich jemand mehrern zu ein und eben derselben Handlung verpflichtet, so muß er die Handlung, auf das Andringen auch nur Eines von ihnen, leisten." (Hiervon ist keine Spur im A. L. R. geblieben.) „§. 315. Läßt sich das, was zu leisten ist" (dies geht also auf Sachen wie auf Handlungen), „theilen, so kann jeder von den Berechtigten nur seinen Antheil fordern." (Hiervon läßt sich die Spur allenfalls noch in unserem §. 452 finden.)

zur Verfolgung des gemeinschaftlichen Rechtes für sich nicht berechtigt sei.

Neben dieser Interpretation blieb freilich die eigentliche Schwierigkeit, ja in gewissen Fällen die praktische Unausführbarkeit des in dem §. 450 h. t. aufgestellten Grundsatzes bestehen.

Dazu kommt noch der an den §. 450 unmittelbar angeschlossene §. 451: „Doch kann keiner der Mitberechtigten durch seine Handlungen oder Entsagungen das Recht der übrigen schmälern.“ Eine Folgerung aus dem §. 450 (Sav. a. a. O. S. 289: „daher soll kein einzelner Gläubiger durch seine Handlungen ꝛc.“) scheint sich in dem mit „Doch“ anfangenden Paragraphen nicht füglich suchen zu lassen. Auch scheint die Auffassung, daß §. 451 der aus dem §. 450 abzuleitenden Meinung vorbeugen solle, als ob nach Art einer Societät jedes Mitglied als Factor agiren und die Forderung einziehen könnte (Koch Fordr. §. 64: Ausg. 2. S. 21), zwar richtig, aber nicht erschöpfend zu sein. Vielmehr leitet die spezifische Bedeutung des „Doch“ auf eine beabsichtigte Milderung der im §. 450 „nur gemeinschaftlich“ gestatteten Rechtsverfolgung: daß nämlich keiner der Mitberechtigten einseitig, sei es aus Eigensinn oder aus (vielleicht gar doloser) Gefälligkeit gegen den Schuldner, der Gesammt-Ausübung oder -Verfolgung des Rechts hindernd entgegen treten dürfe. (Born. §. 172 zu Anfang.) Allein auch damit sind die aus der aufgestellten Regel hervorgehenden Uebelstände nicht beseitigt. Die Praxis hat sich aber, durch Benutzung eines zufälliger Weise in der A. G. O. erhaltenen Ueberbleibsels des früheren Rechtes[516]), zu helfen gewußt, indem sie jede einzelne, mehreren Gläubigern zustehende Forderung als ipso iure getheilt behandelt, so daß Jeder seinen Antheil für sich fordern kann,[517]) es sei denn, daß die Natur der Sache (die Untheilbarkeit

516) Im §. 4 Pr. O. Tit. 5 findet sich folgende (aus dem Corp. Jur. Frid. v. 1781 Th. I. Tit. 3. §. 4 wörtlich übernommene) Stelle: „Wenn sich, Siebentens, aus dem Vortrage des Klägers ergiebt, daß von seiner Seite mehrere Interessenten vorhanden, und die Sache theilbar ist, so muß er angehalten werden, entweder sich zu erklären, daß er nur auf seinen Antheil klagen wolle; oder von seinen Mitinteressenten eine Vollmacht zur Einklagung des Ganzen beizubringen; oder die ihm von selbigen geschehene Abtretung des Ganzen auszuweisen.“ Vgl. Pr. O. Tit. 10. §. 86. Koch §. 517; Fordr. §. 64 (Ausg. 2. S. 23).

517) Auch fehlt es nicht an einzelnen Fällen, in denen die Gesetze selbst eine Theilung der Forderung ipso iure annehmen: A. L. R. I. 11. §. 615 fg. 1085; 16. §. 303. 308. 459; Verordnung vom 8. Febr. 1811 (Ges. Samml. S. 150) ad 8 (freilich unter besonderen Voraussetzungen): „Der Einwand

des Gegenstandes der Forderung) oder ein positives Gesetz[518]) entgegen stehe.

Insbesondere hat der Pl. Beschl. vom 1. December 1851 in einer praktisch ungemein wichtigen Beziehung jede Rechtsunsicherheit beseitigt. Derselbe lautet: „In dem Falle, in welchem Mehreren das ihnen gemeinschaftliche Recht zusteht, von einem Dritten Rechnungslegung zu fordern, gehört es auch zu den Individualrechten des einzelnen Mitberechtigten" (§. 4. A. L. R. I. 17): „von dem Verpflichteten die Rechnungslegung an die Gesammtheit der Berechtigten zu verlangen".[519]) Für diese Entscheidung wird auch die Analogie des §. 66 A. L. R. I. 14 und des §. 7 Pr. O. Tit. 46 angezogen und der §. 210 A. L. R. I. 13 als entgegen stehend nicht angesehen. (J. M. Bl. 1852 S. 3—5; Entsch. XXII. 136—145; Strieth. IV. 138—142.)

Dem entsprechend ist später einem Gesellschafter gestattet worden, gegen denjenigen, welcher einen besonderen Zweig des Societätsgeschäftes verwaltet hatte, auf Rechnungslegung an die Gesammtheit zu klagen: Strieth. VI. 128 ad b. 133 (v. J. 1852). Und es hat sich überhaupt der Grundsatz mehr und mehr Bahn gebrochen: daß der einzelne Theilhaber einer Gemeinschaft, Miteigenthümer oder Miterbe, zu Klagen gegen dritte Personen legitimirt ist, wenn er dadurch nur sein Antheilsrecht zu sichern sucht: Gruchot III. 348 fg. (Entsch. aus d. J. 1855); Strieth. XXV. 146. 151 (v. J. 1857: „. . . wohl aber ist Klägerin zu allen Verfügungen, welche lediglich die Feststellung und Sicherung der Erbschaft bezwecken, und insofern auch zur Verfolgung ihres im besonderen Eigenthume an dem Ganzen liegenden Rechtes gegen Dritte wohl berechtigt"; vgl. Koch Fordr. §. 64. Note 20ᵃ.)

Auch den Ansprüchen einzelner Mitbevollmächtigten wegen Vergütung ihrer Gebühren und Auslagen soll §. 450 h. t. in keiner Weise hinderlich werden: Strieth. V. 29 ad b. 31 fg. (v. J. 1852).

Ferner ist anerkannt worden, daß ein einzelner Miteigenthümer ohne Zuziehung der übrigen die Anmaßungen, insbesondere auch Besitz-

---

des Schuldners, daß nicht ein Theilhaber allein, sondern nur alle Theilhaber zusammen zur Kündigung berechtigt seyen, findet nicht statt"; Rescr. 20. Sptbr. 1833 (Jahrb. XLII. 86—88): „. . . . Deshalb ist eine, mehreren Personen als Legat hinterlassene Aktiv-Forderung nach den vom Erblasser angewiesenen Quoten von selbst — ipso iure — getheilt."

518) Wie A. L. R. I. 11. §. 320; 14. §. 65; 17. §. 155.

519) Derselbe Grundsatz war schon im Jahre 1850 angenommen worden Entsch. XIX. 213—217. Der entgegengesetzte früher: im Präj. 368, v. J. 1837.

störungen Dritter anfechten und zurückweisen darf. Nur daß der Einzelne nicht durch seine Klage die übrigen Miteigenthümer beeinträchtige, also insbesondere nicht mehr als seinen ideellen Antheil geltend mache. Vgl. Entsch. XVIII. 248; Strieth. VI. 180—182 (v. J. 1852).

Endlich scheint auch durch die Hinneigung der Praxis zur Getheiltheit der Activ-Forderungen der §. 452 h. t., dessen Zusammenhang mit den vorangehenden Sätzen allerdings einige Schwierigkeiten in der Auslegung verursacht,[520]) Vieles von dem Umfange seines bedenklichen Inhaltes zu verlieren.

Wegen der den §§. 450—453 h. t. überhaupt zu Grunde gelegten Voraussetzung: „daß der bezügliche Vertrag rechtsgültig errichtet worden sei", vgl. Entsch. VIII. 137. 138; Strieth. XXVI. 194 ad b. 196 (v. J. 1857); Gruchot III. 349—352.

520) Koch §. 517 Note 27; Fordr. §. 64 (Ausg. 2. S 25).

A. L. R. Th. I. Tit. 6. Von den Pflichten und Rechten, die aus unerlaubten Handlungen entstehen.

(Entw. Th. II. Einl. §. 144—149. Tit. 3.) Koch §. 137—145. 465. 466. 470 (Note 1. 3. 4. 8). §. 471—473. §. 515 (Note 5). §. 516 ad II. 1. §. 518 (Note 37). §. 569 ad II. §. 574. 729—733. 735. 736. 740—742. (Fordr. §. 24. 143. 144. 151. 389—405.) Born. §. 20. 124—135. Gruchot Beitr. III. 466—512. IV. 115—180. Puchta §. 226. 230. 261. 264—267. 375—393. Sav. Obl. I. 198—203. 256—258; II. 293—330. (Bes. v. S. 312 an: über die Nicht-Anwendbarkeit der Privatstrafen des Römischen Rechts im heutigen Recht, mit der einzigen Ausnahme der Injurienklage. [S. 329.]) Eichh. §. 152. Gerber §. 165. Beseler §. 131. (Oestr. §. 1293—1341. [Schadensersatz und Genugthuung innerhalb und außerhalb der Vertragsverhältnisse.] §. 1489. [Verjährung der Entschädigungsklage.] Code Nap. art. 1382—1386. ([Délits. Quasi-délits.] Art. 2262 und Code d'instr. crim. art. 635—643. [Préscription.])

Dieser Titel handelt eigentlich von allen außercontractlichen Beschädigungen als solchen (vgl. §. 17 h. t.; I. 3. §. 39; 5. §. 287; 9. §. 284. 303. 326; 11. §. 101; 13. §. 279; 14. §. 462; 16. §. 17; II. 2. §. 135; 16. §. 112; oben S. 38; unten ad I. 3. D. h. t.); und zwar:

I. Von den Beschädigungen, welche zu vertreten und zu ersetzen sind.

Wenn schon in der Praxis des gemeinen Rechts die Actio legis Aquiliae zu einer mehr generellen Entschädigungs-Klage ausgeweitet war, so haben die Redactoren des A. L. R. die Abstraction in der Behandlung der Entschädigungsansprüche bis zur Uebertreibung durchgeführt. Die Ueberschrift des Titels deutet zwar auf unerlaubte Handlungen. Allein in der That ist hier die Rede von der Entschädigung für jede, durch eine unerlaubte oder durch irgend eine andere außercontractliche Handlung verursachte Beschädigung. Ja es fehlt auch nicht an Einwirkungen auf rechtswidriges Verhalten innerhalb der contractlichen Verhältnisse. Daraus folgt eine gewisse Unklarheit in der objectiven Abgränzung dessen, was unter die Bestimmungen dieses Titels fallen soll und was nicht. Und dazu kommt noch der mißlungene Versuch, Culpa, Schaden und Ersatz in ein im Voraus durch das Gesetz selbst fixirtes gegenseitiges Verhältniß zu bannen. (Gesetzrev. a. a. O. S. 152 ff.)

1. **Grade des Schadens im Verhältniß zu den Graden der Culpa und in Beziehung auf den Grad des zu leistenden Ersatzes.** Mit folgenden casuistischen, unsicheren und verwickelten Abstufungen:

A. Der Schade überhaupt: §. 1 h. t. („jede Verschlimmerung des Zustandes eines Menschen, in Ansehung seines Körpers, seiner Freiheit, oder Ehre, oder seines Vermögens"), wird (in engem Anschluß an die in den §§. 4—6 Tit. 3 aufgestellten Kriterien der Folgen einer Handlung) abgestuft in unmittelbaren, mittelbaren und zufälligen Schaden (s. g. damnum immediatum, mediatum und casuale): §. 2—4 h. t.[521]) Und der entgangene Gewinn (s. g. lucrum cessans oder interceptum): §. 5 h. t., wird von Hause aus nach vernünftigem Ermessen des Causalnexus begränzt: §. 6 h. t.[522]), und dann noch für den besonderen Fall der levis culpa weiter abgestuft: §. 13 h. t.

B. Leistung des Schadensersatzes nach Graden der Culpa; — anstatt des durchgreifenden Römischen Satzes: In lege Aquilia et levissima culpa venit. (44 pr. ad leg. Aquil. IX. 2.)

a) Vollständige Genugthuung[523]), d. i. damnum emergens und lucrum cessans: §. 7 h. t.[524]) (die §§. 8. 9.[525]) enthal-

521) Vgl. zur praktischen Erläuterung des Gegensatzes zwischen unmittelbarem und mittelbarem Schaden: Rechtsspr. IV. 447; des zufälligen Schadens: ebend. 444.

522) Vgl. §. 116 h. t.; Rechtsspr. I. 259 (Ende von Nr. 60); IV. 224 ad II. 243 fg; Strieth. III. 13 ad a. 16 (v. J. 1850); VII. 226 (v. 1852). Auf die singulären Verhältnisse bei Beeinträchtigung eines Patentrechts geht Präj. 1971 (v. 1848: Entsch. XVI. 117—124).

523) Der Umfang ist materiell derselbe wie der des Interesse in contractlichen Verhältnissen. Im Sprachgebrauche findet jedoch ein Unterschied statt: oben Anm. 416.

524) Für den dem richterlichen Ermessen hier gelassenen Spielraum ist nicht ohne Bedeutung ein von Gruchot (III. 468 fg.) beigebrachtes Appell.-Erk. aus d. J. 1854 und eine Entsch. aus d. J. 1857 bei Strieth. XXIV. 306 fg. ad b. 308.

525) Vgl. Tit. 3. §. 33. 34.

ten nur Motive zum Folgenden), wird geleistet im Falle von dolus oder culpa lata: §. 10. 11 h. t.[526])

b) Damnum emergens, nebst der vorher (in A) angedeuteten besonderen Abstufung des lucrum cessans, wird ersetzt im Falle von culpa levis: §. 12—14 h. t.[527])

c) Nur damnum immediatum im Falle von culpa levissima: §. 15 h. t. (Incongruenz im §. 21, sofern darin übersehen ist, daß damnum mediatum und lucrum cessans im Falle der levissima culpa überhaupt nicht ersetzt wird.)

d) Ausnahmsweise damnum casuale, nach Maßgabe des §. 16 h. t. (Oben Tit. 3. ad I. 3.)[528])

e) An die Stelle des einfachen und natürlichen Römischen Satzes: Quod quis ex culpa sua damnum sentit, non intelligitur damnum sentire (203 de R. I.), ist eine verwickelte und gekünstelte, bis ins Kleinliche gehende Abwägung der Grade der auf Seiten des Beschädigten und des Beschädigers concurrirenden Culpa getreten (je größer die concurrirende Culpa des Beschädigten, desto geringer die Entschädigung desselben): §. 18—21 h. t. (II. 15. §. 36.)[529])

---

526) Zu §. 11 h. t. vgl. II. 15. §. 35. („Verabsäumung.")

527) Aus §. 1911—1913 A. L. R. II. 8 ergibt sich das sonderbare Resultat, daß der levi culpa ansegelnde Schiffer von dem beschädigten Theile noch Geld heraus bekommen kann! Correcter ist die durch das declarirende Gesetz vom 25. Juni 1855 (Ges. Samml. S. 517) den Uferbesitzern schon für levis culpa auferlegte Verantwortlichkeit, bei Verabsäumung gewisser durch eine Schlesische Uferordnung (v. J. 1763) vorgeschriebener Pflichten.

528) Ueberhaupt nicht nach den allgemeinen Vorschriften dieses (sechsten) Titels, sondern nach einer lex specialis (Verordg. v. 14. Juli 1797) sind diejenigen Entschädigungsansprüche zu beurtheilen, welche aus dem Abhalten von Bietern bei öffentlichen Versteigerungen hergeleitet werden: Rechtsf. IV. 35—40 (v. J. 1848) und Präj. 2494 (v. J. 1853: Entsch. XXVI. 246—253). Dagegen greifen wieder die allgemeinen gesetzlichen Bestimmungen (des 6. Titels) ein, wenn es sich um den Ersatz desjenigen Schadens handelt, welchen dritte Personen den der Postverwaltung anvertrauten Gütern zugefügt haben (indem das Postgesetz v. 5. Juni 1852, insbesondere der §. 13 desselben, lediglich auf das Verhältniß der Versender zur Postverwaltung geht): Strieth. XXXI. 353 ad b. 355—357 (v. J. 1858).

529) Zur Erläuterung vgl. die Entscheidungen in den Rechtsspr. II. 221—236 (bes. 230. 234 fg.); Jurist. Zeitung v. 1834 Sp. 320—324. 345—347; Strieth. XXIII 35 fg.; XXVI. 79—83; XXXIII. 272—275. Der bei aller Casuistik doch noch übersehene Fall, wenn beide Theile in levissima culpa sind, ist wohl so zu entscheiden, daß alsdann der unmittelbare Schaden Ersatz finden muß. — Wegen Anwendbarkeit der §§. 18 ff. h. t. auch auf Verträge vgl. Entsch. XXXVIII. 40 ff. (oben S. 244).

C. Causalnexus zwischen Handlung und Folgen.

Für Beschädigung durch die Schuld eines Anderen spricht keine Vermuthung: §. 24 h. t. (Heffter Preuß. Civil-Prozeß §. 120 Note 1); es sei denn, daß dieser Andere sich in der Ausübung einer unerlaubten Handlung befunden habe: §. 25 h. t. (Rechtsf. IV. 319—321, v. J. 1848 [Gruchot III. 492 fg. ad 4]; Strieth. XIII. 8—13, v. J. 1853. Vgl. unten Anm. 569.) Insbesondere wird demjenigen, welcher ein auf Schadensverhütungen abzielendes Polizeigesetz vernachlässigt, die Haftung für allen Schaden, welcher durch die Beobachtung des Gesetzes hätte vermieden werden können, eben so auferlegt, als wenn der Schaden aus seiner Handlung unmittelbar entstanden wäre: §. 26 h. t. In dieser Bestimmung ist (im Gegensatze zum §. 25: Gruchot III. 480) eine wahre praesumtio iuris et de iure (ohne Zulassung des Gegenbeweises) aufgestellt: d. h. in dem Falle des §. 26 soll es auf den Unterschied zwischen unmittelbarem und mittelbarem Schaden nicht weiter ankommen, vielmehr jeder Schaden, welcher durch Beobachtung des Gesetzes hätte vermieden werden können, als unmittelbarer Schaden angesehen werden; woraus dann noch die Anwendbarkeit des §. 18, mit Ausschluß des §. 19 h. t., folgt: Präj. 2589 (v. J. 1854: Entsch. XXIX. 339—347).[530])

D. Die Verbindlichkeit zum Schadensersatze ruhet objectiv auf dem Vermögen des Beschädigers: §. 27 h. t. (in welcher Beziehung das Allegat der §§. 42. 56 dahin deutet, daß unter Umständen selbst das Vermögen nicht-zurechnungsfähiger Personen haftet), und gehet deshalb (im Gegensatze zu dem Römischen nisi forte ex damno locupletior heres factus sit: 23. §. 8 ad leg. Aquil.) mit dem Vermögen auf die Erben des Beschädigers über: §. 28 h. t. (I. 7. §. 148; 9. §. 362; II. 10. §. 145. Gruchot III. 483 fg.)

2. **Concurrenz mehrerer Beschädiger.**

A. Unter einander.

a) Wenn sie einander feindlich gegenüber stehen (besonders bei Schlägereien), so geht der Anspruch auf Schadensersatz auch durch Retorsion nicht verloren: §. 22 h. t. (II. 8. §. 1930.)[531])

---

530) Auch die Verhaftung der Stadtgemeinden für den aus vernachlässigter Unterhaltung von Straßen, Brücken oder Wegen entstandenen Schaden wird mit auf den §. 26 h. t. gegründet: Präj. 498, v. J. 1838, und Pl. Beschl. 21. Juni 1847: Entsch. XIV. 92—104. Vgl. Strieth. XXVII. 128—136 (v. J. 1857: auch in den Entsch. XXXVII. 32—41; vgl. 42 ff.); unten Anm. 555.

531) Die bei Umarbeitung des gedr. Entwurfs auftauchende Absicht, das

b) Wenn sie sich in einer s. g. societas delinquendi (gegen Dritte) befinden, und bei der Ausführung der unerlaubten Handlung „einander" (oder auch nur „Einer einem Anderen" [532])) Schaden zufügen, so erwächst daraus überhaupt Keinem unter ihnen ein Anspruch auf Schadensersatz: §. 23 h. t.

B. Dem Beschädigten gegenüber.

a) Aus dolus oder lata culpa haften alle Beschädiger in solidum: §. 29. 30 h. t. (§. 51. 77. 133 h. t.; I. 14. §. 329. 440; II. 10. §. 128 ff.; 18. §. 288 fg. 305.) Vgl. Strieth. VIII. 104 ad a. 106 fg. (v. J. 1852); XXXVI. 7.

b) Aus levis oder levissima culpa soll jeder Einzelne principaliter „nur für sein eigenes Versehen", d. i. für den von ihm angerichteten Theil des Schadens [533]), eventuell (wenn sich nicht ausmitteln läßt, welchen Theil des Schadens ein jeder durch sein besonderes Versehen angerichtet habe) wieder in solidum haften: §. 31. 32 h. t. [534])

Der Ausdruck: „einer für alle, und alle für einen", in den §§. 29 u. 32, und das Allegat (Tit. 5. §. 430 ff.) in dem §. 30 h. t. soll recht eigentlich das hier (abweichend vom Römischen Rechte: Sav. V. 221 fg. ad B; Obl. I. 198 ff. 292) begründete ächte Correalverhältniß bezeichnen.

c) Regreß findet unter den Beschädigern in allen Fällen der culpa (ad a u. b) Statt: §. 33 h. t. Ausgeschlossen ist der Regreß im Falle doloser Beschädigung: §. 34 h. t. [535]); so jedoch, daß der Armencasse

---

Prinzip der Compensation (welches im §. 661 A. L. R. II. 20 bis zur gesetzlichen Abschaffung der s. g. Privatgenugthuung praktische Geltung genossen hat) zu generalisiren („Wer seinen Beschädiger, um sich eigenmächtig Genugthuung zu verschaffen, wieder beschädigt, wird seines Rechts zum Schadensersatz verlustig"), ist mit Recht wieder aufgegeben worden: Gesetzrev. a. a. O. S. 170; Sz. Jahrb. LII. 69 fg.

532) Gesetzrev. a. a. O. S. 170.

533) Ebendas. S. 168.

534) Mit Recht bemerkt Gruchot (III. 486), daß der §. 32 h. t., ungeachtet seiner Fassung, die für den Kläger streitende Regel bildet, der gegenüber jeder der Beklagten die Beschränkung des Anspruches nach §. 31 als Einwand geltend zu machen hat.

535) Auch schon nach Römischem Rechte gilt in Beziehung auf die Zulässigkeit des Regresses dieser Unterschied zwischen culposen und dolosen Delicten: Sav. Obl. I. 250. 256—258. Nach unserer Praxis gilt der Regreß an die Mitschuldigen auch dann nicht als ausgeschlossen, wenn in einer Criminalsache ein Mitschuldiger, aus seiner solidarischen Verhaftung für die Gesammtkosten, mehr als seinen Antheil bezahlt hat: Präj. 1244, v. J. 1842. (Entsch. VIII. 238. 243.)

ein secundärer (d. h. wohl nur nach dem Vortritt des Beschädigten als Klägers geltend zu machender) Anspruch nach Maßgabe des §. 35 h. t. zusteht [536]).

d) Exceptionelle Verhältnisse [537]):

α) Solidarische Verhaftung der Urheber, Theilnehmer und Zuschauer, für Beschädigungen an Sachen, welche bei Aufläufen oder Tumulten vorfallen, jedoch mit Vorbehalt eines eigenthümlich ausgedehnten Regresses zu Gunsten der bloßen Zuschauer [538]): §. 11 der Verordnung v. 17. August 1835. (Ges. Samml. S. 172.) Vgl. Entsch. XXII. 126—129 (v. J. 1851).

β) Verpflichtung der Gemeinden zum Ersatz des bei öffentlichen Aufläufen verursachten Schadens: Gesetz vom 11. März 1850 (Ges. Samml. S. 199. 200), besonders §. 3 (solidarische Verpflichtung mehrerer Gemeinden) u. §. 6 (Regreß an die für den Schaden nach allgemeinen Grundsätzen verhafteten Personen).

3. **Wegfall oder Modification der Verbindlichkeit zum Schadensersatz.**

---

536) Im Entw. hatte der §. 26 h. t. (II. 3.), im Anschluß an den dem jetzigen §. 34 genau entsprechenden §. 25, anders gelautet: „Vielmehr fällt der von den übrigen zu leisten gewesene Beytrag dem Fiskus anheim." Sz. vertheidigte diese Bestimmung gegen die erhobenen Monita und submittirte nur, anstatt des Fiscus die Armencasse zu setzen. Den jetzigen §. 35 sucht Sz. S. 7 mit folgenden Worten zu rechtfertigen: „Daß Correi delinquendi in Solidum obligirt sind, und daß unter ihnen kein Regreß stattfinde, ist schon gemeinen Rechtens. Solchergestalt aber würden, wenn der eine Correus den ganzen Schaden erstattet hat, die übrigen Theilnehmer an der vorsätzlichen Schadenszufügung in vielen Fällen, wo just nicht Kriminalbestrafung statt findet, völlig ohne Ahndung davon kommen. Deswegen ist dieser Satz angenommen worden, der übrigens auch die Analogie für sich hat, da z. E. bei der Condictio ex turpi causa, wenn turpitudo von beiden Seiten vorhanden ist, zwar kein Theil gegen den andern eine Condiction hat, der Fiskus aber das turpiter et injuste acquisitum eripirt." Das Unjuristische in dieser halbpönalen Behandlung der Entschädigungs-Frage ist von der Kritik mit vollem Rechte verurtheilt worden: Gesetzrev. a. a. O. S. 169; Koch Fordr. (Ausg. 2) Bd. II. S. 39 fg.; Gruchot III. 497—499.

537) Nicht mehr zu gedenken der ehemaligen subsidiarischen (auch „solidarisch" genannten) „Verpflichtung der Juden-Gemeinden zur Ersetzung des von deren Mitgliedern durch Diebstahl oder Diebesheelerei verursachten Schadens" (resp. des Einstehens Jüdischer Hausväter „für die Vergehen ihrer Hausgenossen oder Dienstboten"); aufgehoben durch das Reglement v. 18. Juli 1801. (N. C. C. Bd. XI. Sp. 393 ff.; vgl. mit Stengel Beitr. X. 255 fg.)

538) Pro rata an die Mitzuschauer; „für den ganzen von ihnen gezahlten Betrag" an die Urheber und Theilnehmer des Verbrechens.

A. Bei dem s. g. damnum iure datum (da auch nach A. L. R. das damnum iniuria datum die objective Grundlage aller Ersatzverbindlichkeit geblieben ist[539])): §. 36—38 h. t. (Einl. §. 94; I. 8. §. 26 ff. [II. 20. §. 515. 516.])

Im §. 37 h. t. ist culpa lata absichtlich nicht dem dolus gleich gestellt. Im §. 38 steht culpa lata wieder auf gleicher Linie mit dolus[540]).

Wegen der Nichtverpflichtung des Staates zum Schadensersatz aus gemeinnützigen Einrichtungen, welche dem Einzelnen lästig werden: s. oben S. 126. (Pl. Beschl. 1. Juli 1850 und Zubehör.)

Die Verpflichtung des Eigenthümers zum Ersatze des aus seinem Gewerbsbetriebe für Andere entstehenden Schadens ist grundsätzlich regulirt durch den (in Beziehung auf die aus Fabrications-Anstalten über benachbarte Grundstücke sich verbreitenden Dämpfe ergangenen) Pl. Beschl. v. 7. Juni 1852. (J. M. Bl. S. 259—261; Entsch. XXIII. 252—271; Strieth. V. 282—296.) Vgl. Entsch. XL. 36—41 (v. J. 1859: auch bei Strieth. XXXII. 90—95).

Auch eine Prozeßpartei kann, nach Maßgabe ihres Dolus oder schuldbaren Versehens, für die prozessualische Geltendmachung ihrer Rechte, wenn sie später definitiv unterliegt, dem Gegner zum Schadensersatz verpflichtet werden: Strieth. XVII. 247 ad b. 257 fg. (v. J. 1855). Bei Interventionsklagen insbesondere: Strieth. VIII. 251—254 (v. 1853). Bei Executions-Vollstreckungen: Entsch. XXXI. 9—13 (v. 1855: auch bei Strieth. XIX. 37—41). Wegen der Arrestanlegung vgl. unten Anm. 600.

B. Wegen Mangels an Zurechnung (oben Tit. 3. §. 7 ff.):

a) In vorübergehenden Zuständen.

Ein durch unwillkührliche Handlungen verursachter Schaden wird dem Handelnden nicht zugerechnet: §. 39 h. t.,[541]) es sei denn, daß der Handelnde sich selbst in einen „vorübergehenden" Zustand versetzt hat, in welchem er seiner Vernunft[542]) nicht mächtig ist: §. 40 h. t. (Vgl. den Schluß des §. 16 h. t.)

---

539) Gesetzrev. a. a. O. S. 161.

540) Nur läßt sich die Beschränkung des §. 38 auf culpa lata, also die Entschuldigung der culpa levis, kaum rechtfertigen: Ebendas. S. 161. 162.

541) Damit besteht ganz wohl die grundsätzliche Haftung des Anderen, welcher etwa eine solche unwillkührliche Handlung veranlaßt hat, nach §. 56 h. t.

542) Oder auch: „seiner Sinne" (z. B. durch Verbindung der Augen): Gesetzrev. a. a. O. S. 165. Der gewöhnlichste Fall, auf welchen sich der

b) Bei Geisteskranken und Kindern.

Das Römische Recht behandelte consequent den von einem furiosus oder einem infans gestifteten Schaden als ein rein zufälliges Ereigniß, für dessen nachtheilige Folgen dem Beschädigten kein Ersatz gegeben wurde. (5. §. 2 ad leg. Aquil. IX. 2: . . . quemadmodum si quadrupes damnum dederit Aquilia cessat, aut si tegula ceciderit; 61 i. f. de adm. et peric. tut. XXVI. 7: . . . quomodo si casu aliquo, sine facto personae, id accidisset.)

Nach Deutscher Rechtsansicht wurde dem Verletzten Wergeld und Schadensersatz auch aus des unmündigen oder wahnsinnigen Beschädigers Vermögen zu Theil. (Sachsen-Spiegel Buch II. Art. 65. §. 1: . . . gelden . . . mit des kindes gude; Buch III. Art. 3: . . . ire vormünde sal it gelden. Vgl. Berliner Stadtbuch v. J. 1397 in Fidicin's hist.-dipl. Beitr. Th. I. S. 146 und besonders die Urtelsfindung S. 158—160. Auch Dambach Beiträge zu der Lehre von der Criminal-Verjährung, Berlin 1860, S. 81. 82.)

In das A. L. R. ist eine, schon durch gewisse Bemerkungen zum ersten (ungedruckten) Entwurfe vorbereitete,[543]) in einer Note zu den §§. 32—34 des gedruckten Entwurfes h. t. (II. 3) durch die „natürliche Billigkeit" motivirte Abweichung vom Römischen Rechte eingedrungen,[544]) welche doch auch den Deutschen Rechtsgrundsätzen nicht consequent Rechnung trägt, obwohl ihr wiederum eine fast instinctartige (in den Motiven nicht einmal angedeutete) Reminiscenz aus dem Deutschen Rechte zum Grunde zu liegen scheint.[545])

---

§. 40 h. t. vorzugsweise zu beziehen scheint, ist freilich die Trunkenheit. Doch paßt der §. auch auf unwillkührliche Handlungen in plötzlichen Krankheitsanfällen u. dgl.

543) Gesetzrev. a. a. O. S. 162.

544) Jene Note lautet wörtlich: „Diese §. 32. 33. 34 enthaltene Abweichung von der Theorie, nach welcher ein von solchen Personen verursachter Schaden allerdings für einen bloßen Zufall zu achten ist, gründet sich auf die natürliche Billigkeit. Wenn ein Wahnwitziger einen Schaden verursacht, der aus seinem beträchtlichen Vermögen leicht ersetzt werden kann, so würde es eine auffallende Härte enthalten, wenn der Beschädigte, der dadurch, ohne die geringste Schuld von seiner Seite, in seinen Vermögens-Umständen gänzlich zurückgesetzt worden, alle Vergütung entbehren sollte. Man verweiset denselben zwar gewöhnlich an den Aufseher des Kindes oder des Wahnsinnigen; aber eines Theils hält es oft schwer, diesen einer vernachläßigten Aufsicht zu überführen; und andern Theils ist sein Vermögen vielleicht zum Ersatze nicht hinreichend."

545) Vgl. Gesetzrev. S. 163 und Gruchot III. 505—510. Mit Recht bezeichnen auch schon die Gesetzrevisoren die in den §§. 42—44 h. t. durchge-

So haftet denn grundsätzlich das Vermögen der Wahn- und Blödsinnigen, so wie der Personen unter sieben Jahren, für den Ersatz des von ihnen angerichteten unmittelbaren Schadens: §. 41 h. t.

Diese Haftung ist jedoch überhaupt nur eine subsidiarische: §. 42 h. t.[546]) Auch soll der nöthige Unterhalt (resp. die Erziehung) des Beschädigers darunter nicht leiden: §. 43 h. t. Endlich geht der Beschädigte durch jede seinerseits concurrirende Culpa (sei es auch nur culpa levissima) jenes Anspruchs an das Vermögen des Beschädigers verlustig: §. 44 h. t.[547])

Daß hiernach alle Unmündigen über sieben Jahren (wie nach Römischem Rechte nur die pubertati proximi et [ob id] doli capaces), um so mehr die mündigen Minderjährigen, die Verschwender, die Kinder in väterlicher Gewalt (A. L. R. II. 2. §. 146. 167. 203), die Ehefrauen (A. L. R. II. 1. §. 187. 191. 384 fg. 390; Rescript v. 25. Januar 1796: Mathis Jur. Monatsschr. I. 300 fg.)[548]) mit ihrem Vermögen zum Schadensersatz aus unerlaubten Handlungen verhaftet sind, kann um so weniger einem gegründeten Bedenken unterliegen, als dafür schon der allgemeine Ausdruck des §. 27 h. t. (oben 1. D.) spricht. (Vgl. dazu noch insbesondere A. L. R. I. 5. §. 33; II. 2. §. 146 und Pr. O. Tit. 24. §. 12.) Die Frage von der etwaigen subsidiarischen oder gar solidarischen Haftung der Aeltern für s. g. Kinder über 7 Jahren bleibt hier noch vorbehalten. (Vgl. unten Anmerkung 574.)

---

führten Einschränkungen der im §. 41 aufgestellten prinzipiellen Abweichung vom Römischen Rechte als einen Beweis der von den Redactoren selbst empfundenen Bedenklichkeit.

546) D. h. sie tritt nur ein, wenn der Beschädigte den Ersatz aus dem Vermögen der Aufseher oder der Aeltern (vgl. A. L. R. II. 2. §. 139 ff.; 18. §. 99. 249) nicht erhalten kann: also 1) wenn die Aufseher (Aeltern) die gehörige Aufsicht geübt haben und die Beschädigung dennoch vorgefallen ist; 2) wenn die Aufseher (Aeltern) zwar die gehörige Aufsicht vernachlässigt haben und deshalb für den Schaden verantwortlich sind (darauf deutet das Allegat des §. 57 im §. 42), aber nicht das zur Leistung des Schadensersatzes hinreichende Vermögen besitzen. Vgl. Gruchot IV. 132 fg. ad §. 57 h. t.

547) Während sonst der Beschädigte durch die seinerseits concurrirende culpa levissima in keinem Falle und in keiner Beziehung (also auch z. B. nicht dem etwa verhafteten Aufseher des Wahnsinnigen gegenüber) den Anspruch auf Ersatz des (unmittelbaren) Schadens einbüßen würde. Vgl. oben Anm. 529.

548) Dies geht auf die Illaten der Ehefrauen, mit ausdrücklicher Bezugnahme auf §. 27 h. t. Personal-Arrest im Wege der Execution gilt nach der neueren Praxis (seit dem Jahre 1837) gegen Ehefrauen in dergleichen Fällen nicht als zulässig.

C. Bei Befolgung von Befehlen oder Aufträgen.[549])

a) Für die Folgen der Ausführung eines Befehls haftet zunächst und grundsätzlich der Befehlende, und nicht der Gehorchende: §. 45 h. t. (169 pr. de R. I.: Is damnum dat, qui iubet dare; eius vero nulla culpa est, cui parere necesse sit); es sei denn die befohlene Handlung „in den Gesetzen ausdrücklich verboten": §. 46 h. t. (20 de O. et A. XLIV. 7: . . . sicuti si dominus hominem occidere aut furtum alicui facere servum iussisset; im Gegensatze zu 157 pr. de R. I. [11. §. 7 quod vi aut clam XLIII. 24]: Ad ea, quae non habent atrocitatem facinoris vel sceleris, ignoscitur servis, si . . . dominis . . . . . obtemperaverint.) Nur bleibt demjenigen, welcher aus Unwissenheit einen gesetzwidrigen Befehl ausgerichtet hat, der Regreß gegen den Befehlenden vorbehalten: §. 48 h. t.[550]) Umgekehrt bleibt der Gehorchende für die Ueberschreitung des Befehls in allen Fällen verantwortlich: §. 49 h. t.

Der Regel nach bewegt sich also auch die Dienstpflicht eines öffentlichen Beamten innerhalb bestimmter Schranken, welche ihm bekannt sein müssen und nicht von ihm überschritten werden dürfen, selbst wenn sein Vorgesetzter eine solche Ueberschreitung von ihm fordern sollte. Eine Ausnahme aber gibt es, in welcher der Untergebene weder eine Prüfung des ihm ertheilten Befehls vorzunehmen noch eine Verantwortung für die Ausführung desselben zu tragen hat. Und diese Ausnahme bezieht sich lediglich auf die Fälle der dienstlichen Pflicht zum blinden Gehorsam: §. 47 h. t.[551])

---

549) Für den Unterschied zwischen Befehl und Auftrag vgl. A. L. R. I. 11. §. 897; 13. §. 227 mit I. 13. §. 20. 42. 152; II. 8. §. 515.

550) Diese unmittelbare Verbindung des §. 48 mit dem §. 46 erscheint durch das dem letzteren beigefügte Allegat gerechtfertigt. Uebrigens ist das Bedenkliche in dem Verhältnisse des §. 48 zur allgemeinen Theorie von der ignorantia iuris (besonders A. L. R. Einl. §. 12) nicht übersehen worden: Gesetzrev. a. a. O. S. 166 fg.; Koch Fordr. §. 143 g. E. (Ausg. 2. Bd. 2. S. 540 ad 2); Gruchot Beitr. IV. 115. 116. — Wegen der eigenthümlichen Gestaltung des Rechtsverhältnisses in Folge der Ausführung eines auf die Vornahme einer besitzstörenden Handlung gerichteten Befehls (Auftrags): vgl. die Gründe zum Pl. Beschl. v. 2. April 1849. (Entsch. XVIII. 11—19.)

551) Dieser §. hat seine jetzige Fassung hauptsächlich im Sinne einer schärferen Präzisirung des entsprechenden §. 37 Entw. h. t. (II. 3) erhalten. Gedacht hat man dabei an die strenge Subordination, „die im Militairstande und auch in einigen Civilbedienungen nothwendig beibehalten werden muß": Gesetzrev. S. 165. 166. — In militärischer Beziehung ist der bekannte Rechtsfall des Freicorporals Gundling aus dem Jahre 1735 (betr. gewaltsame Werbung in einem benachbarten Deutschen Lande), welchen

Noch gehört hierher der §. 58 h. t., welcher die Art der Haftbarkeit des Befehlenden angeben, und zwar durch das Wort „hauptsächlich" die prinzipale persönliche Haftung desselben für den Schaden bezeichnen soll, ohne der Frage von der Haftung des Befehligten (§. 46. 48. 49) vorzugreifen.[552] Der damit in unmittelbarer Verbindung stehende §. 59 h. t., welcher die Nichtverhinderung einer unerlaubten Handlung unter gewissen Voraussetzungen (§. 61 h. t. u. Tit. 3. §. 26—29) dem Befehle gleich stellt, greift in seiner Bedeutung für die (auf eine bloße Negative gegründete) civilrechtliche Verantwortlichkeit weit hinaus über alle strafrechtliche Zurechnung einer fremden That.[553])

b) Im Gegensatze zum Befehl wird in Ansehung des gewöhnlichen Auftrages (welchem ein Subordinationsverhältniß nicht vorangeht)[554]) folgendermaßen unterschieden.

α) Der Auftrag ist an sich erlaubt. Dann haftet der Machtgeber nicht für den bei Ausrichtung desselben verursachten Schaden: §. 50 h. t.[555])

β) Der Auftrag ist unerlaubt:

a) Objectiv. (An sich.) Dann haften beide Theile, der Machtgeber und der Bevollmächtigte, wegen des Schadensersatzes solidarisch (nach den für dolus und lata culpa aufgestellten Grundsätzen des §. 30 h. t.: oben ad 2. B), selbst wenn der Bevollmächtigte die Gränzen des Auftrages überschritten hat: §. 51 h. t.[556])

Klein zur Erläuterung unseres §. 47 beigebracht hat (Annalen Bd. 20 S. 246—250), noch immer lehrreich. Zu den Civilbedienungen, um welche es sich hier handelt, gehören besonders die Polizeistellen und Steuerposten. (Koch.)

552) Gesetzrev. S. 170. 171; Koch Fordr. §. 151 ad II. 1 (Ausg. 2. S. 593 fg.); Gruchot IV. 133.

553) Gruchot ebendas. 134—137.

554) Der Gegensatz beruht darin, ob auf Grund eines rechtsverbindlichen Befehles (A. L. R. I. 13. §. 224 ff.), oder lediglich auf Grund einer vertragsmäßig übernommenen Verbindlichkeit (§. 6 ff. a. a. O.) der Auftrag befolgt werden muß.

555) Hiermit steht in Verbindung die Frage von der Haftung des Staates für die Handlungen seiner Beamten, welche nach Grundsätzen des öffentlichen Rechts (A. L. R. II. 10. §. 88 ff.) zu entscheiden ist. Vgl. Jur. Wochenschr. 1836 S. 5 ff. u. 737 ff.; Gesetzrev. Pens. XII. Mot. S. 54; Entsch. II. 119 ff. (wo auch die allegirte Stelle aus der Gesetzrev. abgedruckt ist); III. 37 ff. 253 ff.; Centralbl. 1837 Sp. 303 ff.; Strieth. XXXIII. 279—282 (v. J. 1859); auch oben Anm. 530 und unten Anm. 598.

556) In dieser von Hause aus solidarischen Haftung zeigt sich ganz besonders der Gegensatz zwischen Mandat und Befehl (§. 58 h. t.: oben Anm. 552). Eben so in der Behandlung der Ueberschreitung der vorgeschriebenen Gränzen (§. 49 h. t.). Doch bedarf auch der §. 51 h. t. in seiner fast zu weit

b) Subjectiv: d. h. nur in Ansehung des Machtgebers allein, oder nur in Ansehung des Bevollmächtigten allein. Dann haftet jeder von ihnen „nur für seine eigene Schuld“: §. 52 h. t.

γ) Der Auftrag mag erlaubt sein oder nicht: immer haftet der Machtgeber mindestens subsidiarisch[557]) für den von einem untüchtigen Bevollmächtigten (eben durch dessen Untüchtigkeit) verursachten Schaden, wenn dem Machtgeber bei der Auswahl des Bevollmächtigten eine culpa levis zur Last fällt: §. 53 h. t.[558])

D. Wegen eingetretener Verjährung.

Nachdem ursprünglich (durch §. 43 des ungedruckten Entwurfs) in dem einfachen Satze: „Wer einen erlittenen Schaden binnen dreißig Jahren zu rügen vernachlässigt, hat sein Recht durch Verjährung verloren“, lediglich das geltende gemeine Recht fixirt worden war, kam man fast zufällig auf die Bestimmung einer kürzeren Verjährungsfrist, und zwar so, daß „drei Jahre a tempore scientiae“ angenommen wurden, wogegen es auf die Wissenschaft nicht mehr ankommen sollte, wenn seit der Schadenszufügung dreißig Jahre verflossen wären[559]).

So entstanden im (gedr.) Entw. h. t. (II. 3.) die folgenden Bestimmungen:

§. 42. Wer einen erlittenen Schaden innerhalb dreyer Jahre, nachdem solcher zu seiner Wissenschaft gelangt ist, zu rügen vernachläßiget, der hat sein Recht verloren.

§. 43. Sind seit dem Zeitpunkt der Schadenszufügung dreyßig Jahre verflossen, so wird auf den Zeitpunkt der erlangten Wissenschaft keine weitere Rücksicht genommen.

Diese beiden Paragraphen, und zwar der erste noch mit einer negativen Charakterisirung der Art der hier in Rede stehenden Schä-

---

greifenden abstracten Fassung einer vorsichtigen Auslegung nach Beschaffenheit des besonderen Falles: Gruchot IV. 119—121 (ad 2).

557) Da es im §. 53 heißt: „auch bei der Ausrichtung eines erlaubten Auftrages“, so scheint dieser Paragraph nicht blos auf den §. 50, sondern auch auf den §. 52 h. t. modifizirend bezogen werden zu müssen. (D. h. auf den Fall, wo nach §. 52 eigentlich nur der Bevollmächtigte „für seine Schuld“ zu haften haben würde.)

558) Ein Mangel an Harmonie zwischen dieser Bestimmung und der Vorschrift des §. 36 A. L. R. I. 13 (Haftung für die wissentliche Bestellung eines untüchtigen Mandatars; vgl. §. 64. I. 16) ist nicht zu verkennen; wenngleich sich die Annahme einer directen Antinomie durch allerlei Distinctionen beseitigen läßt. Vgl. Gesetzrev. a. a. O. (zum Sechsten Titel) S. 167; Koch Fordr. §. 151 ad II. 1 (Ausg. 2 S. 591 fg.); Gruchot IV. 125. 126.

559) Gesetzrev. S. 202. 203.

den[560]), so wie mit einer näheren Erläuterung der „Wissenschaft“ und des „Rügens“, der zweite Paragraph aber nur mit einer leichten Aenderung in der Fassung, sind in das A. L. R. h. t. übergegangen:

§. 54. Wer einen außerhalb dem Falle eines Contracts erlittenen Schaden innerhalb dreier Jahre, nachdem das Daseyn und der Urheber desselben zu seiner Wissenschaft gelangt sind, gerichtlich einzuklagen vernachlässiget, der hat sein Recht verloren.

§. 55. Sind seit dem Zeitpunkte der Schadenszufügung dreißig Jahre verflossen, so kommt es auf den Zeitpunkt der erlangten Wissenschaft nicht weiter an.

Zur Rechtfertigung dieser Neuerung (§. 54) hatte sich Sz. noch in der Schluß-Revision (S. 7) wörtlich dahin ausgelassen: „Die Absicht dieser Vorschrift ist, daß nicht durch zu langen Zeitverlust das Faktum und die Aestimation des Schadens zu sehr verdunkelt werden möge. Es läßt sich auch kein erheblicher Grund gedenken, warum der, welcher den Schaden und dessen Urheber weiß, 30 Jahre verstreichen lassen sollte, ohne seine Entschädigung allenfalls durch richterliche Hülfe zu suchen. Die Analogie stimmt damit überein, denn schon de iure Romano sind alle Actiones ex facto illicito an eine weit kürzere Frist gebunden, als andere Klagen; und die Actiones Praetoriae dieser Art sind sogar nur annales.“

Faßte man nun entweder diese Analogie der unerlaubten Handlungen (nach denen ja auch die Ueberschrift des ganzen Titels lautet), oder die negative Charakterisirung des §. 54 h. t. vorzugsweise ins Auge, so ergab sich gleichsam von selbst folgender Zwiespalt der Meinungen. Entweder man beschränkte die kurze Verjährung des §. 54 auf die Schäden aus unerlaubten Handlungen. Oder man erstreckte dieselbe auf alle Arten außercontractlicher Schäden. Namentlich wurde die Controverse praktisch bedeutend für die Ansprüche des Grundeigenthümers wegen der Beschädigung durch den Bergbau insbesondere, so wie für die Ansprüche an den Fiscus, wegen des zu öffentlichen Zwecken verwendeten Privateigenthums oder wegen der dem gemeinen Wohle aufgeopferten Vortheile überhaupt[561]).

---

560) Auf das Monitum: der §. 42 (Entw. II. 3.) sei auf den Fall einzuschränken, wenn von dem Schaden hauptsächlich, nicht aber beiläufig (als von einem Accessorium eines anderen Geschäftes) die Rede sei, kam es zu dem Beschlusse: die im Contracte zugefügten Schäden (über welche andere Grundsätze und Verjährungsfristen im vorhergehenden Titel etablirt seien) hier mit deutlichen Worten auszunehmen: Löwenberg Beitr. I. 154. (Unten Anm. 562.)

561) Rescript vom 19. Januar 1821: Jahrb. XVII. 5—7. (Vgl. A. L.

Zur Beseitigung der Zweifel über die Auslegung des §. 54 erging deshalb die Declaration vom 31. März 1838. (Ges.-Sammlung S. 252.)[562])

In dem Eingange derselben wird vorweg ausgesprochen: daß die Vorschrift des §. 54 auf alle, außer dem Falle eines Contracts entstandene Beschädigungen, sie mögen durch eine erlaubte oder unerlaubte Handlung verursacht sein, zu beziehen ist[563]).

Daran schließt sich dann als Folgerung aus dieser Auffassung („hiernach") eine zwiefache Anwendung der gedachten Vorschrift:

1. auf Ansprüche wegen Beschädigungen, welche bei Gelegenheit öffentlicher Anlagen, so wie bei dem Bergbau zugefügt sind;

2. auf Entschädigungs-Ansprüche, welche gegen öffentliche Beamte aus ihrer Amtsführung von dritten Personen erhoben werden; jedoch unter Hinzufügung der nothwendigen Beschränkungen:

ad 1. daß die Vergütung für das zu solchen Anlagen abzutretende Eigenthums- oder Nutzungs-Recht der ordentlichen Verjährung unterworfen bleibt;[564])

ad 2. daß die Entschädigungs-Ansprüche, welche von dem Staate oder demjenigen, in dessen Diensten der Beamte angestellt ist, erhoben werden, nicht unter die kurze Verjährung des §. 54 fallen.

Endlich wird zum Schluß der generelle Vorbehalt aufgestellt: daß, wenn der Beschädiger sich zugleich mit dem Schaden des Andern einen Vortheil verschafft hat, die ordentliche Verjährung eintreten soll, so weit der Anspruch des Beschädigten die Höhe jenes Vortheils nicht übersteigt[565]).

Einige Jahre später wurden noch alle dieser Declaration, so wie den §§. 54. 55 h. t. selbst, entgegenstehende provinzielle und statutarische Bestimmungen (nach vorgängiger Einholung des Gutachtens der

---

R. II. 16. §. 112 und Pl. Beschl. 18. April 1843 [Präj. 1284]: Entsch. IX. 101—116.) Rechtsspr. I. 73—77; 77—86; Entsch. II. 254—260.

562) Vgl. Löwenberg Beitr. Bd. I. (Nr. III. C) S. 139—160.

563) Hierdurch ist diejenige Ansicht approbirt worden, welche der negativen Charakterisirung der Schäden in unserem §. 54 volle und consequente Rechnung tragen will.

564) Man kann hier den (wenn auch erzwungenen) Veräußerungsvertrag (die Expropriation) zu Grunde legen, oder die condictio sine causa ins Auge fassen.

565) S. g. Bereicherungsklage. (Besonders gegen Diebe.) Vgl. den Rechtsfall in Born. Ausg. 1. Bd. 2 S. 377 fg., und Löwenberg a. a. O. S. 158 fg. Auch Strieth. XXXV. 324 ff. (Entsch. XLII. 34 ff.)

Obergerichte: J. M. Bl. 1840 S. 93—95) aufgehoben: durch §. 1 der Verordnung vom 15. April 1842. (Ges.-Samml. S. 114.)[566])

Die Praxis überkam aber durch die Declaration eigentlich erst die Aufgabe: die Consequenzen aus den fixirten Grundsätzen zu ziehen. In drei Hauptbeziehungen ist dies vollbracht worden durch folgende drei Plenar-Beschlüsse:

a) Vom 20. März 1846 (Präj. 1717): Dreijährige Verjährung des Anspruchs auf Ersatz eines außerhalb dem Falle eines Contracts erlittenen Schadens trifft auch in den Fällen das ganze Recht, wo der aus einer Handlung entstehende, dem Beschädigten bekannt gewordene Schaden so beschaffen ist, daß er, obwohl im wechselnden Umfange, sich auch in der Zukunft erneuert. (J. M. Bl. S. 131 Nr. 43; Entsch. XIII. 19—27.)

Dieser Beschluß bezieht sich wesentlich auf die Wissenschaft von dem Dasein des Schadens. Er setzt derartige nachtheilige Folgen einer beschädigenden Handlung voraus, daß ihr Eintreten und ihre Fortdauer für die Zukunft sich erkennen ließen. Dann soll das ganze Recht, nicht jeder einzelne Entschädigungsfall, durch die dreijährige Verjährung getroffen werden, diese aber von dem Momente an laufen, wo der Beschädigte die in der gedachten Art schädliche Handlung in Erfahrung gebracht hat[567]).

b) Vom 22. April 1850 (Präj. 2197): Das Eintreten der Ver-

---

566) Vgl. Einführ. Gesetz zum Straf-G. B. v. 14. April 1851, Art. XII. §. 1 (betr. die Verjährung der Civilklagen aus strafbaren Handlungen, im Bezirke des Rhein. Appell. Gerichtshofes) und Dambach am oben (ad B. b.) angef. Orte S. 105.

567) Immer aber bleiben nur die außerhalb des dreijährigen Zeitraums liegenden Erneuerungen eines schon vorher bekannt gewordenen Schadens derselben Gattung von der Rechtsverfolgung ausgeschlossen. Die kurze Verjährung greift also weder dann ein, wenn die Handlung überhaupt erst nach Ablauf dieses Zeitraums nachtheilig geworden ist, noch dann, wenn außer den anfänglichen nachtheiligen Folgen erst späterhin noch andere Nachtheile entspringen, deren Causalzusammenhang mit der fraglichen Handlung sich gar nicht voraussehen, oder doch nur vielleicht befürchten ließ (Entsch. XIII. 22; XIX. 7 fg.), noch weniger dann, wenn gar die beschädigende Handlung selbst sich wiederholt (Entsch. XIII. 26 fg.), oder wenn es sich nur um einen erst nachträglich herausgestellten Zusatz zur Schadensvergütung handelt (Löwenberg a. a. O. 157 Note *).

So ist die frühere Controverse über diesen besonderen Punkt (Rechtsspr. IV. 15—22; Jur. Wochenschr. 1843 Sp. 307—312; Arnsb. Archiv XIII. 78—89) geschlichtet worden. Vgl. noch eine neuere Entscheidung, aus d. J. 1851, bei Gruchot IV. 130 fg. (ad 7).

jährung bei einem außerhalb dem Falle eines Contracts erlittenen Schaden, innerhalb dreier Jahre, nachdem das Dasein und der Urheber desselben zur Wissenschaft des Beschädigten gelangt sind, wird dadurch allein **nicht ausgeschlossen**, daß über die Rechtmäßigkeit der beschädigenden Handlung **unter den Parteien** in einem Prozesse gestritten wird. (J. M. Bl. S. 189. 190; Entsch. XIX. 3—11.)

Dieser Beschluß bezieht sich nicht (wie der ad a) auf die Wissenschaft von dem Dasein des Schadens, sondern auf die Wissenschaft von der Person des Urhebers. Hier soll nun der Umstand, daß etwa ein Rechtsstreit erforderlich wird, um die Urheberschaft festzustellen, auf den Zeitpunkt der erlangten Wissenschaft keine aufschiebende Wirkung üben. Diese Wissenschaft soll überhaupt nicht erst dann für eingetreten erachtet werden, wenn die Unrechtmäßigkeit der schädlichen Handlung im Wege eines vorangegangenen Rechtsstreites festgestellt worden ist. Vielmehr ist die Entscheidung auf die Frage:

> „Muß derjenige, welcher in Erfahrung bringt, daß ein Dritter eine Handlung unternommen habe, welche ihm nachtheilig ist, oder solches doch werden kann, seine Entschädigungsklage bei Verlust derselben innerhalb dreier Jahre von solcher Kenntnißnahme ab, gerichtlich anmelden?
>
> oder
>
> steht ihm frei, eine Klage auf Verifizirung der benachtheiligenden Handlung und ihres Thäters, vielleicht auf Wiederherstellung des früheren Zustandes, oder Behufs der Bestrafung oder zu sonstigen, den Schadensersatz noch nicht umfassenden Zwecken, voraufzuschicken? und läuft im letzteren Falle der Anfang der dreijährigen Verjährungsfrist für die Entschädigungsklage, auch ohne etwanigen in dem Prozesse gemachten Vorbehalt, erst von der Rechtskraft des in diesem Vorprozesse zu erstreitenden, und, wie natürlich vorausgesetzt wird, obsieglichen Urtels?"

zu Gunsten der ersten Alternative (ganz im Sinne einer älteren Entscheidung, aus dem Jahre 1833: Rechtsspr. IV. 15 ad I. 20 fg.) ausgefallen.[568])

---

568) Nach dem Sitzungs-Protokolle (J. M. Bl. a. a. O.) war die Plenar-Frage Anfangs dahin gestellt:

ob die 3jährige Verjährungsfrist aus dem §. 54 (h. t.) in Absicht solcher Entschädigungsansprüche, die sich auf einen weiter als 3 Jahre vor Anstellung der Klage zurückgehenden Zeitraum beziehen, auch dann ein-

Für diese Entscheidung spricht auch noch die Wortfassung des §. 54, nach welcher der Verlust des Rechts nicht mehr daran geknüpft ist, daß man den Schaden (innerhalb der bestimmten Zeit) überhaupt zu „rügen", sondern daran, daß man denselben (innerhalb der bestimmten Zeit) „gerichtlich einzuklagen" vernachlässigt. Es bedarf also der geradezu auf Entschädigung gerichteten Klage, um die Verjährung zu unterbrechen. Jedes andere Rügen, jedes bloße Streiten über die Rechtmäßigkeit der beschädigenden Handlung, reicht dazu nicht hin.[569])

Als erläuternd für die erforderliche vollständige (zur Sub-

---

tritt, wenn dem Beschädigten zwar das Dasein eines Schadens und dessen Urheber bekannt ist, aber über die Rechtmäßigkeit der den Schaden zu Wege gebrachten (sic) Handlung ein Rechtsstreit obwaltet, ohne Rücksicht auf den Ausfall desselben,

oder

ob in diesem Fall der Zeitpunkt, wo die Entschädigungsklage angestellt werden muß, auf die Zeit der Rechtskraft des Urtels zu setzen ist, in welchem die schädliche Handlung für eine unrechtmäßige erklärt und dem Beschädigten das streitig gewordene Recht zuerkannt worden ist?

Bei der Discussion wurde jedoch mit Recht erinnert, daß die Beantwortung der Frage in positiver Wortfassung in der Allgemeinheit nicht erfolgen könne, weil Fälle denkbar seien, wo der Anspruch des Beschädigten am Tage der erlangten Wissenschaft noch nicht erwachsen — actio nondum nata — sei, z. B. bei subsidiarischen Verbindlichkeiten richterlicher oder anderer Beamten aus Versehen bei amtlichen Handlungen.

So ist es auch in der Praxis anerkannt, daß die Verjährung aus §. 54 h. t. gegen die subsidiarisch Verpflichteten erst von da an beginnt, wo die Zahlungsunfähigkeit der Hauptverpflichteten den Gläubiger wirklich in Verlust gesetzt hat: Entsch. III. 38. ad 2 und 43 fg. ad 2 (v. J. 1836), oder wo die Hauptverpflichtung als ungültig festgestellt ist (wie bei der Regreßklage gegen den Richter wegen Aufnahme einer gerichtlichen Urkunde, deren Nichtigkeit erst rechtskräftig ausgesprochen sein muß): Arnsb. Arch. XIII. 300 ad 6. 301 g. E. 324 (v. J. 1847). Vgl. auch Strieth. XIX. 124—129 (v. J. 1855), nebst dem Nachtrage 130—132.

569) Selbst durch die strafgerichtliche Denunciation wird die 3jährige Verjährung des Entschädigungsanspruches wohl nur dann unterbrochen, wenn mit der Denunciation der Antrag auf Gewährung des Schadensersatzes verbunden ist: Gruchot IV. 128 fg. (ad 4). Diese Frage befindet sich übrigens in einem gewissen inneren Zusammenhange mit §. 25 h. t. (oben ad 1. C) und §. 6 des Strafgesetzbuches v. 1851 („Das Recht des Beschädigten auf Schadensersatz ist von der Bestrafung unabhängig"). Ueber das Verhältniß der Entscheidung des Strafrichters zu der (wegen des Entschädigungsanspruches zu treffenden) Entscheidung des Civilrichters vgl. den Pl. Beschl. vom 15. December 1856 (Entsch. XXXIV. 19—33) und Entsch. XLI. 50—59 (v. J. 1859). Für die Zeit vor dem gedachten Pl. Beschl.: Strieth. XVI. 262 fg., Note *. Wegen der Gränzen des eingeklagten Entschädigungsanspruches vgl. auch noch Gruchot IV. 129 (ad 5).

stanziirung einer Klage genügende) Kenntniß des Beschädigten von dem Dasein und dem Urheber des Schadens vgl. noch den Rechtsfall in Strieth. XXV. 236—257, bes. 236 ad b. 254 fg. (v. J. 1857); auch den von Gruchot IV. 129 fg. (ad 6) beigebrachten Rechtsfall (v. J. 1851). Für den Anfang der Verjährung der Entschädigungsklage des Adjudicatars eines durch Wasser-Entziehung beim Bergbau beschädigten Grundstücks: Strieth. XXXIII. 149—151 (v. 1859).[570])

c) Vom 6. September 1852 (Präj. 2395): Die Verjährung des §. 54 (h. t.) findet bei Verletzung bestehender, nicht auf einen Contract sich gründender Rechtsverhältnisse in soweit keine Anwendung, als die Klage nur die Natur eines Anspruchs auf Erfüllung oder Ersatz des Werths wegen verweigerter Erfüllung hat. (J. M. Bl. S. 354—356; Entsch. XXIII. 241—251; Strieth. VI. 276—288.)

Dieser Beschluß ist von besonderer Bedeutung für die objective Tragweite des §. 54. Er zieht in der That die Consequenz des Begriffes der (außercontractlichen) Beschädigung.

Den Anlaß dazu hatten Zweifel gegeben, welche über die Anwendbarkeit des Paragraphen auf contractsähnliche Rechtsverhältnisse entstanden waren, namentlich: ob die dreijährige Verjährung auch solche Ansprüche treffe, welche aus der durch den Besitzer des fundus serviens bewirkten Verhinderung der Ausübung einer lediglich auf Verjährung beruhenden (nicht contractlich erworbenen) Servitut hergeleitet werden.

Die Fassung des Beschlusses beruhet im Wesentlichen darauf, daß der §. 54, selbst bei der ausgedehntesten Anwendung, doch immer nur in dem Falle die Entscheidungsnorm abgeben kann, wo der Schade in der Handlung oder Unterlassung des Beschädigers selbstständig seinen Ursprung hat. Dagegen wird der Paragraph gar nicht anwendbar gefunden auf den Fall, wo ein Anspruch auf Erfüllung oder Leistung eines Aequivalents wegen nicht geleisteter Erfüllung, aus einem nicht auf einen Contract sich gründenden, aber unter den Parteien schon bestehenden, für sich verfolgbaren Rechtsverhältnisse gerichtet ist. Denn ein solcher Anspruch hat nicht die Natur einer Schadensklage. Derselbe bezweckt vielmehr, die Erfüllung der Verbindlichkeiten aus dem obligatorischen Verhältnisse von dem Ver-

570) Augenscheinlich ist S. 150 Z. 3 u. 11 der §. 54 A. L. R. I. 6 gemeint.

pflichteten zu erzwingen, und, wo diese Erfüllung durch des Letzteren Schuld unmöglich geworden (A. L. R. I. 16. §. 13), den Werth der unterbliebenen Leistung zu erlangen.

In gleichem Geiste hatte schon das Präj. 1883 (v. J. 1847), zu gehöriger Begränzung des Begriffs der Beschädigung im technischen Sinne, und unter der dem §. 54 einverleibten Voraussetzung, daß dem, dessen Vermögen durch eine Handlung eines Anderen verschlimmert worden ist, eine andere Klage auf Ersatz nicht zustehe, folgende zwei Sätze aufgestellt:

I. Die dreijährige Verjährung findet nicht bei solchen Entschädigungsforderungen statt, welche aus Handlungen abgeleitet werden, die durch Execution abgenöthigt sind.

II. Auf Condictionen ist diese kurze Verjährungsfrist ebenfalls nicht anzuwenden.

(Entsch. XV. 97—103. Vgl. XXIII. 245 fg.)

Auch in manchen anderen Beziehungen ist die Praxis in der Nichtanwendung der kurzen Verjährung aus §. 54 h. t. ganz consequent. So in der Nichtanwendung auf die Entschädigungsansprüche wegen der im öffentlichen Interesse vollständig abgetretenen (Declar. ad 1), ja auch schon wegen der desfalls nur geschmälerten oder eingeschränkten Eigenthums- oder Nutzungs-Rechte: Rechtsf. IV. 401 fg. (v. J. 1848); Entsch. bei Gruchot I. 284—289 fg. (v. 1856) u. IV. 127 ad 1 (v. 1852). Ferner auf Brandentschädigungs-Forderungen, wenngleich mit gewissen Modificationen: Präj. 2356, v. J. 1851 (Entsch. XXII. 283—290; Strieth. III. 328 ff.) und Präj. 2483, v. J. 1853 (Entsch. XXVII. 231 ad I. 233 fg.). Auch auf Beschädigungen bei Erfüllung eines unförmlich abgeschlossenen Vertrages: Arnsb. Arch. XIII. 437 ad 2 und 447 fg. (v. J. 1845). Dagegen ist die ehemalige Nichtanwendung auf einen Entschädigungsanspruch wegen Versandung eines Grundstücks in Folge einer fiscalischen Canalanlage (Präj. 33, v. J. 1833) gerade durch das in der Declaration (in Nr. 1) ausgesprochene allgemeine Prinzip („Beschädigungen bei Gelegenheit öffentlicher Anlagen ꝛc.") grundsätzlich verworfen worden.

Von den Anwendungen der kurzen Verjährung (aus §. 54) sind folgende besonders bemerkenswerth. Auf den Schaden, welcher dem Gewerbtreibenden dadurch entsteht, daß er die Geldstrafen wegen Steuerdefraudation seiner Gewerbsgehülfen im Falle ihres Unvermögens bezahlen muß: Präj. 254 (v. J. 1837). Auf die Regreß-Ansprüche ehemaliger Pflegebefohlener an ihre gewesenen Vormünder: Präj. 356 (v. J. 1837).[571]) Auf Regreßansprüche gegen Beamte: Arnsb. Jur. Monatsschr. v. 1855 Seite 47 —53.

Obgleich nun aber in dieser Weise die Praxis ein ziemlich haltbares, wenn gleich künstliches Gebäude auf dem nicht allzu festen Grunde des §. 54 h. t. errichtet hat, so läßt sich doch das Gewicht der Einwendungen nicht ganz verkennen, welche die Kritik gegen die immerhin zufällige und willkürliche legislative Neuerung (in den beiden §§. 54. 55 h. t.) geltend gemacht hat.[572])

E. Einfluß vernachlässigter Aufsicht. (§. 69 h. t.; I. 22. §. 185; II. 8. §. 2239.)

a) Für levis culpa, und zwar principaliter, haftet man bei vernachlässigter Aufsicht über Kinder (Personen unter sieben Jahren) und Geisteskranke: §. (56.) 57 h. t.[573]) Vgl. oben ad §. 41—44 h. t. (B. b.)

---

571) Die Gründe zu dieser schon vor der Declar. v. J. 1838 ergangenen Entscheidung finden sich abgedruckt in der Jur. Wochenschr. v. 1839 S. 4. 5. Um so mehr muß nach dieser Declaration (ungeachtet mancher dagegen erhobener Bedenken: S. 6—19 a. a. O. u. Koch im Commentar zum §. 54 h. t.) daran festgehalten werden. Denn ihr liegt gerade die Absicht zum Grunde, unter Anderem auch die s. g. Quasi-Contracte (Löwenberg a. a. O. S. 142 fg. Note * u. S. 150 ff.), dem ganzen Landrechtlichen Systeme und der speziellen Redactionsgeschichte gemäß, als außercontractliche Verhältnisse zu behandeln, mithin unter die kurze Verjährung aus §. 54 h. t. zu bringen. (Vormundschaft, negotiorum gestio und communio incidens insbesondere: bei Löwenb. S. 155—157.) Damit steht auch keinesweges in Widerspruch, daß ein auf in rem versio gegründeter Anspruch, obgleich „außerhalb dem Falle eines Contracts" entstanden, doch zu denjenigen Entschädigungsforderungen gehört, für welche die Declaration selbst (am Schluß) die ordentliche Verjährung vorbehält. (Löwenb. S. 158 Note ** u. 159 fg. Note *; Gruchot IV. 127 fg. ad 2.) Eben so ist es ganz richtig, daß das zur Entschädigung ex delicto eingegangene Versprechen einen nur der ordentlichen Verjährung unterworfenen Anspruch erzeugt. (Gruchot 128 ad 3.)

572) Gesetzrev. S. 203. 204. Koch Fordr. §. 144 ad III. (Ausg. 2 Bd. 2. S. 543 ff.) Vgl. jedoch auch zur Rechtfertigung der kurzen Verjährungsfrist Löwenb. a. a. O. S. 146—149. 151.

573) Der §. 56, nach welchem man für die schädlichen Folgen der levi culpa veranlaßten „unwillkührlichen" Handlung eines Anderen haftet, hat eine doppelte Beziehung: 1. eine allgemeine auf §. 39 h. t. (oben Anm. 541; Gruchot IV. 132); 2. eine spezielle auf §. 57 h. t., welchem der §. 56 gewissermaßen zur Grundlage dient, indem die Handlungen der Geisteskranken (oder, wie es in dem entsprechenden §. 45 Entw. h. t. II. 3 hieß, der „Unverständigen") und der Kinder (im technischen Sinne des Wortes) stets als „unwillkührlich" anzusehen sind.

Bedenken erregt das Verhältniß dieser Bestimmung zu den Grundsätzen über die Haftung der Aeltern für den aus unerlaubten Handlungen der Kinder (im weiteren Sinne des Wortes) entstandenen Schaden. (A. L. R. II. 2. §. 139—146. 167. 203.) In der That scheint es an vollkommener Congruenz der zerstreuten gesetzlichen Vorschriften zu fehlen; weshalb denn auch darüber gestritten wird, ob s. g. Kinder über 7 Jahren, sammt den Aeltern, dem Beschädigten solidarisch, oder ob jene Kinder principaliter und die Aeltern nur in subsidium haften.[574])

b) Nur für wissentliches Dulden oder Geschehenlassen, und zwar der Regel nach nur in subsidium,[575]) haftet man in Betreff des Gesindes, der Handwerksgesellen, Lehrlinge, Miethsleute: §. 60—69 h. t. (I. 21. §. 442. 517; II. [5. §. 98;] 8. §. 1447. 2454; 15. §. 37; Gesinde-Ordnung v. 1810 §. 19. 98. 126. 127. 174. 175; Gruchot IV. 137—142.)

Im §. 68 h. t. findet sich eine (dem Entwurfe noch fremde) immerhin zu weite Ausdehnung der Römischen actio de effusis vel deiectis, wenngleich sich ohne Zwang eine Beschränkung auf solchen Schaden unterlegen läßt, welcher unmittelbar in oder aus dem Hause resp. der Wohnung oder Umgebung (kurz nicht außerhalb des unmittelbaren Bereichs) des Herrn oder Meisters angerichtet worden ist.[576])

c) In Betreff der von Natur schädlichen Thiere kommt es zunächst auf Einholung der obrigkeitlichen Erlaubniß und danach noch auf Beobachtung der gehörigen Vorsichtsmaßregeln an: §. 70. 71 h. t.; in Betreff der von Natur unschädlichen Thiere dagegen lediglich auf gehörige Aufsicht (in abstracto): §. 73, beziehungsweise auf besondere Vorsichtsmaßregeln (in concreto, bei einem contra na-

---

Die Beschränkung der §. 56 (und folgerecht des §. 57) h. t. auf levis culpa (während im §. 44. Entw. h. t. vom „Versehen" überhaupt die Rede war) ist nicht mit Unrecht gerügt worden, beruhet aber, nach der Entstehungsgeschichte, auf einer besonderen Erwägung: Gesetzrev. a. a. O. S. 171.

574) Für das Letztere entscheiden sich die Gesetzrev. S. 172. Für die solidarische Haftung: Born. §. 129 ad 1. c. β. Note 5 (nur mit einer für den Fall des §. 143 A. L. R. II. 2. angenommenen Ausnahme) und Koch Commentar zum §. 57 h. t. (Vgl. jedoch Koch Fordr. §. 151 ad II. 3.)

575) D. h., nach §. 67, in allen Fällen der §§. 62—66 h. t. Nur im Falle des §. 61 gilt solidarische und im Falle des §. 68 sogar prinzipale Verpflichtung des Hausherrn oder Meisters. — In den §§. 63 und 66 ist zu dem „beibehalten hat" oder „duldet" selbstverständlich hinzuzudenken: „länger, als er nach der Gesinde-Ordnung resp. nach dem Miethscontracte schuldig ist."

576) Gesetzrev. S. 176 fg.; Born. §. 129 ad δ; Koch Fordr. §. 151 ad II. 5. 6.

turam sui generis schädlichen Thiere): §. 75 h. t. [A. L. R. II. 20. §. 749—755. Straf-G. B. v: 1851 §. 344 ad 4 und §. 345 ad 8.]

Das zum §. 73 h. t. schon i. J. 1843 ergangene Präj. 1300:

> „Wo nicht nach Provinzialverordnungen oder auch nach A. L. R. I. 22. §. 185 bei Schonungen eine Aenderung eintritt, da haftet für den durch Thiere auf fremden Grundstücken angerichteten Schaden der Eigenthümer der Thiere unmittelbar, und braucht sich der Beschädigte an den Hirten nicht verweisen zu lassen,"

hat Anlaß zu Bedenken und Erörterungen gegeben.[577] Dasselbe betrifft jedoch einen besonderen Fall[578] und tritt deshalb nicht in Conflict mit dem neuerlich allgemein anerkannten Satze, daß der §. 73 zu seiner Anwendung immer irgend eine Verschuldung des Eigenthümers desjenigen unschädlichen Haushaltungsthieres voraussetzt, welches den Schaden angerichtet hat: Präj. 2685 (v. J. 1857: Entsch. XXXV. 378—383). Eine solche Verschuldung gilt aber eben im Allgemeinen als nicht vorhanden, wo der Eigenthümer sich tüchtiger Leute zur Beaufsichtigung bedient hat: Strieth. XXV. 323—326 (v. J. 1857).

Die Anwendung des §. 74 h. t. bleibt auf denjenigen beschränkt, in dessen Eigenthum oder Besitz das beschädigende Thier zur Zeit der Anrichtung des Schadens befindlich war: Präj. 2317 (v. J. 1851: Entsch. XXI. 188—191); Gruchot IV. 147 fg.

Ergibt sich aus allem Diesem die Landrechtliche Regel, daß der Ersatz des durch Thiere verursachten Schadens nur auf Grund einer dem Eigenthümer (resp. Besitzer) zur Last fallenden Verschuldung gefordert werden kann, so ist doch als Ausnahme ein gewisser Ueberrest der actio de pauperie (freilich ohne noxae datio) im §. 72 h. t. unverkennbar, indem derjenige, welcher Thiere hält, „die zwar ihrer Natur nach nicht schädlich sind, aber auch in der ländlichen oder städtischen Haushaltung nicht gebraucht werden," für allen durch selbige „auch ohne seine besondere Schuld" verursachten unmittelbaren Schaden haften soll.[579]

---

577) Die Gründe zu dem Präj. 1300 finden sich im Arnsb. Archiv IX. 411—417. Die Bedenken dagegen: ebendas. X. 199—209 und in Koch's Comm. ad §. 73 h. t. (Fordr. §. 396 ad III.)

578) Die Besonderheit des Falles bei übergetretenem Weidevieh wird darin gefunden, daß die Motive, welche dem Gesetz zur Conservation der Waldschonungen vorgelegen haben, von den Prinzipien beim Schadensersatz abweichend sind: Entsch. XXXV. 383; Strieth. XXV. 325. Vgl. noch den Rechtsfall bei Gruchot IV. 145—147 (ad 3.).

579) Schon in dem bloßen Halten solcher, zwar ihrer Natur nach nicht

Für die Frage von dem naturgemäßen Schaden, welchen Thiere anrichten, ist zu vergleichen: A. L. R. I. 14. Abschn. 4; 22. §. 72. 83 ff. 180 ff.[580])

Die §§. 75—78 h. t. enthalten im Wesentlichen blos Folgerungen aus allgemeinen Prinzipien.[581])

II. Von der Art, wie Beschädigungen zu ersetzen sind.

Als Prinzip ergibt sich aus §. 79—81 h. t.: Herstellung des früheren Zustandes; eventuell (unter Berücksichtigung der verschiedenen Werthe) Ausgleichung in Gelde[582]).

1. Beschädigung oder Zerstörung von Sachen.

A. Ermittelung des Werthes[583]).

a) Nach der Bestimmung von Gesetzen oder Preis-Couranten: §. 82. 83 h. t. (Strieth. XXVII. 144.)

b) Nach dem Gutachten der Sachverständigen:

α) in concreto (wie die Sache zur Zeit des Verlustes beschaffen war): §. 84 h. t.;

β) in Ermangelung eines solchen Anhalts, nach mittlerem Durchschnitt, doch bei dolus und culpa lata mit Zulassung des höher — nur in der Regel (wie oben Tit. 5. §. 301) nicht ultra alte-

---

schädlichen aber doch in der Haushaltung ganz entbehrlichen Thiere, läßt sich ein Versehen finden: Entsch. XXXV. 382 fg. Oder, wie Sz. in der rev. mon. sich äußerte, es ist in der natürlichen Billigkeit gegründet, „daß Niemand seinem Vergnügen mit Gefahr und Nachtheil für seinen Mitbürger nachhängen könne": Gesetzrev. a. a. O. S. 178. 179. Vgl. Gruchot IV. 143—145 u. Beseler §. 131 ad III.

Uebrigens hatte nach dem Preuß. Landrechte v. 1721 (oben S. 5 u. 75) die actio de pauperie, mit Ausschluß der §§. 70 ff. und 18 ff. h. t., in der Provinz Preußen Geltung gehabt: Präj. 1321 ad b. u. c. (Entsch. IX. 381 ad II. III. 391—394.) In den Kreisen Lauenburg und Bütow (Hinterpommern) gilt freilich das L. R. v. 1721 noch jetzt als Provinzialrecht. (Koch §. 8 ad V. 2. b g. E.)

580) Gesetzrev. S. 180. Jurist. Zeitung v. 1832 Sp. 1116—1121. 1132—1136. („Ueber die Actio de pastu pecoris nach Preußischem Rechte.")

581) Vgl. Gesetzrev. S. 181. 182.

582) Fälle der Anwendung dieses Prinzips: Strieth. V. 320—323 (v. J. 1852); X. 191—197 (v. 1853; vgl. Gruchot IV. 149—151); XVIII. 223—226 (v. 1855). — Bei fortdauernden Beschädigungen Wahl zwischen Capitalabfindung oder Rente: Rechtsspr. I. 77 ad II. 81 fg. 85 fg. (v. J. 1827).

583) Die in den §§. 82 ff. über die Werthsermittelung aufgestellten Grundsätze werden im A. L. R. mehrfach in Bezug genommen: §. 137 h. t.; I. 14. §. 40; 20. §. 192; 21. §. 254; II. 8. §. 1738. Ueber die im A. L. R. nicht besonders berührte Frage, wer bei Beschädigungen an Sachen zur Anstellung der Entschädigungsklage berechtigt sei, verbreitet sich Gruchot IV. 151—160.

rum tantum — gehenden iuramentum in litem: §. 92 bis 97 h. t. (Pr. O. Tit. 22. §. 9—27. Sav. V. 123. 129. 141. 145. 226. 453. Zum §. 92 h. t. insbesondere vgl. Jur. Wochenschr. 1837. S. 732 —738.)

B. Ersatz des verschiedenartigen Werthes.

a) Bei völliger Zerstörung der Sache wird

α) im Falle von dolus oder culpa lata der höchste Werth aus dem Zeitraume zwischen der Schadenszufügung und der Klagebehändigung prästirt: §. 85 h. t., und zwar im Falle der culpa lata der außerordentliche Werth: §. 86, im Falle des dolus sogar (contra L. 33 pr. ad leg. Aquil. IX. 2) der Werth der besonderen Vorliebe: §. 87 h. t.[584]);

β) im Falle von culpa levis oder levissima nur der gemeine Werth aus dem Zeitpunkte der Schadenszufügung: §. 88 h. t.

Augenscheinlich soll hier in Ansehung der Zeit und der Art des Werthes die Rechnung immer mehr zum Nachtheil des Beschädigers ausfallen, je größer dessen Verschuldung ist[585]).

b) Bei bloßer Verminderung des Werthes der Sache wird die Differenz prästirt, mit einem eigenen Wahlrechte des Beschädigten bei beweglichen Sachen (auf Ueberlassung der Sache gegen Vergütung des ganzen vormaligen Werthes): §. 89—91 h. t. (Rescr. v. 5. Mai 1807 in Mathis' Jur. Monatsschr. IV. [396—] 404 fg.; Erk. aus d. J. 1821 in den Rechtsspr. I. 434—438.)

2. **Beschädigung der Person.**

A. Am Körper.

a) Tödtung: §. 98—110 h. t.

Die Grundlage dieser Bestimmungen ist zwar ächt Deutschrechtlicher Natur (Wergeld, Sühngeld)[586]); aber die Ausführung beruhet

---

584) Vgl. oben zu Tit. 2. §. 114. 115.

585) Die casuistische und der Willkür des Beschädigten förderliche Ausführung dieses Gedankens — welche wesentlich mit der abrupten Umwandelung des §. 73 Entw. h. t. (II. 3) in den jetzigen §. 85 zusammenhängt — hat der Kritik zu wohlbegründeten Angriffen Veranlassung gegeben: Gesetzrev. S. 186. 187; Born. §. 135 ad 3; Koch Comm. ad §. 85 u. 97 h. t. (Fordr. §. 29 ad I); Gruchot IV. 160—162.

586) Vgl. Grimm Deutsche Rechtsalterthümer S. 661 ff.; Homeyer Register zu seiner Ausg. des Sachsenspiegels s. v. Wergeld; Heffter Strafrecht §. 246; Heydemann Joach. Const. v. 1527 S. 228—232 (bes. S. 232 das Responsum unserer Frankfurter Facultät aus d. J. 1610, nach welchem der Vater und die Wittwe des Erschlagenen je zur Hälfte in das Sühngeld wie in die gemeine Verlassenschaft succedirten).

auf einer casuistischen und subtilen Abstufung der Ersatzverbindlichkeit nach den Graden der Culpa [587]).

Als leitender Gedanke ist dabei festgehalten: je größer die Schuld des Todschlägers, desto größer seine Ersatzpflicht. Hieran knüpfen sich die Gegensätze der standesmäßigen Erhaltung der nachgelassenen Familie (im Falle von dolus und culpa lata: §. 99 h. t.) und der nothdürftigen Aushülfe (im Falle von culpa levis: §. 103. 104); der Nicht-Berücksichtigung des eigenen Vermögens der Familie (bei dolus und c. lata: §. 100) und der Berücksichtigung desselben (bei c. levis: §. 103. 104); endlich der längeren Dauer der Alimentationspflicht (bei dolus und c. lata: §. 101. 102) und der in gemessenere Gränzen gezogenen Dauer derselben (bei c. levis: §. 105—108). Der Familie des Entleibten werden noch „andere Personen" gleichgestellt, welche nach den Vorschriften der Gesetze Unterhalt von dem Entleibten zu fordern berechtigt sein würden (§. 109). Den niedrigsten Grad der Entschädigung bildet der bloße Ersatz der Cur-, Begräbniß- und Trauerkosten (im Falle der culpa levissima: §. 98. 110) [588]).

Bei der Art, wie die Redactoren des A. L. R. die Deutschen Rechtselemente mehr instinctiv als mit wissenschaftlichem Bewußtsein aufnahmen, ist es nicht zu verwundern, daß Sz. S. 7. 8., in der Vertheidigung des Gesetzbuches gegen den Vorwurf ungerechtfertigter Abweichungen vom gemeinen Rechte, nicht sowohl auf die Grundlage des Deutschen Rechts, als vielmehr lediglich auf die Praxis und deren Abweichung vom reinen Römischen Rechte recurrirt: „De iure Romano fand Actio ex lege Aquilia statt, wenn ein freier Mensch verwundet, nicht aber wenn er getödtet worden. Dieser sonderbare Satz, der sich auf eine bloße Spitzfindigkeit des Römischen Rechts gründet, ist durch die Praxis längst abgeschafft, und der Satz, daß wer einen Menschen tödtet, seine Frau und Familie entschädigen müsse, steht ex moribus längst fest. Die hier vorkommenden Sätze sind also nicht Abweichungen von dem bisherigen gemeinen Rechte, sondern nur Ergänzungen und nähere Bestimmungen desselben." Dagegen bleibt freilich zu sagen, daß das Römische Recht weder auf einer bloßen „Spitzfindigkeit" beruhete, noch auch die praktisch erforderliche Entschädigung versagte. (3 si quadr. IX. 1; 5 pr. §. 3 bis 7 pr. §. 4. 13 pr. 33 §. 1 ad leg. Aquil. IX. 2; 7 de his qui effud. IX. 3.) Vgl. einen im J. 1854 von unserem Ober-Tribunal nach gemeinem Recht entschiedenen Fall in Strieth. XVI. 261—270 (bes. 268 ff.).

587) In diese Casuistik ist man erst bei der Umarbeitung des (gedr.) Entwurfes gerathen, welcher in den §§. 81—92 h. t. (II. 3) einfachere, für alle Grade des Versehens gleichmäßige Grundsätze aufgestellt hatte: Gesetzrev. S. 191—194.

588) Das Ganze nach folgendem, der definitiven Redaction zum Grunde gelegten Schema (Gesetzrev. S. 194):

„1) Beim dolo et culpa lata trägt der Beschädiger den standesmäßigen Un-

b) Verletzungen ohne Tödtung.

α) Vorweg wird in allen Fällen der Ersatz der Cur- und Heilungs-Kosten zugestanden: §. 111 h. t. (und zwar nicht erst dann, wenn solche dem Arzte ꝛc. bereits ausgezahlt sind: Arnsb. Arch. XVI. 63—65; Strieth. XXXII. 190 fg. ad b. 191 fg. ad 2 [v. J. 1859]; Gruchot IV. 173). Das s. g. Schmerzensgeld aber („ein Nachklang der alten Privatbuße": Beseler §. 131 ad I) wird nur Personen geringeren Standes gewährt[589]), und auch diesen nur bei Verletzungen aus dolus oder culpa lata, und nach dem Grade der ausgestandenen Schmerzen, jedoch nicht unter der Hälfte, und nicht über den doppelten Betrag der erforderlichen Curkosten: §. 112—114 h. t.[590]) Uebrigens kommt nach dem Präj. 1189 (v. J. 1842) der §. 112 auch dann zur Anwendung, wenn die vorsätzlich oder aus grobem Versehen unternommene beschädigende Handlung keine äußere Verletzung, sondern eine Krankheit zur Folge gehabt hat, selbst wenn diese nach §. 3 h. t. als ein mittelbarer Schade anzusehen wäre, und diese Art der Beschädigung nicht in der Absicht des Beschädigers gelegen hätte.

---

terhalt ex propriis, ohne Rücksicht auf das anderweitige Vermögen der Familie.

2) Diese Verbindlichkeit dauert so lange, als die Familie eines solchen Unterhalts bedarf.

3) Bei der culpa levis supplirt er, was zur Alimentation zu einem nach Verhältniß des Standes nothdürftigen Unterhalt ermangelt.

4) Diese Verpflichtung dauert bei Kindern bis ad annos majorennitatis, insofern sie sich nicht früher selbst versorgen können; — bei furiosis et mente captis bis zu ihrem Tode oder Wiederherstellung; — bei der Wittwe bis zur anderweitigen Versorgung.

5) Bei der culpa levissima nur die Kosten."

Zur Kritik dieser, auch in der praktischen Anwendung von bedenklichen Folgen begleiteten Theorie des A. L. R. vgl. Born. §. 135 ad 4; Koch Fordr. §. 392 ad IV. V; Gruchot IV. 166—173.

589) Diese, nach der Note zum Entw. §. 97 h. t. (II. 3) und Sz. S. 8, mit Rücksicht auf das voraussetzlich feinere Ehrgefühl der Personen von Stande und Erziehung getroffene, weder anderen Deutschen Rechten eigene, noch vor der Kritik stichhaltige Unterscheidung der Stände soll auch nach der Verfassungs-Urkunde in Geltung geblieben sein: Strieth. XXXII. 190 ad a. 191 ad 1 (v. J. 1859). Vgl. Gruchot IV. 173—176 und (für völlige Abschaffung des Schmerzensgeldes) Gesetzrev. S. 198.

590) Der Begriff „erforderlich" veranlaßt hier gewisse Einschränkungen in der dem Schmerzensgelde zu Grunde zu legenden Berechnung der Kosten (deren Betrag, nach der Anm. 589 angeführten Note zum Entw., überhaupt nur deshalb als Maßstab für das Schmerzensgeld angenommen ist, um nicht Alles der Willkühr des Richters zu überlassen): Appellations-Erkenntnisse aus d. J. 1836 u. 1847 in Koch Fordr. §. 392 Note 11 u. Arnsb. Arch. XIII. 565 fg.

β) Die eigentliche Entschädigungs-Frage ist wieder mit casuistischen Abstufungen (nach Analogie von a) behandelt.[591])

A. So weit die zugefügte Verletzung einen störenden Einfluß auf den Betrieb des Berufes hat, wird unterschieden, ob der Beschädigte zum Betriebe seines Amtes oder Gewerbes gänzlich außer Stand gesetzt worden ist: §. 115—119 h. t.,[592]) oder nur auf eine Zeitlang: §. 120. 121 h. t.,[593]) oder ob ihm jener Betrieb nur schwerer oder kostbarer gemacht worden ist; §. 122 h. t.; und ferner: ob dolus oder culpa lata (§. 116) oder culpa levis (§. 117)[594]) oder nur culpa levissima (§. 118) stattgefunden hat.

B. So weit es sich um eine durch körperliche Verletzung bewirkte Verunstaltung handelt, wird unterschieden, ob eben durch die erlittene Verunstaltung

a. einer Person weiblichen Geschlechts die Gelegenheit sich zu verheirathen erschwert worden ist: für welchen Fall ihr der Beschädiger eine, nach besonders vorgeschriebenen Kriterien höher (bei dolus und c. lata) oder niedriger (bei c. levis) abzumessende Ausstattung gewähren muß: §. 123—127 h. t.; oder

b. außerdem Jemandem sein Fortkommen erschwert worden ist: für welchen Fall (jedoch nur bei dolus und c. lata) eine billige Entschädigung „nach den Umständen" bestimmt werden soll: §. 128 h. t.[595])

---

591) Diese sind gleichfalls erst bei der Umarbeitung des Entwurfes (§. 89. 94. 98 h. t.) nach und nach entstanden: Gesetzrev. S. 198. 199.

592) Vgl. die in Koch's Comm. ad §. 116 beigebrachten Rechtsfälle.

593) Vgl. (wegen der „Versäumnißkosten") den Rechtsfall in den Entsch. XXXVII. 42—51 (v. 1857).

594) Leitender Gesichtspunkt: „Wer dolo vel culpa lata beschädigt, muß auch die künftigen Vortheile prästiren, auf welche der Damnifikat nach dem natürlichen und gewöhnlichen Laufe der Dinge Hoffnung hatte: — wer culpa levi, nur die gegenwärtigen." (Gesetzrev. a. a. O. S. 199.)

595) Im §. 98 Entw. h. t. war die Ausstattung für die verunstaltete Frauensperson derjenigen gleich gesetzt, welche ein Verführer der Geschwächten, bei nicht stattfindender Heirath, zu leisten habe. Bei der Umarbeitung nahm man die ins A. L. R. übergegangenen Unterscheidungen auf: „Dolus vel culpa lata gibt die höchste Ausstattung, culpa levis nur die ordinaire. — Die Ausstattung beim dolo und der culpa lata muß so beschaffen seyn, daß sie ihr zugleich standesmäßigen Unterhalt gewähre." Zugleich wurde die Hinzufügung eines Paragraphen beschlossen: „wegen solcher Verunstaltungen, wodurch Jemandem sein weiteres Fortkommen erschwert wird." Dies ist eben der jetzige §. 128 geworden, welcher sonach auf Männer und deren Verhältnisse geht (aber möglicher Weise auch auf Personen weiblichen Geschlechts, so weit es sich nur nicht darum handelt, daß sie, wie S z. gelegentlich zum §. 98 des Entwurfs

c) Gemeinsame Bestimmung für die Fälle der Entschädigung in a. und b: §. 129 h. t. Der Sinn dieser Bestimmung ist schon von Sz. dahin angegeben worden: „daß derjenige, welcher aus einer Beschädigung verhaftet sei, nicht mehr Schonung verdiene, als jeder andere Schuldner seinem Gläubiger gegenüber.“ [596])

B. An der Ehre.

a) Privatgenugthuung (§. 130 h. t.; II. 20. §. 584. 586—606): schon durch die Cab. Ordre vom 1. Februar 1811 (Ges. Samml. S. 149) aufgehoben.

b) Abschätzung nach Gelde (actio aestimatoria) nur in dem beschränkten Maße des §. 131 h. t.: sofern „der Schade aus der Ehrenkränkung unmittelbar entstanden ist.“ Hiergegen ist mit Recht erinnert worden, daß fast jeder nach Gelde zu veranschlagende Schaden, welcher aus einer Ehrenkränkung entsteht, durch das Zusammentreffen mit anderen Ereignissen bedingt ist, und daß nach allgemeinen Rechtsgrundsätzen im geeigneten Falle auch der mittelbare Schaden ersetzt werden muß. [597]) Inzwischen läßt sich das Wort „unmittelbar“ auch wohl im Sinne der §§. 26. 137 h. t. so auslegen: als wenn der Schaden aus der Handlung (hier der Ehrenkränkung) unmittelbar entstanden wäre; so daß in der That nur ein sicherer Causalnexus zwischen der Ehrenkränkung und der Vermögens-Beschädigung erfordert zu werden braucht.

C. An der Freiheit

a) der Person selbst; wobei weiter unterschieden wird: widerrechtlicher Personalarrest von Gerichts Wegen: §. 132. 133 h. t. [598]); Privatarrest: §. 134. 135 h. t.; unwiederbringlicher Verlust der Freiheit (nach Analogie der Tödtung: oben ad A. a): §. 136 h. t.;

b) des Vermögens, — durch unrechtmäßig ausgebrachten Realarrest: §. 137. 138 h. t.

---

bemerkte, „um conditionem nubendi gebracht worden“). Vgl. Gesetzrev. a. a. O. und Gruchot IV. 177. 178.

596) Gesetzrev. S. 201. Vgl. Koch Comm. ad §. 129 h. t. (Ausschließung des beneficium competentiae) u. Fordr. §. 392 ad VI. u. §. 196 ad III. 2. (Alimentations-Verbindlichkeiten aus unerlaubten Handlungen nicht durch den Ueberfluß des Verpflichteten bedingt.)

597) Gesetzrev. S. 201 fg.; Koch Comm. ad §. 131 h. t.; Gruchot IV. 178 fg.

598) In der solidarischen Verhaftung des den gesetzlichen Vorschriften zuwider handelnden richterlichen Beamten (§. 133 h. t.) liegt eine wohlbegründete Ausnahme von der Regel der nur subsidiarischen Verhaftung der Staatsbeamten (A. L. R. II. 10. §. 91; vgl. oben Anm. 555).

Die (auch im gemeinen Recht nicht unstreitige[599])) Frage: ob der Arrestanleger schon wegen der Nichtjustification des Arrests als solcher, oder nur nach Maßgabe seines dolus resp. seiner culpa zur Schadloshaltung gegen den Arrestaten verpflichtet sei, ist durch den Plenarbeschluß vom 7. Januar 1850 (Präj. 2168) dahin entschieden worden:

> Der Arrestleger haftet dem Arrestaten für den demselben aus der Arrestlegung entstandenen Schaden, wenn auch der Arrest durch den Richter für nicht gerechtfertigt erachtet worden nicht unbedingt, sondern nur nach Maßgabe des ihm zur Last fallenden bösen Vorsatzes oder schuldbaren Versehens.

(J. M. Bl. S. 78—80; Entsch. XIX. 11—18.)[600])

Diese Entscheidung ist in der That nichts weiter als eine reine Consequenz der richtigen und durch die ganze systematische Stellung des Sechsten Titels bedingten Auslegung des §. 137. „Wer Sachen unrechtmäßiger Weise mit Arrest belegt", sagt augenscheinlich etwas Anderes, als: „Wer mit seiner Arrestklage abgewiesen wird"[601]).

---

599) Gruchot IV. 179. 180.

600) Hierdurch ist das Präj. 36, v. J. 1833, aufrecht erhalten worden, welches zugleich eine genügende Begründung seines Ausspruches in sich schloß: „Blos die Abweisung des Arrestanten mit der Arrestklage für sich allein reicht nicht hin, um den in den §§. 137—138 demjenigen, dessen Sachen unrechtmäßiger Weise mit Arrest belegt worden, nachgelassenen Regreß wider den Arrestsucher zu begründen; vielmehr erhalten die im §. 137 gewählten Worte: „„unrechtmäßiger Weise"" ihre richtige Deutung nur aus dem §. 8 a. a. O. — wonach der, welcher Jemanden ohne Recht Schaden zufügt, denselben kränkt oder beleidigt; es gehört folglich zur Begründung einer desfallsigen Entschädigungsklage nach den allgemeinen Grundsätzen vom Schadensersatze aus unerlaubten Handlungen: daß dem Arrestanten bei Anstellung seiner Regreßklage böser Vorsatz oder doch ein Versehen vorgeworfen werden kann, und daß nach Verschiedenheit des Grades des Letzteren, auch die Entschädigung verschieden ausfallen muß." Daran hielten auch in den Jahren 1847 u. 1848 drei Senatsentscheidungen fest (Entsch. XV. 103—108, wo auf S. 104 die Jahreszahl 1846 augenscheinlich auf einem bloßen Druckfehler beruhet; vgl. Entsch. XIX. 14); während sich nachher fand, daß früher (1837 u. 1846) zwei andere Senatsentscheidungen im entgegengesetzten Sinne ergangen waren (Entsch. XIX. 13).

So kam es zu dem Pl. Beschl. v. 7. Januar 1850, an welchem auch später festgehalten worden ist, wenn es nur nicht an den Voraussetzungen desselben (wie in dem Falle der Arrestanlegung auf Sachen eines Dritten bei Strieth. V. 366—369, v. J. 1852,) gebrach: Strieth. VIII. 251—254 (v. J. 1853: in voller Anwendung des Pl. Beschlusses auf Interventionsklagen; vgl. oben I. 3. A. g. C.).

601) Entsch. XIX. 16.

Damit harmonirt denn schließlich auch noch in einer anderen Beziehung das viel ältere Präj. 391 (v. J. 1837), welches in der ganzen Vorschrift des §. 137 eine Ausnahme von den allgemeinen Grundsätzen §. 10 ff. über den Schadensersatz nicht gefunden wissen will, vielmehr den §. 137, in seiner Erstreckung auf die Mitwirkung des Richters bei der Arrestlegung, lediglich dahin auslegt: „daß der, nicht selbst und unmittelbar, sondern durch den Richter handelnde Arrestleger ebenso angesehen werden solle, als wenn er selbst und allein gehandelt hätte"[602]).

---

602) Vgl. für diese Auslegung des Wortes „unmittelbar" auch das oben zu §. 26 u. zu §. 131 h. t. Gesagte.

A. L. R. Th. I. Tit. 7. Von Gewahrsam und Besitz.

(Entw. Th. II. Tit. 4.) Koch §. 165—185. (734.) 239—241. Born. §. 46—71. 118—122. Thöne (Fundam.-Lehren) §. 242—287. Puchta §. 122—139. 166. 170. 171. 173. Eichh. §. 156. Gerber §. 72. 73. Beseler §. 79. 80. (Oestr. §. 309—352. 360. 372—379. 1460—1464. Code Nap. art. 549. 550. 1378—1381. 1605—1607. 2228—2235. 2240. 2279. Code de proc. art. 23—27.) S. S. Zeitschr. III. 1—390 (Materialien zum A. L. R. I. 7) und 603—634 (Studien zur Lehre vom Besitz). Koch: die Lehre vom Besitz nach Preußischem Rechte, mit Rücksicht auf das gemeine Recht und die Materialien des A. L. R. Zweite Ausg. Breslau 1839. Baron Abhandl. aus dem Preuß. Recht, Berlin 1860, S. 1—47. (Erklärung des A. L. R. I. 7. §. 96 ff. 122. 131.) Gruchot Beitr. IV. 312—340. 433—493. V. 291—350.

Die systematische Stellung dieses Titels ist schon oben (S. 39. 40) im Allgemeinen entwickelt, auch der innere Zusammenhang desselben mit der Lehre von der Ersitzung (Tit. 9.) angedeutet worden (S. 43)[603]. Zwei in dem Texte des Gesetzbuches allerdings nicht äußerlich geschiedene Hauptabschnitte des Tit. 7. ergeben sich aus der auch bei der Redaction erstrebten (wenngleich nicht durchweg festgehaltenen) Sonderung des ius possessionis von dem ius possidendi[604]).

---

603) Ursprünglich hatte man die Lehre von der Verjährung unmittelbar an die Lehre vom Besitze angeschlossen. Diese Methode wurde jedoch von Sz. gleich in den Vorbemerkungen zu seiner revisio monitorum (Mat. S. 114 ad 4) als logisch unrichtig mit Erfolg angegriffen: „. . . die Verjährung ist ein modus acquirendi dominium, sie setzt die Lehre vom Besitze, aber auch die vom Eigenthume voraus. Es giebt also nothwendig Dunkelheit und Verwirrung, wenn man von der Präscription handeln will, ehe noch vom Eigenthume geredet worden. Ich würde also . . . . vom Besitze sofort auf das Eigenthum übergehen."

604) Schon in seinen eben erwähnten Vorbemerkungen (Mat. S. 111—

Der großen Frage, ob der Besitz eine bloße Thatsache, oder von Hause aus ein Recht sei, wurde zwar zur Zeit der Redaction im Wesentlichen nur eine doctrinelle Bedeutung eingeräumt. Doch ist nicht ohne Einfluß auf die Redaction eine gelegentlich auftauchende Ansicht geblieben, nach welcher der Besitz als eine interimistische Legitimation zu einer Sache gilt, oder als ein Zwischen-Zustand, welcher die rechtliche Vermuthung des Eigenthums wirke[605]). Jedenfalls erscheint in dem fertigen Systeme des A. L. R. der Besitz deutlich nicht blos als Factum, sondern als Recht[606]). Ja schon die Gewahrsam tritt unverkennbar in rechtlicher Gestalt auf[607]).

Eine andere Vorfrage betrifft die Deutschrechtlichen Elemente der Besitzlehre. Man würde den Redactoren unseres Gesetzbuches Unrecht thun, wenn man den wesentlichen Einfluß übersehen wollte, welchen die spezifisch Deutschrechtlichen Anschauungen auch auf diesem Gebiete, zumal in objectiver Hinsicht (Besitz an Rechten), gewonnen haben. Allein dieser Einfluß erstreckt sich doch in der That nur auf Erweiterungen im Einzelnen. Im Großen und Ganzen ist die Landrechtliche Besitzlehre auf Römischer Grundlage erbaut, nach dem Standpunkte der damaligen

---

115, vgl. mit S. 159) eifert Sz. gegen die Vermengung dieser beiden Momente. Hier sei nur zu reden von dem Besitze, als einer allgemeinen Quelle von Sachenrechten, „quatenus est factum“, von den „iura possessionis überhaupt, so weit sie aus diesem facto seu statu possessionis, ohne Rücksicht auf die causam oder den titulum possessionis, entspringen“, oder von den dem Besitzer „quia possidet“ zukommenden Rechten u. Pflichten; nicht von dem, je nach dem Titel, auf welchen der Besitz sich gründe, unendlich verschiedenen ius possidendi, insbesondere auch nicht von den „zur Präscription erforderlichen Eigenschaften des Besitzes“ u. s. w. Dieser Auffassung entspricht der gegenwärtige Titel 7 wenigstens in so weit, als das ius possidendi vorzugsweise in den leicht auszusondernden zweiten Abschnitt (§. 161 — 250) verwiesen ist. Doch läßt sich nicht verkennen, daß auch in den ersten, recht eigentlich dem ius possessionis gewidmeten Abschnitt (§. 1—160; vgl. besonders die systematisch bedeutsamen §§. 134—136) immer noch viele zum ius possidendi gehörige Momente mit eingemischt sind.

605) Mat. S. 116. 201. 207. 277. 283.

606) Vor Allem zeigt sich dies in dem durchgreifenden Satze, daß der Besitz, gleich anderen Rechten, durch unrechtmäßiges Verfahren weder erworben noch verloren werden soll. (§. 96 ff. 122 h. t.: unten Abschn I ad II. 2 und III. 1.) Dann aber auch in einzelnen Bestimmungen, wie §. 45 h. t. über die Erwerbung des Besitzes durch die Handlungen eines Anderen, §. 131 h. t. über das Aufhören des Besitzes durch den bloßen Eintritt eines dies oder einer conditio resolutiva u. s. w.

607) Als „Herrschaftsverhältniß der Person über die Sache.“ (Baron a. a. O. S. 15 ff.) Daher genießt auch schon der Inhaber den Schutz des Gesetzes nach Art der Römischen Interdicte: unten Abschn. I. ad IV. 2.

gemeinrechtlichen Wissenschaft und Praxis. Dabei sind die eigenthümlich Deutschen Elemente des Rechts zu sehr nach dem unmittelbaren Instincte des praktischen Bedürfnisses benutzt und eingeflochten worden, als daß man ohne entschiedene Mißgriffe insbesondere den erst durch die neuere Wissenschaft erlangten Maßstab der Gewere daran anlegen könnte.

Abschnitt I. Recht des Besitzes.

I. Begriffe.

1. **Objective Seite.** (Materieller Inhalt der Grundlagen des ius possessionis.)

A. Der allgemeine Begriff der Detention ist gegründet auf das physische Vermögen, über eine Sache mit Ausschließung Anderer zu verfügen: §. 1 h. t. Tritt zu diesem rein körperlichen Momente noch ein entsprechendes Bewußtsein und Wollen, und zwar ein solches, welches sich (negativ) durch den Mangel jeder selbstnützigen Absicht bezeichnen läßt, so erscheint die Detention in ihrer wahren praktischen Bedeutung als Stellvertretung. (Procurator alienae possessioni praestat ministerium: 18 pr. de acq. vel am. poss. XLI. 2.) Hierauf beruhet die (positive) Charakterisirung der Detention durch die Absicht, über den detinirten Gegenstand „für einen Andern oder in dessen Namen zu verfügen:" §. 2 h. t. Eben darauf aber auch die (negative) Stellung des rein körperlichen, von keinem Bewußtsein begleiteten Verhältnisses (ohne affectio tenendi: 1 §. 3 de poss.): §. 138. 139 h. t.[608])

Gegenstand der Detention kann sein eine körperliche Sache: dann heißt sie Gewahrsam oder Innehabung: §. 1. 2 h. t.[609]);

608) Hiernach hat derjenige, welcher von diesem körperlichen Verhältnisse Nichts weiß, weder Rechte noch Pflichten: §. 138 h. t. Aber auch nach erlangter Wissenschaft braucht er keine Pflicht (der Stellvertretung: §. 137 h. t.) zu übernehmen, wenn er sich nur eben von jenem körperlichen Verhältnisse wieder frei macht: §. 139 h. t. Materiell ist also auch im A. L. R. nur die positive Bedeutung der Detention (in Vertretung eines Anderen) von Gewicht. Formell freilich erscheint die Detention in doppelter Gestalt: entweder ohne allen animus, oder mit dem animus der Vertretung. (Sz. Mat. S. 113. 212.) Und gegen diese Doppelgestalt erhebt sich die Kritik mit Recht. (Gruchot IV. 321—325.)

609) „Nur von körperlichen Sachen kann gesagt werden, daß sie in der Gewahrsam sind. Gewahrsam der Rechte ist wider den Sprachgebrauch:" Sz. Mat. S. 208. (Im Entw. §. 1 h. t. waren absichtlich Sachen und Rechte als Gegenstände der „Gewahrsam" behandelt. Incorrect findet sich derselbe Sprachgebrauch noch in dem gegenwärtigen §. 6 h. t.)

oder ein Recht: dann heißt sie Ausübung oder Innehabung: §. 4 h. t.[610])

B. Die Steigerung der Detention zum Besitz geschieht vermittelst der selbstnützigen Absicht. Demnach ist Besitzer einer körperlichen Sache: wer dieselbe in der Absicht, „darüber für sich selbst zu verfügen" („unmittelbar oder durch andere") in seiner Gewahrsam hat: §. 3 h. t.; Besitzer eines Rechts: wer dasselbe „für sich selbst ausübt": §. 5 h. t.[611])

Wenn nun eine solche selbstnützige Absicht auf der Höhe des animus domini steht, so heißt der Besitz vollständig: §. 7. 8 h. t.[612]) Wenn dagegen Jemand „eine Sache oder ein Recht, zwar als fremdes Eigenthum, aber doch in der Absicht, darüber für sich selbst zu verfügen," detinirt, d. h. wenn die selbstnützige Absicht sich nicht bis zum vollen animus domini erhebt, so heißt der Besitz unvollständig: §. 6 h. t. Und so gilt der unvollständige Besitzer der Sache als vollständiger Besitzer des Rechts, dessen er darüber sich anmaßt (d. h. welches er darüber ausübt: S. S. Stud. S. 605): §. 9 h. t.[613])

---

610) Bei der Ausübung eines Rechts kann selbstverständlich der Fall des mangelnden Bewußtseins (Anm. 608) nicht vorkommen: S. S. Studien S. 604 ad III.

611) Die §§. 4. 5 h. t. sind fast wörtlich aus folgender Bemerkung von Sz. (Mat. S. 208) entstanden: „Wer ein Recht ausübt, der ist Inhaber desselben. Wer solches für sich selbst ausübt, der ist Besitzer des Rechts." Vgl. Mat. S. 205 Monitum 6, dessen Schlußworte lauten: „Der Besitz verhält sich zur Sache, wie das exercitium iuris zur Substanz des Rechts." (A. L. R. I. 8 §. 1.) Freilich ist mit Recht darauf hingewiesen worden, daß das A. L. R. in einigen Fällen aus stylistischen Gründen oder aus Nachlässigkeit die Worte „innehaben und besitzen" mit einander vertauscht: I. 7 §. 144. 242; 20 §. 558. 561; II. 20 §. 1184. 1187. (Baron a. a. O. S. 30.) Es wird aber auch mitunter das Wort „Besitz" zur Bezeichnung des Eigenthums gebraucht. So I. 12 §. 41. 42. 452 ff. vgl. mit II. 9 §. 37. 51 ff. Ferner I. 18 §. (641.) 681; (19 §. 10;) 20 §. 404. 405.

612) Der im §. 8. s. g. „vollständige titulirte Besitz" (der auf einem Rechtsgrunde beruhet, „durch welchen das Eigenthum erlangt werden kann",) ist — bona fides vorausgesetzt — nichts Anderes als der Usucapionsbesitz. Ursprünglich war der aus einem solchergestalt „rechtsgültigen" Titel Besitzende „ein rechtsförmlicher Besitzer (possessor titulatus)" benannt worden. (Mat. S. 11. 49. 117. 211. 349. Maßgebend wurde das Conclusum S. 119: „Der vollständige Besitzer ist, qui animo domini et ex titulo dominii translativo besitzt.")

613) Der ganze §. 9. ist eigentlich nur zur Erläuterung eingeschoben. Als Hauptbeispiel liegt demselben zu Grunde: der Pächter als vollständiger Besitzer seines Pachtrechts und unvollständiger Besitzer der gepachteten Sache. (Mat. S. 209. 210; Sz. S 213.)

Vergleicht man diesen s. g. **unvollständigen** Besitz mit dem im Römischen Rechte als Ausnahme (weil ohne animus domini) auftretenden s. g. **abgeleiteten** Besitze, so läßt sich in unserem unvollständigen Besitze eine Generalisirung des abgeleiteten Besitzes, eine Erhebung der Ausnahme zur abstracten Regel, nicht verkennen. Und zwar in weiterem Sinne, als schon im gemeinen Deutschen Rechte gewisse Autoritäten eine vertragsmäßige (ausdrückliche oder stillschweigende) Uebertragung der possessio ad interdicta in den concreten dazu geeigneten Fällen (z. B an den Pächter: **Thibaut** Pand. §. 295) nach Analogie des Römischen Rechtes gelten lassen wollten. Freilich waren unsere Redactoren von der irrigen Annahme ausgegangen, als fände sich unsere Unterscheidung des vollständigen und unvollständigen Besitzes bereits gleichmäßig in der Römischen Unterscheidung der possessio civilis und naturalis[614]). Allein materiell haben sie mit der scheinbar neuen Schöpfung

---

614) Mat. S. 11 (§. 15): „Wer eine Sache mit der Absicht, solche als seine selbst eigene (d. i. als Eigenthum) zu haben, besitzt, der hat den vollen oder den **bürgerlichen** Besitz." S. 15 (§. 41. 42): „Wer eine Sache nicht als ein Eigenthum besitzt, wird der **natürliche** Besitzer derselben genannt. — Besitzt er sie vermöge eines eigenen Rechts (d. i. um für sich selbst irgend einen Vortheil daraus zu ziehen), so ist er ein natürlicher Besitzer für sich selbst." Vgl. S. 49 (§. 466 mit der Bemerkung von Sz.) u. S. 59 (§. 514); S. 113. 118. 175. (Sz. sträubt sich dagegen, anstatt der hergebrachten Ausdrücke „Civilbesitz u. Naturalbesitz" die neuen Bezeichnungen „vollständiger und unvollständiger Besitz" einzuführen. Doch unterscheidet auch er den possessor civilis, der animo domini besitze, von dem possessor naturalis, der nicht animo domini besitze.) Daß übrigens auch terminologisch die Unterscheidung des Besitzes in vollständigen und unvollständigen nicht ganz neu erfunden ist, hat **Koch** (Besitz S. 44 Note 10) aus der possessio plena und semiplena des Placentinus nachgewiesen.

Die im A. L. R. gelegentlich vorkommenden Ausdrücke „Naturalgewahrsam, Naturalbesitz, Naturalübergabe" (I. 11 §. 475; 12 §. 453; 20 §. 105. 107. 109. 275. 276; vgl. Pr. O. Tit. 50 §. 379; Tit. 52 §. 61. 62) sollen nur den Gegensatz des Thatsächlichen oder Wirklichen gegen das Fingirte oder Symbolische bezeichnen. Auch in einer anderen Beziehung bedient sich unser gesetzlicher Sprachgebrauch des Gegensatzes „civil u. natural" nicht mehr in der ehemaligen Bedeutung, sondern lediglich in dem Sinne der geschehenen oder nicht geschehenen Eintragung: A. L. R. I. 20 §. 99 („die bloße Naturalübergabe") u. §. 100 („Vermerk . . . im Hypothekenbuche") vgl. mit Pr. O. Tit. 50 §. 380; Hyp. Ordn. Tit. 2 §. 64. 66. 75 („Civil-Uebergabe"); A. L. R. II. 17 §. 27 („dem . . . eingetragenen Besitzer") u. §. 86 („im bürgerlichen Besitze"). Auch findet sich einmal der Ausdruck: „das bürgerliche Eigenthum (Dominium civile)" in II. 11 §. 598, im Gegensatze des Eigenthümers zum Nutzungsberechtigten. Vgl. **Gesetzrev. Pens.** XIII. Mot. zum Tit. 7. S. 27; **Thöne** a. a. O. §. 243 Note 5; **Koch** Lehrbuch (Ausg. 3) §. 169 Note 17.

des unvollständigen Besitzes dennoch schließlich nur den längst vorhandenen Anschauungen des ächt Deutschen Rechtes und dem modernen Bedürfniß Genüge geleistet[615]).

So erscheint denn im Landrechtlichen Systeme die objective Erweiterung der Römischen Begriffe des Besitzes schon in den §§. 6—9 h. t., welche demnächst in Verbindung mit den §§. 169 ff., wie mit Recht bemerkt worden ist[616]), die Grundzüge für das Verhältniß des Nutzungsberechtigten liefern, dem das A. L. R. (Tit. 19 ff.), sofern er sich im Besitze befindet, ein dingliches Recht eingeräumt hat.

C. Detention und Besitz an körperlichen Sachen **und an Rechten.** Vgl. Gruchot V. 79—100 (Baron) und 101—150 (Korte).

Der Kern der objectiven Erweiterung Römischer Rechtsbegriffe liegt in der Landrechtlichen Ausdehnung der Gegenstände des Besitzes und des Eigenthums. Diese Ausdehnung war allerdings geboten durch den bereits vorgefundenen Rechtszustand. Auf Canonischen und Germanischen Grundlagen galten in den Gebieten des öffentlichen und des Privat-Rechts die verschiedenartigsten Rechte als Gegenstände des Besitzes. Die enge Römische Regel der körperlichen Sachen als der eigentlichen Gegenstände des Besitzes konnte nicht mehr ausreichen. Die auf einzelne Fälle beschränkte Römische Ausnahme der iuris quasi possessio war durch die allgemeine Behandlung der Rechte als Objecte des Besitzes von selbst absorbirt.

Wenn jedoch die scheinbar schrankenlose Gleichstellung aller körperlichen und unkörperlichen Sachen als möglicher Gegenstände des Besitzes und des Eigenthums, welche sich durch das ganze System des A. L. R. hindurch zieht, nicht dahin führen soll, daß Alles ins Unklare und Ungemessene zerfließe, so bedarf es wieder einer festen Begränzung, namentlich für die Rechte als Gegenstände der Innehabung und des Besitzes.

Unsere Redactoren waren ohne Bedenken von der durchgreifenden Ansicht ausgegangen, daß der Besitz sich über „körperliche und unkörperliche, bewegliche und unbewegliche Sachen, über Standes-, Eigenthumsrechte und Dienstbarkeiten, auch Personalforderungen", erstrecke[617]).

---

615) Gruchot IV. 326—331.

616) Gesetzrev. a. a. O. S. 27.

617) Mat. S. 116. — Zur Erläuterung dient noch folgende Bemerkung (auf derselben Seite): „Der Besitz eines Standes ist die Ausübung der Rechte, die mit einem Stande verbunden sind; der Besitz einer Sache ist die Aus-

Für das System des A. L. R. in Ansehung der Gegenstände des Eigenthums (unten Anm. 844) mag hier vorweg darauf hingewiesen werden, daß gleich im §. 1. A. L. R. I. 8 als Object des Eigenthums überhaupt auch die Substanz eines Rechts auftritt, daß eben so nach I. 17 §. 1 Rechte Gegenstände des gemeinschaftlichen Eigenthums sein können; daß bei dem s. g. getheilten Eigenthum nach I. 18 §. 4 das Nutzungsrecht als besonderes und ausschließendes Eigenthum des s. g. nutzbaren Eigenthümers gedacht wird, so wie nach I. 8 §. 17 ein jedes in dem getheilten Eigenthum begriffene Recht, wenn solches etwa mehreren Theilnehmern zusteht, wieder als deren gemeinschaftliches Eigenthum gilt; daß nach I. 9 §. 665 auch das Eigenthum an Rechten ersessen wird, und daß nach I. 11 §. 376 das Eigenthum an Rechten ganz eigentlich den Gegenstand der Cession bildet.

Eben so mag es genügen, aus dem großen Umfang der Gegenstände des Besitzes im A. L. R. folgende einzeln hervorzuheben. Capitalien gleich anderen nutzbaren Rechten: I. 7 §. 192. 232; 11 §. 839 (Ersitzung eines Capitals); 20 §. 542 („Inhaber einer Capi-

---

übung der Eigenthums- und anderer Sachenrechte; der Besitz einer Gerechtigkeit ist der Genuß und die Ausübung der Rechte, die einem an der Sache zustehen." Vgl. auch S. 17 (§. 56) u. S. 62 (§. 529): „Ist der Gegenstand des Besitzes eine unkörperliche Sache, so ist ein unkörperlicher Besitz vorhanden." (Ein allerdings als „bloßer Uebergangs-Paragraph" fallen gelassener Satz.) Endlich S. 215. 216. (Ein Schema zur Unterabtheilung der verschiedenen hier in Betracht kommenden körperlichen und unkörperlichen Sachen.)

Schon in den vorlandrechtlichen Gesetzen finden sich Belege für die Annahme des Besitzes an Rechten. So heißt es in der Prozeß-Ordnung für die Französischen Gerichte v. 14. April 1699 Tit. XIV („Von der Spolien-Klage") ad 1: „Wenn jemand in der ruhigen Possession beweglicher und unbeweglicher Güter, die er nicht mit Gewalt, Pachts- u. Miethsweise, oder precario an sich gebracht, oder sonsten eines juris realis turbiret wird, ꝛc." (C. C. M. Th. II. Abth. 1. Sp. 294.) In dem Edict wegen des Summariissimi Possessorii ꝛc. v. 12. April 1718 ad XI (und später im Wesentlichen gleichlautend in dem entsprechenden §. 15 Th. IV. Tit. III des Cod. Frid. March. v. 1748) wird unterschieden, ob „in re corporali die Possessio aus redlichen Uhrsachen in Zweifel gezogen würde", oder ob „der Streit sich über possessione rerum incorporalium enthält." (C. C. M. a. a. O. Sp. 636.) Auch der Schutz des vollständigen ruhigen Besitzes „einer Sache oder eines Rechts" vom Jahre 1740 rührt aus der vorlandrechtlichen Gesetzgebung her. (Unten Tit. 9 Abschn. 9 ad V. 2. B.)

Das System des Cocceji'schen Corp. Jur. Frid. ist durchzogen von quasi possessio, quasi traditio und usucapio der unkörperlichen Dinge. Vgl. oben Anm. 251 u. Corp. Jur. Frid. Part. II. Lib. I. Tit. III. §. 3—5; Lib. II. Tit. V. §. 60; Lib. III. Tit. V. §. 25—27. 37.

talssumme"); Inbegriffe von körperlichen Sachen: I. 7 §. 53; Inbegriffe von Sachen und („oder") Rechten im Allgemeinen: I. 7 §. 215; 9 §. 667, also ganze Verlassenschaften oder Erbschaften (I. 2 §. 33 —35; 9 §. 351) insbesondere: I. 9 §. 368. 370. 494 —498. 618; 11 §. 510; 12 §. 242 ff.; 17 §. 160 ff.; II. 16 §. 21; 18 §. 852; Recht der Lehnsherrlichkeit: I. 18 §. 134; Obereigenthum: I. 18 §. 641; Lehnseigenschaft einer Sache und Befreiung von der Lehnsverbindlichkeit: I. 18 §. 80. 658 (Ersitzung); Rechte zum Gebrauche oder zur Nutzung fremden Eigenthums: I. 21 §. 1. 7 (Ersitzung); Grundgerechtigkeiten: I. 22 §. 14. 28. 47 („Inhaber einer Grundgerechtigkeit"). 197. 223; Zwangs- und Banngerechtigkeiten: I. 23 §. 6; gesellschaftliche Ehrenrechte: II. 6 §. 202; gutsherrliche Dienst- und Zinsrechte: II. 7 §. 144. 146 (Ersitzung). 429 (qualifizirte Verjährung: Präj. 191). 464 und 487 (Besitzstand); Recht zum Gewerbsbetriebe: II. 8 §. 235; Adelsrechte: II. 9 §. 18. 19; Gerichtsbarkeit und andere gutsherrliche Rechte eines Pfarrers: II. 11 §. 816 (Ersitzung); Patronatrecht: §. 574—576 eod. (Besitz: Entsch. XXXV. 388; Ersitzung: Entsch. XVII. 15); Zehntrecht: §. 861—863 eod. (Ersitzung) und §. 924 (qualif. Verj.); Regalien und Domanialrechte: II. 14 §. 26 ff. 35 ff.; 16 §. 9. 39. 106; 17 §. 20. 29. 174—176.

Erwägt man nunmehr im Zusammenhange mit allen diesen Einzelheiten: 1) die stets wiederkehrende abstracte Gleichstellung von Sachen und („oder") Rechten als Gegenständen des Besitzes resp. der Ersitzung: I. 7 §. 6. 7. 131. 147. 161; 9 §. 575. 579. 580. 584. 585. 587. 627. 640. 641. 660. 665; 2) die in Beziehung auf Erwerb und Verlust des Besitzes resp. auf Ersitzung systematisch durchgeführte Behandlung der Rechte überhaupt und gewisser Arten und Classen von Rechten insbesondere: I. 7 §. 77 ff. 97. 103 ff. 126 ff.; 9 §. 503. 596 ff. 649 ff. 664; 3) die bis zur Abstraction gesteigerte Gleichmäßigkeit der Rechtsverfolgung und des Rechtsschutzes für Eigenthum und Besitz an körperlichen Sachen und Rechten: I. 15 §. 1—4 und Pr. O. Tit. 31. §. 1: so scheint allerdings das System unseres Gesetzbuches unter dem Vorwurfe einer unheilbaren Gränzverwirrung erliegen zu müssen. Denn der Parallelismus zwischen dem Eigenthum und Besitz an körperlichen Sachen (Rückforderungsrecht [Vindication] des Eigenthümers: A. L. R. I. 15 §. 1; Rückforderungsrecht des Besitzers: §. 2) und dem Eigenthum und Besitz an Rechten wird so weit getrieben, daß „auch der Eigenthümer eines Rechts dieses sein Eigenthum gegen jeden Anmaßer desselben verfolgen kann" (§. 3), und daß die Frage: „in wie fern der Besitzer eines Rechts diesen seinen Besitz gegen einen

Andern, der sich eben dasselbe Recht anmaßet, verfolgen könne, nach gleichen Regeln, wie bey dem Besitze körperlicher Sachen, zu beurtheilen ist" (§. 4). Dazu kommt die allegirte Bestimmung der Pr. O., nach welcher das Possessorium summariissimum Statt findet, „wenn jemand in dem Besitze einer Sache oder eines Rechts beunruhigt, oder .. dieses Besitzes ..... entsetzt worden ist." Somit wäre der Unterstellung Raum gegeben, als ob nach Preußischem Rechte gegen jede verweigerte Erfüllung einer Verbindlichkeit wie gegen eine Störung des Besitzes Schutz gewährt werden müsse. (S. S. Studien S. 623 ad 29: in Beziehung auf eine gleich zum Ersten Entw. — Mat. S. 115 — gemachte Bemerkung, daß „nicht so sehr auf den sonstigen Unterschied inter jus in re und jus ad rem gesehen worden.")

Allein gerade gegen dieses Uebermaß der Ausdehnung bietet wiederum das System des A. L. R. selbst einen gewissen Anhalt. Wie nämlich schon ganz im Allgemeinen zum Begriffe der „Sache im engeren Sinne" eine Selbstständigkeit erfordert wird, vermöge deren sie der Gegenstand „eines dauernden Rechtes" sein könne (I. 2 §. 3), so fehlt es auch für die Begränzung der Rechte als Gegenstände (der Innehabung und) des Besitzes nicht an dem Kriterium der Dauer: I. 7 §. 80 (Erwerb des Besitzes an affirmativen Rechten durch die Annahme der Leistung einer „als eine fortdauernde Schuldigkeit" geforderten Handlung) und §. 82 (Erwerb des Besitzes an negativen Rechten durch die Vornahme einer Handlung in dem Sinne eines „fortdauernden Rechts": Sz. Mat. S. 266 fg. ad 6). Hiernach würde zwar eine Beschränkung der Gegenstände des Besitzes auf körperliche Sachen und dingliche Rechte weder an und für sich genügen, noch praktisch zum richtigen Ziele führen, — um so weniger, als die schon im Deutschen Rechte überhaupt eingetretene Verkörperung vieler obligatorischen Verhältnisse im Systeme des A. L. R. eine weitgreifende Bedeutung und einen maßgebenden Einfluß gewonnen hat. Doch scheiden von den möglichen Gegenständen des Besitzes sofort alle blos vorübergehenden obligatorischen Verhältnisse aus, bei denen die Erfüllung zugleich der Tod des Rechtes ist[618]), welche also nicht durch fortdauernde Erfüllung ihr eigentliches Leben bewähren. Es gehören also auch nach dem Systeme des A. L. R. Rechtsverhältnisse von einer gewissen Fortdauer und Consistenz dazu, um als Gegenstände des Besitzes gelten und insbesondere auf Besitzschutz Anspruch machen zu können. Solche

618) Bei denen Erfüllung und Untergang zusammen fallen. Sav. Obl. I. 302.

Rechtsverhältnisse mögen dann immerhin an sich nur obligatorischer Natur sein! Eine abstracte Gränze braucht weder durch die Gesetzgebung noch durch die Praxis gezogen zu werden[619]). Nach der concreten Beschaffenheit der einzelnen Rechtsverhältnisse angemessene Gränzen zu ziehen, hat unsere Praxis stets für ihren Beruf erkannt.

So ist die Klage wegen Besitzstörung für unstatthaft erklärt worden, wenn ein vertragsmäßig zur Unterlassung gewisser Handlungen verpflichteter Theil dieser Bestimmung in der Art zuwider handelt, daß sich in seiner Handlungsweise nicht eine Besitzstörung, sondern lediglich eine Verletzung und Ueberschreitung des Vertragsrechts erkennen läßt: Präj. 503 (v. J. 1838); J. M. Bl. 1854 S. 101 fg. ad 3. Hierin liegt zugleich eine genügende Abgränzung gegen solche Untersagungsrechte, welche einen Gegenstand des Besitzes bilden, bei denen also auch eine Störung im Besitze denkbar ist. (A. L. R. I. 7 §. 87; 8 §. 130. 145; 9 §. 507. 574; 23 §. 6.) Vgl. Jur. Wochenschr. 1836 S. 643 — 647. 662 — 666. (Ob. Trib. Entsch. v. J. 1836.)

Gewährt wird das possessorische Rechtsmittel gegen Störungen im Besitze negativer Rechte, wenn diese auch persönliche, nicht dingliche sind, sich aber auf den Besitz von Sachen beziehen: Präj. 1358 (v. J. 1843). Das Erkenntniß, aus welchem dieses Präj. geschöpft ist, soll zwar zu den Worten „sich aber auf den Besitz von Sachen beziehen" keinen Anlaß geben: J. M. Bl. a. a. O. S. 102 ad 4. Doch bedarf es gerade bei negativen Rechten einer besonders sorgfältigen Abgränzung. Im Wesentlichen erachtet deshalb der höchste Gerichtshof

---

619) Auch die Gesetzrevisoren (S. 21—26 und 36 fg. a. a. O.) finden einen etwaigen Mißgriff in der Anwendung des Besitzschutzes auf rein vertragsmäßige Verhältnisse nicht so bedenklich, wie den unvermeidlichen Uebelstand, welcher aus der Zurückführung unseres ausgedehnten Begriffes vom Besitze auf den engeren Römischen Begriff hervorgehen würde. Dieselben vertheidigen die Uebertragung des Besitzes und der Spolienklage auf persönliche Rechte insbesondere mit der Erwägung, daß Reallasten und rein persönliche Verpflichtungen vielfach in einander fließen. Imgleichen verweisen sie auf den im A. L. R. II. 7 §. 463. 464. 487 gewährten Schutz des Besitzes bei bäuerlichen Diensten und Abgaben und auf die durch die Pr. O. Tit. 41. §. 58 wegen verweigerter Dienste, sogar ohne ein possessorisches Verfahren, gestattete Executionsvollstreckung, so wie auf das analoge Verhältniß mancher anderen Realansprüche, in welche die vormals grundherrlichen Rechte übergegangen sind.

Ueber die Abgränzung der Rechte als geeigneter Gegenstände des Besitzes verbreitet sich insbesondere noch die Ausführung in den Entsch. XXIV. 396—398.

bei Streitigkeiten zwischen dem Eigenthümer eines Grundstücks und dem Wege-, Hütungs- oder anderweit Nutzungs-Berechtigten das possessorium nur dann für zulässig, wenn entweder der Berechtigte den Besitz eines Untersagungsrechts gegen eine gewisse, von ihm bestrittene Disposition des Eigenthümers nachweist, oder diese Disposition in seinen Besitz unmittelbar eingreift: Arnsb. Arch. VII. 286—292 (v. J. 1838); J. M. Bl. 1851 S. 383 fg. (v. J. 1851); Entsch. XXV. 3 (v. 1853); J. M. Bl. 1854 S. 102 ad 5; Strieth. XII. 21—25 (v. 1853); XVIII. 303 ad a. 305 (v. 1855); XXIII. 31—35 (v. 1856); 274 (v. 1857); XXXII. 57 fg. (v. 1858); XXXVII. 135—137 (v. 1860). In besonderer Anwendung auf Miethsverhältnisse gilt der Grundsatz, daß zwar nicht der Streit über die Auslegung des Miethsvertrages und die danach dem Miether zustehenden Rechte, wohl aber der Streit über ein daneben von dem Miether gehörig ausgeübtes Recht in possessorio zu erledigen ist: Strieth. XVIII. 323—326 (v. J. 1855); XX. 82 ad b. 84 (v. 1856); XXIII. 268—271 (Entsch. XXXV. 14—17: v. 1857). Zugleich wird (nach der zuletzt angeführten Entscheidung aus d. J. 1857) angenommen, daß unter der Bezeichnung eines fortdauernden Rechts im §. 82 h. t. nicht gerade ein immerwährendes, sondern ein wirkliches Recht (wie im §. 14. I. 22) zu verstehen sei, welches nicht blos vorübergehend und gelegentlich, sondern opinione iuris ausgeübt werde. (Vgl. noch folgende Entscheidungen: Arnsb. Arch. XIV. 595—601, v. 1849; Strieth. VI. 37—39, v. 1852; XXVII. 179—184, v. 1857; XXXI. 41 ad c, v. 1858; XXXVIII. 231, v. 1860; unten Anm. 706.) Uebrigens soll ein negatives Recht (z. B. eine Wegegerechtigkeit) auch in dem Falle den Anspruch auf Schutz gegen Besitzstörung behalten, wenn dabei secundär eine Handlung des Verpflichteten (z. B. die Oeffnung eines Thorweges) in Betracht kommt: Strieth. XXIII. 163—165 (Entsch. XXXIV. 81—84: v. J. 1856).

Affirmative Rechte werden zwar unbedenklich als Gegenstände der Ersitzung behandelt. (Pl. Beschl. 5. Febr. 1849: unten Tit 9. Abschn. 9 ad I. 2.) Allein in Ansehung des Besitzes selbst prävalirt die Ansicht, daß im possessorischen Rechtswege der Schutz im Besitze eines affirmativen Rechts, — gleichviel, ob solches dinglich oder persönlich, fortdauernd oder nur unter gewissen Verhältnissen wiederkehrend ausgeübt sein möge, — nicht in Anspruch genommen werden kann: Präj. 1428, v. J. 1844. (Entsch. X. 97—102.)[620] Demgemäß wird

620) Der Grund für diese Entscheidung wird jedoch nicht sowohl in einer mangelhaften, schwachen, unvollkommenen Natur des Besitzes an affirmativen Rechten, als vielmehr darin gefunden, daß diejenigen Verletzungen (vi, clam,

auch einem Dienstboten oder Privat-Beamten, insbesondere einem Privatförster, der als pars salarii die Benutzung eines Stückes Land eingeräumt erhalten hat, gegen den Dienstherrn, welcher ihm den Genuß entzieht, keine Besitzklage gegeben: Präj. 2090, v. J. 1849. (Entsch. XVII. 507 fg.)[621]) Dagegen wird dem Besitze des Patronatrechts der possessorische Schutz gewährt und insbesondere nicht etwa aus dem Gesichtspunkte versagt, weil einzelne Befugnisse des Patronats sich als affirmative Rechte darstellen: Entsch. XXXV. 384—389 (Strieth. XXIV. 125—134: v. J. 1857). Auch ist gegen die listige Entziehung eines Wechsels der possessorische Schutz gegeben worden, weil dieser Schutz in einem solchen Falle nicht für ein affirmatives Recht in Anspruch genommen wird, sondern für den Besitz einer Sache, nämlich einer Urkunde, welche nicht blos als Beweismittel, sondern zugleich als selbstständiger Träger des Rechtsverhältnisses gilt: Entsch. XXXV. 17—21 (v. 1857).

Zum Schluß einige Beispiele vermischten Inhalts: Personal-Servituten, insbesondere das Recht auf den Gebrauch eines bestimmten Kirchensitzes (A. L. R. I. 21 §. 1; II. 11 §. 681), als vererbliche Rechte Gegenstände der Ersitzung: Entsch. XXXII. 40—47 (Strieth. XX. 291—296: v. J. 1856); Erbpachtrecht als Gegenstand der Besitzergreifung und der Ersitzung: Entsch. XLIII. 61—69 (Strieth. XXXVI. 320—327: v. J. 1860); (affirmatives) Recht einer Dorfgemeinde, von dem Besitzer eines Grundstückes die unentgeltliche Verwaltung des Schulzenamtes zu verlangen, als Gegenstand der Ersitzung: Strieth. XXXIII. 51—56 (v. 1859); Recht zum Gewerbebetriebe („weder ein affirmatives oder Untersagungsrecht, noch ein negatives", sondern eins derjenigen „absoluten Vermögensrechte, die sich in einer wiederholten Thätigkeit des Berechtigten äußern",) als Gegenstand des Besitzschutzes: Entsch. XXIV. 392—403 (v. 1853); (vertragsmäßiges) Recht zur Verwaltung einer Schule als Gegenstand des Besitzschutzes: Erk. des

---

precario), gegen welche das possessorium summariissimum schützen soll, an einem solchen Besitze gar nicht möglich seien, derselbe dergleichen Schutzes nicht bedürfe: Arnsb. Arch. IV. 221—226 (v. J. 1836); Jur. Wochenschr. 1841 Sp. 884; Entsch. X. 101; XVII. 12. Für das Detail der Controverse vgl. Rechtsspr. II. 393—410; Koch Besitz S. 111. 115. 234; Born. §. 71 ad 2; Jur. Wochenschr. 1837 S. 657—663. 673—679; 1839 S. 21—32; J. M. Bl. 1854 S. 101 ad 2.

621) Eben so ist schon früher (durch ein Ob. Trib. Erk. aus d. J. 1843) die possessorische Klage wegen Nichterfüllung des Dienstvertrages versagt worden, selbst wenn der Vertrag im Hypothekenbuche eingetragen wäre: Koch, Schles. Archiv V. 109.

Gerichtshofes zur Entsch. der Comp. Confl. v. 13. November 1858 (J. M. Bl. 1859 S. 162—164).

2. **Subjective Seite.** (Eigentlich nicht in das ius possessionis, sondern in das ius possidendi — Rechtsverfolgung, Usucapion 2c. — einschlagend.)

Gleich der Wortlaut des §. 10 h. t. zeigt deutlich, daß es sich hier nicht mehr um das ius possessionis handelt — quoniam in summa possessionis non multum interest, iuste quis an iniuste possideat: 3 §. 5 de poss. —, sondern um die Rechtmäßigkeit oder Unrechtmäßigkeit des Besitzes, welche „von der Beschaffenheit und Gültigkeit des Titels" abhängt, „auf welchen das Recht zu besitzen sich gründet[622])."

A. Größere oder geringere Schuld oder Unschuld des Rechtssubjects bei einem unrechtmäßigen Besitze (wohin hier auch der redliche Besitz gehört)[623]).

a) Im Wesentlichen einander gleich gestellt sind hier folgende Kategorien der Schuld[624]):

α) Mala fides κατ' ἐξοχήν. §. 11 h. t.: „Wer es weiß, daß er aus keinem gültigen Titel besitze, der heißt ein unredlicher Besitzer[625])."

---

622) Das Marginale zum §. 10 h. t. muß deshalb, wie im A. G. B. v. 1791 der Fall war, lauten: „Redlicher, unredlicher und unrechtfertiger Besitz"; nicht, wie in den neueren Ausgaben des A. L. R. (vor 1855): „Redlicher, unredlicher und unrechtmäßiger Besitz." Mat. S. 350 Anm. 1; Studien S. 605.

623) Mat. S. 117: „Es kann Jemand rechtlicher Besitzer sein, und ist doch nicht rechtmäßiger 2c." (Sz.) S. 219 (ad a.): „Der rechtmäßige Besitzer ist zwar immer, in sensu juris, zugleich ein redlicher Besitzer. Aber aus der Unrechtmäßigkeit des Besitzes folgt noch nicht die Unredlichkeit desselben. Es ist also, contra votum einiger Monenten, nothwendig, Rechtmäßigkeit und Unrechtmäßigkeit des Besitzes von der Redlichkeit und Unredlichkeit desselben zu unterscheiden." (Sz.) Vgl. §. 10 mit §. 15—17. 27. 158. 168. 179. 181. 187. 244 h. t. und I. 9 §. 611; 15 §. 21. 24. 25. 34. — Auch ein Rückblick auf das ehemalige Preuß. Landrecht v. 1721 ist lehrreich. Dort hieß es (Lib. III. Tit. V. Art. I. §. I.): „. . . die ein Ding . . . malo & injusto titulo überkommen, haben auch keinen guten Glauben, oder rechtmässigen Titul, und wissen, daß ihnen solches nicht zugehörig. Dahero sie dann auch malae fidei possessores, und ihre possession oder Inhaben injusta und unrechtmässig in Rechten genant werden."

624) Ueber die Subtilität dieser Unterscheidungen vgl. Sav. VI. 98. 99.

625) Mat. S. 219 (ad b.): „Wenn schon der, welcher weiß, daß sein Besitztitel nicht gültig sei, ein unredlicher Besitzer ist, so muß es derjenige noch mehr sein, der es weiß, daß er gar keinen Besitztitel habe." An diese Bemerkung von Sz. schließt sich das Concl. „Wer es weiß, daß er aus keinem rechtmäßigen Titel besitze 2c." D. i. der Römische praedo, „welcher

z. B. §. 229 h. t.: „Wer es weiß, daß die Sache, die er als seine eigene besitzt, einem Andern zugehöre ꝛc.;" I. 10 §. 24: „Wer es weiß, daß derjenige, von welchem sein Titel sich herschreibt, nicht wahrer Eigenthümer sei ꝛc." (vgl. mit §. 10 eod. und I. 19 §. 5); I. 11 §. 159: „Hat der Käufer gewußt, daß er eine fremde Sache kaufe ꝛc.;" II. 14 §. 19: „Wer ... wissentlich den Besitz eines Domainenguts ohne ... Schadloshaltung an sich gebracht hat ꝛc." Diese stärkste Kategorie der mala fides (quia intelligit alienum se possidere: 38 de usurp. XLI. 3) ist also positiver Natur. Sie beruhet auf dem Bewußtsein der Rechtswidrigkeit, auf der Anmaßung wider besseres Wissen. (Rechtsspr. I. 429—434; Arnsb. Archiv VIII. 666—676; Entsch. XXVII. 217.)

β) Error iuris. §. 12 h. t.: „Die Unwissenheit der Gesetze entschuldigt den nicht, der seinen Besitztitel irriger Weise für gültig gehalten hat." (32 §. 1. de usurp.: ... quia in iure erranti non procedat usucapio. Sav. III. 375.) Der solchergestalt Irrende wird nun zwar mit einem neu erfundenen Kunstausdruck „ein unrechtfertiger Besitzer" genannt[626]), aber der Regel nach einem unredlichen Besitzer gleich geachtet: §. 14 h. t.[627])

γ) Nicht entschuldbarer error facti. §. 13 h. t.: „Ein bloßer Irrthum in Thatsachen schadet der Redlichkeit des Besitzers nicht, so

---

seinen Besitz nicht einmal durch einen angeblichen Titel zu beschönigen weiß:" Sav. III. 396.

626) Im Entw. §. 9 h. t. (II. 4) war noch promiscue gesagt: „Wer die Unrechtmäßigkeit seines Besitzes weiß, heißt ein unredlicher oder unrechtfertiger Besitzer." Die hieran geknüpften Monita veranlaßten ein näheres Eingehen auf den Einfluß des error iuris: Mat. S. 216. 217. Sz. hielt eine ausdrückliche Bestimmung für erforderlich, „daß error juris keinen redlichen Besitz in sensu juris bewirken könne" (wer von einem Cassen-Bedienten Geld aus der Casse borge, könne niemals für einen redlichen Besitzer des Geldes geachtet werden): S. 220 (ad d). Endlich entstand der gegenwärtige §. 14 h. t. auf Grund eines besonderen Vorschlages von Klein, im Gegensatze zu dem in dem vorangehenden §en unter gewissen Voraussetzungen geschützten error in facto: S. 350 fg. Daraus ergaben sich zugleich die weiteren Aenderungen in den entsprechenden §§en gegen Ende dieses Titels: S. 387. 388.

627) Freilich sind die großentheils gleich im §. 14 h. t. angedeuteten Ausnahmen von der Regel mannigfach und nicht unerheblich; unten Abschnitt II. ad II. 2. D. Zur Kritik vgl. Gesetzrev. a. a. O. S. 27 (für die L. R. Behandlung des „unrechtfertigen" Besitzes); Gans Beiträge zur Revision der Preuß. Gesetzgebung, Berlin 1830—1832, S. 23—26 und Jur. Wochenschr. 1848 Sp. 146—150. 404—406 (zum Theil gegen die L. R. Theorie).

Der Ausdruck „unrechtfertig" wird übrigens gelegentlich auch ohne seine technische Nebenbedeutung angewendet: A. L. R. I. 15. §. 22.

bald nur der Irrende nicht durch eigenes grobes oder mäßiges Versehen in einen solchen Irrthum gerathen ist." Wer also auch nur levi culpa in einen error facti gerathen ist, wird, abweichend vom Römischen Rechte, im Wesentlichen einem unredlichen Besitzer „gleich geachtet": I. 11 §. 161[628]).

δ) Mala fides superveniens. §. 17 h. t.: „Von dem Zeitpunkte aber, da Jemand von der Unrechtmäßigkeit seines Besitzes überführt worden, ist er für einen unredlichen Besitzer zu achten." (§. 27 h. t.: „überzeugt;" I. 9 §. 611 und 663: „überführt;" vgl. I. 15 §. 53: „den Besitzer überführen".) Diese Behandlung der Sache entspricht der Auffassung der conscientia rei alienae im Canonischen Rechte. (Cap. ult. X. de praescr. II. 26: ... ut qui praescribit in nulla temporis parte rei habeat conscientiam alienae. Unterholzner Verjährungslehre §. 98. Sav. III. 399; V. 328.) Auch im Possessorio summariissimo soll es in Ansehung der gegen den Kläger excipirten Fehler des Besitzes (Pr. O. Tit. 31 §. 14) keinen Unterschied machen, ob die („offenbare") Unredlichkeit desselben von Anfang an vorhanden war, oder erst in der Folge sich herausgestellt hat: Strieth. XXIX. 289. 290 (v. J. 1858).[629])

Wegen der Fiction der mala fides superveniens in Folge der bloßen Klagebehändigung vgl. unten ad §. 222 h. t.[630])

ε) Von Hause aus zur Ungebühr vernachlässigte Zweifel. §. 15 h. t.: „Wer schon zur Zeit der Erwerbung des Besitzes, bey

628) Der im Entw. noch nicht besonders hervorgehobene Unterschied zwischen error iuris und facti wurde durch die Monita angeregt. Goßler bemerkte: „Nach den bisherigen Grundsätzen machte der error in facto keinen Einfluß, wohl aber der error in jure." (Mat. S. 217.) Sz. schlug zur Kennzeichnung der an sich ad interna gehörenden Momente genauere Bestimmungen darüber vor: „in wiefern ein Irrthum die Redlichkeit des Besitzes vitiire oder nicht." Diese gingen insbesondere dahin: „daß error in facto in der Regel der Redlichkeit des Besitzes nicht schade;" ... „daß aber ein solcher error facti die Redlichkeit des Besitzes vitiire, den der Besitzer durch Anwendung der gewöhnlichen Aufmerksamkeit vermeiden konnte, und daß also der, welcher zu einem Irrthum über die Rechtmäßigkeit seines Besitzes culpa lata vel levi verleitet worden, einem unredlichen Besitzer gleich zu achten sei." (Mat. S. 220. 221.) Vgl. Koch Besitz S. 50.

629) S. 289 Note * muß es in den Allegaten heißen: Bd. 14 S. 158 (nicht 153).

630) Die Fälle der §§. 12—16 A. L. R. I. 15 (qui liti se obtulit und qui dolo desiit possidere) beruhen auf der s. g. ficta possessio. Mala fides ist dabei evident und braucht nicht erst fingirt zu werden. Sav. Obl. II. 299. Koch Lehrb. §. 171.

der Anwendung eines gewöhnlichen Grades von Aufmerksamkeit, Ursache hatte, an der Gültigkeit seines Besitztitels zu zweifeln, und sich dennoch ohne weitere Untersuchung den Besitz zueignet, der wird bei einer in der Folge sich offenbarenden Unrechtmäßigkeit desselben, einem unredlichen Besitzer gleich geachtet." §. 16 h. t.: „Dagegen verliert der, bei welchem, erst nach schon erworbenem Besitze, bloße Zweifel über die Rechtmäßigkeit desselben entstehen, dadurch noch nicht die Eigenschaft und die Rechte eines redlichen Besitzers." (§. 29 h. t.; I. 10 §. 11; 15 §. 18 ff.; 20 §. 91 fg.) Hier wird also, nach dem Vorgange des gemeinen Rechtes, nur der ab initio begründeten dubitatio, nicht aber der rein innerlich bleibenden Thatsache einer dubitatio superveniens ein der mala fides gleich wirkender Einfluß eingeräumt. (Sav. Obl. II. 151. 157—159; Gruchot IV. 335; S. S. Stud. S. 606 ad 8.[631])) Für die praktische Anwendung des §. 15 h. t. vgl. Arnsb. Archiv XIII. 187 (ad 3). 194. 204—206 (Ob. Trib. Erk. v. J. 1846). 214 fg.; Strieth. VIII. 75—78 (v. 1852); XI. 207 ad b. 213 fg. (v. 1854); XXXVII. 211—215 und 288—291 (v. 1860).

b) Der redliche Besitz ist hiernach negativ zu fassen: als unter keine dieser der mala fides gleichen Kategorien (ad a) fallend. D. h. jeder Besitz einer fremden Sache ist redlich, wenn derselbe unter keine jener Kategorien eines größeren oder geringeren Schuldbewußtseins gehört. Bonae fidei emptor esse videtur, qui ignoravit eam rem alienam esse: 109 de V. S. Sav. III. 372: „Wir verfahren daher am genauesten, wenn wir die bona fides überhaupt negativ, als Abwesenheit eines unredlichen Bewußtseins, ausdrücken."

Positiv ist der redliche Besitz nicht im Texte des A. L. R. (Thöne §. 244; Gruchot S. 333 fg. ad 2), wohl aber im Register (zweimal: s. v. „Besitz" und „Besitzer"), und zwar, wie folgt, definirt: „der Besitz ist redlich, wenn der Besitzer, nach den ihm bekannten Thatsachen, seinen Besitz für rechtmäßig halten mußte." Dies deutet augenscheinlich auf den inneren Zusammenhang zwischen der bona fides und dem iustus titulus[632]).

---

631) Für die Entstehungsgeschichte unserer gegenwärtigen §§. 15. 16 im Zusammenhange mit §. 17, aber auch im Gegensatze zu diesem Sen, ist — trotz mancher unterlaufenden Zweifel und Bedenken gerade wegen der „Zweifel" über die Rechtmäßigkeit des Besitzes — die anfängliche, auf das Canonische Recht gegründete Auffassung von Klein (Mat. S. 14 ad §. 34—36) maßgebend geblieben. Vgl. Mat. S. 57 (§. 503—505); S. 125 fg. (§. 20—22); S. 217—219 (§. 10—12); S. 219 fg. (S z.); S. 351 (definitive Fassung).

632) Vgl. Sav. III. 370—374 und 465 (bei der Usucapion braucht

c) Die im §. 18 h. t. aufgestellte abstracte **Präsumtion für die Redlichkeit des Besitzes**[633]) soll Demjenigen nicht zu Statten kommen, welcher des Besitzes einer mit gewissen zur Bezeichnung des Eigenthums gebräuchlichen Merkmalen versehenen Sache **sich eigenmächtig anmaßt**: §. 19. 20 h. t.; d. h., wie der ursprüngliche Zusammenhang dieser beiden §§en (**Entw.** §. 87. 88) mit den jetzigen §§. 120. 121 (**Entw.** §. 84. 86) darthut: wer eine solche Sache **als derelinquirt** in Besitz nimmt[634]). Es paßt deshalb die Vermuthung des unredlichen Besitzes aus §. 19 weder gegen Denjenigen, welcher sich eine solche Sache auf Grund eines Kaufes oder eines anderen speziellen Rechtsgeschäftes tradiren läßt, noch überhaupt gegen Diejenigen, welche dergleichen längst zum Gegenstande des gemeinen freien Verkehrs gewordene Sachen im Handel und Wandel oder aus öffentlichen Versteigerungen rc. erwerben[635]).

B. Beim Auftreten **verschiedener Rechtssubjecte** wird in Betreff der Redlichkeit (bona fides) unterschieden, ob es sich um die Mitwirkung eines Dritten handelt, oder um gemeinsame Berechtigung, oder um Rechtsnachfolge.

a) **Mitwirkung eines Dritten.**

Wenn der Dritte kein Recht zur Mitwirkung hat, so kann selbstverständlich auf seine Wissenschaft Nichts ankommen: §. 23 h. t.[636]) Allein auch dann, wenn der Dritte als Stellvertreter handelt, soll weder seine bona fides dem unredlichen Prinzipale zu Statten kommen, noch seine mala fides dem redlichen Prinzipale schaden: §. 21. 22 h. t. D. h. der Stellvertreter gilt lediglich als Instrument des Prinzipals[637]). Im

---

„der mit einem Titel versehene Besitzer den factischen Irrthum, der die bona fides möglich machte, nicht zu beweisen"); Obl. II. 148—151. („Der Titel enthält nicht nur die Rechtfertigung der bona fides, sondern auch den wahren Grund, aus welchem der Richter dieselbe als Thatsache anzunehmen hat, so lange ihm nicht das Gegentheil nachgewiesen wird." . . . „Es sind demnach bei der Prüfung der bona fides dieselben Rücksichten entscheidend, welche bei der Lehre vom probabeln Irrthum zum Grunde liegen.")

633) **Sav.** Obl. II. 156. (149.) 157. Vgl. unten Anm. 783.

634) Mat. S. 84 fg. 152 fg. 221. (**Sz.** ad 2: „Die §§. 87. 88." [des gedr. Entw.] „handeln von der Vermuthung eines unredlichen Besitzes, und stehen dort, wo von den modis amittendi possessionem gehandelt wird, am unrechten Orte rc.") 272 fg. 275 (**Sz.** ad 4). 351. 352.

635) Vgl. **Gesetzrev.** a. a. O. S. 28. 29; S. S. Studien S. 606 ad 9; **Born.** §. 62 ad 3. a; Entsch. XI. 211 („. . . §. 19 [h. t.] . . ., der nur auf die derelictio, nicht die traditio paßt.")

636) Z. B. auf die Wissenschaft eines Mitgliedes der Gemeinde außerhalb der Repräsentanten im Falle des §. 32 h. t.

637) Das Anfangs beabsichtigte Erforderniß der Eigenschaften eines red-

Wesentlichen entspricht diese Auffassung dem Römischen Rechte[638]). Doch wird mit Recht bemerkt, daß die §§. 21. 22 auf Willensunfähige, deren juristische Persönlichkeit ganz und gar durch ihren gesetzlichen Vertreter repräsentirt wird, überhaupt keine Anwendung finden[639]). Uebrigens ist der §. 22 nicht blos auf den wirklichen bösen Glauben zu beziehen, sondern auch auf den Mangel an der erforderlichen Vorsicht bei dem Erwerbe des Besitzes: Strieth. XI. 214 (v. J. 1854).

b) Gemeinsame Berechtigung in der Sache selbst.

α) Bei Privatgemeinschaften („wenn Mehrere eine Sache gemeinschaftlich besitzen").

Hier vertritt jeder Theil pro rata die Redlichkeit oder Unredlichkeit des Besitzes: §. 24 h. t. Doch soll „auch der redliche Mitbesitzer aus der Unredlichkeit des Andern, zum Schaden eines Dritten, keinen Vortheil ziehen" können: §. 25 h. t.

Der §. 24 h. t. entspricht im Wesentlichen dem Begriffe der von den Neueren s. g. compossessio nach ideellen Theilen[640]). Noch andere

---

lichen Besitzers für Beide — den dominus und den procurator — ist auf Sz. Gegenbemerkung (Mat. S. 126. 127) als eine grundlose Härte fallen gelassen worden. Im Entw. lauten die §§ 13—15 schon ganz so, wie die gegenwärtigen §§ 21—23. (Mat. S. 219. 352 fg.)

638) Die Römische Regel ist dieselbe. Nach der Römischen Ausnahme ist die bona fides des Repräsentanten nothwendig, wo das Wissen des Erwerbers nicht erfordert wird. Dann schadet die mala fides des Repräsentanten (so des filius peculii nomine, des Vormundes, des Beamten), freilich aber eben dann auch die des Erwerbers, wenn dieser zufällig Kenntniß von dem Erwerbe hat: Puchta §. 157 ad 2; Vorlesungen Bd. I. S. 311. Vgl. Koch Besitz S. 176 ff.

639) Koch, Comment. ad §. 22 h. t. Vgl. Thöne §. 245.

640) Ein Besitz Mehrerer pro partibus divisis ist nur an Grundstücken (mit Ausnahme der Gebäude) möglich, nicht an beweglichen Sachen. Nach L. 8. de R. V. VI. 1 gilt bei Grundstücken die Unterscheidung, ob der Besitz certis regionibus (locis) stattfindet, oder nicht: Quae distinctio neque in re mobili neque in hereditatis petitione locum habet: nunquam enim pro diviso possideri potest. (Sav. Obl. I. 317; Besitz §. 22.) Wegen des Besitzes pro partibus indivisis vgl. Sav. Besitz §. 11: „Besitzen Mehrere eine Sache gemeinschaftlich (compossessio bey den neueren Juristen), so daß ihr Besitz sich wechselseitig beschränkt, so ist (nur) scheinbar dieselbe Sache der Gegenstand ihres Besitzes, denn jeder besitzt einen Theil der Sache allein, die übrigen Theile gar nicht, und daß diese Theile nicht reell, sondern ideell von einander abgesondert sind, macht juristisch betrachtet gar keinen Unterschied. . . . Darum kommt auch weder das Wort compossessio, noch der Begriff bei den Römischen Juristen vor ꝛc." Koch §. 173 ad II. 2; Besitz S. 117. 168.

Im Preuß. Landr. v. 1721 (Lib. III. Tit. V. Art. I. §. XIII) wird die „sehr zweyffeliche" Frage: „ob zween oder mehr zugleich in einer Zeit und

Anwendungen dieses Begriffes finden sich im A. L. R. und in der Praxis[641]). Dagegen ist die innere Unhaltbarkeit des §. 25 h. t. von der Kritik genügend nachgewiesen, indem derselbe theils auf einer Vermengung des Besitzes einer juristischen Person mit dem Mitbesitze Mehrerer beruht, theils in consequenter Anwendung zur Aufhebung des §. 24 h. t. führt[642]).

---

in solidum ein Ding oder Gut besitzen können," in dem Sinne der Distinction gelöst, daß solches zwar nicht in eadem possessionis specie, wohl aber in diversa possessionis specie diversoque respectu geschehen könne (wie bei dem Eigenthümer und dem Nießbraucher oder dem Pfandgläubiger, dem Lehnsherrn und Lehnsmann).

641) Vgl. §. 88. 89 h. t. (Erwerb des Besitzes von Rechten gegen Mitbesitzer); I. 9 §. 640 (nicht-privilegiirte Mitbesitzer des Fiscus rc.); 17 §. 25 ff. (Vertheilung der Gewahrsam einer gemeinschaftlichen Sache unter die Miteigenthümer) und §. 73. (Ausschließung der Gläubiger eines Theilnehmers von dem „wirklichen Mitbesitz" der gemeinschaftlichen Sache); 18 §. 3 (Mitbesitzungsrecht des Obereigenthümers) und §. 756. 788. 790 (Mitbesitzer des nutzbaren Eigenthums); 22 §. 135 (wechselseitige Grundgerechtigkeit der Koppelweide, ius compascui); II. 4 §. 4 (Ausübung eines gemeinschaftlichen Familienrechts). — Die Einräumung des s. g. „Mitbesitzes eines Grundstückes auf Lebenszeit" ist als eine Verordnung ausgelegt worden, welche die Theilung in Rücksicht jenes Grundstückes bis zum Tode des Berechtigten aussetzt: Mathis Allg. Jurist. Monatsschr. Bd. 9 S. 367. (Erk. aus d. J. 1806. 1808.) Der Nachbar, welcher die Luftsäule über einer zwischen seinem und dem gegenüberliegenden Hause befindlichen Gasse benutzt, gilt als Mitbesitzer der Gasse: Strieth. IV. 225—227 (v. 1851). Die Possessorienklage kann auch ein einzelner Mitbesitzer für seinen ideellen Antheil gegen einen Dritten anstellen, und zur Verhütung der gänzlichen Ausschließung seines Mitbesitzes selbst gegeneinen anderen Mitbesitzer: Strieth. VI. 180—182 (v. 1852); XXXIV. 48 fg. (v. 1859); J. M. Bl. 1854 S. 105 ad 17. Vgl. oben S. 293 und unten Anm. 754 i. f. (Ein nach gemeinem Rechte entschiedener Besitzstreit zwischen Miteigenthümern findet sich: Entsch. XXXIX. 53—65, v. J. 1858.)

642) Ursprünglich war nur Ein §. projectirt (Mat. S. 127 §. 26), welcher sich auch noch im Entw. §. 16 h. t. ohne Zusatz in folgendem Wortlaute findet: „Wenn mehrere eine Sache nutzen, so muß jeder die Redlichkeit oder Unredlichkeit des Besitzes für seinen Antheil vertreten." Ein dagegen erhobenes Monitum: daß jede societas als eine moralische Einheit anzusehen sei, und daß deshalb, wenn socii eine Sache nutzen, die Unredlichkeit des einen von allen vertreten werden sollte, wurde von Goßler für begründet erachtet. (Mat. S. 221.) Hierauf bemerkte Sz.: „ad §. 16 ist es zwar richtig, daß, wenn mehrere Personen, die nicht pro persona morali zu achten sind, den gemeinschaftlichen Besitz einer Sache erworben haben, jeder seine bonam vel malam fidem pro sua rata vertreten müsse. Da es aber möglich ist, daß eine solche Sache entweder sua natura untheilbar war, oder daß sie von den mehrern compossessoribus pro indiviso besessen wurde, so ist für diesen Fall eine Bestimmung nöthig. Diese kann keine andre sein, als die,

β) Bei Corporationen oder Gemeinden.

Das A. L. R. folgt im Wesentlichen der von der Römischen Strenge befreiten modernen Rechtsanschauung, nach welcher der Wille juristischer Personen auch in Beziehung auf Besitzverhältnisse so behandelt wird, daß dieselben nicht besser und nicht schlechter als gewöhnliche Rechtssubjecte zu stehen kommen. (Sav. II. 290—293.) Hier, wo es sich um die Redlichkeit oder Unredlichkeit des Besitzes handelt, wird vor Allem unterschieden, ob die juristische Person selbst und ausschließlich als das berechtigte Subject anzusehen ist, oder nicht. Das Erste ist der Fall bei dem s. g. Kämmereivermögen (patrimonium universitatis), welches nach Substanz und Nutzungen der Gemeinde selbst gehört. Das Andere ist der Fall bei dem s. g. Bürgervermögen oder Gemeindeglieder-Vermögen (res universitatis): „wo nur die Substanz der ganzen Ge-

---

daß *auch der compossessor bonae fidei durch die malam fidem seines Genossen nicht profitiren könne.* Z. E. wenn von mehreren sociis einer mala fide ein Haus für die Societät acquirirt, und solches der Societät zum gemeinschaftlichen Gebrauch für die Compagnie-Handlung überläßt, so muß die ganze Societät dem Eigenthümer für den daraus gezogenen Vortheil gerecht werden, und auch die redlichen Mitglieder können das Eigenthum des Hauses für die Societät per praescriptionem nicht erwerben. Darin unterscheidet sich eben eine bloße Privat-Societät von einer Corporation, die nur Eine personam moralem ausmacht." (Mat. S. 226. 227 ad I.) So entstanden die gegenwärtigen §§. 24. 25. (Mat. S. 353.) Die zum Grunde liegende Vermengung der Begriffe ist von *Koch* gerügt. (Besitz S. 68—72. 125 fg.; Comm. ad §. 25 h. t.) Die *Gesetzrevisoren* (a. a. O. S. 30) gelangen zu der absoluten Verwerfung des §. 25 durch die Erwägung, daß, wenn bei untheilbaren oder zu ungetheiltem Rechte besessenen Sachen der redliche Mitbesitzer aus seinem Besitze keinen Vortheil soll erlangen können, falls auch nur Ein unredlicher Mitbesitzer vorhanden ist, der §. 24 geradezu aufgehoben wird; indem der einzige Gegensatz in einer nicht mehr ideellen, sondern aus wirklich gelegten Antheilen bestehenden Gemeinschaft zu finden ist, wo dann von einem gemeinschaftlichen Besitze weiter keine Rede sein kann, sondern nur einzelne Sachen jede für sich besessen werden.

So lange es sich aber noch um die praktische Anwendung des §. 25 handelt, hat der in S. S. Studien S. 606—608 (ad 10) gemachte Versuch einer Lösung der Schwierigkeiten nach folgender Unterscheidung Vieles für sich. Der Erwerb gründet sich *entweder* lediglich auf die Handlung des unredlichen Mitbesitzers *oder* auch auf die Handlungen der redlichen Mitbesitzer. Im ersten Falle kommt der §. 25 (als Ausnahme von dem §. 24) zur Anwendung, so daß die redlichen Mitbesitzer nicht einmal pro rata usucapiren können und eventuell, wenn auch nur in subsidium (worauf dann das dem §. 25 beigefügte Allegat des §. 37 h. t. zu beziehen ist), zum Ersatze der gezogenen Nutzungen verpflichtet sind. Im zweiten Falle kommt der §. 25 nicht zur Anwendung, so daß dann die redlichen Mitbesitzer pro rata usucapiren können und nicht einmal subsidiarisch zum Ersatze der gezogenen Nutzungen verpflichtet sind. Vgl. jedoch *Born.* §. 55 ad c.

meine gehört, die Nutzungen aber unter die einzelnen Mitglieder vertheilt werden." (§. 35 h. t. vgl. mit II. 6 §. 70 — 72. 89; 7 §. 28 ff.; 8 §. 138 ff. 159 ff.)[643]).

A) In Ansehung des s. g. **Kämmereivermögens** (und was dem gleich steht: Anm. 643) kommt es darauf an, ob die Mitglieder insgemein, oder die Repräsentanten, oder die (Vorsteher oder) Beamten den Besitz erwerben.

a) Für den von den **Mitgliedern insgemein** erworbenen Besitz ist im Wesentlichen das Verhältniß, in welchem sich die Majorität befindet — die bona oder mala fides der Majorität als solcher —, entscheidend; und zwar ebensowohl ab initio: §. 26 h. t.[644]), wie bei

643) Die das nutzbare Gemeindevermögen betreffende Declaration vom 26. Juli 1847 (Ges. Samml. S. 327. 328) unterscheidet technisch „das zur Bestreitung der Lasten und Ausgaben der Stadt- oder Landgemeinden bestimmte Vermögen (in **Städten Kämmereivermögen** genannt)" von demjenigen Theile des Vermögens einer Stadt- oder Landgemeinde, „dessen Nutzungen den einzelnen Gemeindemitgliedern oder Einwohnern vermöge dieser ihrer Eigenschaft zukommen (das **Gemeindeglieder-Vermögen**, in **Städten Bürger-Vermögen** genannt)." Beide Arten des Vermögens können jedoch (durch eine Gemeinheitstheilung) niemals in Privatvermögen der Gemeindeglieder (oder Einwohner) verwandelt werden. (Decl. §. 1.) Dagegen gehören solche Nutzungsrechte der Gemeindemitglieder oder Einwohner am Gemeindeglieder-Vermögen, welche denselben nicht vermöge dieser ihrer Eigenschaft (also nicht aus einem in der Gemeinde-Verfassung liegenden Titel des **öffentlichen Rechts**), sondern aus einem andern Rechtstitel (also aus einem **privatrechtlichen** Titel) gebühren, nicht zum Gemeindevermögen, sondern zum Privatvermögen der Nutzungsberechtigten. (Decl. §. 2.) Im Zusammenhange mit diesen Unterscheidungen und den Vorschriften der Städte- resp. Gemeinde-Ordnungen stehen lehrreiche Erkenntnisse des Gerichtshofes zur Entscheidung der Competenz-Conflicte, welche nach ihren besonderen Gesichtspunkten zusammengestellt sind in Sydow's „Zulässigkeit des Rechtsweges" xc., Berlin 1860, S. 105. 106. (Die S. 106 am Ende angeführten Erkenntnisse vom 7. Mai und 1. Octbr. 1859 sind später im J. M. Bl. 1860 S. 96. 250. 314. veröffentlicht worden. Noch ein hier einschlagendes Erk. vom 12. März 1859 findet sich im J. M. Bl. 1859 S. 448—452. Ferner ein Erk. v. 14. Januar 1860: im J. M. Bl. 1861 S. 153—158.)

Für die überhaupt zum Grunde liegenden Deutschrechtlichen Verhältnisse vgl. **Eichh.** §. 372. **Gerber** §. 51. **Beseler** §. 84. (**Sav.** I. 368 fg. ad 2: „Gemeingut und Privatgenuß," bei dem Römischen ager publicus der ältesten Zeit und bei dem jetzt s. g. Bürgervermögen; II. 288 fg.: „Grundeigenthum der Corporationen.") Besonders interessant ist eine in dem siebenten Bande der Monatschronik der Zürcherischen Rechtspflege (v. J. 1836, S. 190 xc.) enthaltene Ausführung über die (wesentlich staatsrechtliche und persönliche) Natur des Anspruches von Gemeinde-Bürgern auf gewisse Nutzungen aus dem Gemeindewalde.

644) In diesem §en ist aus Versehen das Wort „unrechtfertig" noch in

der s. g. mala fides superveniens: §. 27 h. t. War also die Majorität redlich, so kann es sich auf Seiten der unredlichen Minorität nur um die Entschädigung des durch ihr Schweigen beeinträchtigten Eigenthümers handeln: §. 28. 29 h. t.[645]). War dagegen die Majorität unredlich, so muß dieselbe den redlichen Mitgliedern denjenigen Schaden ersetzen, welchen diese in Folge der Rückgabe der Sache an den Eigenthümer etwa an ihrem anderweitigen Vermögen wirklich erleiden: §. 31 h. t.[646]). Bei einer gleichen Zahl der redlichen und unredlichen Besitzer fehlt es eben an dem rechtlichen und arithmetischen Erforderniß einer redlichen Majorität: die Bestimmung des §. 30 h. t. beruhet deshalb nicht blos auf Billigkeit oder Moral[647]). — Für die praktische Auffassung des Besitzerwerbes einer Gemeinde durch die Totalität oder Majorität ihrer Mitglieder vgl. Rechtsspr. IV. 288 fg. ad III. 297 fg. (v. J. 1829—1831); Koch Besitz S. 160—163; Centralblatt 1839 Sp. 733 ff. und 1842 Sp. 151 (Ob. Trib. Erk. aus d. J. 1838 und 1842: im Auszuge bei Gruchot IV. 449. 450); Strieth. XXXI. 41 ad d. 46 fg. (v. 1858). Ein Beispiel der Anwendung der §§. 26 ff. auf die Redlichkeit oder Unredlichkeit des Besitzes bei einem Stadt-Magistrate findet sich Strieth. XL. 15 (ad b) —19 (v. 1860).

b) Die Repräsentanten sind gleichsam die Gemeinde selbst im verjüngten Maßstabe oder im Auszuge. Es finden deshalb auf sie die in a) ausgeführten Grundsätze volle analoge Anwendung: §. 32. 33 h. t. (Entw. §. 22; Sz. Mat. S. 229 ad 5.)

c) Die Vorsteher oder Beamten dagegen nehmen nur die

---

der ursprünglichen Bedeutung von „unredlich" (oben Anm. 626) stehen geblieben: Mat. S. 353 Anm. 1. Vgl. Gesetzrev. S. 31.

645) Vergleicht man die gegenwärtigen §§. 26—29 mit den §§. 17—21 des Entwurfs (II. 4), so ergiebt sich, daß die §§. 17—20 des Entw. fast wörtlich aus dem Fassungsvorschlage von Sz. (Mat. S. 131. 132) hervorgegangen waren. Der §. 21 war hinzugefügt, nach folgendem Conclusum (ad b): „Doch werden die" (in der Minderzahl befindlichen unredlichen) „Mitglieder verhaftet: a) so weit sie profitiret haben, b) so weit aus der unterlassenen Anzeige dem Andern ein damnum positivum erwachsen ist." (Mat. S. 132. 224. 227 ad 2.) Der §. 20 des Entw. (den das Concl. ad a gebilligt hatte) ist nicht mit in das A. L. R. übergegangen. (Mat. S. 353.)

646) Diese Bestimmung, welche im Entw. noch fehlte, ist aus folgendem Concl. hervorgegangen: „Das damnum emergens müssen die unredlichen Besitzer den redlichen prästiren." (Mat. S. 228.)

647) Wie es nach Sz's eigener Aeußerung (Mat. S. 227. 228 ad 3) fast den Anschein hat. — Uebrigens ist das Wort „oder" in dem §. 30 h. t., ähnlich wie I. 14 §. 232, für „und" gebraucht.

Stelle von Mandatarien ein. Es gelten deshalb rücksichtlich ihrer die oben in a) entwickelten Grundsätze: §. 34 h. t. (Sz. a. a. O. ad 6.)

B) In Ansehung des Bürgervermögens (und was dem gleich steht) gelten wegen der Substanz dieselben Bestimmungen wie in A. Ob also der Eigenthümer die Substanz zurückfordern kann oder nicht, das hängt davon ab, ob die Majorität der Gemeinde unredlich oder redlich war. Dagegen sind in Ansehung der Nutzungen die einzelnen Mitglieder nach ihrer persönlichen Redlichkeit oder Unredlichkeit zu beurtheilen: §. 35 h. t. Hieraus ergibt sich die grundsätzliche Sonderung der Verhältnisse, je nachdem wegen angenommener Unredlichkeit der juristischen Person die Sache selbst dem Eigenthümer zurückgegeben werden muß: §. 36. 37 h. t.[648]), oder in Folge der Redlichkeit der juristischen Person die Sache selbst usucapirt worden ist: §. 38. 39 h. t.[649]).

---

648) In diesem Falle sollen principaliter (§. 36: „hauptsächlich"; vgl. oben S. 304 zu Anfang) die unredlichen Mitglieder wegen sämmtlicher bisheriger Nutzungen dem Eigenthümer verhaftet sein, in subsidium aber (wenn die unredlichen Mitglieder „den Eigenthümer nicht entschädigen können": §. 37) auch die redlichen Besitzer, jedoch nur so weit, als dieselben aus diesen Nutzungen wirklich Vortheile gezogen haben, dem Eigenthümer gerecht werden. Die subsidiarische Verhaftung der redlichen Mitglieder beruhet auf einem besonderen (bei Umarbeitung des gedr. Entw. gefaßten) Conclusum: „Wenn die Commune die Substanz qua persona moralis redlich" (zu lesen unredlich: Koch Besitz S. 75) „besessen hat, so dürfen die redlichen Mitglieder die fructus nicht restituiren, außer in subsidium." (Mat. S. 229.) Dabei ist es denn auch verblieben, ungeachtet eines noch im letzten Stadium erhobenen beweglichen Monitums. (Mat. S. 355 fg. Sz. in Jahrb. LII. S. 8 fg.) Vor der Kritik ist die Bestimmung jedenfalls nicht zu rechtfertigen. (Koch Besitz S. 73—79. Born. §. 55 ad b. β.) Ließe sich annehmen, daß in dem Falle des §. 37 h. t. die redlichen Mitglieder nicht auch die fructus consumtos herausgeben, sondern überhaupt dem Eigenthümer nur insoweit verhaftet sein sollten, als sie sich noch wirklich im Besitze eines Vortheils befänden, so würde wenigstens in der praktischen Anwendung die Härte gemildert werden. Allein dieses läßt sich in der That weder nach der Fassung des Gesetzes, noch nach den Vorarbeiten annehmen. Höchstens ist (ad anal. I. 13 §. 266) als ein geringfügiger Schutz den redlichen Mitgliedern der Beweis frei zu lassen, daß die perzipirten Früchte durch einen Zufall verloren gegangen seien, ehe sie wirklich Nutzen davon gezogen haben. (Gesetzrev. S. 31; S. S. Stud. S. 609.)

649) In diesem Falle hält sich der Eigenthümer auch wegen der bisherigen Nutzungen nur an die unredlichen Mitglieder, an deren Stelle er zugleich in Ansehung der künftigen Nutzungen tritt. (Der Ausdruck: „wegen des verjährten redlichen Besitzes" im §. 38 h. t. — vgl. oben S. 73 — bedeutet hier nichts weiter als: wegen der aus dem Besitze hervorgegangenen Verjährung.) Daß übrigens auch diese Bestimmungen ein abnormes Resultat herbeiführen, hat Koch (im Comm. ad §. 39 h. t.) nachgewiesen.

Mit Recht wird im Gegensatze zu diesen casuistischen und theilweise auf einer Vermengung von Rechtsbegriffen (Corporationsbesitz und compossessio) beruhenden Vorschriften des A. L. R. die gedrängte Fassung des §. 337 im Oestr. bürgerl. Gesetzbuche hervorgehoben: „Der Besitz einer Gemeinde wird nach der Redlichkeit oder Unredlichkeit der im Nahmen der Mitglieder handelnden Machthaber beurtheilet. Immer müssen jedoch die unredlichen sowohl den redlichen Mitgliedern, als dem Eigenthümer den Schaden ersetzen[650]."

Für das Verhältniß des A. L. R. zu dem gemeinen Deutschen Rechte ist der ad L. 1. §. 22. L. 2. de poss. und §§. 26. 32. 34. 35. 45. A. L. R. I. 7 ergangene Pl. Beschl. vom 2. Mai 1842 (nicht: 1846, nach einem unberichtigten Druckfehler in der ersten Präj. Sammlung S. 22, Präj. 1126) maßgebend geworden: „Nach Sächsischen und beziehungsweise gemeinen Deutschen Rechten können solche Sachen und Rechte, die zur Benutzung von Seiten einzelner Gemeine-Mitglieder als solcher bestimmt sind, nicht blos durch die gesetzlichen Vertreter der Gemeine (Repräsentanten und Beamte), sondern auch durch die Mitglieder selbst (alle oder doch die Mehrheit), mit der Wirkung der Erwerbung des Besitzes für die Gemeine, in Besitz genommen werden." (J. M. Bl. 1842 S. 299 Nr. 152; Entsch. VIII. 3—12.)[651])

c) Rechtsnachfolge.

Abweichend vom Römischen Rechte, und zwar nicht blos im Zusammenhange mit der Verwerfung der s. g. Fiction der Personeneinheit zwischen Erben und Erblasser[652]), sondern eben so sehr im Einklange

---

650) Gruchot IV. 338 ad 2.

651) Hierdurch ist, in Entscheidung einer früheren Controverse, festgestellt worden, daß nicht nur nach Preußischem Rechte die Besitzergreifung der s. g. res universitatis in specie durch die einzelnen Mitglieder erfolgen könne, sondern daß es sich auch nach den Vorschriften des gemeinen (resp. Sächsischen) Rechts eben so verhalte. Spätere Anwendungen des Pl. Beschlusses finden sich: Arnsb. Arch. XII. 259—264 (v. J. 1846) und Rechtsf. II. 94 fg (v. 1847). Zur Kritik vgl. Arnsb. Arch. VIII. 452—459 (Piners: der Erwerb des Besitzes für Corporationen); XI. 237—240 (Recension von Sommer); XII. 247 fg; Koch's Beurtheilung der ersten zehn Bände Entscheidungen des K. G. Ob. Tribunals, Berlin 1847, S. 524—528.

652) Den im Entw. noch nicht vorhandenen §§. 40—42 h. t. liegt folgende Bemerkung von Sz. (Mat. S. 229. 230 ad 7) zu Grunde: „Noch wird bei dieser Materie die Frage aufgeworfen: in wiefern bona und mala fides antecessoris dem successori zu statten komme, oder schade. Die bisherigen Rechte machen einen Unterschied inter successorem universalem und singularem. Einem jeden successori kommt bona fides des antecessoris zu statten, in sofern er selbst den Besitz mit gutem Glauben continuirt. Mala

mit dem Erforderniß der fortdauernden bona fides (oben ad A. a. δ, von der mala fides superveniens)[653]), werden Universal- wie Singular-Successoren nur nach der eigenen fides beurtheilt: §. 40—42 h. t. (I. 9 §. 613—619; 20 §. 251; 21 §. 97.)

Erläuternd für die derivative Natur der Besitzrechte des Nachfolgers ist ein Rechtsfall aus der neueren Zeit: Entsch. XLII. 43 — 47, bes. 46 (v. J. 1860).

Der §. 42 h. t. geht eigentlich über die hier zunächst vorliegende Frage hinaus und berührt den Uebergang der materiellen Verpflichtungen des Erblassers auf den Erben[654]).

II. Erwerb des Besitzes.

Zum Erwerbe des Besitzes ist nur erforderlich, was aus dem Begriffe von selbst folgt: Apprehension (corpus) und entsprechender Wille (animus). Et apiscimur possessionem corpore et animo; neque per se animo aut per se corpore: 3 §. 1. de poss. Ob das A. L. R. außer dem Zusammentreffen dieser beiden positiven Momente noch ein drittes (negatives) Erforderniß aufgestellt hat, ist unten ad 2. A. zu erwägen.

1. Art und Weise, wie der Erwerb des Besitzes vor sich geht.

A. Bestimmungen von allgemeiner Natur.

Der Besitz wird erworben animo et corpore.

a) Animo.

Als praktische Anwendung des ursprünglich festgestellten Unterschiedes zwischen Gewahrsam und Besitz (oben I. 1. B.) ergibt sich hier der Satz, daß auch derjenige, welcher bereits die Gewahrsam einer Sache hat[655]), nicht ohne oder wider seinen Willen den Besitz erlangen kann: §. 43 h. t. Daraus folgt[656]), daß man durch sich

---

fides antecessoris hingegen schadet dem successori singulari, welcher selbst in bona fide ist, nicht; wohl aber dem successori universali, weil dieser den antecessorem repräsentirt, und mit ihm pro una persona geachtet wird. Da nun diese ficta unitas personae inter defunctum et heredem in der neuen Gesetzgebung verbannt ist, so wird auch dieser Unterschied inter successorem universalem et singularem, als eine bloße Folge davon, wegfallen müssen." Vgl. die Anmerkung zum gedruckten Entw. Th. II. Tit. VI. am Ende (S. 218).

653) Vgl. Born. §. 54 am Ende; Thöne §. 309; Gruchot IV. 339.

654) Thöne §. 245 g. E. Im Anschluß an die Landrechtliche Auffassung läßt sich auch noch die Frage erörtern, ob der in bona fide befindliche Erbe den nach dem Tode des in mala fide gewesenen Erblassers zufällig erfolgten Untergang der Sache zu vertreten habe: Gruchot a. a. O. S. 339. 340.

655) Mat. S. 356. (Zusatz im letzten Stadium der Redaction.)

656) Sz. selbst erklärt den (im Entw. noch fehlenden) §. 44 für eine bloße Folge aus dem vorangehenden §en: Mat. S. 233 ad 1.

selbst keinen Besitz erlangen kann, so weit man seinen Willen zu erklären unfähig ist: §. 44 h. t. Dagegen wird ganz allgemein, so weit Rechte überhaupt durch die Verträge eines Anderen erlangt werden können, auch der Besitz (seiner systematischen Stellung gemäß: oben Anm. 606) durch die Handlungen eines Anderen erworben: §. 45 h. t.

Das „so weit" im §. 44 läßt sich füglich aus I. 4 §. 21 deuten, wonach die Willenserklärungen der Unmündigen (im Gegensatze der Kinder) in so fern gültig sind, als sie sich dadurch einen Vortheil erwerben[657]).

Der §. 45 genügt nach der Ansicht der Gesetzrevisoren[658]) zur Entscheidung der Frage, wie der Besitz einer Corporation oder Gemeinde erworben werde. Insbesondere sei es eine rein factische Frage, ob die Mitglieder einer Gemeinde als solche, oder nur für ihre Person irgend eine Handlung vorgenommen haben. Der §. 45 bietet aber auch den allgemeinen Anhalt zur Lösung der schwierigen Frage von dem Besitzerwerbe durch Stellvertreter überhaupt[659]). Weitere Ausführungen des diesem §en zu Grunde liegenden Gedankens sind in unser Gesetzbuch nicht übergegangen[660]). Doch fehlt es nicht an prak-

---

657) Kinder (wie furiosi und mente capti) sind „der Detention und des Erwerbes," aber nicht „des Besitzes im rechtlichen Sinne" fähig: Mat. S. 205 und 231 (Goßler) und 233 (Sz. ad 1). Den Anfangs projectirten §: „Kinder unter 7 Jahren und Erwachsene, welche den Gebrauch ihres Verstandes nicht haben, können mittelst ihrer eigenen Handlungen den Besitz weder erledigen noch ergreifen" (Mat. S. 10. 11 §. 12) hatte man bald fallen gelassen, weil man fand, daß derselbe „deutlich genug" in dem jetzigen §. 45 liege: Mat. S. 48 (Sz). Vgl. Koch Besitz S. 164—167; Gruchot a. a. O. S. 434.

658) S. 31. 32. Vgl. S. S. Studien S. 609 ad 13.

659) Vgl. Entsch. XVII. 23; Strieth. III. 353; J. M. Bl. 1854 S. 107 ad 29; Appell. Erk. aus dem Jahre 1857 bei Gruchot S. 454 fg.; Koch Comm. ad §. 54 h. t.; Gruchot S. 435—455.

660) Der Anfangs projectirte §.: „Bei Pflegebefohlenen vertritt die Einwilligung des Pflegers die Willenserklärung der Pflegebefohlenen, welche durch dieselbe ohne und wider ihren Willen den Besitz erwerben können" war, ganz wie der Anm. 657 erwähnte §. von den Kindern rc., aufgegeben worden, weil derselbe gleichfalls schon in dem jetzigen §. 45 liegend befunden wurde: Mat. S. 48 (§. 461 u. Sz).

In dem oben (Anm. 640) angeführten Artikel des Preuß. Landr. v. 1721 hatte noch ein besonderer §. (IX.) folgende allgemeinere Bestimmung enthalten: „Es mag einer die possession und Besitz der Güter nicht allein durch sich selbsten, sondern auch durch seine Söhne, Diener, Procuratorn, Anwälde, Vormündere und Curatores, durch Mittel rechtmässiger Käuffe, Tausche, Handlunge und Contract erlangen und überkommen, ob gleich sie, als rechte Principalen, dessen keine Wissenschafft hätten."

tischen Anwendungen desselben, vor Allem auf den Besitzerwerb durch Hirten. In dieser Beziehung erstreckt sich zwar der Pl. Beschl. vom 5. April 1852 (Präj. 2364), unter Verwerfung einer früheren Senats-Entscheidung (aus d. J. 1846[661])), nur auf das gemeine Recht: „Nach gemeinem Recht bedarf es zur Erwerbung eines Hütungsrechts für eine Gemeinde, durch Ausübung der Hütung von Seiten des Gemeindehirten, weder des Nachweises eines besonderen Auftrages, außer dem Gemeindehirtenamt, noch des Beweises, daß die Gemeinde von dieser Ausübung Wissenschaft gehabt, oder dieselbe ausdrücklich genehmigt habe." (J. M. Bl. 1852 S. 183 Num. 51; Entsch. XXII. 321 — 332; Strieth. V. 156 — 161[662]).) Allein zweifellos gelten dieselben Grundsätze auch für das Preußische Recht: Strieth. XXVI. 117 ad b. 120 ff. (v. J. 1857); XXXII. 199—201 (v. 1859). Wo jedoch nicht schon, wie in der Bestellung des Hirten, die Vornahme von Besitzhandlungen für den Prinzipal von selbst geboten ist, da hält die Praxis an dem Erforderniß eines besonderen (wenngleich nicht ausdrücklichen) Auftrages oder einer nachträglichen Genehmigung fest. Hierauf beruhet das Präj. 2125 (v. J. 1849): „Durch die Vermiethung eines vom Vermiether noch nicht besessenen Rechts, und dessen Ausübung durch den Miether wird der Besitz für den Vermiether ergriffen." (Entsch. XVII. 517 und XVIII. 157—160.) Zu Grunde liegt die Annahme, daß eben in der Vermiethung des noch nicht besessenen Rechts der Auftrag des Vermiethers an den Miether, den Besitz für ihn zu ergreifen, unzweideutig enthalten sei. Dagegen gilt auch der Pächter als solcher, ohne Auftrag oder Genehmigung, noch keinesweges für den Stellvertreter des Eigenthümers im Besitzerwerbe: Rechtsf. III. 251 fg. ad 2 (v. J. 1847); Strieth. XXIV. 69—71 (v. 1857); XXIX. 209—214 (v. 1858); Gruchot IV. 444 fg. (v. 1860); Entsch. XLIV. 123 — 129 (v. 1861)[663]).

b) Corpore (vel nostro vel alieno: Paul. rec. sent. Lib. V. Tit. II. §. 1).

α) Objectives Erforderniß: Bestimmtheit resp. Absonderung

---

661) Entsch. XIV. 199—208. Vgl. oben Anm. 651 zum Pl. Beschl. v. 2. Mai 1842.

662) Das hiernach bestätigte Appellations-Erkenntniß findet sich im Arnsb. Arch. XIV. 640—643.

663) Anders, wo es sich nur um die Erhaltung oder Fortsetzung des Besitzes handelt: Präj. 2511 (v. 1854: Entsch. XXVII. 310—318); Strieth. XXII. 17 ad a. 22 (v. 1856); XXVI. 116 ad a. 119 (v. 1857). Vgl. unten Anm. 724.

oder kenntliche Auszeichnung des Gegenstandes der Besitznahme: §. 46. 47 h. t.[664]) Anwendung auf einzelne Theile eines Gebäudes: Strieth. XXXVI. 231—235 (v. J. 1860); auf stehende Bäume (arborum ... non est separatum corpus a fundo; 40 de actt. e. v. XIX. 1): Entsch. XI. 204 ff.; J. M. Bl. 1854 S. 104 fg. ad 13. c.[665])

β) Subjectives Erforderniß: thatsächliche Besitzergreifung: §. 48 h. t., mit einer Modification bei der Nachfolge in einen Inbegriff von Sachen oder Rechten: §. 49 h. t.[666]) In der That spricht die Entstehungsgeschichte für die Annahme, daß der §. 49 nichts weiter sagen solle, als: bei Inbegriffen von Sachen oder Rechten, wohin auch Erbschaften gehören, genüge die Besitznahme des Ganzen, als eines Inbegriffs, um auch den Besitz der einzelnen darunter begriffenen Sachen und Rechte zu erlangen. Mit dieser Annahme hängt denn auch der Plenarbeschluß vom 7. November 1849 (Präj. 2161) zusammen, welcher, in Bestätigung einer früheren Senats-Entscheidung (Präj. 1190, v. J. 1842[667])), folgenden Grundsatz fixirt hat: „Der Erbe hat nicht die possessorische Klage auf Wiederherstellung oder Schutz des Besitzes von Erbschafts-sachen, wenn die Störung seines Rechts zum Besitze zwar nach dem Anfall, aber vor der Besitznahme der Erbschaft vorgekommen ist." (J. M. Bl. 1850 S. 22—24; Entsch. XVIII. 3—10.)[668]) Allein es

---

664) Gleichlautend schon im Entw. §. 25. 26 h. t. Vgl. Mat. S. 134 (§. 43. 44) und S. 231 fg.

665) Vgl. Gruchot S. 455—463.

666) Der §. 49 ist erst bei der Umarbeitung des gedr. Entw. entstanden und soll „eine Einschränkung oder vielmehr nur eine nähere Bestimmung der Regel" des §. 48 (im Entw. §. 27) enthalten: Mat. S. 232 (Monita u. Goßler) und S. 233 (Sz. ad 2).

667) „Die Besitzstörungsklage setzt voraus, daß der Erbe, wenngleich derselbe ohne besondere Besitzergreifung in alle Rechte des Erblassers tritt, sich selbst für seine Person factisch im Besitze, in welchem er gestört sein will, befunden habe." (Erste Präj. Samml. S. 252.) Nicht zu verwechseln ist hiermit die zweifellos zulässige Geltendmachung einer ererbten Besitzklage. (Koch Comm. ad §. 49 h. t.)

668) Das Hauptmotiv dieser Entscheidung wird darin gefunden, daß der Erbe insofern den Besitz des Erblassers nicht fortsetzen könne, als durch dessen Tod seine Beziehungen zu der Sache, durch welche der Besitz bedingt sei, aufgehört haben, und damit von selbst eine Aufhebung des Besitzes eintrete. Im Gegensatze hierzu ist durch eine neuere Entscheidung (v. J. 1860) bei einer Singular-Succession unter Lebenden der Besitzerwerb des Successors auch dann schon als vollendet anerkannt worden, wenn bei der Uebertragung des von dem Autor geübten Rechtes das physische Vermögen, darüber mit Ausschließung Anderer zu verfügen, fortdauert: Entsch. XLII. 46. (Strieth. XXXVII. 34 ad b. 38 fg.) Vgl. oben ad I. 2. B. c.

läßt sich nicht verkennen, daß der §. 49 eine größere Tragweite gewinnt, wenn man den darin aufgestellten Satz als einen in sich fertigen, unabhängig von der Entstehungsgeschichte, betrachtet. Denn alsdann erscheint in diesem Satze eine Reminiscenz des Germanischen Rechts, nach welchem der Todte den Lebendigen erbt (le mort saisit le vif, mortuus facit possessorem vivum sine ulla apprehensione etc.): wie ja auch nach §. 368 A. L. R. I. 9. (vgl. oben S. 43. 45) der Erbe mit dem Tode des Erblassers das Eigenthum der Erbschaft „nebst allen damit verbundenen Rechten und Pflichten" erlangt, ohne daß es weiter einer Besitzergreifung bedarf[669]).

B. Erwerb des Besitzes an körperlichen Sachen.

a) Besitzergreifung (Apprehension) als solche (als genügender körperlicher Act): §. 50. 51 h. t. (Strieth. XXVI. 71—75, v. J. 1857)[670]); besonders bei Pertinenzien (mit der Hauptsache zugleich) und bei Inbegriffen (vermittelst der Ergreifung einzelner Stücke): §. 52. 53 h. t. (Entsch. aus d. J. 1852. 1853. 1858: J. M. Bl. 1854 S. 104. 105 ad 15. c und 16. d; Strieth. XXX. 106—109.)[671]) An den im „wirklichen" — d. i. vollständigen — Besitze eines Dritten befindlichen Pertinenzstücken (der Hauptsache) oder einzelnen Stücken (des Inbegriffs) muß jedoch der Besitz besonders erworben werden: §. 54 h. t. und Präj. 2383 (v. J. 1852: Entsch. XXIII. 69 [ad 2] und 79—82.)[672])

---

669) Vgl. Sav. Besitz §. 28; System II. 371; V. 203; Koch Besitz S. 183—186 und Lehrb. §. 811 Note 5; v. Daniels Lehrb. Bd. I. S. 218—220 in der Anm.; Gruchot S. 464.

Noch andere Fälle des Eigenthumsüberganges ohne Tradition oder Besitzergreifung finden sich im A. L. R. I. 11. §. 342. 474 (475); 18 §. 92—94; II. 1 §. 362 (Sav. Besitz §. 27 ad D).

Aus der vorlandrechtlichen Gesetzgebung gehört hierher das oben Anm. 617 allegirte Edict v. J. 1718 ad x., wonach bei Erbfällen zwischen Ascendenten und Descendenten „die Possessio von selbst ohne Apprehension devolviret werden," imgleichen bei Lehns- und Fideicommiß-Successionen „die Possessio ohne Ergreiffung, ipso Jure, auf solchen Successorem kommen" soll. Eine Auffassung, welche sich auch im Cod. Frid. March. v. 1748 wiederfindet. (Th. IV. Tit. III. §. 18.)

670) Vgl. Sav. Besitz §. 14 (von der physischen Möglichkeit der unmittelbaren und ausschließlichen Wirkung auf die Sache, als demjenigen Factum, welches in allem Erwerb des Besitzes enthalten sein muß); Thöne §. 258.

671) Ueber die Entstehung dieser im Entw. noch fehlenden Ergänzungs-§§en (52—54) vgl. Mat. S. 233 (Mon. 1. u. G.) u. 236 (Sz. ad 1). Ueber das Verhältniß derselben zum Römischen Rechte vgl. Koch Besitz S. 131 fg. und Lehrb. §. 174 ad II. mit Gruchot S. 465—468.

672) Nach diesem Präj. (wie nach einer schon im vorangehenden Jahre

b) Anwendung auf noch unbesessene Sachen (possessio vacua): §. 55—57 h. t. (I. 9 §. 9—13 u. §. 14 ff.)[673]) Die hier s. g. Bezeichnung dient nur zur Feststellung der wirklich schon erfolgten Apprehension[674]).

c) Anwendung auf schon besessene Sachen[675]): Besitzerwerb nicht ohne Uebergabe. (Vgl. unten ad 2.)

---

getroffenen Entscheidung: Strieth. III. 298—300 und nach einer Entsch. v. 1860: Strieth. XL. 40 ad a. 42.) wird hier unter dem wirklichen Besitze (des Dritten) mit Recht nur der vollständige, nicht aber auch der unvollständige, z. B. der Pacht-Besitz, verstanden.

In den Gründen ist jedoch nicht übersehen, daß der Sprachgebrauch des A. L. R. den Besitz(er) durch das Beiwort „wirklich" gelegentlich auch in einem weiteren (den unvollständigen Besitz mit einschließenden) Sinne charakterisirt. Dieses Beiwort findet sich aber außerhalb des §. 54 h. t. nicht blos noch zweimal im A. L. R. (§. 43 h. t. und I. 9 §. 646), sondern mehrfach, und zwar in verschiedenen, für unsere Stelle lehrreichen Beziehungen. So I. 10 §. 1: „wirkliche Uebergabe" (mit Einschluß der symbolischen, nur im Gegensatze der Wirklichkeit zu der im Titulus begründeten Möglichkeit: oben S. 41); 15 §. 11: Rückforderungsrecht gegen den „wirklichen Besitzer" der Sache (im weitesten Sinne des Wortes, nur im Gegensatze zum bloßen Inhaber); 17 §. 73: Ausschließung der Gläubiger eines Miteigenthümers von dem Anspruch auf den „wirklichen Mitbesitz" oder auf die Mitverwaltung der gemeinschaftlichen Sache; 18 §. 18: Ruhen des Rechts der Agnaten und Mitbelehnten (an dem nutzbaren Eigenthume des Lehns), bis sie (nach der Ordnung der Lehnsfolge) zum „wirklichen Besitze" des Lehns berufen werden; 22 §. 14: Besitznehmung einer streitigen Befugniß „als ein wirkliches Recht," d. h. nicht vermöge einer bloßen Vergünstigung; Pr. O. Tit. 14 §. 8. ad 1: Entsetzung aus dem „wirklichen Besitze" während der Appellation ꝛc.

Auf den Gegensatz des Thatsächlichen oder Wirklichen gegen das Fingirte oder Symbolische ist schon oben Anm. 614 gelegentlich hingewiesen worden. Hier mag noch bemerkt werden, wie das Wort „wirklich" auch speziell den Gegensatz zur Fiction durch Richterliches Erkenntniß bezeichnet: A. L. R. II. 1 §. 665 („wirklich gestorben"); II. 2 §. 596. 598 („wirklich heirathen" ꝛc.). Ja selbst als bloßes Accentwort wird „wirklich" einem „Erkenntniß" — im Gegensatze zum bloßen „Decret" — beigefügt: I. 9 §. 557.

673) Aus der Entstehungsgeschichte geht der organische Zusammenhang der §§. 55—57 (Entw. §. 30. 31) h. t. mit der Lehre des Neunten Titels von der Occupation deutlich hervor. Vgl. Mat. S. 20. 65. 133 fg. (besonders Concl.: „Gilt von der re nullius oder derelicta"); 234—237 (besonders Concl.: „Bei allen diesen Fällen" [jetzt §. 50—57] „muß jedoch possessio vacua sein, oder der vorige Besitzer muß sich seines Besitzes begeben haben"); 358 (wo das Marginale zu den jetzigen §§. 55—57 noch eine besondere Hinweisung auf die Occupation enthielt).

674) Thöne §. 260; Koch Besitz S. 134. 144 fg. (ad 2); Jur. Wochenschr. 1846 Sp. 106—109 (ad 1); Gruchot S. 468.

675) Also (im Gegensatz zu dem oben Anm. 673 Bemerkten) mit Ausschluß des Falles der Dereliction, „wodurch die Sache eine res nullius wird:" Mat. S. 237.

α) Zur Uebergabe wird grundsätzlich **Zweierlei**[676]) erfordert: **erstens** Entschlagung (Entäußerung, Erledigung) des Besitzes von Seiten des bisherigen Besitzers; **zweitens** Besitzergreifung von Seiten des neuen Besitzers: §. 58 h. t. (I. 9 §. 6; 10 §. 1; 11 §. 77. 127. 1038; 20 §. 71. 104.) Das **erste** Erforderniß (die Einwilligung des bisherigen Besitzers) kann allerdings durch „richterliche Verordnung" ergänzt oder ersetzt werden: §. 60 h. t.[677]) (Vgl. I. 10 §. 4; J. M. Bl. 1860 S. 435 ad II.; Entsch. XLIV. 251 fg.)

β) Ausgeführt werden kann die Uebergabe nicht blos körperlich (aus Hand in Hand), sondern auch **symbolisch** (durch **Zeichen**): §. 61 h. t. Und zwar wird zur Ausführung der symbolischen Uebergabe die Wahl der Zeichen (mit Vorbehalt der gesetzlichen Ausnahmen, wie I. 20 §. [106.] 271 ff. 329 ff.) ganz in die Willkühr der Parteien gestellt, nur vorausgesetzt, daß dadurch die Absicht der Besitzerledigung von der einen und der Besitzergreifung von der anderen Seite „hinlänglich angedeutet" werde: §. 62. 63 h. t.[678]) In so weit also ist hier noch der veralteten Theorie von der blos figürlichen Natur der Apprehension gehuldigt. Allein durch die unmittelbar angeschlossene Begränzung der symbolischen Uebergabe dahin, daß **der körperlichen Besitznehmung** ferner **nichts im Wege stehen** dürfe: §. 64 h. t., wird praktisch eine völlige Ausgleichung im Sinne der richtigen Ansicht hergestellt, wonach, wenn nur den Erfordernissen der Apprehension materiell genügt ist, ein Symbol immerhin zur Constatirung der Absicht formell geeignet sein mag[679]). Zur Erläuterung dient dann gleich der — die

---

676) Früher war sogar ausdrücklich von einer „beiderseitigen" Handlung die Rede: Mat. S. 134. (§. 47.)

677) Der Satz des gegenwärtigen §. 60 hatte ursprünglich einen mehr positiven Ausdruck gefunden: Mat. S. 75 (§. 597). — Die „richterliche **Verordnung**" ist erst im letzten Stadium der Redaction an die Stelle der „gerichtlichen (richterlichen) **Verfügung**" getreten: Mat. S. 134 (§. 48); 238 (§. 34); 358 (zu §. 59). Daß übrigens bei Expropriationen auch eine Handlung der Regierungsgewalt den Besitz zu erledigen vermag, darf nicht übersehen werden. (**Koch** Comm. ad §. 60 h. t. und Lehrb. §. 176 Note 12.)

Wegen gewisser analoger Fälle der Prätorischen missio in possessionem vgl. **Sav.** Besitz §. 23; **Gruchot** S. 473.

678) Selbst Worte, „als die zuverlässigsten Zeichen menschlicher Absichten," sollen (nach der Entstehungsgeschichte) zur symbolischen Uebergabe gebraucht werden können: Mat. S. 240.

679) Der Inhalt der gegenwärtigen §§. 61—64 findet sich im Wesentlichen schon in den ersten Anfängen der Redaction: Mat. S. 26 fg. (§. 124—126); 77 fg. (§. 610—612); 137 (§. 59—60). Erst nach der Emanation des gedr. Entwurfes (§. 35—38) wird gegen die Beibehaltung der symboli-

Präsenz der Sache voraussetzende — Fall der Aushändigung der Schlüssel, zum Behufe der Uebergabe von Waaren in einem verschlossenen Behältnisse: §. 65 h. t. (I. 20 §. 338.)[680]) Als andere hierher gehörende Fälle gelten: die Aushändigung des Connoissements über verkaufte, an einem dritten Orte oder noch auf dem Transporte befindliche Waaren (A. L. R. I. 20 §. 367; Concurs-Ordnung v. 1855 §. 27 ad 3): Präj. 698 (v. J. 1839); Strieth. XIX. 310 ad b. 312 (v. 1856)[681]); der Anschlag (das Anplätzen) stehender Bäume mit dem Forsthammer: Präj. 1570 (v. J. 1845: Entsch. XI. 201—211)[682]); das Bezeichnen (Signiren) der gekauften Waare (dolium signatum ab emtore: 1 §. 2

---

schen Tradition ein Monitum erhoben, weil dieselbe „eine entbehrliche Erdichtung," „keine hinlängliche Apprehension" sei. (Mat. S. 239.) Dem tritt Goßler bei, mit dem Bemerken: die ganze Lehre von der symb. Uebergabe sei blos aus dem ritu mancipationis entsprungen (!) und habe schon vieles Unheil angerichtet (ebendas.); wie er denn auch weiterhin eventuell (für den Fall der Beibehaltung der symb. Uebergabe) den gegenwärtigen §. 74 (Entw. §. 43) mit den Worten vertheidigt: „Das Symbolum wird ein Nichts, wenn die Wahrheit fehlt, und für denjenigen, welcher eine Sache wirklich in seiner Gewahrsam hat, spricht die That selbst." (Mat. S. 242.) Sz. dagegen nimmt die „bisherigen gemeinen Rechten conforme" Theorie von der symb. Uebergabe, wie solche in unser Gesetzbuch aufgenommen ist, besonders von dem Gesichtspunkte der dadurch keineswegs verletzten Rechtssicherheit in Schutz. (Mat. S. 246 fg. ad 2.) Vgl. Gruchot S. 473—478 ad 1. 2.

680) Das „So" (können Waaren rc. übergeben werden) in dem (ursprünglich — Mat. S. 78 §. 613 — weitläufiger ausgeführten) §. 65 h. t. entspricht dem „ita" in 74 de contr. emt. XVIII. 1.: Clavibus traditis, ita mercium in horreis conditarum possessio tradita videtur, si claves apud horrea traditae sint &c. (Sav. Besitz §. 16 g. E.; Koch Besitz S. 133. 145; Gruchot S. 478—480 ad 3.) Auch sonst findet sich durch ita eine nothwendige Voraussetzung (eine s. g. conditio sine qua non, nicht eine blos beispielsweise gemeinte Anführung) ausgedrückt, wie z. B. in 31 pr. de A. R. D. XLI. 1.

681) Gerber §. 184 g. E.; Beseler §. 87 ad I (Note 2) und §. 252 ad III. c.; Jur. Wochenschr. 1840 Sp. 165—172. Vgl. jedoch Koch Comm. ad §. 65 h. t. und Lehrb. §. 174 Note 4, v. Daniels Lehrb. Bd. 1. S. 215 Anm. 4 und Gruchot S. 483 (ad 5).

682) Oben ad A. b. α; Beseler §. 87 ad I. Note 3; Gruchot S. 461. 462. Vgl. jedoch Koch Besitz S. 143, Comm. ad §. 47 h. t. und Lehrb. §. 174 Note 4 g. E.; Arnsb. Arch. VIII. 459—467 und IX. 533—539; Jur. Wochenschr. 1844 Sp. 664—667. 673—685. 689—695. 705—711. Auf eine gelegentliche, zur Beantwortung einer von einem Monenten (Mat. S. 298 i. f.) aufgeworfenen Frage geäußerte Ansicht von Sz. (das noch ungeschlagene, aber mit dem Forsthammer bezeichnete Holz sei dem Käufer nicht zu verabfolgen: S. 304 ad e) ist hier jedenfalls kein entscheidendes Gewicht zu legen. (Born. §. 59 ad 4.)

de per. et comm. XVIII. 6.[683]); trabes, quas emtor signasset: 14 §. 1. eod.): A. L. R. I. 20 §. 356[684]).

γ) Durch bloße Willenserklärung kann dem ersten der beiden ad α aufgestellten Erfordernisse zur Uebergabe — der Erledigung des bisherigen Besitzes — genügt werden, sofern dadurch derjenige, auf welchen der Besitz übertragen werden (correcter: welcher den neuen Besitz erwerben[685]) soll, „in den Stand gesetzt wird, über die Sache zu verfügen:" §. 59 h. t.; Präj. 528 (v. J. 1835); Entsch. IX. 179—191 (v. 1843); Strieth. XV. 76—78 (v. 1854). Es bedarf also, außer jener den Besitz erledigenden Willenserklärung, in der Regel immer noch des Actes der Besitzergreifung von Seiten des neuen Besitzers, um auch dem zweiten ad α aufgestellten Erfordernisse zu genügen[686]).

Als Anwendung des §. 59 h. t. gestaltet sich hiernach die s. g. Anweisung, bei der das corpus, die Detention des Stellvertreters, unverändert bleibt, der animus aber die Veränderung des Besitzes bewirkt. Wenn nämlich der bisherige Besitzer seinen Stellvertreter anweist, den Besitz als Stellvertreter des neuen Besitzers fortzusetzen, so soll die „Uebergabe" als „vollzogen" gelten: §. 66 h. t. In der That wird jedoch die Besitzübertragung objectiv erst durch einen Act des neuen Besitzers vollendet, welcher freilich nur darin besteht, daß dieser die (ihm nöthigenfalls eingehändigte) Anweisung annimmt; nur daß der Stellvertreter materiell nicht vor der ihm gehörig zugegangenen Benachrichtigung dem neuen Besitzer verantwortlich wird: §. 67. 68 h. t.; Präj. 1713 (v. J. 1846: Entsch. XII. 172—176); Strieth. XI. 119—122 (v. J. 1853); XIV. 43 ad a. 46—48 (v. 1854); Gruchot IV. 483—487.

δ) In zwei Ausnahmefällen wird durch die bloße Willenserklä-

---

683) Vgl. Mat. S. 241. (Mon. ad §. 39.)

684) „Holzwaaren, die sich auf dem Lager befinden, können durch Bezeichnung der zugänglichen Stücke mit der Marke des Pfandnehmers, demselben übergeben werden." Vgl. Sav. Besitz §. 16; Beseler §. 224 ad III. (besonders Note 11); Gruchot S. 480—482 ad 4.

685) Gruchot S. 469 fg.

686) Die Richtigkeit dieser Auffassung wird durch die Entstehungsgeschichte des §. 59 h. t., welchem der §. 33 des gedr. Entw. schon völlig gleich lautete, bestätigt. Denn auf die gegen den entsprechenden §. 62 des s. g. ungedr. Entw. begründeten Erinnerungen — weil dieser §. der bloßen Willenserklärung gleich eine den Besitz übertragende Kraft beigelegt hatte — war das Conclusum ergangen: „Die bloße Willenserklärung ist zur Evacuation des Besitzes hinreichend, aber nicht zur Apprehension; alsdann muß ein factum von der andern Seite hinzukommen." (Mat. S. 138.) Vgl. unten ad ζ (S. 358).

rung des bisherigen Besitzers den beiden ad α aufgestellten Erfordernissen zugleich Genüge geleistet, indem die unabweisliche Voraussetzung zutrifft, daß das körperliche Moment schon vorweg besteht und deshalb das bloße Willensmoment zur Bewirkung der Besitzveränderung ausreicht. Diese, bei der Redaction noch als Arten der symbolischen Tradition gedachten Ausnahmefälle[687]) sind

a) die s. g. brevi manu traditio, d. i. die Verwandelung des bisherigen Inhabers in einen Besitzer (Erhöhung der Detention): §. 70 h. t.[688]);

b) das s. g. constitutum possessorium (eine umgekehrte br. m. traditio), d. i. die Verwandelung des bisherigen (vollständigen) Besitzers in einen (unvollständigen Besitzer oder in einen bloßen) Inhaber (Herabstimmung des Besitzes): §. 71 h. t.[689]). Die erste Anwendung hiervon wird gemacht auf den Vorbehalt des Nießbrauchs: §. 72 h. t. (28 C. de don. VIII. 54.)[690]) Die zweite auf den Fall, wo der bisherige Eigenthümer sein Grundstück von einem Anderen miethet oder pachtet: §. 73 h. t. Eine dritte auf den Fall der von dem Verkäufer einer beweglichen Sache leihweise vorbehaltenen Gewahrsam: Präj. 701 (v. J. 1839)[691]).

Der zweiten Anwendung insbesondere ist eine weitere Entwickelung durch die Praxis zu Theil geworden. So wird ein gültiges constitutum possessorium in der Vertragsbestimmung gefunden: daß dem Verkäufer die verkauften Sachen „auf unbestimmte Zeit im miethweisen Besitze belassen" sein sollen, selbst wenn es dabei an der Festsetzung eines be-

---

687) Im Wesentlichen und von einigen Fassungsänderungen abgesehen, finden sich die §§. 58—76 h. t. schon im Entw. §. 32—50. Nur sind die gegenwärtigen §§. 74—76 (Entw. §. 43—45, von den Collisionsfällen) ans Ende gerückt worden, um die gegenwärtigen §§. 69—73 (Entw. §. 46—50: fast wörtlich nach Sz's vorgängigem Vorschlage, Mat. S. 143, redigirt), „da dieselben noch species traditionis symbolicae enthalten," unmittelbar an die Bestimmungen über die Anweisung anzuschließen. (Mat. S. 244: Mon. u. G. ad §. 47; S. 247 fg: Sz. ad 3; S. 611 ad 16.)

Unsere (seit dem oben ad γ angeführten Präj. 528 constante) Praxis begründet die Ausnahmenatur der br. m. traditio (auf diese deutet das immer wiederkehrende Allegat des den §. 70 eigentlich nur einleitenden §. 69 h. t.) und des const. poss. lediglich in dem Coincidiren „der beiden nach §. 58 h. t. zur Erlangung des Besitzes durch Uebergabe gesetzlich erforderlichen Requisite."

688) Sav. Besitz §. 19; Gruchot S. 487—489; Entsch. XLIV. 42.

689) Sav. Besitz §. 27; Gruchot S. 489—491; Entsch. XXIII. 79.

690) Mat. S. 82.

691) Wegen einer vierten Anwendung (auf gewisse kaufmännische Verhältnisse) vgl. Koch Besitz S. 143 (Note 22).

stimmten Miethzinses gebricht: Strieth. XII. 201—204 (v. J. 1854: ausführlicher bei Gruchot I. 101—104). Ferner wird ein den vollständigen usucapionsfähigen Besitz begründendes const. poss. in einem Vertrage erkannt, vermöge dessen ein Colon ein zu dem Colonat gehöriges und daher durch die neuere Agrar-Gesetzgebung in sein Eigenthum übergegangenes Grundstück von seinem ehemaligen Gutsherrn in Zeitpacht erhalten und angenommen hat: Entsch. XXXIII. 34—39 (v. 1856: auch bei Strieth. XXI. 262—266); wenngleich übrigens nicht angenommen wird, daß das Pachten des eigenen Grundstückes für einen Uebertrags-Titel des Eigenthums auf den Verpächter zu erachten sei: Präj. 2205 (v. 1850: Entsch. XIX. 358—379, bes. 364. 365); vgl. Strieth. XXV. 187—224 und XL. 19—27.

ε) Die durch ein bei der Redaction allem Anscheine nach vorgefallenes Versehen[692]) verwickelte Formfrage ist nach der Wortfassung des A. L. R. dahin zu lösen, daß zwar nicht in den Fällen der §§. 59. 66—68 (oben ad γ), wohl aber in denen der §§. 70—73 (ad δ) die Willenserklärung des bisherigen Besitzers der nach dem Werthe oder der Beschaffenheit des Objectes gesetzlich erforderten besonderen Form (zumal bei Objecten über 50 Thlr. der schriftlichen Form) unterworfen sein soll[693]). Der Pl. Beschl. vom 20. Novbr. 1854 (Präj. 2574) entscheidet nur Einen der hierher gehörenden Fälle: „Zur Gültigkeit eines constituti possessorii beim Kaufvertrage bedarf es, wenn der Gegenstand mehr als 50 Thlr. werth ist, einer schriftlichen Erklärung des Constituenten." (J. M. Bl. 1855 S. 23—26; Entsch. XXIX. 1—13; Strieth. XIV. 329—332.)

ζ) In keinem Falle darf dem bloßen Bekenntniß (Anerkenntniß, Zugeständniß) der bereits erfolgten Uebergabe — wie solches in vertragsmäßigen und anderen urkundlichen Erklärungen so häufig vorkommt — eine den damit in Widerspruch stehenden thatsächlichen Zustand überwindende Macht (Beweiskraft) beigemessen werden. Hierüber wacht die Praxis mit großer Vorsicht: Strieth. VI. 261—266 (v. J. 1852); IX. 39—42 (v. 1853); XI. 119—122 (oben ad γ); XII. 281—284 (v. 1854); XV. 78 z. Anfg. (oben ad γ); XX. 253—256 (v. 1856); XXVI. 71—75 (oben ad α); XXXVIII. 260—264 (v. 1860)[694]).

---

692) Vgl. die Nachweisungen in S. S. Studien S. 610 ad 15.

693) Es finden sich nun einmal die (in den entsprechenden §§. 47. 48. Entw. noch fehlenden) nur von der Form zu verstehenden Worte „auf eine rechtsbeständige Weise" im §. 70 und „rechtsgültig" im §. 71 h. t. Vgl. Born. §. 58 g. E.; Koch Comm. ad §. 58 h. t.; Entsch. II. 266; Strieth. XII. 201 ad a. 204.

694) Vgl. noch Arnsb. Arch. IV. 491—500; XV. 84—92; Gruchot

η) Collision mehrerer Besitzprätendenten.

Es handelt sich hier nicht, wie es nach der incorrecten Fassung des Marginale[695]) scheinen könnte, um eine vermeintliche possessio plurium in solidum, sondern

a) um den Vorzug der körperlichen Uebergabe vor der symbolischen, in Ansehung der iura possessionis („der aus dem Besitze entspringenden Rechte"), also um die praktisch fühlbare Werthlosigkeit der Uebergabe „durch Anweisung oder durch Zeichen" in dem Falle einer solchen Collision: §. 74 h. t.;

b) um die in dem Falle der Collision einer mehrfachen nichtkörperlichen („bloß durch Zeichen oder Anweisung" erfolgten) Uebergabe hervortretende Nothwendigkeit, erst den Streit über das ius possidendi („das Recht zum Besitze") auszumachen: §. 75. 76 h. t. (I. 10 §. 23; 11 §. 1038; 18 §. 461; 20 §. 275 fg. [II. 8 §. 814.])[696]).

ϑ) Nemo sibi causam possessionis mutare potest.

Der auf diesem Grundsatze beruhende §. 69 h. t. bildet nur den Uebergang zum §. 70 (oben Anm. 687), und gehört eigentlich, wie der §. 125 h. t., zur Lehre von dem Verluste des Besitzes an den Repräsentanten[697]). Ein Fall der Anwendung des §. 69 findet sich in den Rechtsspr. I. 31—33 (v. J. 1803); ein Fall der Nicht-Anwendbarkeit in den Rechtsf. III. 313—316 (v. 1848).

C. Erwerb des Besitzes an Rechten.

Im inneren Zusammenhange mit der das ganze System durchziehenden objectiven Ausdehnung des Besitzes (oben ad I. 1. C) wird zunächst der allgemeine Grundsatz über den Erwerb des Besitzes an Rechten aufgestellt und danach die Anwendung des Grundsatzes auf die verschiedenen Arten der Rechte durchgeführt, welche den Gegenstand des Besitzes bilden können.

a) Zunächst drängt sich die allgemeine Frage auf: Wann bedürfen

---

S. 470—473 ad 2 (insbesondere ein Apell.-Erk. v. J. 1857). Ueber die Frage, ob in dem Bekenntniß der (in der That nicht) geschehenen Uebergabe nicht wenigstens das Versprechen der sofortigen Uebergabe zu befinden sei: Strieth. III. 176—179 (v. J. 1851).

695) „Was Rechtens, wenn Mehrere den Besitz erworben haben."

696) Vgl. Mat. S. 140—142 (Sz.); 247 fg. (Sz. ad 3); 360 fg. (letzte Fassung); oben Anm. 687; Koch Besitz S. 118—125. 134—136; Born. §. 60; Gruchot S. 491—493.

697) Vgl. A. L. R. I. 20 §. 251; 21 §. 97 (oben I. 2. B. c.); Mat. S. 16 (ad §. 45) u. S. 142 (Sz.: „wie aus einem nudo detentore ein wirklicher Besitzer . . . werden könne"); Koch Besitz S. 140 fg. 214 fg.; Baron a. a. O. S. 27; Gruchot S. 487.

Rechte überhaupt der Besitzergreifung und wie geht diese von Statten? Die Antwort lautet: Weder die mit dem Besitze einer Sache verbundenen (die einer Sache anklebenden) Rechte, noch die aus dem Begriffe eines Rechts von selbst folgenden Theile desselben bedürfen einer besonderen Besitzergreifung: §. 77. 79 h. t.[698]) Es handelt sich also wesentlich nur um selbstständige Rechte, welche einen insbesondere von dem Besitze einer körperlichen Sache unabhängigen Charakter an sich tragen; und an diesen soll grundsätzlich der Besitz nicht anders als durch die thatsächliche Ausübung erworben werden: §. 78 h. t.[699]). Zu einem solchen Besitzerwerbe genügt sonach weder die Uebergabe der das Recht begründenden Urkunden, noch die Ertheilung der Befugniß zur Ausübung des Rechts[700]). Selbst die scheinbare Ausnahme von dem Grundsatze der thatsächlichen Ausübung, welche man in dem §. 87 h. t. findet, beruhet doch lediglich in der (negativen) Natur der Untersagungsrechte als solcher[701]).

b) Die Anwendung des Grundsatzes (a) auf die verschiedenen Arten der Rechte wird nun dadurch vermittelt, daß sämmtliche hier in Frage kommenden Rechte, Deutschen wie Römischen Ursprunges, unter den gemeinsamen Gesichtspunkt der (im Einzelnen verschiedenartigen) Richtung ihrer Ausübung gegen „einen Anderen" gebracht sind[702]). Dem entspricht die dem A. L. R. eigenthümliche Terminologie. Danach heißen affirmativ: die auf ein Leisten gerichteten Rechte (quae in faciendo consistunt — nach Römischen Begriffen undenkbar, ein durchaus Deutschrechtlicher Gattungsbegriff, unter welchen die Reallasten als eine Hauptart fallen[703]) —); negativ: die auf ein Dulden (Lei-

698) Vgl. A. L. R. I. 2 §. 136; 7 §. 129; 23 §. 3; [II. 17 §. 21. 23]; Entsch. XLI. 360—370 (Striethh. XXXII. 62—71: v. J. 1858).

699) Nach einem später unbeachtet gebliebenen Conclusum (Mat. S. 266) sollte der jetzige §. 78 erst auf die jetzigen §§. 79. 77 (sic) folgen. (S. S. Studien S. 614.) Der Grundsatz selbst ist schon in dem Schema, welches Sz. seinen „Vorbemerkungen" beigefügt hat, recht prägnant bezeichnet: „(3) Von der Besitzergreifung, quatenus in facto consistit: a) bei rebus corporalibus, per apprehensionem; b) bei rebus incorporalibus, per exercitium."

700) Das Eine wie das Andere sollte noch nach dem Entw. §. 52. 53 h. t. genügen. Erschöpfende Nachweise über die Redactionsgeschichte finden sich in S. S. Stud. S. 612—614.

Wegen der Urkunden insbesondere vgl. Präj. 1709 (v. J. 1846: Entsch. XIII. 190—196); Gründe zum Präj. 2230 (Entsch. XX. 131); Koch Comm. ad §. 78 h. t.; Gnuchot S. 482 ad 5; oben Anm. 681.

701) Gesetzrev. a. a. O. S. 33; S. S. St. 611 ad 18; unten Anm. 707.

702) Gesetzrev. S. 32. 33.

703) Oben S. 148, vgl. mit Entsch. XLII. 189—200 (bes. 196. 197).

den) gerichteten Rechte (zu denen im Römischen Systeme die s. g. affirmativen Servituten gehören, quae in patiendo consistunt); **Untersagungsrechte**: die auf ein Nichtthun gerichteten Rechte (zu denen im Römischen Systeme die s. g. negativen Servituten gehören, quae in non faciendo consistunt)[704]).

Hieraus folgt die Verschiedenartigkeit der zum Erwerbe des Besitzes an Rechten erforderlichen Ausübung.

α) Den Besitz eines affirmativen Rechts erwirbt man dadurch, daß man eine Handlung als eine fortdauernde Schuldigkeit von einem Anderen fordert und daß dieser die so geforderte Handlung wirklich leistet: §. 80 h. t.[705]).

β) Den Besitz eines negativen Rechts erwirbt man dadurch, daß man in der Meinung, man habe dazu wirklich ein fortdauerndes Recht (opinione iuris), eine Handlung unternimmt, welcher der Andere widersprechen konnte, aber nicht sofort (auf frischer That oder nach erlangter Kenntniß) widersprochen hat: §. 81—85 h. t.[706]).

---

v. J. 1859, und Preuß. Gerichtszeitung 1861 S. 129. 130, in Betreff des spezifischen Unterschiedes zwischen Reallasten, als affirmativen, und Servituten, als negativen Rechten.

704) Die im Römischen Systeme übliche Bezeichnung der Servituten kommt daher, daß die s. g. a f f i r m a t i v e n auf einer Negation des negativen (ausschließenden), die s. g. n e g a t i v e n auf einer Negation des positiven (verfügenden) Elementes des Eigenthums beruhen, wonach die affirmativen Servituten ein ius faciendi (nicht zu verwechseln mit dem Deutschrechtlichen: in faciendo), die negativen ein ius prohibendi in sich schließen. Die L. R. Terminologie ist allmählich entstanden. Anfangs wird nur das „bejahende" Recht (auf ein Thun) und das „verneinende" (auf ein Unterlassen oder Leiden) unterschieden: Mat. S. 67. Dann aber schließt sich an einen von Sz. (S. 68) ausgegangenen (auch wirklich in die den jetzigen §§. 80. 81. 86 entsprechenden §§. 57. 58. 59 des E n t w. h. t. übernommenen) Fassungsvorschlag die Sonderung der Terminologie an: „des bejahenden (affirmativen)" — „des verneinenden (negativen)" — des „Untersagungsrechtes (juris prohibendi)": Mat. S. 144. 145; bis endlich die gegenwärtige einfache Bezeichnung (affirm., neg., Unters.-Recht) im gedr. Entwurfe auftritt: Mat. S. 251 ff.

705) Vgl. oben S. 334. — Die Consequenz des Erfordernisses der „wirklichen Leistung" macht sich geltend in der Entscheidung der Frage über den A n f a n g d e r F r i s t zur Ersitzung von Abgaben: Präj. 2093 (v. J. 1849: Entsch. XVII. 136—139). Desgleichen über den erforderlichen N a c h w e i s der Besitzergreifung: Entsch. XL. 147 fg. (v. J. 1858).

706) Vgl. oben S. 333 fg. mit der Entstehungsgeschichte des jetzigen (im E n t w. noch fehlenden) §. 82 („f o r t d a u e r n d e s Recht"): Mat. S. 252 (ad §. 58) und 266 (Sz. ad 6). — Hier ist noch zu bemerken, daß in objectiver Beziehung die (allein haltbare) Ansicht die Oberhand gewonnen hat, nach welcher der Besitz eines negativen Rechts nur an f r e m d e n Sachen erworben werden kann, auf deren Beschränkung der Wille des Handelnden

γ) Den Besitz eines Untersagungsrechts erwirbt man

a) thatsächlich, indem der Andere von der ihm untersagten Handlung absteht: §. 86 h. t., oder aber

b) vermittelst der bloßen Einräumung eines solchen Rechts durch eine ausdrückliche (zur Rechtsgültigkeit gelangende) Willenserklärung: §. 87 h. t.[707]).

---

gerichtet ist: Rechtsf. III. 307 (v. J. 1848); Entsch. XXII. 304—307 (Strieth. VI. 40—43: v. 1852). Subjectiv aber muß einerseits in den Besitzhandlungen die eigentliche Natur des gerade von dem Handelnden prätendirten concreten Rechts hervortreten: Entsch. XIII. 161 ad III. 167 (v. J. 1845); Strieth. IV. 244 fg. ad b. 247 (v. 1852); IX. 7 ad b. 11 (v. 1853); XX. 218—222 (Entsch. XXXII. 36—39) und 355—357 (v. 1856); andrerseits die Duldung des Verpflichteten mit hinlänglicher Kenntniß der ihn beeinträchtigenden Handlung verbunden sein: Entsch. XVIII. 183 ad II. 190 fg. (v. 1849); J. M. Bl. 1854 S. 103 ad 8 (v. 1850); Strieth. XXVII. 64 fg. ad d. 69 (v. 1857); XXIX. 143—145 (v. 1858). Dafür übrigens, daß es sich hier (§. 83—85 h. t.) nur von der Besitzergreifung, nicht von der Fortsetzung des einmal ergriffenen Besitzes handelt, ist das (in die Lehre von der Ersitzung gehörende) Präj. 1790 (v. J. 1846) von besonderer Bedeutung. (Entsch. XV. 145 fg.) Ueber die ausschließliche Natur der negativen Rechte ist endlich noch zu vergleichen: Entsch. XXXIII. 388—393 (v. 1856).

Aus der vorlandrechtlichen Gesetzgebung ist das Edict v. J. 1718 (oben Anm. 617. 669) auch für die Frage von dem Verhältniß zwischen „Kenntniß und Widerspruch" nicht ohne Interesse. Es heißt nämlich ad VII: „Was die Scientiam & Patientiam anlanget" — dies bezieht sich auf das ad III aufgestellte Erforderniß, daß die s. g. Praesentanea Possessio in incorporalibus cum Scientia & Patientia Adversarii exercirt sein müsse — „da ist selbige zu vermuthen, wenn Actus Possessorii öffentlich und zu solcher Zeit und auf solche Arth, daß der Gegentheil solches wissen können, geschehen, wie dann auch die mehrmahlige Wiederholung dergleichen Actuum und wenn der Gegentheil auf der Nähe sich befindet, oder seine Angehörige oder Bediente in der Gegendt hat, solche Muthmassung der Wissenschafft und Duldung vermehret, hingegen erfolgte erweißliche Contradictiones die erforderte Patientiam ausschliessen und den Actum zu Bescheinigung der Possession unkräfftig machen."

707) Vgl. oben S. 333. — In der Natur der Untersagungsrechte, deren Gegenstand eben ein Nichthandeln ist, liegt der Grund dafür, daß der Besitz an denselben nicht blos thatsächlich (§. 86 h. t.), sondern auch vermittelst einer das Recht gehörig einräumenden Willenserklärung (§. 87 h. t.; Sav. Besitz §. 46 g. E.: „durch jede juristische Handlung, welche ihrer Natur nach das Recht der Servitut übertragen kann;" Koch Besitz S. 149. 150; oben Anm. 701) erworben werden kann. Im Entw. (§. 77 h. t.) hatte diese richtige Auffassung der Sache noch nicht den genügenden Ausdruck gefunden: Mat. S. 254. 265 fg. (Sz. ad 1. a u. 4 g. E.) 268 fg. 275 (Sz. ad 4).

Die hier erforderliche Willenserklärung muß aber von demjenigen abgegeben worden sein, gegen welchen der Besitz des Untersagungsrechts geltend gemacht wird; dergestalt, daß insbesondere bei Exclusivberechtigungen, die auf landesherrlichen Privilegien beruhen, der Besitz des Rechts noch nicht

c) In Ansehung der Erwerbung des Besitzes an Rechten **gegen gemeinsam Berechtigte** wird wieder, wie ad I. 2. B. b (oben S. 341 ff.), unterschieden zwischen Privatgemeinschaften und Gemeinden.

α) **Privatgenossen** („Mitbesitzer gemeinschaftlicher Sachen") werden auch durch ihre Handlungen, Duldungen oder Unterlassungen nur pro rata verpflichtet: §. 88 h. t.; so jedoch, daß bei ungetheiltem Besitze untheilbarer Sachen Keiner dem Anderen etwas vergeben kann: §. 89 h. t.[708])

β) **Gemeinden** gegenüber wird der Grundsatz durchgeführt, daß bei affirmativen Rechten das Verhalten der Majorität entscheidend sein soll, bei negativen und Untersagungsrechten dagegen jedes einzelne Gemeinde-Mitglied schützend auftreten kann[709]).

Demgemäß wird der Besitz eines affirmativen Rechts gegen eine Gemeinde zwar nicht durch bloße Handlungen oder Leistungen einzelner Mitglieder, wohl aber durch die zur Verpflichtung der Gemeinde bei Verträgen hinreichende Einwilligung eines Theils der Gemeinde selbst, oder ihrer Repräsentanten, Vorsteher oder Bevollmächtigten[710]), erworben: §. 90. 91 h. t.; der Besitz eines Untersagungsrechts dagegen nur durch die Folgsamkeit, und der eines negativen Rechts durch den Mangel an Widerspruch von Seiten aller Mitglieder: §. 92. 93 h. t.[711]). Daher vermag jedes einzelne Mitglied als solches die Besitzergreifung eines Untersagungsrechts gegen die Gemeinde durch seine entgegengesetzte

---

allein durch die Ertheilung des Privilegii, ohne den Hinzutritt einer Handlung des Verpflichteten, begründet wird: Präj. 913 (v. J. 1840).

Für den Begriff des Untersagungsrechts und für die Berührungspunkte und Gränzen zwischen Untersagungs- und negativen Rechten sind lehrreich verschiedene Entscheidungen des Ob. Tribunals aus den Jahren 1851 (J. M. Bl. 1854 S. 104 ad 12: „Durch das ein negatives Recht absprechende Judikat gelangt der Sieger, wie durch eine Willenserklärung, in den Besitz des entgegengesetzten Untersagungsrechts ꝛc.;" Strieth. II. 49. 50), 1855 (Strieth. XVIII. 305), 1857 (Strieth. XXVI. 111; XXVIII. 116).

708) Vgl. Mat. S. 146 (Concl.) mit S. 262 fg.

709) Als ratio legis ergibt sich aus den sorgfältigen Nachweisen in S. S. Studien S. 615—617 (ad 21) im Wesentlichen Folgendes. Es sei ein Unterschied: ob eine Commune handele oder blos leide. Handele sie, und zwar in der Qualität einer persona moralis, so gelten die facta der mehreren Anzahl der Mitglieder als facta der ganzen Commune, — dies erfordere salus publica, weil man nicht füglich mit allen einzelnen Mitgliedern verhandeln könne. Anders sei es beim pati resp. non facere: hier dürfe der Dritte aus dem Stillschweigen resp. Folgeleisten auch der Mehrzahl kein Recht gegen die Gesammtheit erwerben.

710) Vgl. §. 45 h. t.

711) Z. B. Strieth. XI. 176—178 (v. J. 1853).

Handlung, und die eines negativen Rechts durch seinen Widerspruch zu hindern: §. 94 h. t.; nur daß die Gemeinde sich nicht auf den ihrerseits obwaltenden Mangel an Wissenschaft berufen kann, wenn einmal ihre Repräsentanten oder Vorsteher die nöthige Kenntniß von dem Verbote oder der Handlung des Besitzergreifenden erlangt haben: §. 95 h. t.

2. **Makellosigkeit des Besitzes.**

A. Im Allgemeinen.

Die in unserem ganzen Systeme durchgeführte Behandlung des Besitzes als eines Rechts (oben Anm. 606) konnte, in Verbindung mit gewissen Aeußerungen der Redactoren[712]), zu der Annahme eines dem Preußischen Rechte eigenthümlichen negativen Erfordernisses zum Besitzerwerbe überhaupt — der s. g. Makellosigkeit des Besitzes — verleiten. Durch unrechtmäßiges Verfahren werde kein Recht erworben. Also könne auch vi, clam, precario das Recht des Besitzes nicht erworben werden. Selbst die Detention mit ihren rechtlichen Folgen sei z. B. dem Dejector abzusprechen.

Die Praxis hat jedoch alle entgegenstehenden Bedenken überwunden und die zu weit führenden Consequenzen abgeschnitten, indem sie die Bedeutung der Frage für den nach Art der Römischen Interdicte zu gewährenden Schutz (des Besitzes und — der Detention) auf das richtige Maß reduzirt. Vor Allem durch feste Anerkennung folgender Grundsätze: Die Landrechtliche Vorschrift, nach welcher vi, clam, precario der Besitz niemals erworben werden kann, steht nur demjenigen entgegen, welcher den Besitz auf solche fehlerhafte Weise ergriffen hat; der Nachfolger im Besitze aber hat die possessorischen Rechtsmittel auch gegen den, welchen sein Besitzvorgänger vi, clam, precario entsetzt hatte: Präj. 1158 (v. J. 1842). Ein Dritter, gegen welchen der Besitz nicht vi, clam, precario ergriffen worden, kann dem Besitzer den Einwand der fehlerhaften Besitzergreifung nicht entgegensetzen. D. h. (nur) demjenigen gegenüber, welchem der Besitz auf fehlerhafte Weise entzogen worden ist, findet die bloße Thatsache des neuesten Besitzes keinen Schutz im Possessorienprozeß: J. M. Bl. 1854 S. 106 ad 26 und Strieth. XI. 89—91 (v. 1853). Die von der Fehlerhaftigkeit des Besitzes verschiedene Frage, ob der Erwerb des Besitzes ein rechtmäßiger sei, darf in das Possessorium nicht hineingezogen

712) Besonders mit der Aeußerung von Sz. an einer Stelle, wo er — in der Durchführung des Unterschiedes zwischen dem Besitze von Sachen und von Rechten — demjenigen, welcher durch Gewalt oder Betrug zur Ausübung eines Rechts gelangt ist, nicht nur das ius ad possidendum, sondern auch das ius possessionis abspricht. (Mat. S. 147 fg.) Vgl. Koch Besitz S. 120. 172.

werden: J. M. Bl. a. a. O. ad 28 (v. 1850); Strieth. XVII. 316 (v. 1855); Entsch. XXXV. 20 (v. 1857)[713]).

B. Die einzelnen Besitzfehler[714]).

a) Durch Gewalt (vi) soll weder der Besitz einer Sache noch der eines Rechts erlangt werden: §. 96. 97 h. t. Welche Eingriffe hier als gewaltsam gelten, dafür ist besonders das Präj. 1565 (v. J. 1845) maßgebend. (Unten IV. 2 ad A. B. c. α.)

b) Durch Betrug veranlaßte Handlungen oder Duldungen sollen niemals den Besitz eines Rechts bewirken: §. 97 h. t.[715])

c) Auch durch heimlich unternommene Handlungen (clam) soll der Besitz weder erworben, noch fortgesetzt werden: §. 98. 101. Begriff der Verheimlichung: §. 99. 100. 102 h. t. (Die §§. 99. 100 nach dem Präj. 1369, v. J. 1843, nur auf Besitz-Ergreifung, nicht auf Besitzstörung oder Entsetzung bezüglich.)

Die §§. 103 — 105 h. t. sind nicht ohne Grund und Absicht mit der clandestina possessio in Verbindung gebracht und auf affirmative Rechte beschränkt, weil die Handlungen oder Leistungen des Pächters dem Eigenthümer leicht unbekannt bleiben und besonders nachtheilig werden können. Die Consequenz führt deshalb dahin, daß zwar nicht an affirmativen, wohl aber an negativen und an Untersagungs-Rechten dem Pächter gegenüber der Besitz auch zum Nachtheil des (unwissenden) Eigenthümers erworben werden kann: natürlich nur quoad interdicta, an keiner Art jener Rechte quoad usucapionem (A. L. R. I. 9 §. 521)[716]). Im §. 105 h. t. ist augenscheinlich eine Befugniß des Päch-

---

713) Ueber den ganzen Umfang der weitgreifenden Controverse (ad A) vgl. S. S. Studien S. 617 fg. (ad 22); Thöne §. 247; Born. § 63 ad 1.b. α; Koch Besitz S. 34. 268—270 (vitiosa possessio überhaupt und exceptio iniustae possessionis insbesondere); Strohn in Strieth. XVIII. 343—368 (bes. 356 ff.); Baron a. a. O. S. 18. 22 ff. 37 ff. Auch unten Anm. 755. 756.

714) Generell von Rechten und von körperlichen Sachen zu verstehen: Mat. S. 265. (Sz. ad 1. b.)

715) Gemeint war gewiß: auch nicht den Besitz körperlicher Sachen. (S. S. Studien S. 618 ad 23.) Nur wird freilich doloser Besitz an körperlichen Sachen nicht leicht vorkommen, ohne zugleich unter den Begriff des Clandestinen zu fallen. (Gesetzrev. a. a. O. S. 34.) Das Ganze erinnert an die innere Verwandtschaft von Zwang und Betrug, wonach clam und precario nur als äußerlich verschiedene Anwendungen des (generischen Begriffs) dolus bei Entziehung des Besitzes erscheinen. (Sav. III. 119.)

716) Die Ausleger sind hierüber nicht einig: Gesetzrev. S. 34. 35; S. S. Studien S. 618—620 (ad 24); Koch Besitz S. 221—228 u. Comm. ad §. 103. 107 h. t. Auch die Praxis ist nicht frei von Schwankungen: Entsch. VIII. 262; Strieth. VII. 223; XXX. 235; XXXVII. 233—235.

ters gemeint, über die Sache selbst „Namens des Eigenthümers" zu verfügen[717]).

d) Endlich soll die Entstehung eines Besitzrechtes gehindert werden durch die nicht auf den Grund einer vorhergehenden Verpflichtung, sondern nur aus Freundschaft und Gefälligkeit (precario[718]) erfolgte Zulassung der Besitznahme: §. 106 h. t.; nur daß die allgemeine Vermuthung, wenn sie nicht durch entgegenstehende besondere Vermuthungen wieder gehoben wird, gegen die blos precäre Zulassung spricht: §. 107. 108 h. t.[719]).

3. **Anfang des Besitzes:** an das Ende der Lehre vom Erwerbe des Besitzes gestellt, da zur Vollendung der Besitzergreifung mehrere Handlungen erforderlich sein können und dann erst die vollendende Handlung den Anfang des Besitzes bestimmen kann: §. 109. 110 h. t.[720])

III. **Fortsetzung und Verlust des Besitzes**[721]).

1. **An körperlichen Sachen soll der Besitz nicht eigentlich** animo

717) Mat. S. 267 fg. (Concl.: „So weit ein Verwalter oder Pächter veräußern kann, so weit kann durch sein factum der Besitz gegen den Eigenthümer ergriffen werden") und 365 fg. (Ausscheidung des „Verwalters" im letzten Stadium); Jahrb. LII. 71. 72; Gesetzrev. S. 35.

718) Im Entw. (§. 64 h. t.) war noch der Ausdruck „bittweise" gebraucht. Es wird jedoch mit Recht erinnert, daß es sich nicht sowohl um den Anlaß zur Einräumung, als vielmehr um die unbeschränkte Widerruflichkeit des Rechts (res pro lubito concedentis restituenda: Goßler Mat. S. 259) handelt: Gesetzrev. S. 35; S. S. Studien S. 621 (ad 25). Vgl. Klein Annalen VI. 179—183; A. L. R. I. 21 §. 231 fg. u. 22 §. 136 fg; Arnsb. Arch. I. 319 fg. u. III. 179 ff; Strieth. XL. 126 fg. 259. So kommt es denn auch jetzt bei dem „precario" auf gemißbrauchtes Vertrauen (verweigerte Rückgabe) hinaus.

719) Für die praktische Anwendung dieser Grundsätze haben Entscheidungen aus verschiedenen Jahren gesorgt: Mathis Jur. Monatsschr. IV. 192 (ad 1.3). 199. 201—205 (v. J. 1801); Koch Schles. Arch. V. 136 (v. 1839); Rechtsf. III. 478 (v. 1848); Arnsb. Arch. XIV. 596 fg. (v. 1849); Entsch. XVIII. 190 (v. 1849); Präj. 2533 (v. 1854: Entsch. XXVIII. 134. 138 fg.); Arnsb. Jur. Monatsschr. v. 1855 S. 628—631 (Appell. Erk. v. 1854); Entsch. XXXIV. 93 (v. 1856); XXXVII. 170—176 (v. 1857); Strieth. XXV. 60—64 (v. 1857); XXXVII. 125 (v. 1860).

720) Im Entw. (§. 76 h. t.) fand sich nur erst eine Spezialbestimmung über den Anfang des Besitzes durch die erste ein Recht ausübende Handlung: Mat. S. 268. 366. Vgl. Präj. 2093: oben Anm. 705.

721) Die sonst nicht immer genügend festgehaltene Identität der Momente „Fortdauer" und „Verlust" (Sav. Besitz §. 29; Koch Besitz §. 16) hat an dieser Stelle (allem Anscheine nach auf Veranlassung des Mon. 3 zum gedr. Entw. §. 78: Mat. S. 269 — vgl. Sz. S. 275 ad 1: „Bei der Materie von Fortsetzung und Verlust des Besitzes ꝛc." —) in dem Marginale zum A. L. R. (Mat. S. 366) ihren richtigen Ausdruck gefunden.

aut corpore verloren gehen[722]), sondern corpore blos die Gewahrsam[723]): §. 111. 112 h. t. (I. 9 §. 601.) Daher gilt der Besitz nicht als gestört durch bloße Erhebung eines Rechtsstreites (Arnsb. Arch. IX. 420, v. J. 1842), wohl aber als aufgehoben durch den Tod des Besitzers. (Entsch. XVIII. 8, v. 1849: oben Anm. 668.)[724])

Der Besitz wird sonach bis zu seiner deutlichen Aufhebung als fortdauernd angesehen: §. 113 h. t.[725]) Zu einer solchen Aufhebung aber wird erfordert[726]): entweder

A. ein die Sache selbst substanziell treffendes Ereigniß, durch welches die Wiedererlangung der verlorenen Gewahrsam unmöglich gemacht wird: §. 116 h. t.[727]); oder

B. die Dereliction (animo et corpore): §. 117—121 h. t. (vgl. mit §. 19. 20 h. t.: oben S. 340; I. 9. §. 16—18. 602; II. 16. §. 12—14); oder

---

722) Nach Art der früher hergebrachten Auffassung des Satzes: Ut ... nulla possessio adquiri, nisi animo et corpore potest: ita nulla amittitur, nisi in qua utrumque in contrarium actum. (153 de R. J.; Sav. Besitz §. 30.)

723) Sz.: „.... Ferner ist zur Fortsetzung des Besitzes die Fortsetzung der Gewahrsam nicht nothwendig, weil possessio auch solo animo continuirt werden kann." (Mat. S. 209 ad 3 u. Note 1.) „Die Gewahrsam kann verloren gehen, und doch der Besitz fortdauern. Eben so sind Fälle möglich, wo die Gewahrsam fortgesetzt wird, und doch kein Besitz in sensu juris mehr vorhanden ist." (Mat. S. 275 ad 1.) Vgl. Koch Besitz §. 17 Note 1.

724) Im Zusammenhange mit der Grundanschauung des A. L. R. über die Fortsetzung des Besitzes stehen auch noch folgende in der Praxis durchgedrungene Sätze: So weit es sich nur um Erhaltung oder Fortsetzung des Besitzes handelt, kommen die Handlungen des Pächters ohne Weiteres dem Eigenthümer zu Statten. (Oben Anm. 663.) Des Erwerber eines Theilstückes kann keinen Anspruch darauf machen, den von dem Besitzer des ganzen Grundstückes angefangenen Besitz fortzusetzen (indem es an der erforderlichen Continuität gebricht): Strieth. XXV. 75—77 u. XXVI. 146ff. 155ff. (v. J. 1857).

725) Die beiden angeschlossenen §§. 114. 115 h. t., von der Einflußlosigkeit der Veränderungen in den persönlichen Eigenschaften des Besitzers, insbesondere von der Nicht-Rückwirkung des Verlustes der Erwerbs-Fähigkeit, sind rein materieller Natur und genau genommen — wie dieses auch Sz. von Hause aus eigentlich nicht verkannt hatte (Mat. S. 48 zu §. 464 u. S. 82 zu §. 637; vgl. jedoch S. 150 zu §. 108 u. S. 271 §. 81) — überhaupt entbehrlich.

726) Vgl. wegen der hier folgenden Anordnung die „Sciagraphie" von Sz.: Mat. S. 276.

727) Wie „per rei interitum, durch eine solche a tertio unternommene mutationem formae, wodurch die Sache aufhört, dieselbe zu sein ꝛc." (Sz. a. a. O.)

C. an einer aus der Gewahrsam gekommenen Sache der fehlerfreie (oben II. 2.) Erwerb des Besitzes durch einen Dritten: §. 122 h. t. (ohne allen Conflict mit §. 116, da es sich im §. 122 nicht um ein substanzielles, sondern nur um ein räumliches Hinderniß handelt)[728]); oder endlich

D. die eigentliche Uebertragung des Besitzes: §. 123—125 h. t. (Oben II. 1. B. c.)[729])

2. **An Rechten soll der Besitz nur verloren gehen durch eine denselben aufhebende Thatsache:** cum quibus modis adquirimus, iisdem in contrarium actis amittimus (153 de R. J.[730]); „der Besitz der Rechte wird verloren, wenn der Andere den Besitz des entgegenstehenden Rechtes erwirbt"[731]).

Demgemäß geht der Besitz eines affirmativen Rechts verloren durch erfolgreiche Weigerung (bei welcher der bisherige Besitzer „sich beruhiget"): §. 126 h. t. (I. 9 §. 577. 656)[732]); der Besitz eines negativen Rechts durch erfolgreichen Widerspruch (Besitznahme des entgegengesetzten Untersagungsrechts"): §. 127 h. t.[733]); der Besitz eines Untersagungsrechts durch erfolgreichen Ungehorsam (Besitznahme „des entgegenstehenden negativen Rechts"): §. 128 h. t. (I. 9 §. 507; 23 §. 22.)

Der Besitz der Rechte bleibt also unverloren, so lange nicht ein

---

728) Sz.: „. . . es sind Fälle möglich, daß ich die Gewahrsam einer Sache dergestalt verloren haben kann, daß es mir nicht mehr möglich ist, darüber zu disponiren, und doch habe ich den Besitz noch nicht verloren, z. E. die mir von einem unbekannten Spitzbuben gestohlene Uhr." (Mat. S. 275 ad 3.) „Der Besitz wird verloren: . . . . . . (c) dadurch, daß der Besitz einer aus der Gewahrsam des bisherigen Besitzers gekommenen Sache von einem Andern ergriffen wird, insofern nur diese neue Besitzergreifung nec vi nec clam nec precario geschiehet." (S. 276 ad 6.) Vgl. S. S. Studien S. 621 fg. (ad 26); Koch Besitz S. 194—204; Sav. Obl. II. 162; Baron a. a. O. S. 26. 44. Baron führt treffend aus, daß der fehlerhafte Apprehendent vom Gesetz — §. 122 h. t. — zum Stellvertreter des Besitzers in der Gewahrsam gemacht wird: eine obligatio ex lege als Ausfluß des Prinzips im §. 137.

729) Zum §. 125 insbesondere vgl. Baron S. 28.

730) Oben Anm. 722.

731) Sz. Mat. S. 276 ad e.

732) Vgl. Präj. 882 (v. J. 1840); Strieth. III. 205 fg.; VIII. 269. Zu der sonderbaren Hypothese von der Besitznahme eines entgegengesetzten „Versagungsrechtes" (Gräwell) ist jedenfalls kein vernünftiger Grund vorhanden: Born. §. 70 ad 1.

733) Vgl. Arnsb. Arch. VI. 103—112; Koch Comm. ad §. 127 h. t.; Entsch. XXXVIII. 80. 81. 387; XLIV. 54.

Fall resp. der Weigerung, des Widerspruchs, des Ungehorsams eingetreten ist. Damit darf jedoch nicht verwirrt werden das materielle Erlöschen der Rechte selbst durch bloßen non usus: eine Art der Landrechtlichen Extinctivverjährung, welche auch ohne eine besondere den Besitz aufhebende Thatsache erfüllt wird und mit dem Rechte selbst zugleich den Besitz zerstört[734]).

In diesem Sinne ist auch wohl die Hindeutung des §. 130 h. t. auf die Verjährung zu verstehen, als auf die Ausnahme von der Regel: daß der Besitz eines Rechts durch bloße Nicht-Ausübung noch nicht verloren geht. (I. 9 §. 508. 509. 546. 651 ff.; 22 §. 50.)[753]) Die im §. 129 h. t. vorangehende Beschränkung beruhet auf dem accessorischen Verluste, wie die im §. 77 (oben S. 360) auf dem accessorischen Erwerbe des Besitzes gewisser Rechte.

3. **Gemeinschaftliche Bestimmungen** (ad 1 und 2).

Der Besitz hört, wie jedes andere Recht (oben Anm. 606), von selbst auf: durch den Eintritt eines dies certus oder einer conditio resolutiva; dergestalt, daß auch die fortgesetzte Gewahrsam ohne den Hinzutritt einer neuen, gesetzlich beschaffenen Besitzergreifung wirkungslos bleibt: §. 131 — 133 h. t.[736])

IV. **Wirkungen des Besitzes:** ius possessionis — in den §§. 134. 135. 136 h. t. systematisch gesondert von dem ius possidendi[737]).

In Beziehung auf Selbstschutz wie auf gesetzlichen Schutz ist der Inhaber an und für sich nicht schlechter gestellt, als der Besitzer. Zwar werden dem Inhaber vorweg nur die der stellvertreterischen Natur seiner Pflichten entsprechenden Rechte und Befugnisse beigemessen: §. 137 — 140 h. t. (I. 9 §. 59. 60; 14 §. 1.)[738]) Allein

---

734) Sav. Besitz §. 45. 46 („Besitz in suspenso.“); Gesetzrev. S. 35. 36.

735) Strieth. XXXVII. 35 ad e. 40 (v. J. 1860).

736) Diese Bestimmungen verdanken ihre Entstehung einer ganz gelegentlich (beim precarium: Entw. §. 64) wahrgenommenen Lücke: Mat. S. 259 (Goßler ad mon. 1.) und 275 fg. (Sz. ad 5). Vgl. Baron a. a. O. S. 28. 42 fg.

Die Praxis wendet übrigens den §. 131 h. t. auch auf den Pachtbesitz an: J. M. Bl. 1854 S. 107 ad 33. (Entsch. aus den Jahren 1852. 1853.) Dagegen: Koch im Comm. ad §. 131. 132.

Ein Fall aus der neuesten Praxis, zur Erläuterung der §§. 131—133 (144) findet sich in den Entsch. XLIV. 44—51 (v. 1860).

737) Oben Anm. 604. Vgl. noch Mat. S. 159 fg. (Sz) und 276 fg. 282 fg. (Prüfung der Monita gegen die mit den jetzigen §§. 134—136 schon ganz übereinstimmenden §§. 93—95 des gedr. Entwurfes).

738) Oben Anm. 608; Baron S. 44; Strieth. XXXVIII. 352. (Entsch. XLIV. 9.)

1. **Schutz durch eigene Gewalt** gegen fremde Gewalt ist dem Inhaber in gleichem Maße wie dem Besitzer (freilich Beiden in beschränkterem Maße als nach Römischem Rechte) defensiv und offensiv gestattet: unter der Voraussetzung nämlich, daß die Hülfe des Staats zu spät kommen würde, einen (auch nur in concreto[739]) unersetzlichen Verlust abzuwenden: §. 141 — 143 h. t.[740]) Ohne weitere Einschränkung (auf den Fall der zu spät kommenden obrigkeitlichen Hülfe) steht es jedoch dem Besitzer frei, „aus eigener Macht", d. h. ohne Anrufen des Richters (propria auctoritate), den ihn vertretenden Inhaber der Gewahrsam zu entsetzen; nur daß er dabei seinerseits weder die öffentliche Ruhe und Sicherheit durch unerlaubte Privatgewalt stören, noch den Inhaber in seinen anderweitigen Gerechtsamen beeinträchtigen darf: §. 144. 145 h. t. (§. 164 eod.; I. 14 §. 54. 68; 21 §. 231 ff.)[741]).

2. **Gesetzlicher Schutz** (nach Art der freilich nur dem possessor, nicht dem detentor gegönnten Römischen Interdicte) wird dem Inhaber

---

Unseren jetzigen §§. 137—140 entspricht übrigens, mit Ausnahme einiger Fassungs-Aenderungen, schon der Entw. §. 96—99 h. t. (Mat. S. 278 fg. 369 fg.) In die Entstehung derselben geht im Wesentlichen in die Anfänge der Redaction zurück. (S. 155 §. 130—133; S. 60. 61 §. 522—524 u. Sz.; S. 16. 17 §. 51.)

739) Koch Besitz S. 246—248; S. S. Studien S. 622 fg. (ad 27); besonders Sz. „ . . . weil es gar zu viele Fälle giebt, wo dem auch in der bürgerlichen Gesellschaft lebenden Menschen der Rücktritt in den statum naturalem nicht versagt werden kann, z. E. der unbekannte Dieb, der mir im Gedränge den Beutel aus der Tasche nimmt." (Mat. S. 284 fg. ad 3.)

740) Die §§. 141—143 h. t. finden sich schon im Entw. §. 100—102. In dem gegenwärtigen §. 142 ist die Defensive, im §. 143 die Offensive bezeichnet. Das Allegat im §. 143 soll deshalb sein: Einl. §. 77. 78. (Oben S. 126. 127 von der Selbsthülfe.) Daß übrigens der §. 143 h. t. nur gegen den Vergewaltiger selbst (nicht gegen dessen Nachfolger rc.) gerichtet sein soll, dafür ist u. A. auch das Präj. 1158 (oben S. 304) anzuführen.

741) Die §§. 144. 145 h. t. sind erst bei der Umarbeitung des Entwurfs entstanden. Für die Auslegung so wie für die Tragweite derselben ist besonders lehrreich: Sz. Mat. S. 89 fg. 157 fg. 283 fg. ad 2. Vgl. S. S. Studien S. 623 (ad 28).

Die Beschränkung des §. 144 h. t. (Entsch. XLIV. 49: oben Anm. 736 i. f.) auf das Verhältniß des Inhabers zu **demjenigen**, in dessen Namen er besitzt, ist auch sonst anerkannt: J. M. Bl. 1854 S. 101 ad 1. (Entsch. v. J. 1852.) Ueber die Anwendbarkeit desselben Sen auf das Verhältniß der Ehefrau (als Inhaberin) zum Ehemanne (als Besitzer — der von der Ehefrau bei eigenmächtiger Entfernung mitgenommenen Wirthschaftssachen) vgl. Rescr. 17. Dcbr. 1845. (J. M. Bl. S. 236 fg.)

Mit Recht zieht Koch (Comm. ad §. 144 h. t.) auch das Präj. 1708 (oben S. 271) hierher: zu Gunsten der Befugniß des Prinzipals, den Verwalter beliebig zu entsetzen.

wie dem Besitzer gewährt. Im §. 146 h. t. ist Gewahrsam und Besitz in dieser Beziehung einander gleich gestellt. Es gilt deshalb mit Recht als eine bloße Sache der Fassung, daß im §. 147 neben dem Besitzer nicht auch der Inhaber und in den §§. 148. 150. 154 neben dem Besitze nicht auch jedesmal die Gewahrsam ausdrücklich genannt wird[742]).

Uebrigens macht das Preußische Recht (wie in der That auch schon das Römische Kaiserrecht: Sav. Besitz §. 40) keinen Unterschied zwischen beweglichen und unbeweglichen Sachen. Auch behandelt das Preußische Recht alle Kategorien des s. g. vitiösen Besitzes gleich (während im neueren Römischen Rechte ein interdictum de clandestina possessione nicht mehr vorkommt: Sav. §. 41).

Hiernach gestalten sich zunächst in den Grundzügen folgende Rechtsverhältnisse:

A. Recuperandae possessionis.

Der vi, clam, precario (dolo) Entsetzte (und aus seinem Rechte auch sein Erbe) kann, ohne Rücksicht auf ein besseres Recht des Entsetzenden, gegen diesen (und nicht minder gegen die Theilnehmer und gegen die Erben: oben S. 297 ad D.) auf Wiedereinsetzung klagen: §. 146—149 h. t. (I. 20 §. 561.)[743])

B. Retinendae possessionis.

Auf bloße Störung erfolgt der richterliche Schutz gegen fernere Beeinträchtigungen: zunächst durch Androhung verhältnißmäßiger Strafe gegen den Störer, nöthigenfalls durch deren wirkliche Vollstreckung, auch (von Seiten des bereits ungehorsam gewesenen, wie des unsicheren Störers) durch Sicherheitsbestellung: §. 150—153 h. t.[744])

C. Doch soll in A. und B.[745]) nur der unmittelbar vor der

---

742) Gesetzrev. S. 37. Vgl. A. L. R. I. 14 §. 124: „. . . die Fälle . . ., wo die Gesetze auch einen bloßen Inhaber zur Klage wegen entnommener oder gestörter Gewahrsam zulassen. (Tit. 7 §. 141—154. §. 162 sqq.)"

743) Die §§. 146. 147 beruhen auf einer Erweiterung der entsprechenden Bestimmungen des Entw. (§. 103. 105) in objectiver Hinsicht. (Sachen und Rechte: Mat. S. 280 fg.) Die §§. 148. 149, welche im Entw. noch gänzlich fehlten, sind auf den Wunsch der Monenten hinzugefügt worden, obgleich Sz. nicht verkannte, daß diese Bestimmungen „sich allenfalls von selbst verstehen" würden. (Mat. S. 285 ad 4.)

744) Die §§. 150—153 sind gleichfalls erst nach dem (gedruckten) Entwurfe entstanden, weil man in diesem besondere Vorschriften wegen „bloßer Störungen" (im Unterschiede von der wirklichen Entsetzung) mit Recht vermißte. (Mat. S. 285: Sz. ad 6.) Im §. 153 gehört übrigens das „werden" (statt: „werde") zu den anerkannten Druckfehlern.

745) Die Gleichstellung der gesetzlichen Schutzmittel recup. u. retin. poss., und zwar an körperlichen Sachen wie an Rechten, tritt formell gleich

Entsetzung oder Störung bestandene ruhige Besitz geschützt werden: §. 154 h. t.[746]). Dies bezieht sich aber lediglich auf „das Zeitverhältniß des Besitzes zur Störung" (S. S. Studien S. 624 ad 31); nur daß (auch zur Begründung der Klage in poss. summ. nach §. 154) die Vermuthung der Fortdauer des früher einmal erlangten Besitzes bis zum Beweise der geschehenen Aufhebung desselben gilt (zwar nicht als eine unumstößliche Rechtsvermuthung, eine s. g. gesetzliche, den Richter unter allen Umständen bindende, wohl aber als eine s. g. factische, der freien Würdigung des Richters nach den Umständen des Falles unterliegende Präsumtion): Pl. Beschl. vom 6. November 1848. (Präj. 2063: J. M. Bl. S. 452. 453; Entsch. XVII. 3—9).

Was dagegen „das Zeitverhältniß der Störung zur Besitzklage" (Stud. a. a. O.) betrifft, so ist die Besitzklage absichtlich nicht einer kürzeren Verjährung unterworfen worden[747]). Nur das possesso-

im §. 1 Pr. O. Tit. 31 („Vom Verfahren im Possessorio summariissimo und in Spoliensachen") hervor (unten Anm. 748) und zieht sich durch diesen ganzen Titel hindurch. Vgl. u. A. auch noch ein Justiz-Organisations-Patent vom 23. April 1797 (Neuostpreußen betreffend) §. 14 (Competenz der Creys Justiz-Commissionen): „b) In allen Spoliensachen, wo es blos darauf ankommt, demjenigen, welcher seines Besitzes durch Gewalt, List oder sonst eigenmächtig entsetzt worden, in denselben mit Vorbehalt des Rechts beyder Theile wieder einzusetzen. c) Ueberhaupt in allen Sachen, wo blos ein streitiger Besitzstand oder Possessorium Summariissimum zu reguliren ist." (N. C. C. Bd. X. Sp. 1109.)

746) Vgl. §. 155 h. t.: „der letzte ruhige Besitzstand;" Pr. O. Tit. 31. §. 3: „zuletzt im ruhigen und ungestörten Besitze;" §. 5: „den vor der eingeklagten Turbation unmittelbar vorher gegangenen Besitz;" §. 14: „der . . . neueste Besitz;" A. G. O. Th. III. Tit. 7. §. 83 (Zeugenverhöre durch Notarien): „b) wenn dadurch in possessorio summariissimo blos der gegenwärtige Besitzstand bescheinigt werden soll."

Auch unsere frühere Gesetzgebung hatte das Summariissimum auf die Frage von der „Possessione Praesentanea vel quasi" beschränkt: Edict v. J. 1718 (oben Anm. 706) ad I.; Cod. Frid. March. v. 1748 Th. IV. Tit. III. §. 2. Der Cod. Fr. M. schließt daran im §. 3 das Erforderniß, daß Kläger sich „in einer beständigen und ruhigen Possession von 1. 2. 3. und mehr Jahren" (vgl. A. L. R. I. 9 §. 661 von 50jährigem u. II. 14 §. 39 von 44jährigem „ruhigem Besitze") fundiren und um Schutz „in seiner Possessione praesentanea & quieta" bitten muß. Nur „zu mehrer Colorirung" darf nach dem Edicte v. 1718 (ad III.) „antiqua possessio mit dociret werden;" so wie auch der Cod. Fr. M. (§. 8. 9.) gestattet, daß jemand pro colorando possessorio „antiquiores actus possessorios" und selbst „seinen Titulum" anführe.

747) Bei der Prüfung des (gedr.) Entwurfs war der Antrag aufgetaucht, für die Zulässigkeit der Spolienklage eine (möglichst kurze) Frist zu bestimmen. (Mat. S. 280. 281.) Sz. verkannte nicht, wie viel dieses für sich habe, da dem gemeinen Besten an Gewißheit der Besitzrechte fast noch mehr als

rium summariissimum ist beschränkt auf den Fall einer neuerlich vorgefallenen Entsetzung: Pr. O. Tit. 31 §. 1[748]). D. h. „die Klage in poss. summ. ist nur wegen solcher Besitzstörungen und Entsetzungen zulässig, welche innerhalb einer der Bezeichnung neuerlich entsprechenden, in jedem einzelnen Falle nach den Umständen zu bestimmenden Zeitfrist, von Anstellung der Klage zurückgerechnet, vorgefallen sind": Pl. Beschl. vom 29. März 1847. (Präj. 1851: J. M. Bl. S. 225—229; Entsch. XIV. 159—174.)[749])

D. Ist endlich der Besitzstand selbst streitig, so muß ein Interimisticum im Wege des poss. summ. regulirt werden; wofür das richterliche Ermessen einige Fingerzeige erhält, theils durch Hinweisung auf die allgemeinen Grundsätze von der Collision der Rechte[750]), theils durch spezielle Hervorhebung einzelner Momente, wie der Unschädlichkeit des Besitzes gerade auf der Einen Seite, der besseren Fähigkeit eines

---

an Gewißheit des Eigenthums gelegen sei „Allein" — so bemerkte er weiter, und diese seine Auffassung wurde maßgebend — „wenn man erwägt, daß die Spolienklage doch immer nur gegen den Spolianten und dessen Erben stattfinde, gegen einen dritten redlichen Besitzer aber nicht zulässig sei; so verschwindet die scheinbare Nothwendigkeit einer kurzen Präscription, und es bleibt kein Grund mehr übrig, dem spolianti durch einen geringen Zeitverlauf eine Schutzwehr zu verschaffen, welche ihm die bisherigen Gesetze nicht einräumen." (S. 285 ad 5.)

Auch die exceptio spolii, welche sich noch im Entw. §. 104 fand (Mat. S. 281 vgl. mit S. 34 §. 186), ist in unser Gesetzbuch nicht übergegangen. (S. 371 Note 2.)

In neuerer Zeit ist abermals die Beschränkung der Possessorienklage auf eine bestimmte Frist (von Einem Jahre, oder von acht Tagen) in Anregung gebracht worden. Die Gesetzrevisoren (a. a. O. S. 37. 38) haben sich jedoch im Wesentlichen für die von Sz. ausgesprochene Ansicht erklärt.

748) „Das Possessorium summariissimum findet Statt, wenn jemand in dem Besitze einer Sache oder eines Rechts beunruhigt" (retin. poss.), „oder wenn er dieses Besitzes neuerlich heimlicher oder gewaltsamer Weise entsetzt" (recup. poss.) „worden ist." (Eben so schon §. 1. Corp. Jur. Frid. v. 1781 h. t. II. 7.)

Außer diesem hat es überhaupt nur noch drei vereinzelte Fälle kürzerer Fristen gegeben, welche in ihrer speziellen Natur hierher gezogen werden können: Pr. O. Tit. 44 §. 44. 45 (Klage eines eigenmächtig ermittirten Pächters auf Wiedereinsetzung, als Spoliensache behandelt und an eine Frist von 6 Monaten gebunden); A. L. R. II. 7 §. 463 (Jahresfrist bei Dienststreitigkeiten) und 14 §. 80 (2jähr. Zeitraum bei Prozessen über die Entrichtung allgemeiner Abgaben). Vgl. unten Anm. 768.

749) In den Entsch. S. 161 datirt vom 15. März; im J. M. Bl. a. a. O. u. in der Präj. Samml. 252: vom 29. März.

750) Das Allegat im §. 156 h. t. soll sein: Einl §. 95 ff. (Oben S. 129.)

Theiles zu eventueller Entschädigung, endlich (für gerichtliche Verwahrung oder Sequestration) der Verhütung eines unersetzlichen Schadens oder einer öffentlichen Ruhestörung: §. 155—160 h. t.[751]) (I. 14 §. 93; Pr. O. Tit. 31 §. 16. 17; Tit. 14 §. 8 ad 1.[752])

Diese Grundzüge des der Detention und dem Besitze gewährten gesetzlichen Schutzes sind durch die erst in neuerer Zeit besonders lebhafte und reichhaltige Praxis weiter ausgeführt worden[753]). Es wird genügen, folgende Hauptmomente zusammenzufassen.

Ad A. B.

a) Die Frage von den possessorischen Schutzmitteln für Rechte ist schon oben bei der Prüfung der verschiedenen Arten von Rechten als Objecte des Besitzes näher berührt worden. (S. 333 fg.) Neuerlich hat noch der Satz Anerkennung gefunden, daß auch der Eigenthümer selbst wegen Störung eines einzelnen im Eigenthume liegenden Rechtes (z. B. das Grundstück zu befahren) die possessorische Klage erheben kann: Strieth. XL. 34 — 37 (v. 1860).

b) Die Zulässigkeit der Possessorienklage nicht blos von Seiten des Besitzers, sondern auch von Seiten des Inhabers, ist im Wesentlichen außer Streit[754]). Nur über die Consequenzen ist man insofern nicht

---

751) Auch die §§. 155—160 h. t. (vgl. oben Anm. 744) sind erst nach dem (gedr.) Entw. entstanden: Mat. S. 282. 285 (Sz. ad 6: „. . . wenn der Besitzstand zweifelhaft ist"). 372 fg. Der jetzige §. 157 beruht auf einem besonderen Conclusum. (S. 285 fg.)

752) In der Pr. O. Tit. 14 §. 8 ad 1 scheint (nach Vergleichung mit §. 159 h. t.) anstatt „Appellanten" gelesen werden zu müssen: „Appellaten."

753) Die Zusammenstellung der bei dem Ob. Tribunale angenommenen Grundsätze über das poss. summ., welche sich im J. M. Bl. 1854 S. 101—112 in 50 Nummern unter IX Rubriken findet (zur Abkürzung oben im Texte citirt: J. M. Bl. Nr. 1—50), wird mit der Bemerkung eingeleitet, daß 20 bis 30 Jahre früher verhältnißmäßig wenige Besitzstörungsklagen angestellt worden seien, daß jedoch seitdem die Zahl derselben allmählich bedeutend gestiegen sei und nunmehr einen nicht geringen Theil der Prozesse bilde. Auch die Gesetzrevisoren hatten es in den Motiven des XIII. Pensums v. J. 1829 (S. 22) bemerkenswerth gefunden, daß gerade der siebente Titel weniger als alle anderen zu praktischen Bedenken und Erörterungen Veranlassung gegeben habe. Dies hat sich seitdem sehr geändert!

754) Apodiktisch ausgesprochen ist die Befugniß des bloßen Inhabers zur Possessorienklage in der (bereits oben Anm. 741 in anderer Beziehung angeführten) Entscheidung J. M. Bl. Nr. 1 (v. 1852). Vgl. Anm. 742.

Wenn übrigens nach Preußischem Rechte auch der Pächter den gesetzlichen Schutz für seinen (unvollständigen) Besitz fordern kann, so ist damit doch die Legitimation des Verpächters (des vollständigen Besitzers) zur Possessorienklage nicht abgeschnitten: Strieth. XVI. 84. 85 (v. J. 1854).

Wegen des Anspruchs der Mitbesitzer auf gesetzlichen Schutz vgl. J.

einig, als es sich um die Frage handelt, ob dem gesetzlichen Schutze auch die Fehlerhaftigkeit des Besitzes resp. der Detention keinen Eintrag thue; oder — wie die Frage formulirt zu werden pflegt — ob die possessorischen Rechtsmittel auch dem unredlichen Besitzer, und namentlich demjenigen zustehen, welcher den Besitz gewaltsam, heimlich oder bittweise erlangt hat[755]). In der Praxis hat jedoch die in der

---

M. Bl. 1851 S. 208 (Erforderniß des fehlerlosen Erwerbes des Mitbesitzes) und Strieth. VI. 180 (v. J. 1852: Poss. Klage eines Mitbesitzers für seinen ideellen Antheil gegen einen dritten Störer; oben S. 293); XXXIV. 48. 49 (v. 1859) zu Nr. 17. J. M. Bl. Vgl. oben Anm. 641 i. f.

755) Den Hauptanlaß zum Bedenken gibt die Pr. O. im Tit. 31 §. 14: „Wenn der vom Kläger behauptete neueste Besitz zwar eingeräumt, oder nachgewiesen wird, der Beklagte hingegen behauptet, daß derselbe dazu auf eine offenbar unredliche oder sonst fehlerhafte Weise gelangt sey; so muß mit Aufnehmung der Instruktion und des Beweises über diese Fehler des Besitzes ebenfalls ...... verfahren werden." §. 16: „In diesem Erkenntnisse muß der Richter bloß nach der durch die Instruktion entwickelten Lage der Sache, und nach Vorschrift der Gesetze, bestimmen: in wie fern dem Kläger der entzogene Besitz wiederum einzuräumen; oder er darin zu schützen, und Beklagter zur Bestellung einer Kaution gegen fernere Beeinträchtigung anzuhalten; oder ob, bei nicht deutlich genug erhellendem Besitzstande, oder wegen bescheinigter Fehler des Besitzes (§. 14) die streitige Sache in gerichtliche Verwahrung oder Sequestration zu nehmen rc." Danach kommt man allerdings leicht in die Versuchung, anzunehmen, daß das neuere Preußische Recht nicht blos die s. g. exceptio iniustae (vitiosae) possessionis ab adversario habe beibehalten, sondern auch den in der Natur der Sache begründeten Satz: adversus extraneos vitiosa possessio prodesse solet (53 de poss.), durchbrechen und jedem s. g. Besitzfehler eine objectiv schadende Bedeutung beilegen wollen; während in dem Preuß. Landr. v. 1721 (an der in Koch's Besitz S. 269 Note 52 in extenso mitgetheilten Stelle: Buch III. Tit. V. Art. II. §. IV.) das entscheidende Gewicht ausschließlich darauf, „ob dem Beklagten solche Entwendung beschehen seye oder nicht," gelegt, der Einwand aber, daß der Kläger den Besitz einem Andern mit Gewalt oder heimlich entwendet habe, also überhaupt kein rechtmäßiger Besitzer (oder Inhaber) sei, als eine fremde Einrede und Exception gänzlich verworfen wurde. In unserer früheren Gesetzgebung hatte noch das Edict v. 1718 (oben Anm. 740) ad III. eine besondere Bemerkung dahin gemacht, daß gegen das angestellte Summariissimum (in seiner damaligen Bedeutung) „keine Exceptiones statt finden müssen, als" (d. h. ausgenommen) „welche den Grund der Imploration und folglich die im Mandato zum Grunde gesetzte requisita" (unten Anm. 757) „umstoßen." Der Cod. Frid. March. v. 1748 (Th. IV. Tit. III.) handelt von Exceptionen nur so weit solche gegen die Personen und Aussagen der Zeugen gerichtet sind. Auch im Corp. Jur. Frid. v. 1781 Th. II. Tit. 7 fehlt eine dem §. 14 Pr. O. Tit. 31 entsprechende Bestimmung gänzlich. Und demgemäß enthält der im Uebrigen schon dem §. 16 Pr. O. gleich lautende §. 15 des Corp. Jur. Frid. a. a. O. noch keine Bezugnahme auf die Besitzfehler.

Sache selbst und in dem praktischen Bedürfnisse tief begründete Ansicht den Sieg davon getragen, daß der Einwand der fehlerhaften Besitzergreifung nur von demjenigen, welchem der Besitz auf solche fehlerhafte Art entzogen worden ist, erhoben werden kann: J. M. Bl. Nr. 26 und Strieth. XI. 89—91 (v. J. 1853: oben S. 364 [ad A.]). Also auch der fehlerhafte Apprehendent genießt den Schutz seines Besitzes resp. seiner Detention gegen jeden Dritten, nur nicht gegen denjenigen, welchem genüber er sich jenen Fehler hat zu Schulden kommen lassen. Demgemäß wird der Nachweis eines besonderen Fehlers zu den Einwendungen des Beklagten gerechnet: J. M. Bl. Nr. 21 (v. 1852); Strieth. XIV. 158 ad a. 160 (v. 1854). Und überhaupt ist die Sorgfalt, mit welcher die Praxis darüber wacht, aus fehlerhaften, insbesondere einem Verbotsgesetze zuwider laufenden Besitzergreifungen die Possessorienklage nicht zuzulassen: Rechtsf. I. 171 (v. 1847); J. M. Bl. Nr. 23. 22 (v. 1850. 52. 53); Strieth. XXIX. 289 fg. (oben S. 338), der Beschränkung unterworfen, daß das Erforderniß der fehlerfreien Apprehension nur ein relatives Erforderniß (ab adversario) bleibe, nicht zu einem absoluten oder objectiven Erfordernisse (adversus extraneos: Anm. 755) gesteigert werde.[756])

Daß die bloße Unrechtfertigkeit des Besitzes den Anspruch auf possessorischen Schutz nicht ausschließe, ist besonders anerkannt worden: Strieth. XXIII. 226 — 228 (Entsch. XXXIV. 78 — 80: v. J. 1857).

Verwandt damit ist die Gewährung des possessorischen Schutzes an denjenigen, welchem ein Grundstück nur auf Grund eines mündlichen Vertrages zum Eigenthum oder zum Nießbrauch übertragen worden ist: J. M. Bl. Nr. 10. 11. (Strieth. III. 173 — 175 u. IV. 132 — 134: v. J. 1851.)

c) Was die vitiöse Natur der Entsetzung oder Störung überhaupt[757]) anbelangt, so wird vor Allem

---

756) Vgl. oben ad II. 2. A. von der Makellosigkeit des Besitzes im Allgemeinen. Die Hauptstellen aus der Controvers-Litteratur sind Anm. 713 angegeben.

757) Der unserer Praxis geläufige (Entsetzung und Störung) umfassende Ausdruck „Turbation" gehörte früher auch dem gesetzlichen Sprachgebrauche an. So wurden in dem Edicte v. 1718 (oben Anm. 755) die (ad II. u. III. so genannten) Requisita des poss. summ. ad I dahin begränzt, daß „das Summariissimum anderer gestalt nicht statt finden solle, als wenn über der Possessione Praesentanea vel quasi die Frage ist" (oben Anm. 740), „ein Theil über beschehene oder angedrohete Turbationes klaget, darwieder gerichtliche Manutenentz suchet, die Sache auch so beschaffen, daß

α) der Begriff der Gewalt im Sinne der §§. 146. 150 h. t. (§. 1 Pr. O. Tit. 31) erkannt: in jedem eigenmächtigen unbefugten Eingriffe in das Eigenthum eines Anderen durch Ausübung der darin liegenden Befugnisse: Präj. 1565 (v. J. 1845: Präj. Samml. S. 24. 252).

Hieraus ergibt sich als nächste allgemeine Consequenz, daß es nicht auf eine physische Gewalthandlung im eigentlichen Sinne, also überhaupt nicht auf die Form der Störung ankommt, sondern immer nur auf eine ungebührliche (widerrechtliche) Anmaßung (des Beklagten), welche allerdings gerade gegen den Besitz (des Klägers) gerichtet gewesen sein muß: J. M. Bl. Nr. 35; Rechtsf. I. 178 (v. J. 1847); III. 363 (v. 1848); Strieth. I. 348 (v. 1851); IX. 219 (v. 1853); Entsch. XLIV. 33 (v. 1860).

Zugleich ist in der grundsätzlichen Auffassung des Präj. 1565 der Gegensatz angedeutet: daß eine jede Handlung, welche sich als der Ausfluß eines Rechtes darstellt, nicht als Besitzstörung anzusehen ist. (Unten ad ε.)

β) Im Einzelnen wird immer eine thatsächliche Alterirung des Besitzes erfordert. Deshalb sollen

a) bloße mündliche Drohungen, eine Besitzstörung vornehmen zu wollen, für sich selbst noch nicht eine wirkliche Besitzstörung enthalten: Präj. 1252 (v. J. 1843).

An diesem Erforderniß eines activ sich äußernden Einschreitens, einer auf den äußeren Zustand thätig einwirkenden und ihn verändernden Handlung (des Beklagten), ist auch später im Wesentlichen festgehalten (Entsch. X. 101 ad 1; Rechtsf. III. 272; Entsch. XXIV. 401), und insbesondere selbst in dem schriftlich und unter eventueller Drohung von Thätlichkeiten erfolgten Bestreiten eines Rechts eine wirkliche Besitzstörung nicht befunden worden: Strieth. XII. 164—166 (v. 1854). Nur nach der besonderen Beschaffenheit des Falles wurde

---

Periculum armorum oder andere gefährliche Weiterungen, oder gar ein unwiederbringlicher Schade zu besorgen." Auch der Cod. Frid. March. gebraucht im §. 3 h. t. (IV. 3.) den Ausdruck „Turbation" im umfassenden Sinne, während der §. 2 insofern von der sonst übereinstimmenden Stelle des Edicts v. 1718 (ad I) abweicht, als derselbe fordert, daß ein Theil „von einem andern in seiner Possession de facto turbiret werde, und daher Periculum in mora, oder Metus armorum vorhanden ꝛc. sey." Vgl. das Edict v. 21. Juni 1713 (Allg. Ordnung, die Verbesserung des Justizwesens betr.) ad XXXIX (zur Beseitigung des Mißbrauchs des Summariissimum): „. . . nur alsdann, wann periculum armorum oder in mora obhanden ꝛc."

in neuerer Zeit einmal ein an Ort und Stelle gegen die in der Ausübung des Rechts befindlichen Personen und unter Androhung von Mißhandlungen erfolgtes Verbot einem thatsächlichen Einschreiten gleich geachtet: Entsch. XXXII. 33—35 (Strieth. XX. 189. 190: v. 1856).[758])

b) In Klagen und Denunciationen bei dem Richter wird eine thatsächliche Alterirung des Besitzes nicht gefunden: Arnsb. Arch. IX. 420 (v. 1842: oben S. 367); Rechtsf. III. 272 (v. 1848); J. M. Bl. Nr. 39 (v. 1850), Strieth. XVII. 23. 24 (v. 1855). Anders in einem besonderen Falle, wo die Denunciation den Besitzstand berührte (zu einem angefochtenen machte), weil sie so angethan war, daß der Besitzer ohne Possessorienklage sich nicht in seinem Besitze zu behaupten vermochte: Entsch. XXXV. 21—24 (v. 1857).

c) Fälle der thatsächlichen Alterirung des Besitzes (aus der hierin besonders reichen Casuistik der Praxis): (bloße) Erschwerung der Ausübung einer Servitut: Arnsb. Arch. VII. 289 (v. 1838); Pfändung: J. M. Bl. Nr. 19 (v. 1849); Verhinderung des Verpächters am Wiederaufbau eines abgebrannten Gebäudes: Strieth. XII. 95—97 (v. 1854); Wegsperrung: Strieth. XVIII. 164 ad a. 166 (v. 1855); Entsch. XLIV. 54 (v. 1861); unmittelbarer Eingriff des Eigenthümers in den Besitzstand des Miethers: Strieth. XVIII. 323 (v. 1855 oben S. 334); Errichtung einer Anlage, deren nachtheilige Einwirkung zwar erst in der Folge, dann aber mit Nothwendigkeit (naturgemäß) zu erwarten ist: Strieth. XX. 145—147 (v. 1856); Verschließung eines Schlagbaums: Strieth. XXIII. 271—274 (v. 1857); (eigenmächtiger) Eingriff des Bergbauenden in den Besitz des Grundeigenthümers: Entsch. XLI. 358 (v. 1858); Anstellung

---

758) Durch die Berücksichtigung des concreten Falles verliert Koch's Einwendung gegen die Vereinbarkeit dieser Entscheidungen (Comm. ad §. 150 h. t.) an Gewicht. Eben dadurch gewinnt aber auch an Bedeutung die von ihm geforderte Consequenz in der Behandlung der Androhung künftiger Thätlichkeiten gegen den Besitz (Possessorienklage), nach Analogie der Berühmung eines Rechts gegen das Eigenthum (Negatorienklage). Vgl. die Gründe für die Zulässigkeit der Besitzklage wegen blos gedroheter künftiger Störungen: in Koch's Besitz S. 265—267 (ad 2). Ein schlagendes Beispiel der Zulassung aus der früheren Praxis (v. J. 1829) findet sich ebendas. S. 267 Note 49. Auch für die Zulassung der Besitzklage wegen blos vorübergehender Beunruhigung hatte sich ein (in v. Rönne's Ergänzungen Bd. I. S. 184 ad 11. b. angeführtes) Justiz-Min.-Rescript v. 10. Novbr. 1837 ausgesprochen. — Von unseren vorlandrechtlichen Gesetzen hatte sich das Edict v. 1718 mit einer blos angedroheten Turbation begnügt; wogegen der Cod. Frid. March. schon Turbation „de facto“ forderte. (Oben Anm. 757.)

von Bohrversuchen als Eingriff in den Besitz des Bergbauenden: Entsch. XLI. 368 (Strieth. XXXII. 63 ad d. 70: v. 1858); Hinderung (oder auch nur Erschwerung) der gesetzlichen Benutzung des Flußwassers (z. B. zum Treiben eines Hammerwerks): Strieth. XXXIII. 208—211 (v. 1859); gewaltsame Behauptung der Gewahrsam von Seiten des bloßen Inhabers gegen den Besitzer: Entsch. XLIV. 39. 40 (v. 1860).

γ) Als Besitzstörung wird nicht angesehen die, gegen die Erstreckung des Besitzes eines Rechts über dessen bisherige Gränzen hinaus, gerichtete thätliche Abwehr: Entsch. XXXVI. 29—32 (Strieth. XXIV. 242—248: v. 1857). Auch wird durch jede (wenngleich nur mündlich ertheilte) Einwilligung des angeblich Turbirten der Begriff einer vitiösen Entsetzung oder Störung ausgeschlossen: Entsch. XXXIV. 84. 85 (Strieth. XVIII. 42—44: v. 1855) Umgekehrt wird das Vitium dadurch nicht geheilt, daß der Turbant selbst einräumt, ohne Befugniß gehandelt zu haben, es sei denn, daß es in concreto an jedem animus turbandi fehle: J. M. Bl. Nr. 38 (v. 30. April 1852) u. Strieth VI. 294—297 (v. 10. Septbr. ej. a.)[759])

δ) Das Vitium der Heimlichkeit insbesondere wird, so weit es sich eben um Besitzstörung oder Entsetzung (nicht um Besitzergreifung: oben S. 365) handelt, schon dann angenommen, wenn die störende Handlung ohne Vorwissen des Besitzers und hinter seinem Rücken stattgefunden hat: J. M. Bl. Nr. 24 (wo die Gründe zu dem bereits oben a. a O. allegirten Präj. 1369 beigebracht werden); Entsch. XLIV. 33 (Strieth. XXXVIII. 236: v. 1860).

ε) Der (bereits ad α angedeutete) Gegensatz gegen den unbefugten Eingriff in fremden Besitz leitet nun die Praxis bei der Prüfung derjenigen Handlungen, welche, weil sie sich als Ausfluß eines Rechts darstellen, nicht als Besitzstörung gelten sollen; wobei dann natürlich auch das Recht zur Vornahme jener Handlung nicht außerhalb der Beurtheilung bleiben kann, immer aber die Gränze mit fester Hand gezogen werden muß, damit nicht aus dem Rechte zum

759) Daß diese beiden Entscheidungen aus d. J. 1852 wohl im Einklange mit einander stehen, ist (gegen eine Bemerkung der Redaction des Str.schen Archivs a. a. O. S. 297) überzeugend ausgeführt ad Nr. 38 J. M. Bl. a. a. O. (S. 109. 110.) Vgl. noch einen neuesten Fall, in welchem die Besitzstörungsklage zurückgewiesen wurde, weil die vorliegenden Umstände keinen Zweifel darüber aufkommen ließen, daß der Beklagte die äußerlich immerhin als Turbation sich darstellende Handlung durchaus nicht in der Absicht vorgenommen hatte, den Kläger im Besitze zu stören: Strieth. XL. 29—32 (v. 1860).

Besitze, sondern aus dem Rechte des Besitzes die Begründung der Ansprüche und die richterliche Entscheidung in possessorio hergenommen werde: J. M. Bl. Nr. 36 (ad c. e: Besitzstörungen; ad a. b. d: keine Besitzstörungen; ad d. vgl. noch Strieth. XXXVII. 58. 59, v. J. 1860) und Nr. 37. Dazu: Entsch. XXV. 1 — 3 (v. 1853); Strieth. IX. 3—6 und XI. 176 ad a. 177 (v. 1853); XVII. 312 — 316 (v. 1855); Entsch. XXXVIII. 388 — 392 (v. 1858); Strieth. XXX. 40 — 42. 276 — 278 (v. 1858); XXXVI. 179 — 185. 198 flg. und XL. 78 — 81 (v. 1860). Auch auf die hiermit verwandte Frage, ob das Recht zum Besitze erloschen sei, darf in possessorio grundsätzlich nicht eingegangen werden: J. M. Bl. Nr. 31 (Entscheidungen aus den Jahren 1850. 52. 53); jedoch mit Ausnahme des Falles, wenn gleichzeitig mit dem Erlöschen des Rechts zum Besitze der Besitz selbst wegen fernerer Unmöglichkeit der Ausübung desselben sein Ende gefunden hat: Entsch. XXXVIII. 387 (Strieth. XXIX. 53: v. 1858).

c) Der Zweck des possessorischen Schutzes gegen fernere Beeinträchtigungen nach §. 151 h. t. — durch die allenfalls von Amtswegen anzudrohenden Strafen: Strieth. XVIII. 164 ad b. 167 (v. 1855) — besteht zugleich in der Feststellung des Momentes, daß die Störung, eben weil sie eine unrechtmäßige war, den Besitz nicht beeinträchtigt, und dieser nicht aufgehört habe, ein ruhiger und ununterbrochener zu sein: Strieth. XXIX. 319. 320 (v. 1858). Eben deshalb muß aber auch, wenn ein solcher Schutz von Hause aus zulässig sein soll, der Besitz noch bestehen, insbesondere noch nicht aufgehoben sein: Entsch. XLI. 59—66 (v. 1859).

d) Die Streitfrage in Betreff der für einen Dritten aus Auftrag unternommenen Turbationen (oben Anm. 550) ist durch den Pl. Beschluß vom 2. April 1849 (Präj. 2160) im Wesentlichen geschlichtet worden. Zur Entscheidung war folgende Frage gestellt:

> Kann Jemand, welcher aus Auftrag eines Dritten und für denselben eine besitzstörende Handlung begangen hat, von der gegen seine Person angestellten Besitzklage sich durch Nomination seines Autors in allen Fällen befreien?

oder

> ist die Nomination nur dann zulässig, wenn er sich der Ungebührlichkeit seiner Handlungen nicht bewußt gewesen?

Die Entscheidung lautet (in Uebereinstimmung mit der früher schon herrschenden Ansicht[760]):

760) Vgl. die früheren Entscheidungen aus d. J. 1817 (allegirt in den Entsch. XVIII. 11) und 1848 (Rechtsf. III. 363; IV. 111). Eine in einer

Derjenige, welcher aus Auftrag eines Dritten und für denselben eine besitzstörende Handlung unternommen hat, kann sich von der gegen seine Person angestellten Besitzklage durch den mit Beweis gehörig zu unterstützenden Einwand befreien, daß ein solcher Auftrag zu Grunde gelegen habe.

Das Hauptmoment dieser von dem Gesichtspunkte eines Einwandes mangelnder Passivlegitimation ausgehenden Entscheidung beruhet auf einer Distinction, nach welcher der possessorische Anspruch keinesweges unter allen Umständen gegen die individuelle Person des Turbanten zu richten sei. Vielmehr gehe dieser Anspruch bei Entsetzungen immer nur gegen denjenigen, welcher sich selbst und für sich in den Besitz einer Sache oder eines Rechts gesetzt habe, und bei Anstellung der Klage sich noch in solchem Besitze befinde. Bei bloßen Störungen dagegen gehöre zur Anstellung der Besitzklage, daß die Handlung des Beklagten seine eigene sei, es sei nun in seinem Interesse, um den Besitz des Gestörten sich anzueignen, oder doch seine eigene Absicht, den Besitz des Anderen zu stören. Eine solche Absicht aber habe der nur im Auftrage und im Interesse eines Anderen Handelnde gar nicht: der Handelnde sei alsdann überhaupt nicht der eigentliche Störer. (J. M. Bl. 1850 S. 19—22; Entsch. XVIII. 11—19.)

Die neuere Praxis hat an diesen Grundsätzen, in weiterer Entwickelung derselben, festgehalten: J. M. Bl. Nr. 41. 42 (Entsch. vom 6. und 26. Januar 1852: selbst aus der Bereitwilligkeit des benannten Auctors zum Eintreten in die Klage wird nur eine Vermuthung für einen den Beklagten befreienden Auftrag hergeleitet; vom 27. Octbr. 1852: der Arbeitsherr ist nicht in poss. zu belangen, wegen der ohne seinen Auftrag durch gedungene Arbeiter vorgenommenen Besitzstörungen); Strieth. VI. 296 flg. (oben ad c. γ); VIII. 83. 84 (v. 8. Decbr. 1852: Besitzstörungsklage gegen einen Gutssequester; auch J. M. Bl. Nr. 41: v. 12. Januar ej. a.); XX. 297—299 (1856: 5 §. 12 quod vi aut clam. XLIII. 24); XXI. 50—52 (v. 1856: gegen eine unmotivirte Beschränkung des durch den Pl. Beschluß v. 1849 für Entsetzungen aufgestellten Grundsatzes); XXIV. 125 ad b. 132. 134 (Entsch. XXXV. 384—389: v. 1857; oben S. 335).

---

besonderen Beziehung gegen die herrschende Praxis erhobene Kritik hat Widerlegung gefunden: J. M. Bl. an der Anm. 759 angeführten Stelle. Der in Koch's Comm. gerügte Conflict mit dem allgemeinen Grundsatze von der Haftung des physischen wie des intellectuellen Urhebers einer unerlaubten Handlung läßt sich jedoch kaum anders beseitigen, als durch die Berücksichtigung der eigenthümlichen Verhältnisse bei Besitzstörungen.

Ad C. (Besitzschutz nach §. 154 h. t.)

a) Erfordernisse des Besitzes zur Begründung der Possessorienklage.

α) Es ist hinreichend, wenn der Kläger seinerseits die Ausübung der Besitzhandlung im Allgemeinen nachweist; den Mangel der opinio iuris oder der Absicht des Klägers, durch die Besitzhandlung ein Recht zu erwerben, hat der Beklagte zu excipiren und zu beweisen: Präj. 215 (v. J. 1837); Rechtsf. II. 29 (v. 1847); Strieth. VI. 39 (v. 1852); XXIII. 271 (Entsch. XXXV. 17: v. 1857); XXXVIII. 231 (Entsch. XLIV. 27[761]): v. 1860); oben Anm. 706.

β) Aus dem, was Jemand als eine s. g. res merae facultatis thut oder unterläßt, kann ein Anspruch auf Besitzesschutz nicht hergeleitet werden: J. M. Bl. Nr. 6 ad a—c; Strieth. XXII. 272 flg. ad a. 275 (v. 1856); XXXII. 57 ad b. 58 (v. 1858); XXXV. 311—314 (v. 1859).

γ) Nur in dem Umfange, in welchem der Besitz stattgefunden hat, kann der Schutz desselben gefordert werden: J. M. Bl. Nr. 16 ad a—d (Entsch. v. 1849—1853); Strieth. XXIV. 248 (Entsch. XXXVI. 32: v. 1857; oben ad c. γ.); XXXVIII. 258. 259 (v. 1860: „so weit als der Besitz selbst reicht"). Gerade deshalb aber ist es auch ganz consequent, den Kläger in seinem thatsächlich gestörten Rechtsbesitze zu schützen, wenngleich derselbe um Schutz im Sachbesitze gebeten hat: Strieth. XXXVIII. 227 ad c. 230 fg. (Entsch. XLIV. 26 fg.: v. 1860); wie umgekehrt der Versuch mißlingen muß, einer auf Sachbesitz gegründeten und einmal zurückgewiesenen Klage durch nominelle Begründung auf Rechtsbesitz eine neue Stütze unterzubreiten: Entsch. XLIII. 359—365 (v. 1860).[762])

δ) Die Eigenschaft des (jüngsten) ruhigen Besitzes wird weder durch Pfändung (oben c. β. ε.), noch durch Widerspruch aufgehoben: wenn nämlich der Gepfändete das Recht ferner ausgeübt, der Andere aber nichts gethan hat, um die Sache zum Austrage zu bringen: J. M. Bl. Nr. 19; Rechtsf. I. 72 (v. 1847); Strieth. VI. 30. 31 (v. 1852); beziehungsweise der Besitzer sich durch den Widerspruch von der ferneren Ausübung nicht hat abhalten lassen: J. M. Bl. Nr. 20 (v. 1853).

---

761) An beiden Stellen findet sich in dem Citat aus dem J. M. Bl. der Druckfehler „Nr. 107" anstatt „Nr. 7."

762) Die Vorarbeiten zur Ersten Entscheidung (v. 1859) sind ausführlich mitgetheilt in Schering's Anleitung zur Anfertigung von Referaten ic. (Berlin 1860) S. 126—138.

Uebrigens ergeben sich hier aus dem Begriffe der Ausübung eines Rechtes noch folgende Consequenzen:

a) Der dem Kläger obliegende Nachweis der jüngsten ruhigen Ausübung seines Rechts kann durch Berufung auf Rechtsgrundsätze, wie die Vermuthung für die Freiheit des Eigenthums, oder das dem vollen Eigenthum immanente Recht, die Sache zu besitzen, nicht ersetzt werden, da es im Possessorienstreite überhaupt nur auf den der angeblichen Störung vorangegangenen Besitz, nicht auf das Recht zum Besitze ankommt (oben ad c. ε): Präj. 190. a (v. 1837); Rechtsf. IV. 253—255 (v. 1848); J. M. Bl. Nr. 15 ad a (v. 1849); Strieth. X. 257—259 (v. 1853); Entsch. XXXV. 20 (v. 1857: oben S. 365).

b) Es fehlt an dem Erforderniß des jüngsten Besitzes, wenn statt der gebührenden Naturalleistung in letzter Zeit ein Aequivalent entrichtet worden ist: Koch Schles. Arch. V. 83 ff. (v. 1841).

c) Aus der Eintragung des klägerischen Rechts im Hypothekenbuche lassen sich die Erfordernisse eines zum possessorischen Schutze geeigneten Besitzes nicht entnehmen: Rechtsf. II. 195. 196 (v. 1847); J. M. Bl. Nr. 15 ad b (v. 1852. 53); Strieth. XXIII. 275 ad b. 260 (v. 1857).

b) Die durch den Pl. Beschluß v. 6. Novbr. 1848 (oben S. 372), zur Beseitigung eines antinomistischen Zweifels[763]), anerkannte factische Präsumtion für die Fortdauer des früher einmal erlangten Besitzes beruhet in ihrer den Umständen des concreten Falles angeschmiegten Gestaltung auf einer Vermittelung der beiden extremen Ansichten, welche folgendermaßen in Frage gestellt waren:

> Findet auch zur Begründung der Klage in poss. summ. die Vermuthung der Fortdauer des einmal erlangten Besitzes bis zum Beweise der geschehenen Aufhebung desselben Statt?[764])

oder

> muß der Kläger den directen Beweis führen, daß er unmittelbar vor der Störung im ruhigen Besitze war?[765])

---

763) Das durch zwei Druckfehler entstellte Allegat in den Entsch. XVII. 4. soll augenscheinlich auf das Ob. Trib. Erk. v. 19. Novbr. 1836 im Arnsb. Arch. IV. 103—107 zurückweisen.

764) Unter Bezugnahme auf A. L. R. I. 7 §. 113 u. 130: J. M. Bl. 1848 S. 453.

765) Unter Bezugnahme auf §. 154 h. t. und Pr. O. Tit. 31 §. 3. u. 12: ebendaselbst.

Die neuere Praxis ist von dieser vermittelnden Auffassung der Sache nicht abgewichen. So wird eine Nichtigkeit darin gefunden, wenn der Richter entweder von dem Kläger den directen Beweis, daß derselbe unmittelbar vor der Störung im ruhigen Besitze gewesen sei, fordert, oder aber die Fortdauer des früher erlangten Besitzes ohne irgend welche Prüfung der Umstände annimmt; wogegen d.r Richter sich keiner Nichtigkeit schuldig macht, wenn er nach Würdigung der Umstände des Falles die Fortdauer des Besitzes annimmt, oder das Gegentheil feststellt, sollte er bei dieser Würdigung auch geirrt haben: J. M. Bl. Nr. 18; Strieth. X. 259. 260 (v. 1853). In besonderer Anwendung auch auf Untersagungsrechte: Strieth. XX. 82 ad a. 83 fg. (v. 1856)[766]; XXIII. 257 ad a. 259 fg. (v. 1857).[767])

c) Die durch den Pl. Beschluß v. 29. (15.) März 1847 (oben S. 373) angenommene Begränzung der s. g. Verjährungsfrist für die Klage in poss. summ. hat der neueren Praxis eine feste Richtung in der Auslegung des Begriffs „neuerlich" und in der Abmessung der Frist nach den Umständen des concreten Falles gegeben.[768]) Zunächst

---

766) In diesem Falle wurde ein rechtsgrundsätzlicher Verstoß (gegen §. 154 h. t. und gegen den Pl Beschl. v. 6. Novbr. 1848) darin erkannt, daß der Richter die Fortdauer des vor 7 oder 8 Jahren einmal erlangten Besitzes eines Untersagungsrechtes ohne irgend welche Prüfung der Umstände angenommen hatte.

767) In diesem Falle wurde die von dem Richter geübte freie Würdigung der Umstände gebilligt.

768) Der praktische Kern der früheren Controverse hatte darin gelegen, ob die im §. 45 Pr. O. Tit. 44 gestellte Frist von 6 Monaten (oben Anm. 748) auf die in den Gesetzen nicht bestimmt abgegränzte Verjährung der Klage in poss. summ. analogisch anzuwenden sei. Einige Justiz-Ministerial-Rescripte (Entsch. XI. 214) hatten sich für, das Ober-Tribunal hatte sich stets gegen eine solche Anwendung erklärt: Arnsb. Arch. VII. 657—662 (v. J. 1840); Entsch. XI. 212—215 (v. 1845). Eine gelegentlich bezeugte Praxis der Anwendung einer einjährigen Frist (Jur. Wochenschr. 1836 S. 646) steht vereinzelt da. In den dem Pl. Beschluß von 1847 zu Grunde liegenden Abstimmungen wurde sowohl die Frage: ob die Klage über Besitzstörungen und Entsetzungen erst in 30 Jahren verjähre? als die: ob unter dem Ausdruck „neuerlich" 6 Monate zu verstehen? verneinend beantwortet. (J. M. Bl. 1847. S. 229.) Der zum Beschluß erhobene Grundsatz war schon in S. S. Studien S. 624 in dem Sinne angenommen worden, daß die Bestimmung darüber, ob die Besitzstörung neuerlich geschehen und deshalb die Besitzklage noch zulässig sei, dem Ermessen des Richters zu überlassen sein würde. Nur ist auf den damit in Verbindung gesetzten Ausspruch, daß dies von den Redactoren (oben Anm. 747) nicht beabsichtigt worden sei, in den Gründen zum Pl. Beschl. (Entsch. XIV. 169—174) kein entscheidendes Gewicht gelegt. Um so weniger, als die für das summariissimum be-

ist festgestellt worden, daß, wenn einmal wegen einer neuerlichen Besitzstörung die Possessorienklage rechtzeitig angestellt ist, auch spätere — nach der ersten Störung und ohne weiteren Widerspruch des Klägers vorgenommene — Störungen durch jene Klage mit betroffen werden: J. M. Bl. Nr. 44 (Strieth. I. 354—356: v. 1851); und daß eine Nichtigkeit zwar darin zu befinden ist, wenn der Richter die gewöhnliche oder eine andere bestimmte Verjährungsfrist für Possessorienklagen annimmt, nicht aber darin, wenn er aus den Umständen des Falles schließt, daß die Possessorienklage noch zulässig oder nicht mehr zulässig sei: J. M. Bl. Nr. 43 (v. 1853). Dann ist in einzelnen Fällen die aus genügendem Grunde verzögerte Anstellung der Klage durchaus nicht geeignet befunden worden, um die Qualification der Besitzstörung als einer „neuerlichen" wieder aufzuheben: Strieth. XX. 47—49 (v. 1855) und 49—51 (v. 1856). Endlich ist immer von Neuem die Abmessung der Frist nach den Umständen des besonderen Falles, und nicht nach einer größeren oder geringeren Zahl von Monaten, erfolgt: Entsch. XLI. 72 (Strieth. XXXII. 353: v. 1859); XLIV. 33 (Strieth. XXXVIII. 236: v. 1860).[769])

Ad D.

a) Als zweifelhaft gilt der letzte ruhige Besitzstand (§. 155 h. t.), wenn derselbe schon vor derjenigen Handlung, welche zur Klage Anlaß gegeben hat, zwischen beiden Theilen streitig war: Koch Schles. Arch. V. 394. (Comm. ad §. 154 h. t.)

b) Ueber den Charakter der Schadensklage aus §. 158 h. t. vgl. Koch's Comm. ad h. §.[770]) Ueber die für die Klage auf Scha-

---

stehende Zeitfrist gar nicht unter dem Gesichtspunkte der Verjährung (eines an sich begründeten, durch den Einwand des Beklagten zu beseitigenden Anspruchs) aufgefaßt werden dürfe, sondern lediglich eine der Bedingungen sei, unter welchen das exceptionelle schleunige Verfahren allein zugelassen werde. (S. 174.)

Neben dem Pl. Beschl. kann sonach die Annahme sehr wohl bestehen, daß die aus der Besitzstörung auf Schadensersatz gerichtete Klage in 3, die Klage auf Wiedererlangung der Sache (Wiederherstellung im materiellen Sinne) erst in 30 Jahren verjähre. (Koch Besitz S. 282—286; Born. §. 63 ad 1. b. β.)

769) Eine gelegentlich weniger nach den Umständen des Falles als nach den 6 Monaten des §. 45 Pr. O. Tit. 44 erfolgte Abmessung der Frist wurde zufällig nicht zum Gegenstande einer besonderen Rüge: Entsch. XXXVIII. 394fg. (v. 1857. 58).

770) Das dazu allegirte Erk. des Ob. Trib. v. 30. April 1833 (Rechtsspr. III. 243 [246]—249) gehört nicht hierher, sondern unten zum §. 178 h. t. (Anm. 782.)

densersatz präjudizielle Natur des Possessorienurtheils: Entsch. I. 247 — 255 (v. J. 1836).[771])

Schließlich ist noch die Competenzfrage kurz zu berühren. Gegen unternommene Expropriationen findet keine possessorische Klage Statt[772]). Desgleichen nicht gegen Administrativ-Execution wegen zu leistender Dienste[773]). Auch nicht gegen die von der Regierung nach abgelaufener Pachtzeit verfügte Exmission eines Zeitpächters[774]). Ueberhaupt nicht gegen polizeiliche Maßregeln und Verfügungen als solche[775]).

Abschnitt II. Recht zum Besitze.

Der §. 161 h. t., welcher gegen den makellosen Besitzer dem vorigen Besitzer eine Klage auf Wiederherstellung des Besitzes nur in so fern zuspricht, als der vorige Besitzer **ein besseres Recht zum Besitze** nachzuweisen hat[776]), enthält in sich den Wendepunkt nach zwei Seiten: nach der materiellen Seite (der Rechtsverfolgung) und nach der formellen Seite (des Verfahrens). Materiell liegt darin die Bestätigung der

771) Arnsb. Arch. III. 226—232. (Sommer's Anm. S. 230.)

772) Erkf. des Gerichtshofes zur Entsch. der Comp. Confl. aus d. J. 1850 (J. M. Bl. 1851 S. 67. 68) und 1858 (J. M. Bl. 1859 S. 46—48).

773) Rechtsf. I. 183—185 (v. 1847): allegirt J. M. Bl. Nr. 45.

774) Comp. Confl. Erk. v. J. 1855 (J. M. Bl. S. 108); Entsch. XXXIV. 85—89 (v. 1856).

775) Und zwar im weitesten Umfange (strompolizeiliche, straßen- und wege-, deich-, berg-, sanitätspolizeiliche Anordnungen rc.), selbst wo der Rechtsweg an sich (in petitorio) zulässig ist. Dieser allgemeine Grundsatz ist anerkannt: vom Ob. Trib.: Rechtsf. IV. 227. 228 (v. 1848); selbst für den Fall des Mangels einer schriftlichen Verfügung: J. M. Bl. Nr. 46 (v. 1852); und eben so von dem Comp. Gerichtshofe, dessen hier einschlagende Erkenntnisse zusammen gestellt sind in Sybow's Zulässigkeit des Rechtsweges rc. S. 123—125 (vgl. mit S. 114; 117 ff.; 134 ad 1 a; 135 ad h; 143 ad 2; 148 ff.) Dazu noch: J. M. Bl. 1860 S. 375. 376 (Comp. Confl. Erk. 12 Novbr. 1859); Entsch. XXXV. 180—187 u. Strieth. XXVII. 64 (ad b)—70 (v. 1857: betr. Grabenräumung; Sybow S. 147 ad 10); Präj. 2697 (v. 1858: Entsch. XXXVIII. 393. 397: betr. forstpolizeiliche Anordnungen; vgl. Sybow S. 145 ad 4).

776) Der entsprechende §. 106 des Entwurfes h. t. (II. 4) war mehr negativ gefaßt: „Außer diesen Fällen (§. 103. 104. 105)" — d. w. außer den Fällen vi, clam, precario — „kann der Innhaber, oder Besitzer, die aus seinem Gewahrsam gekommene Sache von dem neuen Besitzer nur in so fern zurück fordern, als dieser kein besseres Recht zum Besitz hat." Immer aber liegt das entscheidende Moment in dem s. g. ius potius (Entw. Th. I. Einl. §. 103 vgl. mit A. L. R. Einl. §. 95 ff.), dessen Nachweis dem Vorbesitzer obliegt: Strieth. IV. 150—153 (v. J. 1851); VIII. 8 ad b. 13 (v. 1852).

ausgedehnten gemeinrechtlichen Anwendung der actio Publiciana gegen jeden relativ schwächeren Besitzer (qui deteriore, debiliore, infirmiore iure possidet)[777]). Formell: die gänzliche Beseitigung des possessorii ordinarii als einer besonderen Prozeßform[778]).

I. Verhältnisse zwischen den zum Besitz mehr oder weniger Berechtigten. (Wer muß bei Streitigkeiten über das Recht zum Besitze dem Anderen weichen?)[779])

1. Untergeordnete Stellung des bloßen Inhabers.

Der bloße Inhaber soll die Sache nur von demjenigen, welcher sie ohne allen Rechtsgrund im Besitze hat, zurückfordern dürfen: §. 162 h. t., übrigens aber nicht nur einem Jeden, der ein Recht zum Besitze hat, weichen: §. 163 h. t., sondern auch dem letzten Besitzer als solchem: §. 164 (in concreto) u. §. 167. 168 (in abstracto). Vgl. A. L. R. I. 9 §. 59. 60; 14 §. 68—71. 124; 15 §. 2.

Den Prinzipal hat der bloße Inhaber nicht zu vertreten, wohl aber zu nominiren: §. 165. 166 h. t. (I. 15 §. 11; Pr. O. Tit. 17 §. 34 fg.)

---

777) Puchta §. 173. Sav. Obl. II. 146 ff. Koch Besitz S. 294—297. Ueber das Verhältniß zum fünfzehnten Titel des A. L. R. vgl. Gesetzrev. a. a. O. S. 38.

778) Pr. O. Tit. 5 §. 27: „Außer dem Possessorio summariissimo, von welchem unten besonders gehandelt wird, soll in Ansehung der Instruktion des Prozesses, kein Unterschied weiter zwischen dem Petitorio und Possessorio Statt finden; sondern alle Thatsachen, welche zur Entscheidung der Frage des Besitzes und der Frage des wirklichen Rechts gehören, sollen zugleich und in Einem Prozesse aufgenommen und untersucht, also auch in dem über das Recht abzufassenden Haupturtel, zugleich über die etwanigen Folgen des Besitzes, nach der verschiedenen Qualität desselben, erkannt werden.“ Vgl. Tit. 31 §. 18. 19 und (wegen der Inappellabilität der Erkenntnisse in poss. summ.) J. M. Bl. 1847 S. 169—172, so wie (wegen anderer Rechtsmittel) die Präjj. 786. 1398. 1518. 1642.

Wegen der materiellen Abgränzung des possessorii und petitorii nach der Natur der verschiedenen Rechte, welche den Gegenstand des Rechtsstreites bilden: oben S. 333 fg.

779) Koch Besitz S. 95—100 (ad V—VII) und 297—302. Im Entwurfe (§. 108—110. 119. 120) fanden sich erst schwache Anfänge der in den jetzigen §§. 162—176 so weit ausgesponnenen Bestimmungen über die Stellung des Inhabers, des unvollständigen und des vollständigen Besitzers. Der §. 109 des Entwurfs (jetzt §. 162) war noch von dem §. 106 (jetzt §. 161) isolirt. Ihm schloß sich der §. 110 (jetzt §. 165) unmittelbar an. Dagegen fanden sich die jetzigen §§. 178—187 (mit Ausnahme des §. 183, der noch fehlte) im Wesentlichen schon in den §§. 107. 111—118 des Entwurfs. Die ganze Neuerung ist erst im letzten Stadium der Redaction zum Abschluß gelangt. Vgl. besonders Mat. S. 288 (Sz. ad 1. 2); S. 293 fg. (Sz. ad 1—3); S. 373—377.

2. **Besonderer Vorrang des unvollständigen Besitzers.**

Der unbeschränkte Vorzug des unvollständigen Besitzers (selbst vor dem vollständigen Besitzer und dem Eigenthümer): §. 169 h. t. und die objective Selbstständigkeit seines („gegen Jeden" wirksamen) Anspruchs auf Wiederherstellung des Besitzes: §. 170 h. t. sind gerade in der abgeleiteten Natur seines Rechtes (I. 20 §. 117) nothwendig begründet[780]). Eben darauf beruhet aber auch umgekehrt die Hinfälligkeit seines Rechtes mit dem materiellen Untergange des Rechtes seines Ertheilers: möge nun letzteres einem stärkeren Rechte weichen: §. 171, oder von selbst erlöschen: §. 172 h. t. Doch soll — was sofort im §. 173 h. t. seinen prinzipiellen Ausdruck findet — der Kauf nicht die Miethe brechen. (I. 21 §. 358.)

So weit, wenn das Besitzrecht des unvollständigen Besitzers angegriffen wird. Bei einem auf die Sache selbst gerichteten Anspruche hat dagegen auch er (wie ad 1. der bloße Inhaber) nur die Verpflichtung zur Nomination: §. 174 h. t.

3. **Der vollständige Besitzer** (in conditione usucapiendi) weicht dem wahren Eigenthümer, aber (abgesehen von dem Vorzuge des abgeleiteten Rechtes: oben ad 2) auch nur diesem: §. 175. 176 h. t. Hierauf gründet sich das über die Beweislast bei der Negatorienklage ergangene Präj. 2008 (v. J. 1848), nach welchem zur negatorischen Klage gegen den Servitut-Prätendenten nicht der Beweis des Eigenthums, „wie ihn der wahre Eigenthümer fordern kann" (so heißt es wörtlich in den Gründen), nöthig ist, vielmehr schon der Beweis des vollständigen Besitzes genügt. (Entsch. XVII. 110—114; Rechtsf. IV. 46. 47.)[781]) Selbst die s. g. gesetzlichen Servituten kann der vollständige Besitzer geltend machen, wie der Eigenthümer (unten Anm. 950): Strieth. XXV. 42—44 (v. 1857).

---

780) Das: „In eben der Maaße" im §. 170 entspricht dem: „so lange sein Besitzrecht dauert" im §. 169.

781) Der Accent liegt hier auf dem vollständigen Besitze, als dem factischen Fundamente für die Activlegitimation: Rechtsf. III. 1. 2 (v. J. 1847: gegen unrichtige Einmischung des Erforderniffes der Redlichkeit); Strieth. XVIII. 326—329 (v. 1855: ungenügende Berufung des Klägers auf das Eigenthum und die präsumtive Freiheit desselben); XXXIV. 136 (v. 1859). Ueberhaupt wird aus den §§. 175. 176 ein der actio Publiciana nach Römischem Rechte entsprechendes Rückforderungsrecht für den vollständigen redlichen Besitzer hergeleitet, nicht aber der bloße, wenngleich redliche Besitz für genügend erachtet, um eine Entschädigungsforderung wegen angeblicher Beeinträchtigung des besessenen Rechtes geltend zu machen: Strieth. X. 204 (v. 1849). Vgl. jedoch unten Anm. 799.

4. Ad 2 u. 3 wird redlicher Besitz vorausgesetzt: §. 177 h. t. Der unredliche Besitzer soll immer nachstehen: §. 178[782]). Doch gilt die allgemeine Präsumtion für Redlichkeit und Rechtmäßigkeit: §. 179[783]). Also braucht auch der Regel nach der Besitzer den Titel seines Besitzes nicht anzugeben, noch weniger nachzuweisen (11. C. de pet. her. III. 31: Cogi possessorem ab eo, qui expetit, titulum suae possessionis dicere, incivile est . . .): §. 180 h. t. Von dieser Regel gelten jedoch folgende Ausnahmen:

A. Wenn die s. g. praesumtio pro possessore („für die Rechtmäßigkeit des Besitzes") mit der s. g. praesumtio pro libertate („daß Personen und Eigenthum frei sind": A. L. R. I. 8 §. 23; 19 §. 14), also die schwächere mit der stärkeren Präsumtion collidirt, so muß der Besitzer (der Einschränkung) sein Recht zu diesem Besitze angeben und nachweisen: §. 181. 182 h. t.[784]); es sei denn, daß gesetzliche Einschränkungen gegen Personen eines gewissen Standes gelten (eine Ausnahme von der Ausnahme): §. 183 h. t.[785])

Praktische Anwendungen: Entsch. XV. 447 (ad II)—454 (v. J. 1847: Negatorienklage in Form einer uneigentlichen Reconvention); Strieth. II. 295—299 (v. 1851: onera communia bei einem gutsherrlichen Verbande); Strieth. XVI. 112 ad a. 114 (Entsch. XXX. 199, v. 1855: Nicht-Aufhebung der praesumtio pro libertate durch ein obsiegliches Urtheil im Possessorienprozesse); XXV. 141; XXXII. 329 fg. ad c.; XXXV. 171.

---

782) Selbst wenn er in Beziehung auf die Person des besser berechtigten Rückforderers nicht unredlich gehandelt hat: Rechtsspr. III. 243 ff. (oben Anm. 770).

783) Oben S. 340 ad c. Im Entw. §. 111 war nur erst die Präsumtion der Rechtmäßigkeit ausgesprochen. Uebrigens kommt die Präsumtion des jetzigen §. 179 nicht blos dem vollständigen Besitzer (Entsch. XI. 300; XXXI. 29; Strieth. XXXI. 109), sondern auch dem unvollständigen Besitzer zu Statten. (Strieth. II. 329 ad a. 331.)

784) Diese beiden §§en (Entw. §. 113. 114) verdanken ihre Entstehung der von Sz. zur Erledigung der in Erinnerung gezogenen bekannten Streitfrage vorgeschlagenen Fassung: Mat. S. 156.

785) Natürlich ist die nächste, durch das Allegat (Th. II. Tit. 7. Abschn. 3) ausgedrückte Bedeutung des §. 183 mit der Aufhebung der Gutsunterthänigkeit von selbst geschwunden. Doch wird mit Recht darauf hingedeutet, daß das Prinzip selbst fortbesteht, worauf sich die Vermuthung für alle onera communia gründet, welche deren Eintragung entbehrlich macht: S. S. Studien S. 625 ad 33. Z. B. A. L. R. I. 22 §. 147 und (hier oben ad A.) Strieth. II. 299. Vgl. jedoch auch Jur. Wochenschrift 1846 Sp. 313 fg. (Text u. Anm. 7.)

B. Wenn Jemand nachweist, daß ihm der **Besitz vitiös**[786]) **entnommen** worden ist, so muß der gegenwärtige Besitzer seinen Besitztitel **angeben**: §. 184 h. t. (Rechtsspr. III. 248.)

C. Wenn der Kläger nachweist, daß die (von ihm vindicirte) Sache **seinem rechtmäßigen Besitze ohne seinen Willen entkommen** ist, so muß der Beklagte seinen Besitztitel und seinen Auctor **angeben**: §. 34. A. L. R. I. 15. (Nach c. 16. C. de prob. IV. 19: si petitor ius suum clare probaverit. Mat. S. 289.) Hierin liegt nicht ein Widerspruch mit §. 184 h. t. (ad B), sondern eine Stufenfolge der Voraussetzungen. Denn im §. 184 handelt es sich blos um den unerlaubt gestörten Besitzstand, nicht um Rechtmäßigkeit des (gestörten) Besitzes, im §. 34 dagegen blos um den (verlorenen) rechtmäßigen Besitz (§. 10. A. L. R. I. 7), nicht um unerlaubte Störung[787]).

Zur Begründung der Eigenthumsklage (Vindication) ist demgemäß erforderlich: der Nachweis des einmal erworbenen Eigenthums des Klägers, **nicht** des **wider den Willen des Klägers** eingetretenen Verlusts des Besitzes: Entsch. XI. 296—302 (v. J. 1844); Strieth. VIII. 8—14 (v. 1852); XV. 216—219 (v. 1854); XXXI. 167—170 (v. 1858)[788]).

D. Die von dem Richter (zur Aufklärung streitiger Thatsachen) geforderte **Angabe** des Besitztitels muß in allen Fällen ohne Rückhalt[789]) geschehen (Hauptgrundsatz der Prozeß-Ordnung[790])): §. 185 h. t. (I. 9 §. 586; 15 §. 37—39.)

Obgleich aber ad A bis D der Titel angegeben (ja ad A sogar nachgewiesen[791])) werden muß, so soll doch dadurch die Präsumtion

786) Im **Entw.** §. 115 hieß es: „durch eine gesetzwidrige Handlung"; jetzt heißt es (§. 184 h. t.): „durch Gewalt, List, oder Betrug." Vgl. Mat. S. 289 (Goßler).

787) **Gesetzrev.** a. a. O. S. 39. 40 (zum siebenten Titel) u. S. 186 (zum fünfzehnten Titel); S. S. Studien S. 625. 626 ad 34.

788) Bei der letzten Entscheidung ist der Einfluß der Umstände des besonderen Falles nicht zu übersehen.

789) Im entsprechenden §. 116. des gedruckten Entwurfes (in der 1787 herausgegebenen Abtheilung) hieß es: „ohne **Rücksicht**." (Mat. S. 291 §. 116: „ohne Rückhalt;" vgl. S. 376 §. 174.)

790) **Sz.** Mat. S. 294 (ad 2); S. S. Studien S. 626 fg. ad 35. I.

791) **Sz.** (am eben angef. Orte und S. 537) denkt sich allerdings die **bloße Angabe** von dem **Erweise** des Besitztitels wesentlich verschieden. Nicht minder **Goßler** (S. 293), obgleich dieser vorweg eine nähere Bestimmung darüber in Frage gestellt hatte: ob mit der **Angabe** des Titels zugleich die **Anzeige der Beweismittel** verbunden sein müsse (S. 291). Vgl. S. S. Studien S. 627 ad II. u. **Koch**'s Comm. ad §. 184 h. t., ad §. 34. 35. Tit. 15 u. Besitz S. 97.

für die Rechtmäßigkeit des Besitzes nicht gestört werden: §. 187 h. t. Dagegen wird mala fides in gewissen Fällen präsumirt. Es wird nämlich für einen unredlichen Besitzer erachtet, wer entweder

a) in den Fällen B bis D[792]) die Angabe seines Besitztitels beharrlich verweigert: §. 186 h. t. — zu beschränken: 1) aus §. 39. A. L. R. I. 15 auf den Wissenden, und 2) nach dem Präj. 829 (v. J. 1840) auf den zur Zeit der angestellten Klage noch Besitzenden —; oder

b) den Besitz der Sache dem Richter freventlich abläugnet: §. 40. A. L. R. I. 15 (§. 256. I. 20); oder

c) den Besitz einer gestohlenen oder verlorenen Sache verheimlicht: §. 41. A. L. R. I. 15. (§. 71—73. I. 9.)

Vgl. überdies I. 7 §. 19; 15 §. 18. 19; 20 §. 92; II. 8 §. 1154. 1403. [20 §. 1231 ff.]

II. Verhältnisse bei der Räumung des Besitzes.

1) **Zwischen dem vollständigen redlichen Besitzer und dem Eigenthümer** (welchem jener weicht)[793]). Die Grundsätze des A. L. R. sind bei dieser Auseinandersetzung und Ausgleichung zum Theil neu und eigenthümlich.

A. Rückgabe der Sache in ihrem dermaligen Zustande, von Seiten des Besitzers: §. 188 h. t.[794]), gegen Ersatz des pretii: §. 221 h. t. (unten Tit. 15 ad IV) und unter Tragung der Kosten der Auslieferung oder Uebergabe, von Seiten des Eigenthümers: §. 220 h. t.[795])

B. Fructuum perceptio des bonae fidei possessor, in grundsätzlicher Abweichung vom Römischen Rechte: Sz. S. 8—10[796]).

---

792) Im Entw. §. 117 hieß es: „Wer sich dieser Pflicht entzieht rc.", was nur auf den §. 116 (jetzt 185) ging. Die weitere Ausdehnung ist erst nachher eingetreten: Mat. S. 292 (Mon. 2 u. G.) u. S. 294 (Sz. ad 3).

793) Vgl. A. L. R. I. 5 §. 163. 337. 355. 366. 400; 9 §. 53. 282. 497 fg.; 11 §. 154. 166. 168. 172. 239. 253. 290. 353. 482. 1078. 1166; 12 §. 341; 15 §. 27. 44; 18 §. 270. 303. 791 (804). 792; 20 §. 81. 537. 640. 656; 21 §. 143 (II. 4 §. 212); II. 18 §. 590.

794) Der entsprechende §. 120 des gedr. Entwurfs hatte noch das Element des jetzigen §. 175 in sich und gedachte außerdem zugleich der (mit der Sache herauszugebenden) vorhandenen Früchte. Vgl. Mat. S. 294. 301 u. 306 (Noten). 377 (letzte Aenderung).

795) Den jetzigen §§. 220. 221 entsprechen im Wesentlichen schon die §§. 151. 152 des (gedr.) Entwurfes. Vgl. Mat. S. 319. 320. 385 (zusätzliche Verweisung auf Tit. 15).

796) Der Entwurf hatte, in wesentlicher Uebereinstimmung mit dem gemeinen Rechte, die Verpflichtung des redlichen Besitzers zur Zurückgabe der

a) Alle einmal gezogenen Nutzungen und gewonnenen Früchte (auch wenn dieselben noch nicht usucapirt sind: also alle fructus perceptos im weitesten Sinne, nicht blos pro cultura et cura die fructus consumtos) behält der redliche Besitzer, „selbst wenn er dadurch im Besitze eines Vortheils sich noch wirklich befindet": §. 189. 190 h. t.[797]) Ratio legis insbesondere: es sei unmoralisch, (mit dem Rö-

vorhandenen Früchte anerkannt (§. 120: oben Anm. 794), die genossenen aber — unter spezieller Aufzählung der für genossen zu achtenden Früchte — dem redlichen Besitzer als Eigenthum gelassen (§. 121—132). Goßler bemerkte: „Vielleicht wäre es rathsam, dem redlichen Besitzer alle fructus perceptos zuzueignen, ohne Unterschied, ob sie exstantes oder consumti sind. Verschiedene berühmte Rechtslehrer haben dies sogar nach der römischen Theorie behauptet, und man vermeidet dann die fast unauflösliche Schwierigkeit bei Bestimmung der Grenze zwischen fructibus exstantibus und consumtis." (Mat. S. 295.) Sz. erklärte sich dagegen. (S. 302. 303 ad a.) Goßler's Ansicht fand jedoch Beifall und ging in unser Gesetzbuch über. (S. 306 ff. 377 ff.: vollständig nachgewiesen in S. S. Studien S. 627. 628 ad 36.) Sz. vertheidigt in der Schlußrevision (am oben ad B. angeführten Orte) die neue Theorie mit allem Eifer und mit vielen Gründen, nachdem er die Neuerung, wie folgt, charakterisirt hat: „1) daß de jure rom. der possessor b. f. die fructus exstantes non usucaptos herausgeben mußte; hier aber der redliche Besitzer alle fructus perceptos der frühern Jahre behält; 2) daß das Römische Recht in Ansehung des letzten Jahres mit dem Tage, da der possessor b. f. per litis contestationem im malam fidem versetzt worden, streng abschneidet; das Gesetzbuch hingegen die fructus ultimi anni bei nutzbaren Grundstücken zwischen dem Besitzer und Eigenthümer pro rata temporis theilt."

Das Preuß. Landr. v. 1721 war in Ansehung der Früchte dem Römischen Rechte treu geblieben: der redliche Besitzer sollte dem Evincenten die „noch verhandenen" Früchte refundiren und erstatten (im Gegensatze zu den ihm gelassenen „consumirten" Früchten): Buch III. Tit. I. Art. 9 §. 11. (Vgl. §. 13 wegen des malae fidei possessor.) Das Project des Corp. Jur. Frid. hatte in seinem zweiten Theile (v. 1751) Lib. II. Tit. IV. §. 25 dem bonae fidei possessor auferlegt: „dem Kläger die gehobenen Früchte und Nutzungen, . . . in so weit dieselben noch wircklich vorhanden sind, oder aus welchen der Besitzer locupletior worden" (es sei denn, daß er letztere usucapirt hätte), zu restituiren. Nur die verzehrten Früchte, durch welche er nicht locupletior geworden, sollte er lucriren. (Vgl. §. 28 wegen des malae fidei possessor.)

Wegen des Verhältnisses dieser Lehre zum Nießbrauch vgl. unten Tit. 21. Abschn. 1. ad IX.

797) Der redliche Besitzer soll nicht blos die consumirten und nicht blos die usucapirten Früchte gewinnen. Das Wort „genossenen" ist im §. 189 h. t. nur unversehens aus dem Entw. §. 121 stehen geblieben: Gesetzrev. S. 41; S. S. Studien S. 628 ad 37. Das Landrecht legt also dem redlichen Besitzer in Ansehung der zur Zeit der litis contestatio vorhandenen Früchte nicht einmal die Restitutionspflicht auf, welche für das Römische Recht von der neueren Disziplin (ungeachtet der wieder durchgedrungenen Ansicht, daß der b. f. possessor nicht blos den Usucapionsbesitz, sondern das Eigen-

mischen Rechte) den liederlichen Wirth, der Alles gleich verzehre und durchbringe, vor dem guten Wirthe, bei dem man noch Vorrath finde, zu begünstigen[798]).

Auf das Verhältniß des Benefizial-Erben zu den Erbschaftsgläubigern findet der §. 189 h. t. keine Anwendung: Entsch. XI. 473 (v. J. 1844). Die Beschränkung dieses Paragraphen auf das Verhältniß des redlichen Besitzers zu dem wahren Eigenthümer ist noch in einer anderen Richtung durchgeführt (unberechtigten Dritten gegenüber): Strieth. X. 197 fg. ad a. 200 — 202 (v. 1853)[799]). Auch kann sich der Possessorienkläger nicht auf den §. 189 stützen, um (wegen Nicht-Vollstreckbarkeit des Poss.-Erkenntnisses) entbehrte Nutzungen zu fordern: Strieth. XIX. 178 — 180 (v. 1855).

b) Bei allen s. g. fructus civiles (ex die in diem) ist Theilung pro rata temporis beabsichtigt: §. 191. 192 h. t.[800]) Wie also der redliche Besitzer die fructus perceptos gewinnen soll (§. 189. 190), so muß er auch die im Voraus für die Zukunft erhobenen Nutzungen (mit der Hauptsache) herausgeben. Nur die nicht ganz correcte Fassung des §. 191 konnte das Bedenken erregen, ob nicht z. B. der redliche Besitzer einen im Voraus erhobenen Grundzins ganz herausgeben müsse, wenn der Verfalltag nach dem Ende seiner Redlichkeit eintritt[801]). In der That ist das Verhältniß ein ähnliches, wie beim Nießbrauche: I. 21 §. 29[802]).

c) Bei beweglichen nutzbaren Sachen, insbesondere bei Thieren (oben Anm. 258), ist die Absonderung der Früchte (fructus naturales) von der Substanz entscheidend: §. 193. 194 h. t.[803]).

---

thum der Früchte durch die Separation erwerbe) anerkannt ist. (Puchta §. 166. 170.)

798) Sz.: Mat. S. 380 ad 2; S. 381 (Schlußrevision S. 9) ad e.

799) Der redliche Besitzer ist hiernach gegen den dritten Beschädiger der noch ungetrennten (noch nicht perzipirten) Früchte (A. L. R. I. 9 §. 221) zur Klage auf Schadenersatz legitimirt. Anders freilich hat der höchste Gerichtshof erkannt, wo es sich um eine Entschädigungsforderung wegen angeblicher Beeinträchtigung des besessenen Rechtes selbst handelte: oben Anm. 781 g. E.

800) Der (gedr.) Entwurf hatte nur die Bestimmung im §. 132: „Die zur Verfallzeit erhobne Zinsen, und andre Prästationen, bleiben im Eigenthum des redlichen Besitzers."

801) Gesetzrev. S. 41; S. S. Studien S. 628—631 ad 38; Koch Besitz S. 88—90. Vgl. jedoch Born. §. 67 ad 2.

802) Unten Tit. 21. Abschn. I. ad II. 2. Sonach gehören die Früchte dem Eigenthümer für die Zeit, während welcher das Eigenthum prävalirt. Sie gehören dem b. f. possessor (resp. dem Nießbraucher) für die Zeit, während welcher die b. f. possessio (resp. der Nießbrauch) prävalirt.

803) Der §. 194 bezeichnet beim jungen Vieh die Trennung vom Mutter-

d) Bei **nutzbaren Grundstücken** (und zwar bei nutzbaren Grundstücken **aller Art**, mit oder ohne Landwirthschaft[804])) werden

α) die Nutzungen vorhergehender Wirthschaftsjahre, gegen Tragung der Lasten und Abgaben (auch der etwa noch rückständigen), dem redlichen Besitzer gelassen: §. 195. 196 h. t.; dagegen

β) die Nutzungen des **letzten Wirthschaftsjahres** (vom Ersten Julius an gerechnet) pro rata temporis (d. h. nach der Dauer der Redlichkeit oder Unredlichkeit des Besitzes in diesem Jahre — unten Anm. 806 —) zwischen dem Besitzer und dem Eigenthümer getheilt, wenn nicht der Eigenthümer es vorzieht, einer solchen Theilung zu entsagen und dem Besitzer die Nutzungen des letzten Jahres, unter Compensation der Lasten, zu überlassen: §. 197—203 h. t.[805]) Ratio legis: Undenkbarkeit der Früchte eines gewissen bestimmten Zeitpunktes bei Landwirthschaften und Schwierigkeit der Bestimmung des Zeitpunktes, wann die verschiedenen Arten der Nutzungen, besonders fructus industriales und civiles, eigentlich fällig seien; auch Beseitigung des (nach der Römischen Theorie waltenden) Zufalles, zu welcher **Zeit der Besitzer durch Insinuirung der Citation in malam fidem versetzt werde**[806]), und ob er darnach viel oder wenig fructus restituiren solle[807]).

Aus dem Gegensatze zwischen *β* und *α* ergibt sich die Unanwendbarkeit der §§. 197 ff. auf den Fall eines blos vorübergehenden redlichen Besitzes **im Laufe eines Wirthschaftsjahres**, weil von einem „letzten" Wirthschaftsjahre nur insofern die Rede sein kann, als der redliche Besitzer das Grundstück bereits in einem Vorjahre (oder doch unmittelbar **vor** dem Anfange, ja vielleicht auch nur **seit** dem

---

leibe, d. h. die selbstständig gewordene Existenz, als Moment der Absonderung. Die Collision mit I. 9 §. 221 liegt mehr im Ausdruck, als in der Sache: **Gesetzrev.** S. 107. 108 (zum neunten Titel); **Koch** Besitz S. 81—88.

804) Anders beim Nießbrauch: I. 21 §. 170. 171. (Unten Tit. 21 Abschn. I. ad IX. 2. A. B.) Es bleibt allerdings fraglich, ob diese subtilen Verschiedenheiten in sich begründet und praktisch nützlich seien: **Gesetzrev.** S. 42; S. S. Studien S. 631 fg. ad 30; **Koch** Besitz S. 79 fg. 91—95 und Comm. ad §. 195 h. t.; **Born.** §. 67 ad 3.

805) Das Allegat im §. 201 ist zu verstehen von Tit. 21 §. 143—171, als dem eigentlichen Sitze der Lehre von den verschiedenartigsten Auseinandersetzungen. (**Gesetzrev.** S. 42. 43.)

806) **Sav.** VI. 256. Danach ist denn auch der §. 198 h. t. zu verstehen: von dem (letzten) Jahre, in welchem der Besitz aufgehört habe redlich zu sein.

807) **Sz:** Mat. S. 382 (Schlußrevision S. 9. 10) „ad 2" (oben Anm. 796).

Anfange des „letzten" Wirthschaftsjahres) bewirthschaftet hat: Entsch. XXXIX. 48—53 (v. J. 1858).

Auf Pachtverhältnisse sind die Grundsätze der Auseinandersetzung zwischen dem Eigenthümer und dem redlichen Besitzer, insbesondere §. 199 h. t., überhaupt nicht anwendbar: Entsch. XXXI. 420—424 (v. J. 1855); Strieth. XXXVIII. 126 ad d. 129 (v. 1860)[808]) vgl. mit V. 143.[809]) Dagegen ist die Anwendung (besonders der §§. 197 u. 199 h. t.) auf den Nießbrauch (Anm. 802 u. 805) von praktischer Bedeutung: Strieth. XXXIX. 215—218 (v. 1860).

C. Ersatz der Meliorationen und getragenen Lasten und Haftung für Deteriorationen.

a) Impensae utiles werden dem redlichen Besitzer ersetzt nach Maßgabe der §§. 204—209 h. t. (I. 9 §. 333; 11 §. 303; 18 §. 543; 20 §. 606; II. 1 §. 591.)[810]) D. h. die Verbesserungskosten sind zu erstatten, mag der Nutzen bereits vorhanden oder nur erst mit Sicherheit zu erwarten sein. (§. 204. 205 h. t.[811])) Bei der Berechnung dieser Kosten wird jedoch unterschieden, ob der Nutzungsertrag (§. 206), oder nur der Kaufswerth der Substanz erhöhet ist (§. 207. 208)[812]). Immer aber dürfen nur die baaren Auslagen und die nicht aus der Sache selbst genommenen Naturalprästationen in Anschlag gebracht werden (§. 209)[813]).

b) Bei den impensae voluptariae gilt überhaupt blos das

---

808) Die Jahreszahl 1859 in der Ueberschrift S. 125 scheint auf einem Druckfehler zu beruhen.

809) Der hier allegirte §. des A. L. R. I. 7. soll wohl (nicht §. 129, sondern) §. 199 sein.

810) Nicht zu verwirren mit dem Verhältniß bei der nützlichen Verwendung (in rem versio): Gesetzrev. S. 43.

811) Der §. 204 findet sich schon im (gedr.) Entw. §. 138. Der §. 205 ist, auf besondere Anregung (Mat. S. 311 Mon. 2), hinzugefügt worden: Mat. S. 314 (Sz. ad 2). Den §. 139 Entw. ließ man fallen: Mat. S. 312 (Mon.) u. 314 fg. (Sz. ad 3.)

812) Diese Unterscheidung war, auf Grund eines besonders motivirten Vorschlages von Sz. (Mat. S. 165—167), bereits in den (gedr.) Entw. §. 140—142 aufgenommen. (Nur die Fassung des §. 141 wurde noch verbessert: Mat. S. 313. 383.) Bei der (relativen) Erhöhung des Kaufwerthes der Substanz hat man vorzugsweise an Wohngebäude auf Landgütern gedacht: Sz. a. a. O. S. 166; Gesetzrev. S. 43.

813) Eben so I. 21. §. 286 (bei der Pacht). — Sz. hatte vorgeschlagen: nur die baaren Geldverwendungen zu berücksichtigen. Es wurde aber concludirt: „(Auch) Natural-Verwendungen, die nicht ex fundo genommen worden." (Mat. S. 167.) So findet sich unser §. 209 schon im Entw. §. 143. (Mat. S. 313 fg.)

ius tollendi (38. de R. V. VI. 1: Sufficit tibi permitti tollere etc.; 9. de impensis XXV. 1: Pro voluptariis impensis nisi parata sit mulier pati maritum tollentem etc.; Puchta §. 171): §. 210. 211 h. t.; Strieth. XXXIII. 179—184 (v. J. 1859).

c) Currente Lasten und Abgaben hat auch der redliche Besitzer vom Genuß der Früchte zu tragen: §. 218 h. t.; aber Erhaltungskosten, Wiederherstellungskosten und außerordentliche Lasten und Abgaben, d. h. alle impensae oder expensae necessariae, werden ihm ersetzt nach §. 196. 212—217. 236 h. t. (I. 11 §. 307.)[814])

Zu §. 212. 218 h. t. vgl Strieth. XXVI. 126—131 (v. J. 1857) und XXXV. 69 ad b. 72 fg. (v. 1859).[815]) Zu §. 216: Entsch. XIX. 82[816]).

d) Für solche Deteriorationen, welche „durch sein grobes Versehen" entstanden sind, soll auch der redliche Besitzer haften: §. 219 h. t. Dieser, erst bei der Umarbeitung des (gedr.) Entwurfs (mit Verletzung des unwiderleglichen quasi suam rem neglexit: 31 §. 3. de her. pet. V. 3) gemachte Mißgriff ist hervorgegangen aus vermeinter Billigkeit und Gleichheit der Rechte (zwischen Eigenthümer und Besitzer) und aus Ungunst gegen „liederliche und unordentliche Wirthschaft"[817]).

2. Zwischen dem vollständigen unredlichen (auch unrechtfertigen) Besitzer und dem Eigenthümer[818]).

---

814) Durch die Combination dieser §§en lassen sich verschiedene hier erhobene Bedenken erledigen. Nur wird man auch bei außerordentlichen Lasten und Abgaben den §. 216 h. t. analogisch zur Anwendung bringen müssen. Vgl. S. S. Studien S. 632 fg. ad 41 u. Gesetzrev. S. 44 fg.

815) Der redhibirende Käufer eines Pferdes kann von dem Verkäufer die Erstattung der Fütterungskosten nur dann fordern, wenn diesem daraus ein Vortheil erwachsen ist. Vgl. oben S. 263 ad C.

816) In den Gründen zum Präj. 2189 (oben S. 219 Zeile 2) wird schließlich, unter Hinweisung auf §. 216 h. t., bemerkt, daß bei einem Arbeitspferde die Nutzungen erfahrungsmäßig über die Unterhaltungskosten hinaus gehen, da Niemand sonst ein Pferd zum Zwecke des davon zu ziehenden Nutzens halten würde. Wenn also der Besitzer das Pferd habe benutzen können, so könne er auch für die Kosten des Unterhalts desselben keine Vergütigung fordern.

817) Vgl. Entw. §. 149. 150 (45. de R. V. VI. 1: culpa ist zu vertreten von dem b. f. possessor post litem contestatam) und Mat. S. 318 fg. 320 (Sz. ad 1. 2. u. Concl.: „. . . er prästirt culpam latam in abstracto"). 385 (vergebliches Monitum von Scholz). Die Kritik ist im Wesentlichen einig: Gans Beiträge zur Revision der Preuß. Gesetzgebung (1830—32) S. 27; Jur. Wochenschr. 1835 S. 433 ad I. (434 fg.); Born. §. 119 ad 2 (von Verschlimmerungen); Koch im Comm. ad §. 219 h. t.

818) Vgl. A. L. R. I. 5 §. 158. 353. 398; 9 §. 497; 11 §. 25. 159—

A. Beginn der Unredlichkeit des Besitzes: spätestens mit dem Tage der Klagebehändigung (oben S. 338 ad δ): §. 222 h. t. Ratio legis: eine vollständig instruirte Klage müsse den Besitzer über die Rechtmäßigkeit seines Besitzes schon sehr zweifelhaft machen; auch würde die Annahme eines späteren Zeitpunktes dem Beklagten das größte Interesse an der Verschleppung des Prozesses geben[819]). Unverkennbar ist der innere Zusammenhang dieser Auffassung mit der damals noch herrschenden Theorie von der Versetzung in malam fidem durch die Litis-Contestation (oder gar durch „Insinuirung der Citation")[820]). Man ist deshalb gegenwärtig weder über die Begründung noch über die Folgen des §. 222 h. t. ganz einig[821]).

In der Praxis ist wenigstens so viel anerkannt, daß die Vernichtung eines mit der Nichtigkeits-Beschwerde angegriffenen Zuschlags-Erkenntnisses nicht schon mit der Insinuation der Nichtigkeits-Beschwerde die Verpflichtungen eines unredlichen Besitzers gegen den Adjudicatar begründet. Derselbe gilt vielmehr bis zu dem die Vernichtung aussprechenden Urtel für einen redlichen Besitzer: Präj. 2274 (v. J. 1851: Entsch. XX. 106—113). Auch ist angenommen worden, daß durch die Ungültigkeit eines Kaufvertrages allein die Unredlichkeit des Besitzes an den erkauften Sachen noch nicht begründet werde: Striethh. VIII. 104 ad b. 108 (v. 1852). Dagegen wird der Vorschrift des §. 222 h. t. in objectiver Hinsicht eine unbeschränkte Wirksamkeit eingeräumt: Striethh. XII. 157—162 (v. 1854).

B. Unentgeltliche Rückgabe der Sache: §. 223 h. t. (unten Tit. 15. ad III), nebst Ersatz aller Kosten und Schäden (40 pr. de her. pet. V. 3: . . . id actori praestetur, quod habiturus esset, si eo

---

163. 168. 237. 1167; 12 §. 310; 14 §. 72; 15 §. 16. 20; 16 §. 18; 18 §. 793; 20 §. 91. 149. 642; 21 §. 172. 332; II. 1 §. 546. 881; 18 §. 590.

819) Vgl. Entw. §. 153; Mat. S. 321 (G. ad Mon. 1.); 322 (G. ad Mon. 5); 329 fg. (Sz. ad 1).

820) Anfangs hatte man von der „alten Lehre von der Litiscontestation oder Insinuation der Klage" abgehen wollen: Mat. S. 59 (Kn.) 94 (§. 713). 170 fg. (ad §. 178) und die in der Anm. 810 angeführten Stellen. Vgl. Sav. VI. (22 fg. 40. 47 Note o. 255 fg.) 96—100. Oben Anm. 806.

821) Born. §. 54 ad 4 d; Schröter civil. Versuche S. 187 ff; Jur. Wochenschr. 1847 Sp. 74—77; Koch Comm. ad §. 222 h. t.

Die gelegentlich ventilirte Frage über den Beginn der s. g. mala fides des erst in letzter Instanz verurtheilten Beklagten (Siewert's Material. Heft 7. S. 79—83) ist bereits bei der Prüfung des gebr. Entw. consequent beantwortet worden: Mat. S. 321. G. ad Mon. 3. (Koch Comm. a. a. O.)

tempore, quo petit, restituta esset hereditas etc.; Sav. VI. 53. 87. 180. 187. 202): §. 244. 243 h. t.[822])

C. Herausgabe der vorhandenen und Erstattung der genossenen Früchte und Nutzungen: §. 223 h. t.[823])

Für die verzehrten oder veräußerten Früchte wird der Marktpreis ersetzt, wenn nicht der Eigenthümer den (factisch gezogenen) Verkaufspreis vorzieht: §. 224—228 h. t.[824]) (Strieth. XXVII. 144; oben S. 243.)

Die s. g. fructus percipiendi[825]) braucht nur der malae fidei possessor κατ' ἐξοχὴν (oben S. 336 ad α) zu vergüten; dieser aber (nach dem vermeintlich Römischen Unterschiede zwischen ihm und dem bonae fidei possessor post litem contestatam[826])) soll die Vergütung ex persona domini (nach dem „in jeder Provinz und Gegend" gewöhnlichen Wirthschaftsbetriebe) leisten: §. 229. 230 h. t.[827]) Auch die Praxis fordert die Vergütung der fr. percipiendi nur von demjenigen, welcher es wirklich weiß, daß die Sache, die er als seine eigene besitzt, einem Anderen zugehöre, nicht von jedem fingirten unredlichen Besitzer (welcher ein solches Bewußtsein nicht hat, aber dennoch nach den Gesetzen einem unredlichen Besitzer gleichgeachtet wird): Entsch. XXVIII. 58—63 (Strieth. XIII. 261—265: v. J. 1854). Die Aufstellung

822) Der §. 243 bildet nur eine nachträgliche Ergänzung des §. 244 (Entw. §. 169): Mat. S. 329 (Mon. u. G. ad §. 169) und S. 332 (Sz. ad 13).

823) Ganz so Entw. §. 154.

824) Den jetzigen §§. 224. 226. 225. 228 entsprachen die Entw. §§en 155. 156. 157. 158. Die Umstellung der jetzigen §§. 225. 226 und die Einschaltung des §. 227 ist erst bei der Umarbeitung des Entw. erfolgt: Mat. S. 323. 330 (Sz. ad 3).

825) Besser: „versäumte Früchte:" Sav. VI. 104.

826) Vgl. §. 2. J. de off. iud. IV. 17. (. . . . . . si vero bona fide possessor fuerit, ... post inchoatam . . . petitionem etiam illorum [fructuum] ratio habetur qui culpa possessoris percepti non sunt); 62 §. 1. de R. V. VI. 1. (. . . constat animadverti debere, non an malae fidei possessor fruit[ur]us sit, sed an petitor frui potuerit, si ei possidere licuisset); Sav. VI. 113—115 (besonders Note h).

827) Es ist zwar aus der Entstehungsgeschichte aufgeklärt, wie man überhaupt zu dieser Auffassung gelangte, nachdem der Entw. §. 159 nur demjenigen die Vergütung der fr. percipiendi auferlegt hatte, der eine fremde Sache betrüglich besessen: Mat. S. 322 (Mon. 1. u. G.); 323—325 (ad §. 159. 160); 330. 331 (Sz. ad 2 u. 4); S. S. Studien S. 633 ad 43. Allein vor der Kritik ist und bleibt unser §. 229 nicht stichhaltig: Gesetzrev. S. 45. 46; Born. §. 120 ad 1. a. (Note 3); Sav. VI. 99. 120 fg. (183 Note aa); Koch Comm. ad §. 229 h. t.

und Begründung des Perzipienden-Anspruchs braucht sich übrigens nicht an das Perzeptum anzulehnen (dessen Ertrag und Nachweis zur Basis zu nehmen), sondern kann auch selbstständig aus dem Gutachten der Sachverständigen hervorgehen: Strieth. V. 251 ad b. 254 fg. (v. 1852)[828]).

Die Verzinsung der an die Stelle der Früchte tretenden Geldsumme von dem Tage der rechtskräftig gewordenen Festsetzung an: §. 231 h. t.[829]), entspricht dem §. 821. A. L. R. I. 11[830]).

Gewinnungskosten (nach wirthschaftlichen Grundsätzen), currente Lasten und Abgaben und impensae necessariae sollen auch den unredlichen Besitzer nicht drücken: §. 233 — 237 h. t.[831]) Strieth. VIII. 307—310 (v. J. 1853): Rechnungslegung des unredlichen Besitzers über die gezogenen Nutzungen. Jur. Wochenschr. 1837 S. 462—467 (Appell.-Erk. v. 1836): Klagerecht des unredlichen Besitzers aus §. 235 h. t., nach gehöriger Rechnungslegung.

D. Unterschiede zwischen dem unredlichen und dem unrechtfertigen Besitzer. (Ziemlich minutiös und casuistisch, jedoch nicht ohne praktische Tragweite.)[832])

a) Wegen der fructus percipiendi: §. 229 h. t. (Oben ad C).

b) Wegen der Capitals-Zinsen: §. 232 h. t.[833]) Dem (eigentlich) unredlichen Besitzer sollen hiernach die höchsten gesetzmäßig erlaubten, dem unrechtfertigen nur die landüblichen Zinsen zur Last fallen[834]). Strieth. III. 74 — 76 (v. J. 1851): Verzugszinsen

828) Die fructus percipiendi sind keineswegs „ein bloßes Surplus" der fr. percepti „und von dem Ertrage der letzteren und dessen Nachweise bedingt:" S. 254 a. a. O.

829) Im Wesentlichen schon eben so Entw. §. 161. (Mat. S. 325. Mon. 4. u. G.)

830) Anders nach Römischem Rechte (15. de usuris XXII. 1): Neque eorum fructuum, qui post litem contestatam officio iudicis restituendi sunt, usuras praestari oportere: neque eorum, qui prius percepti quasi malae fidei possessori condicuntur. Vgl. Gesetzrev. S. 46.

831) Entw. §. 162. 163. Mat. S. 326. 331 fg. (Sz. ad 6—10.)

832) Oben Anm. 626. 627. Koch Besitz S. 51.

833) Erst bei der Umarbeitung des Entwurfes zur Ergänzung des §. 161 (jetzt §. 231: oben Anm. 829) hinzugefügt: Mat. S. 325. 331 (Sz. ad 5), 387 (Aenderung im letzten Stadium).

834) Gemeint ist im §. 232 wohl der in den §§. 240. 241 so genannte „eigentlich unredliche" Besitzer im Gegensatze aller anderen: Koch Comm. ad §. 232. Nur der Umfang des Begriffs „Capital" (oben Anm. 260) ist gerade in diesem Sen nicht ganz zweifellos. Doch spricht wohl das Meiste für die weiteste Auffassung als ausstehende Forderungen aller Art: Gesetzrev. S. 47; S. S. Studien S. 633 fg. ad 44.

des unrechtfertigen Besitzers seit dem Tage des Empfanges einer auf den Grund eines in der Folge abgeänderten oder aufgehobenen Erkenntnisses im Wege der Execution abgenöthigten Zahlung.

c) Wegen der impensae utiles hat der unredliche Besitzer nur das ius tollendi (oben ad 1. C. b. und 5 C. de R. V. III. 32: ... cum malae fidei possessores eius quod in rem alienam impendunt ... nullam habeant repetitionem, nisi necessarios sumptus fecerint. Sin autem utiles: licentia eis permittitur sine laesione prioris status rei eos auferre): §. 238 h. t. (I. 9 §. 333.) Eben so der unrechtfertige, jedoch mit dem Vorzuge, daß ihm für den Fall der Unstatthaftigkeit des ius tollendi die Kosten „so weit ersetzt werden müssen, als sonst der Eigenthümer sich offenbar mit seinem Schaden bereichern würde": §. 239 h. t. (I. 5 §. 158; 20 §. 639.)[835])

d) Bei Deteriorationen soll der (eigentlich) unredliche Besitzer (Anm. 834 u. Sav. VI. 183) culpa levissima, der unrechtfertige nur culpa levis vertreten: §. 240 h. t.[836]) (I. 20 §. 639 [641].) Im Gegensatze zu dieser Unterscheidung ist die im Falle des §. 237 h. t. (Anm. 831: Sz. ad 9) gebotene Vertretung der culpa levissima nicht auf den „eigentlich unredlichen" Besitzer zu beschränken; wie ja die im §. 233 ausgedrückte Gleichstellung des unredlichen und des unrechtfertigen Besitzers augenscheinlich durch die §§. 234 — 237 sich hindurch zieht.

e) Auch in der Tragung des casus ist der (eigentlich) unredliche Besitzer besonders ungünstig gestellt: §. 241 h. t.; zumal derjenige, welcher mittelst einer strafgesetzlich verbotenen Handlung zum Besitze gelangt ist: §. 242 h. t.[837]). Vgl. A. L. R. I. 3 §. 13; 6 §. 16;

---

835) Mit dem Schaden des unredlichen Besitzers könnte sich also der Eigenthümer in einem solchen Falle offenbar bereichern!

Der Entwurf (in dem ja überhaupt der unredliche und der unrechtfertige Besitz noch nicht technisch geschieden war: oben Anm. 626; vgl. Entw. §. 153 —156. 161. 165. 166. 169. 173 [unredlich] und §. 162. 163. 175 [unrechtfertig]) hatte im §. 165 an den impensis voluptariis sogar das (in Ansehung der utiles im §. 164 [jetzt §. 238] eingeräumte) ius tollendi dem unredlichen Besitzer ausdrücklich versagt. Der §. 165 ist jedoch nicht ins A. L. R. übergegangen und es ist beabsichtigt worden, das ius tollendi auch bei impensis voluptariis gelten zu lassen. Vgl. Mat. S. 327. 328. 332 (Sz. ad 11). 388 (im letzten Stadium).

836) Vgl. Entw. §. 166 u. Mat. S. 388 (im letzten Stadium).

837) Der §. 241 gestattet dem Besitzer den Beweis des Einwandes, daß der Zufall die Sache auch bei dem Eigenthümer getroffen haben würde. Der §. 242 gestattet dem Besitzer (in specie dem Diebe) nicht einmal den Einwand des Zufalls. Dieser Gegensatz und das Verhältniß dieser Bestimmungen zum

13 §. 249; 14 §. 19. Auch Entsch. XLII. 39. 40 (Strieth. XXXV. 331. 332: oben Anm. 565).

f) Wegen der besseren Stellung des unrechtfertigen Besitzers in possessorio vgl. oben S. 376.

g) Noch wird angenommen, daß der unrechtfertige Besitz (im Gegensatze zum unredlichen: §. 628. A. L. R. I. 9) zur 30jährigen (nur nicht zur 10jährigen) Ersitzung wohl geeignet sei: Präj. 2073 (v. J. 1848: Entsch. XVI. 524)[838].

3. **Zwischen dem unvollständigen Besitzer und dem Eigenthümer** (welchem jener weicht, weil „der vollständige Besitzer, von welchem er sein Recht herleitet, desselben verlustig erklärt wird': §. 245 h. t.)[839].

A. War der unvollständige Besitzer redlich, so haftet er dem Eigenthümer nicht weiter und leistet demselben nicht mehr, als dem vollständigen Besitzer (dem Ertheiler seines Rechts): §. 246. 247 h. t. Nur so weit er Veränderungen gemacht hat, wozu ihn sein Titel nicht berechtigte, gilt er, im Verhältniß zum Eigenthümer, einem unrechtfertigen Besitzer gleich: §. 250 h. t. (vgl. mit §. 239)[840].

B. War der unvollständige Besitzer unredlich, so haftet er dem Eigenthümer zwar wie ein vollständiger unredlicher Besitzer, jedoch nur in subsidium: §. 248. 249 h. t.[841])

Römischen Rechte geht aus der Geschichte der Umwandlung der §§. 167. 168 des Entwurfs deutlich hervor: Mat. S. 328. 329 u. 332 (S z. ad 12); 388. 389. Vgl. Sav. VI. 183. 197 fg.; Koch Comm. ad §. 241. 242 h. t.; Born. §. 120 ad 1. b (Note 3).

838) Zwar nicht unbestritten: Arnsb. Arch. III. 217—219 (Arndts); Strieth. II. 361 ad c. 366 (v. J. 1851); XXIII. 227 (Entsch. XXXIV. 80: v. 1857); aber doch im Wesentlichen festgehalten: Arnsb. Arch. XIV. 561—569 (Entsch. aus d. J. 1849); Entsch. XXVII. 219 (v. 1853); Strieth. XXXII. 134—136 (v. 1859); Baron Abhandl. S. 26 Note 40.

839) Vgl. Entw. §. 170—175 (im Wesentlichen aus einem früheren Vorschlage von Sz., Mat. S. 177. 178, entstanden) und Mat. S. 332—335. 389 fg.; Born. §. 121.

840) Der §. 250 suppeditirt also eigentlich dem Besitzer einen error iuris, — nach der jetzigen technischen Bedeutung des Wortes „unrechtfertig." (§. 14 h. t.) Es ist jedoch nicht zu übersehen, daß der entsprechende §. 175 des Entwurfs (mit Ausnahme der hinzugefügten Worte „im Verhältniß gegen den Eigenthümer") schon ganz eben so lautete wie unser §. 250, also „unrechtfertig" noch im Sinne von „unredlich" anwendete.

841) Nach der Ansicht der Gesetzrevisoren S. 47 auf beide Fälle der Unredlichkeit des unvollständigen Besitzers zu beziehen: mag derselbe blos gegen den vollständigen Besitzer (den Ertheiler seines Rechts) in mala fide gewesen sein, oder von dem Rechte des wahren Eigenthümers Kenntniß gehabt haben. A. M. ist Koch im Comm. ad §. 250 h. t.

A. L. R. Th. I. Tit. 8. Vom Eigenthume.

(Entw. Th. II. Tit. 5.) Koch §. 223. 232—238. 602. 604. Born. §. 72. 73. 117. Puchta §. 141. 144—146. 394. 395. Eichh. §. 156—160. 168 fg. 183. 267. 268. 282. Gerber §. 63. 76—78. 85—87. 144 (Note 1). 219. Beseler §. 81—83. 91. 94. 197. 227. (Oestr. §. [340—343.] 353—364. 629—631. 1122 ff. Code Nap. art. 537—543. [713. 714.] 544. 640—648. 649—685. 686.)

Die systematische Stellung dieses noch zur s. g. pars generalis zu rechnenden Titels ist oben S. 40 näher begründet. Zwei im Texte des Gesetzbuches nicht äußerlich gesonderte Abschnitte ergeben sich aus dem Inhalte von selbst.

Abschnitt I. Allgemeine Grundsätze vom Eigenthume und dessen Modificationen.

I. Die weitgreifende Definition des Eigenthums im §. 1 h. t., als der Befugniß, über eine Sache oder ein Recht, mit Ausschließung Anderer, aus eigener Macht zu verfügen[842]), umfaßt die beiden Elemente des Eigenthums: das exclusive und das dispositive[843]), und entspricht

---

842) Dies ist wenigstens der Kern der im Entw. §. 1 einfacher gehaltenen, im A. L. R. durch die incorrecte Herbeiziehung der Substanz (welche ja nach §. 10 h. t. nur der s. g. Proprietät zur Basis dienen soll) und durch die beschreibende Erklärung der vom Eigenthümer („durch sich selbst, oder einen Dritten") zu übenden Macht (Gesetzrev. a. a. O. S. 48 g. E.) verwickelter gewordenen Definition.

843) Im Proj. Corp. Jur. Frid. Th. II. (v. 1751) Lib. II. Tit. III. §. 1 war nur das dispositive Element des Eigenthums angedeutet: „Macht u. Gewalt, nach Gefallen von einem Dinge zu disponiren." Im A. L. R. finden sich vielfach Spuren des exclusiven Elementes: z. B. §. 123. 124. 148. 150. 189 h. t.; I. 9 §. 85. 115. 119. 125. 287. Mehr noch des dispositiven: §. 9 ff. 25. 26. 65. 130. 134. 137. 141. 147 h. t. rc.

II. dem weit ausgedehnten Gegenstande des Eigenthums[844]), welcher

zuerst positiv als „Alles, was einen ausschließenden Nutzen[845]) gewähren kann" im §. 2 h. t. bezeichnet, und

demnächst negativ abgegränzt wird, durch Ausscheidung der s. g res extra commercium: §. 3—5 h. t. (Oben S. 164. 165 ad g.)[846]) So gelten z. B. (ad §. 3) die Communications- (Vizinal-) Wege nicht als Gegenstand des Privateigenthums: Strieth. XXIX. 285—289 (v. J. 1858), nebst den dort weiter allegirten Rechtsfällen und Entscheidungen.

Dem weiten objectiven Umfange des Landrechtlichen Eigenthums entspricht auch das durch die neuere Gesetzgebung gegen mechanische Ausbeutung und Verletzung geschützte literarische und künstlerische Eigenthum. Der philosophische Begriff des s. g. geistigen Eigenthums wird freilich im positiven Rechte und in der praktischen Durchführung etwas Figürliches. Allein die neuere Deutsche und insbesondere die Preußische Gesetzgebung hat sich nicht gescheut, geradezu den Schutz des Eigenthums an Werken der Wissenschaft und Kunst gegen Nachdruck und Nachbildung zu proclamiren[847]). Das

844) Während das C. J. Frid. a. a. O. §. 7 ad 1. noch ganz im Sinne des Römischen Rechts (dessen gelegentliche Sonderung der possessio vom dominium usus fructus: 3. si ususfr. pet. VII. 6., hieran Nichts ändert) „die uncörperlichen Dinge, welche ihrer Natur nach nicht ergriffen und possediret werden können" von den möglichen Gegenständen des Eigenthums besonders ausnimmt, ist gerade die Erstreckung des Eigenthums über Sachen und Rechte charakteristisch für das ganze System des A. L. R.: oben S. 39 (S z.) und S. 329 fg.

845) Mit diesem „Nutzen" harmonirt allerdings nicht die „Benutzung" im §. 3. h. t., wenn man den technischen Unterschied nach §. 109. 110. A. L. R. I. 2 ins Auge faßt. Es hat jedoch kein Bedenken, unter der „Benutzung" des §. 3 h. t. den Gebrauch überhaupt zu verstehen: Gesetz-rev. S. 49 zu Anfg.

846) Vgl. C. J. Frid. a. a. O. §. 7 ad 2.

847) Gesetz zum Schutze des Eigenthums an Werken der Wissenschaft und Kunst, vom 11. Juni 1837: Ges.-Sammlung S. 165—171. Publications-Patent über den, von der Deutschen Bundesversammlung unter dem 9. November d. J. gefaßten Beschluß wegen gleichförmiger Grundsätze zum Schutze des schriftstellerischen und künstlerischen Eigenthums gegen Nachdruck und unbefugte Nachbildung vom 29. November 1837: Ges.-Samml. S. 161—164. Instruction zur Bildung der, in den §§. 17 u. 31 des Gesetzes zum Schutze des Eigenthums von Werken der Wissenschaft und Kunst gegen Nachdruck und Nachbildung vom 11. Juni 1837, erwähnten Vereine von Sachverständigen, d. d. den 15. Mai 1838: Ges.-Samml. S. 277—279.

Auch das Oesterreichische Gesetz vom 19. Octbr. 1846 ist erlassen

aus der Formgebung hervorgehende Urheberrecht gestaltet sich als **ausschließendes Recht zur Veröffentlichung und Vervielfältigung** des Werkes in der vom Urheber geschaffenen Form [848]). Und das Eigenthum dieses Rechtes läßt sich ganz in dem Sinne der allgemeinen Bestimmung des §. 3. A. L. R. I. 15 „gegen jeden Anmaßer desselben" verfolgen. D. h. das Eigenthum in der Sprache des Landrechts (§. 1. 2. 9. 17. 18 h. t.): wonach ja selbst das zum Eigenthume gehörige Nutzungsrecht „in dem besonderen und ausschließenden Eigenthume des nutzbaren Eigenthümers" ist. (I. 18 §. 4.) Nur führt unser Recht den Autor nicht in gleichem Maße zur Benutzung und Ausbeutung seines Eigenthums, wie dies das Französische Recht thut, mit den äußersten Consequenzen des droit littéraire et artistique [849]).

III. Persönliche Fähigkeit zum Eigenthumserwerbe.

Die in den §§. 6—8 h. t. (I. 7 §. 115; Einl. §. 65) vorzugsweise angedeuteten absoluten Beschränkungen gewisser Stände der Gesellschaft im Besitze und Genusse des **Grundeigenthums** (II. 9 §. 37 ff.) sind aufgehoben durch §. 1 des Edicts vom 9. Octbr. 1807, betr. den erleichterten Besitz und den freien Gebrauch des Grundeigenthums ꝛc. (Ges.-Samml. 1806—1810 S. 171.) [850]) Doch gelten in

---

„zum Schutze des literarischen und artistischen Eigenthums" (gegen unbefugte Veröffentlichung, Nachdruck und Nachbildung); das **Bayerische** vom 15. April 1840 zum Schutze „des Eigenthums an Erzeugnissen der Literatur und Kunst" ꝛc; das **Weimarische** vom 11. Januar 1839 und das **Braunschweigische** vom 10. Februar 1842 „zum Schutze des Eigenthums an Werken der Wissenschaft u. Kunst" ꝛc.

Vgl. **mein** Vorwort zu der von mir herausgegebenen Sammlung der Gutachten des literarischen Sachverständigen Vereins (Berlin 1848) S. V—XLVI; **Eisenlohr**: Das literarisch-artistische Eigenthum und Verlagsrecht mit Rücksicht auf die Gesetzgebungen (Heidelberg 1855).

848) Gesetz v. 11. Juni 1837 §. 1—3. 9.

849) Eine solche (ihrerseits wieder mechanische) Ausbeutung des literarischen und künstlerischen Eigenthums widerstrebt dem Genius des Deutschen Rechts, welches der freien Verarbeitung des Vorhandenen, der geistigen Reproduction und Nachahmung überhaupt nicht hinderlich sein, sondern den Werken der Wissenschaft und Kunst nur gegen mechanische Benutzung und Nachbildung den gehörigen Schutz verleihen will, — und zwar diesen Schutz in der doppelten Rücksicht: auf die vermögensrechtlichen Verhältnisse (ökonomischen Vortheile) des Autors, und auf den persönlichen Willen desselben (ob u. wie überhaupt sein Werk veröffentlicht werden soll). Vgl. unten zu Tit. 11 §. 996 ff. (Verlagsvertrag und Nachdruck.)

850) Dazu Cab.-Ordre, vom 7. Febr. 1845, betr. die Aufhebung der Unfähigkeit von Personen bäuerlichen Standes zur Erwerbung von Lehn-Rittergütern in den ehemals Königlich Sächsischen Landestheilen: Ges.-Samml. S. 96 fg.

dieser Beziehung noch jetzt einige relative Beschränkungen. Gleich in dem angeführten §. 1 des Edicts v. 1807 ist ein Vorbehalt gemacht in Ansehung der Erwerbsfähigkeit solcher Einwohner, welche den ganzen Umfang ihrer Bürgerpflichten zu erfüllen durch Religionsbegriffe verhindert werden. Der modifizirende Einfluß des Art. 12 der Verfass.-Urkunde ist namentlich in Betreff der (militärfreien) Mennoniten nicht unbestritten[851]). Ferner bilden gewisse Beamtenverhältnisse ein relatives Hinderniß. So sind Bergbeamte für sich und gewisse nahe Angehörige von der Erwerbung des Berg- und Hütteneigenthums ausgeschlossen: A. L. R. II. 16 §. 138—140 und Cab.-Ordres aus den Jahren 1806 und 1808 nebst späteren Erläuterungen[852]). Mitgliedern der Provinzial-Domainen-Verwaltungen ist die Erwerbung von Domainen-Grundstücken in derselben Provinz, in welcher sie angestellt sind und arbeiten, nur nach höherer Dispensation gestattet: Königl. Befehl v. 29. Februar 1812. (Ges.-Samml. S. 16.) Kein im Dienste des Staates stehender Forstbediente darf (ohne die nur ausnahmsweise zu ertheilende Genehmigung des Finanzministerii) ein Grundstück erwerben, welches in den seiner Aufsicht und Verwaltung anvertrauten Forsten und Revieren ein Holzungs-, Hütungs- oder sonstiges Recht hat, oder mit denselben grenzet: Cab.-Ordre v. 5. Septbr. 1821. (Ges.-Samml. S. 158.) Ausländer bedürfen zur Erwerbung von Rittergütern oder Domainen-Vorwerken der Spezial-Conzession des Ministeriums des Innern: Cab.-Ordre v. 28. März 1809 (Mathis VIII. 27 fg.); Strieth. XXVI. 238—247 (v. J. 1857: betr. die Unterthanen anderer Deutscher Bundesstaaten). Ausländische Corporationen und andere juristische Personen des Auslandes können Grundeigenthum nur mit Königlicher Genehmigung erwerben: Gesetz v. 4. Mai 1846. (Ges.-Samml. S. 235.)[853]) Dorfgemeinden bedürfen zur Erwerbung von Rittergütern der Genehmigung der Provinzial-Regierung: Cab.-Ordre v. 25. Januar 1831. (Ges.-Samml. S. 5.) Die Landrechtlichen Beschränkungen der Unteroffiziere und Soldaten in Ansehung der Erwerbung und Veräußerung von Grundstücken (II. 10 §. 27—32. 35) sollten durch die Cab.-Ordre v. 25. Septbr. 1809

851) v. Rönne Ergänz. u. Erläut. der Preuß. Rechtsbücher Bd. II. S. 484—487 (bes. Rescrr. des Min. des Inn. aus den Jahren 1852 u. 1854); Koch Comm. ad §. 8 h. t. — Die Militairpflicht der Juden ist allgemein und unbedingt seit der Cab.-Ordre v. 31. Debr. 1845. (Ges.-Samml. 1846 S. 22.)

852) v. Rönne a. a. O. S. 609.

853) Wegen der inländischen Corporationen und Gemeinden vgl. A. L. R. II. 6 §. 83 u. Präj. 1395 (v. J. 1843: Entsch. IX. 305—312).

(Ges.-Samml. S. 584 fg.) nicht aufgehoben sein, gelten vielmehr noch jetzt, jedoch in wesentlich herabgesetztem Maße, nach §. 2. 4. 5 der Verordnung v. 18. März 1811. (Ges.-Samml. 1812 S. 5 fg.)[854])

IV. **Rechtsmomente im Eigenthume:** §. 9—13 h. t.

Zum vollen Eigenthume (§. 9. 14. 23 h. t. vgl. mit Entw. §. 9. 14. 15. 22) gehört das Recht zum Besitze, zum Gebrauche und zur Veräußerung[855]). Totum autem ius consistit aut in adquirendo, aut in conservando, aut in minuendo: aut enim hoc agitur, quemadmodum quid cuiusque fiat; aut quemadmodum quis rem vel ius suum conservet; aut quomodo alienet aut amittat: 41. de leg. (I. 3.) Eigenthümlich vertheilt erscheinen die drei Elemente (Besitz, Gebrauch, Veräußerung) in dem s. g. getheilten Eigenthume des A. L. R.

Die Scheidung von Proprietät und Nutzungsrecht (§. 10—12 h. t.; I. 18 §. 2. 4)[856]) ist bedeutend für das ganze System des A. L. R. (Besonders I. 20. 21 fg.) Eigenthümliche Consequenzen gestalten sich in Ansehung der Grundstücke und deren Zubehör: z. B. I. 9 §. 221 (die Früchte werden „gleich bei ihrem Entstehen" das Eigenthum des Nutzungsberechtigten [ohne Besitzergreifung], haben also einen anderen Eigenthümer als das Land); 22 §. 199. 200 (Eigenthümer am Grund und Boden und Eigenthümer am Walde möglicher Weise verschiedene Personen[857]).

Zum §. 12 h. t., wegen der Erstreckung des (zum Eigenthume gehörigen) Nutzungsrechtes auf alle Vortheile, welche die Sache gewähren kann, vgl. Entsch. XV. 424 fg. (v. J. 1847: Mithut von Ausmärkern auf dem gemeinschaftlichen Privatgrundstücke); Strieth. XXIX. 226 (v. 1858: Gesammt-Charakter des zum Eigenthume gehörigen Nutzungsrechtes).

Zum §. 13 h. t. vgl. z. B. §. 26. 33 eod.; Strieth. XXVI. 56.

V. **Eintheilungen des Eigenthums.**

1. **Gemeinschaftliches Eigenthum:** §. 14. 15 h. t. D. i. Miteigenthum im Römischen Sinne, pro partibus indivisis (nach ideellen

---

854) Vgl. Entsch. XIV. 182.

855) Vgl. Hegel's Rechtsphilosophie §. 53 ff: Besitznahme — Gebrauch der Sache — Entäußerung des Eigenthums.

856) Nicht zu verwechseln mit der früheren (einseitigen u. zu engen) Scheidung von proprietas u. ususfructus (da doch nach klaren Römischen Begriffen proprietas den Gegensatz gegen ius in re überhaupt, nicht blos gegen ususfructus bildete).

857) Anders 40 de A. E. V. XIX. 1: Arborum, quae in fundo continentur, non est separatum corpus a fundo etc.

Theilen): A. L. R. I. 17 (§. 1: „ungetheilt")[858]; Strieth. XXXVII. 47—50 (v. J. 1860) mit den allegirten Präjudizien.

2. **Getheiltes Eigenthum:** §. 16—20 h. t. D. i. dominium directum und utile im Germanischen Sinne (Lehn, Erbzins und — Familien-Fideicommiß)[859]).

Ungenau ist die Definition des getheilten Eigenthums im §. 16 h. t., weil danach (wenn die verschiedenen unter dem Eigenthume begriffenen Rechte — Proprietät und Nutzungsrecht — verschiedenen Personen zukommen) auch der Nießbrauch ein getheiltes Eigenthum herbeiführen würde[860]). Nicht minder ungenau ist die Definition des Obereigenthümers im §. 1. A. L. R. I. 18: da ja auch die Agnaten (Anwarter) keinen (actuellen) „Antheil am Nutzungsrechte," wohl aber ein gewisses „Miteigenthum an der Proprietät" haben (welche ohne ihren Consens nicht veräußert oder verpfändet werden darf)[861]). Auch ist die Definition des s. g. Eigners im §. 19 h. t. (von der unsere Gesetze — abgesehen von dem tautologischen Anklange im §. 20: „Miteigner der Proprietät" — weiter keinen Gebrauch machen) um so entbehrlicher, als dadurch nicht einmal der Gegensatz gegen den nutzbaren Eigenthümer charakterisirt wird, weil ja „die Proprietät ohne das Nutzungsrecht" (nuda proprietas sine usufructu) dem Eigenthümer im Gegensatze zum Nießbraucher zukommt[862]).

Das Wesen der Sache liegt vielmehr in der objectiven Theilung der Qualitäten des Eigenthums (oben S. 49): Besitz, Gebrauch, Veräußerung — Proprietät, Nutzungsrecht. Mit diesen Qualitäten wird

---

858) Mit Recht weist Born. §. 246 (Note 1) darauf hin, daß nicht blos das „volle Eigenthum" (§. 14. A. L. R. I. 8), sondern auch das Obereigenthum oder das nutzbare Eigenthum Mehreren gemeinschaftlich sein kann; wie denn auch der §. 15 Entw. h. t. (II. 5) allgemein der gemeinschaftlichen „Eigenthums-Rechte von gleicher Art" gedachte. Immer aber handelt es sich hier um eine objective Totalität: oben S. 47. 48.

859) Oben S. 48. 49.

860) Die Gesetzrevisoren (a. a. O. S. 50) finden deshalb für alle Arten des getheilten Eigenthums nur ein negatives Kriterium: verschiedenartige Theilnahme an den unter dem Eigenthume begriffenen Rechten.

861) Die Gesetzrevisoren (S. 50. 51) wollen deshalb nur das bei jedem getheilten Eigenthume vorkommende nutzbare Eigenthum begrifflich feststellen, da ein getheiltes Eigenthum auch ohne ein (auf der Grundlage eines persönlichen Abhängigkeits-Verhältnisses ruhendes) Obereigenthum, und ein Obereigenthum ohne agnatische Rechte gedacht werden könne.

862) Die Gesetzrev. (S. 51) machen die treffende Bemerkung, daß im §. 19. von „Proprietät," nicht von „Theilnahme an der Proprietät" die Rede ist. Auch verbessern sie die Worte „Miteigenthümer" im §. 18 u. „Miteigner" im §. 20 durch das Wort „Theilnehmer."

wie mit Factoren nach allen Richtungen hin gerechnet: nach denen des Obereigenthümers, des nutzbaren Eigenthümers, der eventuell Berechtigten. Das Mitbesitzungsrecht des Obereigenthümers ruhet: I. 18 §. 3. Das Gebrauchsrecht ist ausschließlich beim nutzbaren Eigenthümer (d. h. das „Nutzungsrecht" wird selbst wieder als besonderes und ausschließendes Eigenthum des nutzbaren Eigenthümers gedacht): I. 18 §. 4. mit vgl. I. 8 §. 17. 18. Natürlich findet auch dieses Gebrauchsrecht seine Schranken an den Rechten des Obereigenthümers (und der etwaigen eventuell Berechtigten): I. 18 §. 5—12. (193. 696.) Das Veräußerungsrecht ist nur bei Allen gemeinschaftlich: I. 18 §. 2. (261. 288 ff. 302 ff.; II. 4 §. 76 ff.) Das Hervorragende ist und bleibt sonach das nutzbare Eigenthum, welches neben dem (mit dem Alleinbesitze verbundenen) vollständigsten Nutzungsrechte eine wesentliche Mitherrschaft an der Proprietät in sich begreift.

VI. **Einschränkungen des Eigenthums**: §. 21 h. t. Die systematische Bedeutung für A. L. R. I. 19—22 knüpft sich daran, daß dem Eigenthümer „nur gewisse Arten der Ausübung der unter dem Eigenthume begriffenen Rechte" versagt sind[863]).

VII. **Präsumtion gegen Theilung und Einschränkung des Eigenthums**: §. 22—25 h. t. (Eventuell für die geringere Einschränkung: I. 19 §. 14—21.) Es sind dieses Präsumtionen, welche dem Prinzipe des freien Eigenthums huldigen[864]). Vgl. oben Tit. 7. Abschn. II. ad I. 4. A. von dem Siege der s. g. praesumtio pro libertate über die s. g. praesumtio pro possessore. (S. 389.)

VIII. Die §§. 26—28 h. t., von dem an sich unbeschränkten, nur nicht absichtlich zur Kränkung oder Beschädigung Anderer zu machenden Gebrauche des Eigenthums (1 §. 12. de aqua XXXIX. 3: si non animo vicino nocendi etc. id fecit)[865]), enthalten eigentlich

863) Es handelt sich also allerdings objectiv um Einschränkungen des Eigenthums; die Ausführung im Systeme aber nimmt die verschiedenen Richtungen der subjectiven Berechtigung zu ihrem Ausgangspunkte: oben S. 49. 50.

864) Grundsätzlich ist deshalb ein Grundeigenthümer in den Dispositionen über sein Grundeigenthum, also auch in der Errichtung neuer Anlagen auf demselben, nicht einmal durch den benachbarten Bergbau gehindert: Strieth. XXXV. 99.

865) Offenbar ist der Kreislauf in den Begriffsbestimmungen „Kränkung" und „Mißbrauch": §. 27. 28 h. t.; Gans Beitr. S. 435—437. So viel jedoch ist anerkannt, daß in dem §. 28 eine allgemeine, auch auf Vertragsverhältnisse anwendbare Begriffsbestimmung vom Mißbrauch einer Sache nicht gesucht werden darf: Entsch. VII. 153.

blos eine Anwendung des s. g. damnum iure datum. (Einl. §. 94: qui iure suo utitur, neminem laedit; I. 6 §. 36—38: oben S. 300.) Der Ausdruck „wohlerworbene Rechte" im §. 26 h. t. darf deshalb nicht zu eng gefaßt, sondern muß von Privatrechten überhaupt verstanden werden[866]).

In der Praxis fehlt es nicht an Beispielen unbeschränkter Benutzung des Grundeigenthums, selbst mit Belästigung der Nachbarn. So bei der Anlegung von Oeffnungen in einer Mauer: Entsch. XIX. 109 (v. J. 1850); bei der Anlegung einer Eisenbahn: Arnsb. Arch. XV. 612—615 (Appell.-Erk. v. J. 1851); bei der Verbreiterung und Vertiefung eines (Gränz-) Grabens: Strieth. XXV. 354—357 (v. 1857)[867]). Eine wesentliche Modification in der willkürlichen Benutzung des Eigenthums tritt jedoch insofern ein, als die Anlegung von Fabrications-Anstalten (vgl. 8 §. 5. si serv. vind. VIII. 5., wegen des fumus ex taberna casearia) nach Umständen (auch ohne besondere Verschuldung bei der Anlage oder dem Betriebe der Anstalt) zum Schadensersatze verpflichten kann, wegen des über andere Grundstücke verbreiteten Dampfes oder Rauches: Pl. Beschl. 7. Juni 1852[868]); imgleichen wegen der daraus entströmenden Hitze[869]); überhaupt wegen aller auf den Grund und Boden des Nachbarn, es sei direct oder vermittelst des Mediums des Wassers oder der Luft, gebrachten schädlichen Substanzen: Strieth. XVI. 50—52 (v. 1854); auch wegen Zuleitung des Sammelwassers: Strieth. XL. 116—120 (v. 1860). So findet die Ausschließlichkeit und Willkürlichkeit des Gebrauchsrechts des einen Eigenthümers an der dem anderen Eigenthümer ebenfalls zustehenden Ausschließlichkeit und Willkürlichkeit ihre nothwendige Begränzung. Ebendeshalb ist aber auch consequent die Anwendung des Pl. Beschlusses v. 1852 auf den dem Adjazenten einer Eisenbahn durch den Dampf und die Asche der (vorbeifahrenden) Locomotive zugefügten Nachtheil verweigert worden: Strieth. VII. 263

866) Arnsb. Arch. XII. 607—619; Jur. Wochenschr. 1848 Sp. 473—485; Koch Comm. ad §. 26 h. t.

867) Vgl. auch Rechtsf. III. 364 fg. (v. J. 1848): gleichfalls eine Grabenleitung auf eigenem Grunde betreffend.

868) Vor diesem, bereits oben S. 300 näher angegebenen Pl. Beschlusse hatte der höchste Gerichtshof die absolute Befugniß des Eigenthümers (der Fall betraf eine mit polizeilicher Genehmigung errichtete chemische Fabrik, welche dem Nachbarn schädliche Dämpfe zusendete,) mehr in den Vordergrund gestellt: Rechtsf. IV. 363—365 (v. 1848).

869) Vgl. die gleichfalls oben S. 300 bereits beigebrachte Entscheidung aus dem Jahre 1859.

— 267 (v. 1852). Nicht minder auf einen Fall, in welchem es an dem Causalnexus zwischen dem Gebrauche des Eigenthums und der Beschädigung selbst fehlte: Entsch. XLIII. 15 — 23, bes. 20. 21 (v. J. 1860).

In besonderem Zusammenhange mit den §§. 26 — 28 h. t. steht noch der zum Einl. §. 75 ergangene Pl. Beschl. 1. Juli 1850: oben S. 126.

Abschnitt II. Gesetzliche Einschränkungen des Eigenthums.

(Gleichsam dem Privateigenthume eingeboren: nach einem höheren Standpunkte als dem, welcher für die s. g. Legalservituten galt: oben S. 40.)

An der Spitze dieses Abschnittes stehen Prinzipien oder Motive von rein legislativer und staatsrechtlicher Bedeutung, welche erst bei der Umarbeitung des (gedr.) Entwurfes, freilich zugleich als leitende Normen für die Zukunft, eingeschaltet worden sind[870]). Diese Prinzipien dienen zur Regelung der Befugniß des Staates, das Privateigenthum seiner Bürger einzuschränken, und zwar ohne Schadloshaltung oder mit Schadloshaltung, je nachdem die Einschränkung dem Eigenthümer selbst unnachtheilig ist oder Nachtheil bereitet: §. 29 — 32 h. t.[871]).

Die Gesetze, durch welche ach §. 32[872]) (im ZA. G. B. v. 1791 hieß es hier noch: „nicht aber durch Machtsprüche"; Sz. S. 10) allgemeine Einschränkungen des Eigenthums (nicht zu verwechseln mit der Expropriation: A. L. R. I. 11 §. 4 ff.[873]) begründet werden, folgen in den §§. 33—189, welche nach §. 190 (der die §§. 33—98 umfaßt) und §. 191 (der die §§. 99 — 189 umfaßt) zu zerlegen sind: in solche Bestimmungen, welche das Privateigenthum zum allgemeinen Besten, und in solche, welche dasselbe zum nachbarlichen Besten einschränken.

---

870) Gesetzrev. S. 51.

871) Vgl. z. B. §. 105. h. t.; I. 9 §. 258 — 262; 22 §. 46 — 48; II. 16 §. 78. 147.

872) In diesem §. (32) ist wieder (wie oben im §. 26 — Anm. 866) der Gegensatz zu beachten zwischen besonderen wohlerworbenen Rechten und allgemeinen gesetzlichen Bestimmungen.

873) Der Art. 9. der Verf.-Urkunde bringt beide Momente zu einem gleichmäßigen Abschluß: „Das Eigenthum ist unverletzlich. Es kann nur aus Gründen des öffentlichen Wohles gegen vorgängige in dringenden Fällen wenigstens vorläufig festzustellende Entschädigung nach Maßgabe des Gesetzes entzogen oder beschränkt werden."

In besonderer Anwendung des §. 31 h. t. wird dem durch staatliche Anordnungen (polizeiliche Verfügungen) eingeschränkten Eigenthümer eine Entschädigung bald gewährt, bald versagt. So begründet die von der Polizeibehörde verweigerte Erlaubniß zur Wiederbebauung einer Stelle, auf welcher bereits ein Gebäude mit polizeilicher Erlaubniß errichtet gewesen war, einen Entschädigungs-Anspruch für den Besitzer der Baustelle: Präj. 220 (v. 1837) und Strieth. XXVI. 269—280 (v. 1857)[874]); auch wenn es sich nicht um die Totalität, sondern nur um einen Theil der Baustelle handelt: Entsch. XLIII. 23—29 (v. 1860). Dabei wird immer genau beachtet, daß die Leistung der Entschädigung nicht dem Fiscus zur Last fällt, wenn die Eigenthumsbeschränkung nur zum Besten einer Gemeinde erfolgt ist: Strieth. I. 320—323 (v. J. 1851)[875]). Fälle, in denen die geforderte Entschädigung versagt wurde, finden sich in den Entsch. XVII. 374—380 (v. 1849: betr. die Einrichtung des Leinpfades); XXXII. 23 ff. (v. 1856, schon oben S. 126 zum Pl. Beschl. 1. Juli 1850 angeführt: betr. den Abbruch eines Scharrns).

Demgemäß ist die Bestimmung des §. 31 überhaupt nur dann anwendbar, wenn ein in seinem Eigenthumsrechte nicht eingeschränkter Besitzer einer Sache, nach den in jedem einzelnen Falle besonders zu treffenden Anordnungen des Staats, zum Wohle des Ganzen oder einzelner Bürger sich Beschränkungen seines Eigenthums unterwerfen muß, welche ihm Nachtheil bringen. Sie ist aber nicht anwendbar, wenn das Eigenthum gesetzlichen Beschränkungen unterliegt, von welchen in den §§. 33 ff. h. t. die Rede ist[876]).

Dagegen sollen auch bloße Verwaltungsmaßregeln als solche (wie die polizeiliche Genehmigung irgend einer Anlage rc.) den Privatrechten der Beschädigten überhaupt keinen Abbruch thun, insbesondere keinen Entschädigungsanspruch (aus Eigenthums-Verletzungen) abschneiden[877]).

I. Gesetzliche Einschränkungen des Eigenthums zum Besten des gemeinen Wesens.

874) Hier finden sich auch (S. 274—278) das Sachverhältniß und die Gründe entwickelt, auf welche das Präj. 220 gestützt war.

875) In den beiden aus d. J. 1857 u. 1860 angeführten Rechtsfällen waren Stadtgemeinden verklagt.

876) Dieser Gegensatz ist schon in den Worten des Präj. 220 angedeutet und in den Entsch. XVII. 377. 378 klar ausgesprochen.

877) Entsch. XXIII. 266 (in den Gründen zum Pl. Beschl. 7. Juni 1852) vgl. mit XXI. 181—184 (zum Pl. Beschl. 20 Octbr. 1851, Eisenbahnanlagen betreffend).

1. **Prinzip**: Die an sich facultative Erhaltung und Benutzung des Privateigenthums wird aus höheren Gründen (des gemeinen Wohls) erzwingbar: §. 33. 34 h. t. (Spezielle Auffassung als Legal-Servitut: I. 22 §. 1.) Vgl. die (den §. 33 h. t. ausdrücklich in Bezug nehmende) Cab.-Ordre v. 20. Juni 1830, betreffend die Erhaltung der Stadtmauern &c. (Ges.-Samml. S. 113); Strieth. II. 134—139 (v. J. 1851).

Mannichfaltige frühere Einschränkungen in der Benutzung des Grundeigenthums sind durch die neuere Gesetzgebung beseitigt worden: Edict v. 9. Octbr. 1807 §. 1. 4. 6. 7 (Ges.-Samml. S. 171 fg.); Edict zur Beförderung der Land-Cultur v. 14. Septbr. 1811 §. 1 (Ges.-Samml. S. 300 fg.); Verf.-Urk. Art. 42 (aufgehoben und resp. ersetzt durch das Gesetz v. 14. April 1856: Ges.-Samml. S. 353); Gesetz über den erleichterten Austausch einzelner Parzellen von Grundstücken, v. 13. April 1841 (Ges.-Samml. S. 79 fg.): aufgehoben resp. ersetzt durch das Gesetz v. 27. Juni 1860 (Ges.-Samml. S. 384—386); Gesetz betr. den erleichterten Abverkauf kleiner Grundstücke, v. 3. März 1850 (Ges.-Samml. S. 145 fg.); Gesetz betr. die Zertheilung von Grundstücken und die Gründung neuer Ansiedelungen, v. 3. Januar 1845 (Ges.-Samml. S. 25—32): in einigen Bestimmungen geändert durch das Gesetz v. 24. Februar 1850 (Ges.-Samml. S. 68 fg.), ergänzt durch das Gesetz v. 24. Mai 1853 (Ges.-Samml. S. 241—244) und mit Modificationen eingeführt in Neuvorpommern und Rügen durch das Gesetz v. 26. Mai 1856 (Ges.-Samml. S. 613—615).

2. **Einschränkungen in Beziehung auf bauliche Verhältnisse**: §. 35—82 h. t. (Neben den civilrechtlichen Grundsätzen der Legal-Servitut viele einzelne rein administrative und polizeiliche Bestimmungen. Dazu noch verschiedene neuere Spezial-Gesetze und Anordnungen.[878])

---

878) Edict v. 15. Juni 1795, wegen des Auseinanderbauens der Unterthanengehöfte u. Gebäude in der Kurmark, nebst dem (die §§. 69 ff. h. t. besonders allegirenden) Nachtrage v. 19. April 1804. (N. C. C. Bd. IX. Sp. 2545—2556; XI. Sp. 2161—2164.) Verordnung gegen die Verbindung der Wohn- und Wirthschafts-Gebäude auf dem platten Lande in der Kurmark, v. 28. August 1796. (N. C. C. Bd. X. Sp. 621—626.) Cab.-Ordre v. 30. Septbr. 1828, über das Verfahren bei baulichen Anlagen oder sonstigen Veränderungen der Erdoberfläche innerhalb der nächsten Umgebungen der Festungen (Ges.-Samml. S. 119), mit dem Regulative v. 10 ej. m. (S. 120—130: Rayon-Bestimmungen; vgl. J. M. Bl. 1861 S. 93 fg.: Ob. Trib. Erk.) Allerh. Erlaß v. 12. April 1853, betr. die Aufhebung der Bestimmungen (Cab. Ordre 4. October 1821: Ges.-Samml. 1822 S. 42) über das engste Maaß der Russischen Rauchröhren. (Ges.-Samml. 1853 S. 753.) [Patent v.

A. **Erhaltung** (a) von Statüen und Denkmälern auf öffentlichen Plätzen (ne publicus deformetur aspectus: 2. C. de aedif. priv. VIII. 10.): §. 35 h. t.[879]) und Cab.-Ordre v. 4. Octbr. 1815, betr. die zu Veränderungen an öffentlichen Gebäuden oder Denkmälern einzuholende Genehmigung (Ges.-Samml. S. 206); auch Städte-Ordnung v. 30. Mai 1853 §. 50 ad 2 (Ges.-Samml. S. 278); imgleichen (b) von städtischen, an Straßen oder öffentliche Plätze stoßenden Gebäuden: §. 36 h. t.[880]).

---

12. August 1720, wegen Abschaffung der Stroh- und Schindel-Dächer: C. C. M. Th. V. Abth. I. Cap. II. Nr. XXXVI. (Sp. 259—262.) Edict v. 21. Octbr. 1777, wegen Erbauung massiver Schornsteine: N. C. C. Bd. VI. Sp. 923—926.] Allerh. Erlaß v. 20. Juli 1857, betr. die Zulässigkeit der Aenderung des Wortlauts in den Reglements der öffentlichen Feuersozietäten über feuerfeste Dachungen. (Ges.-Samml. 1857 S. 651.) Verordnung vom 17. Juli 1846, betr. die Anwendung der in den Städten geltenden feuer- und baupolizeilichen Vorschriften bei Gebäuden auf solchen zum platten Lande gehörigen Grundstücken, welche innerhalb der Städte oder im Gemenge mit städtischen bebauten Grundstücken liegen. (Ges.-Samml. S. 399 fg.) Wegen der gewerblichen Anlagen 2c. vgl. noch Ges.-Samml. 1861 S. 749—753. 779.

Bau-Polizei-Ordnung für die Stadt Berlin v. 21. April 1853: Beilage zum 19ten Stück des Amtsblatts v. 1853. (Früher: Berliner Bau-Ordnung v. J. 1641; auch in Mathis II. 357—369 Spezial-Observanzen der Berl. Bau-Commission.) Die Berliner Bau-Pol.-Ordnung ist durch die in einer Verordnung v. 14. Sptbr. 1855 (Amtsblatt S. 369—373) getroffenen baupolizeilichen Bestimmungen ergänzt, und i. J. 1860 in einzelnen Punkten, unter Aufhebung der §§. 28. 31. 33 u. mit einem Zusatze zum §. 41, abgeändert worden: Amtsblatt 1860 S. 49. 123 fg. Auch die für das platte Land der Provinz Brandenburg u. die Kreise Dramburg und Schievelbein geltende Bau-Polizei-Ordnung vom 11. Octbr. 1847 hat (ad §. 33) eine Ergänzung bekommen: Amtsblatt 1860 S. 105 fg. Die Baupolizei in den Städten der Provinz Schlesien durch eine allgemeine Verordnung zu regeln, ist den Ministern des Handels 2c. und des Innern überlassen, durch Allerh. Erlaß v. 2. März 1857. (Ges.-Samml. S. 167.)

879) Gans Beitr. S. 437—441 (ad 2); Puchta Institutionen (Bd. 2.) §. 231 Note ff. Das „Niemand, wer er auch sey" im §. 35 h. t. deutet nach der Entstehungsgeschichte (im Entw. fehlte der §. noch gänzlich) auf den Errichter des Denkmals oder auf die Familie, welcher dasselbe gehört: Gesetzrev. S. 52. 53.

880) Der entsprechende §. 28 des Entwurfs hatte die nähere Bezeichnung „Hauptgebäude" gewählt. Das „Noch weniger" im Eingange des jetzigen §. 36 ist wohl nur zur Bezeichnung des Gegensatzes gegen den nachträglich eingeschobenen, für nicht so wichtig gehaltenen §. 35 (s. die vor. Anm.) gebraucht. Der Ausdruck „noch weniger", „noch mehr", findet sich auch an anderen Stellen des A. L. R. anstatt „um so weniger" 2c. (eo minus etc.): I. 11 §. 852; 14 §. 149. 210.

Die fortwährende Gültigkeit des §. 36 h. t. (auch nach dem Culturedict

B. Die blos privatrechtliche und nachbarliche Behandlung der cautio damni infecti nach Römischem Rechte hat einer zwar im ius publicum (vgl. oben Anm. 283) richtig begründeten, aber auf casuistischer Stufenleiter in der Wiederherstellung oder Wegschaffung eines verfallenen Gebäudes durchgeführten Auffassung Platz gemacht: §. 37—59 h. t.[881]) (I. 20 §. 258. 440; 21 §. 54. [II. 20 §. 767.]) Vgl. Koch Fordr. §. 215. 217.

Der Standpunkt des ius publicum ist angedeutet: §. 38. 56 h. t. („Gefahr für das Publikum".) Doch sollen weder der Eigenthümer noch die Hypothekengläubiger übereilt werden. (J. M. Bl. 1839 S. 378.) Das Wort „Obrigkeit" bedeutet verschiedentlich: die Polizei als Aufsichtsbehörde (§. 38. 39), den Realrichter (§. 40), die Cämmerei (§. 43), da zur Zeit der Redaction des A. L. R. die Magisträte in den Städten noch zugleich die Jurisdiction hatten[882]). Die §§. 45. 53 —55 sagen in der That nichts weiter, als daß der Zuschlag dieselben Wirkungen, wie bei jeder anderen nothwendigen Subhastation hervorbringe[883]).

Ein lehrreicher Fall der Anwendung unserer §§. 36 ff. auf die Wiederherstellung eines durch Feuer zerstörten Gebäudes (§. 58.) findet sich in Strieth. VIII. 358—361 (v. J. 1853: die obrigkeitliche Aufforderung zur Wiederherstellung muß gehörig erfolgt sein, wenn es nicht der einzuleitenden Subhastation an der gesetzlichen Grundlage fehlen soll).

Uebrigens treffen jetzt den fahrlässigen (unfolgsamen) Eigenthümer, außer der etwaigen Entschädigungs-Verbindlichkeit (Entsch. XIV. 96),

---

v. 14. Sptbr. 1811) ist keinem Zweifel unterworfen: Gesetzrev. S. 53. Eine andere Frage war: ob auch Besitzer solcher Baustellen, welche schon vor Einführung des Landrechts wüste geworden, zu deren Bebauung (nach §. 58 h. t.) angehalten werden konnten: Koch Comm. ad §. 36 h. t.

881) Der Entw. (§. 29—45) war im Wesentlichen schon eben so weitschweifig.

882) Mathis X. 359—363 (Rescr. 11. Decbr. 1810); Gesetzrev. S. 54; J. M. Bl. 1839 S. 377 fg. (Justiz-Min.-Rescr. 5. März 1838); 1852 S. 277 fg. (Comp.-Confl.-Erk. v. 5. Juni ej. a.: Unzulässigkeit des Rechtsweges gegen Anordnungen der Polizeibehörde, durch welche der Abbruch eines Hauses wegen drohender gemeiner Gefahr verfügt wird.) Vgl. J. M. Bl. 1854 S. 35; 1859 S. 132.

883) Gesetzrev. S. 54. Die Fürsorge der §§. 50—52 für die Gläubiger und den (dadurch zum Rückerwerb seines Grundstückes, mit Abstreifung aller Schulden, in den Stand gesetzten) Eigenthümer geht jedenfalls zu weit: Gesetzrev. S. 55.

die Strafen einer Polizei-Uebertretung nach Nr. 10 des §. 345. Str. G. B. v. 1851.

C. Die §§. 60—64 h. t. sind nach der neueren Landesculturgesetzgebung für aufgehoben zu erachten[884]).

D. Die §§. 65—82 h. t. sind fast nur baupolizeilicher Natur[885]).

An die Regel der freien Benutzung des Grundeigenthums (§. 65) schließen sich die im öffentlichen Interesse gebotenen Einschränkungen dieser Freiheit (§. 66 ff., unter denen besonders die §§. 73 und 78 eine Norm darbieten, welche durch §. 79. 80 erläutert wird). Der §. 69 (vgl. II. 8 §. 243) versteht unter „Feuerstelle" jede Feuerungsstätte (wie Küche, Ofen)[886]). Uebrigens sind die §§. 71—73. 78—80 auch auf hinderliche oder verunstaltende bauliche Anlagen der Art angewendet worden, welche älter waren, als das A. L. R. (Ob. Trib. Entsch. v. J. 1832.)[887]).

Zum §. 70 vgl. Str. G. B. 1851 §. 345 Nr. 11. 12. Zum §. 75 [A. L. R. II. 20 §. 763]: Str. G. B. 1851 §. 344 Nr. 6. 7. Die Uebertretung des §. 76 ist nicht mit Strafe bedroht, sondern hat nur geeigneten Falles die Wiederherstellung des früheren Zustandes zur Folge[888]).

Von civilrechtlicher Bedeutung ist der §. 81 wegen des s. g. Bürgersteiges. Nach der richtigen Ansicht gehört der Bürgersteig zur öffentlichen Straße. Derselbe ist nicht Pertinenz der Häuser. Vielmehr haben die angränzenden Hauseigenthümer (so weit jedem die Unterhaltung des Steinpflasters obliegt) ein Nutzungsrecht am Bürgersteige,

---

884) Gesetzrev. S. 55. (Mit Ausnahme einer provinziellen Beschränkung der Gutsherrschaft in der Einziehung bäuerlicher Stellen: Ges.-Samml. 1823 S. 69 [§. 99].) A. M. ist Koch §. 236 Note 6; Comm. ad §. 64 h. t. — Born. §. 117 (ad 2. b.) neigt sich der Ansicht der Gesetzrevisoren zu.

885) Daher ist auch in Beziehung auf die hierher gehörigen Verhältnisse mehrfach auf Unzulässigkeit des Rechtsweges erkannt worden: Sydow Comp.-Confl. S. 122 g. E. (J. M. Bl. 1855 S. 35 fg.) u. 141. (J. M. Bl. 1851 S. 59—61, bes. 60; 1853 S. 92—95; 1855 S. 162 fg; Entsch. XXI. 118—121.) Dagegen gilt der polizeiliche Bauconsens keineswegs als eine den Rechtsweg ausschließende „polizeiliche Verfügung" dritten Personen gegenüber, an welche eine polizeiliche Verfügung gar nicht ergangen war (z. B. bei Verbauung des einem Nachbarn zustehenden Grundes und Bodens): Entsch. XXXV. 279—286 (v. J. 1856).

886) Gesetzrev. S. 56. 57.

887) Koch Schles. Arch. IV. 168 und Comm. ad §. 73 h. t.

888) Rescr. des Min. des Innern v. 11. Febr. 1846. (Min.-Blatt für die innere Verwaltung 1846 S. 59.) Koch Comm. ad §. 76 h. t.

welches (nach §. 78) gewissen Beschränkungen im Interesse des Gemeinwesens unterworfen ist: Justiz-Min.-Rescr. v. 26. Juli 1839 (J. M. Bl. S. 279. 280); Entsch. XLIII. 27. 28 (v. 1860)[889]). Die Entscheidung über die Ausführung jener Beschränkungen unterliegt deshalb in jedem einzelnen Falle der polizeilichen Verfügung. Und demgemäß ist gegen die durch polizeiliche Verfügung angeordnete Wegschaffung eines Kellerhalses (in den Bürgersteig hineinreichenden Kellereinganges) der Rechtsweg (in Ermangelung einer besonderen gesetzlichen Bestimmung oder eines speziellen Rechtstitels) nicht zugelassen worden (obwohl mit Vorbehalt der richterlichen Entscheidung über den Entschädigungsanspruch): J. M. Bl. 1859 S. 382—384. (Comp.-Confl.-Erk. v. 7. Mai ej. a.).

3. **Einschränkungen des Eigenthümers in Benutzung der Wälder:** §. 83—95 h. t. („Holzverwüstung ꝛc."), durch §. 4—6[890]) des Edicts zur Beförderung der Land-Cultur vom 14. Septbr. 1811 (Ges.-Samml. S. 303) aufgehoben; mit der gehörigen Rücksichtnahme auf Realgläubiger, Lehnsfolger u. dgl. m., übrigens mit allgemein anerkanntem wohlthätigem Erfolge[891]). In Beziehung auf Servitutberechtigte haben die §§. 91. 92 noch praktische Bedeutung[892]).

4. **Einschränkungen in Ansehung der flumina publica.**

Bei Wasserleitungen und anderen Wasserbauten an öffentlichen (Orten und) Flüssen hat der Staat — d. i. die Landes-Polizeibehörde — das Aufsichtsrecht: §. 96 h. t. Es bedarf also zu dergleichen Anlagen nur der Einwilligung der Aufsichtsbehörde, nicht der Nachbarn. Doch müssen auch die Nachbarn zuvor vernommen werden: §. 97 h. t. Und dieser Vernehmung darf sich selbst der Fiscus bei den von ihm beabsichtigten Anlagen nicht entziehen[893]). Zu den im §. 98 h. t. angedeuteten Einschränkungen gehört insbesondere die Gestattung des Leinpfades (II. 15 §. 57): Entsch. XVII. 370 (oben S. 411).

---

889) Unser §. 81 findet sich schon im Entw. §. 61. Nach der Entstehungsgeschichte wurde die Benutzung des Bürgersteiges „wegen der darauf stehenden Buden" für „sehr praktisch" gehalten, ohne daß man die Frage entschied, nach welchen Grundsätzen die Unterhaltung des Steinpflasters geschehen sollte: Gesetzrev. S. 58. 59.

890) Zum §. 6. vgl. Entsch. XI. 428 ad II. 436—438.

891) Gesetzrev. S. 59 fg. Ein spezielles Waldculturgesetz ist für den Kreis Wittgenstein ergangen, unter dem 1. Juni 1854: Ges.-Samml. S. 329—335. (Wirthschaftsplan des Waldkörpers. Waldgenossenschaften mit den Rechten einer juristischen Person. Lagerbuch über die Holzactien.)

892) Gesetzrev. S. 60; Born. §. 297 ad 7. c.

893) Gesetzrev. S. 61.

Als entscheidendes Kriterium eines öffentlichen Flusses ist im §. 38. A. L. R. II. 15 aufgestellt: daß ein Fluß (Strom) von Natur schiffbar sei. Demgemäß werden auch die nur theilweise von Natur schiffbaren Flüsse in ihrer ganzen Ausdehnung (von der Mündung bis zur Quelle) als öffentliche Flüsse (Ströme) im Sinne der §§. 38. 39. A. L. R. II. 15 (vgl. §. 21. II. 14: „gemeines Eigenthum des Staats") angesehen: Präj. 2253 (v. J. 1850: Entsch. XX. 538)[894]. Imgleichen die s. g. Bäken am Kurischen Haff: Rechtsf. IV. 341—343 (v. J. 1848). Eben deshalb aber verlieren ursprüngliche Privatgewässer ihren privaten Charakter nur so weit, als dieselben schiffbar gemacht worden sind: Präj. 2162 (v. J. 1849: Entsch. XVIII. 529). Die Grundlage, aber auch die praktische Tragweite des Gegensatzes ist darin zu erkennen, daß die öffentlichen Gewässer (aller Art) zum gemeinen Besten dienen, die privaten dagegen in dem ausschließlichen Eigenthum einer gewissen Person (welche allerdings wiederum nicht eine Privatperson zu sein braucht, sondern auch der Fiscus sein kann) sich befinden: Strieth. XXXVI. 13 fg. (v. 1859)[895]. Im inneren Zusammenhange hiermit steht die anerkannte Zulässigkeit des Rechtsweges bei Streitigkeiten über die Frage, ob ein Wasserlauf als ein Privatgewässer oder als ein öffentlicher Fluß zu erachten sei (und ob die Reinigung und Unterhaltung

894) Der Rechtsfall u. die Gründe sind abgedruckt in Strieth. I. 131—135, wo besonders der Sinn und die Tendenz der Landrechtlichen Gesetzgebung (II. 15 §. 38—43), in Beseitigung der damaligen gemeinrechtlichen Controversen, dargelegt wird. Vgl. jedoch Arnsb. Arch. XV. 666 fg. — Daß übrigens temporäre Ueberschwemmungen das Gebiet eines Flusses nicht ändern, wird auch nach Preußischem Rechte angenommen: Strieth. VI. 12 ad b. 15 (v. 1852).

895) Die Gründe dieser interessanten Entscheidung, so weit dieselbe hier einschlägt, führen zu dem Resultate, daß es die Art und die Natur des Nutzungsrechts ist, welche über die Eigenschaft eines Gewässers als eines öffentlichen oder privaten entscheidet, keineswegs aber der rein zufällige Umstand, ob sich das Gewässer in dem Besitze oder in der Nutzung des Fiscus oder eines Privatmannes befindet. (S. 14.) Auch das Revisions-Collegium für Landes-Cultur-Sachen hatte (schon i. J. 1851) erkannt, daß über den Begriff eines öffentlichen Flusses, im Gegensatze zu einem Privatgewässer, nicht die persönliche Eigenschaft des Eigenthümers des Flusses, sondern die gegenständliche Natur u. Beschaffenheit des Gewässers entscheide. (v. Rönne Ergänz. des A. L. R. Bd. 2. S. 559.)

Uebrigens kann eine Privatperson an einem öffentlichen Flusse zwar keine Eigenthumsrechte haben: Strieth. XV. 360—363 (v. J. 1855; vgl. mit den Gegenbemerkungen S. 363—367), wohl aber (namentlich vermittelst der Ersitzung) einzelne Nutzungsrechte erwerben: Strieth. XXXV. 345—347 (v. 1859).

desselben demgemäß dem Privateigenthümer oder dem Fiscus obliege): J. M. Bl. 1856 S. 178 — 180. (Comp.-Confl.-Erk. v. 5. April ej. a.).

II. Gesetzliche Einschränkungen des Eigenthums zum Besten der Nachbarn[896]).

1. In Ansehung der flumina privata im weiteren Sinne.

Hier tritt an die Stelle der landespolizeilichen Aufsicht (oben ad I. 4) die Wachsamkeit, aber auch das Klagrecht der Nachbarn[897]). Dabei findet jedoch ein wesentlicher Unterschied statt, je nachdem es sich um natürliche, oder um künstliche Wasserwege handelt[898]).

A. Die Verpflichtung des Eigenthümers von natürlichen Wasserwegen („Privatflüssen") ist nach dem A. L. R. (im Gegensatze zu B.) zwar nur eine negative, in dieser Richtung aber eine sehr durchgreifende Verpflichtung: er darf nichts unternehmen oder verändern, was, durch Hemmung des Ablaufes, zum Nachtheile der Nachbarn und Uferbewohner gereichen würde: §. 99 h. t. Er ist aber (in der Regel) nicht verpflichtet, etwas zu leisten, was ihm selbst keinen Nutzen gewährt, sondern nur einem Anderen zum Vortheile gereicht: Entsch. X, 252 (in den Gründen zum Pl. Beschl. 9. April 1844: unten ad B.); also namentlich nicht: die Ufer im Interesse der Mühlenbesitzer zu unterhalten oder in Stand zu setzen: Strieth. XXX. 55—59 (v. J. 1858). Die natürliche Verbindlichkeit beschränkt sich vielmehr darauf: zu gestatten, daß der Nachbar die nur ihm zum Vortheile gereichende Reinigung des Flusses auf seine eigene Kosten auf fremdem Grund und Boden vornehme: Entsch. a. a. O. Und selbst die dem Eigenthümer für sein Thun und Lassen gezogene Schranke wird mehrfach zu seinen Gunsten erweitert. So gehört nach dem Präj. 1723 (v. J. 1846) die Vorschrift des §. 99 h. t. nicht zu den Verbotsgesetzen, durch welche (nach §. 664. A. L. R. I. 9) die Verjährung ausgeschlossen wird. So wird die (verbotene) „Hemmung" nur von einem gänzlichen und fortdauernden Zurückhalten des Wasserlaufes verstanden; dergestalt, daß „die blos temporäre Aufstauung eines Privatbaches auf eigenem Grunde, wodurch das Wasser den unterhalb gelegenen Grundbesitzern nicht gänzlich zurückgehalten, sondern nur unregelmäßiger zugeführt wird", als

896) Das Marginale von §. 102 gehört schon zu §. 99 h. t. Die Verschiebung desselben läßt sich wohl aus der engen Verbindung erklären, in der gerade noch die §§. 99 101 (fl. priv.) mit den unmitelbar vorangehenden §§. 96 — 98 (fl. publ.) stehen.

897) Gesetzrev. S. 61.

898) Gesetzrev. S. 62.

eine Hemmung des Ablaufs (resp. Entziehung des Wassers) im Sinne des §. 99 h. t. (resp. II. 15 §. 246) nicht gilt: Präj. 1092 (v. J. 1842)[899]. So weit es sich jedoch darum handelt, durch Aufstauung eines Privatbaches die Bewohner einer Stadt vor Wassermangel zu schützen, gebührt der Polizeibehörde die Anordnung und Entscheidung: J. M. Bl. 1858 S. 363 fg. (Comp.-Confl.-Erk. v. 3. April ej. a.)[900].

Der Begriff eines Privatflusses ist durch ein bestimmt abgegränztes Bett bedingt: Quellen, welche sich nicht in einem bestimmt abgegränzten Bette über benachbarte Grundstücke erstrecken, bilden keinen Privatfluß, sondern können von dem Grundeigenthümer gefaßt werden und gehören dann ihm allein, wie andere „geschlossene" Gewässer: Strieth. IV. 211—215 (v. J. 1851)[901]. Im Uebrigen gelten alle Privatflüsse als Eigenthum der verschiedenen Adjazenten (Uferbesitzer) nach Maßgabe der Erstreckung ihres Grundbesitzes: Strieth. XXV. 142 ad a. 145 fg. (v. 1857)[902].

Es ist jedoch der §. 99 h. t. wesentlich modifizirt worden durch die §§. 1. 13. 16 des Gesetzes vom 28. Febr. 1843 (unten ad D), insofern jetzt dem Grundeigenthümer eine größere, wenngleich wieder gewissen Beschränkungen unterworfene Freiheit in dem Gebrauche und in der Benutzung des an seinem Grundstücke vorüberfließenden Wassers zusteht: Präj. 1458 (v. J. 1844); Strieth. XXII. 178—182 (Entsch. XXXIV. 89—94: v. J. 1856); XXXI. 364—367 (v. 1858); XXXIX. 31—35 (v. 1860).

B. Die Verpflichtung des Eigenthümers von künstlichen Wasserwegen („Gräben und Canälen, wodurch das Wasser seinen ordentlichen und gewöhnlichen Ablauf hat") ist schon nach dem A. L. R. eine positive: er muß dieselben auf seinem Grund und Boden unterhalten: §. 100 h. t.; Scheidegräben also bis zu ihrer Mitte: §. 101 (vgl. §. 188) h. t.

Die frühere irrige Meinung, als sei die im §. 100 dem Eigen-

---

899) Die Gründe zu diesem Präj. sind im Arnsb. Arch. VIII. 296—304 abgedruckt.

900) Vgl. Sydow S. 118 zu Anfg. u. S. 125 g. E.

901) Wenn jedoch einmal einem Bache die Eigenschaft eines Privatflusses zukommt, so kann diese dadurch allein noch nicht beseitigt werden, daß etwa vor längerer Zeit das Bett des Baches eine Veränderung erlitten hatte: Strieth. XXX. 59. Auch einem Mühlengraben, als fließendem Gewässer, ist die Eigenschaft eines Privatflusses nicht abzusprechen: Rescr. des Min. des Innern v. 14. Juni 1847 (unten Anm. 903).

902) Vgl. mit den S 142 Note * allegirten früheren Entscheidungen.

thümer auferlegte positive Verpflichtung auch auf den §. 99 (von natürlichen Wasserwegen) zu beziehen, ist durch den Pl. Beschluß v. 9. April 1844 (Präj. 1425) definitiv verworfen worden (in Anerkennung der wesentlichen Uebereinstimmung unserer §§. 99. 100 mit den Grundsätzen des gemeinen Rechts): Entsch. X. 245—256. (J. M. Bl. 1844 S. 199 Nr. 109.) Die Praxis ist von diesem Pl. Beschluß nicht wieder abgewichen. Sie hat insbesondere festgehalten an dem Begriffe eines Canales als eines künstlich angelegten Wassergrabens, oder einer förmlichen Röhrenleitung: Strieth. XXII. 273 ad b. 275 (v. J. 1856). Demgemäß ist weder das von dem Fiscus einem Privatflusse (durch eine Meliorations-Anlage) gegebene neue Flußbett, noch eine gewöhnliche, in der Erde befindliche, nicht künstlich (aus Steinen oder Holz) angelegte Vertiefung für einen Canal im Sinne des §. 100 h. t. erachtet worden: Strieth. XXV. 142 ad b. 146 und XXVII. 64 ad c. 69 (v. J. 1857). Auch ist die Interpretation dieses Paragraphen oder gar die Constatirung einer Ausnahme von seiner Regel aus solchen Gesetzesstellen, welche sich auf Vorfluthsgräben beziehen, consequent abgewiesen worden: Koch, Schles. Arch. V. 133 (v. J. 1842); Rechtsf. IV. 85—87 (v. 1848). Immer aber ist durch §. 100 dem Eigenthümer nur die Erhaltung der zeitig bestehenden künstlichen Wasserabzüge auferlegt, keinesweges dem (oberhalb liegenden) Nachbarn ein Recht auf eine bestimmte Grabenleitung eingeräumt: Entsch. XLIII. 69—74 (v. 1860).

Es darf jedoch auch hier die durch das Gesetz v. 28. Febr. 1843 eingetretene Modification nicht übersehen werden, welche in einer gewissen Ausdehnung des §. 100 auf Privatflüsse (natürliche Wasserwege) besteht. Denn der §. 7 des angeführten Gesetzes verpflichtet die Uferbesitzer (der Regel nach) zur Räumung des Flusses insoweit, als es zur Beschaffung der Vorfluth nothwendig ist. Die Verpflichteten zur Räumung anzuhalten, ist die Polizeibehörde ermächtigt. Wenn aber die Betheiligten über ihre Verpflichtung unter einander streiten, so ist die Räumung einstweilen, unter Vorbehalt richterlicher Entscheidung, nach Maßgabe des Besitzstandes, und wenn auch dieser nicht feststeht, von den Uferbesitzern zu bewirken[903]. Doch sind

903) Ueber die hiernach tief eingreifende polizeiliche Wirksamkeit vgl. die in v. Rönne's Ergänz. des A. L. R. Bd. 2. S. 563 beigebrachten Rescripte des Min. des Innern v. 14. Juni 1847 (betr. einen Mühlengraben als fließendes Gewässer) u. v. 25. Juni u. 28. Sptbr. 1856. Gegen die von der Polizei-Behörde verfügte Räumung eines Privatflusses (und Auswerfung einiger zur Schmälerung des Flußbettes gepflanzter Weidenbäume) ist der Rechtsweg weder wegen der Besitzstörung noch wegen der aus solcher

die Uferbesitzer Demjenigen gegenüber, welcher das ausschließliche Eigenthum des Privatflusses hat, zur Räumung niemals verpflichtet: Entsch. XLII. 47—51 (v. J. 1859).

C. **Entwässerungs-Anstalten** („Einschränkungen des Eigenthums zum Besten der Nachbarn in Ansehung der Vorfluth"): §. 102—117 h. t.

Diese, an die Stelle der früheren Vorfluths-Verordnungen, so weit dieselben nicht blos für eine Provinz, sondern als allgemeine Gesetze ergangen waren [904]), getretenen Bestimmungen des A. L. R. hatten hauptsächlich den Zweck: die frühere unbillige und schon damals beinahe außer Observanz gekommene Disposition zu beseitigen, nach

---

Störung geforderten Schadloshaltung zugelassen worden: J. M. Bl. 1849 S. 265 fg. (Comp.-Confl.-Erk. v. 24. März ej. a.); Sydow S. 124. Ueberhaupt gilt der Rechtsweg als unzulässig gegen Anordnungen der Polizei-Behörde, welche die Räumung eines Privatflusses betreffen: J. M. Bl. 1857 S. 175 fg (Comp. Confl. Erk. v. 25. Octbr. 1856); Sydow S. 147 ad 9.

Was noch den §. 100 h. t. insbesondere betrifft, so findet auch dieser nur eine privatrechtliche Verpflichtung der Grundeigenthümer vorschreibende §. auf die im wegebaulichen Interesse getroffenen Anordnungen der Verwaltungs-Behörden (wie Einziehung und Verlegung eines Abzugsgrabens) keine Anwendung. Gegen dergleichen Anordnungen ist der Rechtsweg ausgeschlossen (mit Vorbehalt der Entschädigungsforderung wegen eines in solchen Anordnungen etwa enthaltenen Eingriffs in Privatrechte): J. M. Bl. 1856 S. 243 fg (Comp.-Confl.-Erk. v. 7. Juni ej. a.); Sydow S. 129 ad 6 u. S. 141 ad 7. Vgl. J. M. Bl. 1840 S. 128—130 (Min. Rescripte v. 19. u. 28. März ej. a.); Entsch. XXXV. 180—187 (oben Anm. 775); Strieth. XXVII. 67.

904) Rescript des General-Directorii v. 13. Januar 1795: N. C. C. Bd. 10. Sp. 1857 fg. (in den Nachträgen). Mit dem in diesem Rescripte in Bezug genommenen Vorfluths-Edicte von 1772 ist augenscheinlich gemeint: das erneuerte Edict v. 6. Juli 1773 „wegen zu verschaffender Vorfluth und Räumung der Graben und Bäche" („erneuert" im Rückblick auf die im Eingange angeführten Edicte a. d. J. 1704, 1717, 1726), welches sich findet im N. C. C. Bd. 5. Th. 2. („betr. das Jahr 1773") Nr. XXXIV. (Sp. 371—382.)

Es ist deshalb ganz consequent (gegen das frühere Präj. 798, v. J. 1840,) anerkannt worden, daß das Vorfluths-Edict für Schlesien vom 20. December 1746, als Provinzialgesetz, weder durch das allgemeine Vorfl.-Ed. v. 6. Juli 1773, noch auch durch die Einführung des Allg. Landrechts aufgehoben ist: Pl. Beschl. 7. Januar 1850 (Präj. 2173: Entsch. XIX. 53—58; J. M. Bl. S. 91 fg.); noch auch endlich (so weit es sich um die Verpflichtung zur Räumung von Gräben u. Bächen handelt) durch das Vorfluths-Edict v. 15. Novbr. 1811: Präj. 2193 (v. 1850: Entsch. XX. 448—452). Vgl. Strieth. XXX. 56 (v. 1858).

welcher der unterhalb gelegene Nachbar die Vorfluth auf seine eigene Kosten, ohne Unterschied der Fälle, ob er Nutzen davon hatte oder nicht, verschaffen mußte: Sz. S. 10 [905]). Hierauf beruhete folgende Ausgleichungstheorie. Jeder Eigenthümer ist befugt, seine Grundstücke gegen das (außerhalb der ordentlichen Canäle und Gräben) wild ablaufende Wasser zu decken. (§. 102 h. t.: eine res merae facultatis.)[906]) Kann jedoch der oberhalb liegende Besitzer dergleichen Wasser nicht abführen, so muß ihm der unterhalb liegende Nachbar die Vorfluth gestatten. (§. 103.)[907]) Diese Verpflichtung fällt aber hinweg, wenn es einem der unterhalb liegenden Besitzer durch natürliche Hindernisse unmöglich wird, das (solchergestalt anzunehmende) Wasser weiter abzuleiten (§. 104); es sei denn wiederum der Vortheil des oberhalb liegenden Besitzers beträchtlich überwiegend[908]) und dieser zur vollständigen Schadloshaltung bereit (§. 105.) Es sollte also auch nach A. L. R. der untere Nachbar dem oberen die Vorfluth gestatten, aber nach Umständen schadlos gehalten werden. Daran schlossen sich Spezialbestimmungen über die Ziehung neuer oder die Verbreitung oder Vertiefung vorhandener Gräben. (§. 106—117.)

---

905) Der §. 5 des Vorfl.-Edicts v. 1773 (vor. Anm.) hatte in der That allen unterwärts liegenden Grundbesitzern die Verpflichtung auferlegt, „dem Oberwärts liegenden" (wenn das Wasser von dessen Grund und Boden anders nicht abzuleiten wäre u. ihm u. dem Publicum mehr Nutzen, als dem unterwärts belegenen Nachbarn Schaden zuwachsen würde) „die Vorfluth zu verschaffen, und wenn der unterwärts liegende gleich davon keinen sonderlichen, oder gar keinen Nutzen hat, dennoch seinen Nachbaren solchergestalt vom überflüßigen Wasser zu befreyen." Im Wesentlichen entsprach diese Bestimmung noch dem Römischen Rechte, welches die Nicht-Hemmung des natürlichen Ablaufes des Wassers beiden Nachbarn als Verpflichtung auferlegte (l. §. 13. de aqua et aqu. pluv. arc. XXXIX. 3) und für die dem unteren Nachbarn daraus erwachsende Belästigung (inferiorem superiori servire) eine genügende Compensation in der ihm zufließenden (omnis) pinguitudo terrae fand. (§. 23. ibid.)

906) Daher nicht aus der Unterlassung dieser Befugniß ein Besitz auf der anderen Seite hergeleitet werden kann, sondern der Besitz eines Untersagungsrechts erworben sein muß, wenn der obere Nachbar in possessorio klagen will: Entsch. aus d. J. 1849 (J. M. Bl. 1854 S. 102 ad 6. a: oben S. 382 ad β), 1856 (Strieth. XXII. 272 ff.) u. 1859 (Strieth. XXXV. 311 ff).

907) Nur nicht auf eigene Kosten, sondern (vgl. §. 107 ff.) auf Kosten dessen, der die Vorfluth verlangt: Koch Schles. Arch. V. 133 (v. J. 1842). Zum §. 107 ist auch noch ein älteres Erkenntniß des Ob. Tribunals (v. 1783) zu vergleichen: Stengel Beitr. XI. 293 fg.

908) Vgl. §. 30 h. t.: oben Anm. 871.

Inzwischen ist das (auch in den wieder- und neuerworbenen Provinzen mit dem A. L. R. zur Anwendung gelangte)[909]) Gesetz v. 15. Novbr. 1811, wegen des Wasserstaues bei Mühlen und Verschaffung von Vorfluth (Ges.-Samml. S. 352—356), welches, zur Beseitigung der aus dem damaligen Verfahren „für die Landschaft" entstehenden Nachtheile, mehr den Gesichtspunkt des überwiegenden Interesses der Bodencultur und der Schifffahrt ins Auge gefaßt hat, an die Stelle der L. R. Bestimmungen getreten[910]). Die §§. 103—105. 117 h. t. sind durch die §§. 11. 13. 14 des Vorfl.-Gesetzes v. 1811 theils wiedergegeben, theils modifizirt; anstatt der §§. 106—109. 113—116 h. t. gilt schiedsrichterliche Bestimmung nach §. 21—23 des Vorfl.-Gesetzes, und die §§. 110—112 gehören nicht mehr hierher[911]).

Die Praxis hat es in Beziehung auf das Vorfluthsgesetz v. 1811 hauptsächlich mit Detail-Fragen über die Zulässigkeit resp. Unzulässigkeit des Rechtsweges in einzelnen Fällen zu thun gehabt: Präj. 906 (v. J. 1840: zu §. 243. A. L. R. II. 15; vgl. Comp.-Confl.-Erk. v. 14. Septbr. 1848: J. M. Bl. S. 439—443); Präj. 2056 (v. 1848: Entsch. XVI. 518); Pl. Beschl. v. 8. Januar 1849 (Präj. 2088: Entsch. XVII. 73—84; J. M. Bl. S. 211—215); Strieth. XX. 25—29 (v. J. 1855); XXIII. 297—302 (Entsch. XXXV. 180 ff., v. J. 1857: oben Anm. 903). Vgl. Comp.-Confl.-Erkenntnisse im J. M. Bl. 1848 S. 301; 1852 S. 252; 1853 S. 220; 1855 S. 218; 1856 S. 119; 1857 S. 110 (175); 1860 S. 258. (Sydow S. 146 fg. ad 1—10.) J. M. Bl. 1861 S. 127—129.

Wegen des „stehenden Wassers" im §. 15 des Vorfl.-Gesetzes (d. h. Teiche, Seen, Sümpfe) vgl. Entsch. XXXVI. 39—74 (v. J. 1857) und Koch Fordr. §. 223 (Ausg. 2 Bd. III. S. 128 fg).

Neuerlich ist erkannt worden, daß ein Recht auf Gestattung der

---

909) Weil dieses Gesetz, seiner ganzen Fassung nach, mit dem A. L. R. in genauer Verbindung steht, indem dadurch Bestimmungen der Gesetzgebung, welche lediglich dem Privatrechte angehören, abgeändert worden sind: Justiz-Min. Rescript v. 21. Febr. 1818. (v. Kamptz Jahrb. XI. 6.)

910) Die Gesetzrevisoren (S. 63) machen mit Recht darauf aufmerksam, daß dieses Gesetz sich nur mit der Verpflichtung, das Wasser aufzunehmen, also mit den zur Entwässerung der oberhalb liegenden Grundstücke erforderlichen Anstalten beschäftigt, obgleich das Culturedict (v. 14. Sptbr. 1811) im §. 24 (Ges.-Samml. S. 306) eine Verordnung über Vorfluth, Ent- und Bewässerungen rc. in Aussicht gestellt hatte. Bewässerungsanlagen, welche dem unteren Nachbar das Wasser entzogen, fielen mithin vor Emanation des Gesetzes vom 28. Febr. 1843 unter den §. 99 h. t.

911) Gesetzrev. S. 65.

Vorfluth in Ansehung von Gebäuden nicht geltend gemacht werden kann: Entsch. XL. 33—36 (v. J. 1859); Strieth. XXXVII. 335 (v. 1860); XL. 116 ad c. 120 (v. 1861).

D. **Bewässerungs-Anstalten.**

Endlich hat die Gesetzgebung den letzten und entscheidenden Schritt vom Privaten zum Allgemeinen gethan, um die treibende und befruchtende Wasserkraft gemeinnütziger zu machen. Nach einer, mit besonderer Rücksicht auf die Erfahrungen, welche in neuerer Zeit über die Verwendung des fließenden Wassers zur Verbesserung der Bodencultur gemacht worden waren, gründlich durchgeführten Revision der früheren gesetzlichen Vorschriften ist das Gesetz ergangen „über die **Benutzung der Privatflüsse**", vom 28. Februar 1843. (Ges.-Samml. S. 41—52.)[912]) Einen besonderen Schutz gewährt dieses Gesetz den Bewässerungsanlagen durch Gestattung eines Aufgebots- und Präclusions-Verfahrens (§. 19—22). Um aber einen gleichen Schutz auch

912) In die zum Bezirke des Apellations-Gerichtshofes zu Cöln gehörenden Landestheile, für welche dieses Gesetz Anfangs nicht bestimmt war (Code Nap. art. 641—645), ist dasselbe nachträglich durch die Verordnung v. 9. Januar 1845 (Ges.-Samml. S. 35) mit der nicht unerheblichen Modification eingeführt worden, daß bei Entscheidung der Frage:

> ob bei einer Bewässerungsanlage ein überwiegendes Landescultur-Interesse obwalte? (§§. 24 u. 32 jenes Gesetzes)

das Interesse schon vorhandener, auf Triebwerken beruhender gewerblicher Anlagen im zweifelhaften Falle über das der Bodencultur gestellt werden soll.

Schon vorher war durch Verordnung v. 26. April 1844 (Ges.-Samml. S. 112 fg.) in dem Markgrafthum Oberlausitz das Ober-Amtspatent vom 18. August 1727 (wegen Wässerung der Wiesen, freien Wasserlaufs u. Räumung der Flüsse) aufgehoben und durch die Vorschriften (der allg. Landesgesetze und namentlich die) des Gesetzes v. 28. Febr. 1843 ersetzt worden.

Dagegen hat der Kreis Siegen unterm 28. Octbr. 1846 (Ges.-Samml. S. 485—508) eine eigene Wiesenordnung erhalten, welche nach Maßgabe ihres §. 77 dem Gesetze v. 1843 derogirt, dessen Vorschriften für die Verhältnisse jenes Kreises nicht überall passend und ausreichend befunden waren. In den §. 12 dieser Wiesenordnung (Ges.-Samml. S. 488) hatte sich ein Druckfehler eingeschlichen: statt „**Ent**wässerungsanlage" ist in der 6. Zeile zu lesen: „**Be**wässerungsanlage". (Berichtigung in der Ges.-Samml. 1847 S. 342.)

Beispiele von localen Polizei-Reglements auf Grund des Gesetzes v. 28. Febr. 1843: Pol. Regl. der Kön. Regierung zu Potsdam für den Löcknitzfluß u. den Carvebach im Westpriegnitzer Kreise v. 13. Dcbr. 1860 (Amtsblatt 1860 Stück 52. Beilage) u. für den Temnitz-Fluß rc. v. 24. ej. m. (Amtsblatt 1861 Stück 2. S. 16 fg.)

Einige mehr formelle Nebenpunkte des Gesetzes v. 28. Febr. 1843 sind noch geordnet worden durch die Cab.-Ordres v. 1. Dcbr. 1843 u. 17. Januar 1844. (Ges.-Samml. 1844 S. 43 u. 61.)

den Entwässerungs-Anlagen zu Theil werden zu lassen, ist dann noch, zur Ergänzung des Vorfluths-Gesetzes v. 15. Novbr. 1811 (oben ad C.), ein Aufgebots- und Präclusions-Verfahren für Entwässerungs-Anlagen eingeführt worden, durch das Gesetz vom 23. Januar 1846. (Ges.-Samml. S. 26—28.)[913]) Ein überaus wirksames Mittel zur Förderung der Bewässerungs-Anlagen bietet schließlich das Gesetz vom 28. Februar 1843 in seinem dritten und letzten Abschnitte (§. 56—59) durch die nicht blos zugelassene, sondern unter Umständen gebotene Bildung von Genossenschaften. Wenn nämlich Unternehmungen zur Benutzung des Wassers, deren Vortheile einer ganzen Gegend zu Gute kommen, nur durch ein gemeinsames Wirken zu Stande zu bringen und fortzuführen sind, so können die Betheiligten zu gemeinsamer Anlegung und Unterhaltung der erforderlichen Wasserwerke durch landesherrliche Verordnung verpflichtet und zu besonderen Genossenschaften vereinigt werden. Durch das Gesetz vom 11. Mai 1853 (Ges.-Samml. 182. 183) sind nun die Vorschriften der §§. 56—59 des Gesetzes v. 28. Febr. 1843 auch auf Genossenschaften zu **Ent**wässerungs-Anlagen ausgedehnt worden, so jedoch, daß Genossenschaften für Drainanlagen für jetzt nur bei freiwilliger Zustimmung aller Betheiligten gebildet werden sollen. (Art. 2 des Gesetzes vom 11. Mai 1853.) Imgleichen sind die Vorfluthsgesetze („die bestehenden gesetzlichen Vorschriften über Anlegung von Entwässerungs-Gräben durch fremde Grundstücke") auch auf unterirdische Wasserableitungen („Ableitungen des Wassers unter der Erde in bedeckten Kanälen oder in Röhren [Drains]") in Anwendung gesetzt. (Art. 3 des Gesetzes v. 11. Mai 1853).[914])

Hiernach haben sich auf Grund der §§. 56. 57 des Gesetzes vom 28. Febr. 1843 und resp. des Art. 2 des Gesetzes v. 11. Mai 1853 zahlreiche Be- und resp. Entwässerungs-Genossenschaften mit Corpo-

913) Dieses Gesetz ist auch in den Bezirken des Appellations-Gerichtshofes zu Cöln und des Justizsenates zu Ehrenbreitstein, so wie in den Hohenzollernschen Landen (oben Anm. 167) für anwendbar erklärt, durch den §. 9 des wegen Verschaffung der Vorfluth für jene Landestheile besonders erlassenen Gesetzes vom 14. Juni 1859. (Ges.-Samml. S. 325—329.) Ein früher unbeachtet gebliebener Druckfehler in dem Gesetze v. 23. Januar 1846 §. 3 g. E. (Ges.-Samml. S. 27) ist erst neuerlich berichtigt worden. In dem Satze: „in Betreff des zu entwässernden aber zu den Wasserleitungen zu benutzenden Terrains" muß nämlich anstatt „aber" gelesen werden: „oder". (Ges.-Samml. 1860 S. 520.)

914) Der Art. 1. dieses Gesetzes hat die §§. 56—59 des Gesetzes v. 28. Febr. 1843 (über die Genossenschaften zu Bewässerungs-Anlagen) in die Hohenzollernschen Lande (oben Anm. 167) eingeführt.

rations- (resp. Expropriations-) Rechten und landesherrlich bestätigten Statuten[915]) unter sehr verschiedenen Namen gebildet[916]).

Der modifizirende Einfluß, welchen das Gesetz v. 28. Febr. 1843 auf die §§. 99. 100 h. t. insbesondere geübt hat, ist schon oben (ad A und B) bemerklich gemacht worden. Im Großen und Ganzen hält die Praxis daran fest, daß dieses Gesetz keineswegs blos auf die Benutzung des Wassers zur Verbesserung der Bodencultur bezogen werden darf, sondern auf Anlagen aller Art, welche zur Benutzung von Privatflüssen gemacht werden, Anwendung finden muß, —

915) Nur wenn eine Genossenschaft unter freiwilliger Zustimmung aller Betheiligten zu Stande gekommen, ist der Minister des Innern ermächtigt, das vereinbarte Statut zu genehmigen und zur Ausführung bringen zu lassen; sonst bedarf das Statut der landesherrlichen Vollziehung: §. 57. Ges. 28. Febr. 1843. Vgl. §. 11. 15. des Gesetzes über das Deichwesen v. 28. Januar 1848 (Ges.-Samml. S. 56. 57), auf Grund dessen sich gleichfalls fortwährend neue Genossenschaften („Deichverbände") bilden. (Beispiele aus der neuesten Zeit: Ges.-Samml. 1859 S. 541 ff. 546 ff; 1860 S. 2. 104. 416. 646; 1861 S. 59.)

916) Diese Statuten nehmen einen ansehnlichen Raum in den neueren Jahrgängen unserer Gesetz-Sammlung ein. Vgl. Ges.-Samml. 1850 S. 373 —395 (Statut der „Meliorations-Sozietät der Bocker Heide"); 1852 S. 391 ff. (Meliorations-Sozietät des Skottau-Thales); 517 ff. (Meliorations-Verband im Brückschen Bruche); 712 ff. (Verband der Wiesenbesitzer in der Gemeinde Salm); 1854 S. 19. 53. 336. 422. 481 (Wiesenverbände); 489 (Meliorations-Sozietät des Neidethales bei Soldau); 501 (Sozietät zur Regulirung der Gewässer in dem nördlichen Theile des Kreises Lübbecke); 562. 626. 631; 1855 S. 445 (Meliorationsgenossenschaft des Alfbachthales); 451 (Verband zur Regulirung des Cremitz-Baches); 490 (Sozietät zur Regulirung der Gewässer in der Bokeler u. Mastholter Niederung); 1856 S. 125 (Entwässerungs-Genossenschaft); 462 (Verband zur Regulirung der Notte); 525. 529. 534 (Wiesenverbände); 597 (Genossenschaft für die Melioration der Niers- und Nord-Kanal-Niederung); 945 (Soldiner Entwässerungsverband); 956 (Verband zur Regulirung der unteren Ehle); 966 (Genossenschaft zur Melioration der Ländereien am Goplo-See 2c.); 1857 S. 118 (Regulirung der Unstrut); 137. 686 (Melior.-Sozietät des Orzec-Gebietes); 838 (Melior.-Genossenschaft der Gemeinde Honzrath); 845. 891 (Entwässerung des Ossiniec-Bruches); 1858 S. 58. 149. 153 (Genossenschaft zur Melioration der Labischin-Bromberger Netzewiesen); 370 (Entwässerung des großen Lugs bei Wormlage); 1859 S. 28 (Genossenschaft für die Melioration der Erft-Niederung); 53 (Verband zur Regulirung der beiden zur Bartsch führenden Landgräben); 105. 192. 214. 438 (Regulirung des Swistbaches); 508. 569 (Senkung des Vansow-Sees); 1860 S. 7. 21 (Regulirung der Aller u. Ohre 2c., nach vorgängigem Staatsvertrage mit dem benachbarten Auslande); 50 (Melior.-Genossenschaft der Norf-Stommler Brücher); 75 (Brandenburger Havel-Krautungs-Verband); 92. 115. 125. 137 (Unterhaltung eines Kanals); 426. 446. 451. 641; 1861 S. 3. 9. 163. 178. 245 (Aufhebung des aus der Ges.-Samml. 1860 S. 92 allegirten Statuts); 755. 769 2c.

auf Mühlen und Triebwerke freilich nur da, wo eine bisher bestandene Vorschrift ausdrücklich abgeändert wird: Strieth. XXXIX. 31—35 (v. J. 1860)[917]. Allein ungeachtet der auf den allgemeinen Nutzen gerichteten Tendenz des Gesetzes wird dennoch die privatrechtliche Natur der Benutzung des Flußwassers nicht verkannt. Es gilt deshalb weder als Verletzung der Gewerbefreiheit, noch des Landescultur-Interesse (oben S. 160. 161), wenn Jemand sein (privates) Recht zur Benutzung des vorüberfließenden Wassers durch einen Vertrag auf einen Anderen überträgt: Strieth. XXV. 357 fg. (v. 1857). Andererseits prävalirt das privatrechtliche Moment nicht in dem Grade, daß dem Besitzer des Grundstückes, auf welchem das Wasser zuerst zu Tage kommt (die Quelle des Flusses entspringt), die Befugniß zugesprochen werden könnte, über den bisherigen ungestörten Lauf des der Quelle entströmenden Flußwassers willkürlich und ausschließlich zu verfügen (also das gesetzlich begründete Nutzungsrecht der Uferbesitzer illusorisch zu machen): Strieth. XX. 213—218 (v. 1856).

Wesentliche Bedenken, zu denen die den Uferbesitzern in der Weise einer Beschränkung ihres grundsätzlich privativen Nutzungsrechtes (§. 1 des Gesetzes v. 28. Febr. 1843) auferlegte Verpflichtung zur Zurückleitung des Wassers (§. 13 Nr. 2. §. 14) Anlaß gegeben hatte, sind durch die in dem Pl. Beschlusse vom 16. Januar 1854 (Präj. 2496) niedergelegte Entscheidung folgendergestalt erledigt worden: „Der Uferbesitzer eines Privatflusses, welcher an einer Stelle seines Grundstücks nach dem ihm zustehenden Rechte das Wasser zur Bewässerung abgeleitet hat, braucht die im §. 13 Nr. 2 des Gesetzes vom 28. Febr. 1843 vorgeschriebene Zurückleitung desselben in der Regel erst in dem Punkte vorzunehmen, wo an der Seite der geschehenen Ableitung sein Eigenthum an dem Ufer aufhört. Beginnt auf dem gegenüberliegenden Ufer vor diesem Punkte ein fremdes Grundstück, so muß dem Besitzer desselben die Hälfte des Wassers zur Disposition bleiben, welches vorhanden sein würde, wenn die Zurückleitung des Wassers unmittelbar vor dem Punkte erfolgt wäre, an welchem das gegenüberliegende fremde Grundstück beginnt". (J. M. Bl. 1854 S. 74—78; Entsch. XXVII. 23—36; Strieth. XII. 337—341)[918].

---

917) Eben deshalb aber, weil das Gesetz auf die Anlage neuer Mühlen und die dagegen geltend zu machenden Widerspruchsgründe keine Anwendung findet, wird auch in Betreff dieser Widerspruchsgründe der Rechtsweg durch den §. 23 des Gesetzes nicht ausgeschlossen: Präj. 1923 (v. J. 1847).

918) Vgl. Arnsb. Arch. XII. 167—172 (v. J. 1845); Strieth. VII. 326—329 (das Erkenntniß v. 1. Decbr. 1852, auf welches in der Ein=

Die Bedingungen und Voraussetzungen des §. 16 des Gesetzes v. 1843 finden sich entwickelt in den Entsch. XXXV. 173—179 (v. 1857).

Im Uebrigen hat die Praxis auch hier wieder (wie ad C) mehrfach auf die Competenzfrage (Zulässigkeit oder Ausschließung des Rechtsweges) eingehen müssen: Min. Rescr. 6. Decbr. 1843 (J. M. Bl. S. 298—300); Rechtsf. I. 209—211 (v. J. 1847); Präj. 1923 (oben Anm. 917); Strieth. XXXI. 364 ad b. 366 (oben S. 419). Vgl. Comp.-Confl.-Erk.: J. M. Bl. 1848 S. 301; 1849 S. 384. 488; 1853 S. 312; 1857 S. 388; 1860 S. 334. (Sydow S. 37. 116. 147 fg. ad 11—15.) J. M. Bl. 1861. S. 172—174.

2. **In Ansehung der verschiedenartigsten baulichen Verhältnisse:** §. 118—189 h. t. (Aus Polizei-Ordnungen und Autoren abstrahirt, in subsidium für die Provinzial-Rechte: Sz. S. 10 fg.)

Der Gegensatz gegen die §§. 65 ff. h. t. (oben ad I. 2. D.) ergibt sich aus der systematischen Stellung, da hier nur noch von Einschränkungen des Eigenthums zum nachbarlichen Besten die Rede ist. Bei diesen nachbarlichen Berührungen handelt es sich denn theils um die Ausgleichung von Collisionen in Beziehung auf Gegenstände des gemeinschaftlichen Eigenthums unmittelbar an der Gränze, theils um die Einschränkung der an sich durchaus gerechtfertigten Willkür des Eigenthümers in den Verfügungen auf seinem eigenen Gebiete, zur Verhütung der mehr oder weniger directen, mehr oder weniger materiellen, mehr oder weniger schädlichen oder gefahrdrohenden Uebergriffe oder Einwirkungen auf das nachbarliche Gebiet, theils endlich um die Gränzscheidungen zwischen den nachbarlichen Gebieten und was damit noch zusammenhängt.

A. Als gemeinschaftliches Eigenthum, und deshalb der einseitigen und willkürlichen Einwirkung der einzelnen Nachbarn entzogen, gelten der Regel nach:

---

leitung zu den Gründen des Pl. Beschlusses Bezug genommen wird); XI. 135—143 (v. J. 1853; mit der S. 138 gelegentlich beigebrachten Stelle aus den Motiven zum Gesetze v. 1843: „das Recht des Uferbesitzers auf den Wasserschatz als Annexum seines Eigenthums finde seine nähere Bestimmung u. Begränzung in den Rechten des Publicums, der oberhalb und unterhalb liegenden Grundbesitzer u. der Stauberechtigten rc.“); XIV. 73—78 (v. 1854: Berücksichtigung des mittleren Wasserstandes); XVI. 353—357 (v. 1855: Besitzstand); XXXV. 321—324 (v. 1859: der durch das Gesetz v. 1843 dem Ufernachbarn neu gewährte Anspruch auf Zurückleitung des Wassers fällt mit dem früheren Rechte desselben aus §. 99 h. t. selbst dann nicht zusammen, wenn ihm auch schon früher die Ableitung Nachtheil brachte).

a) die Raine oder s. g. Pflugrechte[919]) zwischen benachbarten ländlichen Grundstücken: §. 118. 119 h. t. (I. 17 §. 366.) Dritten gegenüber ist jedoch das (im §. 1 h. t. begründete) Ausschließungs-Recht jedes Miteigenthümers eines Grenzrains selbstständig: Präj. 541 (v. J. 1838). Eben so ist — was des Zusammenhanges wegen hier vorweg bemerkt werden mag — das Recht eines jeden Miteigenthümers auf Geltendmachung der Ansprüche aus §. 125 fg. h. t. (unten C. a.) als ein Individualrecht (oben S. 292) anerkannt worden: Strieth. XI. 58 ad c. 63 (v. 1853).

Nicht unbestritten ist die Frage von der Anwendbarkeit des §. 118 h. t. auf andere Arten von Scheiden, z. B. auf Bäche und Wege. Doch hat die Vermuthung für die Gemeinschaftlichkeit des Eigenthums in Beziehung auf Privatflüsse und Bäche, welche zwischen zwei Grundstücken fließen, Anerkennung gefunden in einem (von Koch im Comm. ad h. §. beigebrachten) Beschlusse des Ober-Tribunals aus dem Jahre 1848. Nicht minder war schon früher aus unserem §. 118 die gesetzliche Vermuthung dafür abgeleitet worden, daß der ein Grundstück durchschneidende Privatweg das Eigenthum desjenigen sei, welchem das Eigenthum dieses Grundstückes zusteht: Arnsb. Arch. X. 53—60 (Entsch. v. 1844). Und so ist auch in neuerer Zeit durchgreifend angenommen worden, daß es keinen Unterschied mache, ob der Rain lediglich als Pflugrecht benutzt wird, oder als Weg dient, und daß der Eigenthümer der beiden Grundstücke, zwischen welchen das (streitige) Wege-Areal sich vorfindet, bis zum Nachweise des Gegentheils auch für den Eigenthümer dieses Areals gelten müsse: Strieth. XXVII. 11—14 (v. 1857).

b) Die Winkel oder Zwischenräume zwischen benachbarten Gebäuden: §. 120 h. t. Und zwar begründet auch diese Gemeinschaft (wie die ad a: vgl. unten zu §. 174 h. t.)[920]) Rechte, welche der willkürlichen Einwirkung jedes einzelnen Miteigenthümers entzogen sind. Deshalb ist die einseitige Theilungsklage (die von dem einen Miteigenthümer wider den Willen des anderen auf Naturaltheilung oder öffentlichen Verkauf des Zwischenraumes angestellte Klage) für unstatthaft erklärt worden: Entsch. XXXIV. 142—146 (auch bei Gruchot I. 67—70. 259—261 und Strieth. XXII. 318—321: v. J. 1856).

---

919) Ueber die technische Bedeutung dieser Bezeichnungen vgl. Stewert's Materialien Heft 3. S. 51 und Koch's Comm. ad §. 118 h. t.

920) Der §. 89 des Entwurfes h. t. (I. 5) hatte sogar (mit incorrectem Ausdrucke) „die Reine oder s. g. Pflugrechte zwischen benachbarten Gebäuden oder Grundstücken" von Hause aus einander gleichgestellt.

Eben so wenig wird die Ersitzung des Rechts zur einseitigen Benützung eines gemeinschaftlichen Zwischenraumes zugelassen: Strieth. III. 94—99 (v. 1851).

Wenn jedoch Ein Nachbar ausschließlich gewisse Anlagen[921]) in dem Zwischenraume gehabt hat, als: Traufe, Gossen, Privete, offene (d. s. unvergitterte und unverstäbte[922])) Fenster, so wird vermuthet, daß der Zwischenraum ihm eigenthümlich gehöre: §. 121 h. t.; nur daß er auch in den ihm eigenthümlich gehörenden Winkel ohne des anderen Nachbarn Einwilligung die Röhre von einem Windofen nicht führen darf: §. 122 h. t.

Uebrigens beziehen sich die Vorschriften der §§. 120 und 121 keinesweges blos auf solche Winkel und Zwischenräume, welche nur drei Fuß oder weniger breit sind, sondern auf alle Räume von relativ geringem Umfange: Strieth. XVI. 171 — 173 (v. J. 1855).

B. Als ein unmittelbarer und (in Ermangelung einer besonderen Servitut) unzulässiger Uebergriff in das nachbarliche Gebiet gilt

a) die Anlegung neuer Erker, Altane, Wetterdächer, Dachtraufen und anderer über die Gränze ragender Bauwerke: §. 123. 189 h. t.[923]);

b) die Berührung nachbarlicher Wände mit Bäumen oder Weinreben und Geländern: §. 124 h. t.;

---

921) Jede einzelne solcher Anlagen genügt zur Herstellung der gesetzlichen Präsumtion. Das Wort „und" im §. 121 („und nur allein Gossen" ꝛc.) bedeutet augenscheinlich so viel wie „oder": Gesetzrev. S. 66.

922) Gemeint sind Fenster, welche nicht durch Gitter oder dergleichen Beschränkungen verschlossen sind. Auch mag es noch andere Anlagen geben, welche sich hier als unzweideutige Zeichen des Alleineigenthums ansehen lassen, z. B. Luken zum Aufwinden von Lasten ꝛc. Bloße Thüren sind aber nicht dahin zu rechnen. Vgl. Jurist. Zeitung f. d. Preuß. Staaten, Jahrg. 1833 Sp. 467 — 472. 968 — 972; Koch's Comm. ad §. 121 h. t.

923) Der §. 189 ist eigentlich schon im §. 123 enthalten. Es ist dies eine zufällige Folge der mit dem (gedr.) Entwurfe vorgenommenen Aenderungen. Der Entwurf hatte nämlich im §. 91 (jetzt 123) blos der „Erker, so über die Gränze ragen" und im §. 127 (jetzt 189) der „Dachtraufe" gedacht. Danach erhielt der §. 91 des Entw. die (jetzige) ausgedehntere Fassung u. der Spezial-Paragraph von der Dachtraufe blieb daneben stehen. (Gesetzrev. S. 66.) Die Behandlung der „Dachrinnen" in dem (im Entw. noch fehlenden) §. 80 h. t. bezieht sich selbstverständlich nicht auf die Verhältnisse unter Nachbarn, sondern auf die öffentliche Straße. Uebrigens mag hier erinnert werden an §. 1. Sachsen-Spiegel II. 49: It ne mut nieman sine ovese (Traufe) hengen in enes anderen mannes hof.

c) das Graben unter dem Grunde des Nachbarn: §. 132 h. t. (Unten Anm. 933.)

C. Gewisse (an sich aus dem dispositiven Elemente des Eigenthums, §. 1 h. t., gerechtfertigte) Anlagen auf eigenem Grund und Boden sind, wegen ihrer materiell schädlichen Einwirkung auf das nachbarliche Gebiet (materielle Einwirkung aus einem Gebiete in das andere hinüber!), besonderen gesetzlichen Einschränkungen unterworfen.

a) Schweinställe, Kloake, Dünger- und Lohgruben, und andere den Gebäuden schädliche Anlagen müssen wenigstens drei Fuß[924]) von den benachbarten Gebäuden, Mauern und Scheunen entfernt bleiben: §. 125 h. t.[925]), auch von Grund aus aufgemauert werden: §. 126. Von den Bäumen des Nachbars müssen dergleichen Anlagen (Gruben und Behältnisse) zwar gleichfalls 3 Fuß zurücktreten, jedoch ohne daß dabei die Aufmauerung gefordert wird: §. 127.

Viele Zweifel und Streitfragen, zu denen diese §§en fast Wort für Wort Anlaß gegeben haben, sind im Wesentlichen durch die neuere Praxis beseitigt und geschlichtet worden.

Vor Allem war der Charakter der Schädlichkeit der in Frage stehenden Anlagen sowohl begriffsmäßig als in einzelnen Anwendungen festzustellen. Begriffsmäßig handelt es sich hier (und zwar im Gegensatz zum §. 128) von solchen Anlagen, welche stehende Flüssigkeiten aufsammeln und wegen der Beschaffenheit der Flüssigkeiten zu den an sich schädlichen Anlagen gezählt werden: Entsch. XVII. 118; also von den hier beispielsweise benannten Stätten des Unraths und ähnlichen Anlagen: Strieth. XXXII. 173. 174. Jede Anlage aber, welche hiernach an sich als schädlich gilt, muß 3 Fuß von den benachbarten Gebäuden ꝛc. entfernt bleiben, ohne daß darauf Rücksicht genommen werden kann, ob die Anlage vielleicht im concreten Falle unschädlich sein würde: Strieth. XXII. 134 fg.; XXXII. 174.

In den einzelnen Anwendungen sind unter Kloaken sowohl Gruben zur Ansammlung von Unreinigkeiten, als auch verdeckte Ca-

---

924) Das A. L. R. bedient sich in diesem Abschnitte abwechselnd der Ausdrücke: Fuß rheinländisch, Werkschuh, Fuß. Der seit dem 28. Octbr. 1773 in Preußen, den Marken und Pommern eingeführte s. g. Rheinländische Werkfuß wird jetzt gleichfalls verstanden unter der Benennung: Preußischer Fuß. (Anweisung zur Verfertigung der Probemaße und Gewichte nach [§. 1.] der Maß- und Gewicht-Ordnung v. 16. Mai 1816: §§. 1. 2. Ges.-Samml. S. 140.)

925) Sachsen-Spiegel II. 51. §. 1: Oven (Backöfen) unde gang (Kloaken, geheime Gemächer) unde swinekoven solen dre vote van me tune stan.

näle zur Ableitung von Unreinigkeiten aus den Gebäuden (mit Koch, Comm. ad §. 125 h. t., gegen Dorguth, Jahrb. XXXVI. S. 247 ad 7) zu verstehen[926]). Außer den eigentlichen Düngergruben gehören aber auch Miststätten hierher, wobei der Dünger nur auf die Erdoberfläche gelagert wird: Arnsb. Arch. VI. 531—533. (App.-Erk. v. J. 1838.) Ueberhaupt analogisch alle bewegliche Anlagen der Art, wenn sie zu dauernden Zwecken gemacht sind, also auch Wasserbehälter und Aufschüttungen von Kalk: Entsch. XI. 191—200 (v. J. 1843)[927]). Aber (außer den Gruben) eben nur transportable, wenn schon bodenfeste Behältnisse, nicht eigentliche Gebäude, auch wenn diese nur als Stallungen dienen: Strieth. XXII. 133 ad a. 134 fg. (v. 1856); vgl. mit XXIV. 165 fg. (Anm. 926). Folglich auch nicht Eisenbahnanlagen, selbst wenn die durch das Vorbeifahren der schweren Eisenbahnzüge hervorgebrachten Erschütterungen einem nahe an dem Bahnkörper belegenen Gebäude schädlich werden können. Strieth. XXXII. 172—175 (v. 1859). Endlich auch nicht Vertiefungen, welche von dem Nachbarn selbst und in dessen eigenem Interesse vorgenommen sind: Strieth. XXV. 291 ad b. 297 fg. (v. 1857). Die nachbarlichen Gebäude aber, von denen der Schaden abgewehrt werden soll, sind wohl im weitesten Sinne des Wortes zu fassen, so daß auch Ställe dahin gehören: Koch Comm. ad §. 125 h. t. Nur sind zu den „Mauern", deren §. 125 gedenkt, nicht auch die der schädlichen und der benachtheiligten Anlage gemeinschaftlichen Mauern zu rechnen: Strieth. XXII. 133 ad b. 135 (v. 1856)[928]).

Was demnächst das Existenz-Verhältniß zwischen der schädlichen und der benachtheiligten Anlage betrifft, so ist durch das Präj. 2604 (v. 1855) die zur Anwendung der §§. 125. 126 h. t. nothwendige Voraussetzung festgestellt worden: daß die Gebäude, Mauern und Scheunen des Nachbars (und analogisch im §. 127 die Bäume desselben) schon vor der Anlegung der Gruben und anderer den Gebäuden schädlichen Anstalten vorhanden gewesen seien: Entsch. XXX. 27—30; nachdem bereits früher angenommen war, daß die hier begründeten ge-

926) In einer dem §. 125 h. t. entsprechenden Bestimmung der Berliner Spezial-Bau-Observanzen wird das Wort „Priveten" nur auf solche Privete bezogen, bei welchen die Excremente in eine darunter befindliche Grube abgeführt werden: Strieth. XXIV. 163—166 (v. 1857).

927) Vgl. übrigens wegen der begränzten Aufgabe gerade dieser Entscheidung: Strieth. XXXII. S. 175 zu Anfg.

928) Durchaus unbegründet ist die zu Gunsten des Eigenthümers der Gebäude ꝛc. behauptete Präsumtion des Eigenthums an dem frei bleibenden 3 Fuß breiten Streifen Landes: Strieth. XI. 58 ad a. 59 (v. 1853).

setzlichen Einschränkungen nur auf neue Anlagen oder auf die Veränderung schon bestehender Anlagen Anwendung leiden, indem die Aufrechthaltung eines bis dahin zu Recht bestehenden Besitzstandes in der ganzen Reihe der Vorschriften §. 65 — 189 h. t. leitendes Prinzip der Gesetzgebung gewesen sei, insbesondere auch die Wortfassung des §. 125 („entfernt bleiben") andeute, daß nur von einer im Werden begriffenen Anlage die Rede sei, und daß dagegen die als Anhaltspunkte für die einzuhaltende Entfernung bezeichneten nachbarlichen Gebäude ꝛc. schon zur Zeit der Anlegung einer solchen Düngergrube ꝛc. vorhanden gewesen sein müssen: Rechtsf. IV. 246. 247 (v. J. 1848)[929]). Als gemeinsames Prinzip dieser Entscheidungen ist auch später festgehalten: daß die Berechtigung zum Fortbestehen solcher Düngergruben ꝛc., wenn sie zu einer Zeit oder unter Verhältnissen zu Stande gekommen, wo ihrer Anlegung ein gesetzliches oder rechtliches Hinderniß nicht entgegenstand, nicht auf Grund späterer einseitiger Handlungen und Anlagen des Nachbars in Anwendung des §. 125 h. t. angefochten werden kann: Strieth. XXV. 291 — 298 (v. 1857).

Weiter handelt es sich um die Messung der vorgeschriebenen 3 Fuß Entfernung einer schädlichen Anlage. In dieser Beziehung hat schon das Präj. 1339 (v. J. 1843) früheren Streit dahin entschieden: daß die Messung von dem inneren Theile der Umfassungsmauer einer ausgemauerten Grube beginnen, also die Stärke der Umfassungsmauer mitgemessen werden muß, weil diese Mauer selbst den Schutz des Nachbars bezweckt und vermehrt. (Ausgeführt in den Entsch. XVII. 118)[930]).

Die Frage, ob die im §. 126 h. t. gebotene Aufmauerung der Grube auch bei Anlagen in größerer Entfernung als 3 Fuß von des Nachbars Grunde gefordert werden könne, wird mit Recht nur für den Fall der auch in dieser größeren Entfernung noch fortdauernden Schädlichkeit bejahet[931]).

Endlich ist die früher in der systematischen Stellung der §§. 125 126 begründete Ansicht des höchsten Gerichtshofes, daß in diesen gesetzlichen Einschränkungen des Eigenthums keine die Verjährung ausschließende Verbotsgesetze zu erkennen seien: Jur. Wochenschr. 1848 Sp. 415 (Anm. 929) und Strieth. XI. 58 ad b. 62 (v. 1853), we-

929) Ausführlicher mitgetheilt in der Jur. Wochenschrift v. 1848 Sp. 411 — 416.

930) Vgl. auch unten zum §. 128 h. t. das Präj. 2106.

931) Gesetzrev. S. 67; Born. §. 117 (ad 3. b.); Koch Comm. ad §. 126 h. t.

sentlich alterirt worden durch das Präj. 2559 (v. 1854): „Die Vorschrift des §. 126 beschränkt sich nicht auf den Schutz der Gebäude des Nachbars gegen den schädlichen Einfluß der im §. 125 bezeichneten Anlagen, beziehet sich vielmehr auch auf das öffentliche Interesse". Oder, wie es in den Gründen heißt, es liegt dieser Verordnung, indem dieselbe auch die Beförderung der Reinlichkeit und Gesundheit zum Zweck hat, „eben so sehr" ein öffentliches Interesse zum Grunde: Entsch. XXIX. 56—59. Vgl. Strieth. XXII. 136 (Unschädlichkeit eines Kuhstalls vom öffentlichen, insbesondere sanitätspolizeilichen Standpunkte); XXXI. 47—50 (v. J. 1858: Unstatthaftigkeit des Erwerbes eines diesen Vorschriften derogirenden Rechts durch Verjährung); XXXVIII. 202—206 (v. 1860: dingliche Natur der aus diesen gesetzlichen Einschränkungen hervorgehenden Rechte und Pflichten). Wegen der s. g. Lübischen Verjährung: Strieth. XVII. 158—164 (v. 1855)...

b) Rinnen und Canäle an der Erde (oder auch in der Erde: Entsch. XVII. 119), zur Abführung des Wassers (selbst wenn mit der getroffenen Einrichtung die Entstehung einer Rinne oder die Ableitung des Wassers gar nicht beabsichtigt war: Strieth. XL. 350—352, v. J. 1861), müssen wenigstens einen Fuß von der Wand des Nachbars entfernt bleiben: §. 128 h. t. Bei der Messung dieser Entfernung wird wieder von der inneren Wand der Rinne ausgegangen, also die Stärke der (etwa vorhandenen) Einfassungsmauer mitgemessen, weil der Zweck des Gesetzes nur darin besteht, die ablaufende Flüssigkeit in der vorgeschriebenen Entfernung von der Wand zu halten: Präj. 2106 (v. J. 1849: Entsch. XVII. 114 — 120)[932]).

c) Brunnen.

α) Für unzulässig erklärt sind solche Anlagen, durch welche der schon vorhandene Brunnen des Nachbars verunreinigt oder unbrauchbar gemacht werden würde: §. 129 h. t.; also nicht solche, durch welche das Wasser im Brunnen des Nachbars blos vermindert wird: Strieth. XVI. 96 — 99 (v. J. 1854).

β) Die Grabung eines Brunnens auf eigenem Grund und Boden ist (in Ermangelung eines entgegen stehenden Untersagungsrechtes) dem Eigenthümer (kraft des dispositiven Elementes des Eigenthums) unverwehrt, selbst wenn dadurch dem Nachbar sein Wasser entzogen wird (1 §. 12. de aqua et aqu. pluv. arc. XXXIX. 3: cum

932) Oben Anm. 930. — Wegen des Lübischen Rechts vgl. Präj. 2095. (Entsch. XVII. 392.)

eo, qui in suo fodiens vicini fontem avertit, nihil posse agi): §. 130 h. t.; nur daß wieder die Entfernung der 3 Fuß von des Nachbars Gränze festgehalten wird, innerhalb deren kein neuer Brunnen angelegt werden darf: §. 131 h. t.[933])

d) Gemeinschaftliche Mauern.

α) Back-, Brenn- oder Schmelz-Oefen und Feuerheerde dürfen selbst an der gemeinschaftlichen Mauer (Scheidewand)[934]) nicht ohne des Nachbars Bewilligung angelegt werden: §. 133 h. t.[935]).

β) Schornsteine dagegen darf jeder Nachbar, „auch ohne besondere Rückfrage" mit dem anderen, an der gemeinschaftlichen Mauer anlegen: §. 134 h. t.

γ) Bis zur Hälfte ihrer Dicke kann eine gemeinschaftliche Mauer von jedem Nachbar an seiner Seite benutzt werden, insofern dadurch dem Gebäude selbst kein Nachtheil geschieht: §. 135 h. t.[936]); jedoch mit der Modification, daß Wandschränke und andere dergleichen Anlagen nicht auf diejenigen treffen dürfen, welche der Nachbar auf der entgegenstehenden Seite bereits angelegt hat: §. 136 h. t.[937])

Zu der nach §. 135 gestatteten Benutzung der gemeinschaftlichen Mauer gehört auch „ein Höherbauen, welches der Nachbar auf der Hälfte der Dicke der Mauer an seiner Seite vornimmt": Präj. 2694, v. J. 1857 (Zuerst angezeigt in den Entsch. XXXVII. 84*, dann mit der Prozeßgeschichte und den Gründen abgedruckt: Entsch. XXXVIII. 49—52 und Strieth. XXVI. 191—193)

D. „Vom Licht und von der Aussicht": so lautet das Marginale zu den §§. 137—147 h. t., welche wiederum gewisse (an sich aus dem dispositiven Elemente des Eigenthums gerechtfertigte) Anlagen

933) Der §. 132 h. t. ist, wegen seiner allgemeineren Bedeutung, schon hinauf gezogen zu B. c.

934) Mit Recht wird von den Gesetzrevisoren (S. 68) gerügt, daß der §. 133 mit der gemeinschaftlichen Scheidewand auch noch die „dem Nachbar gehörende" zusammenstellt. Denn es versteht sich von selbst, daß (in Ermangelung einer besonderen Servitut) Niemand an der dem Anderen gehörigen Wand Anlagen machen darf, welche mit derselben in Verband treten.

935) Wegen der hier einschlagenden Bestimmung des Lübischen Rechts über Schornsteine und Feuerstätten (§. 69 h. t.) vgl. Präj. 750 (v. 1839); Präj. 1627 (v. 1845); Strieth. XXXIX. 183—186 (v. 1860).

936) Auch die servitus oneris ferendi verpflichtet den (alleinigen) Eigenthümer der belasteten Mauer, sich einseitiger Verfügungen über letztere zu enthalten: Präj. 1298 (v. 1843) ad c. (Präj. Samml. S. 26; Entsch. IX. 200 ad III.) Vgl. unten Anm. 972.

937) Ueber die eng begränzte Bedeutung des §. 136 vgl. Entsch. XXXVIII. 51 fg.

auf eigenem Grund und Boden besonderen gesetzlichen Einschränkungen unterwerfen, bei denen es sich jedoch nicht mehr um die Verhütung so grober Schädlichkeiten, wie ad C, sondern darum handelt, einigen weniger materiellen, aber immerhin störenden Einwirkungen auf das nachbarliche Gebiet vorzubeugen.

Die, bei der großen Divergenz des Römischen und Deutschen Rechts, so wie der einzelnen Deutschen Rechte unter einander[938]), in der That zum großen Theile weniger auf einen hergebrachten Rechtszustand gegründeten, als vielmehr „beinahe zufällig"[939]) entstandenen Bestimmungen des A. L. R. müssen nach den beiden Hauptfragen geschieden und gegliedert werden, ob der Besitzer eines Gebäudes sich selbst Licht und Aussicht verschaffen, oder ob der Nachbar einem Gebäude das Licht durch Vorbauen entziehen will.

a) Der Besitzer eines Gebäudes will sich Licht und Aussicht verschaffen.

In dieser Beziehung wird grundsätzlich an der natürlichen Freiheit des Eigenthums festgehalten, indem es einem Jeden, „um Licht in sein Gebäude zu bringen", vollkommen frei stehen soll, „Oeffnungen und Fenster in seine eigene Wand oder Mauer zu machen, wenn dieselben gleich eine Aussicht über die benachbarten Gründe gewähren": §. 137 h. t. Die einzige dieser Freiheit auferlegte Beschränkung besteht darin, daß die „in einer unmittelbar an des Nachbars Hof oder Garten stoßenden Wand oder Mauer" zu machenden Oeffnungen „wo es die Umstände gestatten, sechs Fuß von dem Boden des Zimmers oder Behältnisses erhöht; in allen Fällen aber mit eisernen nur zwey Zoll von einan-

---

938) Gerber §. 87 (bes. Note 5); Beseler §. 91 ad 3; v. Kamptz Jahrb. XLV. 387—408. Particularrechtliches aus unserer Praxis: Rechtsf. II. 203; IV. 209; Strieth. XII. 312; Entsch. XVII. 388 (Präj. 2101).

939) Dies beweisen die Gesetzrevisoren aus der von ihnen mitgetheilten Entstehungsgeschichte. (S. 69—71: abgedruckt in der Jur. Wochenschrift 1839 S. 109 ff. in der Note 1. Auch Born. §. 117 hat das Wesentlichste aus der Entstehungsgeschichte beigebracht.)

Der (gedr.) Entwurf hatte im §. 98 h. t. (II. 5) den Bau auf eigenem Grund u. Boden vollkommen frei gegeben, wenn auch dem Nachbar dadurch Licht oder Aussicht benommen würde. Daran schloß sich jedoch im §. 99 eine Bestimmung gegen den s. g. Neidbau oder Bau ad aemulationem. (Beseler §. 91 ad 2; Entsch. V. 173.) Den (in der Hauptsache den jetzigen §§. 137. 138 entsprechenden) §§. 100. 101 war noch in den §§. 102. 103 eine eigenthümliche Modification beigegeben, indem der Nachbar durch rechtzeitigen Widerspruch bei oder nach Eröffnung neuer, auf seine Gründe die Aussicht gewährender Fenster sich seinerseits das Recht des Vorbauens sollte bewahren können.

der stehenden Stäben oder mit einem Drathgitter verwahret seyn müssen": §. 138 h. t. (I. 22 §. 62.)

Das im Eingange des §. 137 h. t. angegebene Motiv: „um Licht in sein Gebäude zu bringen", ist ganz facultativ zu verstehen. Danach hat das Belieben des Eigenthümers freien Spielraum in der Art der Einbringung des Lichts, und die Eröffnung der Aussicht über des Nachbars Grund und Boden ist nicht etwa auf den Fall beschränkt, daß der Eigenthümer ohne die Eröffnung einer solchen Aussicht kein Licht in sein Gebäude bringen könnte. Aber noch mehr: es kommt gar nicht darauf an, ob die Oeffnungen oder Fenster ausschließlich des Lichtes wegen angelegt werden. Und deshalb ist „nicht allein die Anlage von Oeffnungen und Fenstern, welche die Einbringung von Licht in ein Gebäude bezwecken, sondern auch die Anlage von Oeffnungen zu anderen Zwecken, z. B zur Beförderung des Luftzuges," der im §. 138 angeordneten Einschränkung unterworfen, — einer Einschränkung, welche keinesweges blos das Licht und die Aussicht mäßigen, also den Nachbar gegen die immerhin lästigen Beobachtungen der angränzenden Hausbewohner (Strieth. XXIV. 33) einigermaßen schützen, sondern mehr noch die geeigneten Vorkehrungen gegen das Hindurchsteigen und gegen lästige Immissionen (Ausgießen, Auswerfen) treffen soll: Präj. 2200, v. J. 1850. (Entsch. XIX. 104—113; bes. 108 ff.)

Versagt ist dieser gesetzlichen Einschränkung des Eigenthums die Anwendung auf Oeffnungen und Fenster, welche über der Luftsäule eines unmittelbar anstoßenden Gebäudes des Nachbars angelegt sind: Präj. 975 (v. J. 1841) ad a; so wie auf Oeffnungen und Fenster in neu errichteten Gebäuden, welche nicht unmittelbar auf der Gränze stehen: ebend. ad b. Weiter ist dem Worte „unmittelbar" die Auslegung gegeben, daß die hier in Rede stehende Beschränkung des Eigenthümers nicht Anwendung findet, „wenn zwischen der Wand und der nachbarlichen Gränze ein, wenn auch noch so geringer, Zwischenraum vorhanden ist. Darauf, ob die bei Errichtung neuer Gebäude vorgeschriebene Baulinie" (§. 139. 140 h. t.) „inne gehalten ist, kommt es hierbei nicht an": Präj. 2471, v. J. 1853. (Entsch. XXVII. 42—46.) Mit anderen Worten: „unmittelbar" ist — ganz dem gewöhnlichen Sprachgebrauche gemäß — so viel wie hart an der Gränze: Strieth. XXIII. 142 ad a. 143 fg. (v. 1856)[940].

---

940) Aus der früheren Zeit ist zu vergleichen: Arnsb. Arch. IV. 593—596 (Erstinstanzliches Erkenntniß v. J. 1836 gegen, Appell.-Erk. ohne Datum für die streng grammatische Auslegung des Wortes „unmittelbar"); Jur.

Unter „Oeffnungen und Fenstern" werden nur ganz neue bisher nicht vorhanden gewesene verstanden; also weder diejenigen, welche in einem, an der Stelle eines alten, mit diesen Fenstern schon versehen gewesenen Gebäudes neu errichteten Gebäude wieder angelegt worden sind, noch auch unbedingt diejenigen, welche in einem unter solchen Umständen errichteten Gebäude blos eine niedrigere Lage oder einen größeren Umfang bekommen haben: Strieth. XXV. 300—302 (v. 1857). Das Fensterfutter oder die Zarge wird (nach den Definitionen der Lexikographen) bei der Messung der Fenster nicht mit in Anschlag gebracht: Strieth. X. 309—312 (v. 1853).

Unter dem „Nachbar" wird der Eigenthümer und Besitzer des benachbarten Grundstückes verstanden, auch wenn ein solches Grundstück einer Corporation gehört: Strieth. XII. 312 ad a. 314 (v. 1854).

„Hof oder Garten" bezeichnet jeden offenen, zu dem Hause des Nachbars gehörigen Raum: Strieth. XXIII. 162 fg. (v. 1856); also z. B. nicht einen durch Anlegung eines Eisenbahn-Schienenweges zu einer öffentlichen Straße gemachten, wenngleich umfriedeten Platz: Strieth. XXIV. 32—35 (v. 1857)[941]).

Daß die Oeffnungen „wo es die Umstände gestatten" sechs Fuß vom Boden erhöht werden sollen, scheint, nach der Entlehnung dieser Bestimmung aus den Berliner Spezial-Bau-Observanzen, nichts weiter zu bedeuten, als: wenn der Raum dazu hoch genug ist[942]). Es hat sich jedoch eine Auslegung Bahn gebrochen, nach welcher auf die jedesmaligen Umstände, d. h. auf die relative Möglichkeit Rücksicht genommen, und zwar nicht Alles von der Convenienz und dem Belieben des Eigenthümers der Fenster abhängig gemacht, aber demselben doch eine genügende Beleuchtung gesichert werden soll: Jur. Wochenschr. 1842 Sp. 280 (App. Erk. v. 1841); Arnsb. Arch. X. 71—77 (Ob. Trib. Entsch. ohne Datum); Strieth. XXIII. 142 ad b. 146 (v. 1856.).

Uebrigens gehört diese gesetzliche Einschränkung des Eigenthums zu denjenigen, welche durch die Einwilligung des berechtigten Nachbars beseitigt werden können; nur muß gerade in diesem Falle die Einwilligung eine ausdrückliche sein: Strieth. XL. 32—34 (v.

Wochenschr. 1842 Sp. 278—280. (App.-Erk. v. J. 1841 gegen die streng gramm. Ausl.)

941) Früher ist auch wohl ganz allgemein „jeder befriedete, nicht überbaute Platz neben Gebäuden" hierher gezogen worden: Jur. Wochenschr. a. a. O. Sp. 278.

942) Gesetzrev. S. 69; Koch Comm. ad §. 138 h. t.

1860)[943]). Auf einen im Miteigenthume beider Nachbarn befindlichen Zwischenraum (oben §. 120 h. t.) findet die ganze Einschränkung überhaupt keine Anwendung: Strieth. XVIII. 159—161 (v. 1855); vgl. XXIII. 145.

b) Der Nachbar will einem Gebäude das Licht durch Vorbauen entziehen.

α) Die natürliche Regel des beliebigen Bauens auf eigenem Grund und Boden: §. 141 h. t. („so nahe an die Gränze und so hoch" zu bauen, als es der Eigenthümer für gut findet), ist der Einschränkung unterworfen, daß neu zu errichtende Gebäude in einer bestimmten, und zwar absolut bestimmten, Entfernung von dem nachbarlichen Grundstücke zurückbleiben müsse: nämlich von älteren schon vorhandenen Gebäuden des angränzenden Nachbars (wenn nicht besondere Polizeigesetze ein Anderes vorschreiben) drei Fuß: §. 139, von einem unbebauten Platze des Nachbars anderthalb Fuß: §. 140.

Diese Einschränkung ist ganz allgemeiner Natur, gilt also insbesondere in dem Falle, wo es sich gar nicht um Lichtentziehung oder Verdunkelung handelt, weil der Nachbar überhaupt keine der Gränze zugekehrte Fenster hat.

β) Wenn es sich jedoch um Fenster des Nachbars handelt, vor welchen gebauet werden soll, so kommt es darauf an, seit wie langer Zeit solche Fenster vorhanden sind.

𝔞) Sind sie schon seit zehn Jahren (oder länger) vorhanden, so wird weiter unterschieden, ob die Behältnisse[944]), in welchen die Fenster sich befinden, nur von dieser Seite her, oder noch von einer anderen Seite „Licht haben." Im ersten Falle muß der neue Bau so weit zurücktreten, daß der Nachbar noch aus den ungeöffneten Fenstern des unteren Stockwerks den Himmel erblicken könne: §. 142 h. t., im anderen Falle nur so weit, daß der Nachbar aus den ungeöffneten Fenstern des zweiten Stockwerks (s. g. Bel-Etage) den Himmel sehen könne: §. 143. In beiden Fällen ist also die Entfernung des neuen Baues von dem nachbarlichen Grundstücke nicht absolut, sondern relativ bestimmt.

𝔟) Sind aber die Fenster des Nachbars, vor welchen gebauet werden soll, noch nicht seit zehn Jahren vorhanden, so ist der Bauende blos an die im §. 139 (oben ad α: absolut auf drei Fuß) bestimmte

---

943) Vgl. den Pl. Beschl. v. 3. März 1851. (Präj. 2280: Entsch. XXI. 401—406; Strieth. I. 276—281; J. M. Bl. 1851 S. 186 fg.)

944) So mag vorweg jeder Zweifel über die Identität der, mit unnöthiger Abwechselung des Ausdrucks, s. g. Behältnisse im §. 142 und Gebäude im §. 143 h. t. beseitigt sein. Vgl. Gesetzrev. S. 73.

Entfernung gebunden: §. 144 h. t.; es habe denn der Nachbar ein Untersagungsrecht dagegen besonders erworben: §. 145, für welchen Fall, im Mangel ausdrücklicher Verabredung, die gesetzliche Bestimmung des §. 142 (oben ad a.) eingreift: §. 146.

γ) Für alle Fälle ad α und β. a, so wie für den Fall im §. 146 (β. b.), wird endlich noch ein Vorbehalt gemacht, wegen des nach wie vor seinem bisherigen Eigenthümer zu jedem gesetzlichen Gebrauche verbleibenden unbebauten Zwischenraumes: §. 147 h. t.

Daß nun diese in der That willkürlichen und weder durch das Herbringen noch durch innere Nothwendigkeit bedingten Bestimmungen (Gesetzrev. S. 71) zu endlosen Zweifeln und Streitfragen Anlaß geben mußten, war unvermeidlich. Hier mag es genügen, aus der mühseligen Casuistik der Praxis die Hauptmomente hervorzuheben.

Entscheidend geworden für die systematische Behandlung der Sache überhaupt und für den Begriff der Neubauten insbesondere ist der umfangreiche Pl. Beschl. v. 11. Mai 1846 (Präj. 1777): Entsch. XIII. 27—41. (J. M. Bl. 1847 S. 74—77.)[945]).

Derselbe sondert ad 1. systematisch als zwei von einander völlig verschiedene Rechte: das Recht des Zwischenraums nachbarlicher Gebäude, ius interstitii, welches er in den §§. 139. 140 h. t. (oben α) findet, und das Recht auf Licht und Aussicht, prospectus coeli: §. 142. 143 (oben β. a).

Danach entwickelt er den Begriff der Neubauten für beide Verhältnisse verschieden, indem er ad 2. als neu errichtete Gebäude im Sinne der §§. 139. 140 nur solche gelten läßt, welche auf einem Platze aufgeführt werden, worauf bis dahin noch kein Gebäude gestanden hat[946]); wogegen er ad 3. die §§. 142. 143 auch bei neuen Bauten auf bisher schon zum Bau benutzten Stellen und bei Erhöhungen alter Gebäude Anwendung finden läßt[947]).

---

945) Drei frühere Präjudizien (773. 774. 895) sind durch diesen Pl. Beschl. modifizirt resp. aufgehoben und deshalb in die gedruckte Präj.-Sammlung gar nicht aufgenommen worden. Vgl. das in der Jur. Wochenschr. 1840 S. 822—824 mitgetheilte Ob. Trib. Erk.

946) Gründe: Die „Errichtung eines neuen Gebäudes" und die Veränderung eines bereits bestehenden sind ganz verschiedene Dinge. — Der Zweck des Gesetzgebers konnte nur dahin gehen: da, wo künftig ein Platz, auf dem bis dahin noch kein Gebäude gestanden hat, wo also ein wohlerworbener Gebäuderaum nicht beengt wird, mit einem Gebäude besetzt werden soll, jene Beschränkung eintreten zu lassen.

947) Gründe: Der „neue Bau" begreift auch die Veränderung oder einen Wiederaufbau des Gebäudes; er umfaßt jedes bauliche Unternehmen

Ad 2. ist jedoch dem Pl. Beschlusse gleich ein Zusatz einverleibt und bald darauf ein Nachtrag in einem besonderen Präjudiz gegeben worden.

Der Zusatz lautet in Betreff eines Falles, für den sich keine allgemeine Regel aussprechen lasse, der vielmehr immer nur in concreto entschieden werden könne: „Hat auf dem Platze bereits früher ein Gebäude gestanden, ist dasselbe abgebrochen worden, und hat der Platz eine neue Bestimmung erhalten, es soll darauf aber wiederum ein Gebäude aufgeführt werden, so ist in jedem einzelnen Falle nach den Umständen — je nachdem aus der dem Platze gegebenen neuen Bestimmung ein Aufgeben des Rechts zum Wiederaufbau in den Gränzen des früheren Gebäudes gefolgert werden kann — zu beurtheilen: ob dasselbe zu den neu zu errichtenden Gebäuden zu zählen ist, oder nicht". Und das Präj. 2062 (v. J. 1848: Entsch. XVI. 520) begreift unter die Definition der „neu errichteten Gebäude" (Pl. Beschl. ad 2.) auch den Fall: „wenn an Stelle eines bereits früher auf dem Platze gestandenen Gebäudes ein anderes dergestalt errichtet werden soll, daß nicht die bisher bebauten Gränzen eingehalten werden, vielmehr mit Ueberschreitung derselben das Gebäude einen dem Nachbar näheren Platz angewiesen erhält, als es zeither eingenommen hat."

Die also gegebene Richtung ist von der Praxis weiter verfolgt worden. So wird ein Neubau im Sinne des §. 140 auch in dem Bau gefunden, welcher den von dem abgebrannten Gebäude eingenommen gewesenen Raum der Länge nach überschreitet: Strieth. XXVII. 281 —283 (v. 1858). So wird die Anwendung auf den Fall der bloßen Erhöhung eines bereits bestehenden Gebäudes eben so consequent den §§. 139. 140 versagt: Strieth. V. 55 ad a. 57 (v. 1852), wie den §§. 142. 143 gewährt: Strieth. XXXV. 196—198 (Entsch. XLII. 51—54: v. J. 1859).

Unter den Gebäuden werden jedoch hier im Wesentlichen nur solche Räume verstanden, welche mit Umfassungsmauern versehen sind (Häuser); nicht aber Scheidewände, welche aus Zäunen, Planken, Mauern bestehen. Deshalb sind nach dem Präj. 2378 (v. 1852) die gesetzlichen Vorschriften über den Abstand neu errichteter Gebäude von

---

mit Einschluß bloßer Erhöhung eines alten Gebäudes. — Das Motiv des Gesetzgebers für die dem Bauenden auferlegte Beschränkung bestand darin: daß die Rücksicht auf den Schaden des Nachbars hier die Rücksicht auf den neuen, jetzt erst zu erwerbenden Vortheil des Bauenden überwiege. Vgl. auch Gesetzrev. S. 73 zu §. 142. 143 h. t. (Erhöhungen vorhandener Bauanlagen den Neubauten völlig gleich zu achten.)

Gebäuden des Nachbars auf Zäune, Planken und Scheidewände nicht auszudehnen. (Entsch. XXIII. 53—58.)[948]) Dadurch sollte freilich die Frage nicht präjudiziirt sein: ob eine, unmittelbar an die mit Fenstern versehene Mauer des Nachbarhauses errichtete, jene Mauer gänzlich verdeckende ausgemauerte Fachwand als ein „Gebäude" (im Sinne der §§. 139ff. h. t.) anzusehen? Und diese Frage ist in der That durch eine Entsch. v. J. 1859 bejahet worden: Strieth. XXXV. 48—55[949]).

Zu dem Wesen eines unbebauten Platzes im Sinne des §. 140 h. t. gehört es übrigens nicht, daß derselbe noch nie bebaut gewesen: Präj. 448 (v. J. 1838). Als diejenige Linie aber, von welcher hier das neue Gebäude $1^1/_2$ Fuß abstehen soll, gilt die Eigenthumsgränze, — die wahre Gränzlinie: Strieth. XXIII. 194—196 (v. 1857)[950]). Wenn jedoch der Bauende diese vorgeschriebene Baugränze überschritten hat, so findet auch in diesem Falle, bei Berücksichtigung des §. 191 h. t., der Rechtsgrundsatz des §. 43. A. L. R. I. 22 (von der stillschweigenden Einwilligung des Berechtigten rc.: oben Anm. 943) Anwendung: Präj. 1480 (v. 1844)[951]).

Wie weit der Begriff der Fenster (§. 142 ff. h. t.) auszudehnen, ist nicht unstreitig geblieben. Man darf jedoch in der Ausdehnung dieses Begriffs nicht zu weit gehen, da es sich um die Vermittelung der collidirenden Rechte der Nachbarn handelt, welche, bei der an sich gleichen Freiheit eines jeden Eigenthümers, auf seinem Grundstücke zu bauen,

948) Vgl. zwei frühere gleichlautende Erkenntnisse im Arnsb. Arch. X. 62 fg., denen zufolge ein Neubau von einer Gartenmauer nur anderthalb Fuß, wie von einem unbebauten Platze, entfernt zu bleiben brauchte.

949) Hauptsächlich aus dem Grunde, weil eine solche Fachwand — wenngleich kein „Gebäude" im Sinne eines fundamentirten, mit einem Dache versehenen Behältnisses über der Erde — doch für das bereits vorhandene Gebäude des Nachbars in Beziehung auf Licht u. Aussicht andauernd dieselben Nachtheile, wie ein Gebäude im engeren Sinne, herbeiführt, überdies auch in der That als Theil (Anfang) eines zu errichtenden (an die Fachwand anzulehnenden) Gebäudes angesehen werden kann. — Gelegentlich ist auch noch in den Gründen dieser Entsch. (S. 55) darauf hingewiesen, daß die Verschiedenheit der Bezeichnungen „neue Gebäude" u. „neuer Bau", außer den im Pl. Beschl. v. 11. Mai 1846 entwickelten Momenten, keine prinzipielle Bedeutung hat.

950) Ein Umstand, der allerdings auch dem vollständigen Besitzer nicht im Wege steht, wenn dieser die Legalservitut gegen den Nachbar geltend machen will, welcher unter Nichtbeachtung der im Gesetze ihm auferlegten Einschränkungen baut und auf solche Weise den Besitzer beeinträchtigt: Strieth. XXV. 42—44 (oben S. 388 ad 3).

951) Vgl. noch Strieth. V. 99 ad d. 105 (v. 1852).

einander gegenüberstehen. (Entsch. V. 173. 174.) Es sind deshalb auch neuerlich die in den §§. 142 ff. angeordneten Beschränkungen des Eigenthums für nicht anwendbar auf Treppen- und Flur-Fenster erklärt worden: Strieth. XXXVII. 245. 246 (v. 1860)[952].

Für die Messung der Entfernungen von 3 resp. $1^1/_2$ Fuß nach §. 139. 140 h. t. hatte das Präj. 780 (v. 1839) zwei Grundsätze aufgestellt, von denen der erste maßgebend geblieben, der zweite in neuerer Zeit wieder aufgegeben ist.

Maßgebend geblieben ist Präj. 780 ad a): „Der Besitzer des älteren Gebäudes hat das Recht, zu verlangen, daß des Nachbars auf einem bisher unbebaut gewesenen Platz neu errichtetes Gebäude jedenfalls nach §. 140. $1^1/_2$ Werkschuh von der Grenze zurückbleibe. Steht das disseitige ältere Gebäude auch mehr als $1^1/_2$ Werkschuh von der Grenze entfernt, so ist es doch nicht genügend, wenn der Neubauende ohne Ueberschreitung seiner eigenen Grenze nur 3 Werkschuh (§. 139) von dem alten Gebäude zurückbleibt, vielmehr ist der Zwischenraum zwischen diesem und der Grenze, soweit er die Entfernung von $1^1/_2$ Werkschuh überschreitet, für einen unbebauten Platz zu achten, auf welchen die Bestimmung des §. 140 anwendbar ist[953]." Insbesondere stand dieses Präj. der Entscheidung eines neueren Falles nicht entgegen, in welchem der eine Nachbar hart an der Gränze eines unbebauten Platzes — zwar gegen die Vorschrift des §. 140 h. t., aber ohne Widerspruch des anderen Nachbars — ein Gebäude errichtet hatte, und nun der andere Nachbar seinerseits neu anbauen wollte. Der neu anbauende Nachbar wurde verurtheilt, volle 3 Fuß von dem bereits vorhandenen Gebäude zurückzubleiben: Strieth. X. 249—252 (v. 1853).

Ad b) hatte das Präj. 780 angenommen, daß es nicht zureichend sei, wenn nur die Grundmauern des neuen Gebäudes in der bezeichneten Entfernung angelegt worden seien, daß vielmehr letztere in der ganzen Höhenausdehnung des Gebäudes inne gehalten werden müsse[954]. Dieser Grundsatz war noch durch das Präj. 2366 (v. 1852) bestätigt worden, mit der besonderen Erklärung, daß derselbe auch durch den Pl. Beschl. v. 11. Mai 1846 ad 1 und die zu dessen Rechtfertigung angeführten

---

952) Vgl. Jahrb. XXXVI. 246 ad 1; Jur. Wochenschr. 1839 S. 116. 117; Koch Comm. ad §. 142 h. t. (Bodenluken.)

953) Arnsb. Arch. XII. 466 fg.

954) Arnsb. Arch. XII. 459—468. Vgl. auch die vorangehende Erörterung S. 445—459 und den Rechtsfall S. 343—345.

Gründe keine Veränderung erlitten habe: Entsch. XXIII. 46—52[955]). Dagegen hat das Präj. 2690 (v. 1857) den Rechtssatz angenommen, daß der in den §§. 139. 140 h. t. vorgeschriebene Abstand nicht auf die Dachausladungen des neuen Gebäudes bezogen werden darf. Und damit ist der höchste Gerichtshof von den Präjj. 780 b. und 2366 wieder abgegangen: Entsch. XXXVI. 32—39. Auch in zwei nachfolgenden Entscheidungen aus demselben Jahre (1857) hat der höchste Gerichtshof daran festgehalten, daß die Entfernung nicht von den vorspringenden Anhängseln, sondern nur von den Mauern oder Wänden der Gebäude zu messen sei, und zwar nur von den zu Tage stehenden Mauern, nicht aber von den unter der Erde befindlichen Fundamenten des Nachbarhauses: Strieth. XXVII. 57—59 und XXVIII. 86—89.

Zu bedenklichen Erörterungen hat das „Licht haben" und die Ziehung der Gesichtslinie zum Himmel in den §§. 142. 143 Anlaß gegeben.

Für die Auslegung, daß das „Licht haben" die Möglichkeit, Licht zu bekommen, bedeute[956]), mag das praktische Bedürfniß sprechen[957]). Die Worte des Gesetzes und die Entstehungsgeschichte lassen sich jedoch mehr für die andere Auslegung anführen, nach welcher lediglich auf das factische Vorhandensein der Lichtöffnungen das Gewicht gelegt wird[958]).

Die Streitfrage wegen der Gesichtslinie[959]) ist durch den Pl. Beschl. v. 9. December 1839 (Präj. 756), wie folgt, entschieden worden: „Wenn die Fenster des Nachbarn, vor welchen gebaut werden soll, schon seit zehn Jahren oder länger vorhanden sind, so genügt es, daß der neue Bau drei Werkschuhe zurücktritt, und es dem Nachbar auf irgend eine Weise und in irgend einer Stellung möglich ist, falls seine Behältnisse nur von dieser Seite her Licht haben, aus den ungeöffneten Fenstern des untern Stockwerks, sonst aber aus den ungeöffneten Fenstern des zweiten Stockwerks, in vertikaler Richtung den Himmel zu sehen." (J. M. Bl. 1839 S. 432 ad Nr.

955) Ausführlicher bei Strieth. V. 98—106.

956) Angenommen von den Gesetzrev. S. 73.

957) Grein Rechtsverhältnisse der Nachbarn in Bauangelegenheiten ꝛc. (Berlin 1842) S. 91 Anm. 1.

958) Born. §. 117 (ad β); Koch Comm. ad §§. 142. 143 h. t.

959) Schon die Gesetzrev. (S. 73) hatten die Frage, wie die Gesichtslinie zum Himmel gezogen werden müsse, zergliedert und die schwankenden Bestimmungen des A. L. R. als unhaltbar nachgewiesen, mag man nun von einer vor dem Fenster aufrecht stehenden Person oder von der Oeffnung der Fensterbank den Ausgang nehmen.

348; Entsch. V. 166—175.)[960]) Weiter entwickelt in zwei Entscheidungen aus dem Jahre 1856: Strieth. XXI. 44—47 und XXII. 162—164.

Ueber die Zeit und über die Art und Weise, in welcher das Widerspruchsrecht auf Grund der §§. 142. 143 auszuüben ist, vgl. Jur. Wochenschr. 1840 S. 677—684 (Protestation sofort nach erhaltener Kenntniß von dem Licht benehmenden Bau[961]); Strieth. XXVIII. 112—117 (Entsch. XXXVII. 51—57, v. J. 1857: Besitzstörungsklage wegen Verbauung der Fenster nicht lediglich auf die zeitherige Existenz der Fenster zu gründen)[962]). Für eine Verjährungsfrist im technischen Sinne ist die Zeitbestimmung „seit 10 Jahren" (§. 142) nicht zu halten[963]).

E. Eine weitere Beschränkung des freien Eigenthums (verwandt mit D. a) besteht darin, daß neue Thüren, welche unmittelbar auf des Nachbars Grund und Boden führen, wider dessen Willen nicht angelegt werden dürfen: §. 148 h. t.

Ob eine solche Thür nach Innen oder Außen aufgeht, ist gleichgültig. Als neu aber gilt eine solche Thür nicht, wenn sie in einem, in Stelle eines zum Wiederaufbau abgerissenen älteren Gebäudes neu errichteten Gebäude da angelegt wird, wo auch das ältere Gebäude schon eine Thür hatte. Und zwar gilt die Thür selbst dann nicht

---

960) Der höchste Gerichtshof hatte früher (i. J. 1835) angenommen: es sei erforderlich, daß der Besitzer des Nachbarhauses, in gerader, ungezwungener Stellung unmittelbar vor den ungeöffneten Fenstern des unteren, beziehungsweise des zweiten Stockwerks auf der Erde stehend, in der ganzen Breite der Fenster den Himmel sehen könne. Diese Entscheidung beruhete insbesondere auf der Annahme: der Gesetzgeber habe die Erhaltung eines bestehenden Zustandes beabsichtigt, — dergestalt, daß, wenn ein Zimmer in seiner ganzen Ausdehnung zehn Jahre lang sein Licht von oben empfangen habe, der Neubau diesen Zustand nicht mehr solle beeinträchtigen dürfen: Arnsb. Arch. II. 521—528. In den Gründen des Plenarbeschlusses ist diese Annahme verworfen und durch eine andere Auslegung des §. 142 ersetzt worden, nach welcher der Berechtigte über eine bloße Veränderung der Helligkeit seiner Behältnisse sich nicht beschweren kann, ein Grund zur Beschwerde vielmehr nur dann eintritt, wenn die stattfindende Veränderung über die in dem Gesetz angegebene Gränze hinausgeht.

961) Nicht zu verwechseln mit der bestrittenen Frage über die Zulässigkeit einer Protestation zur Conservirung des Baurechts (den nachbarlichen Fenstern gegenüber): Jur. Wochenschr. 1839 S. 117 ff.; Born. §. 117 (ad β); Koch Comm. ad §. 142 h. t.

962) Oben Anm. 707 i. f. Vgl. Born. § 117 (ad ε); Koch Comm. ad §. 145 h. t.

963) Koch Comm. ad §. 142 h. t.

als neu, wenn sie nicht ganz an derselben Stelle, wo die alte befindlich war, angebracht, auch etwas höher und breiter als die alte sein sollte: Strieth. XV. 95—98 (v. 1854).

Der Begriff des Nachbars ist hier derselbe, wie im §. 138: Strieth. XII. 312. Eben so der Begriff „unmittelbar" als: hart an der Gränze: Strieth. XXIII. 142 ad a. Desgleichen findet die gesetzliche Einschränkung aus §. 148 so wenig wie die aus §. 138 auf einen beiden Nachbarn gemeinschaftlichen Zwischenraum Anwendung: Strieth. XVIII. 159.

Hervorzuheben ist nur noch die Auslegung der Worte „wider dessen Willen" im §. 148. Hierin wird mit Recht die Voraussetzung einer positiven Thätigkeit des zum Widerspruch berechtigten Nachbars gefunden. Der Nachbar muß widersprochen haben: sonst gilt er als einwilligend: Strieth. XXIII. 142 ad c. 145 fg.

F. Scheidungen benachbarter Grundstücke.[964])

a) An der Spitze steht, als Ausfluß des freien Eigenthums, das Recht auf gegenseitige Scheidung (Trennung) des Grundeigenthums, und zwar „durch Zäune, Planken, Mauern, oder andere Scheidewände": §. 149 h. t. (Strieth. XXXV. 49. 50.) Von Hause aus findet jedoch dieses Recht seine Schranke nach der Natur der Sache an dem Eigenthums-Gebiete des Nachbarn: §. 150 h. t., und nach positiver Bestimmung in der freien Feldflur an entgegenstehenden Grundgerechtigkeiten: §. 151.[965]) (Beseler §. 181 ad h.)

b) Als gesetzliche Einschränkung erscheint demnächst bei allen außerhalb der freien Feldflur gelegenen Grundstücken die dem Eigenthümer auferlegte Verbindlichkeit zur Unterhaltung der Scheidungen. D. h. es steht zwar in dem Belieben des Eigenthümers, eine Scheidung anzulegen, aber nicht, dieselbe wieder wegzunehmen. Oder: der Nachbar kann die Conservation der einmal errichteten Scheidung fordern, wenn auch deren Errichtung facultativ war.

---

964) Prinzipale Geltung der hier einschlagenden Bestimmungen des A. L. R. in dem ehemaligen Lippe-Departement u. namentlich den darin gelegenen Fürstlich Salmschen Besitzungen: Präj. 1199 (v. 1842).

965) Der Entwurf hatte Einfriedigungen auf der freien Feldflur noch nicht gestattet. (§. 105 h. t. II. 5.) Die Gestattung solcher Einfriedigungen, „wo nicht ius compascui oder Servituten entgegenstehen" (Sz.), ist im Interesse der Besitzer erfolgt. Der jetzige §. 151 (eingeschoben nach Entw. §. 106, jetzt §. 150,) steht nicht an der rechten Stelle. Vgl. Gesetzrev. S. 75; Born. §. 117 g. E. (ad e); Strieth. II. 218 (von der selbstständigen Bedeutung des §. 151).

Ohne zu verkennen, daß sowohl die Anordnung als die Fassung der L. R. Bestimmungen Zweifel veranlaßt und der Kritik Blößen gegeben hat, kann man doch die hier vorangestellte Auffassung der Sache rechtfertigen: theils aus bestimmten Gesetzes-Paragraphen, welche jene Verpflichtung des Eigenthümers (deren Grundsatz freilich nicht ausgesprochen ist) praktisch anerkennen[966]), theils aus dem Verhältniß der L. R. Bestimmungen zu denen des Entwurfes (§. 106—117 h. t. II. 5) und aus der Entstehungsgeschichte derselben.[967])

α) Allgemeine Bestimmungen. Wer eine neue Scheidung anlegen will, muß die Kosten der Anlage und der Unterhaltung übernehmen: §. 152 h. t. Ueberhaupt liegt die Unterhaltung dem Eigenthümer ob: §. 153. Eventuell ist die Pflicht zur Unterhaltung den Nachbarn gemeinschaftlich: §. 168. Das Gesetz stellt eine gewisse Regel für die Höhe der Scheidungen auf: §. 169.

Durch das Präj. 235 (v. J. 1837) ist die Hauptfrage klar entschieden worden, wie folgt: „Befriedigungen in der freien Feldflur sind gestattet, aber deren Erhaltung ist, wenn der Nachbar nicht ein besonderes Recht darauf erworben hat, willkührlich. Scheidungen anderer Grundstücke aber, ohne dabei einen Unterschied zwischen städtischen und ländlichen zu machen, müssen erhalten werden, und zwar, wo nicht die Gesetze etwas Besonderes darüber verordnen, von dem Eigenthümer". Nach denselben (im Wesentlichen schon von den Gesetzrev. S. 76 ausgeführten) Grundsätzen hatte übrigens das Ober-Tribunal bereits im Jahre 1835 zwei Rechtsfälle entschieden, von denen der eine einen Zaun im freien Felde betraf, der andere einen (nicht als eine Scheidung im gesetzlichen Sinne, d. h. „eine zur Trennung an einander liegender Grundstücke gemachte Anlage", erkannten) Wall mit einer lebendigen Hecke: Arnsb. Arch. III. 62—66 und V. 57—63. Auch in neuerer Zeit ist, im Einklange mit dem Präj. 235, die Pflicht des Eigenthümers zur Unterhaltung einer (außerhalb der

---

966) Als: §. 152. 153 h. t. (Unterhaltung der Scheidungen, dem Eigenthümer „obliegend"); §. 162 („den Zaun rc. zu bauen und zu unterhalten schuldig"); §. 164 („muß rc. bauen u. unterhalten" rc.); §. 168 (eventuell den Nachbarn gemeinschaftliche „Pflicht zur Unterhaltung" rc.); §. 172 („zu machen und zu unterhalten").

967) Ueberzeugend dargelegt von den Gesetzrevisoren: S. 74—76. Sie gelangen zu dem Resultate einer gerechten Beschränkung der natürlichen Freiheit des Eigenthümers, welche darin liegt, daß er unter Umständen eine vorhandene Scheidung, die ihm eigenthümlich gehört, zum Besten des Nachbarn zu unterhalten verpflichtet sein soll.

Feldflur) von ihm angelegten neuen Scheidung ausführlich begründet worden: Strieth. II. 215—219 (v. 1851)[968]).

β) Besondere Bestimmungen nach der verschiedenartigen Natur der Scheidungen[969]).

A) Scheidungen, deren Beschaffenheit auf das Eigenthum schließen läßt, sind

a) Planken: §. 154—157 h. t. (Entsch. XLIII. 76. 77.) Das im §. 155 unverkennbare Deutsche Hammerschlagsrecht (Leiterrecht)[970]) ist mit Recht auch auf andere Bauwerke (außer den aus Planken und Brettern bestehenden Scheidungen) anwendbar befunden worden[971]).

b) Stacketen: §. 158 h. t.

c) Gemauerte Scheidewände: §. 159—161 h. t. (Arnsb. Arch. X. 64 fg.: Einflußlosigkeit der rauhen Seite der Mauer; Strieth. XXIX. 43—46, v. 1858: Geltendmachung anderer bezeichnender Merkmale; XXX. 117—119, v. 1858: Mauern mit Strebepfeilern nicht nothwendig nach §. 159 und nicht analogisch nach §. 154 zu beurtheilen.)

Nach dem Präj. 1298 (v. 1843) ad b. findet die aus dem Vorhandensein von Blenden in einer Scheidemauer abgeleitete Vermuthung des Eigenthums derselben (§. 159—161 h. t.) auch auf Scheidemauern zwischen Gebäuden Anwendung: Entsch. IX. 200 ad II. 206—210[972]).

B) Andere Scheidungen, deren Beschaffenheit nicht auf das Eigenthum schließen läßt, „als da sind Zäune oder Wellerwände"[973]), rechtfertigen durch ihre Lage im Verhältniß zu den benachbarten

968) Vgl. auch Strieth. III. 77 ff.

969) „Wer der" (zur Unterhaltung der Scheidung verpflichtete) „Eigenthümer sei, ist zunächst nach der Beschaffenheit" (der Scheidung), „und wenn diese keinen genügenden Anhalt gibt, nach der Lage zu ermessen": Gesetzrev. S. 76.

970) Beseler §. 91 ad 1.

971) Koch Comm. ad §. 155 h. t. (App.-Erk. v. 1834.)

972) Dieses bereits oben Anm. 930 in anderer Beziehung allegirte Präj. enthält ad a. noch die gleich hier zu beachtende Entscheidung, daß der fünfte Abschnitt des A. L. R. I. 17 „von Gränzscheidungen" auf Scheidemauern zwischen Gebäuden keine Anwendung findet: Entsch. IX. 200 ad I. 204—206.

973) Der §. 162 h. t. ist also in folgender Weise auszulegen: „Bei Zäunen oder Wellerwänden und anderen Scheidungen, deren Beschaffenheit nicht auf Eigenthum schließen läßt" rc. Gesetzrev. S. 76 zu Anfg. (Entw. §. 110: „Bey anderen Zäunen rc.")

Grundstücken gewisse Präsumtionen für das Eigenthum und die daran geknüpfte Unterhaltungspflicht: §. 162—167 h. t.

Dem §. 162 („zu bauen und zu unterhalten") war durch das Präj. 2081 (v. J. 1848: Entsch. XVII. 506) die Auslegung gegeben worden: daß der Besitzer städtischer Grundstücke und Gärten nicht blos den vorhandenen Zaun rechter Hand (vom Eintritt in den Haupteingang) zu **unterhalten**, sondern auch in dem Falle, wenn bisher noch gar kein Zaun daselbst vorhanden gewesen ist, **den Bau desselben zu bewerkstelligen habe.** In neuester Zeit ist jedoch, unter Aufhebung des Präj. 2081, der Einklang mit dem Grundprinzipe der facultativen Errichtung und gebotenen Unterhaltung wiederhergestellt worden, durch den Pl. Beschluß vom 4. Juni 1860 (Präj. 2713), welcher wörtlich lautet: „Der §. 162 Tit. 8. Thl. I. A. L. R. verpflichtet den Besitzer städtischer Grundstücke und Gärten **nicht** zum Bau eines bisher daselbst gar nicht vorhanden gewesenen Zaunes". (Entsch. XLIII. 1—9; J. M. Bl. 1860 S. 291—294.) Das darauf in der streitigen Sache selbst ergangene Urtheil des Ober-Tribunals vom 17. Juli ej. a. ist mitgetheilt bei **Strieth.** XXXVIII. 181—187.

Hiernach steht fest, daß der §. 162 sich nur auf einen schon vorhandenen Zaun bezieht, welchen der Verpflichtete allerdings „nicht blos in haltbarem Zustande erhalten, sondern auch bei dessen Verfall neu wiederherstellen" muß. (Entsch. a. a. O. S. 9.)

Damit harmonirt dann weiter, daß (wie auch in den Gründen des Pl. Beschlusses besonders hervorgehoben wird) der §. 163 selbst nach gänzlicher Veränderung des Haupteinganges die vorher bestandene Unterhaltungspflicht unverändert läßt; daß demnächst der §. 164 die Verpflichtung feststellt, an **die Stelle** einer bereits vorhanden gewesenen Scheidung oder des Surrogats desselben (eines Gebäudes, welches die Haltung eines Zaunes unnöthig gemacht hatte, nunmehr aber weggenommen worden ist), eine **neue** Scheidung (ohne Rücksicht auf §. 162) **wieder aufzubauen** und zu unterhalten[974]); und daß endlich der §.

974) Und zwar ist die im §. 164 festgestellte Verpflichtung unbedingter Natur. Der Nachbar kann auf Erfüllung derselben dringen. Sie soll nicht etwa blos dann ins Leben treten, **wenn** der Besitzer des weggenommenen Gebäudes eine andere Art der Einfriedigung verlangt: **Gesetzrev.** S. 75. 77. Ueberdies gelangt die Vorschrift des §. 164 in allen Fällen zur Anwendung, wo das weggenommene Gebäude dem Nachbar die Haltung eines Zauns unnöthig gemacht (erspart), **selbst wenn das weggenommene Gebäude nicht unmittelbar auf der Gränze gestanden hatte** (sondern in der im §. 140 h. t. vorgeschriebenen Entfernung von der Gränze aufgeführt war): Präj. 960 (v. 1840). Der anstatt des weggerissenen Ge=

165 den zur linken Hand neu anbauenden Nachbar nur dann, wenn er seinen Hof oder Garten schließen will, verpflichtet, den daselbst bereits vorhandenen Zaun seines Nachbars zur Unterhaltung zu übernehmen[975]) (und das sogar ohne Vergütung der Kosten der ersten Anlage: §. 166). Selbst die gemeinschaftliche Verpflichtung der Nachbarn, den Quer- oder Rückzaun anzulegen und zu unterhalten: §. 167, wird nicht auf eine Verpflichtung zur Herstellung einer noch gar nicht vorhanden gewesenen Scheidung gedeutet, sondern lediglich von der Unterhaltung im weiteren Sinne verstanden, also mit Inbegriff der verfallenen und neu wiederherzustellenden Scheidungen. (Entsch. a. a. O. S. 8.)[976])

C) Begünstigung der lebendigen Hecken: §. 170 – 184 h. t.[977]).

Aus der Natur des gemeinschaftlichen Eigenthums der Nachbarn an einem Raine oder Scheidling (§. 118. 119 h. t.) rechtfertigt sich die Auslegung des §. 174, nach welcher die neu anzulegende lebendige Hecke anderthalb Fuß (nicht von der Mitte, sondern) von der äußersten Gränze des Rains zurückgesetzt werden muß: Rechtsf. III. 98. 99 (v. 1847); vgl. mit IV. 150 fg.

Uebrigens gehören auch die für die Anlegung neuer lebendiger Hecken angeordneten gesetzlichen Einschränkungen des Eigenthums (§. 173. 174) zu denjenigen, welche durch (ausdrückliche oder stillschweigende) Einwilligung (§. 191 h t) und nicht minder durch Verjährung beseitigt oder aufgehoben werden können: Strieth. XL. 269 – 272 (v. 1861) und Entsch. XLIV. 59—65 (v. 1860).

---

bäudes zu errichtende Scheidezaun braucht jedoch nicht auf derselben Linie, wo die weggerissene Mauer gestanden hatte, hergestellt zu werden, sondern kann auch vor dieser Linie, unter Innehaltung der eigentlichen Eigenthumsgränze, zu stehen kommen: Entsch. XXXVII. 64—69.

975) Weil er alsdann durch die von seinem rechtsseitigen Nachbar bereits angelegte Scheidung der Nothwendigkeit überhoben worden ist, die beabsichtigte Schließung nach dieser Seite auf eigene Kosten zu bewerkstelligen: Strieth. XXXVIII. 185 z. Anf. Der neu anbauende Nachbar muß also diejenige Scheidung, „welche für ihn die Scheidung zur rechten Hand vom Haupteingange wird", zur Unterhaltung übernehmen: Gesetzrev. S. 77 g. E.

976) Doch ist der § 167 nur von den Scheidungen ad B., nicht auch von denen ad A (Seiten- oder Rück-Planken) zu verstehen: Entsch. XLIII. 74—78 (v. 1860). — Den §. 164 wollen die Gesetzrevisoren (S. 77) auch auf Quer- oder Rückzäune (§. 167) angewendet wissen.

977) Im Interesse der Holzersparung: auf Anlaß eines (unter Anderem) wegen Einführung lebendiger Hecken, statt hölzerner Zäune, ergangenen Circulars v. 17. Juli 1782 (N. C. C. Bd. VII. Sp. 1485—1492), nebst der Declaration desselben v. 3. Mai 1785 (ebend. Sp. 3105—3108). Die

G. In Verbindung mit F. stehen schließlich noch gewisse gesetzliche Einschränkungen des Eigenthums bei der Erhöhung oder Erniedrigung des Erdbodens.

a) Mit einer Erhöhung seines Grundes und Bodens muß der Eigenthümer drei Fuß von dem Zaune, der Mauer oder der Planke des Nachbars zurückbleiben: §. 185 h. t. Läßt jedoch der Nachbar die Erhöhung in einer größeren Nähe ohne ausdrücklichen Widerspruch geschehen, so soll daraus zwar noch nicht folgen, daß er dem Ersatze des aus jener Anlage in der Folge erwachsenden Schadens entsagt habe: §. 186 h. t. (z. B. Strieth. XI. 164—168, v. J. 1853); wohl aber, daß er den Anspruch auf Beseitigung der Anlage verloren habe: Jur. Wochenschr. 1836 S. 729. 730 und Entsch. XLIII. 78—80 (v. 1860)[978]).

b) Wer seinen Grund und Boden „durch Anlegung eines Grabens oder sonst" erniedrigt[979]), muß einen drei Fuß breiten Wall gegen die benachbarte Verzäunung stehen lassen: §. 187 h. t. Unter Verzäunung ist eine durch Menschenhände gemachte Anlage (Zaun, Mauer oder Planke: §. 185) zu verstehen; eine ausdehnende Erklärung dieser gesetzlichen Einschränkungen, eine Anwendung derselben auf unbefriedete benachbarte Räume ist unzulässig: J. M. Bl. 1851 S. 172 (Strieth. I. 91—94: v. J. 1850)[980]).

Nun sind zwar ad a wie ad b. (§. 185 und 187) nur solche gesetzliche Schranken gezogen, deren Ueberschreitung durch verbindliche Willenserklärungen (§. 191) zulässig ist. Allein in der einem Nachbar gestatteten Erlaubniß, aus dem Grundstücke des anderen Nachbars in einem gewissen Umfange und während einer gewissen Zeit Erde fortzunehmen, liegt noch keinesweges das Recht zur Ueberschreitung der in

---

Gesetzrevisoren (S. 78) vertheidigen diese Bestimmungen vom ökonomischen Standpunkte. Gegründete Bedenken gegen die praktische Anwendbarkeit derselben auf die nachbarlichen Privatverhältnisse finden sich in Koch's Commentare zu diesen Paragraphen.

978) Die Gesetzrevisoren erinnern (S. 78), daß der §. 186 aus demselben Rechtsgrunde, weshalb er für die Erhöhungen gegeben ist, auch auf die Erniedrigungen des Bodens Anwendung finden müsse.

979) Eine s. g. Drumme (welche zur Abführung des Wassers in die Erde gelegt ist) wird nicht zu den hier gemeinten Erniedrigungen des Bodens gerechnet: Entsch. XVII. 115 ad II. 117. (Oben S. 434 ad b.)

980) Eine Lücke ist also im Gesetze nicht vorhanden. Es scheint auch kein praktisches Bedürfniß vorhanden zu sein, die Herstellung eines ($1^1/_2$ Fuß breiten) Walles gegen einen unbefriedeten Hofplatz oder Garten (nach dem Vorschlage der Gesetzrev. S. 79) zu fordern.

Ansehung der Erhöhung oder Erniedrigung des Bodens gezogenen gesetzlichen Schranken: Strieth. X. 276—279 (v. 1853).

Die rein privatrechtliche Bedeutung des §. 187 ist auch in anderer Beziehung anerkannt worden: Comp.-Confl.-Erk. vom 7. Novbr. 1857. (J. M. Bl. 1858 S. 192. 193; Sydow S. 130 ad 7.)

c) Derjenige, auf dessen Grund und Boden sich der Aufwurf eines Grabens befindet, wird als Alleineigenthümer des Grabens präsumirt: §. 188 h. t. (Ausnahme von der Regel des Miteigenthums an Gränzgräben: §. 101 h. t.; Rechtsf. IV. 152.)

Der §. 189 ist schon oben Anm. 923 (zum §. 123) in Erwägung gezogen.

III. **Aufhebung der gesetzlichen Einschränkungen des Eigenthums durch den Willen der Privatpersonen** (privatorum pactis: oben S. 159):

1) unzulässig ad I: §. 190 h. t. (I. 9 §. 664);

2) zulässig ad II: §. 191 h. t. (Oben S. 410.)

Der §. 191 gedenkt der „verbindlichen Willenserklärungen", durch welche die nur zum nachbarlichen Besten festgesetzten Einschränkungen „aufhören" können. Ueberdies verweist er auf den Tit. 22 (von Grundgerechtigkeiten). Also diejenigen gesetzlichen Einschränkungen des Eigenthums, welche überhaupt einer Abänderung durch Privatwillkür unterliegen, sind den Grundgerechtigkeiten parallel gestellt. (Gesetzrev. S. 79). Demgemäß hat sich eine Praxis entwickelt, welche mit voller Consequenz die Zulässigkeit der Aufhebung der gesetzlichen Einschränkungen ad II. anerkannt und durchgeführt hat, und zwar der Aufhebung durch ausdrückliche und — in den Fällen der Anwendbarkeit des §. 43. A. L. R. I. 22[981]) — durch stillschweigende Willenserklärungen, wie durch Verjährung: Präj. 1480 (oben S. 442); Rechtsf. IV. 210; Pl. Beschl. 3. März 1851 (oben Anm. 943); Strieth. V. 105 (Anm. 951); X. 278; XI. 62; XXII. 321; XXVI. 61; XXXI. 50; XL. 33. 269—272; Entsch. XLIV. 62.[982])

---

981) Vgl. A. L. R. Einl. §. 105. 106; I. 4 §. 60; 5 §. 134.

982) Diese Allegate enthalten nur eine chronologisch geordnete Nachlese aus den ad II. gehörigen Ortes beigebrachten Entscheidungen. Neu hinzugefügt ist das Allegat Str. XXVI. 61, welches (wie XXXI. 50: oben S. 434) auf eine Eigenthums-Beschränkung im öffentlichen Interesse geht. Die Hauptfälle, in denen es zur Beseitigung der blos im nachbarlichen Interesse angeordneten Einschränkungen des Eigenthums einer ausdrücklichen Einwilligung des Berechtigten bedarf, finden sich oben S. 420 ad b. und S. 438 am Ende von a.

Kolibri 360 GmbH
Ferdinand-Jühlke-Straße 7
99095 Erfurt, Deutschland
produktsicherheit@kolibri360.de